DROIT DU TRAVAIL
DROIT VIVANT

Jean Emmanuel RAY
Professeur de droit à l'université Paris I – Sorbonne et à Sciences Po

DROIT DU TRAVAIL
DROIT VIVANT

26e ÉDITION

Directeur de la collection : Jean-Emmanuel RAY

Wolters Kluwer
France

Une marque WOLTERS KLUWER FRANCE

14, rue Fructidor - 75814 Paris cedex 17

vous intéresse-t-il d'être tenu au courant des livres publiés par l'éditeur de cet ouvrage ?

Envoyez simplement votre carte de visite à :
Éditions Liaisons
CP 616
14 rue Fructidor – 75814 Paris cedex 17
ou connectez- vous à :
www.wkf.fr

Éditions Liaisons

ISBN 978-2-37148-144-2

DÉJÀ PARUS DANS LA MÊME COLLECTION

Le nouveau droit de la négociation collective (5e édition)
Gilles Bélier, Henri-José Legrand et Aurélie Cormier Le Goff, juillet 2017

Les relations individuelles de travail
Jean-Emmanuel Ray, septembre 2015

La mobilité des salariés
Jean-Emmanuel Ray, octobre 2014

L'état de santé du salarié (3e édition)
Michel Blatman, Pierre-Yves Verkindt et Sylvie Bourgeot, février 2014

Pouvoirs du chef d'entreprise et libertés du salarié
Philippe Waquet, Yves Struillou et Laurence Pécaud-Rivolier, janvier 2014

Les restructurations (3e édition)
Emmanuel Bénard et Aurélie Cormier, septembre 2014

Réforme des retraites et emploi des seniors (2e édition)
Pierre-Yves Verkindt et Elisabeth Graujeman, décembre 2012

Discriminations et inégalités de traitement
Christophe Radé, septembre 2011

L'entreprise à l'épreuve des risques psychosociaux
Françoise Pelletier et Karine Bézille, septembre 2011

Sommaire

Avant-propos

« Rien ne peut se faire sans un minimum d'enthousiasme. »
Voltaire

Faire du droit est souvent assimilé, par les non-juristes, à faire ses dents de sagesse : long, pénible voire carrément douloureux.

S'intéresser au droit du travail paraît alors téméraire, tant cette matière est considérée comme complexe, changeante, et politisée.

Même au village du droit privé, elle a parfois mauvaise réputation. Alors pour les jeunes juristes, et *a fortiori* les non-juristes...

Cet ouvrage voudrait inspirer le sentiment inverse.

Délibérément accessible au non-spécialiste, il se propose de montrer le caractère utile mais surtout passionnant de ce jeune droit qui règle la vie quotidienne des dix-huit millions de salariés français et de leur famille.

Que l'on soit cadre ou chef d'entreprise, salarié ou étudiant, on ne peut ignorer les règles du jeu social : embauche, salaire, mobilités, licenciements...

Connaître les règles, y compris les plus récentes comme les ordonnances du 22 septembre 2017, soit.

Mais « *le Droit n'est pas donné, il est construit* ».

Donc comprendre le « pourquoi », mais aussi évoquer son application concrète parfois bien éloignée des prescriptions du Code du travail. Souligner ici des pratiques fort différentes, là une réelle ineffectivité, et souvent une utilisation tactique des règles par les partenaires sociaux.

Sur un ton résolument vivant, faire entrer le lecteur dans le droit du travail, droit du quotidien.

Bref, lui faire ***connaître***, mais surtout ***comprendre*** cette matière vivante et si attachante, aujourd'hui confrontée à la Révolution numérique.

Jean-Emmanuel RAY
Professeur de droit à l'université Paris I – Sorbonne et à Sciences Po

Introduction

1 **« Le Droit à la paresse »** : dans son ouvrage paru en 1880, le gendre de Marx, Paul Lafargue, s'étonnait de « cette étrange folie qui frappe la classe ouvrière : la passion furibonde du travail ».

Jusqu'à une époque récente, ce terme n'a pas bénéficié d'une image très valorisante. Le travail était l'apanage de l'esclave, et il trouve son étymologie dans le *tripalium*, instrument de torture à trois pieds, avant de devenir une *« machine servant à pratiquer des opérations chirurgicales » (Littré)*. Une femme en travail enfante souvent dans la douleur, une dent qui nous travaille est source de désagréments lancinants. Il en va de même dans le domaine de l'esprit quand une idée nous travaille.

Le comédien ou le musicien mis à part (ils travaillent quand ils jouent), l'opposition travail/vraie vie a longtemps dominé. L'épanouissement personnel se réalisait forcément à l'extérieur de l'entreprise, lieu de domination sinon d'exploitation, bien dans la ligne de la malédiction divine : *« Tu gagneras ton pain à la sueur de ton front. »*

Cette vision punitive s'est heureusement atténuée : car comme le remarquait La Fontaine en 1681, le travail est un trésor individuel, mais aussi collectif. Et trois siècles plus tard, l'irruption d'un chômage structurel a fait redécouvrir la « valeur travail ».

2 **Sentiment de « bien faire » son travail = Bien-être au travail.** Quel que soit son emploi, à l'évidence plus ou moins valorisant, avoir un travail (mieux : un métier, avec le « jugement de beauté » de ses pairs sur le « travail nickel-chrome ») ne se résume pas à la somme figurant en bas à droite de la fiche de paie : la vie professionnelle est souvent déterminante dans l'épanouissement personnel, *a fortiori* en France où domine la « logique de l'honneur ».

Le travail, y compris salarié, a toujours été source d'autonomie (en particulier pour les ouvrières du XIXe siècle) et permet de se situer dans la société : les ex-chômeurs parlent de dignité retrouvée. Surtout dans notre société salariale où le droit du travail joue aussi un rôle sociétal (ex : l'impact des 35 h), on ne peut donc le résumer à la vision exclusivement monétaire du *« travailler plus pour gagner plus »*, et a fortiori celle dévalorisante du *« coût du travail »*.

3 **Make our job great again !** Alain Supiot a raison de rappeler que *« le travail ne disparaît pas, il mute ; ce sont les formes d'emploi qui évoluent »*. Les défenseurs de « la fin du travail » restent obsédés par la suprématie du travail *salarié* qui, dans l'Histoire, sera demain considéré comme une simple phase de notre organisation sociale.

Car au-delà de la bien réelle crise de l'emploi, n'existe guère de « crise du travail » chez les indépendants ou dans les TPE. Mais dans nombre de grandes organisations, du fait de l'usante normalisation associée à la financiarisation avec la pression des résultats à court terme et ses plans de sauvegarde de l'emploi successifs, de plus en plus de collaborateurs se demandent à quoi sert leur travail, et à quoi ils servent eux-mêmes : quelle est leur « raison d'être » ? Le sociologue François Dupuy évoque à juste titre *« le taylorisme relooké d'entreprises s'enfonçant dans un jeu perdant-perdant avec leurs salariés : délire des processus, déluge des reportings et des indicateurs, qui distraient l'encadrement de ses fonctions managériales »* (*Lost in Management,* Seuil, 2011). Et ce n'est pas un ***« Chief Happiness Officer »*** ou un baby-foot qui va remobiliser ces collaborateurs pratiquant l'absentéisme moral. Il faut redécouvrir la « société » du Code Civil et repenser « l'entreprise » avec toutes ses « parties prenantes » ; a fortiori car la société de l'innovation exige confiance et investissement réciproque.

4 Plein emploi aux États-Unis, en Grande-Bretagne, en Allemagne. Et en France ? Avec aujourd'hui avec nos 3,5 millions de demandeurs d'emploi, dont 46 % depuis plus d'un an, **le droit à l'emploi**, de l'emploi à tout prix malgré notre croissance qui repart (1,1 % en 2016, 1,7 % en 2017), supplante parfois le droit du travail, protecteur du salarié sous CDI. Car dans notre passage d'une société industrielle de main-d'œuvre à une société de l'immatériel et de l'innovation, les destructions d'emplois salariés (entre les caisses automatiques et la voiture automatique, *quid* demain des 450 000 emplois de caissières et demain des chauffeurs taxi ou de camion ?) apparaissent aujourd'hui nettement plus visibles que les créations d'emploi. Nos structures productives mais aussi intellectuelles étant restées à la société hiérarchique « militaro-industrielle » des Trente Glorieuses, notre marché du travail bloqué sur l'opposition valeureux salarié sous CDI/Pauvre travailleur indépendant ne nous permet pas de tirer parti de la Révolution de l'immatériel. Avec leur volonté de faire converger les statuts de salarié et de travailleur indépendant (assurance – chômage, protection sociale avec la disparition du RSI, etc.), les textes de 2017-2018 veulent préparer ce délicat passage vers une économie de l'innovation où le travailleur est amené à passer d'un emploi à l'autre, d'un secteur d'activité à l'autre, d'un statut à un autre.

Après une longue période Dickens-Cosette-Zola, le travail qui occupe un tiers de notre vie a enfin trouvé sa place...

Et le droit du travail, un intérêt renouvelé. Mais qu'est-il exactement ?

5 Le droit du travail, c'est d'abord du Droit. Cette vérité d'évidence soulève rarement chez les non-juristes un grand enthousiasme, car ils ont de la science juridique une vision descriptive et factuelle. Mais si le Droit devait se résumer à la connaissance de tous les Codes et des derniers arrêts de la Cour de cassation, un logiciel bas de gamme avec mise à jour automatique sur Internet remplacerait déjà ce « juriste » avec sa tête en forme de Code. Et sa disparition définitive programmée avec l'irruption de l'intelligence artificielle.

Faire du droit, c'est trouver des réponses adaptées aux problèmes qui se posent à nous : avait-il le droit de licencier Mme X ? Si ce n'était pas le cas, que va-t-il se passer ? Que peut faire concrètement Mme X ?

Plus généralement, la connaissance d'un minimum de Droit fait désormais partie de la *culture générale du citoyen d'aujourd'hui*, lui permet de comprendre notre société qui, hélas, chaque jour davantage se *juridicise* (davantage de règles juridiques : les mailles du filet se resserrent), mais aussi se *judiciarise* (plus de contentieux). Permettant aussi de réfléchir sur ses valeurs.

6 **Conflit des logiques.** Pour reprendre l'exemple précédent, l'employeur qui n'avait pas le droit de licencier Mme X va-t-il devoir la réintégrer ? Cette solution a le mérite de l'efficacité, et donc de la dissuasion en amont, prévention essentielle en droit : s'il est sûr de devoir la reprendre bientôt, va-t-il la licencier ? Mais le droit du travail n'a pas retenu *en principe* cette solution, car il sait que l'employeur contraint de reprendre une salariée dont il ne voulait plus pourrait prendre des mesures de rétorsion plus ou moins visibles : mutation à un poste pénible, surveillance disciplinaire particulière, etc. Lorsque la réintégration lui est proposée, le salarié licencié la refuse souvent car il craint un éventuel harcèlement futur. Il préfère toucher ce que le Code du travail a prévu dans ce cas : une simple indemnisation.

Logique de pouvoir contre logique d'indemnisation. La même solution peut-elle être retenue lorsque le licenciement est prononcé en raison de l'exercice d'une liberté fondamentale (grève, droit syndical, liberté d'expression) ? La réponse est négative : une telle liberté fondamentale ne peut être achetée par l'employeur, qui doit savoir *a priori* qu'il ne peut courir ce risque-là. La gestion économique des risques juridiques (***« Si je le fais quand même, ça me coûte combien ? »***) s'arrête où commencent les fondements de notre société : ainsi, le plafonnement des dommages-intérêts dus en cas de licenciement fautif du 22 septembre 2017 ne vise pas les licenciements discriminatoires, et donc nuls.

7 **Faire du droit, c'est donc aussi connaître et comprendre les règles du jeu social.** Toute collectivité génère des règles : à la maternelle, savoir qui a gagné lorsque les deux billes sont à équidistance ; en famille, qui va débarrasser la table ; entre joueurs, que faire lorsque la règle est imprécise ou incomplète (selon les familles, comparer les pratiques en matière de « Case Départ » au Monopoly).

Dans une société où les règles de morale ou de religion sont de plus en plus diversifiées, le plus grand commun dénominateur dans notre société d'individus est devenu le Droit. Il n'en demandait pas tant.

Dans l'entreprise, le droit *du travail* pose les règles officielles fixant les rapports entre « l'employeur » et ses « salariés » : il constitue un minimum. Beaucoup d'autres normes de comportement, au moins aussi importantes au quotidien, existent : la courtoisie, la loyauté la plus élémentaire. Mais la violation du Droit est sanctionnée par la Société.

8 **Le droit du travail : publicité mensongère ?** Car il ne s'applique pas à tous les travailleurs mais seulement aux *salariés* qui, comme leur nom l'indique, perçoivent un

salaire dans le cadre de l'exécution d'un contrat *de travail*. En le signant, ils se placent volontairement sous la *subordination* de leur *employeur*.

Reprenant la définition de Gérard Lyon-Caen, on peut définir le droit du travail comme « l'ensemble des règles juridiques applicables aux relations individuelles et collectives qui naissent entre les employeurs privés et les salariés qui travaillent sous leur autorité, moyennant une rémunération appelée salaire ».

Sont donc exclus du droit du travail subordonné les 791 000 artisans, 580 000 agriculteurs, 730 000 commerçants, 845 000 professions libérales et autres travailleurs indépendants ou « free-lance » : soit environ 15 % de la population active en France. Pourcentage en légère hausse depuis cinq ans : car pour lutter contre le chômage, il ne faut plus exclusivement compter sur l'emploi salarié lorsqu'il est plus facile de trouver des clients qu'un employeur (cf. les chauffeurs d'Uber, souvent discriminés à l'embauche). Et 70 % des 670 000 auto-entrepreneurs ***actifs*** en 2017 (sur un total d'un million d'inscrits) donc a priori indépendants, sont à côté salariés, fonctionnaires ou retraités...

Sont enfin exclus, car couverts par un statut de droit public, les fonctionnaires de l'État (2,3 millions), territoriaux (1,8 million) et hospitaliers (1,1 million). Restent tout de même soumis au volumineux Code du travail français les 18 millions de salariés du secteur privé : soit 88 % de la population active en comptant les fonctionnaires, contre moins de 50 % en 1910. Les rythmes de notre société sont donc salariaux : ainsi de l'impact sociétal des 35 heures, ou des vifs débats sur le travail le dimanche.

9 Critère actuel du contrat de travail : la « subordination juridique permanente » de l'ouvrier métallo de la Révolution industrielle. Existe-t-il un contrat *de travail*, ou s'agit-il d'un autre type de contrat (civil, commercial) ne permettant pas de bénéficier de la protection du droit du travail ? « *Le lien de subordination est caractérisé par l'exécution d'un travail sous l'autorité d'un employeur qui a le pouvoir de donner des ordres et des directives, d'en contrôler l'exécution et de sanctionner les manquements de son subordonné* », rappelle depuis 1996 la Cour de cassation (c'est l'étymologie d'« employer » : *implicare*, « plier dans »), refusant depuis 1931 la dépendance économique comme critère principal.

Dans l'immense majorité des cas à vrai dire, la question ne se pose guère car la subordination du travailleur est évidente : horaires et lieu de travail identiques depuis des années, hiérarchie, ordres, sanctions disciplinaires, exclusivité des services, matériel fourni...

Mais pour certaines activités, qui se démultiplient avec le numérique, une recherche s'impose : indépendants ou subordonnés ? Ainsi du médecin vacataire, du conférencier extérieur à l'entreprise, du créateur de logiciel qu'on voit dans les bureaux une fois par mois, du chauffeur d'Uber ou du coursier de Deliveroo. Leur subordination juridique n'est pas évidente ; or la réponse à cette question a également d'importantes incidences ***sociales*** (tout salarié est affilié au très protecteur régime général de la Sécurité sociale), et ***fiscales***.

10 **En cas de contestation,** et après avoir vérifié que cette catégorie professionnelle ne bénéficie pas d'une *présomption de salariat* édictée par le Code du travail (journalistes, VRP, artistes, etc.), il faudra examiner *concrètement*, dans sa vie de tous les jours, s'il est *juridiquement* subordonné grâce à la méthode du faisceau d'indices : reçoit-il des ordres et sont-ils contrôlés dans leur mise en œuvre ? Est-il inclus dans un service organisé ? Est-il soumis à des horaires, dans un lieu précis de travail, avec un matériel fourni par l'entreprise ? Peut-il prendre des congés quand il veut ? Avec cette technique, **peu importe le contrat qui a pu être signé** : droit issu de la pratique, le droit du travail *s'attache à la réalité concrète et quotidienne*, démasquant ainsi les fraudes au nom de l'ordre public de protection.

LES « PARTENAIRES » D'UBER : SALARIÉS, INDÉPENDANTS... OU AUTRE ?

En mai 2016, l'Urssaf d'Ile-de-France a assigné Uber-France devant le Tribunal des affaires sociales de Paris pour récupérer les millions d'euros de redressement qu'elle lui avait *infligés* fin 2015, et qu'Uber avait (bien sûr, puisque son modèle économique repose sur le non-salariat de son *million* de chauffeurs dans le monde, pas de ses *mille* salariés classiques) refusé de payer. En septembre 2017, l'affaire est encore en cours.

Souvent oubliée dans ce débat, mais essentielle car elle explique aussi une partie du tropisme salarial des juges : la protection sociale du régime général assurée pour le salariat : retraite, assurance maladie et surtout ici accident de travail : l'hypothèse n'est pas marginale pour des chauffeurs ou des coursiers. Si l'un d'entre eux reste paralysé à vie, qui va faire face à ces dépenses ?

Tout beau, tout nouveau ? Pas vraiment ! Depuis 80 ans, une partie du contentieux parisien en requalification porte sur des chauffeurs de taxis employés par quelques grandes compagnies (G7, Taxis Bleus) : artisans-taxis ici, là locataires de leur taxi (à 500 euros la semaine) ou auto-entrepreneurs. L'emblématique contentieux Uber pourrait donc aussi faire tache (d'huile).

Alors, comment faire ? Comme depuis 1931 ! En l'absence de loi indiquant qu'ils sont assimilés aux salariés (comme les VRP), ou au contraire irréfragablement présumés non-salariés (ce qui tuerait le contentieux social), il faut se livrer à l'enquête habituelle, comme l'a fait la Cour d'appel de Paris le 20 avril 2017 pour un livreur de la défunte TakeEatEasy : « *Sa totale liberté de travailler permettait au coursier, sans avoir à s'en justifier, de choisir chaque semaine ses jours de travail et leur nombre sans être soumis à une quelconque durée du travail ni forfait horaire ou journalier, mais aussi de fixer seul ses périodes d'inactivité ou de congés, et leur durée* » (refus de requalification).

Mais comme le remarque Alexandre Fabre dans son bel article « Plateformes numériques : gare au tropisme travailliste ! » : « *Par peur de voir son monde s'effondrer ou par simple déformation professionnelle, le juriste « travailliste » pourrait être tenté de voir un travailleur salarié derrière chaque prestataire ayant recours aux services d'une plateforme numérique. Si une telle assimilation n'a rien d'impossible, elle est loin cependant d'être systématique. Pour s'en apercevoir, il faut prendre le risque de quitter les terres fermes du discours pour s'aventurer sur les rives – mouvantes – du réel. L'examen n'a rien d'une sinécure : chaussant les bottes d'un sociologue de terrain, il faut déambuler sur le net pour se familiariser avec ces plateformes, découvrir la multitude des services qu'elles offrent et mettre la main sur le type de contrat qu'elles destinent à leur prestataire* » (RDT, mars 2017 p. 166).

CES « PARTENAIRES » SONT-ILS SOUMIS À UNE « SUBORDINATION JURIDIQUE PERMANENTE » ?

Ils travaillent à l'évidence dans un « service organisé » ; mais s'agissant de plateformes, c'est la base même de leur organisation. Et cela ne veut pas dire qu'au quotidien ils soient soumis à des ordres ou des directives : à l'instar de l'arrêt du 17 mars 2016, si le chauffeur reste maître de ses horaires, de ses périodes de congés et qu'il est libre de travailler pour d'autres sociétés, il reste travailleur indépendant.

Alors évidemment, inclure une clause d'exclusivité des services – aujourd'hui interdite pour les VTC – est une bien mauvaise idée : si la dépendance économique n'est qu'un élément parmi d'autres, le juge social est évidemment sensible au sort de cet « indépendant » si dépendant.

Outre les deux clients de ces plateformes-flibustiers (les clients du taxi, et les conducteurs), la vraie nouveauté serait donc plutôt à rechercher du côté du marketing (recrutement, formation, uniforme, bouteille d'eau...), mais aussi des conséquences concrètes de la notation des chauffeurs : leur prestation est évaluée, et ils risquent le déréférencement en cas de mauvaises notes : pouvoir disciplinaire ?

Alors une loi relative aux plateformes ? Très complexe à concevoir, car quoi de commun entre Leboncoin, Groupon, Airbnb, Mechanical Turk, Uber... et Auchandirect ou Amazon avec leurs salariés classiques ? Donc résultat des courses au cas par cas, devant la Cour de cassation, car les deux parties iront jusqu'au bout. Mais un pourvoi a été formé début 2017 sur une affaire de livraison à domicile....

Que faire ? Plutôt que de se battre sur le régime juridique du travailleur, voire en créer un troisième qui commencerait par déstabiliser les deux autres, ne faut-il pas commencer par donner à ses travailleurs, a priori indépendants, les moyens collectifs de se défendre comme l'a fait la loi du 8 août 2016 en leur reconnaissant la liberté syndicale et le droit de cesser collectivement le travail ?

2016-2018 : VERS UNE CONVERGENCE DES STATUTS SALARIÉ/INDÉPENDANT

Intitulé à l'origine « Instituer de nouvelles libertés et de nouvelles protections pour les entreprises *et les actifs* » (donc pas seulement les salariés), pour « *les travailleurs* **indépendants** *recourant pour l'exercice de leur activité* **professionnelle** *à une ou plusieurs plateformes de mise en relation par voie électronique* », la loi du 8 août 2016 a renoncé à une présomption irréfragable de non-salariat qui aurait écarté tout procès en requalification. Mais elle a créé, dans le Code *du travail*, une « **responsabilité sociale des plateformes** » des donneuses d'ordre.

L. 7342-1. « *Lorsque la plateforme détermine les caractéristiques de la prestation de service fournie ou du bien vendu et fixe son prix, elle a, à l'égard des travailleurs*

concernés, une responsabilité sociale qui s'exerce dans les conditions prévues au présent chapitre ».
L. 7342-2. « *Lorsque le travailleur souscrit une assurance couvrant le risque d'accidents du travail ou adhère à l'assurance volontaire en matière d'accidents du travail (...), la plateforme prend en charge sa cotisation, dans la limite d'un plafond* » fixé par le décret du 4 mai 2017.
Constatant les allers-retours de travailleurs de plus en plus nombreux entre le salariat et l'indépendance, mais aussi la banalisation du cumul d'activités (ex : deux auto-entrepreneur sur trois), pour nous préparer au Grand Chambardement du Numérique le gouvernement nommé en 2017 veut ainsi légitimement faire converger les protections : ainsi du congé maternité, de la formation ou du chômage.
CPA. Même idée de dépassement des statuts pour préparer notre passage à une économie de l'innovation où chacun sera amené à passer d'un statut à un autre : le Compte Personnel d'Activité. A partir de son numéro de sécurité sociale, tout actif, salarié et demandeur d'emploi, mais aussi en 2018 tout travailleur indépendant, peut ouvrir à partir de 16 ans son compte sur un portail numérique gratuit. Sorte de carte Vitale de son parcours professionnel, le CPA rassemble les droits sociaux personnels utiles à la sécurisation du parcours professionnel dans ce sac à dos virtuel. Un million de comptes ont été ouverts depuis le 1° janvier 2017, pour l'instant limité aux Comptes Formation et Pénibilité, demain celui d'une Épargne Temps.
Déconnectant les droits de son emploi actuel et de son statut pour les rattacher à sa personne, le CPA veut renforcer la protection, mais aussi l'autonomie et la liberté d'action des travailleurs du XXIe siècle : si un salarié n'est que locataire de son poste de travail, il est propriétaire de sa compétence.

POUR ALLER PLUS LOIN...
– Marie-Cécile Escande-Varniol : « L'ubérisation, un phénomène global : regard de droit comparé » : « *Les premières réponses juridiques montrent un repli sur les mécanismes existants. Cependant, on peut penser qu'à long terme, le droit du travail devra se réinventer pour passer de l'ère industrielle à l'ère du numérique. Et s'en tenir à Uber risque de cacher la forêt des travailleurs précaires du digital* » (RDT, mars 2017, p. 171).
– « *L'économie des plateformes : enjeux pour la croissance, le travail, l'emploi et les politiques publiques* », Dares, Document d'études n° 213, août 2017 soulignant les quatre caractéristiques distinguant l'économie collaborative de l'économie marchande classique : externalisation poussée de la production ; multitude de producteurs indépendants ; utilisation des technologies numériques ; producteurs n'étant pas nécessairement des professionnels, mais aussi des particuliers.
– A. Jeammaud : « *Uber, Deliveroo : requalification des contrats ou dénonciation d'une fraude à la loi ?* », Semaine Sociale Lamy, n° 1780 du 4 septembre 2017.

11 **Faux artisan, faux auto-entrepreneur mais vrai salarié.** En droit du travail, l'employeur est responsable de la sécurité dans son entreprise : en cas d'accident, il

risque donc de passer devant le tribunal correctionnel et d'être pénalement sanctionné. Pour éviter ce risque mais payer aussi moins de charges sociales, des employeurs du Bâtiment avaient demandé à leurs salariés (plâtriers, plombiers-zingueurs) de démissionner et de s'inscrire très officiellement comme artisans *indépendants*. Leur travail resterait le même, les horaires identiques, et ils toucheraient non plus un salaire mais une rémunération, d'ailleurs supérieure puisqu'ils devraient faire face eux-mêmes à leur protection sociale. Ce qui fut fait, au nom de l'indépendance retrouvée.

Mais les mêmes causes (la loi de la pesanteur) produisant hélas les mêmes effets quel que soit le statut juridique, l'un d'eux fit une chute (comme aujourd'hui un « coursier à vélo indépendant » de Foodora...). Lorsque l'inspecteur du travail vint constater les faits, le chef de chantier indiqua que M. X était artisan, donc ***indépendant*** comme le démontrait son inscription tout à fait régulière au Registre des métiers. Lui-même ne pouvait donc pas être déclaré responsable de cet accident, qui n'était donc pas un accident ***du travail***.

Or l'enquête menée par l'inspecteur montra que, ***dans les faits***, ces nouveaux artisans (en plus ex-salariés !) avaient les mêmes conditions de subordination qu'auparavant : même chef de chantier, mêmes horaires, matériel toujours fourni par l'entreprise, etc. Dans l'arrêt Guégan du 29 octobre 1985, la Chambre ***criminelle*** de la Cour de cassation a donc indiqué que « **la seule volonté des intéressés est impuissante à soustraire le travailleur au statut social qui découle nécessairement des conditions d'accomplissement de son travail, dans une matière d'ordre public comme le droit du travail »**. L'entreprise de bâtiment fut déclarée responsable de l'accident, malgré cette mise en scène juridique.

12 Ordre public de protection et principe de réalité. Le droit du travail déjoue donc les éventuelles fraudes en appliquant le principe de réalité. Au-delà du contrat formel, il va constater la réalité quotidienne : « *L'existence d'une relation de travail ne dépend ni de la volonté exprimée par les parties ni de la dénomination qu'elles ont donnée à leur convention, mais des conditions de fait dans lesquelles est exercée l'activité des travailleurs* » (Assemblée plénière, 4 mars 2003). L'accord exprès du « salarié » n'est donc pas déterminant puisqu'il s'agit d'une matière placée sous le signe de l'ordre public de protection : il faut travailler pour vivre.

Ainsi de certains franchisés, curieux commerçants « ***dont l'unique fournisseur fixait les conditions d'exercice de cette activité et le prix de vente des marchandises*** » (CS, 8 février 2005). Et a fortiori des vendeurs d'une librairie ayant démissionné mais effectuant dès le lendemain le même travail comme auto-entrepreneurs : « ***En faisant appel volontairement à trois personnes déclarées sous le statut d'auto-entrepreneur, la société a cherché à s'exonérer de toutes les obligations liées au contrat de travail, mais aussi du paiement des charges sociales*** » (Cass. crim. 10 janvier 2017 : délit de travail dissimulé).

Mais à l'instar du droit de la consommation, lui aussi placé sous le signe de l'ordre public de protection mais parfois devenu droit de défiance à l'égard des professionnels, le droit du travail ne doit pas ériger la méfiance et le dolorisme en système de pensée, avec un employeur a priori suspect de fraude permanente et ne pensant qu'à licencier au plus vite, et le pauvre salarié, mineur social, incapable de comprendre où sont ses intérêts.

LES TIC CASSENT LE CODE (DU TRAVAIL SALARIÉ)...
MAIS VONT CRÉER UN CODE DES TRAVAILLEURS ?

Ambivalence des TIC. Les « nouvelles technologies » sont comme l'électricité il y un siècle : une technique nouvelle, dont les *usages* vont bouleverser le monde. Et comme le droit du travail, elles sont ambivalentes. Levier de créativité touchant tous les domaines, les sciences comme les arts, elles peuvent favoriser l'engagement gratuit et la recherche du bien commun : Wikipédia, circuits courts coopératifs. Mais aussi créer un ultra-capitalisme prédateur fonctionnant à la marge du droit social et fiscal (Airbnb, avec ses 400 000 offres de logement en France, y a payé en 2016 92 944 euros d'impôt sur les sociétés : moins que le seul impôt sur le revenu d'un couple de cadres supérieurs), et en creusant de radicales inégalités. Si certaines encouragent le goût de la participation à un but collectif (la « réciprocité créatrice » de Monique Dagnaud in « *Le modèle californien : comment l'esprit collaboratif change le monde* » O. Jacob, avril 2016), d'autres favorisent les mouvements grégaires et la recherche de son « quart d'heure de célébrité » en allant toujours plus bas. En ligne avec la culture des jeunes générations en créant ici davantage d'autonomie, elles génèrent là une sur-subordination (ex : géolocalisation des routiers).

D'une société de l'emploi salarié à celle des activités
Entre nos 3,5 millions de chômeurs et l'« uberisation » de notre économie (Uber ou Mechanical Turk ne produisent aucun bien ou service nouveaux, mais organise grâce au Web une économie nouvelle de la prestation de services, leur modèle reposant sur le non salariat et l'optimisation fiscale), le travail salarié classique n'est plus l'alpha et l'oméga du développement économique, ni de la lutte contre le chômage. Or « *le numérique ne pourra créer massivement des emplois que s'il en a le droit* » (Nicolas Colin). Et le travail non salarié ne peut plus être réduit à l'opposition conférenciers de haut vol sur-rémunérés/travailleurs sur-précarisés. Selon l'OCDE, la robotisation en cours pourrait impacter directement les 2,4 millions d'emplois substituables, et un travailleur sur trois devra faire face à un changement de la nature de son travail ; mais chaque emploi de haute technologie entraînerait la création d'environ cinq emplois complémentaires.
La vraie révolution : l'Intelligence Artificielle. En mars 2017, l'« Institut pour le Futur » de Palo Alto remarquait qu'après la première révolution numérique qui se limitait à la simple imitation de la pensée logique, avec son intelligence cognitive la seconde est capable *d'imaginer* des solutions, *d'interpréter* des données comme un collaborateur. Avec, même pour certaines tâches intellectuelles, un couple numérique + robotisation plus efficace que l'homme.
Mais la robotisation n'est pas vraiment nouvelle (les machines à tisser Jacquard conduisant à la révolte des Canuts lyonnais en 1830), ni toujours négative car elle permet aussi de diminuer les travaux répétitifs ou pénibles, d'augmenter la

compétence du collaborateur. Voire de permettre la relocalisation d'entreprises en Europe : un robot tournant 24/7 à Romorantin coûte aujourd'hui beaucoup moins cher (quantité + qualité + coûts du transport) qu'un salarié chinois, tout en créant sur place des emplois de maintenance.
Tout nouveau, tout beau. Sans aller jusqu'à proclamer que « *85 % des emplois de 2030 n'existent pas encore aujourd'hui* », il faut donc recentrer le travailleur sur ce qu'il peut (encore) faire mieux que la machine. Et la capacité à acquérir un nouveau savoir vaut plus que le savoir déjà appris : « *L'illettré du futur n'est plus celui qui ne sait pas lire, mais celui qui ne sait pas apprendre, désapprendre, réapprendre* » (Alvin Töffler, « La troisième vague »).
Vaste mais redoutable programme, séduisant pour les socialement déjà agiles et naturellement demandeurs des formations adéquates, mais terrible pour les non qualifiés : en 2016, 19 % des ouvriers contre 50 % des cadres ont formulé une demande de formation (voir « *La formation en entreprise face aux aspirations des salariés* », Céreq Bref n° 357, juillet 2017) : la « co-construction de son employabilité » pourrait aussi creuser les inégalités.

13 **De Taylor à Twitter : de la sub/ordination à la sub/organisation ; du matériel à l'immatériel, de la pyramide aux réseaux, du Web 1 (vertical) au Web 2 (horizontal).** Conçue pour l'industrie taylorisée du début du XXe siècle, la subordination *juridique* était alors un critère facile à mettre en œuvre.

Aujourd'hui, de plus en plus nombreux sont les cas où le doute survient : souvent de mauvaise foi pour éviter de payer les charges sociales ou d'être responsable en cas d'accident ; parfois de bonne foi, travail des neurones et technologies modernes ne pouvant reposer sur des ordres en continu et une discipline de fer. Liberté rimant avec efficacité et créativité pour le ***travailleur du savoir***, on cherche au contraire à donner plus d'autonomie aux collaborateurs (*cf.* les « salariés autonomes » en forfait-jours), à responsabiliser certains techniciens de haut niveau qui ne reçoivent guère d'ordres et gèrent eux-mêmes leurs horaires.

Avec la fin du taylorisme **industriel** – mais certains centres d'appel ou de logistique sont une chaîne taylorisée **de services** – les critères habituels sont plus difficiles à mettre en œuvre, une obligation de résultat se substituant de plus en plus souvent au contrôle du simple présentéisme qui, pour de nombreux cadres vers 14 h 30, peut être contemplatif. Les Chartes et autres Codes de bonne conduite, en forme de ***soft-law***, jouent aussi plus sur l'incitation (la carotte) que la coercition (le bâton). Passage d'un modèle d'obéissance « militaro-industrielle » culturellement dépassée à une domination souple fondée sur les objectifs, mieux adaptée aux salariés diplômés du XXIe siècle et à la Génération Y, estimant à juste titre que l'autorité ne vient pas du seul titre de « ***supérieur*** hiérarchique », mais de l'expertise et l'exemplarité. Ainsi de l'obscur ingénieur taiseux du bureau E 606, devenu en six mois la star dans son entreprise grâce à ses si judicieuses remarques sur le réseau social interne : du « petit chef » à « l'autorité horizontale » (*cf.* J.-E. Ray, « Qualité de vie et travail de demain », *Dr soc.*, février 2015, p. 32).

14 **« Une crise ? Non, Sire, une métamorphose de tout notre appareil productif. »** Le droit d'un travail militaro-industriel a donc de plus en plus de difficultés à s'adapter aux nouvelles structures, économiques et idéologiques, et aux nouveaux travailleurs. D'où ses réformes successives, en particulier entre mai 2004 et septembre 2017, avec leur choix de la décentralisation de la négociation collective.

- **Entre 1919 et 1975, il s'était construit sur le modèle Renault-Billancourt**, une forteresse ouvrière de plusieurs milliers de salariés, sur des chaînes dans l'industrie lourde, où les « centrales syndicales » bénéficiaient d'une solide tradition, particulièrement chez les ouvriers masculins les plus qualifiés. Encore très présent dans les mentalités, cet ouvriérisme est en train de disparaître dans les faits : il y a aujourd'hui en France plus d'employés que d'ouvriers (mais encore 5 millions, dont 80 % d'hommes), et les bastions syndicaux (mines, sidérurgie...) ont été les plus touchés par les restructurations : ce qui n'arrange guère la CGT qui a donc perdu sa 1° place en 2017. Le tertiaire, au contraire, se développe régulièrement : deux salariés sur trois (11 millions), et 80 % des emplois créés depuis dix ans.
- **Un salarié** sur cinq travaille dans le million de TPE de moins de 10 salariés, (soit autant que dans les entreprises de plus de 5 000), et 51 % (8,5 millions) dans une entreprise ou un établissement de moins de 50 personnes, seuil fatidique pour l'implantation des institutions représentatives du personnel, refondées fin 2017. Si l'on ajoute que les trois quarts de ces employés sont des employées, on comprend mieux le désarroi des syndicats. Car ces derniers sont absents des PME et *a fortiori* des TPE (entre 1 et 10 salariés : 4,2 millions de salariés), véritables déserts syndicaux. Et leur adhérent type des années 1960, l'ouvrier d'industrie masculin qualifié, n'a qu'un lointain rapport avec la nouvelle collaboratrice : une jeune femme travaillant à temps partiel dans un magasin, parfois sous contrat à durée déterminée.
- **Depuis 1975, le nombre de cadres a doublé :** 4,3 millions aujourd'hui, mais de plus en plus secrétarisés. À la classique obligation de ***moyens*** s'est souvent substituée celle de ***résultat*** pour ces « cadres » qui, pour un tiers d'entre eux, n'encadrent personne (experts, consultants...). « Travailler où l'on veut, quand on veut » ? L'ouvrier pouvait pratiquer le « fini-parti » qui limitait son travail dans le temps et l'espace, la loi de la pesanteur l'empêchant physiquement d'emporter une porte de voiture pour la terminer à la maison. S'agissant en revanche d'activités de plus en plus intellectuelles, jamais finies car toujours améliorables, avec le haut débit à la maison et le Cloud pour tout le monde, le bonheur patronal est dans la souris.

15 **Mais le « modèle social français » est-il soutenable avec notre faible croissance ?** Si la croissance économique à 5 % des Trente Glorieuses avait permis au droit du travail (mais aussi à notre protection sociale, puissant amortisseur des chocs économiques représentant 715 milliards, soit un tiers du PIB) d'avancer à un rythme régulier, la crise de 1974 puis surtout la grande mutation de notre économie ont amené le législateur à réagir en deux temps.

Les « lois Auroux » (1982) ont parachevé le modèle Billancourt (encore plus de délégués, d'heures de délégation, de structures de représentation...) sans vraiment tenir compte de la profonde métamorphose – et non pas la simple crise – en cours : le chant du cygne. Mais ce qui s'est révélé positif dans les 2 700 grandes entreprises françaises de plus de 500 salariés n'a jamais vu le jour dans les PME, et le fossé s'est élargi. Si les ordonnances du 22 septembre 2017 ont légitimement pris en compte les spécificités des TPE/PME, cette ineffectivité largement due à son ahurissante complexité pour un droit du quotidien – pas celui des successions, où intervient tous les 60 ans un homme de l'art : le notaire – reste préoccupante. En attendant l'application de la règle fixée fin 2017 (une règle nouvelle = suppression de deux règles anciennes), le « choc de simplification » n'a pas encore atteint notre droit du travail se stratifiant chaque année un peu plus, dans notre « société de défiance » (ex : notre logique perdant / gagnant), et obère notre compétitivité.

DÉPASSER LA « SOCIÉTÉ » DU CODE CIVIL POUR PENSER « L'ENTREPRISE » DU XXIe SIÈCLE

Trois siècles après Jean de la Fontaine et sa belle fable sur « Le Loup et le Chien », pour des raisons aussi culturelles (« l'individualisme coopératif » des jeunes générations) que sociétales ou technologiques, *« la subordination à vie n'est pas un idéal insurpassable »* (Alain Supiot),

Et le professeur au Collège de France de poursuivre : « *Réfléchir à la réforme du droit du travail n'a rien de choquant. La révolution permanente des modes d'organisation de production et des techniques prend en défaut les systèmes de protection des travailleurs hérités de l'ordre antérieur, et oblige à les repenser sans cesse. Encore faut-il, dans une perspective progressiste, avoir en tête l'idée d'un monde meilleur et plus juste, que l'on va s'employer à faire advenir démocratiquement. C'est cela qui fait la grandeur et la difficulté de l'action politique, toujours menacée de dégénérer en simple réaction aux signaux venus des marchés ou d'institutions non démocratiques. Pour obéir à leurs injonctions, on détricote le droit du travail au lieu de s'efforcer de le repenser* ».

Une fois n'est pas coutume : les « lois Macron » de 2017-2018 (ordonnances du 22 septembre + réformes de la formation professionnelle + de l'assurance chômage) ne se contentent pas de rajouter une rustine ici ou là. Prenant acte de l'évolution de marché du travail et des mentalités, plutôt que de créer un 3° statut, elles veulent faire converger la protection du salarié et celle du travailleur indépendant (ex : congé maternité et formation pour tous), en droit du travail comme en matière de protection sociale (disparition du RSI).

Réguler le passé ne prépare pas l'avenir. Le véritable « capital social » d'une entreprise étant par ailleurs constitué aujourd'hui de la somme des cerveaux de ses collaborateurs, les seuls détenteurs de capitaux ne doivent plus en être « seuls maîtres à bord » : « *Si l'entreprise appartient à toutes ses parties prenantes, alors elle n'a pas pour but de maximiser l'intérêt d'une seule de ces parties. Repenser la propriété de l'entreprise est donc fondamental car le discours sur la propriété de l'entreprise induit le discours sur le pouvoir dans l'entreprise, ainsi que la finalité même de celle-ci* » (O. Favereau).

Prenant acte de l'évolution du niveau de formation des travailleurs (pourcentage de bacheliers dans une génération : 1921 : 2 % ; 1951 : 5 % ; 1971 : 21 % ; 1991 : 47 % ; 2016 : 79 %), le nouveau « Conseil d'entreprise » créé le 22 septembre 2017 nous rapproche du Betriebsrat et de la co-détermination allemande. Remplaçant les trois instances représentatives du personnel actuelle, mais dépassant le nouveau « Comité Social et Économique » car y incluant les délégués syndicaux, le nouveau « CE » peut avoir un véritable droit de veto sur la formation. Les mêmes ordonnances de septembre 2017 veulent aussi élargir les conditions de représentation des salariés dans les organes d'administration ou de surveillance des sociétés... ...Redécouvrant finalement le préambule de la Constitution du 27 octobre 1946 : *« Tout travailleur participe, par l'intermédiaire de ses délégués, à la détermination collective des conditions de travail ainsi qu'à la gestion des entreprises ».*

16 **Incertitudes.** Caractéristique de ce début du XXIe siècle, la fin des certitudes n'épargne pas le droit du travail : les frontières idéologiques sont moins nettes, comme celles séparant travail salarié / travail indépendant voire travail / non-travail. Alors que l'on pouvait hier encore opposer salarié à chômeur, il existe aujourd'hui une multitude de situations intermédiaires : stages en entreprise, apprentissage, formations en alternance, congé de mobilité externe. Parfois le demandeur d'emploi est aussi un peu salarié et un peu auto-entrepreneur. La lutte contre le chômage a obligé le législateur à faire feu de toute loi pour permettre la *mise au* travail des jeunes, et le *maintien ou le retour* au travail des *papys-boomers*. Leur situation au regard du droit du travail est souvent très complexe (l'employeur n'est pas toujours celui qui rémunère, contrats et horaires très particuliers) et cela n'est pas sans conséquence sur leur protection sociale. Car le droit de la Sécurité sociale s'était lui aussi développé sur le modèle Billancourt du contrat à durée indéterminée à temps plein ; il a tendance, lui aussi, à se détacher du droit du travail (*cf.* la Bible : J.-J. Dupeyroux et R. Ruellan, *Droit de la Sécurité sociale*, Précis Dalloz).

17 **Salariés sans subordination (portage salarial), indépendants très dépendants (Uber)**. Comme l'écrit Sempé, « *Rien n'est simple* »... si l'on se poste aux marges du monde du travail. Car 85 % des salariés restent aujourd'hui titulaires du bon vieux contrat de travail à durée indéterminée, et 3,5 millions sont par ailleurs actionnaires de leur entreprise (34 % du capital d'Eiffage) : version *newlook* de l'association capital/travail brouillant encore un peu plus les cartes... tant que la Bourse atteint des sommets. Sinon l'ex-actionnaire salarié se redécouvre salarié-actionnaire, et parfois hélas chômeur ruiné.

Le thème de cet ouvrage étant défini, il convient dans un titre liminaire de procéder à une présentation générale du droit du travail.

POUR ALLER PLUS LOIN...

Il existe un quotidien du droit social (Liaisons sociales, voir le site www.liaisons-sociales-quotidien.fr), de très nombreux mensuels (revue de référence : Droit social, mais aussi Revue de jurisprudence sociale, Revue de droit du travail, Cahiers sociaux) ou hebdomadaires spécialisés : Semaine juridique sociale, dite JCP (S), Semaine sociale Lamy, toujours à la pointe de l'actualité.

Et d'excellents sites publics et gratuits, avec toutes les sources du droit du travail à jour : en particulier *www.legifrance.fr* (Codes, JO, Cour de cassation....), qui devrait bientôt avoir un petit frère nettement plus interactif incluant accords de branche et d'entreprise (ce qui incitera au benchmark social) : devenir le « Code du Travail numérique » prévu pour fin 2019 par l'ordonnance du 22 septembre 2017 voulant « *donner accès à un droit du travail numérique clair, accessible et compréhensible, répondant aux questions concrètes que se posent les chefs d'entreprise et les salariés, notamment dans les petites entreprises (....). L'employeur ou le salarié qui se prévaut des informations obtenues au moyen du Code du travail numérique est, en cas de litige, présumé de bonne foi* ».

Mais aussi des sites payants mais très réactifs : la très complète revue hebdomadaire de Lexbase (*www.lexbase.fr*), des Éditions législatives (*www.actuEL-RH.fr*) ou l'agence de presse AEF (« Emploi » ou « RH ») : *www.aef.info*.

Pour un panorama européen et international : le bimensuel Liaisons sociales Europe, avec son site « Planet Labor » (*planetlabor@planetlabor.com*), et l'excellent *www.metis.europe.fr*

Côté presse juridique syndicale, la CGT publie un mensuel « Droit Ouvrier », et la CFDT son trimestriel « Action Juridique CFDT » : deux titres, et tout un programme.

Pour suivre l'actualité des TIC, outre les chroniques juridiques de l'auteur à Droit Social (« Grande accélération et droit à la déconnexion », novembre 2016), les commentaires de la « Fondation Internet Nouvelle génération » (fing.org) et InternetActu (*http://www.internetactu.net)*. Sans oublier les passionnantes chroniques d'Hubert Guillaud (www.internetactu.net/author/hubert).

Enfin, sur les interactions droit / économie, suivre le séminaire « Politiques de l'Emploi » organisé par la Direction Générale du Trésor et la DG travail *http://www.tresor.economie.gouv.fr/Seminaire-Politiques-de-lemploi*

Open droit du travail. Les conventions de branche étendues étaient déjà disponibles sur *https://www.legifrance.gouv.fr/initRechConvColl.do*. Demain, les accords de branche, de groupe, d'entreprise et d'établissement seront « versés dans une base de données nationale, dont le contenu est publié en ligne dans un standard ouvert aisément réutilisable » (R. 2231-1-1 et s.)

Titre liminaire

Présentation générale du droit du travail

18 « *L'Histoire est le laboratoire expérimental de la législation.* » Plus encore que les autres branches du droit, le droit du travail de chaque Nation est profondément marqué par ses origines historiques : elles ont engendré un système spécifique de relations sociales, rendant aléatoires de trop rapides comparaisons internationales, et spécieuse l'idée même de « modèle » à dupliquer. Sans même parler d'un « modèle français » de droit du travail qu'aucun autre pays ne veut à vrai dire importer, si les « bonnes pratiques » des uns peuvent légitimement inspirer les autres, le social est vernaculaire : ni exportable, ni importable tel quel.

Pour *comprendre* les relations sociales, il ne faut donc jamais du passé faire table rase : comme chaque personne, chaque droit du travail – le droit de la personne au travail – a ses propres racines, culturelles et historiques, qui éclairent son contenu *(Chapitre 1)*.

Il conviendra ensuite d'étudier ses sources *(Chapitre 2)* pour constater une double évolution : le « petit Droit » (conventionnel) a pris en 2016-2017 une éclatante revanche sur le « grand Droit » (légal). L'État, sous toutes ses formes, se faisant plus discret, les instances de contrôle du droit du travail *(Chapitre 3)* ont enfin un rôle de plus en plus délicat[1].

1) Ancien Professeur associé à l'Université de Montpellier, Paul-Henri Mousseron avait rédigé, dans les deux premières éditions, les chapitres « Contrats atypiques », « Hygiène et sécurité », « Rémunération », « Suspension du contrat », « Transferts d'entreprise ».

Chapitre 1

Un peu d'histoire pour comprendre le droit du travail d'aujourd'hui

19 « *Pour savoir où l'on va, il faut savoir d'où l'on vient.* » Omniprésent aujourd'hui, le droit du travail est comme le salariat lui-même : une création récente. La « législation *ouvrière* » de la fin du XIXe siècle visait les cinq millions d'ouvriers de l'époque, sur un mode peu éloigné des lois de police. Les prolétaires étant exclus de la société française *(« Classes laborieuses, classes dangereuses »)*, il convenait tout autant de maintenir l'ordre public dans la rue ou les manufactures (loi du 22 Germinal, an XI : création du livret ouvrier, compétence du commissaire de police pour connaître des litiges du travail) que de leur assurer la possibilité de se nourrir, se loger, se vêtir, eux et leur famille. Vivre, c'était ne pas mourir.

20 **Les femmes et les enfants d'abord.** La première « loi sociale » du 22 mars 1841 révèle toute **l'ambivalence du droit du travail**. Suite à la parution du *Tableau physique et moral des ouvriers employés dans les manufactures de coton, de laine et de soie*, publié en 1840 par le docteur Villermé, l'opinion s'émeut : comment accepter que des enfants de 6 ans travaillent dix heures par jour ? Le ministère de la Guerre intervient dans le même sens : comment faire face à l'ennemi si huit conscrits sur dix venant de l'industrie sont physiquement inaptes à « porter les armes » ? Ce consensus paradoxal aboutit à l'interdiction du travail des enfants de moins de 8 ans dans les usines de plus de vingt ouvriers ; et à une durée quotidienne maximale de douze heures pour ceux de 12 à 16 ans.

En raison de l'inégalité économique existant entre l'employeur (le « maître » selon le Code civil) et celui qui doit lui vendre sa « *force* de travail » (sinon sa personne : de l'esclavage au servage puis aux débuts du salariat, la rupture n'est pas nette), l'État doit intervenir dans le sens évoqué en 1835 par l'avocat devenu dominicain Henri Lacordaire : « *Entre le fort et le faible, entre le maître et le serviteur, c'est la liberté qui opprime et la loi qui affranchit.* ».

Car l'individualisme et l'égalité magnifiés par la Révolution ne peuvent s'appliquer facilement à ce que le Code civil de 1804 appelle « *le contrat de louage des domestiques et ouvriers* ». Les parties ne sont pas égales, et le travail humain n'est pas une marchandise : *il engage la personne* même du travailleur qui, à cette époque, se remémore la fable du renard libre dans le poulailler libre. Le « marché du travail » n'est pas celui du pétrole ou des pommes de terre.

21 **Qui dit contractuel ne dit pas forcément juste.** Il convient donc de limiter les éventuels abus patronaux, particulièrement sur les plus faibles. En application de l'ordre public de protection, c'est l'époque des interdictions visant l'intégrité physique (âge d'accès, durée du travail) dont le respect sera assuré par les premiers inspecteurs du travail (1874), alors réclamés par les entreprises respectueuses du Droit et voulant donc limiter le dumping social créé par celles qui le violent.

Après que les ouvriers soient devenus électeurs, le droit du travail se construit avec l'abolition du délit de coalition (1864) puis, après la Commune, la liberté d'association professionnelle de Waldeck-Rousseau (1884) destinée à limiter les éventuels débordements, tout en sachant à qui s'adresser s'ils intervenaient tout de même : les nouveaux syndicats doivent fournir le nom de leurs *responsables*. Après cette phase soutenue par l'Église (*cf.* l'encyclique *Rerum Novarum* de 1891, bombe politique évoquant un système « *imposant un joug presque servile à l'infinie multitude des prolétaires* »), l'inégalité *individuelle* inhérente au contrat de travail doit être contrebalancée par l'égalité *collective* (employeur/collectivité du personnel).

Après les troubles sociaux dans les usines d'armement en 1916-1917 où il fallut désigner, littéralement, des « délégués du personnel » pour négocier avec la direction, naît en 1919 la « convention collective ». Le Front populaire en permettra l'extension à toutes les entreprises de la branche concernée, créera les congés payés et la semaine de 40 heures : lois très vivantes dans l'inconscient collectif des Français.

22 **Droits « nécessaires à notre temps ».** Après la Seconde Guerre mondiale, le Préambule constitutionnel de 1946 évoque les « *principes économiques et sociaux particulièrement nécessaires à notre temps* », et crée des droits de nature collective : grève, liberté syndicale et son corollaire le droit à la participation et donc à la négociation collective : droits littéralement « fondamentaux » en droit du travail, figurant au visa d'arrêts de cassation. Nait également le comité d'entreprise qui, en ces temps de reconstruction, « *coopère avec le chef d'entreprise* ». Première tentative de démocratie industrielle, de rapprochement entre le capital et le travail que relancera le général de Gaulle à partir de 1958 avec la « participation » longtemps limitée au seul domaine financier, avant l'irruption de l'actionnariat salarié puis la désignation d'administrateurs salariés dans les organes de direction relancée en 2016-2017.

L'alternance politique de 1981 modifiera profondément le Code du travail, les textes les plus connus étant les « lois Auroux » votées en 1982. Ces textes d'inspiration unique, chant du cygne du droit du travail des Trente Glorieuses, ne furent pas remis en cause avant 2017 : car le débat public s'était centré sur l'emploi, l'emploi à tout prix. Or ce nouveau droit *de l'emploi*, qui vise l'insertion des *outsiders* (près d'un demandeur d'emploi sur deux est aujourd'hui inscrit à Pôle Emploi depuis plus d'un an, et plus de

800 000 depuis plus de trois ans : fracture + facture sociales), a une logique fort différente du droit du travail classique protecteur des *insiders*, créé et financé pendant les années de forte croissance.

23 L'ambivalence du droit du travail. L'image de crémaillère sociale qu'il avait acquise depuis 1946 grâce aux Trente Glorieuses (forte croissance, accrue par la grande illusion de l'inflation : + 15 %/an) ne correspond hélas plus à la réalité. Certes le Code du travail est essentiellement unilatéral : il impose un nombre considérable de contraintes à l'employeur, et logiquement 98 % des procès prud'homaux sont intentés par des salariés.

Cela veut-il dire que le droit du travail s'oppose aux intérêts patronaux ? Il n'en est rien : il crée aussi des règles du jeu social communes à toutes les entreprises, donc favorables à une concurrence loyale : ainsi des salaires minima de branche, maintenus le 22 septembre 2017. De façon plus subtile, il apaise les tensions sociales, individuelles ou collectives : procédure de licenciement et indemnisation de la rupture permettent, par exemple, une séparation moins conflictuelle. De la même façon, l'article L. 1224-1 obligeant le repreneur d'une société à garder le personnel qui avait pourtant signé son contrat avec l'ancien employeur peut se révéler coûteux ; mais il assure également la continuité de la production, des salariés habitués aux postes de travail se trouvant immédiatement opérationnels.

24 Une nécessaire force d'interposition. Le droit du travail cherche donc à compenser *l'inégalité économique* employeur-salarié en créant une *inégalité juridique* destinée à éviter à l'*homo faber* de subir de plein fouet la loi du marché, bref la loi de la jungle. Une personne qui travaille et fait vivre une famille n'est pas une chose : le droit du travail, droit de la personne au travail, et *nécessaire force d'interposition* entre la dignité de la personne humaine et la violence de la loi du marché. Mais le collaborateur d'aujourd'hui n'est plus Cosette ou le mineur de Germinal : il doit par exemple être *acteur* de sa propre employabilité...ou de son droit à la déconnexion !

Ce jeune droit restera dans l'avenir un droit de protection et de progrès social : produire n'est pas une fin en soi, et le nouveau fondamentalisme du tout-économique (économétrique) un non-sens humain.

PROTECTION DES FAIBLES ET PROTECTIONNISME DES FORTS

Droit du travail, droit de la concurrence et concurrence par le droit

N'en déplaise à ceux aimant les films en noir et blanc, le droit du travail est profondément *ambivalent* : s'il protège le salarié, c'est également afin de permettre un développement harmonieux de l'entreprise, voire de la Société tout entière (exemple : la progression du Smic comme soutien de la demande). Le droit *légal* du travail instaure en France des règles de concurrence économique équilibrée, contrairement à d'autres pays où la firme qui donne des conditions de travail et des rémunérations inférieures à ses concurrents s'en trouve favorisée pour la vente de ses produits.

Et la convention nationale *de branche* (ex. : chimie) étendue permet certes de prévoir des améliorations favorables aux salariés (minima d'embauche, primes), mais cette avancée est collective : elle évite ainsi une concurrence (à la baisse) entre entreprises du même secteur, mais aussi entre salariés. Problème : quid de la PME en difficulté et ne pouvant plus respecter ces minima de branche ? Ne pouvant payer moins, elle licenciera des collaborateurs : d'où la relative flexibilité créée le 22 septembre 2017.
Ainsi le travail le dimanche est d'abord un problème de droit de la concurrence, les procès intervenant souvent à l'initiative de petits commerçants de centre-ville directement menacés, ou de leurs syndicats patronaux. Sans parler de la lutte contre le travail au noir, destinée à protéger les entreprises socialement et fiscalement transparentes : le droit de la concurrence, et les 40 milliards d'euros annuels qu'ils coûtent au fisc, à l'Urssaf et à l'Unedic expliquent davantage la lutte engagée par tous les gouvernements que la protection de ces travailleurs. Mais il faut aussi veiller à ne pas le rendre trop attractif en augmentant systématiquement charges sociales et impôts : le travail au noir, c'est aussi l'expatriation interne des sans-grade.

Trade et trade-unions

La création en 1919 de l'Organisation internationale du travail répondait avant tout à un souhait universel (« Plus jamais ça »), à une volonté de faire se rencontrer les ex-belligérants, de mieux protéger les travailleurs de tous les pays pour réduire les conflits. Mais de la part des pays développés, n'était-ce pas également l'occasion de créer les règles d'une concurrence internationale égalitaire que d'harmoniser par le haut les conditions d'emploi travail. Cynisme ou réalisme ? Les hausses de plus de 30 % obtenues par les salariés de Renault-Roumanie en avril 2008 ont été applaudies par les syndicats français... aussi un peu rassurés sur d'éventuelles délocalisations. Mais les coûts salariaux du site roumain ayant augmenté de 160 % entre 2008 et 2015 (950 euros, contre 340 à Tanger), Renault a fait savoir fin 2015 que l'automatisation du site était programmée...
Enfin, le fait que la Chine ne respecte ni la liberté syndicale ni le droit à la négociation collective, pourtant droits *fondamentaux* de l'OIT, lui permet de vendre ses produits à très bas prix : cette attitude remet en cause les efforts des ONG dans l'ensemble de la région pour améliorer les conditions de travail.
Source d'un dumping social sans fin et sans fond, le « darwinisme normatif » évoqué par Alain Supiot a hélas de beaux jours devant lui.

Malgré les critiques régulières dont il est l'objet, et qui portent davantage sur sa redoutable complexité que sur les normes de protection elles-mêmes, le droit du travail se porte bien. S'il protège le salarié, aucun employeur réaliste ne souhaite sa disparition car il protège également l'entreprise, et structure le « marché du travail ».

LE CODE VA MAIGRIR ? FAUT PAS RÊVER ! CHANGER ? OUI

Le Code du travail est un bouc émissaire facile : le Code du commerce ou celui des impôts sont bien plus gros et complexes, et ne font pas l'objet de tels procès.

Et si le Code Dalloz fait effectivement 3200 pages, la moitié est constituée de la jurisprudence ajoutée par l'éditeur, qui ne relève donc pas du « Code du Travail » au sens technique : les seuls lois (« L. ») et règlements (« R. », et « D. » pour les décrets simples).

Et le Code n'est qu'une partie du Droit applicable. États-Unis, Allemagne ou Suisse : il est vrai que leur code *fédéral* est mince : mais le *droit* du travail applicable à tout employeur ne se résume nulle part au seul Code. Il faut y ajouter le droit de chaque État, les conventions collectives, et enfin s'en remettre à une jurisprudence parfois considérable.

Connaissez-vous d'ailleurs un seul employeur européen satisfait de son droit du travail ?

En France, tout le monde est d'accord pour le simplifier : mais dans la pratique, les partenaires sociaux puis les parlementaires méfiants réclament des règles précises, poussant à la complexité. Avec son triptyque « *Règles d'ordre public* »/ » *Champ de la négociation collective* » / « *Dispositions supplétives* » s'appliquant en l'absence d'accord, la loi du 8 août 2016 avait déjà donné plus de marges pour négocier en matière de temps de travail ou de congés : mais elle était donc plus volumineuse que les textes qu'elle a remplacés. Si le but de réduction de volume n'est donc pas atteint, elle veut dans la ligne du rapport Combrexelle remis au Premier Ministre le 9 septembre 2015 (« *La négociation collective, le travail et l'emploi* ») et comme les cinq ordonnances du 22 septembre 2017, encourager la flexibilité interne pour prévenir les licenciements tout en améliorant l'attractivité, mais aussi la réactivité des entreprises françaises.

Le tout par la négociation collective d'entreprise, car proche des problèmes : un bon équilibre entre droit du travail et droit de l'emploi, mais qui ne va pas faciliter pour le salarié la recherche de ses droits : car qui dit contractualisation dit complexification

VERS UN CODE DU TRAVAIL NUMÉRIQUE

Les ordonnances de septembre 2017 veulent aller beaucoup plus loin, en facilitant l'accès de tous aux règles essentielles : « La version numérique du Code du travail numérique est mise en place en vue de permettre et faciliter l'accès à toute personne au droit du travail et aux dispositions législatives et réglementaires ainsi qu'aux stipulations conventionnelles applicables. L'accès à ce Code se fait, de manière gratuite, au moyen du service public de la diffusion du droit par l'internet ». Avantage enfin non négligeable : « L'employeur ou le salarié qui se prévaut des informations obtenues au moyen du Code du travail numérique est, en cas de litige, présumé de bonne foi ».

L'idée est excellente, mais vu la complexité des textes récents, sa mise en œuvre nécessitera beaucoup de pédagogie… et de solides connaissances techniques : un

néophyte maîtrise peu le droit transitoire entre deux lois, certaines d'ordre public donc immédiatement applicables, d'autres non. Sans parler de la plus que délicate articulation loi /convention collective de branche / accord d'entreprise depuis 2017.
Mais c'est déjà aborder l'Himalaya : les multiples sources du droit du travail.

Chapitre 2

Les multiples sources du droit du travail

25 **Fleuve parfois capricieux** (alternances politiques 2002-2012-2017, mais aussi sociales : alliance FO-CGT au printemps 2016 disparue à l'été 2017), le droit du travail a deux sources : celles *imposées* aux partenaires sociaux *(Section I)*, mais de plus en plus celles *négociées* par eux, *a fortiori* depuis 2004-2017 *(Section II)*. Évoquer « *la* hiérarchie des normes en droit du travail » est forcément réducteur : vrai s'il s'agit des sources internationales et étatiques nationales, communes à toutes les branches du Droit. Mais faux s'agissant des sources négociées, où l'ancienne hiérarchie centrée sur le principe de faveur a fait place à une complexe articulation reposant sur la subsidiarité (faveur à la norme de proximité) et donc la supplétivité (de la norme encore qualifiée de « supérieure »).

La jurisprudence de la Chambre sociale de la Cour de cassation joue enfin un rôle essentiel : « *l'esclave de la loi* » s'est affranchi.

SECTION I Les sources imposées

26 **Par son histoire et sa vieille tradition centralisatrice**, le droit du travail français a longtemps privilégié ces sources « hétéronomes » (le grec fait plus chic). De plus en plus hétéronomes d'ailleurs, puisque Bruxelles en est un acteur aujourd'hui essentiel : direct (règlements, CJUE) ou indirect (directives), la Cour de Strasbourg n'hésitant pas à donner de rudes leçons de droit social aux États eux-mêmes.

C'est ici la roide « hiérarchie des sources » qui est ici la seule applicable, et évidemment pas « l'ordre public social » ou le « principe de faveur » propres au droit du travail : ni la loi du 8 août 2016 ni les ordonnances du 22 septembre 2017 ne pouvaient rien y changer.

Au-delà de ce qui « constitue » la Nation française, la Constitution (§ 1), et des traités ratifiés classiques (OIT, Convention Européenne de sauvegarde des droits de l'Homme du Conseil de l'Europe), infra-constitutionnels mais supra-légaux (§ 2), une place particulière doit être faite au droit communautaire (§ 3) dont l'intensité normative dépasse toutes les autres. Où l'on constate que nos lois françaises (§ 4), tout en bas de cette hiérarchie, ne sont plus ce qu'elles étaient.

27 **Des ordres et désordre.** Cette multiplication des ordres juridiques (mondial avec l'OIT, européen avec la créative Cour européenne des Droits de l'Homme de Strasbourg et la Charte sociale européenne, communautaire avec la CJUE de Luxembourg, et enfin français avec sa hiérarchie Constitution/Lois/Règlements) finit par faire un peu désordre lorsque seuls d'excellents juristes sont capables de répondre à des questions basiques comme la licéité d'une discrimination par l'âge pour favoriser l'embauche de jeunes, ou du port du voile en entreprise...

Surtout si chaque ordre juridique veille à préserver son pré carré : dans son avis du 18 décembre 2014, la CJUE a ainsi prudemment constaté que le projet d'accord de 2009 portant adhésion de l'UE à la convention EDH n'était pas compatible avec les traités européens, car « *susceptible de porter atteinte aux caractéristiques spécifiques et à l'autonomie du droit de l'Union* » ; ce qui lui évite de devoir se placer un jour sous l'autorité de la CEDH.

A fortiori car ces textes internationaux évoquent des concepts bien différents des nôtres bien que portant le même nom : « convention collective », « loyauté » ou « vie privée » ont des contenus juridiques très différents pour un américain, un allemand ou un français. Or plaideurs et avocats les invoquent pour tenter de contredire la loi française, et la Cour de cassation les utilise très volontiers ; mais certains n'ont pas été ratifiés (Déclaration universelle des Droits de l'Homme de 1948) et/ou n'ont pas d'effet direct en droit interne (Cass. crim., 3 février 2016 : « *Les directives ne peuvent produire un effet direct à l'encontre des particuliers* »).

Mais cette immense diversité quantitative et qualitative donne aux juges français, et en particulier à la Cour de cassation, une immense liberté. Selon la solution qu'elle souhaite apporter, elle peut jouer sur tel texte ou tel autre : une loi française contournée au nom d'une vision panoramique d'une convention de l'OIT, une autre « *interprétée à la lumière* (sic) *de la directive Y* », etc.

(Sur l'articulation de ces multiples textes, in fine assurée par les multiples juges, voir le numéro spécial de « Droit Social », mai 2017, première partie : « *Des ordres juridiques et des juges : complémentarité, hiérarchie, articulation ?* »)

§1 La Constitution

28 **Elle a un rôle important en droit du travail,** et à chaque loi sociale le Conseil constitutionnel est saisi par l'opposition du moment.

Repris en 1958 et souvent visé par les arrêts de la Cour de cassation, le Préambule constitutionnel de 1946 a consacré pour la première fois des droits *collectifs :* droit syndical, droit de grève, principe de participation à travers les représentants du personnel, qui a inspiré la loi du 14 juin 2013 puis les ordonnances de septembre 2017 sur la présence de salariés au conseil d'administration des grandes entreprises, ou l'ébauche d'une co-détermination si un « Conseil d'entreprise » incluant les délégués syndicaux est créé en 2018.

Le Conseil constitutionnel cherche à concilier ces droits collectifs avec d'autres libertés de valeur identique, mais d'inspiration fort différente, extraites ou inspirées de la très individualiste Déclaration des Droits de l'Homme de 1789 : droit de propriété, liberté du travail, liberté d'entreprendre ou de choisir ses collaborateurs. En application de l'article 62 de la Constitution, « *les décisions du Conseil s'imposent aux pouvoirs publics et à toutes les autorités administratives et juridictionnelles* ».

L'article 34 de la Constitution de 1958 réservant au législateur le droit de fixer « *les principes fondamentaux du droit du travail, du droit syndical et de la Sécurité sociale* », le pouvoir réglementaire dispose en principe d'une large compétence. Mais il ne s'en sert que rarement, car le législateur méfiant se comporte comme un chef de bureau, entrant dans un grand luxe de détails dans cette matière sensible. Seule une loi pouvant modifier une loi, rectifier un simple délai exige alors la saisine du Parlement : inflation législative garantie et sentiment d'instabilité, donc d'insécurité juridique.

Régulièrement affirmé par le Conseil constitutionnel, le rôle essentiel conféré aux partenaires sociaux agissant comme pré-législateur ou quasi-pouvoir réglementaire a été confirmé par l'emblématique loi sur « la modernisation du dialogue social » du 31 janvier 2007.

29 QPC. Depuis le 1er mars 2010, le « solublème » (solution se révélant plus complexe que le problème qu'elle était censée résoudre) de la question prioritaire de constitutionnalité (QPC) remporte un réel succès. Mais en amont la Chambre sociale de la Cour de cassation filtre légitimement fort (en 2016 : 10 non-transmissions sur 19 décisions), chiffre proche du Conseil d'État (sur neuf décisions concernant le travail : cinq non-renvois, trois renvois et une irrecevabilité). Mais refuse toujours de soumettre sa propre interprétation aux Sages (*cf.* CS, 20 avril 2017) : étrange immunité autoproclamée.

Le Conseil constitutionnel saisi doit ensuite juger dans les deux mois, et ne se prend légitimement pas pour le législateur, effectuant un contrôle restreint : Sur 81 QPC en 2016, six seulement concernaient le droit du travail : 3 conformités, 2 censures totales, une censure partielle avec réserve d'interprétation.

Mais il n'exclut heureusement pas la censure des approximations d'un législateur confondant bonne loi et bons sentiments. Ainsi de sa légitime décision du 4 mai 2012 censurant la « définition » du harcèlement sexuel de 2002 *(« Le fait de harceler autrui dans le but d'obtenir des faveurs de nature sexuelle », sic)*, parfaite tautologie bien peu compatible avec le principe de base d'une démocratie : la légalité des délits. Le Conseil, parfois parfait bouc émissaire.

30 Ascension de la liberté d'entreprendre. Motif de censure classique mais aussi le plus prévisible des lois du travail centrées sur les salariés, oubliant parfois qu'il n'y pas d'employés sans employeur : la liberté d'entreprendre, dont le Conseil a précisé dans sa décision du 11 avril 2014 « *qu'elle comprend non seulement la liberté d'accéder à une profession ou à une activité économique, mais également la liberté dans l'exercice de cette profession ou de cette activité* ». Voir également, avec les critiques acerbes que l'on devine, celle du 27 mars 2014 censurant (comme prévu) une partie de la « loi Florange » : ses dispositions « *conduisent le juge à substituer son appréciation à celle du chef d'une entreprise, qui n'est pas en difficulté, pour des choix économiques relatifs à la conduite et au développement de cette entreprise* ». La décision du 5 août 2015 a enfin légitimement élevé la lutte contre le chômage en but d'intérêt général : « *En aménageant les conditions dans lesquelles la responsabilité de l'employeur peut être engagée, le législateur a entendu assurer une plus grande sécurité juridique et favoriser l'emploi en levant les freins à l'embauche, et ainsi poursuivi des buts d'intérêt général* » (voir n° spécial Droit social, *juin 2015 : « Droit du travail et QPC » ;* N. Belloubet, Droit Social, mai 2017 p. 351 ; Nouveaux cahiers du Conseil constitutionnel, *octobre 2014 : « Le Conseil constitutionnel et le droit social »).*

§2 Les traités (ratifiés) classiques (OIT, CESDH)

31 **Supra-légaux, ils ont acquis une importance** de plus en plus grande en raison de l'existence de l'Organisation internationale du travail (OIT), mais surtout depuis le Traité de Rome ayant créé la Communauté *économique* européenne devenue aujourd'hui Union européenne, sans parler du Conseil de l'Europe et de sa créative sinon envahissante Cour de Strasbourg.

Cette accumulation de textes internationaux d'époques et d'inspiration fort différentes enserre le droit français dans un filet toujours plus étroit : si elle fait les délices des marchands de complexité, la sécurité juridique n'en sort pas grandie. Mieux, et cas unique au monde, ou presque : n'importe quel plaideur peut invoquer ces sources supranationales à l'occasion de n'importe quel contentieux, et n'importe quel conseil des prud'hommes ou juge d'instance – parfois soigneusement choisi par le demandeur-peut alors, au titre du contrôle de conventionnalité, écarter une loi française contraire : insécurité assurée (voir le rapport du Club des Juristes : « Sécurité juridique et compétitivité économique », mai 2015, www.leclubdesjuristes.com).

32 **L'Organisation internationale du travail.** « *Attendu qu'une paix universelle et durable ne peut être fondée que sur la justice sociale. Attendu que la non-adoption par une nation quelconque d'un régime de travail réellement humain fait obstacle aux efforts des autres nations désireuses d'améliorer le sort des travailleurs dans leurs propres pays* ». L'OIT est née en 1919, au château de Versailles. Organisme tripartite (États, mais aussi premières « ONG » : représentants des organisations des employeurs et des salariés, avec les premiers problèmes de représentativité), cette agence des Nations Unies siège à Genève. Son organe permanent, le BIT, publie des études remarquables (*cf.* www.ilo.org). Depuis 2012, il est dirigé par Guy Ryder, syndicaliste britannique ne maniant plus la lourde langue de bois habituelle, et lançant en juin 2017 une commission sur « l'avenir du travail pour relever les défis soulevés par un monde du travail qui se transforme rapidement ». Mais en nos temps de mondialisation, cette institution tripartite à l'inertie redoutable n'est pas hélas devenue

l'organe d'une indispensable régulation sociale : ce sont les puissants car bien relayés FMI ou OMC qui font la loi.

33 **L'OIT élabore des « conventions »** que les États peuvent ensuite ratifier s'ils acceptent d'en appliquer les règles. Or sur les 189 conventions existantes, le taux de ratification est extrêmement variable parmi les 188 États-membres : si la France, phare auto – proclamé des libertés dans le monde, en a ratifié 127 (2° place, derrière l'Espagne), l'Angleterre 87 et l'Allemagne 85, ce chiffre tombe à 47 pour le Japon et 14 pour les États-Unis : ce qui ne signifie d'ailleurs pas que ces derniers pays ne les appliquent pas. Et le phénomène s'aggrave : sur les 20 dernières conventions, 3 ont fait l'objet d'une ratification par plus de 20 États... et reste à vérifier qu'ils les appliquent vraiment. D'où sa réflexion entamée en juin 2016 pour trouver d'autres façons de réguler, et toucher directement les acteurs économiques : ainsi des accords-cadres, qui vont au-delà de la *soft law*. Mais si les entreprises françaises, allemandes ou des pays latins sont pour, les américaines craignant du contentieux s'y opposent, et celles des pays en développement s'en méfient.

Le 29 mars 2006, la Cour de cassation a jugé que certains articles des conventions de l'OIT étaient « *d'application directe devant les juridictions nationales* », s'alignant sur l'arrêt rendu le 19 octobre 2005 par le Conseil d'État à propos de feu le « Contrat nouvelles embauches ». Principe toujours repris depuis : ainsi dans l'arrêt du 26 mars 2013, la Chambre sociale censure une période d'essai d'un an au titre de la convention n° 158 et de ses « *dispositions impératives* » sur la « *durée raisonnable* » de l'essai.

Lors de la conférence de juin 1998, a été adoptée une « Déclaration solennelle des droits fondamentaux des travailleurs » constituant le socle d'un droit social universel. Mais comme l'a constaté le BIT en mai 2013, plus de la moitié de la population mondiale vit dans des pays qui n'ont pas ratifié les conventions de l'OIT sur la liberté syndicale et la négociation collective, ajoutant à juste titre que « *la ratification ne s'accompagne pas toujours du respect des droits, et la non-ratification ne signifie pas nécessairement qu'on ne les respecte pas.* »

DÉCLARATION RELATIVE AUX PRINCIPES ET DROITS FONDAMENTAUX AU TRAVAIL (OIT, JUIN 1998)

En juin 1998, l'OIT a adopté une « Déclaration solennelle des droits fondamentaux des travailleurs » constituant le socle d'un droit social universel.

La Conférence internationale du travail :

Déclare que l'ensemble des membres, *même lorsqu'ils n'ont pas ratifié les conventions en question, ont l'obligation, du seul fait de leur appartenance* à l'Organisation, de respecter, promouvoir et réaliser, de bonne foi et conformément à la Constitution, les principes concernant les droits fondamentaux qui sont l'objet desdites conventions, à savoir :

a) la liberté d'association et la reconnaissance effective du droit de négociation collective ;

b) l'élimination de toute forme de travail forcé ou obligatoire ;
c) l'abolition effective du travail des enfants ;
d) l'élimination de la discrimination en matière d'emploi et de profession.
Souligne *que les normes du travail ne pourront servir à des fins commerciales protectionnistes et que rien dans la présente Déclaration et son suivi ne pourra être invoqué ni servir à pareilles fins ; en outre, l'avantage comparatif d'un quelconque pays ne pourra, en aucune façon, être mis en cause du fait de la présente Déclaration et son suivi.*

UNE AUTRE RÉGULATION SOCIALE ? RSE ET MARKÉTHIQUE

En nos temps de 3.0, Instagram, Twitter et autres groupes Facebook avec aujourd'hui ses deux milliards de contacts, l'évolution la plus délicate à gérer pour les grandes entreprises (mais aussi pour leurs syndicalistes parfois désintermédiés) vient de notre société de la consommation et donc de la réputation : sur le marché désormais mondial de la vertu, il faut être transparent et moral, sinon « sympa ». Car pour des sociétés grand public, internationales et médiatisées en féroce concurrence tant à l'égard des clients que vis-à-vis des collaborateurs les plus talentueux, la réprobation morale des consomm-acteurs, se donnant bonne conscience en achetant « *de l'éthique sur l'étiquette* », peut en pratique se révéler beaucoup plus efficace que les 8 990 articles de l'actuel Code du travail, limité à la France. Et séduire les agences de notation extra-financières : gagner un capital de sympathie pour gagner la sympathie du capital.

E-réputation : un actif essentiel. Dans une dynamique qui n'est pas sans rappeler la loi de Tocqueville en matière d'égalité *(« Le désir d'égalité devient toujours plus insatiable à mesure que l'égalité progresse »)*, ce développement mondialisé de principes éthiques, non pas sous la classique pression des syndicats ou d'organismes publics mais celle de l'opinion, d'ONG extrêmement diverses ou de l'investissement socialement responsable, conduit à un niveau d'exigence toujours plus fort. Il contraint l'entreprise à réorienter son action sur des critères moins exclusivement économiques, « *vers une conformité croissante à des exigences croissantes de ces nouveaux acteurs, véritables sentinelles avec qui elle établit des rapports étrangers à la logique classique* ».

Qualifiés de « *fait nouveau important en matière de relations professionnelles* » par l'OIT, la centaine d'accords mondiaux signée entre de grands groupes (majoritairement français : L'Oréal, EDF, Carrefour, Solvay, Danone, Accor, EADS, Air France, Renault, PSA...) et des fédérations syndicales mondiales reprennent très souvent le socle de ses quatre droits fondamentaux.

- **Ces codes de bonne conduite en forme de** *soft law*, venant souvent de pays où la réglementation est beaucoup moins contraignante qu'en Europe, ont l'immense avantage de vouloir couvrir l'ensemble de la chaîne de production, y compris les sous-traitants sur lesquels le donneur d'ordres peut (pour une fois) exercer une pression *vertueuse*, souvent critiquée par le directeur des achats recherchant des coûts toujours plus bas. Mais ces « codes » sont pour l'essentiel unilatéraux et doublement sélectifs : ils ne concernent finalement que très peu d'entreprises, et sur des aspects médiatisés (travail des enfants), oubliant parfois liberté syndicale et droit à la négociation collective.

- La vogue mondiale de la « responsabilité sociale des entreprises » (RSE : « intégration volontaire par les entreprises de considérations sociales et environnementales, en dehors des prescriptions légales et des obligations contractuelles ») aux pratiques extrêmement diversifiées trouve désormais de larges échos au sein de l'Union européenne. Mais comme le remarque la Confédération européenne des syndicats : « *Adopter la RSE relève de l'intérêt sur le long terme des entreprises : à l'heure où les consommateurs du monde entier gagnent une conscience croissante, elle améliore leur image et leur permet de gagner de nouveaux clients. Mais la RSE ne doit pas être un simple exercice de relations publiques, mais un effort soutenu et continu. Elle ne doit pas permettre d'éviter le dialogue avec les travailleurs organisés en syndicats, et ne constitue pas une alternative à la législation sur le travail ou la négociation collective. Il serait en effet paradoxal qu'une entreprise qui n'applique pas les conventions collectives ou ne respecte pas les termes d'un contrat soit considérée comme socialement responsable.* »

À l'évidence, le sort des enfants pakistanais ou des salariés lointains du sous-traitant mérite protection. Mais la RSE doit-elle se passer des représentants du personnel du siège ou locaux ? Ou commencer à produire ses premiers effets à plus de 5 000 kilomètres du siège social ? La crise actuelle est une épreuve de vérité : ne pas licencier des salariés belges malades, négocier en France un accord de *vraie* GPEC et donc continuer à former les plus de 50 ans, chercher de véritables alternatives à des licenciements économiques en Grande-Bretagne est à coup sûr beaucoup moins médiatique et fera moins vibrer agences de notation et médias : mais n'est-ce pas le témoignage proche et concret d'une *véritable* RSE ?

Risques d'une RSE markéthique. Plus l'entreprise communique sur sa propre RSE, plus elle est vulnérable sur ce terrain : médias et réseaux sociaux bruissent rapidement de son « baratin », et ONG ou syndicats des « mensonges éhontés » faits par la direction. La mise en place d'une politique de RSE est donc excellente en interne (pour attirer les meilleurs candidats, fidéliser les présents, donner du sens voire de la fierté) et à l'externe (entreprise exemplaire car soucieuse de son environnement physique et sociétal)... *si* elle est attentivement suivie : commission paritaire si accord ; experts indépendants qui vont vraiment contrôler sur place, si possible sans prévenir deux mois avant.

Sinon, mieux vaut s'abstenir : terrible effet boomerang.

De la *soft law* à la *hard law*. Pour éviter la réitération de drames comme celui de l'effondrement en 2013 du Rana Plaza au Bangladesh et ses 1 132 morts, la loi du 21 février 2017 « relative au devoir de vigilance des sociétés mères et des entreprises donneuses d'ordre » – une première dans le monde – oblige les entreprises employant au moins 5 000 salariés en France ou 10 000 salariés dans le monde à mettre en place un « plan de vigilance » devant couvrir les sociétés contrôlées, mais aussi leurs sous-traitants et fournisseurs partout dans le monde.

Cette « vigilance » pour prévenir les manquements éthiques ou environnementaux concerne en particulier le travail des enfants et la sécurité, avec un système d'alerte pour signaler des dysfonctionnements. Transposant in extremis la directive de 2014 sur la notation extra-financière des sociétés, l'ordonnance du 19 juillet 2017 veut passer du brave car descriptif rapport RSE sur les conséquences sociales et environnementales de l'activité de l'entreprise à l'obligation d'information sur ses risques sociaux, environnementaux et en matière de droits de l'homme, insistant sur les procédures raisonnables à mettre en œuvre pour les *prévenir*.

POUR ALLER PLUS LOIN...

M.-P. Blin-Franchomme et I. Desbarats : *Droit du travail et droit de l'environnement*, Lamy Axe Droit, 2011.

A. Supiot, « Un nouveau self-service normatif : la responsabilité sociale des entreprises », Études offertes à J. Pélissier, Dalloz, 2004, p. 541.

F. Laronze, « La norme ISO 26000, une source de droit en matière sociale ? », *Dr. soc.*, avril 2013, p. 345.

J.-E. Ray, « Du dialogue social interne au dialogue sociétal externe », *Dr. soc.*, mars 2013.

Et les sites www.orse.org ; www.rsenews.com ; www.novethic.fr.

§3 Droit du travail communautaire et « Europe sociale »

34 **L'« Europe** *sociale* **» existe-t-elle ?** *A fortiori* depuis la crise de l'euro en 2014, des réfugiés de 2015 puis le Brexit de juin 2016, l'UE a la tête ailleurs.

Une sexagénaire très ankylosée. La création de la CEE (Communauté *économique* européenne) le 25 mars 1957 était destinée à créer un « Marché commun », à six : à cette époque des Trente Glorieuses, ses fondateurs pensaient que la croissance économique ainsi facilitée ferait naturellement progresser le social. Mais en notre période de croissance encore faible, avec 28-27 États-membres connaissant des stades de développement très différents.

Un exemple ? Le coût horaire d'un salarié varie en 2017 de 1... à 9 : de 4,40 euros en Bulgarie, 5,5 en Roumanie et 7,30 en Lituanie à 42 euros au Danemark, 38 euros en Suède et 35,60 euros en France : 5° place mais 1° pour les cotisations sociales (33 %), devant l'Allemagne : 33 euros (22 %). Même si de façon astucieuse, au « règlement » uniforme percutant la culture sociale de chaque État, Bruxelles a toujours privilégié la « directive » permettant son acclimatation sociale à travers sa transposition par chaque États.

Mais le Droit n'est pas une baguette magique : si l'ingestion à marches forcées de « l'acquis communautaire » par les nouveaux entrants peut être *statistiquement* satisfaisante (*cf.* les coups de clairon de la Commission sur « la transposition de 35 directives en six mois »), le corps social a besoin de s'approprier ces règles, de les faire « entrer dans les mœurs » : ce qui, en matière sociale, exige entre cinq et dix ans.

35 **Croissance économique et donc progrès social.** Après l'âge d'or de l'harmonisation européenne (1974-1985) qui a vu se multiplier les directives importantes (licenciement collectif, transferts d'entreprise, garanties contre l'insolvabilité de l'employeur), le vent bruxellois fait aujourd'hui apparaître le droit du travail comme un frein au développement économique, un empêcheur de libéraliser en rond, poussé par la Grande-Bretagne avant le Brexit. Bref une entorse au fondamentalisme économétrique régnant aujourd'hui en maître. Malgré l'évolution considérable des droits du travail français, espagnol ou italien ces dix dernières années, le « vieux droit du travail » de la « vieille Europe » doit se *moderniser*, nous répète la Commission. Mais c'est quoi, être « moderne », en matière sociale ? Ambiguïté fondamentale : développer les compétences sociales de l'Union n'aboutira plus forcément à des progrès, *a fortiori* en France où le droit du travail reste particulièrement protecteur.

36 **L'Union est un combat.** De profondes divergences politiques et l'immense hétérogénéité de la structure des populations actives comme des niveaux de vie expliquent qu'à 28-27, le plus petit commun multiple soit souvent préféré au plus grand commun dénominateur : en témoigne la portion très congrue laissée au social dans le « Mini-Maxi Traité » de Lisbonne.

37 **Charte des droits fondamentaux de l'Union européenne**

Cette Charte a « la même valeur juridique que les traités ». L'un de ses sept chapitres (« Solidarité ») est consacré aux droits économiques et sociaux.

Article 16 : Liberté d'entreprise

La liberté d'entreprise est reconnue conformément au droit communautaire et aux législations et pratiques nationales.

Article 27 : Droit à l'information et à la consultation des travailleurs au sein de l'entreprise

Les travailleurs ou leurs représentants doivent se voir garantir, aux niveaux appropriés, une information et une consultation *en temps utile*, dans les cas et conditions prévus par le droit communautaire et les législations et *pratiques nationales.*

Article 28 : Droit de négociation et d'actions collectives

Les travailleurs *et les employeurs* ou leurs organisations respectives ont, conformément au droit communautaire et aux législations et pratiques nationales, le droit de négocier et de conclure des conventions collectives aux niveaux appropriés et de recourir, en cas de conflits *d'intérêts*, à des actions collectives pour la défense de leurs intérêts, y compris *la grève. (article très décoiffant pour un Français : la grève des employeurs)*

Article 30 : Protection en cas de licenciement injustifié

Tout travailleur a droit à une protection contre tout licenciement injustifié, conformément au droit communautaire et aux législations et pratiques nationales.

Article 31 : Conditions de travail justes et équitables

1. Tout travailleur a droit à des conditions de travail qui respectent sa santé, *sa sécurité et sa dignité.*

2. Tout travailleur a droit à une limitation de la durée maximale du travail et à des périodes de repos journalier et hebdomadaire, ainsi qu'à une période annuelle de congés payés.

Dans son arrêt AMS du 15 janvier 2014, la CJUE a précisé que contrairement au principe de non-discrimination énoncé à l'article 21 « *qui se suffit à lui-même pour conférer aux particuliers un droit subjectif invocable en tant que tel* », l'article 27 de la Charte « *ne se suffit pas à lui-même* » : il ne peut produire pleinement ses effets que s'il a été précisé par des dispositions du droit communautaire ou de droit national, et « *ne saurait donc être invoqué dans un litige* » employeur-salarié. Rien n'est simple, même pour les juges (voir DS, mai 2017).

38 **Les patronats européens.** Regroupées au sein de BusinessEurope (40 fédérations patronales interprofessionnelles dans 34 pays), du CEEP (entreprises publiques) et de l'UEAPME, les organisations d'employeurs, craignant une avalanche de textes communautaires, ont signé en 1992 avec la Confédération européenne des syndicats (CES, regroupant 88 syndicats nationaux de 37 pays, soit environ 60 millions d'adhérents) une déclaration commune adoptant une nouvelle version du principe de subsidiarité, dite horizontale, dont s'est inspirée la loi française sur la « négociation légiférante » du 31 janvier 2007. S'ils aboutissent à un accord, les partenaires sociaux, se posant en décideurs sociaux au niveau de l'UE, peuvent imposer leurs vues aux instances communautaires (Commission et Parlement) : car en pratique, ces accords européens ne sont pas modifiés par ces instances.

Mais aujourd'hui le dialogue social européen est moribond : entre les réfugiés, les problèmes politiques et économiques de l'euro et les conséquences du Brexit, les 27 ont la tête ailleurs.

39 **Détachement et dumping social au sein de l'UE**

- **Du « plombier polonais » de 2006 au « salarié détaché » fin 2017.**

La « directive Services » (70 % du PIB de l'Union) du 12 décembre 2006 avait, *in extremis*, sanctuarisé le droit du travail salarié : « *Elle n'affecte pas les dispositions légales et contractuelles concernant les conditions d'emploi, les conditions de travail y compris la santé et la sécurité au travail, et les relations entre les employeurs et les travailleurs que les États-membres appliquent conformément à leur législation nationale respectant le droit communautaire (...), ni le droit de négocier, conclure et appliquer des conventions collectives et de mener des actions syndicales.* »

Frexit. Constituant l'un des aspects de la libre prestation des services et réglementé par la directive de 1996 (au temps des Quinze et d'un différentiel de salaires 1 à 3, donc bien avant les 27 après l'adhésion des pays de l'Est et son différentiel aujourd'hui de 1 à 9), le « détachement » d'un salarié pour une durée déterminée dans un autre pays de l'Union (dans les faits très variable : en moyenne 4 mois, mais 33 jours pour les détachements à partir de la France ou du Luxembourg, et 230 pour ceux d'Estonie ou de Hongrie) est, avec la libre circulation des personnes, des marchandises et des capitaux, l'un des quatre piliers de l'UE : l'interdire nous obligerait donc à la quitter.

- **Pourquoi le dumping social au sein des 28-27 est une triste réalité ?**

D'une part, le salarié en cause continue à cotiser pour sa retraite ou son assurance-maladie dans son pays d'origine : or les taux sont très variables : la part des coûts non-salariaux est de 24 % dans l'UE, mais de 6,6 % à Malte à 33,2 % en France et 22,4 % en Allemagne, même s'il faut évidemment avoir toujours à l'esprit la protection ainsi assurée en retour. D'autre part, il peut être tentant de transformer des salariés en faux « indépendants » et autres autoentrepreneurs et donc en simples prestataires de services juste avant leur départ vers l'Allemagne ou l'Italie : dans certains nouveaux États, entre un quart de la population active est aujourd'hui constituée d'« indépendants »... dans des emplois parfois très subordonnés (ex : caissières, guichetiers de banque).

Dans le redoutable mais si prévisible arrêt Rüffert (C-346/06), la CJUE a conclu le 3 avril 2008 à l'incompatibilité de la loi allemande sur la passation des marchés publics avec la directive de 1996 relative au détachement de travailleurs. Une entreprise polonaise sous-traitante d'une entreprise allemande n'avait versé à ses ouvriers que 47 % du salaire minimal prévu par la convention collective locale. Or la loi allemande prévoit que les travaux ne sont attribués qu'aux entreprises qui s'engagent par écrit à verser à leurs salariés au minimum la rémunération prévue par la convention collective, l'adjudicataire devant aussi s'engager à faire peser cette obligation sur les sous-traitants et à en contrôler son respect.

Saisie, la CJUE a conclu à l'incompatibilité de ces dispositions protectrices avec la directive, qui s'oppose à ce qu'un marché public soit soumis au respect des salaires d'une convention collective applicable au lieu d'exécution de la prestation. Et en a déduit que « *le taux de salaire fixé par cette convention n'ayant pas été déclaré d'application générale, ne peut être imposé par la législation d'un État-membre aux prestataires de services transnationaux détachant des travailleurs dans ce même État, la restriction à la libre prestation de services n'étant pas justifiée, en l'espèce, par l'objectif de protection des travailleurs* ».

- **En France, l'existence du SMIC légal et les arrêtés d'extension systématique des conventions de branche fixant des minima salariaux impératifs ont limité les dégâts.**

Mais le nombre des salariés des 28-27 en détachement a atteint 286 025 en 2015 (contre 38 000 en 2006 : + 25 % en un an, contre 415 000 en Allemagne), et sans doute près du double en comptant les non-déclarés, dont... 15 764 Français embauchés à l'Est puis détachés dans leur mère patrie.

Au titre de la « lutte contre la prestation de services internationale illégale », la loi du 6 août 2015 avait généralisé la carte d'identité professionnelle dans le BTP, augmenté la pénalité de 10 000 euros à 150 000 euros, enfin permis au préfet de fermer immédiatement un chantier en infraction. Celle du 8 août 2016 a encore renforcé la lutte contre le détachement illégal : obligation pour le donneur d'ordre de s'assurer que ses sous-traitants ont accompli la déclaration de détachement, tous les agents de contrôle (Urssaf, fisc, police, etc.) ayant accès à ces données.

Paradoxe : nombre de pays européens libéraux cherchent aujourd'hui à créer des salaires minima d'ordre public pour échapper à la jurisprudence Rüffert, et éviter tout dumping social interne. Outre l'Angleterre, avec le Brexit bientôt nettement plus libre sur ce terrain (9,51 euros pour les + 25 ans, mais 7,05 pour les 18-20 ans), l'Allemagne, avec l'instauration début 2015 d'un salaire minimum (8,84 euros au 1° janvier 2017) pour 6 millions de salariés. Ce qui a réjoui nombre d'employeurs français (où le Smic est à 9,76 euros brut, mais avec de très faibles charges sociales), en particulier dans l'agroalimentaire où le dumping allemand était rude : dans certains abattoirs, des détachés de l'Est étaient payés 5 euros de l'heure...

- **Devant les 45 % d'augmentation du nombre des détachés au sein de l'UE entre 2010 et 2014, et les fraudes qui se multiplient (sociétés boîtes aux lettres déclarées dans un pays à bas coût, ou d'intérim ne fournissant que du personnel soi-disant détaché : 949 en 2004 en France, 33 060 en 2012) la révision de la directive de 1996 oppose fin 2017 Europe de l'Ouest (la France en tête) et Europe de l'Est (Pologne en tête).**

Deux modifications sont prévues pour lutter contre les pratiques déloyales : égalité de rémunération entre travailleurs détachés et locaux, et application du « noyau dur » du droit local aux détachés depuis plus d'un, ou deux ans : dissuasif !

Sur l'ensemble de cette question, voir le N° spécial de « Droit Social » : « Le détachement de travailleurs », juillet – août 2016.

40 **La vraie Cour suprême : la CJUE.** Le droit du travail français a été profondément marqué par le droit communautaire, et en particulier par la créative jurisprudence de la Cour de justice de l'Union européenne (CJUE ; voir son site : curia.europa.eu).

Saisie essentiellement de recours en interprétation (« Question préjudicielle », c'est-à-dire « préalable au jugement » : lorsqu'une juridiction nationale a un doute sur **l'interprétation** d'un texte communautaire), la Cour de Luxembourg – à ne pas confondre avec la CEDH de Strasbourg – ne tranche pas le litige : elle répond simplement en termes abstraits à la trentaine de questions sociales qui lui sont posées chaque année sur le sens à donner à un texte communautaire. Et cette interprétation s'impose alors à tous dans tous les États-membres : on en imagine l'extrême difficulté lorsqu'il s'agit de questions aussi sensibles que le port du voile en entreprise (sur ses deux arrêts de Grande Chambre du 14 mars 2017, voir infra, chapitre sur le licenciement).

Cette Cour *vraiment suprême* (avec la CEDH de Strasbourg, d'où des tensions entre elles) adopte parfois une position très créative, mettant à mal des pratiques nationales, voire des hiérarchies bien établies. Dans un arrêt du 2 août 1993, elle avait souligné la primauté absolue du droit communautaire sur tout autre système juridique, qu'il soit national ou *international*. Le 15 juin 2004, le Conseil constitutionnel français a pris acte de cette suprématie communautaire, et posé le 4 avril 2013 sa première question préjudicielle à la CJUE, qui lui a répondu le 30 mai suivant : « *Le fait pour un État-membre d'invoquer des dispositions de droit national,* fussent-elles d'ordre constitutionnel, *ne saurait affecter l'effet du droit de l'Union sur le territoire de cet État.* » Est-ce clair ?

Plus généralement, le droit économique fondateur du « Marché commun » voulu par la « Communauté *économique* européenne » de 1957 (droit de la concurrence, libertés d'établissement ou de circulation des personnes et des capitaux) s'oppose parfois au droit social : les arrêts précités et d'autres projets de la Commission font craindre que le « social » continue à n'être qu'un sous-produit de l'« économique » dans une Europe de plus en plus hétérogène, où il reste en principe de la compétence de chaque État, et dont les principes sont subordonnés aux exigences du marché.

Si l'on y ajoute l'emprise des pays du Nord et la vague du « politiquement correct », cette insoutenable lourdeur de l'être venue d'outre-Atlantique trouvant un fort écho au Parlement de Strasbourg grâce à l'action de puissants lobbies centrés sur leur objet social mais oubliant l'intérêt général, des dérives sont à craindre. Ainsi la directive du 5 juillet 2006 censée traiter de la nécessaire « égalité *de traitement entre hommes et femmes en matière d'emploi et de travail* », mais y ajoutant dans une joyeuse salade niçoise la *discrimination* (notion pourtant bien différente), et le *harcèlement moral* ou *sexuel*, défini comme « *un comportement* non désiré *s'exprimant verbalement ou non verbalement* ». En attendant l'inévitable « droit au désir » répondant à ce désir de Droit, on attend avec impatience la définition du « désir » par la CJUE, saisie par une juridiction suédoise, puis italienne.

Il est donc heureux que dans de nombreux États-membres, des voix autorisées (ex. : Cour constitutionnelle allemande, 21 juin 2016 ; Conseil constitutionnel en France) s'élèvent pour rappeler quelques fondamentaux, politiques ou juridiques : présomption d'innocence en droit pénal, comportement présumé de personne prudente et avisée, donc non présumée fautive en droit civil, etc.

41 Une Union très hétérogène. Systèmes de relations professionnelles profondément différents, syndicats aux structures et à l'idéologie souvent opposées (d'où le grand d'écart permanent de la Confédération européenne des syndicats), cultures et systèmes juridiques divergents (ex. : le *lock-out*, qui constitue ici un droit, là une faute contractuelle voire un délit pénal), taux d'activité 15-64 ans très variables (51 % en Pologne, 66 % en France, 71 % en Grande-Bretagne et 76 % au Danemark), comme le taux d'emploi des 55-64 ans (54 % en France contre 52 % en moyenne pour l'UE-28), taux de chômage de 1 à 5 (Allemagne, RU, Pologne : 4,5 %, Espagne : 18 %, Grèce : 24 %, France : 10 %, moyenne UE : 8,7 %), coûts de main-d'œuvre dans un rapport de 1 à 9 même s'il faut tenir évidemment compte de la productivité et du coût de la vie local, couverture conventionnelle variant de 20 % (Hongrie, Lituanie, Estonie...) à 96 % (France... malgré ses 7 % de syndiqués dans le privé : situation *incompréhensible* vue de l'étranger).

Considérée comme venant de très haut à notre époque de proximité et de décentralisation, l'Europe sociale est entrée depuis l'élargissement puis la crise de l'euro dans une longue période de glaciation au mieux, au pire de course au *moins-disant* fiscal et social. La paralysie de la Commission mais aussi des partenaires sociaux étant patente, c'est *in fine* la CJUE qui fait la loi.

42 **Le rude avertissement du Brexit.** Au-delà des comités d'entreprise européens, exemple vivant et tâtonnant mais si humain de l'Europe sociale, la crise profonde que traverse l'Union européenne, a fortiori depuis le Brexit, pourrait avoir à terme un effet bénéfique. Treize ans après l'arrivée des Dix, plutôt que de poursuivre la fuite en avant d'un élargissement sans fin ne pouvant aboutir qu'à un vaste *marché*, prendre le temps de l'intégration et repenser cette *Europe sociale* qui reste à construire.

POUR ALLER PLUS LOIN...

L'excellent bimensuel Liaisons sociales Europe, et le site « Planet Labor » (planetlabor@planetlabor.com), qui tient tous les jours au courant ses lecteurs de l'actualité communautaire mais aussi internationale, de ce qui se prépare à Bruxelles mais aussi des pratiques des groupes mondiaux : une veille juridique vitale pour les sociétés internationales.

Ouvrage de référence : Pierre Rodière : Droit social de l'Union européenne, LGDJ, avril 2014.

F. Kessler et J.-P. Lhernould assurent la très réactive chronique de droit social communautaire à la Revue de jurisprudence sociale.

Fr. Biltgen (juge à la CJUE) : « Le dialogue des juges et l'articulation de la jurisprudence de la CJUE avec les normes du droit international social », Dr. soc., mai 2017.

§4 La loi reste la source essentielle du droit du travail français

43 **Pour des raisons** *juridiques* **d'abord.** Elle seule pouvait interdire au XIXe siècle à *toutes* les entreprises l'emploi des enfants de moins de 12 ans, ou des durées de travail manifestement excessives. Elle seule permettait d'imposer à tous les employeurs un statut minimal pour tous les salariés : repos hebdomadaire, puis congés payés. Elle seule peut enfin édicter des sanctions *pénales*.

Pour des raisons *politiques* ensuite : outre sa préférence historique pour la loi, verticale, générale et impersonnelle, la France a dû faire face entre 1946 et 1969 à un blocage remarquable de ses rapports sociaux, contrairement à la majorité des pays développés. Seul le législateur pouvait donc agir pour améliorer la protection des salariés, protection alors financée par une croissance forte. Vision cependant un peu schématique car les lois sociales étaient souvent le résultat des négociations officieuses entre, puis avec les partenaires sociaux, mais qui ne voulaient pas en endosser la responsabilité politique.

La *loi* (*cf.* L. 1224-1) est souvent accompagnée de *règlements* (*cf.* R. 5429-3) : soit d'application concrète de celle-ci (ex. : augmentation du SMIC), soit pour les matières où une intervention législative n'est pas nécessaire.

44 Qui fait la loi ? La place centrale du législateur français est aujourd'hui doublement remise en cause.

D'en haut, avec le droit communautaire : la transposition de directives de plus en plus précises et la volumineuse jurisprudence de la CJUE qui s'impose aux États, sans oublier celle de la Cour de Strasbourg centrée sur les libertés individuelles.

D'en bas, par les partenaires sociaux *français* à qui la loi Larcher de 2007 permet une « négociation légiférante » : ainsi de l'accord national interprofessionnel du 11 janvier 2013, transposé par la loi du 14 juin 2013. Même si les cinq ordonnances du 22 septembre 2017 ont adopté une autre formule de consultation approfondie, moins médiatique mais peut-être plus réaliste pour éviter postures médiatiques et effets de manche : les 48 rencontres bilatérales du Ministre du Travail avec les organisations syndicales pendant tout l'été 2017.

QUI DOIT FAIRE LA LOI EN DROIT DU TRAVAIL FRANÇAIS ?

Slogan. Qui peut être « contre le mariage démocratie politique + démocratie sociale » ?

Que les partenaires sociaux contribuent à l'intérêt général, dans cette dynamique qui n'est pas sans rappeler l'alliance Web 2.0/Intelligence collective est une excellente idée. Qu'ils le définissent est une autre affaire.

Loi du 31 janvier 2007 dite de « modernisation du dialogue social »

Article L. 1, donc en tête du Code du travail : « *Tout projet de réforme envisagé par le Gouvernement qui porte sur les relations individuelles et collectives du travail, l'emploi et la formation professionnelle (...) fait l'objet d'une concertation préalable avec les organisations syndicales de salariés et d'employeurs en vue de l'ouverture éventuelle d'une telle négociation.*

À cet effet, le Gouvernement leur communique un document d'orientation présentant des éléments de diagnostic, les objectifs poursuivis et les principales options.

Lorsqu'elles font connaître leur intention d'engager une telle négociation, les organisations indiquent également au Gouvernement le délai qu'elles estiment nécessaire pour conduire la négociation.

Le présent article n'est pas applicable en cas d'urgence. »

Directement inspirée des pratiques communautaires, voulant relégitimer les organisations patronales et syndicales mais aussi permettre au gouvernement d'évaluer les forces en présence et les sujets qui fâchent, la loi du 31 janvier 2007 a une forte valeur symbolique au pays de Colbert et Napoléon.

Les cinq avantages de cette « loi Larcher »

1. Questions de tempo. Créant nécessairement un « temps de refroidissement » comme le disent joliment nos amis italiens, ce « temps réservé » aux partenaires sociaux a deux avantages collatéraux non négligeables :

la machine médiatique, qui s'est emballée sur un projet de loi lié à une actualité aussi brûlante que ponctuelle, va lâcher cet os au profit de celui du lendemain : « *De lege non ferenda* » est en France appréciable, et plus efficace que « délégiférer » ensuite par la loi. Le « choc de simplification » annoncé ne doit pas seulement viser à réduire les stocks de textes, il doit nécessairement réduire les flux : donc commencer par arrêter de les empiler.
le temps de la négociation va donner du temps aux experts pour mieux réfléchir à la faisabilité du projet, à ses conséquences sociales et financières.
2. La source conventionnelle de la loi associant alors légitimité sociale et légitimité politique est source de davantage de consensus, à tous les stades : au Parlement, alternance après alternance, députés et sénateurs des deux bords n'ont guère envie de se mettre à dos les signataires. Or plus ils sont nombreux, plus le risque est grand. En entreprise, ce texte initié par leurs confédérations est plus facilement appliqué par les militants, suscitant sans doute moins de contentieux ; mais la réalité de terrain est parfois bien éloignée des tactiques confédérales.
3. Cette double légitimité assure au texte légal (et à ses décrets et circulaires, eux aussi étroitement concertés, donc plus longs à rédiger) une meilleure stabilité, lui évitant des modifications successives en cas d'alternance politique. Car politiquement, l'affaire devient plus délicate.
4. Cette régulation apaisée peut enfin contribuer à relancer la machine économique, voire attirer davantage d'investisseurs étrangers un peu effrayés par nos gauloises réactions. De créatifs économistes ont même chiffré à 1 % de croissance le gain attendu d'un dialogue social moins rugueux : but affirmé de la loi du 14 juin 2013 issue de l'ANI du 11 janvier 2013, mais dont la houleuse transposition au Parlement a montré que la méthode n'était pas forcément un long fleuve tranquille car consensuel (*cf.* les multiples campagnes et manifestations de FO et de la CGT). Créé par les partenaires sociaux, et avant son aggiornamento de l'ordonnance n° 5 du 22 septembre 2017, le « compte pénibilité » a montré entre 2014 et 2016 que le législateur n'avait pas le monopole des usines à gaz à double tubulure inversée, faute d'une sérieuse et indépendante étude d'impact en amont.
5. Comme le prouvent les avis du Conseil d'État publiés le 17 mars 2016 sur le projet de loi El Khomry, puis le 30 juin 2017 à propos du projet de loi d'habilitation « pour la rénovation sociale » ayant seulement donné lieu à des rencontres bilatérales, le respect de L.1 avec sa communication d'un « document d'orientation » par le gouvernement n'est pas théorique : il est explicitement contrôlé par le Palais Royal. Simple « avis », certes : mais un constat de manquement serait politiquement désastreux.

Constitutionnaliser la négociation légiférante ? Une fausse bonne idée

Sans même parler d'un singulier retour au corporatisme d'antan, ce processus doit-il être constitutionnalisé comme le souhaitait en mars 2012 le candidat Fr. Hollande voulant rendre hommage aux « corps intermédiaires », mais aussi impliquer les partenaires sociaux – les mouiller, ou les responsabiliser ? – dans des réformes pas forcément populaires. Les lourdes péripéties sociales de la loi du 8 août 2016 lors du printemps 2016 ont démontré la difficulté de l'exercice.

Non, car...

1. Les rythmes de la décision politique et de la négociation sociale sont différents, *a fortiori* en notre période de restructuration de tout notre appareil productif, où il faut aller vite : *idem* en cas d'alternance, les ordonnances évitant 5121 amendements et la déstabilisation d'un fragile édifice car socialement millimétré (cf. en septembre 2017, le rôle maintenu de la branche pour obtenir le soutien de FO).
Certains mauvais esprits pensent même que, physiquement et intellectuellement immergés et impliqués dans le modèle industriel d'hier et la croissance des Trente Glorieuses, la plupart de nos partenaires sociaux ne sont capables ni de penser ni de mettre en œuvre un changement radical. Seule la puissance publique peut provoquer, avec du sang et des larmes, cette révolution de l'immatériel en nos temps de croissance faible.
2. Accord interprofessionnel positivement majoritaire à plus de 50 % ? Forcément unanime ? Le seuil légal minimal est pour l'instant de 30 % : mais on voit mal la légitimité d'une loi reprenant un accord minoritaire (ex. : CFDT + CFTC = 40 %), promettant des amendements sévères en forme de troisième round à l'Assemblée nationale, et donc un rude désaveu des signataires. À l'inverse, en cas d'accord unanime, si juridiquement rien ne change, politiquement ce sera une autre affaire si l'accord n'est pas strictement transposé.
3. Si le gouvernement « oublie » cette première phase sociale (mais le « sauf urgence » laisse de la marge), le Conseil constitutionnel pourrait désormais recaler sur ce seul motif une loi entière en droit du travail.

Mistigri du social. Candide aurait aussi remarqué qu'avec la fin des Trente Glorieuses, le grain à moudre s'est fait rare et qu'il faut désormais organiser les retraites du social. Que « *si la victoire a mille pères, la défaite est orpheline* ». Bref, que si lorsque la croissance était forte, la puissance publique avait été le grand organisateur de la conquête de toujours plus d'avantages sociaux financés par elle, l'État se déleste parfois volontiers de cette lourde charge politique en laissant les partenaires sociaux « faire le sale boulot ». Jusqu'à la réforme de l'assurance chômage en 2018 ?

Le mistigri du social en repli, faute de croissance.

Sur l'ensemble de cette question, lire P.-Y. Verkindt, « Syndicat, syndicalisme et démocratie sociale », *JCP (S) 290*, mai 2012, n° 1233 ; O. Dutheillet de Lamothe, « L'accord collectif, une source constitutionnelle du droit du travail », *Semaine sociale Lamy*, mai 2012, n° 1533, p. 7. Les contributions de Martine Le Friant et Antoine Jeammaud : « Une réforme constitutionnelle pour quelle autonomie collective ? », et de Christophe Radé : « Pour une réforme constitutionnelle ambitieuse du dialogue social », *in Mélanges offerts au professeur François Gaudu*, IRJS Paris-I Sorbonne, juin 2014.

Et le très complet rapport d'information du Sénat n° 556 du 17 mai 2017 : « Décider en 2017 : le temps d'une démocratie coopérative »

SECTION II L'irrésistible montée en puissance des sources négociées (1982-2017)

45 **La revanche du « Petit Droit »** (le droit conventionnel) **sur le « Grand Droit »** (les sources imposées et leur verticalité) est aujourd'hui éclatante : non seulement pour des raisons de politique interne française, mais aussi du fait de l'influence du droit communautaire. Car depuis fort longtemps, nombre de pays de l'UE considèrent que la régulation-consensus par les partenaires sociaux, meilleurs connaisseurs du terrain que les décideurs politiques, est plus adaptée et donc appliquée que la réglementation étatique tombant d'en haut, générale et impersonnelle,

Les sources dites « autonomes » (*cf.* l'accord d'entreprise presque auto-*norme* depuis le 22 septembre 2017) sont au nombre de trois : les conventions collectives, les usages et enfin le contrat de travail.

§1 Un droit des conventions collectives refondé par les lois de 2008 (les acteurs) puis 2017 (les accords)

46 **De la hiérarchie à l'articulation.** Révolutionné par la loi du 20 août 2008 visant à mieux légitimer les acteurs mais aussi les accords, le droit de la négociation collective fait l'objet d'un ouvrage spécifique de la présente collection rédigé par G. Bélier, A. Cormier et H.J. Legrand, qui paraitra début janvier 2018, à jour des ordonnances du 22 septembre 2017. Rappelons simplement que, depuis 1919, existent en France des conventions d'un type très particulier puisqu'elles s'appliquent, voire s'imposent à une collectivité. Ainsi dans une entreprise française, la signature d'un accord par un seul syndicat n'empêche pas cet accord d'être immédiatement applicable à tout le personnel, syndiqué ou non : ce qui n'incite guère à l'adhésion, expliquant en partie nos 8 % de syndiqués.

Les principales catégories de conventions collectives sont l'ANI (Accord national interprofessionnel), nos 415 CCB (Convention collective nationale de branche, véritable loi sociale et économique de la profession, même après les ordonnances du 22 septembre 2017), l'accord de groupe (PSA), l'accord d'entreprise (ex. : Renault), et enfin l'accord d'établissement (Renault-Flins). À chaque niveau, les partenaires sélectionnés sur leur représentativité dans le périmètre en cause fixent des règles qui, en principe, ne peuvent être moins favorables que *la loi*, mais peuvent depuis 2004 et *a fortiori* 2017 être différentes de la convention collective supérieure à travers deux techniques bien différentes.

Déroger à... A la classique possibilité de « **dérogation** », mais au sein du champ conventionnel depuis mai 2004, la loi du 8 août 2016 a ajouté la priorité de l'accord d'entreprise avec son refrain : « *L'accord collectif d'entreprise ou, à défaut, une convention de branche peut également...* »,

Supplétif de... Bref, la **double subsidiarité** (de la convention collective de branche, et en son absence, des règles minimales fixées par la loi) avec ses règles supplétives en l'absence d'accord, fixées par la loi ou un décret. Cette technique est devenue la règle avec les ordonnances du 22 septembre 2017 (voir infra, de l'ordre public à la supplétivité).

§2 Usages

47 **L'inertie patronale, source d'obligation.** L'usage est une source autonome en régression : lorsque le droit du travail n'existait pas, un avantage accordé par l'employeur sur une très longue période (veille de Noël chômée, prime de maternité, majoration pour travail de nuit) créait une habitude, puis un véritable « usage » au sens juridique. Pour les salariés, ce droit ne figurait par définition dans aucun document écrit, mais ils devaient en bénéficier : « *Depuis toujours, on a fait comme ça.* » L'habitude plus favorable aux salariés crée des droits opposables à l'employeur.

Le développement du droit *légal*, **mais surtout du droit** *conventionnel* du travail a minimisé le rôle de ces usages : le législateur les a parfois consacrés (jours légalement fériés), les syndicats ont cherché à les intégrer dans les conventions collectives pour assurer leur pérennité. Aujourd'hui encore, une pratique fixe (pas aléatoire, CS, 11 janvier 2017), générale et répétée *(« Une fois n'est pas coutume »)* de l'employeur (ex. : versement d'un treizième mois depuis dix ans) peut devenir pour lui source d'obligation : il devra, la onzième année, continuer à verser cette prime. Les entreprises soucieuses de ménager l'avenir veillent donc à éviter de créer un tel usage : non-versement pendant un an, variation considérable dans le montant. Si « *une erreur répétée de l'employeur caractérise pas sa volonté de créer un usage* » (CS, 9 juin 2017), ce dernier reste entièrement soumis à l'ordre public social : il doit être plus favorable que la source supérieure, sinon il disparaît automatiquement.

48 **Fin de l'usage.** Deux solutions opposées, et bien à tort souvent confondues, pour mettre fin à un usage.

1. Le consensus : la remise en cause par accord collectif signé sur le même thème. La prudence invite à bien énoncer noir sur blanc que « le présent article met un terme à l'usage concernant la prime d'ancienneté des ouvriers, et le vendredi de l'Ascension chômé mais payé ». Avantage : la rapidité puisque l'accord d'entreprise s'applique huit jours après sa signature.

2. La déclaration de guerre sociale : la dénonciation. En respectant un préavis proportionné afin de permettre l'ouverture d'éventuelles négociations (parfois plus d'un semestre pour une importante prime annuelle), l'employeur informe de la fin de l'avantage en cause : collectivement toutes les institutions représentatives, avec inscription de cette question à l'ordre du jour des délégués du personnel et du comité d'entreprise, mais aussi les délégués syndicaux qui peuvent négocier une solution alternative ; et enfin tous les salariés présents dans l'entreprise à la date de cette dénonciation.

49 Dans les deux cas, et si bien sûr les règles jurisprudentielles ont été scrupuleusement respectées, « *l'avantage résultant d'un usage n'étant pas incorporé au contrat de travail* » :

- les salariés ne pourront plus en obtenir l'exécution puisqu'il ne s'est ***pas incorporé*** au contrat individuel de travail. À moins bien sûr qu'un salarié bien informé ne l'ait fait contractualiser pour lui tout seul...
- l'employeur pourra supprimer l'avantage nécessairement ***collectif*** en question sans que le salarié ne puisse y voir une modification de son contrat ***individuel*** : une prise d'acte de la rupture sur ce motif serait par exemple assimilée à une démission.

§3 Le contrat individuel de travail

50 **Tout en bas.** Il est naturel que le contrat de travail, simple contrat d'adhésion, soit la plus modeste source du droit du travail placé sous le signe de l'ordre public de protection.

Si l'on reprend schématiquement l'ensemble des sources, on arrive à la pyramide suivante :

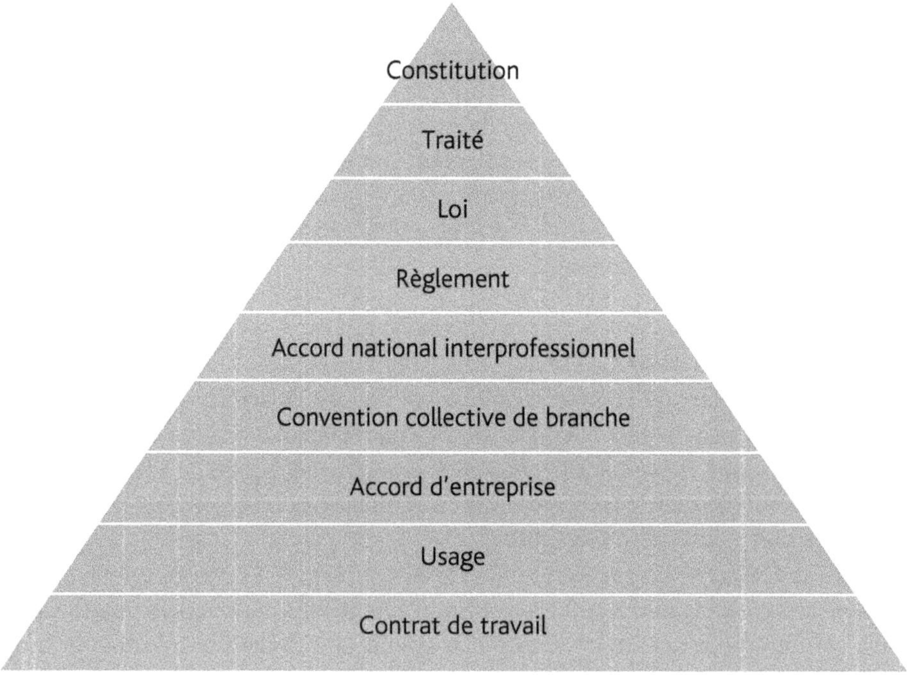

51 Que faire si l'une de ces sources est en contradiction avec une autre ?

« L'incroyable inversion des normes » dont on nous a rebattu les oreilles au printemps 2016 puis à l'été 2017 relève du brave slogan car, évidemment 1. les sources internationales demeurent tout en haut. 2. c'est toujours la loi qui fixe les règles relatives aux conventions collectives, qu'il s'agisse hier de dérogation, de supplétivité aujourd'hui ; 3. le contrat individuel de travail ne peut déroger à quelle que source que ce soit.

Mais applicable aux seules sources conventionnelles, le principe « *plus on descend dans les sources, plus les avantages montent pour le salarié* » est aujourd'hui largement remis en cause.

SECTION III Contractualisation et complexification des sources du droit du travail français

Si l'ordre public *absolu* est marginal *(§ 1)*, l'ordre public *social (§ 2)* est en constante régression s'agissant des accords collectifs : car la négociation « dérogatoire » créée en 1982 et élargie en 2004 a bouleversé tout l'édifice *(§ 3)*, avant que la « supplétivité » ne fasse une entrée remarquée dans le champ conventionnel le 8 août 2016, puis devienne la règle le 22 septembre 2017 (*§ 4*).

§1 L'ordre public absolu

52 **Argument d'autorité et antithèse de la liberté contractuelle,** l'ordre public absolu peut être comparé à un feu rouge : « *c'est comme ça, et pas autrement.* » Au nom d'un intérêt social essentiel et donc supérieur aux intérêts privés en jeu, personne ne peut négocier une autre norme, ni individuellement ni collectivement, ni dans un sens favorable au salarié *(« in melius »)*, ni dans un sens défavorable *(« in pejus »)*. Ainsi la compétence de l'inspecteur du travail, celle des conseils de prud'hommes ou l'étendue d'une infraction pénale ne peuvent faire l'objet d'aucun accord, d'aucune sorte, par qui que ce soit : l'ordre public le frapperait de nullité, tout comme l'indexation de salaires conventionnels sur l'indice des prix ou les règles tenant à la santé ou à la sécurité.

Deux exemples jurisprudentiels :

- individuel : une prime pouvant mettre en cause la sécurité des salariés ou des tiers. Même si le chauffeur-routier ou le livreur de pizzas sont très satisfaits de leur « prime de rapidité de livraison », celle-ci est nulle car les incitant à prendre des risques pour eux mais aussi les tiers en dépassant les vitesses autorisées. Même si l'inspecteur du travail exigeant légitimement sa suppression n'est alors guère populaire…
- collectif : la loi du 20 août 2008 avait tranché : seuls les syndicats ayant obtenu plus de 10 % des suffrages exprimés aux dernières élections dans l'entreprise ont accès à la table des négociations. Mais pour que ce pauvre René, délégué syndical FO tombé à 9,9 % y reste, employeur et autres syndicats peuvent-ils par accord collectif (plus favorable pour lui), même unanime, retenir un seuil de 9,8 % ? Non, le but de cette loi étant de mieux légitimer les négociateurs. *Idem* pour le seuil de validité d'un accord collectif : c'est 30 % au minimum. ***To be, or not to have*** 10 %.

Mais l'ordre public absolu est restreint : instrument de protection mais aussi de promotion du statut social du salarié, le droit du travail reposait avant 1982 entièrement sur l'ordre public *social*.

§2 L'ordre public social (L. 2251-1) : une norme en régression

53 « *Plus on descend, plus ça monte* ». L'ordre public *social* est bien sûr étranger aux sources imposées (OIT, UE, Constitution.) où la hiérarchie habituelle s'impose. Mais permet de résoudre, en l'absence de possibilité de dérogation à la loi ou à la convention collective supérieure, les conflits entre sources : la source inférieure doit être plus favorable au salarié que la norme supérieure. Ainsi pour les salaires minima (pas les primes) : au 1er septembre 2017, le Smic légal était de 1 480 euros mensuels bruts pour 35 heures. En application de l'ordre public social, qui ici demeure, les normes inférieures (conventions collectives, contrat de travail) doivent donc prévoir des minima d'embauche supérieurs, ou au moins égaux (ex. : convention collective de branche : 1 490 euros, accord d'entreprise : 1 569 euros, contrat individuel : 1 612 euros).

La métaphore couramment employée est celle de la maison à plusieurs étages que les partenaires peuvent construire au-dessus du plancher *légal*, en accordant des *avantages* supplémentaires au salarié, financés par les Trente Glorieuses. Mais il n'était pas question qu'ils puissent valablement lui opposer des normes moins favorables.

L'ordre public social, c'était aussi le progrès social, et le « sens » naturel du droit du travail (toujours plus de protections pour le salarié), financé par une exceptionnelle croissance et donc seulement 350 000 chômeurs.

54 Principe « de faveur » pour résoudre les conflits de normes

Aujourd'hui, un tiers des salaires minima d'embauche des conventions de branche reste, sur le papier, inférieur au Smic faute de renégociations récentes : ils ne sont donc plus applicables, et c'est la source au niveau le plus élevé – parfois le Smic ! – qui se substitue automatiquement à eux.

Le principe de faveur retient donc la norme la plus favorable au salarié, que l'employeur doit appliquer « *en vertu du principe fondamental du droit du travail selon lequel la situation des salariés doit être régie, en cas de conflit de normes, par celle qui est la plus favorable au salarié* » avait indiqué le Conseil d'État le 22 mars 1973, le Conseil Constitutionnel refusant cependant le 20 mars 1997 de donner valeur constitutionnelle à un principe aussi mal défini. Même si l'employeur obtient une lettre de renonciation individuelle expresse et motivée du collaborateur, elle n'a aucune valeur.

55 Dérogations en chaîne : *quo descendet* **?** Mais depuis 1982, un accord collectif peut « déroger » à la *loi* (Acte I). Et depuis mai 2004, l'accord collectif inférieur peut « déroger » à *l'accord supérieur* (Acte II). Cette dynamique ne nous entraîne-t-elle pas vers un Acte III, l'« *opt-out* » individuel qui permettrait au *contrat individuel* de déroger

« de gré à gré » aux normes conventionnelles ? Qui aujourd'hui gagne du terrain au niveau communautaire ? Pour l'instant, non.

Mais au nom de la flexibilité interne plutôt qu'externe, le principe de faveur voit son champ d'application se restreindre réforme après réforme : des accords « dérogatoires » de 1982 à la « supplétivité » érigée en principe par les ordonnances du 22 septembre 2017.

Outre les usages, une seule source reste fin 2017 entièrement soumis à ordre public social : le contrat de travail. Mais en principe aussi les treize matières relevant exclusivement de la convention de branche depuis l'ordonnance n° 1 du 22 septembre 2017 (*cf.* L. 2253-1 nouveau : salaires minima, classifications, mutualisation des fonds de financement du paritarisme ou des fonds de la formation professionnelle, renouvellements de la période d'essai ou du CDD...).

Sur ces treize sujets, les stipulations de la convention de branche prévalent sur celles de l'accord d'entreprise conclu antérieurement ou postérieurement... » *sauf lorsque la convention d'entreprise assure des garanties au moins équivalentes* » : forme novatrice d'ordre public social ? Deux solutions : classique lorsque sur *chacun* des thèmes, l'accord d'entreprise sera objectivement plus favorable. Plus novatrice : l'accord d'entreprise sera aussi appliqué si, globalement, il « *assure des garanties au moins équivalentes* » : cet ordre public social **global** est alors beaucoup plus difficile à définir, et va générer du contentieux en nos temps d'accords donnant-donnant portant sur l'emploi. Baisser pour un temps les salaires minimaux de branche pour éviter un dépôt de bilan, la liquidation et la disparition de la collectivité de travail ?

ÉVITER LES GB (GROSSES BOURDES)

1. **« Déroger »** ne veut pas dire retenir une norme forcément *moins favorable* mais, conformément à son étymologie, simplement *différente* de la norme en cause. Opposer ordre public social forcément *« in melius »* à « dérogation » forcément *« in pejus »* est donc pédagogique, parfois même politiquement astucieux mais techniquement faux. Un exemple ? Les journalistes ou cadres autonomes des banques ayant obtenu 21 jours de repos suite à leur passage au très dérogatoire forfait-jours : combien estiment que ce système est un chemin de croix social horriblement défavorable par rapport à la norme des 35 heures ?
2. « **Supplétivité** » ne doit pas être confondu avec caractère facultatif : car une règle supplétive devient obligatoire si la règle supérieure fait défaut. Ainsi depuis septembre 2017, du délai de carence entre deux CDD désormais fixé par la Branche. Mais l'ordonnance a décidé qu'en son absence, la règle légale supplétive d'un tiers s'appliquerait. Elle n'est alors en rien facultative car si elle n'est pas respectée, il y a requalification en CDI.

Problème aujourd'hui : ces deux techniques se superposent voire s'entrelacent, rendant difficile pour le néophyte... et l'étudiant la connaissance de la situation exacte d'un salarié en 2018, dont la convention de branche a utilisé toutes les possibilités données par les ordonnances du 22 septembre 2017 avec ses trois blocs, mais dont un accord d'entreprise portant sur l'emploi vient d'être signé (voir infra).

Sur l'ensemble de cette question, aujourd'hui fort, fort complexe, voir Fl. Canut et Fr. Géa : « Le droit du travail entre ordre et désordre », DS Décembre 2016 p. 1038 et Janvier 2017 p. 47 (avant les ordonnances...).

§3 La fin du sens unique et obligatoire de l'ordre public social : la négociation collective dérogatoire (1982 + 2004)

56 **Le séisme de janvier 1982.** La négociation « dérogatoire » est née en janvier 1982, dans une discrète ordonnance relative à la durée du travail : et depuis plus rien n'est comme avant. Pour donner aux entreprises une meilleure *flexibilité* interne (plutôt qu'externe, *i.e.* licenciements économiques), il fut décidé que, dans la limite d'un contingent de 130 heures supplémentaires annuelles, l'inspecteur du travail n'aurait plus à donner son autorisation. Mais le texte précisait aussi que les partenaires sociaux pourraient négocier eux-mêmes un contingent « *dérogatoire* » car différent : inférieur certes (ex. : métallurgie, 94 heures) en application de l'ordre public social, mais le cas échéant *supérieur* (donc en principe moins favorable pour le salarié), exclusivement par accord *collectif.*

Or depuis sa fondation, le droit du travail permettait certes à la convention collective de déroger à la loi, mais seulement *in melius*.

Depuis 1982, et contrairement à tout ce qui était enseigné et pratiqué depuis 1950, les partenaires sociaux peuvent donc retenir une norme *différente* (étymologie de *déroger*), et donc parfois de facto moins favorable que celle fixée par la loi, **si** celle-ci l'y autorise expressément.

Ils ne sont donc plus forcés de construire au-dessus du plancher légal, ils peuvent creuser à côté, voire en dessous de véritables galeries, remettant en cause la stabilité de l'ensemble de l'édifice. Ce tremblement de terre normatif de 1982 a conduit aux répliques sismiques des lois du 20 août 2008 puis aux ordonnances du 22 septembre 2017, qui ont voulu donner priorité à l'accord d'entreprise désormais majoritaire, plus légitime pour déroger à la norme supérieure, mais aussi pour imposer sa loi au contrat individuel de travail.

57 **Les répliques sismiques de mai 2004 et août 2008.** Depuis la loi Fillon du 4 mai 2004, donc bien avant septembre 2017, *entre conventions collectives* – et entre elles seulement (ex. : accord d'entreprise/convention de branche) – la *hiérarchie* avait déjà cédé la place à l'*articulation :* la convention inférieure ne devait plus forcément être plus favorable que le niveau supérieur : elle pouvait y *déroger*, à moins que ce dernier n'en dispose expressément autrement, et hors des quatre hypothèses où la loi l'interdisait.

Ainsi, un accord d'entreprise pouvait contenir des stipulations *différentes*, et donc parfois moins favorables que celles de la branche si cette dernière ne l'interdisait pas. Au sein du champ conventionnel, ce n'était donc plus désormais le principe *de faveur* qui jouait, mais notre nouvelle religion de la **proximité** (police de/justice de), et l'adage

« *specialia generalibus derogant* » (« les règles spéciales dérogent aux règles générales ») : l'accord d'entreprise pouvait déroger... dans tous les sens.

Disruption. Mais cette technique de l'*accord dérogatoire au niveau supérieur* maintenait une hiérarchie au sein sources conventionnelles car la branche pouvait décider de verrouiller. Discrètement inaugurée en 2008 s'agissant – là encore – de durée du travail, la *subsidiarité* de l'accord de branche en présence d'un accord d'entreprise est radicalement différente : si depuis la loi du 4 mai 2004, l'accord d'entreprise pouvait « déroger à » la convention de branche, depuis août 2016 et a fortiori septembre 2017, cette dernière est en principe « subsidiaire de » l'accord d'entreprise.

§4 Loi du 8 août 2016 puis ordonnances du 22 septembre 2017 : priorité, subsidiarité et supplétivité

58 **Principe de proximité.** La loi du 20 août 2008 avait déjà retenu la *primauté* de l'accord d'entreprise voire d'établissement sur l'accord de branche dans trois petits domaines *relevant de la durée du travail.*

Dans ce même domaine nécessairement proche du terrain, la loi du 8 août 2016 en a fait le principe avec son refrain sur les dizaines de thèmes relatifs au temps de travail et ou temps de repos, chaque article étant composé de trois paragraphes : « § 1. *Ordre public* » (indérogeable *in pejus*) ; « § 2. Champ de la négociation collective : « *En application de l'article L. xxxx-xx, un accord d'entreprise ou d'établissement ou, à défaut, un accord de branche, peut définir...* » ; « § 3. *Dispositions supplétives* » (fixées par la loi) : « *A défaut d'accord....* ».

UN EXEMPLE EMBLÉMATIQUE : LA RÉMUNÉRATION DES HEURES SUPPLÉMENTAIRES DEPUIS LA LOI TRAVAIL DU 8 AOÛT 2016

Ordre public (s'imposant donc aux négociateurs de tous niveaux)

L. 3121-27 : « *La durée légale de travail effectif des salariés à temps complet est fixée à trente-cinq heures par semaine* ».

L. 3121-28. « *Toute heure accomplie au-delà de la durée légale hebdomadaire est une heure supplémentaire qui ouvre droit à une majoration salariale ou, le cas échéant, à un repos compensateur équivalent (...)* ».

Champ de la négociation collective (large ouverture, et en principe supplétivité de la convention de branche car l'accord d'entreprise est prioritaire)

L. 3121-33. *I.* « *Une convention ou un accord collectif d'entreprise ou d'établissement ou, à défaut, une convention ou un accord de branche prévoit le ou les taux de majoration des heures supplémentaires accomplies au-delà de la durée légale ou de la durée considérée comme équivalente.*

Ce taux ne peut être inférieur à 10 % (...) ».

Dispositions supplétives (minimum légal en l'absence d'accord, mais dont le niveau a un impact sur la négociation : s'il est très protecteur, les syndicats ont moins intérêt à signer. S'il ne l'est pas, ce sont les entreprises qui ne vont pas se précipiter.)

L. 3121-36. « *À défaut d'accord, les heures supplémentaires accomplies au delà de la durée légale hebdomadaire donnent lieu à une majoration de salaire de 25 % pour chacune des huit premières heures supplémentaires. Les heures suivantes donnent lieu à une majoration de 50 %* ».
Le nouvel équilibre du 22 septembre 2017 : subsidiarité convention collective de branche/si accord d'entreprise majoritaire à plus de 50 % des syndicats signataires dès le 1° mai 2018 ; seuil qui légitime aussi le rude sort fait aux salariés refusant l'application d'un accord collectif impactant leur contrat de travail (ex : passage à 39 h payées 35).

59 **Obscure clarté.** Car si pour certains domaines (ex : événements familiaux) la durée fixée par accord collectif ne peut pas être inférieure à celle prévue par la loi (donc moins favorable), dans d'autres une dérogation est possible... Bref, le premier paragraphe est parfois d'ordre public absolu, parfois social, parfois n'exclue pas des dérogations.

Cette contractualisation en chaîne entraîne donc une complexification des normes finalement applicables (loi/convention collective de branche/accord d'entreprise). La licéité de certains accords d'entreprise dérogeant fortement à la fois à la loi mais aussi à leur propre convention de branche est parfois incertaine, rendant plus difficile mais également moins légitime le travail des instances de contrôle (inspection du travail : « *On s'est arrangé et c'est très bien comme ça, merci Mme l'inspectrice !* »).

60 **Le cœur de la réforme du 22 septembre 2017 : les trois blocs**

Il figure dans l'ordonnance n° 2017-1385 du 22 septembre 2017 » relative au renforcement de la négociation collective », dans son Titre I (« Place de la négociation collective »), chapitre 1 : « *Rapports entre accords d'entreprise ou d'établissement et accords couvrant un champ territorial ou professionnel plus large, notamment de branche* ».

Pour comprendre la philosophie de cette importante réforme, il faut en réalité commencer par le très discret *troisième* article de la présentation légale.

- **Primauté de l'accord d'entreprise, et supplétivité de la convention de branche : le bloc 3 de l'article L.2253-3 nouveau**

« *Dans les matières autres que celles mentionnées aux articles L.2253-1 et L. 2253.2, les stipulations de la convention d'entreprise conclue antérieurement ou postérieurement à la date d'entrée en vigueur de la convention de branche prévalent sur celles ayant le même objet prévues par la convention de branche. En l'absence d'accord d'entreprise, la convention de branche s'applique* ».

Donc en dehors des 13 + 4 = 17 thèmes limitativement énumérés dans les deux articles examinés infra, dont certains sont certes essentiels (salaires minima de branche) mais d'autres nettement moins (mutualisation des fonds de financement du paritarisme, primes pour travaux dangereux, rémunération du salarié porté...), « *les stipulations de la convention d'entreprise prévalent sur celles ayant le même objet prévues par la convention de branche* ».

Là réside la seule « inversion des normes » des quinze dernières années : pour les éléments essentiels de la vie d'un salarié, c'est l'accord d'entreprise désormais largement auto-norme qui fait la loi, « quelle que soit la date d'entrée en vigueur » de la convention de branche.

- **Bloc 1 : le nouvel « ordre public conventionnel » (ou « professionnel » car lié à un secteur économique)**

Il figure au nouvel article L. 2253-1. Ici, la branche garde la main, la liste passant de 6 thèmes en 2016 à 13 en 2017 : augmentation en forme de contrepartie accordée aux partenaires sociaux, vent debout au printemps 2017 contre la totale suprématie prévue de l'accord d'entreprise (en italiques, les nouveautés de 2017).

L. 2253-1 – *La convention de branche définit les conditions d'emploi et de travail des salariés.* Elle peut en particulier définir les garanties qui leur sont applicables dans les matières suivantes :

1° Les salaires minima hiérarchiques ;

2° Les classifications ;

3° La mutualisation des fonds de financement du paritarisme ;

4° La mutualisation des fonds de la formation professionnelle ;

5° Les garanties collectives complémentaires

6° Les mesures relatives à la durée du travail, à la répartition et à l'aménagement des horaires

7° Les mesures relatives aux contrats de travail à durée déterminés et aux contrats de travail temporaire énoncées aux articles L.1242-8, L.1242-13

8° *Les mesures relatives au contrat à durée indéterminée de chantier énoncées aux articlesL.1223-8 du présent code ;*

9° L'égalité professionnelle entre les femmes et les hommes ;

10° *Les conditions et les durées de renouvellement de la période d'essai mentionnés à l'article L. 1221-21 du code du travail.*

11° *Les modalités selon lesquelles la poursuite des contrats de travail est organisée entre deux entreprises lorsque les conditions d'application de l'article L. 1224-1 ne sont pas réunies.*

12° *Les cas de mise à disposition d'un salarié temporaire auprès d'une entreprise utilisatrice mentionnés aux 1° et 2° de l'article L. 1251-7 du présent code ;*

13° *La rémunération minimale du salarié porté, ainsi que le montant de l'indemnité d'apport d'affaire, mentionnée aux articles L. 1254-2 et L. 1254-9 du présent code » ;*

Autorité (relative) de la CCB. Car dans ces 13 domaines, « *les stipulations de la convention de branche prévalent sur la convention d'entreprise conclue antérieurement ou postérieurement à la date d'entrée en vigueur de la convention de branche,... sauf lorsque la convention d'entreprise assure des garanties au moins équivalentes* ». Des « *garanties* », pas forcément des droits ; « *au moins* » équivalentes, pas « *équivalentes* » tout court : vaste question (voir infra).

• **Bloc 2 enfin : la branche peut garder la main, si... (L.2253-2 nouveau)**

Sur les quatre thèmes suivants, nettement moins emblématiques que les salaires minima ou les classifications, **la branche garde la main : mais si elle le dit expressément.** « Dans les matières suivantes, lorsque la convention de branche le stipule expressément, la convention d'entreprise conclue postérieurement à cette convention ne peut comporter des stipulations différentes de celles qui lui sont applicables en vertu de cette convention *sauf lorsque la convention d'entreprise assure des garanties au moins équivalentes* :

« 1° La prévention des effets de l'exposition aux facteurs de risques professionnels (ex-pénibilité) ;

« 2° L'insertion professionnelle et le maintien dans l'emploi des travailleurs handicapés ;

« 3° L'effectif à partir duquel les délégués syndicaux peuvent être désignés, leur nombre et la valorisation de leurs parcours syndical ;

« 4° Les primes pour travaux dangereux ou insalubres. »

61 Quelles conclusions tirer de cette nouvelle organisation des normes conventionnelles ?

1. En matière sociale, un texte nouveau n'entraine pas toujours les conséquences rapides prévues par ses auteurs. La loi du 4 mai 2004 autorisant déjà l'accord d'entreprise à *déroger* à sa convention collective de branche n'a ainsi donné lieu qu'à très, très peu d'accords dérogatoires : chiffon rouge pour les syndicats que cette sortie de la loi économique et sociale de leur profession, et peu attractifs pour les employeurs ne voulant pas passer pour les Thénardier de la profession.

Et l'entrée dans nos mœurs sociales de textes aussi novateurs prend beaucoup plus de temps que son entrée en vigueur sur le site www. legifrance.fr. Il faut que les partenaires sociaux se les approprient, puis souhaitent négocier et conclure, sur des thèmes parfois fort sensibles (ex : renouvellements ou délai de carence des contrats précaires).

Surtout en nos temps de profonde restructuration de nos 415 branches.

2. La complexité de ces trois nouvelles articulations branche/entreprise fera dans un premier temps la joie des marchands de contentieux, puis donnera aux juges sociaux une place essentielle dans l'application de la réforme. Car dans les deux derniers cas, ce sera à eux de décider si l'accord d'entreprise, souvent donnant-donnant, **«** *assure des garanties au moins équivalentes* » à celles de la convention de branche.

Ce qui fait penser au prémonitoire arrêt Géophysique adoptant le 19 février 1997 une novatrice méthode d'appréciation globale s'agissant, déjà, d'un accord sur le maintien de l'emploi dans l'entreprise : « *La détermination du régime le plus favorable doit résulter d'une appréciation tenant compte des intérêts de l'ensemble des salariés et non de tel ou tel d'entre eux [...]. La suppression de la moitié de la prime semestrielle avait pour contrepartie le maintien des salariés dans leur emploi menacé, sauf à eux à opter pour un départ volontaire, il en résultait que l'accord de 1986 était plus favorable aux salariés* ».

Plus banalement, l'accord dans une start-up préférant une prime de garde d'enfant à la prime d'ancienneté de la branche créée en 1978 assure-t-il début 2018 *« des* garanties *au moins équivalentes » ?*

3. Mais depuis la même ordonnance du 22 septembre 2017 également,

- en droit l'éventuel contestataire devra vite agir (dans les deux mois de la signature de l'accord), et il lui appartiendra de démontrer que non : en cas de doute du juge, cette transfiguration sera donc validée (L. 2262-13 nouveau) ;
- en fait, on peut imaginer que si cet accord vraiment majoritaire à plus de 50 % a été signé, le personnel plébiscitait cette évolution. En cas d'annulation judiciaire (qui n'est certes plus forcément rétroactive, L. 2262-15), ce délégué aura donc des comptes à rendre à ses petits camarades très remontés...

Légalité et légitimité en droit du travail : vaste question !

Chapitre 3

Les instances de contrôle du droit du travail

62 **L'étude des acteurs du droit du travail** relève davantage du sociologue ou de l'historien que du juriste : ce dernier s'intéresse avant tout à l'application des textes dans l'entreprise... s'ils sont appliqués. Car plus encore que d'autres branches du droit privé, le droit du travail souffre d'une réelle ineffectivité, proportionnelle à sa croissance continue en forme de stratification, et à sa redoutable complexité.

Quand il s'agit de sauvegarder l'intégrité physique des salariés, le consensus est général et les mesures de contrôle ou les sanctions relativement faciles à mettre en œuvre. Mais comment vérifier – et sanctionner le cas échéant – l'application quotidienne des 9 964 articles de l'actuel Code du travail dans toutes les entreprises, de Peugeot-Sochaux à la *start-up* ou encore l'entreprise familiale agricole ? Par définition générale et impersonnelle, la loi ne peut concrètement s'appliquer de la même façon dans un grand établissement où les syndicats sont bien implantés et les juristes en droit social nombreux pour éviter les bévues, et dans l'usine de son sous-traitant où l'effectif ne doit pas atteindre 50 salariés. Certes, tous les textes récents, et en particulier les ordonnances de septembre 2017 ont voulu tenir compte du réel particularisme des TPE et des PME, aujourd'hui principale source de création d'emplois. Mais le droit du travail, *légal et conventionnel,* a été et reste conçu pour des entreprises de taille importante bénéficiant des précieux conseils de juristes et RH spécialisés, voire de leur propre service juridique en droit social.

Or un salarié français sur quatre travaille dans un établissement de moins de dix salariés, et un sur deux dans une entreprise de moins de cinquante : peu ou pas de délégués, et *a fortiori* de juriste en droit social.

L'INÉGALITÉ DES ENTREPRISES FACE AU CODE ET AUX JUGES

Small is not beautiful. Notre droit du travail restait conçu pour les grandes entreprises dotées d'un Service juridique pointu lisant chaque jour le quotidien du droit du travail (Liaisons Sociales), et pouvant dans l'instant faire appel aux meilleurs avocats.

Or de la start-up à nos 400000 artisans, une Très Petite Entreprise (TPE de moins de 11 salariés) n'est pas une grande entreprise en miniature, avec de Très Petits Directeurs financier + commercial + juridique. Multi-fonctions par nécessité, le « petit patron » pratique moins la gestion économique des risques juridiques

des sociétés du CAC 40 que la réaction en temps réel. Ne disposant pas en direct de Service juridique ou d'avocat spécialisé s'il n'appartient pas à un groupe, il commet des erreurs et est donc assigné plus souvent qu'à son tour devant les prud'hommes, jurant, mais un peu tard... qu'il n'embauchera plus.
Exemple : fallait-il pousser à l'été 2017 des cris d'orfraie à l'idée d'un plafonnement d'indemnisation en cas de défaut de cause réelle et sérieuse ?
Si l'on comprend bien que côté salarié licencié, le préjudice est équivalent pour lui et sa famille, c'est ignorer la situation réelle d'un petit patron, et laisser penser que sa préoccupation permanente est de se débarrasser illégalement de collaborateurs qu'il côtoie au quotidien ; alors qu'il a beaucoup de mal à en trouver, et cherche plutôt à les fidéliser...
On ne peut donc oublier ce qu'a hélas ignoré le Conseil Constitutionnel dans sa décision du 5 août 2015 : le seuil d'effectifs change tout. Car pour ces entreprises à la trésorerie précaire, douze mois de dommages-intérêts peuvent représenter la moitié ou un tiers de leur masse salariale et conduire au licenciement de collègues, voire au dépôt de bilan. Cette condamnation ayant ensuite un effet désastreux en termes d'embauche, qui se diffuse rapidement dans l'entourage professionnel. Sans même parler de leur banque...
Si la violation de la loi était délibérée, la question serait réglée. Mais « *le Droit est une toile d'araignée qui capture les mouches, mais laisse passer guêpes et frelons* » (J. Swift).
Au-delà du doute profitant au salarié (ex : grave incident en tête-à-tête : parole contre parole), la frontière entre licite et illicite est enfin souvent incertaine (ex : retards), parfois mouvante. Sans parler du banal défaut de déclaration à la CNIL d'une pointeuse ou du GPS bien visible d'une voiture de service : inopposabilité de la preuve, et défaut de cause réelle et sérieuse alors que la faute est constituée.

Que faire ?

1. La France a moins besoin de contrôleurs que de créateurs d'entreprise ; et surtout de moins de défiance et plus de confiance à l'égard de celles et ceux qui travaillent en moyenne 51 h par semaine et emploient un salarié sur cinq : d'où la bonne idée du « droit à l'erreur » évoqué fin 2017, et la possibilité pour l'entreprise de préciser les motifs d'un licenciement déjà prononcé.
2. À l'instar des ordonnances du 22 septembre 2017, chercher à sécuriser la vie quotidienne de nos petits patrons... et des startups divorçant du droit du travail salarié en lorgnant du côté du si flexible « travail indépendant ».

Et pour continuer à avancer, laissez vos suggestions sur le site : faire-simple.gouv.fr.

63 **Car l'ineffectivité du droit du travail** est souvent due à un comportement involontaire du chef d'entreprise ou du manager. Cette situation explique la relative mansuétude des instances de contrôle ; ainsi des inspecteurs du travail *(Section 1)* évoquant une « application négociée » du Code, et dont la majorité des rares PV ne donne lieu en justice qu'à de rares sanctions de principe.

Car les juges du droit du travail *(Section 2)* n'ignorent pas eux-mêmes la redoutable complexité de certains textes qui, au-delà des alternances politiques, font fréquemment l'objet de modifications : modifications dont les années 2015-2017 furent friandes. Il faut expliquer à nos Gaulois décideurs qu'alternance politique ne signifie pas forcément alternance juridique, et ne doit pas commencer par mettre automatiquement à la poubelle ce qu'ont fait leurs prédécesseurs.

SECTION I L'inspection du travail après l'ordonnance du 7 avril 2016

64 **« Les funambules du travail : pratiques de l'inspection du travail ».** Ce titre reflète bien les efforts d'équilibriste auxquels doit se livrer ce corps spécialisé créé sur demande patronale le 19 mai 1874, après que tout le monde eut constaté que la loi de 1841 protégeant les femmes et les enfants n'avait pas été respectée faute de contrôle dans les entreprises, créant entre elles des distorsions de concurrence.

Limitée à l'origine à l'hygiène et à la sécurité, la mission de l'inspecteur du travail français a été considérablement élargie depuis : qu'il s'agisse des rapports individuels ou collectifs de travail, il exerce aujourd'hui une véritable magistrature sociale, ce qui le différencie de ses collègues européens, souvent cantonnés au noyau dur de la sécurité (*cf. Le système d'inspection du travail en France*, T. Kapp, P. Ramackers et J.-P. Terrier, Éditions Liaisons-Intefp, 2013).

65 **Administration du travail : le retour.** Entre l'homologation des ruptures conventionnelles depuis la loi du 25 juin 2008, son contrôle des PSE avec celle du 14 juin 2013 puis des nouveaux plans négociés de départs volontaires de septembre 2017, l'administration du travail a vu son rôle se renforcer.

Recrutés au même niveau universitaire que l'ENA ou l'ENM, les jeunes inspecteurs-élèves suivent une scolarité de dix-huit mois à l'Institut national du travail à Lyon (www.intefp.travail-emploi.gouv.fr/) puis choisissent, en principe selon leur rang, leur affectation. Soit dans l'une des 790 sections d'inspection regroupées dans des unités territoriales, soit dans les Direccte (directions régionales des entreprises, de la concurrence, de la consommation, du travail et de l'emploi), où ils sont en charge de l'emploi depuis l'importante réforme de 2014 ayant programmé la disparition (par voie de promotion) des contrôleurs du travail.

Depuis 2010, en dessous des Direccte (Directions régionales des entreprises, de la concurrence, de la consommation, du travail et de l'emploi avec ses trois pôles : Travail, Entreprises, emploi, économie, enfin Consommation), et des 28 Unités de Contrôle régionales, 234 UC (unités de contrôle), avec 1 320 contrôleurs du travail (corps en voie d'extinction) et les 781 inspecteurs du travail (moyenne d'âge : 49 ans, 60 % de femmes). Sur le terrain, chacune des 790 *sections d'inspection* (161 en Ile-de-France) couvre en moyenne 23 200 salariés, chaque agent contrôlant 814 établissements et 8 700 salariés. Ils disposent d'une remarquable indépendance à l'égard du pouvoir politique, garantie par la convention n° 81 de l'OIT ; mais aussi dans la gestion de leur temps, liberté particulièrement appréciée au quotidien par les jeunes générations.

Cependant leur traitement (financier et social) reste modeste par rapport aux amis de faculté ou d'IEP passés par l'ENA ou devenus magistrats : l'image du « shérif en 2 CV » reste exacte. Travail énorme et psychologiquement usant pour une rémunération très inférieure à celle qu'ils toucheraient dans le privé, d'où le départ croissant des meilleurs. Malgré le « plan de modernisation et de développement de l'inspection du travail », la France manque d'inspecteurs et de contrôleurs du travail ; ce qui ne se révèle pas forcément favorable aux entreprises, car si les visites sont rares, elles vont au plus pressé : les contrôles pénalement sanctionnés, au détriment du rôle d'accompagnement légitimement évoqué par l'article 3-2 de la convention OIT : « *fournir des informations et des conseils techniques aux employeurs et aux travailleurs sur les moyens les plus efficaces d'observer les dispositions légales* ».

66 **« Portant code de déontologie du service public de l'inspection du travail »,** le nécessaire décret du 12 avril 2017 commence par rappeler que « *les agents bénéficient pour l'exercice de leurs missions d'une garantie d'indépendance les préservant des influences extérieures indues. Cette garantie conditionne la qualité du service rendu au public et la confiance des usagers dans le service public de l'inspection du travail.* »

Outre le rappel des bien classiques obligations de discrétion, de secret puis de confidentialité, deux articles veulent garantir cette si légitime confiance, parfois hélas mise à mal par quelques inspecteurs plus militants syndicaux que fonctionnaires impartiaux, renvoyant à l'opinion une image déplorable du corps.

R. 8124-18. « *Les agents exercent leurs fonctions de manière impartiale, sans manifester d'a priori par leurs comportements, paroles et actes. Ils font bénéficier les usagers placés dans des situations identiques, quels que soient leur statut, leur implantation géographique et leur activité, d'une égalité de traitement.* »

R. 8124-19. « *Dans l'exercice de leurs missions, les agents s'abstiennent de toute expression ou manifestation de convictions personnelles, de quelque nature qu'elles soient. En dehors du service, ils s'expriment librement dans les limites posées par le devoir de réserve. Ils ne peuvent notamment tenir des propos de nature à nuire à la considération du système d'inspection du travail* ».

L'inspecteur du travail français a une large, car triple, mission.

§1 Missions de contrôle après l'ordonnance du 7 avril 2016

67 Les 790 inspecteurs du travail en section d'inspection sont chargés de **veiller à l'application du droit du travail légal mais aussi conventionnel**. Ils sont également chargés, concurremment avec les agents de police judiciaire, de constater les infractions à ces dispositions. L'article L. 8112-1 évoque la mission la plus vieille et la

plus classique, le contrôle de l'application dans l'entreprise des textes applicables : loi, règlements, mais aussi conventions collectives, étendues ou non. Concrètement, cette mission peut s'exercer grâce à trois droits bien particuliers reconnus aux inspecteurs : droit de *visite* (L. 8113-1), qui permet de pénétrer sans autorisation préalable dans tout lieu où travaillent des salariés (293 703 visites en 2013, dont plus du quart sur des chantiers) ; droit de *communication* des registres, obligatoirement tenus par le chef d'entreprise, et de tout document *existant* (ex. : fiche de notation dans le cadre d'une enquête sur une éventuelle discrimination). Enfin, plus théorique que pratique, droit de prélèvement en matière d'hygiène et de sécurité (ex. : produits toxiques, L. 8113-3).

Un employeur refusant de laisser entrer un inspecteur, ou lui donnant volontairement des renseignements inexacts par action, ou par omission (ex : *« l'abstention de fournir les informations qui lui étaient demandées sur les heures supplémentaires »*, Cass. crim. 25 mars 2017), sera poursuivi et condamné en correctionnelle pour *délit d'obstacle* à l'accomplissement des missions de l'inspection (2000 observations et 300 PV annuels, un an d'emprisonnement et une amende multipliée par dix en avril 2016 : 37 500 euros). Délit à ne pas confondre avec celui visant les outrages ou les violences (L. 8114-2, 100 observations et 30 PV par an).

68 De l'éventuel PV au très éventuel procès. Si l'inspecteur constate des illégalités à l'occasion d'un contrôle, il peut dresser un procès-verbal qui fera foi jusqu'à preuve contraire, la seule dénégation de l'employeur ne suffisant pas (L. 8113-7). Après avis du responsable départemental intégré aux Direccte chargé des relations avec les services judiciaires, le PV sera – ou non – transmis au Parquet : devant faire face à une délinquance plus visible, c'est le Procureur qui décidera des suites à donner : entre 20 % et 40 % de classements sans suite.

Mais dans l'immense majorité des cas, l'inspecteur ayant constaté une infraction demandera d'abord à l'employeur d'y mettre bon ordre, soit officieusement, soit officiellement : une mise en demeure préalable est obligatoire en matière d'hygiène et sécurité.

69 Huit PV par inspecteur et par an. Selon les chiffres publiés en janvier 2015, sur les 819 017 infractions constatées en 2014 dans les établissements visités (60 % santé et sécurité, 20 % contrat de travail, 5 % institutions représentatives du personnel, 2 % négociation collective, 2 % libertés et droits fondamentaux dont 32 % concernent l'égalité professionnelle), une infime minorité a donné lieu à rédaction d'un PV transmis à la justice : 4 576 (36 % travail illégal, 31 % santé et sécurité, 20 % contrat de travail : durée du travail, embauche, salaires, 3 % relations collectives de travail), ou d'une mise en demeure (14 077). Le PV est en effet l'*ultima ratio*, lorsque tous les moyens de persuasion (*cf.* les 183 529 « lettres d'observations ») auront été utilisés en vain, ou que l'infraction est grave (sécurité physique, travail illégal).

Les suites données au PV ont également de quoi décourager les inspecteurs ayant passé plusieurs jours à constater puis détailler l'infraction : une sur deux est suivie de poursuites judiciaires, les Parquets en classant sans suite un bon quart avec, comme dans d'autres domaines, de très forts écarts types entre TGI.

Et elles n'aboutissent pas toujours à des condamnations (pour 2014, seulement 48 % des PV ont eu « des suites connues »...), rarement d'emprisonnement (surtout avec sursis) : donc pour l'essentiel des peines d'amendes (70 %).

70 **Déperdition facilement explicable.** Submergé par la grande délinquance, le Parquet hésite à poursuivre un employeur n'ayant pas respecté telle règle très technique relative à la durée du travail ou ayant remis entre-temps aux normes des machines défaillantes. Le tribunal de police (contraventions) ou les juges du tribunal correctionnel (délits) hésitent ensuite à soumettre à une très forte amende, et *a fortiori* à envoyer en prison le responsable d'une entreprise locale pourvoyeuse d'emplois. De quoi démotiver l'inspecteur du travail ayant passé son week-end à rédiger son PV, et qui lors de sa prochaine visite dans l'entreprise verbalisée va se heurter à des sourires amusés côté direction, mais atterrés côté salariés puisqu'une infraction dûment constatée par ses soins va rester impunie.

D'où la montée en puissance en 2016-2017 des plus rapides, mieux recouvrées et donc plus efficaces amendes administratives : « *l'hyper-pénalisation apparente du droit du travail masquait une hypo-répression* » (L. Gamet, Dr. Soc, mai 2017 p. 439).

ORDONNANCE DU 7 AVRIL 2016 ET DÉCRET DU 25 AVRIL 2016

Des sanctions moins visibles, mais plus effectives

▮ *Amendes administratives (L. 8113-7 et s.)*

L'inspecteur du travail a le choix, mais il est irrévocable : dresser un PV, ou rédiger un rapport à destination du Direccte. Si ce dernier envisage une amende administrative, une procédure contradictoire sera respectée (un mois). Pour l'employeur le spectre du procès public s'éloigne : mais son directeur financier pourrait regretter cette évolution car les taux, qui varient bien sûr selon la gravité de l'infraction et le comportement passé de son auteur, sont dissuasifs : 2 000 euros (maximum) par salarié, et 4 000 en cas de réitération dans l'année s'agissant des très classiques infractions sur les durées maximales de travail ou le repos quotidien et hebdomadaire. Un an plus tard, le premier bilan fait regretter aux entreprises le bon vieux PV : la moitié des sanctions notifiées -sans possibilité de recours hiérarchique- concernent la durée du travail et un tiers la santé – sécurité. Et en quatre ou cinq mois, l'amende administrative est recouvrée (L. 8115-5). Rien à voir avec les aléas du steeple-chase judiciaire d'antan.

▮ *Discrète transaction pénale homologuée*

L. 8114-4 nouveau : « *Tant que l'action publique n'a pas été mise en mouvement, l'autorité administrative compétente peut transiger avec les personnes physiques et les personnes morales sur la poursuite d'une infraction constituant une contravention ou un délit* ». Une fois le PV de l'inspecteur transmis au Direccte, ce dernier peut, au lieu de transmettre ce procès-verbal au Parquet, décider d'opter pour une proposition transactionnelle : mais il n'y est jamais obligé, et sont exclues les infractions les plus graves, celles punies d'une peine supérieure à un an.

« *La proposition de transaction est déterminée en fonction des circonstances et de la gravité de l'infraction, de la personnalité de son auteur ainsi que de ses ressources et de ses charges* » (L. 8114-5). Si l'employeur l'accepte, elle est soumise à l'homologation du procureur de la République, qui se sera bien sûr concerté en amont avec son « référent » à la Direccte pour définir ensemble une politique pénale cohérente. Sinon, il prend le risque d'un procès public, à la sanction officiellement dissuasive avec ses peines de prison (qui sauf travail illégal restent exceptionnelles, mais terrorisent les employeurs étrangers), et personnellement souvent dévastateur pour le dirigeant... ou son délégataire de pouvoir.

Sur l'importante réforme d'avril 2016, L. Vilboeuf, Adjoint au DGT : « Les amendes administratives en droit du travail », Dr. soc. mai 2017 p. 432, évoquant « *une véritable révolution dans le domaine des sanctions* » *grâce à* « *ces outils juridiques adaptés et efficaces pour la recherche permanente de l'effectivité de la norme* », *et répondant à la question essentielle :* « *le droit pénal constitue-t-il la voie de contrainte exclusive car suffisante pour assurer l'application du droit du travail ?* » ; Laurent Gamet : « Inspection du travail et répression », Dr. soc. mai 2017 p. 439 ; Ph. Auvergnon et Th. Kapp, n° spécial de Droit Social, Juillet-Août 2017 p. 657 : « De nouveaux rapports entre le système d'inspection du travail avec le Parquet et les juges » évoquant l'omniprésent « regard du Parquet ».

En matière d'hygiène et de sécurité (voir le chapitre *infra*), lorsqu'il existe « *un risque sérieux d'atteinte à l'intégrité physique d'un travailleur* », l'inspecteur peut saisir le TGI statuant en référé afin que ce dernier ordonne l'immobilisation *immédiate* de la machine dangereuse. Si cette procédure judiciaire reste exceptionnelle (34 en 2014), sa seule évocation suffit généralement à convaincre l'employeur de le faire avant que la justice ne le lui ordonne sous astreinte. Il en va de même dans le BTP, où l'inspecteur du travail peut ordonner lui-même l'arrêt du chantier, urgence vitale oblige (9012 décisions en 2014).

§2 Décisions administratives

71 L'inspecteur du travail prend aussi des **décisions administratives**. Ainsi peut-il exiger le retrait immédiat d'une clause illégale d'un règlement intérieur, refuser tel aménagement du temps de travail, enfin et surtout autoriser ou refuser le licenciement d'un représentant du personnel (25 000 enquêtes par an).

Ces décisions qui font grief peuvent faire l'objet d'un recours *gracieux* auprès de l'inspecteur du travail lui-même, puis *hiérarchique* auprès du ministre du Travail, recours gratuit et dont les effets sont relativement rapides : si, dans les quatre mois, aucune réponse ne parvient du ministère, le recours est rejeté. Mais dans la plupart des cas, une réponse explicite intervient dans ce délai.

Un recours *contentieux* est enfin possible dans les deux mois de la notification de la décision administrative, devant le tribunal administratif puis éventuellement la cour administrative d'appel, et enfin le Conseil d'État en cassation. Cette voie contentieuse est cependant longue (environ cinq ans si le Conseil d'État statue), en pratique coûteuse (avocat non obligatoire mais vivement conseillé), et aux effets indirects car le juge administratif ne fait qu'annuler une décision administrative.

Pour éviter le recours au juge judiciaire, dont la décision, en forme de tout ou rien, arrivait plusieurs mois après avec des effets souvent rétroactifs ingérables en pratique, la loi du 14 juin 2013 a confié à la Direccte le très délicat contrôle des plans de sauvegarde de l'emploi, avec *in fine* une décision administrative faisant grief. Rude tâche en période de restructurations, mettant désormais l'administration du travail en première ligne (voir *infra* le chapitre sur le licenciement économique). Mais le succès est là : ainsi mieux contrôlés en amont des licenciements, 6 % des PSE donnent aujourd'hui lieu à contentieux administratif contre 30 % auparavant devant le TGI.

§3 Assistance et conseil réaffirmés par la loi du 8 août 2016

72 Troisième mission de l'inspection du travail : **l'assistance**, sinon **le conseil** aux salariés, mais également aux employeurs qui le demandent, dans les conditions d'impartialité fixées par le décret du 12 avril 2017 « *portant code de déontologie du service public de l'inspection du travail* » (cf. supra). Alors que le Code du travail est de plus en plus complexe, l'inspecteur apparaît comme « *la personne qui dit le droit du travail* ». Les permanences qu'il tient chaque semaine sont très chargées (600 000 entretiens par an, mais aussi 1,5 million d'appels téléphoniques), et en cas de conflit collectif portant sur une question juridique (ex. : calcul d'une prime), son intervention sera déterminante. Car il sera parfois choisi par les parties comme médiateur officieux voire officiel, si par exemple le TGI est saisi d'une demande en ce sens, par exemple en cas d'occupation des locaux. Plus généralement, l'administration du travail se voit confier un rôle essentiel en matière d'emploi (PSE, contrats de génération) qui mobilise une grande partie de ses effectifs.

73 *État moderne, État modeste :* le titre de l'ouvrage du regretté Michel Crozier paru en 1987 reste révélateur du malaise que connaît le corps de l'inspection du travail, dont la légitimité est moins bien perçue par des partenaires sociaux estimant, surtout depuis la loi du 20 août 2008, pouvoir tout négocier *(« On s'est arrangé, Madame l'inspectrice »)*.

Travaillant dans des conditions matérielles parfois difficiles, avec un emploi du temps surchargé (conflits collectifs sur l'emploi et enquêtes sur les accidents du travail, parfois difficiles à assumer sur le plan humain, ne préviennent pas), il fait l'objet de fréquentes critiques lorsqu'il est amené à prendre des décisions. Car dans les entreprises, les colonels en retraite ont été remplacés par des juristes spécialisés ou de jeunes RRH excellemment formés au droit du travail[1] à qui le contentieux ne fait pas peur, et qui se révèlent parfois de savants contradicteurs puisque anciens condisciples de faculté ou d'IEP.

1) Par exemple, le remarquable Master 2 professionnel en apprentissage « Développement des ressources humaines et Droit Social » de l'École de management de Paris I-Sorbonne (m2drh-ems@univ-paris1.fr), avec son Association des anciens : https://fr-fr.facebook.com/m2drh.sorbonne.

74 Mais pour des étudiants soucieux d'indépendance et d'efficacité au quotidien, ce métier en forme de vocation reste attirant, bien qu'il connaisse aujourd'hui une double crise : de *recrutement* malgré les remarquables efforts de la très Direction Générale du Travail (exemple : troisième concours destiné à des cadres du secteur privé et du monde syndical), mais aussi *d'identité :* la fonction « Chevalier Bayard » de l'inspecteur n'est plus celle des années 1960 (*cf.* J. Bessière, « L'activité de l'inspection dans un contexte de fortes évolutions », *Dr. soc.*, novembre 2011, p. 1021), l'emploi devenant déterminant. L'emploi à tout prix.

SECTION II Les multiples juges du droit du travail

75 **Contentieux, tactiques et stratégies judiciaires.** Le contentieux est la forme pathologique du droit : l'immense majorité des différends du travail ne parvient pas jusqu'au juge, soit parce que l'une des parties cède (un salarié en cours de contrat a rarement intérêt à assigner son propre employeur), soit grâce à une solution amiable toujours préférable : ainsi depuis juin 2008, l'éclatant succès de la rupture conventionnelle homologuée : 389 744 en 2016 et plus de 400 000 en 2017 soit plus de deux fois plus que de licenciements économiques, et qui a fait nettement baisser les recours aux prud'hommes.

Mais si le contentieux ordinaire (droit du logement, divorce) cherche à faire trancher par le juge une question précise, son utilisation est parfois différente en droit du travail : outre une forme de travail de deuil professionnel pour un licenciement, le rapport de droit y sert d'arme dans le rapport de force, individuel ou collectif. Ainsi la menace de « traîner en correctionnelle » l'employeur pour délit d'entrave ou discrimination est de nature à le rendre plus ouvert aux propositions syndicales.

À l'inverse, lorsque l'entreprise porte plainte pour vol ou séquestration à l'occasion d'un conflit collectif, elle ne souhaite pas nécessairement que ces salariés soient condamnés six mois plus tard : le retrait de la plainte fera l'objet d'une négociation. Ce qui est évident sur le plan collectif est également vrai dans les rapports individuels : la seule évocation d'une assignation devant le conseil des prud'hommes suffit souvent à obtenir un rendez-vous avec son contradicteur : en témoignent la moitié des instances prud'homales intentées mais ne donnant finalement lieu à aucun jugement (*cf.* J.-E. Ray, « L'utilisation du juge judiciaire dans les rapports de travail », *in Stratégies juridiques des entreprises*, dirigé par Antoine Masson, Larcier, 2013).

76 **L'éclatement (relatif) du contentieux du travail** est une seconde spécificité. Pratiquement tous les juges français ont à traiter un jour ou l'autre un litige du travail : le juge *civil* à l'évidence, et particulièrement le juge naturel du droit du travail qu'est le Conseil des prud'hommes, mais aussi les tribunaux d'instance et TGI. Mais également le juge *répressif* (de police pour les contraventions, correctionnel pour les délits) car le Code du travail édicte souvent des sanctions pénales : ainsi des multiples délits d'entrave qui ne peuvent donner lieu à transaction pénale.

Le juge *administratif*, enfin, est loin d'être absent puisqu'il est amené à statuer après un recours contentieux dirigé contre une décision administrative prise par l'inspecteur du travail ou la Direccte. Certes n'est-il pas juge des décisions patronales comme le juge judiciaire. Mais son intervention est loin d'être négligeable si l'on envisage les effets de ses arrêts : l'annulation d'une décision de licenciement d'un représentant du personnel entraîne pour l'entreprise l'obligation très concrète de réintégrer immédiatement le délégué qui le demande.

77 **Cette atomisation du contentieux**, relative puisque 95 % reste prud'homal, conduit parfois à des dénis de justice : le justiciable peut-il accorder quelque crédibilité à un système juridictionnel qui, parfois, d'incompétence en renvois préjudiciels, peut demander huit ou dix années de procès ? Légitimement attentive au « délai raisonnable de jugement », la CEDH a ainsi condamné la France le 9 janvier 2007 pour une procédure ayant dépassé dix ans : « *Dans les litiges du travail, une diligence particulière s'impose en raison de leur importance capitale pour la situation professionnelle de la personne.* » Car le droit du travail n'est pas le droit des successions : c'est un droit d'application quotidienne, qui ne bénéficie pas de la présence d'un juriste spécialisé et met en jeu, à court terme, les revenus d'une famille. Ainsi, les très attendus arrêts concernant les conditions de validité de la rupture conventionnelle née le 25 juin 2008 sont intervenus le 23 mai 2013. Cinq années pour simplement savoir comment la règle va être précisément appliquée...

78 **Le droit du travail français avance (aussi) à coups d'arrêts.** Il faut en effet souligner l'importance de la jurisprudence des cours d'appel, mais surtout de la Chambre sociale de la Cour de cassation (voir encadré *infra*). Le droit légal du travail ne brillant pas toujours par la clarté de ses définitions (ex. : « cause réelle et sérieuse » d'un licenciement ; « exercice normal du droit de grève »), c'est elle qui crée une partie du droit du travail... si elle est saisie. Par un arrêt de principe, elle peut éclairer tous les magistrats de France sur le sens exact à donner à une loi nouvelle : ce qu'elle a fait avec brio en 2009-2014 en interprétant, en temps réel ou presque, la loi du 20 août 2008 pour faciliter le travail des partenaires sociaux.

Mais si la loi est souvent modifiée (chaque année entre 2015 et 2017) ce rôle disparaît puisque l'arrêt rendu trois ans après les faits doit l'être en fonction de la loi applicable à l'époque : le rôle utile pour les praticiens de la Cour de cassation disparaît lorsque les textes sont trop souvent remaniés (durée du travail : les arrêts essentiels visant la RTT négociée de janvier 2000 ont été rendus le 15 mars 2006, époque où RTT signifiait plutôt *rallongement* du temps de travail), ou lorsqu'elle-même n'a pas de politique jurisprudentielle stable (voir encadré infra). Et le plafond de dommages-intérêts arrivera sans doute à la Chambre sociale en 2021...

79 **Contenir la judiciarisation.** Tous les textes récents cherchent à limiter le contentieux judiciaire envahissant le droit du travail : rupture conventionnelle homo-

loguée (2008), plans de sauvegarde de l'emploi relevant de l'Administration (2013) et sécurisation des plans de départs volontaires évitant celui du licenciement économique (2017), recherche d'une conciliation en amont (avec un régime fiscal avantageux), plancher-plafond de dommages-intérêts en cas de licenciement non fondé incitant les parties à négocier ; enfin délais de prescription plus courts : au 1° janvier 2018, douze mois pour les actions relatives à la *rupture* du contrat (donc pas seulement les licenciements : démission, prise d'acte) constituant 85 % du contentieux prud'homal, et en principe deux ans pour celles relatives à son *exécution*...

80 Seront successivement examinés le conseil de prud'hommes reconfigurés en 2015-2017 *(§ 1)*, juge d'exception mais naturel du contrat de travail. Mais d'autres juges judiciaires sont amenés à statuer *(§ 2)*, et parfois le juge administratif *(§ 3)*.

Sur « Les acteurs de la justice sociale », et en particulier le Conseil des prud'hommes, voir le très complet n° spécial de Droit Social, Juillet-août 2017, avec ses 13 contributions (mais avant les ordonnances de septembre 2017).

§1 Le juge naturel : le « conseil » des « prud'hommes », après les réformes de 2015-2017

81 **Premiers juges de proximité.** Ces 14 512 preux hommes juges auraient-ils vocation à conseiller les parties ? À l'origine (Lyon, 1806), cette juridiction spécifique au droit du travail était composée de juges élus dans un monde artisanal, où la femme était peu présente, où les règles de l'art et les usages locaux étaient les seules normes applicables. Ces magistrats non professionnels devaient donc surtout faire preuve d'équité et de discernement *(prudentia)*, en cherchant d'abord à concilier les parties plutôt que trancher un litige en désignant un vainqueur et un vaincu qui auraient ensuite du mal à travailler ensemble : en 1850, 85 % des affaires étaient conciliées.

Deux siècles plus tard, l'institution a évolué en août 2015 puis 2016, mais pas fondamentalement changé malgré un changement de monde : généralisée à tout le territoire (210 CPH) et pour toutes les professions, elle demeure peu ordinaire. Composée de juges non professionnels désormais désignés par les syndicats, elle doit en principe, avant de juger, chercher à concilier les parties (« bureau de conciliation et d'orientation »), et en cas d'échec passer au « bureau de jugement ».

82 *« Servat et conciliat » ?* **Cette permanence d'inspiration est-elle encore adaptée ?** Si elle a d'incontestables avantages (proximité professionnelle avec le justiciable), elle faisait siéger des employeurs et des salariés qui n'avaient souvent aucune formation juridique : si 36 jours de formation par mandat leur sont proposés, en pratique seulement 12 étaient utilisés avant 2017. Alors que le droit du travail se complexifie (Code 1967 : 800 articles ; Code 2017 : 9 960 articles+ dérogations par convention de branche, et d'entreprise + supplétivité en 2016-2017), il était indispensable de rendre cette formation obligatoire, et si possible commune aux deux collèges (la langue du Droit n'est pas divisible), ce qui a été fait avec la loi du

6 août 2015 : cinq jours au titre de la formation *initiale*, avec démission d'office si elle n'est pas suivie.

83 **Plus de 85 % du contentieux prud'homal** est aujourd'hui lié au licenciement, contre 50 % en 1990, et pour l'essentiel au licenciement pour motif personnel avec sa charge affective *(« J'irai jusqu'au bout ! » :* 68 % d'appel). Or depuis le 13 juillet 1973, ce dernier donne lieu à une procédure dans laquelle un entretien préalable est obligatoire, où des délais de réflexion sont imposés à l'employeur, afin qu'il ne prenne aucune décision à la légère. Si le salarié conteste, des négociations informelles ont souvent lieu en amont (conversion en rupture conventionnelle homologuée, intervention des conseils, transaction). Bref, si l'employeur est assigné aux prud'hommes, c'est qu'aucune solution d'apaisement n'a pu être trouvée *auparavant* ; il n'est donc pas certain que le passage en conciliation (surtout s'il dure dix minutes) soit aussi utile que par le passé (taux passant de 85 % en 1850 à 50 % en 1960, puis à 6 % en 2015, avec il est vrai de forts écarts types : 5 % à Paris, mais 35 % à Toulouse), alors que la procédure s'en trouve allongée de plusieurs mois.

Il est enfin intéressant de noter que l'essentiel du contentieux prud'homal met en scène des TPE/PME où les rapports sont plus personnels et les juristes absents, donc les erreurs fréquentes. Qu'il soit très déséquilibré (98 % des demandes émanent des salariés, obtenant satisfaction dans 72 % des cas) ne saurait en revanche surprendre. Le droit du travail reste unilatéral (il protège la partie la plus faible), et l'employeur bénéficie souvent du privilège du préalable : prenant la décision de licencier ou de ne pas payer les heures supplémentaires, il oblige le salarié contestant cette mesure à saisir la justice.

84 **L. 1411-1 :** *« Les conseils de prud'hommes règlent par voie de conciliation les différends qui peuvent s'élever à l'occasion de tout contrat de travail (...) entre les employeurs et les salariés qu'ils emploient. Ils jugent les litiges à l'égard desquels la conciliation n'a pas abouti. »*

Seront successivement envisagées : la composition revue le 31 mars 2016 *(1.1.)*, la compétence *(1.2.)*, puis la procédure revue en août 2015 puis par le décret du 16 novembre 2016 *(1.3.)* relatives à cette juridiction d'exception spécifique au droit du travail, saisie de 184 096 litiges en 2015, dont 33 277 référés. Chiffres déjà en baisse depuis la réforme de 2015, et que le plafond de dommages-intérêts de l'ordonnance du 22 septembre 2017 + les nouveaux délais de prescription ne devraient pas faire remonter.

Car comme dans toute l'Europe, tout est fait aujourd'hui pour limiter le contentieux du travail : modes alternatifs de règlement des litiges, raccourcissement des délais de saisine et de prescription, alourdissement des règles relatives à l'assignation, plafonnement des dommages-intérêts, régime fiscal plus attrayant en cas de conciliation... Une telle politique de déjudiciarisation (particulièrement visible dans les ordonnances de septembre 2017) n'emporte pas l'adhésion naturelle des Barreaux, qui le font savoir.

A. - Composition du conseil des prud'hommes

85 **Juges de proximité, désignés depuis 2017.** Ces juges spécialisés en droit du travail doivent être proches du justiciable, connaître ses problèmes quotidiens. Ils étaient donc *élus* tous les cinq ans sur listes syndicales, au sein de deux collèges distincts (véritable paritarisme). Mais avec un taux d'abstention passé de 37 % en 1979 à 75 % en 2008, les électeurs venant surtout des grandes entreprises alors que le contentieux prud'homal vient des salariés TPE/PME, pour un coût de 87 millions d'euros pour le Ministère du Travail...

L'ordonnance du 31 mars 2016 a donc prévu la désignation, paritaire H/F, des conseillers prud'hommes à la proportionnelle par les syndicats patronaux et de salariés déclarés représentatifs en juin 2107. « *Le renouvellement des conseillers prud'hommes a lieu tous les quatre ans, à l'issue du cycle de mesure de l'audience syndicale et patronale (...). Les sièges de conseillers prud'hommes sont répartis en fonction de leur audience au niveau départemental par organisation, section, collège et conseil de prud'hommes, par arrêté conjoint du ministre du Travail et du ministre de la Justice* ». Délicat travail d'affectation pour la CFDT qui, avec sa première place de 2017, doit gagner environ 550 postes, et la CGT en perdre 800.

Les premières désignations auront en principe lieu fin 2017, pour quatre ans afin de coller aux cycles électoraux.

86 **Professionnalisation et formation.** Sachant que le taux d'appel a été de 68 % en 2016 (contre 21 % pour les décisions de TGI, 6 % les TI, et 15 % pour les tribunaux de commerce) et que le contentieux social représente 34 % de l'activité de nos 36 Cours d'appel, il fallait professionnaliser les futurs conseillers. La loi du 6 août 2015 est donc carrée : « *les conseillers suivent une formation initiale à l'exercice de leur fonction juridictionnelle* (...). *Tout conseiller qui n'a pas satisfait à cette obligation est réputé démissionnaire* ».

Légitimement commune aux employeurs et salariés pour parler la même langue (juridique), cette formation initiale obligatoire est organisée par l'École Nationale de la Magistrature (10 000 stagiaires attendus pour 2018). Au programme, cinq jours de formation théorique et pratique : trois d'e-formation à distance et deux en présentiel, dans des ateliers en régions : absence parfois compliquée pour les petits patrons. Avec un programme chargé : organisation judiciaire, règles de déontologie (impartialité, interdiction du mandat impératif), principes directeurs du procès, processus de conciliation et rédaction des jugements. Cette formation initiale commune sera – en principe- complétée par une formation continue de six semaines par mandat, souvent ici dans un cadre syndical.

87 **Proximité professionnelle.** Chaque conseil de prud'hommes est divisé en *cinq sections* autonomes, qui renforcent la proximité juge/justiciable ; section de l'industrie (environ 45 000 affaires), du commerce (63 000), et de l'agriculture (3 700 pour toute la France, et bien peu à Paris). Selon l'activité de son employeur, le salarié sera jugé par des hommes et des femmes proches de lui sur le plan professionnel. Relevant de la Section Commerce, une vendeuse de grand magasin licenciée aura par exemple en face d'elle une autre vendeuse et une caissière (retraitée), et côté employeurs un commerçant et un DRH (retraité) connaissant sa vie quotidienne et les clients infernaux.

Les deux dernières sections sont plus particulières :

- Avec le chèque emploi service, CESU et autres services aux particuliers, la section « ***Activités diverses*** » est en pleine expansion : 5,1 millions d'inscrits et environ 35 000 affaires par an. Elle rassemble tout ce qui n'entre pas dans les trois catégories précédentes (ex. : secrétaire d'un médecin, et surtout employées de maison).
- Créée sous la pression de la CGC en 1979, la section « ***Encadrement*** » est particulière puisqu'elle prend en compte le niveau hiérarchique du justiciable, peu important alors son secteur d'activité. Les deux millions de cadres électeurs de cette section ne souhaitent guère être jugés, dans tous les sens du terme, par des ouvriers ou des employés syndiqués. Dans cette section si particulière, au contentieux très concentré (52 % des affaires aux prud'hommes de Nanterre, statuant sur les affaires des sièges sociaux de La Défense) pour les 30 000 affaires annuelles, 90 % des salariés sont assistés par un avocat.

Les 14 512 conseillers prud'hommes bénéficient d'une protection spécifique contre le licenciement (L. 1442-19). Leur employeur doit les laisser s'absenter pour exercer leurs fonctions, ou suivre leur formation initiale (obligatoire) et continue.

B. - Compétence (L. 1411-1)

88 **Monopole des litiges individuels.** Présidé alternativement par un juge salarié ou employeur, le conseil des prud'hommes est compétent pour tous les litiges *individuels* (les litiges collectifs relèvent du TGI) nés à l'occasion de l'exécution d'un contrat de travail. Si ce dernier existe (ce qui exclut artisans, indépendants, PDG et autres mandataires sociaux), le conseil a une compétence exclusive ; peu importe la nature ou le montant du litige (L. 1411-4). Ce monopole légal est d'ordre public : ni la convention collective ni le contrat de travail ne peuvent l'écarter.

À côté des cinq sections, doit être mise en place une formation commune de référé (L. 1423-1) toujours paritaire, qui statuera dans les nombreux cas d'urgence (33 000 affaires par an, en nette baisse depuis la loi de 2015, conçue pour), avec tout de même une durée moyenne de deux mois pour obtenir une ordonnance. Mais ici les trois quarts des demandes concernent la simple délivrance de pièces (certificat de travail).

C. - Procédure après les lois du 6 août 2015 et du 18 novembre 2016 (L. 1453-1 et s.)

89 **Gratuite et orale,** elle se veut proche du justiciable, qui n'est pas obligé de faire appel à un avocat. Mais créé en 2015, un « défenseur syndical » agréé peut exercer des fonctions d'assistance ou de représentation.

Depuis le 1er août 2016 et sous peine de radiation, le demandeur doit rédiger une requête détaillée (formulaire Cerfa n° 15586), avec exposé des motifs, demandes chiffrées et explications de celles-ci, sans oublier les preuves nécessaires à l'appui de sa demande, récapitulées sur un bordereau annexe. Conditions exigeantes ayant nettement fait chuter les saisines.

La machine judiciaire se met alors en marche, même si près de la moitié des affaires sera finalement abandonnée avant jugement au fond (45 % : renoncement, transaction, radiation...) : convocation des deux parties devant le « bureau de conciliation et d'orientation » (1+ 1), le public n'y étant pas admis afin que la discussion soit plus libre. En cas de conciliation totale (6 %), la procédure est terminée. Sinon, le bureau de jugement (2 + 2 en principe) tranchera, dans un délai moyen de 16 mois entre le dépôt de l'assignation et le prononcé du jugement (selon l'encombrement du rôle, en fait entre 4 et 34 mois).

QU'ONT CHANGÉ LA LOI DU 6 AOÛT 2015 ET LE DÉCRET DU 25 MAI 2016 ?

Choc des cultures. Suite au rapport Lacabarats de 2014 évoquant dans certains Conseils « *des manquements manifestes à l'obligation d'impartialité* », cette loi a d'abord voulu faire des conseillers prud'hommes des magistrats judiciaires... comme les autres : formation initiale obligatoire de cinq jours, interdiction de tout mandat impératif, de tout mouvement de blocage de la juridiction, règles déontologiques plus précises avec instance disciplinaire particulière... Mais si l'idée semble naturelle puisqu'ils sont magistrats, leur formation, leur culture et surtout leur mode de désignation en font des magistrats forcément différents. Mais si rien ne bouge, c'est la Cour de Strasbourg qui pourrait bientôt prononcer l'arrêt de mort des Prud'hommes français, au nom de l'impartialité subjective (« *l'absence de parti pris ou de préjugé* »).

Accélération des procédures. L'ex « BC » (« bureau de conciliation ») devenu « bureau de conciliation et d'orientation » (BCO) garde évidemment sa fonction de conciliation, et assure la mise en état des affaires. Mais en cas d'échec, outre le renvoi classique au bureau de jugement classique (quatre juges), il dispose de deux autres possibilités (L.1454-1-1).

1. Circuit court. Si le litige porte sur un licenciement ou une résiliation judiciaire, il peut avec leur accord, renvoyer les parties devant le bureau de jugement dans sa composition restreinte (deux juges), qui doit alors statuer dans les trois mois.
2. Le début d'un échevinage futur ? Si les parties le demandent, mais aussi si la nature du litige le justifie, le BCO peut les renvoyer directement devant le bureau de jugement présidé par le juge départiteur, juge professionnel appartenant désormais au TGI et non plus au TI. Il peut donc y avoir départage sans partage préalable : mais une très forte probabilité de...

Si l'on peut penser que les conseillers prud'hommes ne vont pas se jeter sur cette solution de recours à un tiers, elle reste utile lorsqu'un départage futur est certain en fonction des pratiques locales : ainsi d'une question de principe (côté employeur : réintégration forcée d'un salarié), ou de pratique Ponce-Pilate (l'onéreuse affaire met en cause une entreprise locale au bord du dépôt de bilan).
Sur l'ensemble de cette réforme, voir sur le site www.justice.gouv.fr les 13 fiches très pédagogiques mises en ligne en juin 2016.

90 Conciliation en baisse, départition en hausse : problème. En cas de partage des voix (moyenne nationale de 20 % ; mais de 1 % à Cherbourg et 3 % à Aix-les-Bains à 43 % à Bobigny voire 62 % à Calais), il sera fait appel au juge départiteur, magistrat professionnel appartenant depuis 2016 au TGI, loin d'être toujours un spécialiste de droit du travail (sauf dans les grandes villes : 7 magistrats spécialisés à Paris, 2 au Conseil de Nanterre). Mais le délai moyen du jugement au fond augmente alors de neuf mois...

Le salarié devra enfin faire exécuter la décision. Or l'employeur condamné n'y met pas toujours beaucoup d'empressement : avantage de la transaction en amont dans l'entreprise, ou de la conciliation en aval, parfois après le bureau de conciliation : l'exécution est mieux assurée. Si le chiffre total est inférieur à 4 000 euros, cas rare pour un contentieux centré aux trois quarts sur le licenciement, seul un pourvoi devant la Chambre sociale de la Cour de cassation est possible (mais juge du seul droit).

Au-delà de 4 000 euros, appel possible. Problème : cela a été le cas pour 68 % des jugements rendus en 2016 (contre 15 % pour les tribunaux de commerce, eux aussi composés de juges non professionnels et 21 % pour les décisions de TGI), et constitue 34 % du contentieux total à ce niveau ; contrôle du droit + des faits : 28 % de confirmation totale mais 29 % d'infirmation totale. Puis ultérieurement, le cas échéant, un pourvoi en cassation contre l'arrêt rendu par ce second degré de juridiction.

Car selon le rapport Rostand publié en avril 2017, malgré une stagnation des affaires nouvelles, les délais de jugement augmentent régulièrement (hors référé, 21 mois en 2016), avec des pics inquiétants dans les Conseils surchargés : 31 mois en 2016 à Nanterre, dont relèvent les entreprises de La Défense : 6 000 affaires par an, dont 50 % pour la section Encadrement.

Entre les 21 mois en moyenne du conseil des prud'hommes statuant au fond, les 16 mois de l'arrêt d'appel (20 mois pour Paris et Aix-en-Provence, traitant à elles seules un quart des affaires), et les 17 mois pour la Chambre sociale de la Cour de cassation (531 jours en 2016, contre 632 en 2003), un plaideur acharné (mais tous ne le sont pas : en 2015, 184 096 affaires arrivées aux Prud'hommes, 72 303 en appel, et 3 500 arrêts rendus par le Cour de cassation), peut donc attendre 4 ou 5 ans une décision définitive... s'il n'y pas eu *in fine* renvoi après cassation devant une autre cour d'appel.

91 Dernières réformes avant fermeture ? Procédure simple et gratuite, juges non professionnels et absence de constitution obligatoire d'avocat : les plus vieux « juges de proximité » géographique et professionnelle que sont les conseils des prud'hommes restent parfois submergés en raison de leurs faibles moyens : 13 210 affaires au CPH de Paris avec ses 832 conseillers, et 30 000 dossiers en stock à la Cour de Paris.

Il est donc parfois proposé d'avoir recours à *l'échevinage* : un magistrat professionnel présiderait en permanence le conseil des prud'hommes, et rédigerait les jugements. Mais les partenaires sociaux ne tiennent guère à perdre leur autonomie, et le ministère des Finances ne tient guère à cette dépense (création de postes). Or elle pourrait entraîner moins d'appels puis de pourvois en cassation, donc *in fine* de réelles économies.

La technicité croissante du droit du travail (contractualisation = complexification, a fortiori depuis 2017) et les problèmes récurrents posés par les Prud'hommes malgré ces réformes successives laissent penser qu'elles sont les dernières avant fermeture, avec un grand basculement vers un Pôle Social du TGI.

POUR ALLER PLUS LOIN...

Sur la réforme opérée par la loi du 6 août 2015, voir le très complet n° spécial de Dr. soc., Juillet-août 2017, « Les acteurs de la justice sociale », avec ses 13 contributions.

§2 Autres tribunaux judiciaires compétents

Il s'agit des tribunaux *civils*, mais également des juridictions *répressives*.

A. - Tribunaux civils classiques

92 Outre le tribunal *de commerce* ayant à connaître du sort des entreprises pudiquement dites « en difficulté », le tribunal *d'instance* est compétent en matière d'élections professionnelles, si importantes pour la représentativité d'un syndicat depuis la loi du 20 août 2008.

Le tribunal *de grande instance* est très présent car compétent pour tous les litiges collectifs (2 500 par an, mais la moitié des TGI statue sur moins de 5 contentieux sociaux par an) : outre le juge départiteur, désignation de l'expert-comptable du comité d'entreprise, interprétation des conventions collectives de travail...

Juridiction de droit commun en matière civile, le TGI statue rarement au fond en droit du travail. Il est le plus souvent saisi en référé, pour prévenir un dommage imminent (après dépôt d'un préavis de grève illégal pour le 15 août à la SNCF, par l'inspecteur du travail en cas de danger immédiat pour la sécurité...) et surtout faire cesser un trouble manifestement illicite : expulsion des grévistes occupant l'entreprise, non-versement par l'employeur de la contribution au comité, demande d'enlèvement d'une affiche syndicale jugée diffamatoire... Il appartient alors au demandeur de prouver qu'il y a urgence à obtenir l'ordonnance demandée.

93 Le rôle essentiel de la Chambre sociale de la Cour de cassation

« Le juge esclave de la loi ? » Pas vraiment à la lecture de l'introduction du Rapport 2011 : « *La Chambre sociale a poursuivi le travail de construction normative entrepris les années précédentes, ajoutant petit à petit, au fil des espèces soumises à son examen, des pierres à l'édifice de sa jurisprudence.* »

L'esclave (de la loi) s'est en effet affranchi.

La Chambre sociale compte 25 conseillers pleins et 17 référendaires. Elle est l'une des plus chargées de la Cour : 3 478 arrêts (sur un total de 16 366 pour les Chambres civiles) rendus en 2016 (1967 pour la 1re civile, 1 361 pour la Chambre commerciale, mais 5 887 pour la Criminelle), avec des progrès considérables sur la durée moyenne : de 707 jours en l'an 2000 à 571 en 2006, et 531 en 2016.

Mais avec, pour le juge du droit, un singulier doublement du taux de cassation en quinze ans : de 20 % en 2002 à 33 % en 2010, puis 40 % en 2015 (36 % avec renvoi, 4 % sans renvoi) et 42 % en 2016 (32 % avec renvoi, 10 % sans renvoi), contre une moyenne de 37 % pour l'ensemble des chambres civiles. Et 33 % d'arrêts de rejet (34 % pour la 1re civile, 42 % pour la Chambre commerciale), mais aussi 25 % de décisions de non-admission, lorsque le pourvoi ne soulevait aucun moyen sérieux.

Sa jurisprudence est particulièrement importante à connaître car, en droit du travail, il n'est pas exagéré de dire que si le législateur propose, le juge dispose dans les très nombreux cas où les textes sont imprécis (« cause réelle et sérieuse de licenciement » ; « exercice normal du droit de grève »), ou nouveaux et d'interprétation difficile. Ainsi de la loi refondatrice du 20 août 2008 : soucieuse de ne pas laisser entreprises et partenaires sociaux dans l'incertitude, la Chambre sociale a su pousser ses feux pour donner son interprétation le plus rapidement possible : en neuf mois voire parfois deux, lorsque la question posée pouvait remettre en cause tout le système (CS, 15 novembre 2012). Idem en matière de rupture conventionnelle : légitimement sourde aux objurgations des marchands de complexité déçus par ce mode consensuel de rupture, la Chambre sociale a évité de créer, dans ses arrêts de 2013-2015, de multiples chausse-trappes sources de juteux contentieux futurs.

Bravo, y compris pour ses très pédagogiques « notes explicatives » accompagnant désormais ses arrêts les plus importants, immédiatement mis en ligne sur www.courdecassation.fr.

La créativité jurisprudentielle étant immense, entreprises et salariés doivent donc suivre attentivement ses évolutions : Droit social, le JCP social, la Revue du droit du travail, la Revue de jurisprudence sociale ou les Cahiers sociaux publient le mois suivant les plus importants, commentés par d'éminents spécialistes. Sur le Web, commentaire en temps réel sur www.wk-rh.fr, ou www.lexbase.fr.

Les syndicats ont pris la juste mesure de cette évolution capitale en élaborant de véritables stratégies juridictionnelles (*cf.* « La politique judiciaire de la CFDT », in Action Juridique CFDT, mai 2001 ; J.-E. Ray : « Stratégies juridictionnelles en droit du travail », in Dictionnaire de la Justice, sous la direction de L. Cadiet).

Le droit social français avance donc aussi à coup d'arrêts, avec les problèmes de rétroactivité de fait que pose tout revirement : si la loi elle-même « ne dispose que pour l'avenir », en France, le juge dispose de facto d'un pouvoir supérieur à celui du législateur. Ainsi ses revirements ont un effet de facto rétroactif, souvent difficilement gérable, en particulier s'agissant de l'annulation de clauses de conventions collectives de branche... D'où, sur ce terrain, l'excellente idée du nouvel article L. 2262-15 issu de l'ordonnance du 22 septembre 2017 : « *En cas d'annulation par le juge de tout ou partie d'un accord ou d'une convention collective, celui-ci peut décider, s'il lui apparaît que l'effet rétroactif de cette annulation est de nature à emporter des conséquences manifestement excessives en raison tant des effets que cet acte a produits et des situations qui ont pu se constituer lorsqu'il était en vigueur que de l'intérêt général pouvant s'attacher à un maintien temporaire de ses effets, que l'annulation* *ne produira ses effets que pour l'avenir ou de moduler les effets de sa décision dans le temps, sous réserve des actions contentieuses déjà engagées à la date de sa décision sur le même fondement.* »

Enfin !

94 Existe-t-il une politique jurisprudentielle en matière sociale ?

Sur le principe, elle est nécessaire car le juge du droit ne doit pas seulement rendre une suite d'arrêts d'espèce. Mais la Cour de cassation semble aussi vouloir maintenir un haut niveau de protection pour les salariés malmenés par la crise, à un moment où la défense collective (syndicats en particulier) est très affaiblie et les lois moins protectrices car soucieuses d'emploi. Mais il faut éviter que cédant au syndrôme de la citadelle assiégée, elle estime c'est la Loi qui opprime, et la Cour qui libère.

Sécurité juridique ? Si, comme l'énonçait Jean Carbonnier, « la sécurité juridique est le besoin juridique élémentaire », elle a parfois le dos fort large. En droit du travail, « l'insécurité juridique » dont on nous rebat les oreilles est davantage due à l'instabilité des lois qu'à la créativité jurisprudentielle. Plus généralement, on en vient à conclure que c'est l'ordre public de protection qui rend insécures des contrats (illégaux), et que le recours au juge est en lui-même source d'insécurité pour des entreprises revendiquant parfois un pouvoir discrétionnaire depuis longtemps refusé à l'administration censée agir dans l'intérêt général.

Pour comprendre tant le fonctionnement interne que les arrêts essentiels de la Chambre sociale : Ph. Waquet, « L'officieux et le non-dit », Dr. soc., mai 2009, p. 511 ; numéro spécial des Petites Affiches du 25 janvier 2007 : « Le sens des arrêts de la Cour de cassation », en particulier les articles de Ph. Waquet (p. 47) et J.-Y. Frouin (« La technique de cassation », p. 53) ; Les grands arrêts du droit du travail de J. Pélissier, A. Lyon-Caen, A. Jeammaud, E. Dockès, Dalloz, 2014. Et le site Internet de la Cour (www.courdecassation.fr), où les arrêts les plus importants avec leur commentaire, mais aussi le rapport annuel sont mis en ligne.
Sur la récente réforme interne de la Cour, voir Jean-Yves Frouin : « La chambre sociale se réorganise pour mieux sécuriser sa jurisprudence », Semaine Sociale Lamy, n° 1780 du 4 septembre 2017.

B. - Tribunaux répressifs

95 Le droit pénal du travail ne connaît pas de *crimes* spécifiques, mais existent en revanche de très nombreuses contraventions (ex. : infraction à la durée du travail) jugées par le tribunal de police, généralement après PV dressé par l'inspecteur du travail : aucune peine de prison n'est alors envisageable.

Le tribunal correctionnel (TGI statuant au pénal) est souvent saisi soit suite à un PV de l'inspection, soit par citation directe car les *délits* propres au droit du travail ne manquent pas : nombreux délits d'entrave relatifs aux institutions représentatives du personnel, et *a fortiori* en cas de travail illégal ou dissimulé. Mais aussi harcèlements.

Si le tribunal de police peut multiplier le nombre des amendes par le nombre des infractions constatées lorsqu'il s'agit de contraventions, il n'en va pas de même pour les délits : la sanction habituellement prévue est de 3 750 euros d'amende et/ ou deux mois à un an d'emprisonnement, la peine maximale pouvant être doublée en cas de récidive.

Mais avec les amendes administratives et la transaction pénale, issues de l'ordonnance du 7 avril 2016, le redouté car infâmant procès public s'éloigne.

96 **Le procès : faible sanction judiciaire mais forte sanction sociale.** Hors travail clandestin ou grave accident de travail, il est exceptionnel qu'une peine de prison soit prononcée (quelques centaines, dont l'immense majorité avec sursis, sur les 4 000 à 5 000 PV transmis chaque année à la justice), même si l'illégalité commise est flagrante : le risque objectif est donc faible, les peines d'amendes étant le plus souvent payées par les entreprises elles-mêmes, et non par le dirigeant condamné. La peine effective, à l'issue du procès (simple amende souvent), n'est donc *financièrement* guère dissuasive.

Et pourtant l'instruction puis le procès pénal sont particulièrement redoutés des cadres et des chefs d'entreprise : car malgré leur banalisation actuelle en droit des affaires, ils constituent en fait la vraie sanction, surtout si les médias et autres forums sur Facebook l'ont relayé sur un sujet sensible pour l'opinion publique. Même si elle n'aboutit pas à des condamnations, en interne cette action peut être habile en nos temps de guerres intersyndicales ; et à l'extérieur un syndicat à 4 % mais par ailleurs très présent dans les médias (ex. : SUD), peut espérer une publicité répétée et gratuite d'Insoumis grâce à cette pugnacité judiciaire.

Si le délit est grave, une instruction aura lieu, avec le cas échéant convocation au poste de police pour audition, ou avec des gendarmes venus vérifier avec leur belle voiture bleue à gyrophares quelques détails dans les locaux. On ne fixe plus un rendez-vous : on se rend à la convocation de la police judiciaire, où de jeunes lieutenants n'ont pas toujours l'exquise crainte révérencielle des subordonnés habituels, voire pratiquent la lutte des classes. Une garde à vue n'est alors pas impensable : elle laisse un souvenir toujours cuisant à celui qui ne s'y était pas bien préparé : pas de chaussures à lacets ni de pantalon à ceinture, boules *Quiès* pour la nuit...

97 **Le (très rare) passage en correctionnelle** laisse enfin un goût très amer au dirigeant, entouré de délinquants sur le banc des prévenus, et interrogé comme un voleur à la tire. Un malheur n'arrivant jamais seul, des journalistes seront là (« Un PDG en correctionnelle » fait vendre) et donneront à l'événement une publicité dont lui-même, sa famille et son entreprise se seraient volontiers passé dans notre société de la réputation, particulièrement en province. Même si une relaxe est prononcée, la véritable sanction – sociale mais d'une redoutable efficacité – sera déjà intervenue, sans parler de la contre-publicité faite à l'entreprise, y compris désormais sur les réseaux sociaux : le pilori du XXIe siècle.

La simple menace de poursuites pénales constitue donc une arme de poids dans les négociations, mais peut également radicaliser l'affrontement employeur/syndicats lorsque ce sont ces derniers qui portent plainte, au nom de l'intérêt collectif de la profession.

Terrorisant les investisseurs étrangers, certaines peines d'emprisonnement ont été légitimement remises en cause par la loi du 6 août 2015 voulant séparer comportements ouvertement délictueux (ex. : refus d'organiser les élections, licenciement sans autorisation d'un représentant du personnel) et simples erreurs de procédure (ex. : délai de convocation, PV du comité d'entreprise) ne donnant désormais lieu qu'à des peines d'amende.

Si contrairement aux projets initiaux, il n'y a pas eu « dépénalisation » puisque le Procureur reste maître à bord, avec la discrète transaction pénale homologuée mais aussi les amendes administratives, l'ordonnance du 7 avril 2016 a refondé les sanctions en droit du travail (voir supra).

98 **Responsabilité pénale des entreprises, personnes morales.** Le Code pénal de 1994 a rendu pénalement responsables les personnes *morales* et donc les entreprises, qui répondent de l'ensemble des infractions commises dans leur intérêt par leurs organes ou leurs représentants (en droit du travail, le délégataire de pouvoirs), avec des sanctions spécifiques (Danone ou PSA en prison...), mais dissuasives : quintuplement de l'amende prévue pour les personnes physiques, voire peine de mort avec la dissolution de la société. Malgré la lettre du texte évoquant le cumul des responsabilités, il semble que lorsque l'entreprise (personne morale) est condamnée, la *pratique* judiciaire épargne davantage la personne physique : l'employeur ou le DRH (*cf.* A. Cœuret et E. Fortis, *Droit pénal au travail*, 6e édition, Litec, 2013).

§3 Le juge administratif

99 **Séparation des autorités.** Sauf habilitation légale et spéciale (ex. : contentieux de l'homologation de la rupture conventionnelle par la loi du 25 juin 2008), la séparation des pouvoirs interdit au juge judiciaire de se prononcer sur la validité d'une décision administrative : seul le juge administratif peut le faire (tribunal administratif, puis éventuellement cour administrative d'appel, enfin Conseil d'État en cassation).

Or de nombreuses décisions sont prises par l'inspecteur du travail (retrait d'une clause de règlement intérieur, autorisation de licenciement d'un représentant du personnel...) ou le Direccte (ex. : homologation des PSE, ou des ruptures conventionnelles collectives depuis 2017). Ces actes administratifs font nécessairement grief, soit au salarié, soit à l'employeur ; chacun peut donc saisir la juridiction administrative.

Deux recours sont possibles : le recours pour excès de pouvoir (REP), visant à obtenir l'annulation de la décision prise qui disparaîtra alors rétroactivement. Beaucoup plus rares sont les recours de plein contentieux (RPC) : le demandeur souhaite ici obtenir réparation du préjudice qu'il a subi du fait de l'action ou de l'inaction administrative. Si par exemple les forces de l'ordre refusent, pour des raisons d'intérêt général, d'expulser des grévistes occupant une entreprise malgré une ordonnance judiciaire, le chef d'entreprise pourra, dans certains cas, obtenir des dommages et intérêts. De même, si un refus d'autorisation de licenciement d'un délégué délivré par un inspecteur s'avère illégal, l'employeur pourra obtenir remboursement des salaires qu'il a dû verser.

100 **Spécificités.** Mais l'intervention statistiquement non négligeable du juge administratif (plus de 350 arrêts annuels pour le seul Conseil d'État) pose en pratique de redoutables problèmes au non-spécialiste. Le salarié, et dans une moindre mesure l'employeur connaissent mal la justice administrative et hésitent donc à la saisir : plaider contre l'État désarçonne et donc dissuade. C'est ainsi que le passage du contrôle des PSE du TGI au juge administratif depuis le 1er juillet 2013 a comme prévu éteint le volumineux contentieux devant les TGI, et il y a très peu de recours devant le juge administratif (6 % des PSE en 2016, en baisse nette depuis les arrêts du Conseil d'État du 22 juillet 2015 ayant donné le mode d'emploi).

Cette défiance est renforcée par la durée du procès et surtout le peu d'effet immédiat que l'on peut en attendre. Si, après presque trois ans de procédure (moyenne en 2016 : tribunal administratif = 10 mois + Cour administrative d'appel = 11 mois, avec un taux de confirmation de 79 % + Conseil d'État = 7 mois), un arrêt du Conseil intervient en faveur du salarié, il est exceptionnel que celui-ci puisse en profiter immédiatement car le juge administratif ne s'est prononcé que sur la décision de l'inspecteur du travail : le procès prud'homal (réintégration, indemnisation) reste à faire.

APRÈS LE MENSONGE PAR ACTION ET PAR OMISSION, LA TROISIÈME FORME DU MENSONGE : LA STATISTIQUE ?

« Cela doit être beau, car je n'y entends goutte » (Le Médecin malgré lui). Pour les nombreux juristes fâchés avec les mathématiques depuis le CE2, les statistiques sont littéralement incontestables. Or il faut les manier avec prudence car elles permettent souvent aux initiés de démontrer ce qu'ils veulent, surtout dans notre domaine (le social) où les préoccupations politiques, mais aussi l'affectif ou les raisonnements Café du commerce sont légion.

Au-delà de la caricature des accidents du travail (un chômeur ne pouvant par définition en avoir, leur chiffre baisse automatiquement avec la montée du chômage : est-ce une bonne nouvelle ?), trois exemples parmi beaucoup d'autres :

1. 85 % de précaires ?

Il est facile de faire pleurer Margot en évoquant les 85 % d'embauches faites par contrat à durée déterminée en 2016, contre 76 % en l'an 2000. Plus de 4 salariés français sur 5 vivraient sous statut précaire ? Non, puisque ce chiffre vise les flux, et non les stocks : 84 % des salariés du secteur privé restent aujourd'hui sous CDI, 16 % sous contrat précaire (CDD : 9 % + TT : 5 % + 2 % apprentissage). Et surtout du fait de la multiplication des CDD de très courte durée : de 1,5 million par trimestre en 2000 à 4 millions en 2016 : or en termes de flux d'embauche...

Quant au « CDI en béton, proche de la fonction publique » ? Plus d'un sur trois (un sur deux dans la restauration) est rompu dans les douze premiers mois, majoritairement par le salarié.

2. Temps de travail à Rome et London
Les statistiques européennes indiquent une durée moyenne hebdomadaire montrant que les Italiens (38 h) travaillent plus que les Anglais (36 h) : *tea, of course*. Toutefois, si l'on retire le temps partiel, très développé au Royaume-Uni mais très limité en Italie, puis les fêtes chômées (8 en Grande-Bretagne, 13 en Italie), les salariés à temps plein travaillent en rythme annuel un mois de plus à Londres qu'à Rome. À supposer que le décompte du temps de travail soit le même dans tous les pays (faut-il inclure artisans et professions libérales travaillant plus de 45 h ? Dans les systèmes déclaratifs, la réponse est souvent biaisée par le politiquement correct : les Allemands déclarent ainsi 3,7 semaines de congé, alors que leur comptabilité en constate 5,8). Et la collecte des données doit être fiable car homogène : problème essentiel en matière de comparaison internationale, a fortiori à 28 (cf. le déjeuner à Londres et à Madrid : rapport de 1 à 5).

3. Lutte contre le travail illégal
Les sommes recouvrées par l'Urssaf pour travail dissimulé ont presque décuplé en dix ans, passant de 59 millions d'euros en 2005 à 185 en 2010 puis 555 millions en 2016 (+ 20 % en un an) : les entreprises ont-elles fraudé dix fois plus ? Non, mais grâce au numérique en particulier, les contrôles administratifs sont mieux ciblés : agriculture, BTP (51 % des redressements), hôtels, cafés et restaurants, spectacle...
Sur l'ensemble de la question, voir D. Revelin : « Peut-on faire confiance aux statistiques sociales ? », *Dr. soc.*, avril 2006, p. 432.

101 **Chef d'entreprise, pas forcément employeur.** Une entreprise a besoin de main-d'œuvre. Comme quatre millions de travailleurs en France chaque année, un salarié en poste dans une autre société ou un demandeur d'emploi va répondre à cette demande. Mais est-il certain que le chef d'entreprise souhaite devenir employeur ? Avec les plateformes par exemple, on voit qu'il n'en est rien : le modèle économique d'Uber repose même sur le non salariat. Ne va-t-il pas préférer le free-lance, le travail temporaire ou la sous-traitance ? À supposer qu'il décide d'embaucher, le fera-t-il par contrat à durée indéterminée ?

Dans un titre premier, **il convient d'examiner la question du choix du contrat... de travail ?**

Une fois embauché, le salarié sera soumis au pouvoir de direction et au pouvoir disciplinaire de l'employeur ; celui-ci pourra par exemple lui demander, au cours de l'exécution du contrat, de modifier ses horaires ou son lieu de travail. Malgré les dispositions prises en matière de santé et de sécurité, un accident du travail peut intervenir : qui est responsable ? Enfin, employeur et salarié accordent une grande importance à la rémunération, directe ou indirecte. Pouvoirs patronaux, durée du travail, hygiène et sécurité, rémunération : **la partie 2 sera consacrée à l'exécution du contrat de travail.**

Mais dans la vie professionnelle, tout peut évoluer : le salarié comme l'employeur peuvent être empêchés d'exécuter leurs obligations respectives (de la maladie à la mise en chômage technique, pardon : « en activité partielle ») ; le salarié souhaite une promotion, l'entreprise lui propose une mutation à 450 kilomètres : la mobilité, qu'elle soit géographique ou professionnelle, est une ardente obligation. **La partie 3 sera relative à l'évolution de la relation de travail.**

Si plus de 85 % du contentieux prud'homal est relatif aux licenciements, d'autres modes de rupture existent : de la démission fort peu réglementée à la retraite, en passant par la rupture conventionnelle homologuée individuelle (2008) ou collective (2017), ou la très à la mode « prise d'acte ». Il conviendra donc d'étudier avec attention **les divers modes de rupture du contrat de travail (partie 4).**

Partie 1

LE CHOIX DU CONTRAT DE TRAVAIL

102 **Le CDI, produit des Trente Glorieuses.** Entre le jeune diplômé cherchant aujourd'hui du travail et son alter ego des années 1960, il n'y a guère de points communs. Le premier risque de rejoindre pour quelques mois nos 3,5 millions de demandeurs d'emploi avant que ne lui soit proposé un contrat à durée déterminée, voire un « parcours d'insertion » composé de multiples « stages » puis « petits boulots » en CDD, qui constitue aujourd'hui le mode le plus courant de mise au travail.

Son alter ego ne connaissait guère de chômeurs (moins de 400 000 en France : chômage frictionnel). Afin de fidéliser une main-d'œuvre rare, l'entreprise qui les avait embauchés lui avait proposé un contrat de travail à durée *indéterminée*, et à temps *plein* pour qu'il n'aille pas voir ailleurs.

Du métier à l'emploi, puis au job : à compter des années 1970 et la restructuration de notre outil productif, les entreprises ont profondément modifié leurs pratiques en matière d'embauche. La situation économique devenant précaire, l'emploi allait s'aligner : même si leur taux reste raisonnable, contrats à durée déterminée (CDD : 8 % de l'emploi total, mais de plus en plus courts) et contrats de travail temporaire (CTT : 4 %) ont triplé depuis 1982, les chefs d'entreprise souhaitant pouvoir embaucher pour la durée de la commande. Mais certains ont voulu aller plus loin : ne plus être employeur pour éviter l'application d'un droit du travail qu'ils jugent trop coûteux mais surtout excessivement complexe, surtout côté TPE/PME... et certaines plateformes dont le modèle économique repose sur le non-salariat.

103 **Emploi sans employeur.** C'est l'une des causes du succès du travail temporaire et autres techniques « d'extériorisation de l'emploi », qui se sont multipliées dans toute l'Europe, mais aussi du re-développement récent, mais qui reste statistiquement limité, du travail indépendant de la part d'ex-salariés et autres *crowdworkers* : auto-entrepreneur, souvent auto-employeur (*self employment*). Liées *conjoncturellement* à la crise des années 1980, précarité et extériorisation de l'emploi constituent aujourd'hui un mode *structurel* de gestion de la main-d'œuvre. Dans un grand consensus employeur/*insiders* sous CDI, ces précaires travaillent dur et sont les premiers à partir en cas de problèmes économiques.

Après avoir brièvement résumé les aspects juridiques du recrutement d'un salarié *(Chapitre 1)*, il faudra constater que si en droit du travail la norme demeure le contrat à durée indéterminée *(Chapitre 2)*, les contrats de plus en plus atypiques *(Chapitre 3)* restent, en termes d'embauche, très majoritaires malgré les efforts réitérés du législateur.

Chapitre 1

Le recrutement, aspects juridiques

104 **Un acte aussi important qu'incertain.** *Important,* car pour l'entreprise et particulièrement celle du secteur quaternaire, « *il n'est de richesses que les hommes* » : toute erreur coûte cher, immédiatement et à terme (coût financier, mais également psychologique).

Incertain, car aucun pays au monde ni aucune entreprise n'a trouvé la formule miracle, *a fortiori* depuis que la capacité du candidat à faire face au changement est devenue une vertu essentielle, que le savoir-être avec son équipe de travail (en direct ou sur le réseau social interne) ou les clients est souvent plus important que le savoir technique, en constante évolution. Pour une entreprise du savoir, l'essentiel de son capital social est le cerveau de ses collaborateurs : il lui faut donc attirer les meilleurs, puis les fidéliser.

EXEMPLE : EMBAUCHER UN JURISTE ? OUI, MAIS LEQUEL ?

Le Droit, la plus dure des sciences molles ; mais aussi un art, avec ses artistes. Si hier un « Code sur pattes » (le « juriste » avec une tête en forme de Code pouvant réciter 142 articles et la dernière jurisprudence) pouvait suffire, aujourd'hui les entreprises cherchent d'abord un manager des risques juridiques, demain assisté par des logiciels d'intelligence artificielle. Or il est plus facile de vérifier qu'une tête est bien pleine (un QCM de 100 questions en une heure) que celle bien faite du juriste du XXIe siècle, proactif et maîtrisant la gestion économique des risques juridiques dans notre monde en changement permanent, et donc plein d'incertitudes. Une affaire sensible en droit du travail ? Commençant par analyser l'état du droit positif qu'il connaît bien, et sachant où trouver rapidement des sources fiables pour ses derniers développements, il examine ensuite l'environnement social et sociétal, judiciaire, syndical et humain de l'affaire. Enfin en nos temps de réseaux dits sociaux mais souvent caniveaux, quelles seraient les conséquences d'un procès public dans notre société de la réputation ? Souvent l'effet Streisand ! Exemple : en cas de graves dérapages sur un blog syndical ou autre, donner une publicité gratuite et mondiale à ce blog suivi par 121 personnes, tenant des propos provocants justement pour se faire connaître. Réflexe du (vrai) juriste d'aujourd'hui ? Ne pas dégainer son assignation, mais faire appel à une société spécialisée inondant le Web d'informations positives sur l'entreprise en cause, faisant redescendre le classement Google de 1 à 4 (au-delà du rang 3, perte de 95 % des requêtes).

Avec Internet et désormais l'intelligence artificielle, l'accès au Droit et la recherche juridique sont bouleversés, et le juriste doit évoluer.
C'est une bonne nouvelle, surtout pour les meilleurs.

105 **L'embauche étant un pari sur l'avenir**, il n'est pas surprenant que beaucoup d'entreprises ne se cantonnent pas aux aptitudes techniques actuelles du candidat. S'il va de soi qu'aucune discrimination (race, sexe, religion, voir art. L. 1132-1 *infra*) ne peut intervenir, une nécessaire sélection doit se faire parmi les nombreux candidats, postulant de plus en plus en ligne ou s'inscrivant sur les réseaux sociaux (aujourd'hui, dans l'ordre, Pôle emploi : 325 000 offres d'emploi, Leboncoin : 300 000 offres de proximité, qui restent en moyenne 13 jours, Facebook, LinkedIn, Monster, Viadeo, Twitter...), qui ont rendu le marché du travail plus réactif car beaucoup plus transparent. Mais aussi élargi de façon exponentielle le nombre de candidats, avec une compétition accrue. En permettant aussi, grâce au profil présenté puis quelques mails avant l'éventuel entretien, un discret contrôle *a priori* de leurs diplômes (*cf.* « *Check-it* », entreprise de « *global screening* » pour 30 euros).

Mais tous les moyens sont-ils permis ? Afin de lutter contre des pratiques de plus en plus douteuses émanant de certains cabinets de recrutement ridiculisant la profession, la loi du 31 décembre 1992 a voulu rendre l'acte de recrutement moins subjectif *(section 1)* : mais la personnalité d'un candidat n'est pas réductible à ses diplômes, aujourd'hui vite obsolètes. L'embauche faite, le chef d'entreprise doit formaliser par écrit la relation de travail : contracter c'est prévoir *(section 2)*.

SECTION I Rendre le recrutement moins subjectif

106 **Liberté de choisir ses collaborateurs.** Si le Conseil constitutionnel a légitimement reconnu le 20 juillet 1988 à l'employeur « *la liberté de choisir ses collaborateurs* » (recruter, c'est choisir), cette liberté ne peut être absolue. Or le nombre de candidats à l'embauche, associé à la quête du salarié zéro-défaut, avait amené certaines entreprises ou cabinets de recrutement à utiliser des techniques de sélection de plus en plus créatives (logiciels de recrutement, mais également astrologie, numérologie et autre psycho-morphologie), ou à poser au candidat des questions portant gravement atteinte à sa vie privée *(« Donnez-vous satisfaction à votre compagnon ? »)* comme aux libertés publiques *(« Citez les associations auxquelles vous appartenez »)*. Sans aller jusqu'aux pratiques américaines (tests génétiques, interdits dans l'entreprise par la loi française), ces méthodes fort contestables avaient amené le ministre du Travail à demander à Gérard Lyon-Caen, professeur à Paris-I, un rapport (« Les libertés publiques et l'emploi », Documentation française, mars 1992), qui servit de base à l'élaboration de la loi du 31 décembre 1992. Largement inspiré par la loi Informatique et Libertés de 1978, ce texte de bien avant Internet édicte quatre principes qui s'appliquent à toute personne procédant à un recrutement : nécessaire transparence collective *(§ 1)*, loyauté individuelle dans la collecte des informations *(§ 2)*, principe de pertinence des informations demandées *(§ 3)*, sans oublier l'interdiction des pratiques discriminatoires *(§ 4)*.

§1 Transparence collective sur les méthodes de recrutement

107 **Dissuasion.** Afin de dissuader autant que possible le recours à certaines techniques aussi ésotériques que méprisantes pour le candidat qui n'est guère en position de force pour protester, L. 2323-47 oblige d'abord l'employeur à « *informer, préalablement à leur utilisation, le* comité d'entreprise – demain le Comité Social et Économique – *sur les méthodes ou techniques d'aide au recrutement, ainsi que sur toute modification de celles-ci* ». Il n'est pas certain que les comités d'entreprise des sociétés commençant par *googeliser* leurs candidats en aient été informés...

Mais cette simple information préalable et collective peut se révéler plus efficace qu'une interdiction vite contournée : face à des délégués souvent militants syndicaux, il n'est pas certain que le chef d'entreprise qui y avait auparavant recours ose indiquer que les Scorpions ascendant Capricorne ou chiffre 8 (numérologie) sont exclus de tout recrutement, à l'instar d'ex-étudiants avinés au QI numérique proche de zéro s'étant ainsi affichés sur Instagram. Or si le comité n'est pas consulté, l'utilisation (officielle) de ces techniques est désormais exclue, sans oublier un éventuel délit d'entrave.

Mais la loi de 1992 avait un but *plus pédagogique que normatif*, cherchant à convaincre plutôt qu'à contraindre : aucune sanction n'est prévue. Ce qui apparaît tout à fait justifié dans un domaine où la subjectivité garde une place importante : les plus hauts concours de la fonction publique ne donnent-ils pas légitimement un fort coefficient au « Grand Oral » destiné à évaluer la personnalité du candidat, à côté de la vérification des connaissances techniques ?

§2 Loyauté individuelle dans la collecte des informations

108 **L. 1221-8 :** « *Le candidat à un emploi est expressément informé, préalablement à leur mise en œuvre, des méthodes et techniques d'aide au recrutement utilisées à son égard ; les résultats obtenus sont confidentiels.* » À l'égard des tiers bien sûr, non à l'égard du candidat lui-même.

L. 1221-9 : « *Aucune information concernant personnellement un candidat à un emploi ne peut être collectée par un dispositif qui n'a pas été porté préalablement à sa connaissance.* »

Cette volonté de transparence est issue de la loi Informatique et Libertés, avec des sanctions pénales très lourdes... mais souvent ignorées des recruteurs allant faire un petit tour sur des réseaux professionnels comme LinkedIn (500 millions de membres, dont 11 millions en France), mais aussi Google voire Facebook (en s'y présentant sous un pseudo, ou grâce à la stagiaire). Mais la googelite aiguë des recruteurs est facilement explicable : perquisition virtuelle, gratuite, rapide et discrète car ces données sont souvent en accès libre. Or il n'y a que dix ans que ces réseaux dits « sociaux » tournent vraiment en France : demain, chaque CV sera systématiquement comparé à l'identité numérique du candidat récoltée partout sur le Net (avec vérification automatique des diplômes), où tout reste gravé dans le marbre numérique, où les « murs » ont des yeux, des oreilles, et une mémoire d'ordinateur... Un pseudo obligatoire pour les mineurs ?

§3 Pertinence des informations demandées et des techniques de sélection

109 **L. 1221-6 :** « *Les informations demandées, sous quelle que forme que ce soit, au candidat à un emploi ou au salarié, ne peuvent avoir comme finalité que d'apprécier sa capacité à occuper l'emploi proposé ou ses aptitudes professionnelles. Ces informations doivent présenter un lien direct et nécessaire avec l'emploi proposé ou avec l'évaluation des aptitudes professionnelles.* »

L. 1228, 3e alinéa : « *Les méthodes et techniques d'aide au recrutement ou d'évaluation des candidats à un emploi doivent être pertinentes au regard de la finalité poursuivie.* »

Cette volonté d'objectivation est certes naturelle et louable pour certains postes d'exécution ; mais pour s'intégrer à une équipe, et *a fortiori* pour des managers destinés à évoluer dans différentes fonctions tout en encadrant d'autres salariés, il paraît difficile de s'en tenir à la vérification des diplômes et à des tests, de droit du travail pour le futur RRH par exemple.

En cas de contestation d'un candidat évincé, litige rarissime relevant des Prud'hommes, il appartiendra au juge d'examiner « *le lien direct et nécessaire avec l'emploi proposé* ». S'agissant par exemple d'un salarié destiné à l'expatriation dans une base-vie, une question relative à sa vie privée (conjoint, enfants) peut alors lui être posée : mission délicate.

110 **Côté salarié.** « *Le candidat est tenu de répondre de bonne foi à ces demandes d'informations* »...si elles correspondent aux critères examinés, indique le 3e alinéa de L. 1221-6. *A contrario* donc, à question idiote (« *Je suppose que mariée depuis trois mois, vous comptez avoir bientôt des enfants ?* »), réponse mensongère possible (« *Je hais les chiens et les enfants* »).

Mais quels débuts calamiteux pour une relation contractuelle !

Licencié pour comportement dolosif... à l'embauche ? S'agissant d'un directeur régional des ventes ayant menti à trois reprises sur son passé professionnel à son futur employeur, la Chambre sociale a indiqué le 25 novembre 2015 que « *la présence alléguée du salarié dans cette entreprise ayant été déterminante pour l'employeur, l'existence de manœuvres dolosives pouvait justifier un licenciement* » (pour faute grave).

§4 Interdiction des discriminations

111 Vingt-trois discriminations illégales fin 2017. Créé par la loi du 4 août 1982, l'article L. 1132-1 a connu depuis une immense fortune devenue obésité. Il vise l'embauche, donc un processus de sélection faisant nécessairement beaucoup de mécontents ; mais aussi l'exécution ou la rupture du contrat de travail.

Le refus de toute discrimination fait partie des fondements de la République française : ainsi le critère du « respect des valeurs républicaines » s'appliquant à tout syndicat inclut cette règle fondatrice a rappelé la Cour de cassation le 16 décembre 2016. Quelles sont aujourd'hui les 23 discriminations prohibées ?

L. 1132-1. « *Aucune personne ne peut être écartée d'une procédure de recrutement ou de l'accès à un stage ou à une période de formation en entreprise, aucun salarié ne peut être sanctionné, licencié ou faire l'objet d'une mesure discriminatoire, directe ou indirecte, notamment en matière de rémunération, de mesures d'intéressement ou de distribution d'actions, de formation, de reclassement, d'affectation, de qualification, de classification, de promotion professionnelle, de mutation ou de renouvellement de contrat en raison de son origine, de son sexe, de ses mœurs, de son orientation sexuelle, de son identité de genre, de son âge, de sa situation de famille ou de sa grossesse, de ses caractéristiques génétiques, de la particulière vulnérabilité résultant de sa situation économique, apparente ou connue de son auteur, de son appartenance ou de sa non-appartenance, vraie ou supposée, à une ethnie, une nation ou une prétendue race, de ses opinions politiques, de ses activités syndicales ou mutualistes, de ses convictions religieuses, de son apparence physique, de son nom de famille, de son lieu de résidence ou de sa domiciliation bancaire, ou en raison de son état de santé, de sa perte d'autonomie ou de son handicap, de sa capacité à s'exprimer dans une langue autre que le français* »

112 Faisant l'objet de rigoureuses sanctions pénales (L. 225-1 : 45 000 euros et trois ans de prison), ce long catalogue s'allonge d'année en année sur des critères de plus en plus étranges (« domiciliation bancaire », « capacité à s'exprimer dans une langue autre que le français »...), par ailleurs évolutifs : « L'apparence physique » visait à l'origine la couleur de la peau et protège aujourd'hui les personnes obèses ; les « mœurs » étaient sexuelles, l'ex-Halde les avait retenues en faveur d'un fumeur.

Créé par la loi « Égalité et Citoyenneté » du 27 janvier 2017, l'article L. 1131-2 dispose que les collaborateurs chargés du recrutement dans les entreprises de plus de trois cents salariés, ou spécialisées dans le recrutement, doivent recevoir une formation à la non-discrimination à l'embauche au moins une fois tous les cinq ans.

113 Droit et éducation. En juin 2017, J.C. Sciberras, DRS de Solvay et ancien président de l'ANDRH ayant piloté à la demande du gouvernement deux groupes de travail sur ce sujet, soulignait « *le contraste entre l'arsenal juridique français particulièrement* *développé et la persistance d'un sentiment de discrimination au sein de la société* », s'interrogeant sur « *la capacité du cadre juridique existant à endiguer les causes profondes des pratiques discriminantes sur le marché du travail* » (www.tresor.economie.gouv.fr/16113_seminaire-emploi-n-21).

SECTION II Contracter, c'est prévoir : l'ardente nécessité d'un écrit

114 Pour lutter contre le travail illégal, toute relation de travail doit être formalisée par écrit : devant la multiplication des formes de plus en plus atypiques d'emploi en Europe, il faut également permettre à chaque partie de connaître ses obligations exactes.

Écrit *en français*, le document, qui peut être une lettre d'embauche ou un véritable contrat, doit préciser l'identité des parties, le lieu de travail qui reste en principe une simple *information* et non une *contractualisation* sauf clause précise et personnalisée, le titre et/ou la description sommaire du travail, le début et le cas échéant la fin du contrat, le montant et la structure de la rémunération, la durée journalière et hebdomadaire et les éventuelles heures supplémentaires.

L'employeur doit enfin donner au nouvel embauché une information précise sur son statut conventionnel, qui peut contenir des avantages, mais aussi des sujétions non évoquées dans le contrat (ex. : clause de mobilité, de dédit-formation).

115 **Contracter, c'est prévoir.** Ce contrat faisant ensuite loi entre les parties, sa rédaction doit faire l'objet de beaucoup d'attention, des deux côtés : ainsi du lieu de travail (problème de la mobilité géographique), de la description sommaire du travail (possible polyvalence), d'éventuelles primes d'objectifs (tout en évitant de figer les objectifs en les contractualisant), n'excluant pas d'autres clauses : essai, non-concurrence (*cf. infra*). Il va de soi que ces indications minimales n'excluent pas des clauses de confidentialité ou d'exclusivité. Mais toutes doivent respecter l'article L. 1121-1, et la Cour de cassation contrôle très sévèrement leur proportionnalité (Sur l'ensemble de la question, voir P.-H. Antonmattei, *Les clauses du contrat de travail*, 3e éd., Éditions Liaisons, collection « Droit vivant », 2011.)

Offre rétractable, ou promesse d'embauche ? Par deux arrêts du 21 septembre 2017 (mis en ligne avec un très éclairant commentaire) concernant des joueurs de rugby auxquels un club avait fait des propositions d'engagement, mais les avaient retirées avant qu'elles ne soient acceptées, la Cour de cassation a nettement évolué. Pour éviter un effet d'aubaine (le salarié pouvant réclamer des indemnités sur le seul fondement de la promesse d'embauche, alors qu'il n'avait aucune intention de s'engager : en l'espèce tous les salaires à courir jusqu'au terme de ces CDD de 4 ans…), mais aussi d'assécher les négociations précontractuelles (un employeur s'avançant trop risque de se voir opposer la conclusion d'un contrat), la jurisprudence oppose désormais offre de contrat de travail, et promesse unilatérale de contrat.

- *L'offre de contrat* de travail précise l'emploi, la rémunération, la date d'entrée en fonction, et exprime la volonté de l'employeur d'être lié en cas d'acceptation : sa rétractation avant l'expiration du délai fixé (ou à défaut, à l'issue d'un délai raisonnable), fait obstacle à la conclusion du contrat, mais peut engager la responsabilité extra-contractuelle de son auteur.
- La *promesse unilatérale*, dont la rétractation par le promettant n'empêche pas la formation du contrat, est le contrat par lequel l'employeur accorde au salarié le droit d'opter pour la conclusion d'un contrat dont l'emploi, la rémunération et la date d'entrée en fonction sont déterminés, et pour la formation duquel ne manque que le consentement du salarié.

Recruteurs, attention à la formulation de vos offres !

Chapitre 2

La norme : le contrat de travail à durée indéterminée

116 **Le CDI, contrat normal.** Comme le rappelle dans un style peu juridique l'article L. 1221-2 : « *La forme normale et générale de la relation de travail est le contrat à durée indéterminée.* » C'est aussi la norme communautaire : « *Les CDI sont la forme générale de la relation de travail, contribuant à la qualité de vie des travailleurs et à l'amélioration de la performance* », indiquait la directive du 28 juin 1999 sur le CDD. Norme rappelée avec vigueur par la CJUE *(« Le bénéfice de la stabilité de l'emploi est un élément majeur de la protection des travailleurs »*, CJUE, 14 sept. 2016) et par la Cour de cassation française, veillant à ce qu'un emploi permanent soit en principe occupé par un salarié permanent, donc sous CDI (normal).

117 **Norme *juridique* donc ; mais aussi norme** *sociale* puisque 84 % des salariés français continuent à en bénéficier. S'il est vrai qu'en termes de flux, le travail précaire a pris une grande ampleur depuis vingt ans (76 % en 2000 mais 85 % des embauches aujourd'hui), ces chiffres sont trompeurs : la courte – et de plus en plus courte – durée des contrats à durée déterminée et surtout de travail temporaire (un quart dure une journée ou moins, et la moitié moins d'un mois) permet à un salarié d'en conclure beaucoup par an. Par ailleurs, il arrive qu'une embauche par CDD constitue dans les faits une super-période d'essai.

SECTION I Le contrat à durée indéterminée, norme juridique (et sociale)

118 « **Contrat à durée indéterminée** » ? Il ne s'agit évidemment pas d'un engagement perpétuel ressuscitant le servage : chacune des parties peut y mettre fin à tout moment. Mais pas n'importe comment.

L'évolution du droit du travail a voulu garantir une grande stabilité au salarié embauché sous CDI. Or cette stabilité supérieure à la moyenne européenne n'empêche pas les Français d'avoir le sentiment d'insécurité le plus fort d'Europe, équivalant à celui de la Grèce : en particulier car le délai entre la perte d'emploi et la signature d'un autre contrat est très supérieur à nos voisins.

119 Flexicurité. Raison pour laquelle la France veut importer la flexicurité portée par l'Union européenne, voulant atténuer le choc de la rupture : psychologiquement (la rupture conventionnelle), financièrement, en assurant une meilleure prise en charge pendant les périodes de non-travail (orientation, formation...), avec le Compte Personnel d'Activité de 2016, sac à dos virtuel attaché à la personne, et non au type d'emploi.

Mais attention ! Comme l'explique l'économiste Bernard Gazier, « *la flexicurité, ce n'est pas assurer des transitions entre des périodes d'emploi instables, mais considérer que l'emploi est une réalité dynamique ayant été protégée jusqu'ici de manière statique. On passe d'une sécurité sur place à une sécurité qui, sans exclure de rester au même endroit, prévoit des étapes, des capacités à évoluer* ».

Titulaire d'un emploi permanent, le salarié sous CDI a (avait ?) vocation à faire carrière dans l'entreprise : son licenciement ne pourra être prononcé que pour une cause réelle et sérieuse étroitement contrôlée par le juge, et il aura droit à deux indemnités de rupture (préavis + licenciement).

Effet très concret de cette norme : si l'employeur a recours au travail précaire (CDD, TT) mais ne respecte pas les dispositions légales (ex. : deux renouvellements hors autorisation de la convention collective de branche), le retour à la norme est automatique (CDI), sans parler des sanctions pénales (3 750 euros, L. 1248-1).

UN CDI À DURÉE DE PLUS EN PLUS... INDÉTERMINÉE : PLUS D'UN SUR TROIS ROMPU DÈS LA PREMIÈRE ANNÉE

L'enquête Dares publiée le 23 janvier 2015 (www.travail-emploi.gouv.fr/IMG/pdf/2015-005.pdf) remet nettement en place l'opposition immense stabilité du CDI/précarité absolue du CDD. Car 36 % des CDI sont rompus avant leur premier anniversaire : 10 % durent moins d'un mois, 20 % moins de trois mois, 26 % moins de six (de 27 % dans l'industrie à 59 % dans l'hébergement ou la restauration).

Et dans 45 % des cas à l'initiative du salarié ; 16 % des CDI sont rompus par démission, rupture d'essai pour 13 % (60 % des sorties des deux premiers mois), 3,3 % par un licenciement non économique, 1,7 % par une rupture conventionnelle, enfin 0,4 % suite à un licenciement économique. Impact de la qualification : si 19 % des CDI de cadres sont rompus au bout d'un an, c'est le cas de 42 % des salariés qualifiés... et de 52 % des peu qualifiés, soit une majorité d'entre eux. Enfin de l'âge : 46 % pour les 18-24 ans.

Résultat : en raison de ces ruptures rapides, en 2015 la durée moyenne d'un **CDI** échu était de 7 mois dans la Restauration, 22 mois dans les Services, 32 mois dans la Construction, 56 mois dans l'Industrie : pas exactement le parallèle CDI = Fonction publique partout décrit. Mais sur l'ensemble des CDI, 46 % des salariés travaillent dans la même entreprise depuis 10 ans, et 66 % depuis au moins 5 ans.

SECTION II La période d'essai après l'ordonnance du 22 septembre 2017

120 **Précarité, mais réciproque.** Situation délicate pour le salarié que la « période d'essai » : le contrat de travail est signé, valide ; et pourtant à tout moment l'une des parties peut décider de le rompre sans motifs, ni indemnité de rupture.

Mais avec un droit du licenciement jugé très contraignant, l'employeur peut être tenté d'allonger cette période de totale précarité pour le salarié, la rupture éventuelle de l'essai ne constituant *par définition* ni un licenciement ni une démission.

Trois questions : la définition de l'essai (§ 1), sa durée (§ 2), et son éventuelle rupture (§ 3), après l'ordonnance sur la négociation collective du 22 septembre 2017 ayant confié à la convention collective de branche, et à elle seule, la possibilité de déroger *« aux conditions et durées de son renouvellement »*.

§1 Définition de l'essai

121 **L. 1221-19-1** : « *La période d'essai permet à l'employeur d'évaluer les compétences du salarié dans son travail, notamment au regard de son expérience, et au salarié d'apprécier si les fonctions occupées lui conviennent.* »

Côté employeur, l'essai ne peut donc être rompu que pour des motifs inhérents à la personne du salarié. Donc pas pour motif économique, et a fortiori pour remplacer un salarié parti en congés payés (CS, 15 décembre 2016, 7 200 euros de dommages-intérêts).

L. 1221-21 : « *La période d'essai ne se présume pas. Elle est expressément stipulée dans la lettre d'engagement ou le contrat de travail.* »

Son principe comme sa durée doivent donc figurer dans le contrat de travail, sinon pas d'essai. Un simple renvoi à la convention collective où figure une période d'essai ne suffit pas non plus.

ESSAI, OU PÉRIODE PROBATOIRE ?

L'arrêt fondateur du 30 mars 2005 a opposé les deux notions, à propos d'un attaché commercial promu directeur commercial trois mois après (!), mais avec une nouvelle « période d'essai » rompue au bout de deux mois : « *En présence* de deux contrats *de travail successifs entre les mêmes parties, la période d'essai stipulée dans le second contrat conclu à l'occasion d'un changement de fonctions du salarié* ne peut être qu'une période probatoire, *dont la rupture a pour effet de* replacer le salarié dans ses fonctions antérieures. »
Quelle que soit la formulation adoptée par les parties, il ne s'agit donc plus d'une période d'essai : l'éventuelle rupture devient un *licenciement* qui, en l'absence de notification motivée, est sans cause réelle et sérieuse. La « période probatoire » (le promu doit faire ses « preuves ») à la suite d'une promotion est donc légitimée, si elle est notifiée auparavant au salarié (CS, 20 mai 2015).

Mais si l'employeur peut assortir d'une période probatoire sa décision d'affectation à un nouveau poste de travail emportant modification du contrat, une telle condition requiert l'accord exprès du salarié (CS, 16 mai 2012).
Son échec peut-il « *replacer le salarié dans ses fonctions antérieures* », bref autoriser une rétrogradation ? Si la période probatoire n'est pas... probante, « *le salarié doit être replacé dans l'emploi qu'il occupait antérieurement* ».

§2 Durée de l'essai après l'ordonnance du 22 septembre 2017

122 L'immense majorité des contrats prévoit une période d'essai, qui ne se présume pas.

Point de départ : le commencement de l'exécution *du contrat*, pas de la tâche. Il ne peut être différé par les parties même si, pendant les premiers mois, le collaborateur n'est pas affecté au poste qui lui est destiné (ex. : cadre du marketing devant commencer par faire trois mois de route avec un VRP pour se frotter au terrain).

Date de rupture : le jour où l'employeur a manifesté sa volonté d'y mettre fin : donc au jour *de l'envoi* de la lettre notifiant la rupture.

Report ? Le but étant de voir si le collaborateur fait l'affaire, une absence justifiée (ex. : accident) **reporte en principe d'autant** la fin de l'essai. Mais faire grève n'est pas une bonne idée...

123 **Durée maximale de l'essai : 2-3-4.** L. 1221-19 fixe un maximum pour chaque catégorie professionnelle. En pratique, cette durée maximale est devenue la norme : « *Le contrat de travail à durée indéterminée peut comporter une période d'essai dont la durée maximale est de deux mois pour les ouvriers et les employés ; pour les agents de maîtrise et les techniciens de trois mois ; pour les cadres de quatre mois.* »

Ces durées maximales sont examinées avec attention par la Chambre sociale qui a rappelé le 10 mai 2012, au visa de la convention 158 de l'OIT supra-légale, que s'agissant d'une assistante commerciale, six mois étaient excessifs « *au regard de la finalité de la période d'essai et de l'exclusion des règles de licenciement durant cette période* ».

124 **Conditions de l'éventuel renouvellement depuis septembre 2017.** Il doit avoir été prévu dès la signature, et doit résulter d'un accord exprès des parties : il exige donc une manifestation de volonté claire et non équivoque du salarié.

Juin 2008 : Un seul, par accord de branche étendue. L. 1221-20 : « *La période d'essai ne peut être renouvelée qu'une fois, et si un accord de branche étendu le prévoit. Cet accord fixe les conditions et les durées de renouvellement.*

La durée de la période d'essai, renouvellement compris, ne peut pas dépasser quatre mois pour les ouvriers et employés ; six mois pour les agents de maîtrise et techniciens ; huit mois pour les cadres. »

Dûment formalisé, un seul et unique renouvellement était donc possible, seulement en présence d'un accord de branche (pas d'entreprise), par ailleurs étendu par le ministre du Travail. Sauf accord de ce niveau (rare), un tel renouvellement était donc illicite. Et quoi qu'il arrive, la durée maximale absolue de 4, 6 ou 8 mois : même avec l'accord écrit du salarié, un employeur ne pouvait donc plus stipuler une durée supérieure.

Septembre 2017 : Deux et plus, mais pas trop. Avec son article L. 2253-1 nouveau, l'ordonnance sur la négociation collective du 22 septembre 2017 a autorisé les conventions de branche, et elles seules, à prévoir des stipulations différentes pour « les conditions et les durées de renouvellement de la période d'essai » : par exemple prévoir deux renouvellements. Mais en veillant à ce que la totalité ne heurte pas les textes supra-nationaux, et en particulier la convention n° 158 de l'OIT : une convention de branche prévoyant par exemple trois renouvellements de trois mois, donc 12 mois TTC pour un salarié d'exécution serait jugée excessive par nos juges.

§3 Rupture de l'essai

125 **Ni-ni.** Fréquente (chaque mois, autant que de licenciements personnels), la rupture de l'essai ne constitue par définition ni un licenciement ni une démission. Le très rare contrôle judiciaire intervient concrètement dans trois situations.

- Le salarié en conteste le motif. Hypothèse rarissime vu sa faible ancienneté. Et sauf discrimination (voir infra), il est rare qu'il gagne.
- C'est la mise en œuvre de la rupture qui est abusive : *« Si l'employeur peut discrétionnairement mettre fin aux relations contractuelles avant l'expiration de la période d'essai, ce n'est que sous réserve de ne pas faire dégénérer ce droit en abus. » Exemple : « L'employeur avait subitement mis fin à l'essai du salarié sans lui donner la possibilité de s'adapter à son nouveau poste de travail »* (CS, 20 février 2013). Ou lorsque l'essai est rompu car le salarié a refusé une modification de son contrat, ce qui est son droit.
- Après plusieurs mois de travail, on annonce au collaborateur que sa période d'essai est rompue. Il saisit alors le conseil des prud'hommes (délai maximum : un an depuis 2017) en plaidant qu'il s'agit d'un licenciement car aucun essai n'était prévu, ou que la période maximale de sa catégorie a été dépassée. Si c'est le cas : procédure ? Cause réelle et sérieuse (rare car l'employeur n'a pas motivé la rupture) ?

Mais si le service Recrutement a bien fait son travail, le salarié recruté « fera l'affaire », et n'envisagera pas de quitter cette entreprise où il fait bon travailler.

126 **Une fausse bonne idée : le délai de prévenance.** L'article L. 1221-24 prévoit un délai de prévenance avant rupture. Excellente idée car le salarié ne quitte pas immédiatement l'entreprise « comme un voleur » ; calamiteuse car au mieux ses compétences ont été jugées insuffisantes, au pire il a commis une faute grave, voire lourde... À l'instar du préavis de licenciement, il est toujours difficile de faire travailler quelqu'un dont le contrat va être rompu.

127 **Délais progressifs.** En cas de rupture par le salarié, il doit respecter un délai de prévenance de 48 heures, mais 24h s'il travaille depuis moins de huit jours (L. 1221-26). S'il part immédiatement, il est fautif : mais l'employeur se contente souvent de ne pas lui payer ces 48 heures non travaillées.

Lorsque c'est l'employeur qui rompt l'essai, le salarié est prévenu dans un délai qui ne peut être inférieur à quarante-huit heures au cours du premier mois de présence ; deux semaines après un mois de présence ; un mois après trois mois de présence. Mais « *la période d'essai, renouvellement inclus, ne peut être prolongée du fait de la durée du délai de prévenance* » (risque de requalification de la rupture).

128 **Payer pour éviter une exécution délicate.** Si pour respecter le délai de prévenance, l'employeur laisse le salarié travailler au-delà du terme de l'essai, il s'agit « *d'un nouveau contrat de travail à durée indéterminée, qui ne peut donc être rompu à l'initiative de l'employeur que par un licenciement* » (CS, 5 novembre 2014). Sauf faute grave, il faut donc dispenser le salarié de l'exécution du délai de prévenance (pas du « préavis »), et lui payer immédiatement une indemnité équivalente au montant des salaires et avantages qu'il aurait perçus s'il avait accompli son travail jusqu'à son expiration, indemnité de congés payés comprise.

129 **Procédure obligatoire en cas de faute disciplinaire.** L'employeur peut en principe mettre fin à la période d'essai sans motif. Mais s'il invoque (bêtement) une faute, il doit respecter la procédure *disciplinaire* (convocation + entretien + notification motivée : *cf. infra*) : mais surtout pas celle de licenciement !

L'essai ne fait donc plus exception à toutes les règles en matière de *procédures*, *a fortiori* s'agissant des « salariés protégés » bénéficiant d'un « *statut* protecteur exceptionnel et *exorbitant du droit commun* » : représentant du personnel, conseiller prud'homal. La rupture d'essai par *l'employeur* ne peut alors intervenir qu'après autorisation expresse de l'inspecteur du travail, qui examinera en particulier si elle n'est pas discriminatoire.

130 **Nullité des ruptures discriminatoires.** La Chambre sociale sanctionne lourdement toute rupture d'essai fondée sur l'un des nombreux cas de discrimination évoqués par l'article L. 1132-1 (en pratique, surtout grossesse ou maladie : grève ou activité syndicale en période d'essai démontrent un QI social faible). La nullité de l'acte discriminatoire évoquée par l'article L. 1132-4, par ailleurs pénalement sanctionné et au régime probatoire beaucoup plus favorable, ouvre au salarié une alternative : réintégration (dans les faits fort risquée vu sa très faible ancienneté), ou indemnisation, revue et corrigée par l'ordonnance du 22 septembre 2017.

Comme pour toute rupture désormais, le délai de prescription est de 12 mois.

Chapitre 3

Les contrats « atypiques »

131 Le CDI à vie est mort. De 1945 aux années 1970, la nécessaire fidélisation d'une main-d'œuvre rare avait imposé le « modèle Trente Glorieuses », financé par une forte croissance économique : le contrat à durée indéterminée à temps plein, devenu en 1990 norme juridique pour tous les membres de l'Union européenne. La mutation économique des « Quarante Pâteuses » (1976-2016) a mis fin à cette dynamique, et démultiplié les formes d'emploi, salarié et autres.

Si le contrat à durée indéterminée reste la norme juridique et sociale (84 % des salariés sont sous CDI), les politiques d'emploi des entreprises jouent désormais sur la différenciation des statuts, bref *l'individualisation* que connaît la société tout entière : terme plus élégant que le banal égoïsme, individuel ou collectif (corporatisme). Contrats à durée vraiment déterminée ou à durée très indéterminée, à temps partiel, intermittents, travail temporaire, sous-traitance et autres opérations tripartites de prêt de main-d'œuvre (travail temporaire, portage salarial). Le législateur fait feu de toute loi pour lutter à tout prix – à n'importe quel prix – contre la montée du chômage... y compris en encourageant l'activité non salariée (auto-entrepreneur). Tout en essayant d'assurer aux travailleurs économiquement dépendants un rapport de force moins défavorable : ainsi de la loi du 8 août 2016 créant *l'équivalent* du droit de grève pour les travailleurs (indépendants) des plateformes.

132 Flexicarité ? Notre très rude compétition économique a sensibilisé les entreprises à la nécessité d'une gestion de plus en plus rigoureuse de leurs effectifs. Le numérique et les méthodes de direction (tableaux de bord et autre SAP) en ont fourni les moyens : le « Au rapport » de l'adjudant est devenu le permanent « *reporting* », éloignant à tous points de vue le manager de ses troupes. Parallèlement, la tendance à la diversification des situations individuelles et collectives s'est accrue (contrat senior dérogatoire, temps partiel, à l'année...). Les politiques publiques en faveur de l'emploi des jeunes (par antiphrase, les « emplois d'avenir » de 2013), des seniors, voire des deux (ex-contrat de génération) ou des chômeurs de longue durée y ont aussi concouru, multipliant des statuts de plus en plus hybrides.

133 Les trois cercles. Le résultat est une sophistication croissante des formes d'emploi. Se concentrant sur ses fonctions essentielles (« le cœur du métier »), l'entreprise tend à externaliser (*cf.* « la compagnie sans usines »), voire à délocaliser les problèmes sociaux potentiels (une grève avec occupation dans une usine de production bien peu écolo ne fait rêver personne).

Aujourd'hui, les entreprises utilisent **trois cercles** de main-d'œuvre.

- **L'emploi régulier, cœur du métier et donc noyau dur** de l'entreprise formé de salariés sous CDI à temps plein, car ils ont vocation à y faire carrière. C'est autour d'eux qu'a été et demeure construit notre droit du travail, le syndicalisme français ne s'intéressant guère aux précaires. Très attractives, les politiques destinées à ces *happy fews* (de plus en plus *happy*, mais aussi de plus en plus *fews*) en assurent la motivation, la mobilité mais aussi la fidélité : avec des chaînes (clauses de non-concurrence, de dédit-formation), mais aussi des fleurs (stock-options, avantages en nature ou en ego : petits séminaires avec grandes stars, remise solennelle de stock-options par « Lui » Lui-même...).
- **L'emploi sous statut différencié :** les personnes liées à l'entreprise par un contrat *de travail* « atypique » (emplois à durée déterminée avec une durée moyenne de deux semaines, à temps partiel). Mais le chef d'entreprise reste leur *employeur* et le Code du Travail s'applique, même si les ordonnances de septembre 2017 ont flexibilisé le dispositif.
- **Chef d'entreprise, mais pas employeur :** *l'emploi extériorisé* rassemble les multiples formules par lesquelles l'entreprise fait assumer des tâches par des salariés ou des entreprises extérieurs. Ces derniers ne lui sont donc pas liés par un contrat *de travail* (c'est le but : l'évasion du droit du travail), mais par des rapports de droit commercial : intérimaires, portage salarial, coopérative d'activité ou d'emploi, groupement d'employeurs, auto-entrepreneurs « partenaires » d'Uber, salariés de sous-traitants souvent effectivement « sous-traités » par rapport aux CDI en poste, ou les 500 000 travailleurs en régie travaillant chez le client...

  En cas de baisse du carnet de commandes, ce sont eux qui seront les premiers touchés, sans que leur donneur d'ordres ne doive monter un bien peu médiatique plan de sauvegarde de l'emploi. Comme le notait le rapport du BIT publié le 14 novembre 2016, les précaires sont pénalisés en termes de salaire, les premiers à assumer les besoins de flexibilité ce qui impacte leur vie personnelle, travaillent plus dur (85 % des équipes de nuit chez PSA ou Renault), ont peu d'accès à la formation et davantage exposés aux accidents du travail. Sans parler d'une protection sociale souvent amoindrie du fait d'une faible ancienneté.

134 **Escargot.** Entre ces trois groupes, la césure n'est pas franche : il s'agit davantage d'une spirale que de trois cercles concentriques. Certains CDD et intérimaires ne sont en réalité que de futurs CDI soumis à une forme déguisée de super-essai, et le temps partiel peut tout aussi bien être un emploi subi de seconde zone qu'une facilité appréciée. Quant aux prestations de services, il y a un monde entre le médiatique consultant à 13 000 euros HT la journée, et la technicienne de surface travaillant entre 21 h et 4 heures du matin payée au Smic depuis dix ans.

Constatons enfin que le régime du TT comme du CDD s'est considérablement amélioré depuis 1990, alors qu'à l'inverse le CDI devenait à durée de plus en plus...

indéterminée, sinon fragile. Entre un CDD de quinze mois et un CDI avec longue période d'essai, clause de mobilité géographique et promesse de licenciement économique en cas de restructuration, lequel est aujourd'hui *objectivement* le plus avantageux ? Selon la Dares, les deux tiers des salariés précaires se disent bien intégrés dans l'entreprise, et ne pas assurer des tâches moins intéressantes que les CDI ; un travailleur temporaire sur cinq déclare d'ailleurs ne pas en souhaiter un (ex. : les étudiants). Brouillage renforcé avec les TIC.

135 **85 % des salariés en CDD, ou 85 % sous CDI ?** Le taux de CDD est extrêmement variable en Europe : pour des raisons historiques ou culturelles, mais aussi en fonction des difficultés liées à l'utilisation du CDI (ex. : licenciement économique en France). Moyenne des 28 : 15 %. De 30 % en Espagne à 3 % en Irlande, de 6 % en Grande-Bretagne à 25 % en Pologne, en passant par 20 % au Portugal ou 14 % en Allemagne.

En 2016, les CDD ont représenté – en *flux* – 85 % des embauches (contre 70 % en 2000), et 20 % des inscriptions mensuelles à Pôle Emploi (en moyenne 115 000 sur 570 000 en 2017). Mais en termes de stocks, 85 % des salariés restent aujourd'hui sous CDI, et 11 % sous CDD... avec des écarts vertigineux entre secteurs d'activité : 99 % des embauches dans les Arts et Spectacles, 98 % dans l'Édition ou l'Audiovisuel, mais vingt fois moins dans l'Informatique, le Gaz ou l'Électricité.

Ambivalence des statistiques : faut-il montrer la vertigineuse montée de la précarité ? « *Le travail temporaire a presque triplé entre 1990 et 2017 !* » Faut-il relativiser ? L'intérim est passé de 1 % à 4 % de la population salariée, et avec ses 16 millions de missions annuelles occupait en 2017 l'équivalent de 659 000 équivalents temps plein (255 000 en 1990). Un quart des missions sont d'une journée au maximum, et la moitié de moins d'une semaine. Durée moyenne : deux semaines aujourd'hui.

« *Labor on call* » français ? Alors que les Français se gaussent de l'horrible « Contrat Zéro Heure » britannique, le salarié restant à disposition constante de son employeur sans salaire (1,4 million de personnes, mais seulement 583 000 à titre principal), la multiplication des contrats très courts (80 % de CDD sont de moins d'un mois), dont 69 % sont en réalité des réembauches par le même employeur (ex : contrat d'usage) aboutit à une situation finalement peu différente...

136 **Frontières brouillées** en raison du passage d'un droit du travail classique à un droit de l'emploi : si pour un CDI un CDD relève d'un statut inférieur, pour un chômeur c'est un travail donc un revenu, mais aussi un lien avec une collectivité et une employabilité maintenus. Et pour la puissance publique et la collectivité, un cotisant de plus et un chômeur en moins : d'où la permissivité des ordonnances de septembre 2017. Mais par convention collective, de branche : attendons d'en voir les résultats.

Nous ne mettrons ici l'accent que sur les principaux problèmes posés par le développement du travail précaire *(section 1)* et certaines formes d'extériorisation de l'emploi *(section 2)*.

SECTION I Le travail précaire

137 **Couple à deux, ou à trois.** Le contrat à durée déterminée (CDD, à deux) et le travail temporaire (TT à trois, situation toujours plus compliquée) sont très différents. Le collaborateur sous CDD est un salarié de l'entreprise qui ne se singularise que par la durée limitée de son contrat : de plus en plus limitée d'ailleurs, puisque les CDD de moins d'une semaine ont doublé entre 2000 et aujourd'hui. L'intérimaire est en revanche salarié de l'entreprise de travail temporaire, avec un « contrat de mission » : il n'a aucun lien contractuel avec l'entreprise utilisatrice, à la disposition de laquelle il est pourtant placé par son employeur dans le cadre d'un contrat commercial, le « contrat de mise à disposition » (CMD).

138 **Dissuasion.** Intérim et CDD font l'objet d'une réglementation dissuasive et donc (délibérément) complexe, à peu près identique bien que ne correspondant pas à la même logique : fluctuations rapides des marchés dans l'industrie pour le TT, alors que le CDD est surtout présent dans les services, avec une main-d'œuvre peu qualifiée. Mais tous les deux cumulent à la fois précarité de leur contrat et flexibilité maximum : sur les chaînes de production de l'automobile, plus de 75 % de travailleurs de nuit sont par exemple des précaires.

139 Dans les deux cas, l'ordonnance du 22 septembre 2017 a voulu rendre plus souple le recours au CDD et TT, qui demeurent l'exception mais font baisser les statistiques du chômage. Pas sur les cas de recours comme initialement prévu, mais sur leurs durées et leurs renouvellements, réservés aux conventions *de branche :* les effets de cette ordonnance ne seront donc pas immédiats... si effets il y a : car à moins de somptueuses contreparties, on voit mal à ce niveau beaucoup de syndicats prêter la main à une flexibilisation de la précarité.

140 Pour éviter la multiplication des contrats précaires (sans grand succès), la loi a fait comme la Mairie de Paris pour éviter les embouteillages intra-muros : limiter les entrées.

§1 Limitation des cas de recours au travail précaire

141 **CDI, contrat de droit commun.** Directive du 28 juin 1999 (« *Le CDI contribue à la qualité de vie des travailleurs concernés et à l'amélioration de la performance des entreprises* ») et loi française du 25 juin 2008 ont fait à juste titre du contrat à durée *indéterminée* le modèle de droit commun... sur lequel banquiers et bailleurs se sont alignés dans leurs exigences.

« *Quel que soit son motif* », l'emploi précaire ne peut donc « *avoir pour objet ou pour effet de pourvoir durablement un emploi lié à l'activité normale et permanente de l'entreprise* » (L. 1242-1, conforté le 22 septembre 2017). *A fortiori*, « *il ne saurait être admis que des CDD puissent être renouvelés aux fins de l'accomplissement, de manière permanente et durable, de tâches relevant de l'activité normale de l'entreprise* » (CJUE, 14 sept. 2016, aff. C-16/15).

Ce choix, légitime s'agissant de projets familiaux (enfant) ou patrimoniaux (location, achat immobilier), est fermement appliqué par la Cour de cassation : l'employeur ne peut donc recourir à des CDD « *pour faire face à un besoin structurel de main-d'œuvre* ». Et la Chambre criminelle n'hésite pas à entrer en condamnation lorsque « *ces CDD, délibérément renouvelés pendant plusieurs années, n'étaient pas justifiés par des raisons objectives établissant le caractère par nature temporaire de l'emploi* » (Cass. crim., 11 mars 2014).

Il est enfin interdit de recourir à des emplois précaires pour remplacer un salarié en grève, pour certains travaux particulièrement dangereux, ainsi que sur des postes ayant fait l'objet d'un licenciement économique dans les six mois précédents (L. 1242-6).

142 **CDD = exception.** La loi a donc fixé une **liste limitative** de cas de recours (L. 1242-2) correspondant à cinq grandes fonctions, chaque contrat ne pouvant viser qu'un seul motif de recours (« un motif = un contrat »), dont la réalité et la légitimité devront le cas échéant être prouvées par l'employeur. L'ordonnance du 22 septembre 2017 ayant donné à la convention de branche la possibilité d'élargir durée et renouvellements n'a pas touché aux cas de recours, annoncés comme chiffons rouge écarlate par nos confédérations.

143 Au-delà des vingt types de CDD (!) existant aujourd'hui (la loi du 27 décembre 2015 en a créé un spécifique – de cinq ans- pour les sportifs) :

1. *Remplacement* d'une personne absente nommément désignée. Si l'employeur n'est pas tenu d'affecter le salarié recruté au même poste que celui occupé par l'absent, le recours à un seul CDD pour assurer le remplacement de plusieurs salariés successivement absents est illégal (CS 9 juin 2017). Comme d'habitude, « *l'employeur ne peut recourir de façon systématique aux CDD de remplacement pour faire face à un besoin structurel de main-d'œuvre* » : d'où l'embauche, mais sous CDI, de « vendeuses volantes » dans les grands magasins, pu de « polyvalentes » ailleurs.

2. *Variations d'activité :* commande exceptionnelle à l'exportation ; travaux urgents de sécurité ; mais surtout accroissement temporaire d'activité, même s'il n'est pas nécessaire que ce motif présente un caractère exceptionnel, ni que le salarié recruté soit affecté à la réalisation même de ces tâches. Mais si le nouveau produit est un succès, le travail qualifié de « temporaire » est-il alors lié « *à un accroissement durable et constant de l'activité de l'entreprise* » ? Les contorsions de la Chambre sociale pour ne pas trop pénaliser les entreprises françaises au bord de la délocalisation sont émouvantes : « *Si l'usinage de moteurs constitue l'activité normale et usuelle de l'unité où furent affectés les demandeurs, la fabrication d'un nouveau moteur occasionne une charge de travail inhabituelle ne pouvant être absorbée par le personnel en place* » (CS, 24 janvier 2007, Renault-Cléon).

3. Le contrat saisonnier est le plus vieux contrat de travail du monde : agricole hier, surtout touristique aujourd'hui (1,2 million signés par an). La loi du 8 août 2016 en a donné une définition : « *Emplois dont les tâches sont appelées à se répéter chaque année selon une périodicité fixe, en fonction du rythme des saisons ou des modes de vie collectifs* » (L. 1242-2). Le 5 décembre 2007, la Chambre sociale avait en effet dû rappeler à un industriel de la pizza surgelée prétendant « faire trois saisons de la pizza dans l'année » qu'il ne faut pas confondre les Quatre Saisons et un accroissement périodique de production des Quatre Fromages.

Ce CDD très particulier peut en principe être renouvelé indéfiniment, pour le plagiste chaque été ou le moniteur de ski l'hiver : « *Il n'existe aucune limite au-delà de laquelle s'instaurerait une relation de travail à durée indéterminée. En l'absence de clause contractuelle ou conventionnelle de reconduction, le refus de renouveler le dernier contrat ne peut donc s'analyser en un licenciement.* » Optimiste, la loi du 8 août 2016 a cependant prévu qu'un accord collectif *peut* prévoir que tout employeur ayant occupé un saisonnier lui propose, sauf motif réel et sérieux, un emploi de même nature pour la même saison de l'année suivante.

4. Emplois pour lesquels il est d'usage constant de ne pas recourir au CDI dans certains secteurs d'activité : hôtellerie, spectacles... La liste de ces secteurs est fixée par décret et peut être modifiée par accord collectif étendu (ainsi des intermittents du spectacle). Le juge saisi d'une éventuelle demande de requalification en CDI doit rechercher : 1° Si l'usage existe dans *tout le secteur* d'activité ; 2° Si cet usage de ne pas recourir au CDI s'applique à *l'emploi litigieux*, qui ne doit pas être lié à l'activité permanente de l'entreprise (ex. : secrétaire administrative pour un organisme de formation). Mais le recours au contrat d'usage « *ne dispense pas l'employeur d'établir un contrat écrit comportant la définition précise de son motif* » (CS, 15 mars 2017).

5. Incitations publiques à l'embauche : il s'agit de l'infinie succession de contrats d'insertion des jeunes ou des seniors, ou de réinsertion des chômeurs de longue durée démultipliés loi après loi depuis 1996, incitations étatiques ayant d'ailleurs largement contribué à l'explosion des CDD. Ainsi du très dérogatoire « contrat seniors » permettant d'embaucher *sans cas de recours* un demandeur d'emploi de plus de 57 ans.

Mais contrairement à ce que pense parfois notre législateur souvent issu des services publics (un nouveau contrat va créer des emplois, en dehors des services contentieux), les entreprises ne font pas appel à des contrats, même très dérogatoires ou subventionnés, sans de nouvelles commandes.

144 Un écrit, remis à temps. Tous les contrats précaires doivent être conclus par écrit, et transmis dans les deux jours (ouvrables) de l'embauche pour signature du salarié, en mentionnant l'objet précis du recours et, le cas échéant, le nom et la qualification de la personne remplacée.

À défaut d'écrit remis dans les délais (même pour un docker où le CDD peut ne durer qu'un jour, CS, 30 novembre 2016), la requalification en contrat à durée indéterminée était acquise... L'ordonnance du 22 septembre 2017 a légitimement rectifié le tir : ne pas transmettre le CDD dans les 2 jours de l'embauche n'entraînera plus requalification automatique, le salarié pouvant seulement obtenir une indemnité d'un mois de salaire maximum.

§2 Durées du contrat à durée déterminée, revues le 22 septembre 2017

145 CDD à durée certaine

L. 1242-8 nouveau : « *Une convention ou un accord de branche étendu peut fixer la durée totale du contrat de travail à durée déterminée. Cette durée ne peut avoir ni pour objet ni pour effet de pourvoir durablement un emploi lié à l'activité normale et permanente de l'entreprise* ».

Depuis le 22 septembre 2017, un accord de branche, étendu par le Ministre du Travail, peut fixer la durée totale du CDD, ainsi que le nombre de ses renouvellements. Mais il ne faut pas s'attendre à une explosion d'accords sur ce thème : on voit mal à ce niveau des syndicats se précipiter pour allonger la précarité, risquant par ailleurs de se heurter au droit communautaire : « *il ne saurait être admis que des CDD puissent être renouvelés aux fins de l'accomplissement, de manière permanente et durable, de tâches relevant de l'activité normale de l'entreprise* » (CJUE, 14 sept. 2016, aff. C-16/15).

Subsidiarité légale. D'où l'importance du nouvel article L. 1242-8-1 : à défaut de convention de branche, la durée totale du CDD ne peut, comme avant, excéder dix-huit mois compte tenu, le cas échéant du, ou depuis septembre 2017, des renouvellements.

Mais neuf mois maximum pour le contrat conclu dans l'attente de l'entrée en service effective d'un salarié recruté par CDI, ou pour la réalisation des travaux urgents de sécurité.

Mais vingt-quatre mois maximum lorsque le CDD est exécuté à l'étranger, ou conclu dans le cadre du départ définitif d'un salarié précédant la suppression de son poste de travail.

CDD à durée... incertaine. Dans un cas bien précis – remplacement d'un salarié lorsqu'aucune date de retour n'est prévisible (ex : grave accident de la route pendant le week-end), il peut être conclu pour un terme imprécis, sans durée maximale. Ce curieux mais très utile CDD à durée incertaine – à ne pas confondre avec le contrat de chantier ou d'opération, CDI élargi en septembre 2017 – devra alors mentionner une durée minimale, et l'employeur devra rapporter la preuve de l'événement constitutif du terme : fin de la maladie ou hélas décès du salarié malade, retour de la jeune maman même si elle a enchaîné congé maternité et congé parental, le tout formant une seule absence. Attention donc au choix des termes, et à la preuve de l'échéance prévue en cas de contentieux sur une prétendue rupture *avant* terme (donc fautive), ou au contraire *après* le terme fixé (donc le licenciement d'un CDI).

En pratique, pour remplacer un salarié absent pour longue maladie par exemple, le chef d'entreprise a donc le choix : soit un peu recommandé car renouvelable seulement deux fois (hors permissive convention collective de branche) contrat de date à date pour la durée de l'arrêt maladie ; soit un contrat à terme imprécis « *pour la durée de l'absence de M. X* », avec une durée minimale. Si M. X revient à la date prévue, il n'y a pas grande différence. En revanche, tout change si sa maladie se prolonge : en cas de contrat à terme imprécis, le contrat se poursuit normalement sans aucune limitation, ce qui est une facilité... mais aussi un risque si le CDD ne fait plus l'affaire.

146 Renouvellements, modifiés par l'ordonnance du 22 septembre 2017

147 L. 1243-13 et s. : « *Une convention ou un accord de branche étendu peut fixer le nombre maximal de renouvellements possibles pour un contrat de travail à durée déterminée. Ce nombre ne peut avoir ni pour objet ni pour effet de pourvoir durablement un emploi lié à l'activité normale et permanente de l'entreprise. Les conditions de renouvellement sont stipulées dans le contrat, ou font l'objet d'un avenant soumis au salarié avant le terme initialement prévu* ».

148 Principe depuis septembre 2017 : c'est à la convention de branche de prévoir le nombre maximal de renouvellements possibles. À défaut d'une telle stipulation dans la convention de branche, le CDD est renouvelable deux fois, pour une durée déterminée (L. 1243-13-1). La durée du ou, le cas échéant, des deux renouvellements, ajoutée à la durée du contrat initial, ne peut excéder la durée maximale prévue par la convention de branche ou, à défaut, par L. 1242-8-1 (donc 18 mois, sauf, sauf, et sauf...)

149 Les conditions de renouvellement sont stipulées dans le contrat ou font l'objet d'un avenant soumis au salarié, avant le terme initialement prévu. Par définition, les contrats **à terme imprécis** ne peuvent être renouvelés, puisque l'échéance est dès le départ incertaine (ex. : *retour* du salarié accidenté).

150 Règle du « tiers vacant », modifiée le 22 septembre 2017. Pour éviter les abus, la loi a encadré la succession de CDD ou de missions d'intérim sur un même poste ou un poste équivalent. Car la succession de contrats précaires – qu'il s'agisse du même salarié ou de salariés différents – est *a priori* douteuse en application de L.1242-1 : CDD et TT « *ne peuvent ni pour objet ni pour effet de pourvoir durablement un emploi lié à l'activité normale et permanente de l'entreprise* ». Elle est donc depuis toujours limitée, mais ce délai peut être modulé depuis l'ordonnance du 22 septembre 2017. Mais la succession de contrats précaires distincts (ex. : saison puis remplacement), autonomes les uns par rapport aux autres n'est pas soumise aux mêmes restrictions.

151 Délai de carence. À l'expiration du CDD, il ne peut être recouru, pour pourvoir le poste du salarié dont le contrat a pris fin, ni à un CDD ni à un CTT, avant l'expiration d'un délai de carence calculé en fonction de la durée du contrat incluant, le cas échéant, son ou ses renouvellements : c'est encore à la branche de fixer ce délai (L. 1244-3 nouveau)...voire carrément de le supprimer. Depuis 2017 en effet, **«** *une convention de branche peut prévoir les cas dans lesquels le délai de carence n'est pas applicable.* » (L. 1244-4).

152 **À défaut de telle stipulation,** et comme avant 2017, le délai de carence n'est pas applicable lorsque le CDD est conclu pour 1. Assurer le remplacement d'un salarié temporairement absent, ou en cas de nouvelle absence du salarié remplacé ; 2. L'exécution de travaux urgents de sécurité ; 3. Pourvoir un emploi à caractère saisonnier, ou pour lequel, dans certains secteurs d'activité où il est d'usage constant de ne pas recourir au CDI ; 4. Pour assurer le remplacement d'une personne.

Mais aussi, et fort logiquement, lorsque le salarié est à l'initiative d'une rupture anticipée du contrat, ou refuse le renouvellement de son contrat, pour la durée du contrat non renouvelé (L. 1244-4-1).

153 **Durée légale subsidiaire du délai de carence.** Mais comme peu de branches risquent de se précipiter pour signer sur ce sujet si sensible, l'ordonnance du 22 septembre 2017 a prévu des conditions supplétives : à défaut de convention de branche, le délai de carence est égal, comme avant 2017, au tiers de la durée du CDD venu à expiration si la durée du contrat incluant, le cas échéant, son ou ses renouvellements, est de quatorze jours ou plus. Mais à la moitié de la durée du CDD venu à expiration si sa durée totale est inférieure à quatorze jours (L. 1244-3-1). Les jours pris en compte pour apprécier ce délai devant séparer les deux contrats sont les jours d'ouverture de l'entreprise.

§3 Statut du salarié précaire

154 **Essai très bref.** Pour éviter la précarité au carré, la durée de l'essai est ici particulièrement courte, et doit faire l'objet de beaucoup d'attention pour les CDD de longue durée : un jour par semaine dans la limite de deux semaines pour les contrats de moins de six mois ; un mois au maximum au-delà. Pour les intérimaires, de deux jours pour les contrats d'une durée inférieure ou égale à un mois, à cinq jours pour les contrats de plus de deux mois. Il va de soi que si deux CDD successifs intervienne sur un même poste (ici de vendeuse) « *l'employeur avait eu l'occasion d'apprécier les qualités professionnelles de la salariée* » : donc pas de second essai (CS, 5 octobre 2016).

155 **Égalité de traitement.** La directive du 19 novembre 2008 garantit aux intérimaires « *le même traitement que les travailleurs permanents dès le premier jour de travail, concernant la rémunération, le congé de maternité et les droits à congés, sauf si les partenaires sociaux en conviennent autrement* ».

Droit communautaire et loi française (L. 1242-15) posent donc un principe d'égalité de traitement entre CDD ou intérimaires, et salariés permanents de qualification équivalente occupant les mêmes fonctions. Ainsi en matière de rémunération : il ne faut pas qu'en étant moins onéreuse, la mauvaise monnaie (CDD ou TT successifs) chasse la bonne (le CDI). Elle ne saurait donc être inférieure à celle que percevrait un salarié sous CDI de même qualification, pour le même poste de travail, après *sa* période d'essai et s'il en remplit les conditions (L. 1242-15). Mais ce principe d'égalité de rémunération entre CDD et CDI n'interdit pas de tenir compte de l'ancienneté du salarié remplacé.

156 **IFC-CDD ou IPE-TT.** La précarité de leur situation est compensée par l'octroi d'une indemnité de fin de contrat pour les CDD, et de précarité d'emploi pour les ETT, en principe d'un montant de 10 % de la rémunération *totale* brute. Celle-ci est cependant exclue dans certains cas de recours (saisonniers, contrats d'usage, contrats emploi-formation), lorsque la rupture est imputable au salarié (départ avant terme, faute grave), ou que le contrat précaire a été volontairement transformé en CDI par l'entreprise (L. 1243-10).

§4 Fin du CDD : stabilité dans la précarité

157 **L'échéance contractuelle.** TT et CDD prennent fin sans formalisme, au terme convenu : date précise, ou réalisation de leur objet pour les contrats à terme imprécis. La maladie, l'accident ou la grève, bref les cas de suspension du CDD ne peuvent faire échec à cette échéance programmée.

À l'inverse, ils ne peuvent être rompus avant l'échéance que dans des cas tout à fait exceptionnels. L. 1243-1 : « *Sauf accord des parties, le contrat à durée déterminée ne peut être rompu avant l'échéance du terme qu'en cas de faute grave* (de l'une ou l'autre des parties) *ou de force majeure.* »

Sauf toujours possible résiliation anticipée d'un commun accord (mais non de rupture conventionnelle homologuée, réservée au CDI) ou cas de force majeure (rarissime en droit du travail), le contrat peut d'abord prendre fin en cas de faute *grave* – ici exceptionnellement symétrique –, celle qui « *rend impossible la poursuite du contrat* » ; il faut alors respecter la procédure disciplinaire (*voir infra*). Si comme en matière de licenciement, son oubli « *n'affecte pas le bien-fondé de la rupture elle-même* » ce seuil est d'ordre public : les parties ne peuvent stipuler qu'une faute inférieure permette la rupture anticipée.

158 **Côté salarié : deux cas de rupture anticipée.**

- Le salarié qui a trouvé ailleurs un emploi sous CDI peut rompre avant terme son CDD : il n'est pas fautif s'il respecte un préavis d'un jour par semaine. Choquant en droit des obligations côté employeur, mais réaliste.
- S'il établit une faute grave de l'employeur, il peut également rompre avant terme. Il a alors droit à des *dommages-intérêts* d'un montant au moins égal aux rémunérations qu'il aurait perçues jusqu'au terme du contrat : mais il est rare que l'employeur, qui conteste toute faute grave, lui verse. Il lui faudra donc saisir les prud'hommes, avec résultat dans plus d'un an...

Hors faute grave, et comme il ne peut y avoir ni démission, ni prise d'acte de la rupture de la part d'un CDD, l'employeur peut réclamer devant le conseil des prud'hommes réparation du préjudice directement lié à une rupture anticipée fautive : exceptionnel.

159 **Rupture anticipée par l'employeur pour faute grave (L. 1243-4).** L'employeur qui rompt doit respecter la procédure disciplinaire, puis être en mesure de prouver la faute *grave* du collaborateur, qu'il doit forcément énoncer dans la LRAR de

rupture – pas de licenciement ! – après l'entretien. La faute *grave* étant celle qui « *rend impossible le maintien du salarié dans l'entreprise* », la mise en œuvre de la rupture doit alors intervenir *dans un délai très restreint*.

Si le chef d'entreprise a rompu hors faute grave, la sanction est prévisible : à titre de dommages-intérêts, il sera tenu de verser au salarié un montant au moins égal aux rémunérations qu'il aurait perçues jusqu'au terme du contrat, plus l'indemnité de fin de contrat. Rompre un CDD dix mois avant l'échéance peut donc coûter cher si l'employeur ne peut prouver une faute grave, même si le salarié retrouve du travail le lendemain ; il s'agit en effet d'une « réparation forfaitaire minimum » calculée sur la rémunération *brute*.

Mieux protégé qu'un CDI. L'insuffisance professionnelle, fût-elle caractérisée, ou encore des pertes abyssales ne sont pas un motif valable de rupture avant terme, alors qu'elles constitueraient certainement un motif réel et sérieux de licenciement pour un salarié sous CDI. *Idem* pour le « trouble objectif grave » (donc non disciplinaire) causé à l'entreprise par des faits de vie privée du salarié : s'il constitue une cause réelle et sérieuse de *licenciement*, il n'autorise pas la rupture anticipée d'un CDD.

Depuis le 22 septembre 2017, comme pour toute rupture du contrat de travail, le délai de prescription est de 12 mois.

160 **En matière de travail temporaire** où il s'agit d'une relation triangulaire, la solution est plus complexe. L'ETT est en principe tenue des mêmes obligations vis-à-vis des intérimaires, le contrat de mission étant à 99 % un contrat à durée déterminée. Elle peut cependant mettre fin à une mission en proposant au salarié une autre mission équivalente dans un délai maximal de trois jours ouvrables.

L'entreprise utilisatrice (« client-roi ») convient donc parfois avec l'entreprise de travail temporaire (fournisseur-serf voulant continuer à fournir) du remplacement d'un intérimaire qui ne donne pas satisfaction, celui-ci étant affecté par l'ETT à une autre mission.

§5 Sanctions en cas d'utilisation irrégulière

161 **Requalification car retour à la norme, le CDI.** La violation des règles régissant le recours aux formes d'emploi atypique entraîne le retour à la norme, et donc la requalification du contrat en CDI, prononcée par le Conseil des prud'hommes qui a en principe un mois pour statuer.

Côté entreprise, la requalification d'un CDD en CDI, rétroactive à la date du premier CDD irrégulier, peut entraîner des dégâts collatéraux non négligeables : ainsi la Chambre sociale a estimé le 6 novembre 2013 que le salarié était en droit « *d'obtenir reconstitution de sa carrière ainsi que régularisation de sa rémunération par l'effet de la requalification des contrats à durée déterminée, le salarié étant réputé avoir occupé un emploi à durée indéterminée depuis le jour de sa première embauche* ». Voire, s'il devait se tenir à disposition de l'employeur entre ses multiples CDD, « *à un rappel de salaire au titre des périodes non travaillées séparant chaque contrat* », les allocations chômage ne pouvant en être déduites (CS, 16 mars 2016).

162 Indemnité de requalification (L. 1245-2). S'il fait droit à sa demande, le juge lui alloue également une seule indemnité de requalification « *dont le montant ne peut être inférieur à un mois de salaire* » : mais s'il a subi 46 CDD, il ne touche pas 45 mois au minimum. Cette indemnité-sanction n'est pas due lorsque le CDD devient CDI du seul fait de la poursuite de la relation contractuelle après l'échéance du contrat initial régulier.

163 Ordre public de protection oblige, c'est au travailleur précaire, et à lui seul, de choisir son terrain (CDD ou CDI), en fonction de ses intérêts. Ni le juge, ni *a fortiori* l'employeur ne peut le faire à sa place : s'il a peu d'ancienneté mais un CDD de longue durée, il a donc intérêt à rester sur le terrain du CDD illégalement rompu (versement de dommages-intérêts / tous les salaires à courir + IFC).

164 Suite de la requalification. Mais si la requalification en CDI est acquise, *quid* alors de la lettre de licenciement obligatoirement motivée ? Et le préavis ? Peut-il s'ajouter à une indemnité de précarité d'emploi ? *A priori*, l'un exclut l'autre : car seul un CDD ou un salarié temporaire peut obtenir versement de l'indemnité de précarité si le contrat ne se poursuit pas ; et seul un CDI peut prétendre à une indemnité de préavis et de licenciement.

165 Cause réelle et sérieuse ? Le nouvel employeur de ce nouveau CDI rétroactif doit-il alors démontrer l'existence d'une cause réelle et sérieuse pour ce qu'il pensait être l'échéance du contrat, requalifiée en licenciement ? « *Le juge qui requalifie la relation contractuelle en un CDI doit rechercher si la lettre de rupture des relations contractuelles vaut lettre de licenciement, et si les motifs de rupture énoncés constituent des griefs matériellement vérifiables permettant de décider si ce licenciement a une cause réelle et sérieuse* » (CS, 20 octobre 2015, N. Canteloup : 16 ans de Guignols de l'Info sous CDD mensuels d'usage).

À bon entendeur... pardon, employeur, salut !

Mais qu'il s'agisse de violation de la procédure disciplinaire ou du défaut de faute grave, la réintégration d'un CDD est exclue. Sauf en cas de violation d'une liberté fondamentale : grève, ou comme dans l'arrêt du 16 mars 2016, rupture directement liée à son action en requalification en CDI : « *Est nul comme portant atteinte à une liberté fondamentale le licenciement intervenu en raison d'une action en justice introduite par le salarié* », au visa de l'article 6-1 de la CESDH. Mais le 21 septembre 2017, la Chambre sociale a, au nom de la liberté d'entreprendre, refusé qu'un travailleur temporaire ayant agi en requalification soit réintégré sous astreinte : « *Le droit à l'emploi, qui résulte de l'alinéa 5 du Préambule de la Constitution de 1946 n'est pas une liberté fondamentale, mais un droit-créance qui doit être concilié avec d'autres droits ou principes constitutionnels, tels que la liberté d'entreprendre qui fonde, pour l'employeur, le droit de recruter librement ou de licencier un salarié* ».

166 **Répression pénale.** La loi a enfin étendu à la violation des règles applicables aux CDD les sanctions pénales qui ne s'appliquaient qu'aux abus en matière de travail temporaire. Si les sanctions sont lourdes sinon disproportionnées, parfois même un délit correctionnel passible d'une amende de 3 750 euros, portée en cas de récidive à 7 500 euros et/ou emprisonnement de deux à six mois, elles sont rarement appliquées.

QUESTIONNAIRE D'AUTO-ÉVALUATION

Les contrats précaires dans le secteur privé

1. Le contrat à durée déterminée (CDD) est forcément de date à date
VRAI – FAUX

2. Aucun salarié sous CDD ne peut rester plus de 18 mois dans l'entreprise, renouvellements compris
VRAI – FAUX

3. En cas de difficultés économiques, les salariés précaires voient évidemment leur contrat rompu avant les permanents
VRAI – FAUX

4. En cas de faute grave du salarié, l'employeur peut rompre immédiatement le contrat à durée déterminée
VRAI – FAUX

5. Et a fortiori licencier le travailleur temporaire
VRAI – FAUX

6. Si l'employeur ne prouve pas la faute grave, le CDD obtiendra versement de tous les salaires à courir, et même de l'indemnité de fin de contrat de 10 %
VRAI – FAUX

7. Sauf bien sûr si son préjudice est inférieur : si, par exemple, il a retrouvé du travail le lendemain de la rupture
VRAI – FAUX

8. L'indemnité de fin de contrat n'est pas due en cas de transformation du CDD en CDI, hors procédure judiciaire de requalification
VRAI – FAUX

9. En cas de violation des règles relatives au CDD, ce dernier se transforme automatiquement en CDI.
VRAI – FAUX

10. Si les salariés sous CDD sont décomptés dans les effectifs, mais aussi électeurs et éligibles dans l'entreprise, tel n'est pas le cas des travailleurs temporaires, par définition extérieurs à celle-ci
VRAI – FAUX

Réponses :

1. **FAUX** en cas par exemple de remplacement d'un salarié malade, la fin prévue du contrat sera son retour (à une date non encore prévisible).

2. **FAUX** pour les mêmes raisons : si le malade revient après la date prévue, l'employeur n'est pas fautif de garder le remplaçant au-delà des 18 mois maximum. Dans certains cas par ailleurs (contrats exécutés à l'étranger), le CDD de date à date peut aller jusqu'à 24 et parfois même 36 mois (contrat senior, emploi d'avenir).

3. **FAUX** c'est le seul avantage d'être sous CDD : la stabilité dans la précarité. Si l'entreprise a commis une erreur de prévision, il ne lui est pas possible de rompre avant terme les CDD, des difficultés économiques ne constituant pas non plus un cas de force majeure. Les licenciements économiques ne pourront viser que les CDI, très surpris de cette curieuse priorité.
4. **FAUX** quel que soit le type de contrat, tout projet de sanction entraîne le droit pour le salarié de présenter sa défense à l'occasion d'un entretien préalable. La rupture pour faute grave constituant à l'évidence une sanction, il faut respecter cette procédure disciplinaire, évoquée *infra*. Mais il ne s'agit en aucun cas d'une procédure de *licenciement* !
5. **DOUBLE HORREUR** ! Tout d'abord car le terme *licenciement* est à proscrire : il est réservé au contrat à durée indéterminée. Mais aussi et surtout car la faute grave entraîne la *remise à disposition* du travailleur temporaire à l'entreprise de travail temporaire, qui est son seul et unique employeur.
6. **VRAI** et dissuasif en amont.
7. **FAUX** la sanction de la rupture avant terme par l'employeur est automatique et forfaitaire : même si le salarié sous CDD a trouvé du travail le lendemain et que son préjudice est faible, il obtiendra le versement évoqué ci-dessus.
8. **OUI** puisque le salarié n'est plus précaire. La même solution sera adoptée en cas de faute grave de sa part.
9. **FAUX** car application de l'adage : « nul ne peut invoquer sa propre turpitude ». C'est au salarié précaire, et non à l'employeur, de choisir son terrain : il peut avoir intérêt à choisir celui du CDD, alors qu'en raison de sa faible ancienneté son licenciement lui donnerait droit à des sommes très inférieures.
10. **FAUX** de façon apparemment curieuse puisqu'ils ne sont pas salariés de l'entreprise utilisatrice, les travailleurs temporaires sont néanmoins *décomptés* au prorata de leur temps de présence pour les élections professionnelles, afin de déjouer les fraudes relatives aux seuils d'effectifs (ex. : 49 permanents et 34 TT pour ne pas atteindre le seuil fatidique des 50). Mais ils n'y sont ni électeurs ni éligibles, contrairement aux CDD ayant l'ancienneté suffisante.

SECTION II L'extériorisation de l'emploi

167 **« Le cœur de métier ».** En France comme dans toute l'Europe, l'extériorisation de l'emploi (*i.e.* le chef d'entreprise ne voulant pas être employeur) prend des formes de plus en plus diverses : sous-traitance, contrats d'une autre nature (*franchising, merchandising*, mandataires), vrais-faux « indépendants » en expansion en France (mais surtout dans certains nouveaux État-membres : 44 % en Roumanie contre une moyenne de 17 % dans l'UE), portage salarial (ce salarié sans aucun lien de subordination avec son employeur). Ces montages font intervenir le personnel d'une autre entreprise, celui-ci restant sous l'autorité de son propre employeur (sous-traitance, prestations de services, infogérance dans l'informatique), ou faisant l'objet d'une mise à la disposition de l'entreprise utilisatrice sur le modèle de l'opération de travail temporaire. Mais le droit sanctionne les abus mais aussi de très sophistiqués montages, dont certains finissent par faire soupleurer : car si elle est avérée, « *la fraude corrompt tout* ».

HUMOUR JURIDIQUE : LE COURSIER DELIVEROO ?
UN « PERSONNEL DE CONDUITE » ACCESSOIRE DE SA BICYCLETTE

Le coursier de Deliveroo n'est (évidemment) pas salarié. Alors quoi ?
Un accessoire de son vélo, comme le note A. Fabre dénonçant « *une double dissimulation du travailleur : le contrat signé avec le prestataire a pour objet la location d'un « cycle avec personnel de conduite ». Non seulement le coursier devient l'accessoire du vélo, mais le vélo disparait derrière le prestataire, désigné par une raison sociale ou une société commerciale.* » (RDT, mars 2017 p. 169).
Fragilité judiciaire expliquant qu'en juillet 2017, Deliveroo-Angleterre a indiqué être prête à conférer de nouveaux droits à ses coursiers (congé maladie, accident de travail, congés payés voire retraite)… si le spectre de la requalification en contrat de travail était écarté.

168 **Toujours le principe de réalité.** Lorsque ces contrats sont conclus avec un « *travailleur indépendant* », la seule question qui se pose est de savoir s'il est, au quotidien et dans les faits, quel que soit le contrat officiellement signé, en état de *subordination juridique* permanente par rapport à l'entreprise « donneur d'ordres ». Si tel est le cas (*cf. supra* faux artisans et sous-traitants du bâtiment : C. crim., 14 février 2006 ; faux locataires-taxi, CS, 19 décembre 2000, voir supra n° 7), la technique de la requalification permettra d'écarter l'artifice dissimulant la réalité du lien de travail, et de faire bénéficier le *travailleur* de l'ensemble des garanties liées à l'état de *salarié :* durée du travail, congés, droit du licenciement… mais aussi le très protecteur régime général de sécurité sociale.

S'agissant des *auto-entrepreneurs*, une requalification n'est pas impensable : caricature que ces ex-salariés licenciés pour motif économique avec aide spécifique pour ce reclassement externe, mais continuant à travailler exclusivement pour leur ex-employeur transfiguré en donneur d'ordre. Voire des chauffeurs d'Uber que l'Urssaf a considérés en avril 2016 comme salariés, avec redressement (évidemment contesté) et plainte pour travail dissimulé.

Car plane toujours le judiciairement et médiatiquement très menaçant article L. 8221-6-II : « *L'existence d'un contrat de travail peut toutefois être établie lorsque les personnes fournissent directement ou par une personne interposée des prestations à un donneur d'ordres dans des conditions qui les placent dans un lien de subordination juridique permanente à l'égard de celui-ci* ».

Le donneur d'ordres devenu employeur contre son gré devra par ailleurs s'acquitter de l'ensemble des responsabilités correspondantes : charges sociales, responsabilité en cas d'accident du travail…

A fortiori, le travail illégal (= « au noir ») fait l'objet d'une lutte croissante mais ambivalente : certes protéger les salariés non déclarés et ainsi leur assurer la rémunération normale de leur travail ; mais aussi garantir une concurrence loyale aux entreprises respectueuses de leurs obligations fiscales et sociales, tout en luttant contre l'immigration clandestine.

169 **Sous-traitance et travailleur littéralement « sous traité ».** Les montages faisant intervenir un « donneur d'ordres » tiers posent des problèmes plus délicats. Les entreprises concentrant leurs ressources propres sur leur « cœur de métier », ces formules d'externalisation de la main-d'œuvre se sont considérablement développées : cession de l'activité nettoyage, gardiennage, restauration, maintenance, services informatiques et même RH... Cette cession-externalisation, qui permet parfois de ne pas appliquer une convention collective favorable, mais aussi d'éviter tout PSE en l'absence de tout licenciement économique, explique aussi en partie la croissance statistique du secteur tertiaire au détriment du secteur secondaire. La jurisprudence et la loi en reconnaissent la licéité de principe, mais traquent la fraude. Hors travail temporaire et portage salarial, toute opération à but lucratif interposant un tiers entre le salarié et l'entreprise qui a recours à ses services peut cependant faire courir au salarié un risque d'exploitation, cet intermédiaire ne pouvant se rémunérer que sur la plus-value du travail. Le travailleur du sous-traitant est effectivement souvent littéralement « sous-traité ».

170 **Délit de marchandage.** Cette préoccupation est aussi vieille que le droit du travail : la prohibition du marchandage date de 1848. » *Il faut éviter qu'entre le patron et l'ouvrier se glissent de rapaces intermédiaires qui, quelle que soit la bonne volonté du premier, fassent descendre les salaires au niveau marqué par la faim* » (Louis Blanc). L'article L. 8231-1 interdit donc « *toute opération à but lucratif de fourniture de main-d'œuvre qui a pour effet de* causer un préjudice au salarié qu'elle concerne *ou d'éluder l'application des dispositions de la loi, de règlement ou d'un accord collectif* ».

171 Il faut également éviter que des entreprises proposent le même service que les entreprises de travail temporaire sans en respecter ni les cas de recours ni les garanties sociales liées à l'intérim. L'article L. 8241-1 interdit donc aussi les **opérations à but lucratif ayant pour objet exclusif le prêt de main-d'œuvre**, effectuées hors du cadre légal du travail temporaire et du portage salarial.

172 Le recours au prêt de main-d'œuvre ayant pour objectif de réduire le coût de personnel, en évitant d'appliquer à ces emplois extériorisés les avantages et garanties du personnel de l'entreprise utilisatrice (ex. : avantages conventionnels), ces opérations illégales tombent dans de nombreux cas sous le coup de ces *deux* dispositions pénalement sanctionnées.

173 **Reste à distinguer le licite de l'illicite.**

Pas de problème lorsque l'opération ne présente pas de but lucratif (L. 8141-2) : ainsi lors d'opérations de détachement au sein d'un groupe de sociétés. Des entreprises en sureffectif temporaire ont également imaginé de « prêter » leur personnel à une autre entreprise pour éviter de le mettre en chômage partiel ou total : l'opération est licite si le prix du service reste égal ou inférieur aux frais de personnel de l'entreprise prêteuse.

Il est beaucoup plus délicat de trier le bon grain de la sous-traitance licite de l'ivraie du prêt de main-d'œuvre illicite. La question se pose surtout pour les opérations de sous-traitance ou de prestations de services exercées sur site, dans l'aire d'autorité du « donneur d'ordres »... qui doit donc éviter d'en donner trop, *du moins directement*.

Le contentieux s'est beaucoup développé, la jurisprudence retenant trois critères essentiels :

1 - *Exercice du pouvoir* **de direction.** Dans la sous-traitance licite, l'entreprise prestataire assure la direction de son propre personnel (ex. : cadre sur place), souvent avec son propre matériel. Dans le prêt de main-d'œuvre, l'entreprise prêteuse se conduit en fait comme une simple entreprise de travail temporaire qu'elle n'est pas, se plaçant donc dans l'illégalité.

2 - *Nature de la prestation* : obligation de moyens ou de résultat ? Il y a prêt de main-d'œuvre si le salarié est mis à la disposition de l'entreprise utilisatrice sans que l'entreprise prêteuse prenne la responsabilité d'une activité économique bien définie. Il faut également examiner si la société sous-traitante se limite à fournir de la main-d'œuvre, ou si elle met en œuvre des équipements, du matériel, un savoir-faire qui lui sont propres : « *Pour l'exécution de ses missions, M. X. mettait en œuvre une technicité propre à la société ASN technologies et demeurait sous la subordination juridique de celle-ci* » (CS, 15 mars 2008, s'agissant d'une SSII, souvent *borderline*).

Ainsi du « *merchandising* » illicite, condamné le 15 février 2005 par la Chambre criminelle de la Cour de cassation : cumulant des contrats avec différentes grandes marques, des salariés extérieurs mettent en rayon leurs produits dans un hypermarché de Chambéry, à côté de vendeurs du magasin faisant exactement le même job. Devant l'inspecteur du travail, le directeur manifestement peu formé au droit du travail indique qu'il s'agit « *d'un usage ancien, visant à optimiser les linéaires* » (et les marges arrières). Constatant que « *ce travail est effectué sous le contrôle du chef de rayon du magasin* », la Chambre criminelle constate que « *la mise à disposition par les fournisseurs de salariés, dits marchandiseurs, occupés à placer les produits dans les rayons, dissimulait une opération illicite de prêt de main-d'œuvre à but lucratif* » (60 000 euros d'amende).

3 - *Mode de rémunération.* La facturation au temps passé – et *a fortiori* à l'heure ! – laisse supposer qu'il y a simple prêt de main-d'œuvre (donc illicite), l'entreprise prestataire n'étant pas responsable de l'utilisation la plus productive de la main-d'œuvre. Mais des opérations licites peuvent être facturées en régie pour des nécessités évidentes. Inversement, il serait trop facile de déguiser une opération de prêt de main-d'œuvre sous un prix global et forfaitaire correspondant simplement au prix du travail.

174 La situation actuelle est-elle satisfaisante ? S'il ne peut être question de tolérer les fraudes organisées, ces très lourdes sanctions civiles (requalification rétroactive) et pénales (jusqu'à 3 ans et 225 000 euros) sont-elles aujourd'hui adaptées à la PME ou la start-up faisant, de bonne foi, appel à des free-lances ? La peur légitime face à cette double menace n'est-elle pas un frein considérable à leur développement ?

Si nos juges sociaux ont une vision panoramique du salariat, c'est aussi pour faire bénéficier l'intéressé de la protection sociale allant avec ; avec les lois de 2017-2018, une légitime convergence s'annonce, avec par exemple intégration du RSI (régime social des indépendants) dans le régime général de la Sécurité Sociale.

De quoi calmer le contentieux ?

Partie 2

L'EXÉCUTION DU CONTRAT DE TRAVAIL

175 **« SJP ».** Le critère du contrat de travail étant « la subordination juridique permanente », malgré l'évolution des mentalités comme des styles de « commandement » devenu « management », quel que soit son niveau hiérarchique tout salarié se rend vite compte qu'il reste soumis au pouvoir patronal *(Chapitre 1)*.

Dans sa vie quotidienne, la durée du travail refondée le 8 août 2016 a une grande importance *(Chapitre 2)*, tout comme le thème des premières lois du travail : l'hygiène et la sécurité, devenues santé physique et mentale, ce qui est tout autre chose *(Chapitre 3)*.

Pour des raisons légitimes (fidélisation) mais aussi plus prosaïques (« optimisation » fiscale et sociale particulièrement recherchée aujourd'hui), la rémunération du travail s'est enfin considérablement sophistiquée au cours des dernières années *(Chapitre 4)*.

Chapitre 1

Le pouvoir patronal

176 **Du *pater* au patron.** En signant son contrat, le salarié accepte d'être, pendant le temps de travail, subordonné à l'employeur : cas exceptionnel en droit privé et singulier au pays de l'Égalité. En droit public, le terme « pouvoir » est très classique (pouvoirs publics, pouvoir de l'administration et donc contrôle par le juge administratif d'un éventuel « détournement de pouvoir »...) : il est normal que l'intérêt général prime sur les intérêts respectifs de chacun. Mais en droit privé ? Le fondement des pouvoirs du chef d'entreprise a évolué au cours des siècles.

Dans la petite entreprise agricole et familiale de l'Ancien Régime, le père était tout naturellement le patron : puissance maritale et puissance paternelle s'exprimaient au sein du foyer comme dans la vie économique. Dans le même article 1384, le Code civil de 1804 a créé la responsabilité des parents et celle des commettants du fait de leurs préposés. Aujourd'hui encore, dans de nombreux pays en voie de développement, le droit du travail est d'ailleurs combattu par le droit de la famille : lien de subordination, de filiation ou bien naturelle entraide familiale ?

177 **Avec la « révolution industrielle »,** des millions de prolétaires n'ont plus vu dans leur employeur un *pater*/patron, même si certains développaient un paternalisme d'entreprise fort apprécié à l'époque : crèche, colonies de vacances, médecine du travail, ancêtre des activités sociales et culturelles de nos ex-comités d'entreprise. Le fondement du pouvoir patronal se trouve alors dans deux articles du Code civil : meubles et immeubles de l'entreprise appartiennent à l'employeur, qui peut « *en jouir de la façon la plus absolue* » (art. 544). Pour faire fonctionner ses machines, ce dernier recrute par un contrat de « *louage de services* » des salariés qui acceptent de se soumettre à son autorité (art. 1134). En l'absence d'un droit spécifique du travail, l'employeur disposait d'un pouvoir discrétionnaire (embauche, salaires, licenciement...).

RESPECT DE LA DIGNITÉ DU SALARIÉ

À ceux qui refusent toute comparaison entre le travail d'aujourd'hui et celui décrit par E. Zola, A. J. Cronin ou S. Weil, l'arrêt de la Chambre criminelle du 4 mars 2003 et celui de la Chambre sociale du 6 avril 2011 mettent les points sur les « i ».

Dignité : Chambre criminelle, 4 mars 2003. Dans une entreprise de confection, « *le comportement des salariées pendant l'exécution de leur travail était étroitement limité par les interdictions de lever la tête, de parler et même de sourire* ». L'employeur ne leur épargne rien : « *hurlements et cris, évoqués par la* *quasi-totalité des salariées entendues (...). Ces cris et hurlements répétés, alors qu'il s'adressait en public à certaines d'entre elles, étaient de nature à les abaisser, marquant une absence de considération pour leur personne et étaient humiliants non seulement pour celles à qui il s'adressait, mais pour l'ensemble de celles-ci qui, pendant ce temps, restaient rigidifiées dans l'exécution de leur travail. Pour imposer de telles conditions de travail aux salariés concernés, le prévenu a profité de leur situation de vulnérabilité sociale et économique résultant de leur absence de qualification et de la situation particulièrement difficile de l'emploi en milieu rural, notamment dans le secteur de la confection »*.

Servage moderne : Chambre sociale, 6 avril 2011. « *Mme Y. avait été victime d'insultes quotidiennes de la part du gérant de la société et de son épouse, s'était vu imposer des tâches sans aucun rapport avec son contrat de travail comme le récurage du sol avec une lame de rasoir dans le hall de l'habitation personnelle du gérant, la sortie des poubelles, le nettoyage des toilettes* » (harcèlement moral confirmé).

Mais attention : si l'on veut que le terme « dignité », principe général du droit communautaire (CJUE, 14 octobre 2004) garde un sens, et sous peine de gravement desservir les véritables victimes de ces agissements, il convient aussi qu'à notre époque de victimisation et dans notre pays champion du monde des tranquillisants, le juge ne voie pas, dans un ordre abrupt ou la remarque acide d'un manager, une atteinte à cette « dignité de la personne ».

178 Citoyens ***de*** **l'entreprise ? Non,** ***dans*** **l'entreprise.** En 1982, le ministre du travail Jean Auroux avait évoqué « les citoyens de l'entreprise » ; très marketing social, cette expression a depuis fait florès. Mais si l'employeur doit respecter les droits du citoyen-salarié dans l'entreprise, cette dernière ne peut prétendre fonctionner comme une démocratie ; même dans une SCOP, une « entreprise libérée » ou « 3.0 », il faut qu'une direction soit fixée, et qu'un organe veille à s'y tenir : donc dans le meilleur des cas, une « entreprise 1.5 » !

Aujourd'hui, on préfère oublier le fondement classique des pouvoirs patronaux (C. civ., art. 544 et 1134) pour mettre en avant, au-delà des modes successives de projets et autres cultures d'entreprise, la communauté d'intérêts unissant employeur et salariés : ainsi des accords majoritaires de maintien de l'emploi voulant sauver l'entreprise, et donc sa collectivité de travail. Dans l'intérêt commun (pour le bien commun : encyclique *Centesimo Anno*, 1992), toute institution et même une « entreprise libérée » doit être dirigée : c'est l'employeur qui assume ce pouvoir fonctionnel. Mais sous peine de condamnation pour « détournement de pouvoir », il doit le faire exclusivement dans « l'intérêt de l'entreprise », notion qui veut passer de l'opposition à l'association capital/travail, où chacun est représenté, écartant les règlements de compte personnels ou professionnels.

Reste à savoir ce qu'est aujourd'hui une « entreprise » : si ce n'est qu'une société où les apporteurs de capitaux sont les seuls et uniques décideurs, ignorant les apporteurs de travail... cela ne fait pas société. Et aujourd'hui, le véritable capital d'une entreprise du quaternaire est-il la valeur des actions ou parts de ses propriétaires, ou son capital humain ? Est-il pensable que l'un se désintéresse de l'autre ?

C'EST QUOI AUJOURD'HUI, UNE ENTREPRISE ? POUR ALLER PLUS LOIN...

En se remémorant la phrase d'Henry Ford il y a un siècle (« Les deux choses les plus importantes de l'entreprise n'apparaissent pas à son bilan : ses hommes et sa réputation ») : « Penser le travail pour penser l'entreprise », sous la direction d'Olivier Favereau, Editions des Presses de l'Ecole des Mines, 2017. Blanche Segrestin et Armand Hatchuel, Refonder l'entreprise, Paris, Seuil, coll. « La république des idées », 2012 : « Si l'entreprise appartient à toutes ses parties prenantes, alors elle n'a pas pour but de maximiser l'intérêt d'une seule de ces parties. Repenser la propriété de l'entreprise est donc fondamental car le discours sur la propriété de l'entreprise induit le discours sur le pouvoir dans l'entreprise, ainsi que la finalité même de celle-ci ». Fin 2015, un jeune Ministre de l'Économie avait inclus dans son pré-projet de loi « pour la croissance et l'activité » une modification de l'article 1833 du Code civil (« Toute société doit avoir un objet licite et être constituée dans l'intérêt commun des associés »). Était ajouté un second paragraphe : « Elle doit être gérée au mieux de son intérêt supérieur, dans le respect de l'intérêt général économique, social et environnemental ».

179 **Un pouvoir désormais très encadré.** Mais au quotidien, le salarié ne recherche pas si le fondement des pouvoirs patronaux est dans le contrat ou l'institution : qu'il s'agisse du pouvoir de gestion, de direction ou disciplinaire, le pouvoir patronal est avant tout une réalité que la loi du 31 décembre 1992 a voulu encadrer par le finalement très explosif article L. 1121-1 voulant concilier libertés du citoyen et subordination du salarié, à notre époque d'affaissement de l'autorité tombée d'en haut et de magnification des droits subjectifs. Comme l'ont montré les « 61 principes essentiels du droit du travail » rédigés par la commission Badinter en janvier 2016 évoquant dans son article premier « les droits de la *personne* au travail » : le droit du travail d'aujourd'hui.

180 **Concilier libertés du citoyen et subordination du salarié : L. 1121-1.** « Nul ne peut apporter aux droits des personnes et aux libertés individuelles et collectives des restrictions qui ne seraient pas justifiées par la nature de la tâche à accomplir ni proportionnées au but recherché. »

« **Nul** » : le premier mot surprend. Alors que le Code du travail vise généralement l'employeur, ce terme, employé par le législateur car les cabinets de recrutement n'étaient pas employeurs, est aujourd'hui appliqué de façon panoramique par les juges.

Il vise d'abord l'ensemble des **acteurs** de l'entreprise : employeur bien sûr, qu'il exerce son pouvoir disciplinaire (ex. : refus de porter une blouse) ou son pouvoir de direction (ex. : mobilité géographique d'un jeune papa). Mais également le comité d'entreprise, désormais Comité Social et Économique (ex. : communication de la déclaration d'impôts pour fixer le prix des colonies de vacances), voire les syndicats (ex. : avantages réservés aux adhérents).

Plus inattendu : la jurisprudence l'a aussi appliqué à l'ensemble des **normes infra-légales** du droit du travail.

- Les conventions collectives, de tout niveau : or leur légitimité est radicalement différente des actes unilatéraux de l'employeur.
- Le très unilatéral règlement intérieur, il est vrai dans le collimateur depuis la loi du ***4 août*** 1982.
- Le contrat de travail enfin : mais rien que de très normal s'agissant d'un contrat d'adhésion. Ainsi d'une clause contractuelle de résidence, ***a priori*** nulle en raison de l'atteinte excessive qu'elle apporte à la vie privée et familiale.

État de droits. À force d'individualiser la relation de travail, l'entreprise trouve en retour des individus défendant avec pugnacité leurs droits et libertés individuelles, les contraignant ainsi à une délicate casuistique (ex. : signes religieux : Ass. pl., 25 juin 2014, puis CJUE, 14 mars 2017, voir infra).

LIBERTÉS DU CITOYEN ET SUBORDINATION DU SALARIÉ

Du salarié citoyen au citoyen salarié

« *Le droit du travail est en train de changer de paradigme : il passe d'un droit des travailleurs aux droits de la personne au travail. Ce changement de modèle n'est pas seulement européen : pour des raisons d'évolution culturelle associées à la mondialisation, il est commun à tous les pays développés.* » Venu de Montréal porter un regard nord-américain au 29e colloque de « Droit social », le doyen Gilles Trudeau avait fort bien résumé les débats de cette riche journée consacrée au thème « Vie professionnelle et vie personnelle » (numéro spécial, janvier 2010).

Car lieu privé destiné à la production, l'entreprise n'est ni une place ni une plage publiques. Mais en franchissant ses portes, le salarié n'abandonne évidemment pas ses droits fondamentaux : d'où la nécessaire mais souvent délicate conciliation qui doit être faite au quotidien, sous le signe de l'article L. 1121-1 : principe de non-atteinte aux libertés, mais exceptions possibles à la double condition énoncée.

Trois exemples, crescendo.

→ **Liberté vestimentaire : le bermuda ou l'emploi ?** (CS, 28 mai 2003). Employé de la Sagem, Cédric M. vient travailler en bermuda, qu'il porte sous sa blouse (!). L'employeur lui rappelle oralement puis, devant son inertie, par écrit l'obligation de porter un pantalon. Refus, suivi d'un licenciement pour faute grave. Cédric M. saisit alors le juge prud'homal des référés, invoquant le trouble manifestement illicite créé par son éviction et exige sa réintégration. « *Si, en vertu de l'article L. 1121-1, un employeur ne peut imposer à un salarié des contraintes vestimentaires qui ne seraient pas justifiées par la nature de la tâche à accomplir et proportionnées au but recherché, la liberté de se vêtir à sa guise au temps et au lieu du travail n'entre pas dans la catégorie des libertés fondamentales* », a énoncé le 28 mai 2003 la Cour de cassation. Les juges ont donc eu raison de ne pas ordonner en référé la « réintégration » de ce collaborateur mettant son bermuda au-dessus de son emploi.

A fortiori dans des usines à risques (ex. : chimie), le règlement intérieur peut aussi obliger les salariés travaillant dans des zones dangereuses au port de pantalon, voire de gants ou de chaussures de sécurité, même si cela peut fâcher certaines *fashion victims* n'ayant pas bien compris les conséquences d'un jet d'acide nitrique sur la peau, ou d'une roue en mouvement sur leurs beaux cheveux longs. Le 23 mars 2005, la Chambre sociale avait ainsi légitimement accepté le licenciement pour faute grave d'un chef de chantier ayant refusé à plusieurs reprises de porter son casque. Car mieux vaut être chômeur que mort.

→ **Vie familiale et mobilités** (CS, 14 octobre 2008, Stéphanie M.). Le retour de congé maternité est rarement un long fleuve tranquille pour la jeune maman. L'arrêt du 14 octobre 2008 constitue une caricature des pratiques de certaines sociétés exigeant un *engagement* total, pour lesquelles un cadre à temps partiel est partiellement un cadre, bref où une mère de famille (et *a fortiori* un papa) manifestant désormais d'autres centres d'intérêt que son centre de profit voit s'ouvrir toutes grandes les portes de Pôle Emploi.

Basée à Marseille, notre consultante et désormais jeune maman Stéphanie M. avait eu en plus l'outrecuidance de demander un congé parental à temps partiel, puis refusé une mission de trois mois en région parisienne. Son contrat prévoyant très classiquement pour ce type de poste la « *possibilité de déplacements en France et à l'étranger, certaines missions pouvant justifier l'établissement temporaire de sa résidence sur place* », elle est licenciée pour faute. Alors que les magistrats (inamovibles) de la Cour d'Aix-Marseille l'avaient déboutée de sa demande de dommages-intérêts pour licenciement sans cause réelle et sérieuse, la Chambre sociale casse au visa apparemment paradoxal de deux articles à la logique bien différente : L. 1121-1 et 1134 du Code civil, reprochant aux juges d'Aix de « *n'avoir pas recherché si, comme le soutenait Mme M., la* mise en œuvre *de la clause contractuelle ne portait pas une atteinte au droit de la salariée à une vie personnelle et familiale,* et si *une telle atteinte pouvait être justifiée par la tâche à accomplir et était proportionnée au but recherché* ».

Énoncer que la situation personnelle du salarié peut avoir un impact sur sa mobilité géographique n'est pas vraiment un scoop. Et invoquer la bonne foi de l'article L. 1222-1 comme dans les deux autres arrêts du 14 octobre 2008, c'est aller beaucoup moins loin que devoir systématiquement confronter nécessités de l'entreprise et droit de *chaque* salarié à *sa* « une vie personnelle et familiale ».

Car la formulation générale de la Cour, toujours reprise par la suite (CS, 23 mars 2011, à propos cette fois d'un papa « *venant à la suite de son divorce de s'installer à plus de 60 km afin d'offrir de meilleures conditions d'accueil à ses enfants* » : droit au refus, *cf. infra)*, va bien au-delà des clauses *d'affectation* ou de mobilité : en cas de contestation par le salarié, le juge doit désormais répondre à deux questions successives :

1. La mobilité envisagée porte-t-elle gravement atteinte au droit du collaborateur à une vie personnelle et familiale ? Ce qui signifie que l'employeur va devoir entrer dans la vie privée de chacun, quitte à se mettre en délicatesse avec l'article 9 du Code civil et surtout L. 1132-1, pénalement sanctionné : « *Aucune personne ne peut (...) faire l'objet d'une mesure discriminatoire, directe ou indirecte en raison de*

sa situation de famille. » Après l'ordre des licenciements, l'ordre des mutations ? Parmi les 23 consultants, pourquoi Sophie et pas Hervé (officiellement) célibataire ?
2. Si atteinte il y a, est-elle justifiée par la tâche à accomplir (par le salarié) et proportionnée au but recherché (par l'employeur) ?
Il va de soi que cet équilibre est réputé acquis lors de l'embauche, le salarié était censé avoir alors effectué cet arbitrage vie professionnelle/vie personnelle. Mais quand le célibataire endurci sera père de trois enfants et devra s'occuper de son vieux père dépendant...
→ **Droit de grève.** Ce « droit à la modification du droit » est fondateur du droit du travail, et a fait chuter des dictatures (Gdansk, Berlin-Est). Il est donc particulièrement protégé par la Constitution (seule la loi peut le réglementer) mais aussi par la Cour de cassation, qui a depuis 1990 créé un régime juridique très favorable aux grévistes : de l'absence au travail (hier) à l'exercice d'une liberté publique (aujourd'hui).
Est-ce à dire qu'il s'agit d'un droit absolu ? Ou qu'il ne serait pas soumis à L. 1121-1 ? Comme le rappelle régulièrement la CEDH mais aussi le Conseil constitutionnel, « *le droit de grève doit se concilier avec les droits de même valeur* ». Ainsi de la sécurité des personnes (en quittant son poste, un gréviste ne peut faire courir un danger à un non-gréviste ou un usager), ou de la continuité propre aux services publics de transport (*cf.* loi du 21 août 2007).
Même dans les entreprises privées, certains salariés indispensables à la sécurité peuvent être réquisitionnés par le préfet dans ce but (cliniques privées, établissements pour handicapés). *A fortiori* dans les services publics, le droit de grève doit être concilié avec ceux des usagers, au nom de l'intérêt général inhérent à l'idée même de « service public » (*cf.* J.-E. Ray : « Le droit de grève dans les services publics de transports : pour une conciliation des droits », *Dr. soc.*, juillet-août 2004, p. 747).
À l'instar de la CJUE (11 décembre 2007, Laval, C. 341/05, à propos du blocus d'un chantier par des syndicalistes suédois : « *Ces actions collectives, qui constituent des restrictions à l'article 43 CE relatif à la liberté d'établissement au sein de l'Union européenne, peuvent être justifiées à condition qu'il soit établi qu'elles sont aptes à garantir la réalisation de l'objectif légitime poursuivi, et ne vont pas au-delà de ce qui est nécessaire pour atteindre cet objectif* »), L. 1121-1 pourrait donc un jour conduire le juge à examiner la proportionnalité entre l'action des grévistes et les éventuelles atteintes au droit des usagers ou clients : 97 contrôleurs aériens d'Orly ne voulant pas rejoindre Roissy peuvent-ils par exemple clouer au sol 126 000 passagers chaque jour ?

181 Des sanctions dissuasives pour être crédibles

• D'une logique d'indemnisation...

Avant l'arrêt Clavaud du 28 avril 1988, l'adage « *pas de nullité sans texte* » était strictement appliqué par la jurisprudence : le salarié licencié pour l'exercice d'une liberté publique (en l'espèce, une interview au journal *L'Humanité*) ne pouvait donc prétendre qu'à une indemnisation au titre de l'absence de cause réelle et sérieuse de son licenciement, jamais à sa « réintégration » dans son poste.

Ce qui encourageait côté patronal une gestion économique des risques juridiques : devoir payer dans un an six mois de dommages-intérêts (7 200 euros pour un Smicard) n'est guère dissuasif s'agissant par exemple du leader d'une grève coûtant 250 000 euros par jour, ou d'un syndicaliste actif. Fixant ainsi un coût à l'éviction illégale d'un salarié, cette logique conduisait à fixer le prix de la violation d'une liberté, permettant à l'employeur d'acheter indirectement l'exercice d'un droit constitutionnel.

Or certains juristes psychorigides continuent à penser que tout n'est pas à vendre.

- **À une nettement plus dissuasive logique de pouvoir**

En cas de violation d'une liberté *fondamentale* (ex. : liberté d'expression, CS, 18 février 2014 ; agir en justice, CS, 16 mars 2016, avec depuis deux ans, l'annulation systématique des licenciements-représailles : « *Est nul comme portant atteinte à une liberté fondamentale le licenciement intervenu en raison d'une action en justice introduite par le salarié* »), et uniquement dans ce cas (toutes les libertés ne se valent pas : ni la liberté vestimentaire, ni le droit de s'alcooliser dans l'entreprise, CS, 31 mars 2015), la loi du 31 décembre 1992 s'est alignée sur la jurisprudence de la Chambre sociale, et a quitté cette **logique d'indemnisation pour une logique de pouvoir** : la nullité de l'acte, sans parler d'éventuelles poursuites pénales. Le salarié illégalement *évincé* de l'entreprise peut donc saisir le juge des référés prud'homal, et obtenir une ordonnance de « réintégration dans son poste » sous astreinte, ou plus exactement « de poursuite du contrat de travail qui n'a pas été valablement rompu ». Cette logique de pouvoir se révèle plus dissuasive pour un chef d'entreprise ne voulant pas être publiquement désavoué par un juge, ni perdre la face devant les autres salariés, voire les médias.

- **Mais cette belle évolution de principe ne correspond pas toujours à la pratique**

Car nombre de salariés pouvant exiger leur « réintégration » dans l'entreprise y pressentent un avenir bien peu radieux et ne souhaitent donc pas y revenir : ils demandent alors au conseil des prud'hommes une simple indemnisation. Même si la Chambre sociale maximise le montant de cette peine privée (quelles que soient l'ancienneté du salarié et la dimension de l'entreprise : indemnisation pour défaut de cause réelle et sérieuse, plus indemnités de préavis et de licenciement), c'est malgré tout le retour à une logique d'indemnisation. Et comme le niveau de l'indemnité restera largement apprécié par les juges prud'homaux n'ignorant pas la grave faute patronale initiale, et **ici non limité** par le barème issu de l'ordonnance du 22 septembre 2017, ce montant élevé désincite finalement le salarié évincé à demander en justice sa réintégration... Ce qui ne fâche pas les employeurs : ne pas perdre la face a un coût (minimum six mois de dommages-intérêts depuis 2017), mais pas de prix.

→ Sur cette question toujours renouvelée (ex. : Big Data, tests génétiques, recherches Facebook, port du voile, l'ouvrage de référence est celui de Philippe Waquet, doyen honoraire de la Cour de cassation, Laurence Pécaut-Rivolier, conseiller à la Chambre sociale de la Cour de cassation, et Yves Struillou, directeur général du travail : *Pouvoirs du chef d'entreprise et libertés du salarié,* collection « Droit vivant », Éditions Liaisons, mars 2014).

SECTION I Pouvoir de gestion et liberté d'entreprendre du chef d'entreprise

182 **Propriétaire de ses machines et de ses bâtiments** au XIX siècle, le chef d'entreprise pouvait, en application de l'article 544 du Code civil, les utiliser comme bon lui semblait *(usus)*, en recueillir les fruits *(fructus)*, voire les céder à qui il l'entendait *(abusus)*.

La croissance du droit du travail à partir de 1946 a profondément modifié cette liberté de gestion, par ailleurs souvent passée aux mains de managers salariés, abonnés de volumineuses actions gratuites et autres *stock-options* destinées à leur faire privilégier le cours de l'action et le court terme, en en faisant les solides alliés des actionnaires. Avec le succès que l'on sait sur le plaisir de travailler, et la qualité de vie au travail de leurs collaborateurs voulant que leur labeur quotidien ait un minimum de sens.

183 **Liberté d'entreprendre : jusqu'où ?** Jusqu'en 1986, les choix de gestion faits par le chef d'entreprise ne pouvaient être critiqués devant la justice, en dehors bien sûr du droit pénal des affaires, et des prérogatives limitées à la consultation des institutions représentatives du personnel. C'était la théorie de « *l'employeur seul juge de la gestion* » (CS, 31 mai 1956).

« *Il n'appartient pas au juge de contrôler le choix effectué par l'employeur entre les diverses solutions possibles* » : le 8 décembre 2000, l'Assemblée plénière de la Cour de cassation avait dû rappeler à des juges du fond croyant pouvoir jouer au chef d'entreprise la liberté constitutionnelle d'entreprendre figurant aussi à l'article 16 de la Charte des droits fondamentaux de l'UE. Mais les arrêts ultérieurs évoquent la nécessaire « sauvegarde de la compétitivité », qui devient avec les restructurations permanentes le cœur du débat économique d'aujourd'hui (cf. le chiffon rouge, des deux côtés : la définition du motif économique, revue par la loi du 8 août 2016 puis l'ordonnance du 22 septembre 2017). Amenant donc le juge à s'immiscer dans la gestion, en examinant la nécessité et la pertinence des mesures alternatives, au nom du droit de l'emploi, figurant également dans le Préambule constitutionnel (*cf.* chapitre *infra*).

DROIT À L'EMPLOI DU SALARIÉ ET LIBERTÉ D'ENTREPRENDRE DE L'EMPLOYEUR : UN SUBTIL ÉQUILIBRE

Décision du Conseil constitutionnel (LMS, 12 janvier 2002)

« Considérant qu'il incombe au législateur, dans le cadre de la compétence qu'il tient de l'article 34 de la Constitution pour déterminer les principes fondamentaux du droit du travail, d'assurer la mise en œuvre des principes économiques et sociaux du Préambule de la Constitution de 1946, tout en les conciliant avec les libertés constitutionnelles garanties. Que pour poser des règles propres à assurer au mieux, conformément au cinquième alinéa du Préambule de la Constitution de 1946, le droit pour chacun d'obtenir un emploi, il peut apporter à la liberté d'entreprendre

des limitations liées à cette exigence constitutionnelle, à la condition qu'il n'en résulte pas d'atteinte disproportionnée au regard de l'objectif poursuivi ;
Considérant, en premier lieu, que la nouvelle définition du licenciement économique résultant de l'article 107 de la loi déférée limite aux trois cas qu'elle énonce les possibilités de licenciement pour motif économique à l'exclusion de toute autre hypothèse comme, par exemple, la cessation d'activité de l'entreprise ;
Considérant, en deuxième lieu, qu'en ne permettant des licenciements économiques pour réorganisation de l'entreprise que si cette réorganisation est "indispensable à la sauvegarde de l'activité de l'entreprise" et non plus, comme c'est le cas sous l'empire de l'actuelle législation, si elle est nécessaire à la sauvegarde de la compétitivité de l'entreprise, cette définition interdit à l'entreprise d'anticiper des difficultés économiques à venir, en prenant des mesures de nature à éviter des licenciements ultérieurs plus importants ;
Considérant, en troisième lieu, qu'en subordonnant les licenciements économiques à "des difficultés économiques sérieuses n'ayant pu être surmontées par tout autre moyen", la loi conduit le juge non seulement à contrôler, comme c'est le cas sous l'empire de l'actuelle législation, la cause économique des licenciements décidés par le chef d'entreprise à l'issue des procédures prévues par le Code du travail, mais encore à substituer son appréciation à celle du chef d'entreprise quant au choix entre les différentes solutions possibles ;
Considérant que le cumul des contraintes que cette définition fait ainsi peser sur la gestion de l'entreprise a pour effet de ne permettre à l'entreprise de licencier que si sa pérennité est en cause ; qu'en édictant ces dispositions, le législateur a porté à la liberté d'entreprendre une atteinte manifestement excessive au regard de l'objectif poursuivi du maintien de l'emploi ; que, dès lors, les dispositions de l'article 107 doivent être déclarées non conformes à la Constitution. »
Dans le même sens, la censure partielle de la « loi Florange » le 27 mars 2014 : *« Les dispositions contestées conduisent ainsi le juge du tribunal de commerce à substituer son appréciation à celle du chef d'une entreprise qui n'est pas en difficulté, pour des choix économiques relatifs à la conduite et au développement de cette entreprise »*, puis celle de la « loi Hamon » (QPC, 17 juillet 2015).
Ce qui donne, côté Chambre sociale : « *S'il appartient au juge, tenu de contrôler le caractère sérieux du motif économique du licenciement, de vérifier l'adéquation entre la situation économique de l'entreprise et les mesures affectant l'emploi ou le contrat de travail envisagées par l'employeur, il ne peut se substituer à ce dernier quant aux choix qu'il effectue dans la mise en œuvre de la réorganisation* » (CS, 24 mars 2010).

184 Le droit, science de l'équilibre. Pourquoi le bon niveau du contrôle judiciaire est-il si difficile à trouver en matière de gestion d'une entreprise ? Pour au moins trois raisons.

1 - 1 – La « cause réelle et sérieuse » a été créée par la loi du 13 juillet 1973, à une époque où les licenciements ***économiques*** étaient rares : le législateur avait en tête la ***faute*** réelle et sérieuse, que le commun des mortels peut apprécier plus facilement. En revanche, apprécier la cause sérieuse du licenciement

économique de Mme Y., prononcé par PSA, groupe de sociétés, par ailleurs international...

1 - Mais poussé jusqu'au bout, ce contrôle du sérieux permettrait au juge de se substituer ***a posteriori*** au chef d'entreprise sur les options de gestion mais aussi sur l'exacte proportionnalité entre les difficultés rencontrées et le nombre de postes supprimés. L'équilibre est donc difficile à trouver. À l'instar du Conseil d'État concernant le contrôle de l'administration dans des domaines délicats, il paraît difficile d'aller au-delà de l'erreur manifeste d'appréciation (les fonctionnaires juristes, et l'économie...). Or la Chambre sociale n'hésite pas à aller beaucoup plus loin : ainsi dans l'arrêt du 6 mars 2007. La cour d'appel avait absout l'employeur « ***voulant rendre la prospection plus efficace et*** accroître ***ainsi la compétitivité de l'entreprise »*** ; cassation car « ***cette meilleure organisation voulait privilégier le niveau de rentabilité au détriment de l'emploi »***. De quoi rassurer les salariés d'Air France ou Renault, mais chiffon rouge pour l'éventuel actionnaire français et le retraité californien : d'où le légitime recadrage de la loi du 8 août 2016 puis de l'ordonnance du 22 septembre 2017. **Car il n'y a pas d'emplois (salariés) sans employeur.**

2 - Les licenciements économiques des années 1975-1985 touchaient pour l'essentiel des secteurs en pleine déconfiture, sinon en faillite. Si, par exemple, un puissant accompagnement était et reste nécessaire chez PSA-Aulnay face à ces méga-traumatismes sociaux individuels, collectifs, locaux voire régionaux, personne ne contestait vraiment les difficultés économiques majeures traversées par les Mines ou la Sidérurgie. Il n'en va pas toujours de même aujourd'hui ; au-delà des très médiatisés mais illégaux depuis 1995 « licenciements boursiers », nombre de licenciements résultent aujourd'hui d'une « ***réorganisation liée à la sauvegarde de la compétitivité »***, entrée dans le Code le 8 août 2016, de la bien française PME sous-traitante au groupe international.

185 Contrôle juridictionnel : oui, mais jusqu'où ? « *L'erreur du chef d'entreprise dans l'appréciation du risque inhérent à tout choix de gestion ne caractérise pas, à elle seule, la légèreté blâmable* » : il est heureux que la Chambre sociale ait opposé le 14 décembre 2005 la faute impardonnable de gestion (ex. : absence d'amortissement) à la simple erreur de prévision. Une position différente aurait littéralement plombé les entreprises françaises dans le Far-West mondialisé d'aujourd'hui, où le patronus/bon père de famille prudent et avisé peut mener son entreprise à la faillite faute de réactivité – d'agressivité – suffisante. S'il reste l'un des plus sévères du monde, dépassant de très loin les exigences communautaires en se situant aux limites de la liberté d'entreprendre, le contrôle judiciaire français se limite cependant à celui de la cause réelle et sérieuse du licenciement contesté.

Sur l'ensemble de cette question, voir *infra* le chapitre sur le licenciement économique, légitimement revu le 8 août 2016 puis le 22 septembre 2017.

186 Plus de consensus, moins de conflits collectifs et de contentieux. Depuis les lois de 2013 puis 2015, les salariés et surtout leurs représentants (comité d'entreprise et désormais syndicats pour négocier un accord défensif, ou offensif sur l'emploi) sont de plus en plus présents en cas de projet de licenciement économique. Mais l'employeur n'est pas juridiquement tenu de suivre leurs avis : information, consultation « en temps utile » nous dit le droit communautaire, c'est-à-dire en amont de la décision. Mais il ne s'agit ni de cogestion ni de codétermination à l'allemande, même si l'actionnariat salarié peut à terme changer la donne. C'est donc seulement en cas de faillite (redressement, liquidation judiciaires) que le droit commercial permet au tribunal de limiter le pouvoir de gestion du chef d'entreprise défaillant, afin de protéger l'emploi et permettre le paiement éventuel des autres créanciers.

187 **Un pouvoir fonctionnel, pas discrétionnaire.** Si l'employeur bénéficie d'une légitime car nécessaire liberté en matière de gestion, il doit user de ce pouvoir dans *l'intérêt de l'entreprise :* tout détournement (fermeture d'un établissement en riposte à une grève) ou discrimination (affectation sélective à des postes difficiles pour les militants syndicaux) pourront ainsi être sanctionnés par le juge. Précisons que cet « intérêt de l'entreprise » est dans un premier temps défini par son chef. Même si, dans leur domaine d'expertise, les cadres supérieurs semblent plus aptes à prendre certaines décisions et peuvent légitimement faire état de leurs objections à tel projet, ils ne pourront jamais les imposer à l'employeur. Ce dernier pourra en revanche les licencier s'ils persistent ensuite dans des choix contestés par lui, même si la suite prouve que ces cadres avaient vu juste (sur la fin des « *Yes, Man* », voir CS, 14 décembre 1999, *Dr. soc.*, février 2000, p. 163).

SECTION II Le pouvoir de direction du chef d'entreprise

188 **Il est souhaitable qu'un dirigeant dirige**, et vital pour l'entreprise qu'existe une seule direction à suivre. Dans un arrêt Société générale du 13 novembre 1996, la Cour de cassation avait donc rappelé que le contrat de travail est « *caractérisé par l'exécution d'un travail sous l'autorité d'un employeur qui a le pouvoir de donner des ordres et des directives et d'en contrôler l'exécution* » : même « libérée », une entreprise est nécessairement une « organisation », pas un groupe d'atomes libres façon « Nuit Debout » ou « *I like* » sur Facebook.

La nouveauté des années 2000 sur ce terrain est la très rapide avancée de la négociation collective, en particulier s'agissant de durées du travail : si pour diriger, une personne suffit, pour signer il faut être au minimum deux. Un employeur voulant avoir accès à la flexibilité interne dépend aujourd'hui de ses partenaires sociaux (voir chapitre durée du travail *infra*).

Trois exemples caractéristiques *(§ 1)*, puis quatre limites *(§ 2)*.

§1 Trois exemples caractéristiques

189 Évaluation des salariés : un droit et un devoir. « *L'employeur tient de son pouvoir de direction né du contrat de travail le droit d'évaluer le travail de ses salariés, sous réserve de ne pas mettre en œuvre un dispositif d'évaluation qui n'a pas été préalablement porté à leur connaissance.* » L'arrêt du 10 juillet 2002 tire les conséquences du pouvoir de contrôle du chef d'entreprise : ce dernier peut évaluer le travail de ses collaborateurs, y compris par voie de la notation bien connue à l'Université.

Procès en discrimination (CS, 31 janvier 2007), en inégalité de traitement pour un simple salarié, ou un représentant du personnel permanent mal évalué de ce seul fait (CS, 11 janvier 2012), sanction pécuniaire illégale car amputation d'un bonus suite à un incident client qualifié de « faute impardonnable » par l'évaluateur (CS, 11 février 2009), licenciement pour insuffisance professionnelle : les managers devant évaluer leurs collaborateurs n'ont pas toujours conscience des conséquences juridiques de leurs annotations écrites souvent « mises en mémoire », au-delà des stars en la matière (*« Hélas, M. X s'investit beaucoup plus dans son mandat syndical et ses multiples heures de délégation que chez nos clients »)*, dont le patronyme reste généralement associé à un arrêt de la Chambre criminelle.

Paradoxe : si l'employeur est tenu d'évaluer (*cf.* L. 3121-46 pour les forfaits-jours : entretien annuel obligatoire portant sur la charge de travail, et l'articulation entre son activité professionnelle et sa vie personnelle et familiale), il est très sévèrement encadré par des juges qui, eux, n'aiment guère être évalués.

LES QUATRE CONDITIONS D'UNE ÉVALUATION LICITE

Fond : L. 1222-2

« *Les informations demandées à un salarié ne peuvent avoir comme finalité que d'apprécier ses aptitudes professionnelles. Elles doivent présenter un lien direct et nécessaire avec l'évaluation de ses aptitudes.* » Rien d'illégal si « *les critères sont objectifs et matériellement vérifiables* », nous répètent à l'envi nos juges, pourtant eux-mêmes recrutés sur de grands oraux où c'est légitimement la personnalité du candidat qui compte : un bon mais brave technicien du droit ne fait pas forcément un bon juge. « Autonomie », « Implication personnelle », « Disponibilité », « Capacité d'adaptation », « *Passion and energy* » et autres « *Courageous leader* » : si chère au cœur de la Chambre sociale, l'objectivité est-elle de ce monde, des deux côtés du bureau ? On se souvient de cette expérience américaine montrant des manageures *dinks (« Double incomes, no kids »)* new-yorkaises évaluant extrêmement sévèrement les jeunes mamans arrivant parfois en retard, alors que, s'agissant exactement des mêmes collaboratrices, des cadres elles-mêmes mères de famille leur donnaient une note bien supérieure.

Sur les réticences des juges français, voir en particulier TGI Nanterre, 5 septembre 2008, CHSCT WK, à propos de l'évaluation de trois comportements professionnels : « *focus client* », « *innovation* » et « *responsabilité* ». « *Si l'employeur tient de son pouvoir de direction le droit d'évaluer le travail des salariés, c'est à la condition que les critères d'évaluation soient objectifs et transparents lorsque cette notation a pour effet de justifier des différences de traitement.* » Plus amusant : à propos du critère « innovation » défini pour les managers comme « *a une pensée originale : propose des idées et des solutions innovantes, encourage ce comportement chez les autres* », le TGI répond que « *les idées originales étant rares, ce comportement risque de n'avoir aucun effet sur la notation* » (sic).

Si le simple *ranking* (classement des salariés en catégories) est licite, le *ranking* avec quotas obligatoires (ex. : chaque manager doit classer au moins 5 % de ses collaborateurs comme « faibles contributeurs », avec vue directe sur Pôle Emploi) est en France illicite. Plus généralement, l'évaluation de la performance n'est qu'une partie de l'évaluation de l'efficacité professionnelle, qui par définition est collective dans une entreprise, a fortiori en nos temps de travail collaboratif. **Bref,** « *la méthode d'évaluation doit reposer sur des critères précis, objectifs et pertinents au regard de la finalité poursuivie* » **(CS, 14 décembre 2015).**

Forme

L. 1222-3 : « *Préalablement à leur mise en œuvre, le salarié est expressément informé des méthodes et techniques d'évaluation professionnelles mises en œuvre à son égard. Les résultats obtenus sont confidentiels.* » Confidentiels à l'égard des tiers, mais évidemment pas du salarié.

Informatique et Libertés

Les sanctions pénales sont ici tout à fait disproportionnées : 3 ans de prison et 300 000 euros d'amende pour le fautif, et donc 1,5 million d'euros pour la personne morale en cas de collecte illicite ou de détournement de finalité. Un entretien d'évaluation collectant nécessairement des données à caractère personnel, application de L. 1222-4 : « *Aucune information concernant personnellement un salarié ne peut être collectée par un dispositif qui n'a pas été porté préalablement à sa connaissance.* »

Double aspect collectif enfin

« *Tout traitement informatisé de gestion du personnel, comme toute modification de celui-ci* », doit faire l'objet d'une information préalable du comité d'entreprise (L. 2323-32, 2e alinéa).

Et depuis l'arrêt Groupe Mornay du 28 novembre 2007 (« *les modalités et les enjeux de l'entretien étaient manifestement de nature à générer une pression psychologique entraînant des répercussions sur les conditions de travail* »), il faut y ajouter en amont une information du CHSCT en cas de modification des méthodes d'évaluation. Sur l'ensemble de la question, voir P.-Y. Verkindt, « L'évaluation du salarié sous le regard du juge », *Dr. soc.*, janvier 2009, p. 48 ; Ch. Radé et A. Cristau, « Évaluations et qualité de vie au travail », *Dr soc.*, mars 2015.

190 Promotion au choix. « *Le juge ne peut se substituer à l'employeur pour accorder au salarié un rappel de salaire au titre d'un avancement non obtenu. Le refus de faire bénéficier le salarié d'une promotion au choix ne peut donner lieu, en cas d'abus, qu'à une action en dommages-intérêts.* » Respectueuse de la « liberté d'entreprendre » comme de celle de « choisir ses collaborateurs » énoncées par le Conseil constitutionnel, la

Cour de cassation a interdit le 7 mai 2003 aux juges du fond de se substituer au chef d'entreprise en matière de promotion au choix. Si erreur il y a eu, la sanction ne sera pas la promotion automatique au risque d'évincer le nouveau titulaire, mais la réparation par versement de dommages-intérêts.

Sauf **en cas de discrimination** constatée par le juge, qui doit alors tirer toutes les conséquences de la nullité de l'acte (*cf.* L. 1132-1, voir *infra*) et par conséquent ordonner le cas échéant le reclassement, devenu avancement judiciaire : « *La réparation intégrale d'un dommage oblige à placer celui qui l'a subi dans la situation où il se serait trouvé si le comportement dommageable n'avait pas eu lieu* » (promotion indiciaire obligée d'un salarié victime de discrimination syndicale, CS, 31 janvier 2007).

191 **Fixation des horaires.** C'est au chef d'entreprise qu'il revient de fixer les horaires *collectifs*, dans le respect des textes en vigueur (travail de nuit, pause au bout de six heures de travail...), mais aussi *individuels*. Mais depuis l'irruption de L. 1121-1, le salarié pourra le cas échéant refuser cette modification si elle porte une atteinte disproportionnée et non justifiée à sa vie personnelle : ainsi d'une pause de midi passant de 1 h 30 à 45 minutes, qui empêcherait désormais un collaborateur de rentrer faire déjeuner ses enfants en bas âge, ou de plus en plus souvent un parent dépendant.

192 **Juge et chef d'entreprise.** La Cour de cassation rappelle régulièrement à certains juges du fond très créatifs que, sauf obligation légale en ce sens, ils ne peuvent obliger un chef d'entreprise à entrer en négociation avec les syndicats dans les domaines relevant de son pouvoir de direction (CS, 5 mars 2008).

Dans cette même logique, si en amont de la décision patronale Chambre sociale et Chambre criminelle (Cass. crim. 15 mars 2016 : dénonciation d'un bail avant consultation : délit) veillent avec une attention croissante à ce que le comité d'entreprise et le CHSCT – demain le « Comité Social et Économique » – ne constituent pas de simples chambres d'enregistrement mais soient réellement informés et consultés *en temps utile*, les (parfois longues et coûteuses) procédures d'expertise qu'ils commandent ne doivent pas avoir pour objet ou pour effet de paralyser le pouvoir de direction : « *La désignation d'un expert par le CHSCT ne suspend pas l'exécution de la décision prise par l'employeur jusqu'au dépôt du rapport d'expertise, et n'autorise pas le salarié à refuser de l'exécuter* » (CS, 13 février 2008, à propos d'un commercial refusant, au nom du principe de précaution, d'utiliser un portable).

A fortiori les obligations patronales d'information-consultation « *ne subordonnent pas l'exercice de son pouvoir de direction à l'accord des institutions représentatives du personnel* » (CS, 5 mars 2008) : nous ne sommes pas en Allemagne avec sa codétermination. Mais on avance : la loi du 14 juin 2013 prévoit qu'en cas de projet d'accord de maintien de l'emploi « *les graves difficultés économiques conjoncturelles* » font l'objet « *d'un diagnostic analysé avec les syndicats* », un expert-comptable pouvant être mandaté par le comité d'entreprise « *pour les accompagner dans l'analyse de ce diagnostic* ». Comment en effet signer un accord socialement aussi difficile sans diagnostic partagé ?

§2 Quatre limites au pouvoir de direction

A. - Interdiction des discriminations directes, mais aussi indirectes

193 **Aucune mesure patronale,** mais aussi décision du comité d'entreprise en matière d'activités sociales et culturelles, ne doit révéler une quelconque discrimination : exemples classiques d'un excellent salarié, subitement affecté à un poste pénible suite à sa participation à une grève, ou d'un représentant du personnel récemment élu et soudainement mal noté.

La sanction est alors la nullité de l'acte (« réintégration » dans l'emploi initial : « *Les dispositions du Code du travail ne font pas obstacle à ce que le juge ordonne le reclassement d'un salarié victime d'une discrimination prohibée, le principe de réparation intégrale d'un dommage obligeant à placer celui qui l'a subi dans la situation où il se serait trouvé si le comportement dommageable n'avait pas eu lieu* », CS, 10 avril 2008), et des poursuites pénales envisageables (C. pén., art. 225-1).

Il est normal que ces atteintes aux fondements de notre société, interdit rappelé par les partenaires sociaux dans leur Position commune du 9 avril 2008 sur la représentativité syndicale (critère du « respect des valeurs républicaines », incluant « le refus de toute discrimination », confirmé par la Chambre sociale le 12 décembre 2016) et repris par la loi du 20 août 2008, ne puissent donner lieu à une gestion économique des risques juridiques. Mais cette fin légitime n'autorise pas n'importe quoi (ex. : inverser la présomption d'innocence), fusse au nom des grands sentiments au Pays-Lumière-du-Monde depuis 1789.

194 **La loi du 27 mai 2008** « *portant diverses dispositions d'adaptation au droit communautaire dans le domaine de la lutte contre les discriminations* » a, hélas dans un raisonnement à l'américaine venu des pays du Nord, mis sur le même plan discriminations directes et indirectes. Or ces dernières résultent souvent de phénomènes de société (ex. : temps partiel, massivement féminisé/discrimination en matière de rémunération, mais aussi de carrière), le cadre mis en cause n'ayant souvent aucune volonté discriminatoire. Afin que le brouillage conceptuel soit vraiment complet, le Code du travail français a dû accueillir dans un même article des notions aussi différentes qu'inégalité de traitement, discrimination et... harcèlements. Or « *une* différence de traitement *entre les salariés d'une même entreprise ne constitue pas en elle-même une* discrimination *illicite au sens de l'article L. 1132-1 du Code du travail* » : distinguo fondamental que celui énoncé par la Chambre sociale, opposant légitimement discrimination (différenciation jusqu'alors *toujours illégale* car reposant sur un *motif interdit :* sexe, race, activités syndicales, grève...) à l'inégalité de traitement (pas forcément illicite, et qui exige une comparaison avec des situations identiques ou voisines : *cf. infra* chapitre sur la rémunération).

Mais L. 1133-1 précise que Gérard Depardieu postulant pour jouer Blanche-Neige ne pourra toujours pas plaider la discrimination : « *L'article L. 1132-1 ne fait pas obstacle aux différences de traitement, lorsqu'elles répondent à une exigence professionnelle* essentielle et déterminante *et pour autant que l'objectif soit* légitime *et l'exigence* proportionnée. »

195 Régime probatoire très allégé. Toute personne qui s'estime victime d'une discrimination directe ou indirecte « présente » (« établit » dans la version française précédente) devant la juridiction compétente les faits qui permettent d'en présumer l'existence. Au vu de ces éléments, il appartient à la partie défenderesse de prouver que la mesure en cause est justifiée par des éléments objectifs étrangers à toute discrimination.

« Le présent article ne s'applique pas devant les juridictions pénales. »

Le cœur et la raison font sablier. Ajouté in extremis, ce dernier alinéa destiné à éviter d'encourir les légitimes foudres du Conseil constitutionnel voire de la Cour de Strasbourg (art. 6-2 de la CEDH), était symptomatique : il rappelait tout simplement que depuis une Déclaration de 1789, existe en droit pénal français une présomption d'innocence, qu'il appartient au ministère public de détruire à l'occasion du procès. La Chambre criminelle a ainsi dû rappeler le 11 mai 2012 que « le délit de discrimination syndicale n'instituant aucune dérogation à la charge de la preuve en matière pénale, et tout prévenu étant présumé innocent, la charge de la preuve de sa culpabilité incombe à la partie poursuivante ».

196 Sur le plan civil, dans la pratique il ne s'agit plus « *d'aménagement* de la charge de la preuve », mais *de facto d'inversion* par rapport à la règle ancestrale selon laquelle « *chaque partie doit* prouver *les faits nécessaires au succès de ses prétentions* ».

Résumons : le demandeur peut se contenter, non plus « *d'établir par des éléments graves et concordants* » comme l'avait édicté le Conseil Constitutionnel en 2002, mais de « *présenter des éléments de fait* », « *laissant supposer* » l'existence d'une « *discrimination directe ou indirecte » :* la discrimination – et depuis le 8 août 2016 le harcèlement sexuel – sont alors « *présumés* ». Au défendeur alors de « *prouver* » (sic) que « *sa décision est justifiée par des éléments objectifs étrangers à toute discrimination* » (L. 1134-1).

Bref, à lui de prouver que sur cette question aussi stigmatisante que médiatisée, il s'est comporté en bon citoyen, en bon professionnel ou employeur prudent et avisé : la « preuve diabolique » enseignée en première année de droit, dans une redoutable inversion du raisonnement. Car dans une société démocratique et civilisée, chacun d'entre nous n'est pas censé se comporter en mâle-faiteur, mais présumé se comporter en gentil-homme. Ah, les Petits Si Gentils contre les Gros Si Méchants ! Au pays des Bisounours, il faut protéger à tout prix ces victimes irréfragablement présumées sympathiques, sans peur, sans reproche ni arrière-pensée, contre les sournois agissements de vilains cadres ou employeurs toujours prêts à discriminer ou harceler.

« *J'avais une spécialité, les nobles causes : «* la veuve et l'orphelin »*, comme on dit. Mais il existe des veuves abusives et des orphelins féroces* » (A. Camus, La Chute).

B. - Le pouvoir de direction s'arrête là où commence la santé du salarié

197 *Securitas omnia corrumpit.* « *L'employeur est tenu à l'égard de son personnel d'une obligation de sécurité de résultat qui lui impose de prendre les mesures nécessaires pour assurer la sécurité et protéger la santé des travailleurs. Dans l'exercice de son pouvoir de direction, il lui est interdit de prendre des mesures qui auraient pour objet ou pour effet de compromettre la santé (donc aussi mentale) et la sécurité des salariés.* » Certes rendu dans une affaire visant un établissement classé Seveso II, l'arrêt Snecma du 5 mars 2008 reste dans les mémoires comme une mutation génétique de l'obligation de sécurité de résultat, à l'origine créée pour faciliter la réparation des accidents de travail.

C'est d'une part un syndicat qui a obtenu en référé, et en l'absence de toute violation d'une obligation particulière de sécurité, de danger grave et imminent, de « risque grave » ou encore « *sérieux d'atteinte à l'intégrité physique* », bref en amont de la réalisation d'un risque professionnel, la suspension de la note de service mettant en place la nouvelle organisation. D'autre part, s'il semble raisonnable d'interdire au chef d'entreprise « *de prendre des mesures qui auraient pour objet de compromettre la santé des salariés* » (!), lui interdire de prendre des mesures « qui auraient pour effet de compromettre la santé physique et mentale des salariés » mérite plus ample examen : au-delà de la conduite d'une voiture, un projet de PSE sur le plan collectif, ou de mobilité sur le plan individuel entraîne un fort stress familial et quelques insomnies, par ailleurs très variables selon les personnes concernées. À l'impossible, l'employeur n'est pas tenu

198 **D'où la légitime amodiation des arrêts du 25 novembre 2015 puis du 1er juin 2016 :** « *Ne méconnaît pas l'obligation légale lui imposant de prendre les mesures nécessaires pour assurer la sécurité et assurer la santé physique et mentale des travailleurs l'employeur qui justifie avoir pris toutes les mesures prévues aux articles L. 4121-1 et L. 4121-2 du Code du travail* ». L'obligation de résultat porte d'abord sur les moyens mis en œuvre en amont, en particulier le plan de prévention des risques « *dont la pertinence, la rationalité et l'adéquation pourront être appréciés par les juges* ». Évolution positive, car incitant les entreprises à investir, et les cadres à s'investir dans la prévention des risques professionnels.

199 **Mais grand absent des lois récentes, le travail au quotidien** s'est notoirement détérioré dans nombre de sociétés saisies par la financiarisation, avec sa gestion à court terme à coups d'indicateurs (le cadre-conducteur ne regarde plus la route, mais ses « tableaux de bord » au détriment du travail réel) ; le sociologue François Dupuy évoque « *le taylorisme relooké des entreprises s'enfonçant dans un jeu perdant-perdant avec leurs salariés : délire des processus, des reportings et des indicateurs, qui distrait l'encadrement de ses fonctions managériales* » (*Lost in Management*, Seuil, 2011). D'où la réaction du corps social français : plaintes pour harcèlement moral, litanie des « risques psychosociaux » et autres « souffrances au travail ». Puis des pouvoirs publics n'acceptant plus, en ces temps de fortes restrictions des dépenses publiques, de devoir financer les multiples externalités négatives de ce management en perdition.

Créé dans ce but en 2002, le harcèlement moral est aussi venu encadrer le pouvoir de direction du chef d'entreprise.

C. - Pouvoir patronal et atteinte excessive aux libertés du salarié

200 Comme examiné *supra*, toute décision patronale doit respecter l'article L. 1121-1 : si elle porte atteinte à une liberté, elle doit être « *proportionnée au but recherché et justifiée par la nature de la tâche à accomplir* ». Exemple : surveillance des courriels, géolocalisation par GPS, mais aussi tout simplement fouille des sacs personnels à la sortie : « *Sauf circonstances exceptionnelles, l'employeur ne peut ouvrir les sacs appartenant aux salariés pour en vérifier le contenu qu'avec leur accord, à la condition de les avoir avertis de leur droit de s'y opposer et d'exiger la présence d'un témoin* » (CS, 11 février 2009).

Mais à l'inverse, dans des situations très spécifiques des sujétions *a priori* intolérables peuvent être licites : si l'usage fait par le salarié de son domicile relève évidemment de sa vie privée, « *s'agissant d'un établissement spécialisé dans l'accueil de mineures en difficulté, l'interdiction faite aux membres du personnel éducatif de recevoir à leur domicile des mineures qui y sont placées constitue une sujétion professionnelle pouvant figurer dans le règlement intérieur. Cette restriction était justifiée par la nature du travail à accomplir, et proportionnée au but recherché* » (CS, 13 janvier 2009 : sanction justifiée).

D. - Abus de droit et détournement de pouvoir

201 « *Y'a de l'abus !* ». Le pouvoir patronal doit exclusivement s'exercer dans l'intérêt de l'entreprise : muter une collaboratrice à l'autre bout de la France suite à sa rupture amoureuse avec son manager constitue donc un détournement de pouvoir (fautif). Et mettre en œuvre une clause de mobilité le vendredi matin pour le lundi suivant, un abus de droit : « *Le défaut de délai de prévenance et l'absence de bonne foi dans la mise en œuvre de la clause rendent sans cause réelle et sérieuse le licenciement prononcé au motif du refus de la salariée de sa nouvelle affectation* » (CS, 3 mai 2012).

Mais comme en droit civil, ainsi que l'énonce régulièrement la Chambre sociale, « *la bonne foi contractuelle étant présumée, il incombe au salarié de démontrer que la décision patronale a été en réalité prise pour des raisons étrangères à l'intérêt de l'entreprise, ou qu'elle a été mise en œuvre dans des conditions exclusives de la bonne foi contractuelle.* »

Sauf comme toujours en cas de discrimination ou de harcèlements : ce qui incite le demandeur à se placer sur ce terrain, *a fortiori* depuis le 22 septembre 2017 lors d'un licenciement (barème non applicable).

SECTION III Le pouvoir disciplinaire de l'employeur

202 Art. 1 : « *Piété, propreté et ponctualité font la force d'une bonne affaire.* »

Art. 2 : « La soif de tabac et d'alcool est une faiblesse humaine. Elle est interdite à tous les membres du personnel. »

Art. 3 : « Les employées ne se laisseront pas aller aux fantaisies des couleurs vives, et ne porteront que des bas raccommodés. »

Cet extrait du règlement intérieur d'une bonneterie de Chaumont datant de 1850 montre bien l'ancienne conception paternaliste de la discipline dans l'entreprise. Passant facilement d'un modèle militaire aux théories tayloriennes, elle a imposé à tous les mêmes contraintes, à l'époque lourdement sanctionnées : amende, rupture immédiate sans aucune indemnité, *a fortiori* de chômage.

203 **Du « petit chef » à « l'autorité horizontale ».** Le droit du travail (législateur et jurisprudence confondus) n'avait pas sensiblement évolué entre 1850 et 1946, date à laquelle le Préambule constitutionnel donne au salarié le droit de grève et la liberté syndicale, contrepoids efficaces à un pouvoir parfois envahissant. Mais il faudra attendre le *4 août 1982*, cette date ne constituant pas une coïncidence, pour voir entrer le pouvoir disciplinaire dans le XXe siècle. Modifiant profondément la législation applicable au règlement intérieur *(§ 1)*, cette loi a créé un très complet droit disciplinaire *(§ 2)*, mais hors licenciement traité par celle du 13 juillet 1973.

204 **Mais cette importante évolution est au XXIe siècle sans grande portée** dans un monde où ce sont de plus en plus les neurones qui sont sollicités, où une obligation de résultat se substitue aux obligations de moyens.

Car au temps militaro-industriel de la *manu*-facture de Taylor-Ford, la discipline, fondement de toute productivité, se retrouvait dans l'autorité qui structurait la Famille, l'École et l'ensemble de la Société. Or non seulement ce modèle que l'on retrouvait dans le système juridique avec la suprématie naturelle de la Loi (aujourd'hui attaquée de toute part avec le contrôle de conventionnalité puis la question prioritaire de constitutionnalité) ne fonctionne plus : il est même parfois devenu contre-productif, et pas seulement pour les jeunes générations. Pour un travailleur du savoir, c'est désormais l'autonomie, la liberté qui est source de productivité, et ce n'est pas la peur d'un blâme qui fera fonctionner ses neurones à 150 %. Un chercheur ne trouve pas toujours : alors celui qui se sent contraint pratique discrètement le présentéisme contemplatif à 14 h 30, voire l'absentéisme moral...

§1 Une nouvelle conception du règlement intérieur (RI)

Deux idées avaient guidé le ministre Jean Auroux pour sa loi du 4 août 1982 : afin de relancer la négociation d'entreprise, il fallait purger le règlement intérieur, désormais obligatoire dans les entreprises ou établissements d'au moins vingt salariés, de tout ce qui était négociable *(A)*. En second lieu permettre un contrôle interne et externe efficace *(B)*.

A. - Le règlement intérieur purgé du négociable

205 **Contenu minimal pour favoriser la négociation.** La loi du 4 août 1982 est inséparable de celle du 13 novembre 1982 ayant créé la négociation collective annuelle obligatoire dans l'entreprise. Pour donner du grain à moudre aux futurs négociateurs, il fallait empêcher que le chef d'entreprise ne fixe unilatéralement toutes ses règles dans le règlement intérieur, de l'embauche au licenciement en passant par la période d'essai ou les classifications. Inversant la logique, la loi a donc limité son contenu à l'hygiène, la sécurité et la discipline, toutes matières non négociables.

Le volume du règlement intérieur a donc considérablement diminué, l'employeur devant seulement fixer les règles d'hygiène, de santé et de sécurité, rappeler celles relatives à la discipline en fixant la liste précise des sanctions (celles n'y figurant pas seront inopposables au salarié, CS, 23 mars 2017), la procédure contradictoire légale (concrètement, recopier l'article L. 1332-2) et le cas échéant conventionnelle ; enfin les règles concernant le harcèlement sexuel et moral.

Toute disposition ne relevant pas de ces trois matières est exclue, ainsi que les amendes ou sanctions pécuniaires : ainsi la privation d'une prime de fin d'année en cas de faute grave constitue une sanction pécuniaire prohibée ; sanction *illégale* à ne pas confondre avec la mise en œuvre de la *responsabilité civile* du collaborateur en cas de faute dolosive.

206 **Restrictions aux libertés : oui, si justifiées et proportionnées.** Les clauses du règlement intérieur ne peuvent porter atteinte aux libertés publiques. L'interdiction fort courante de quitter son poste sans autorisation de la hiérarchie doit par exemple disparaître, ou il faudra la compléter : « *Cette interdiction ne vise ni les grévistes, ni les délégués partant en délégation, ni les salariés exerçant leur droit de retrait en cas de danger grave et imminent* » : contre-productif.

Plus généralement, « *le règlement intérieur ne peut apporter aux droits des personnes et aux libertés individuelles et collectives des restrictions qui ne seraient pas justifiées par la nature de la tâche à accomplir ni proportionnées au but recherché* » (L. 1321-3), et bien sûr ne comporter aucune discrimination directe ou indirecte (sexe, âge).

207 **Tous, tout le temps = disproportionné = illégal.** Le port obligatoire de la blouse dans les grands magasins pour *tout* le personnel est donc illégal car il ne peut être imposé qu'aux vendeuses, afin que les clients puissent facilement les reconnaître : les *geeks* du Marketing n'en ont pas besoin. Soumettre des chauffeurs routiers ou des conducteurs de machines à un alcootest peut être licite s'ils manifestent des signes d'ébriété, mais pas *tous* les chauffeurs, de façon *systématique*. À l'inverse soumettre un pilote de Boeing 747 à un test de toxicomanie, ou un conducteur de bus scolaire à un

éthylotest s'ils se présentent au travail dans un état second n'a pas de quoi scandaliser nos grands défenseurs des libertés publiques : la sécurité des voyageurs comme des tiers l'exige absolument.

A fortiori, une entreprise de BTP peut y prévoir des tests salivaires aléatoires de détection des produits stupéfiants réalisés par le supérieur hiérarchique, mais sur les seuls salariés occupant des postes dits "hypersensibles drogue et alcool", ceux-ci ayant la faculté de demander une contre-expertise médicale (Conseil d'État, 5 décembre 2016).

Créé par la loi du 8 août 2016 et conforté par les arrêts de la CJUE du 14 mars 2017 rendus à propos du voile islamique (voir infra) l'article L. 1321-2-1 dispose que « *le règlement intérieur peut contenir des dispositions inscrivant le principe de neutralité et restreignant la manifestation des convictions des salariés si ces restrictions sont justifiées par l'exercice d'autres libertés et droits fondamentaux ou par les nécessités du bon fonctionnement de l'entreprise et si elles sont proportionnées au but recherché* ». Ces derniers termes incitent les entreprises à limiter sa portée aux personnes en contact avec la clientèle.

208 **Expurgé de tout ce qui est négociable** afin de le mettre au menu de la négociation annuelle obligatoire, le règlement intérieur peut parfois *encadrer* le pouvoir patronal (ex : pas d'ouverture des mails *professionnels* hors de la présence du salarié). Mais ne peut comporter des clauses contraires aux sources du droit qui lui sont supérieures : lois, mais aussi conventions collectives (L. 1321-3) qui peuvent par exemple édicter des délais plus importants, ou la comparution devant une commission disciplinaire. La loi du 4 août 1982 a soumis cet acte réglementaire de droit privé à trois contrôles successifs.

B. - Le règlement intérieur sous très haute surveillance

Obligatoire dans tous les établissements et entreprises de plus de 20 salariés, le règlement intérieur, mais aussi toute modification de celui-ci est soumis à un triple examen.

209 **Consultations internes.** Le *projet* de règlement intérieur doit tout d'abord être soumis à l'avis du comité d'hygiène, de sécurité et des conditions de travail (CHSCT) pour les clauses relatives à la santé physique et mentale ou à la sécurité : il pourra faire des suggestions intéressantes dans le domaine qui est le sien.

210 Puis, dans son intégralité, il fera l'objet d'une information puis d'une consultation du **comité d'entreprise** ou, à défaut, des délégués du personnel. Bien qu'il ne s'agisse dans tous les cas que d'un avis, ces formalités sont substantielles : en leur absence le règlement ne sera pas opposable au salarié. Et le défaut de procès-verbal de la réunion concernant cette consultation obligatoire amènera l'inspecteur du travail à réagir.

La consultation de l'unique Comité Social et Economique créé le 22 septembre 2017 remplacera demain cette double consultation.

211 **L'inspecteur du travail** joue le rôle central en matière de règlement intérieur (voir L. 1322-1 et s.). Il a le pouvoir d'exiger de l'employeur le retrait ou la modification des clauses qu'il juge illégales. Destinataire, après les réunions évoquées ci-dessus, du projet de règlement éventuellement modifié en fonction des remarques faites par les représentants du personnel, il prendra connaissance du procès-verbal des réunions, ce qui lui simplifiera la tâche car il ne connaît pas forcément tout de l'entreprise en cause : problèmes particuliers en matière de sécurité ou de courriel, convention collective applicable. Si rien ne lui paraît illicite, il n'a pas à répondre à l'employeur : le règlement s'appliquera un mois après son dépôt. Si, au contraire, certaines clauses lui paraissent illégales, il peut à tout moment et donc même plusieurs années après à l'occasion d'une modification législative, en exiger le retrait ou la modification par lettre motivée adressée à l'employeur mais aussi au comité d'entreprise.

212 **Dernier acteur, mais éventuel et indirect : le conseil des prud'hommes,** saisi par un salarié sanctionné en application d'une clause qu'il estime illégale : par exemple un salarié mis à pied pour avoir fumé dans sa voiture sur le parking, alors que cette interdiction ne semble justifiée qu'à l'intérieur des locaux.

Le juge prud'homal ne peut annuler la clause litigieuse car cela risquerait de créer une contrariété entre juge judiciaire et juge administratif statuant sur la décision de l'inspecteur du travail. Ce dernier ayant ici pleine compétence, le conseil des prud'hommes *écartera* simplement l'application de cette clause, et du coup annulera la sanction puisque le comportement du salarié n'est plus fautif. Mais il devra alors envoyer copie du jugement à l'inspecteur du travail en charge ; jugement qui ne fera pas toujours plaisir à son destinataire, à qui il est implicitement reproché d'avoir manqué de perspicacité. Si l'inspecteur n'est jamais forcé de demander à l'employeur de modifier la clause en question, il le fait souvent. À supposer qu'il ne le fasse pas, il peut s'attendre à une demande d'explications de la part du comité d'entreprise, qui a reçu également copie du jugement et l'a fait connaître dans l'entreprise.

213 **CHSCT + Comité d'entreprise + Inspecteur du travail + Eventuel conseil des prud'hommes.** Cette synergie semble devoir empêcher que nos bons vieux règlements intérieurs, leurs avenants éventuels ou autres notes de service soumis à la même procédure comportent des illégalités. Et de toute façon, les dispositions du RI ne lient pas le juge judiciaire. « *Tout vol entraînera le licenciement pour faute lourde du fautif* » ? Le juge peut décider que le vol d'un timbre ou d'un échantillon n'est même pas une cause de licenciement. Mais le RI lie son auteur, l'employeur lui-même (exemple calamiteux : « *aucun licenciement ne pourra intervenir sans deux avertissements préalables* »).

La montée en puissance des règles ISO et des multiples chartes (droit à la déconnexion en août 2016, télétravail en septembre 2017...) et autre *whistleblowing* à côté du règlement intérieur posent de nouveaux problèmes, tout comme la banalisation des logiciels de contrôle, du travail comme du courrier électronique.

§2 Du pouvoir au droit disciplinaire (hors licenciement)

214 **La loi du 4 août 1982** a bouleversé le droit antérieur, limité il est vrai au strict minimum : simple notification de la sanction, le seul contrôle prud'homal portant alors sur l'existence de la faute. S'inspirant de la jurisprudence administrative concernant la discipline dans la fonction publique, cette loi a, après avoir adopté une définition très large voire panoramique de la sanction *(A)*, permis au salarié de se défendre *(B)*, puis confié au conseil des prud'hommes éventuellement saisi un rôle important *(C)*. Rappelons cependant que la plus importante des sanctions, à tous points de vue (le licenciement), est soumise à un régime tout à fait différent *(cf. infra)*.

A. - Définition panoramique de la sanction

215 « *Constitue une sanction, toute mesure autre que les observations verbales, prise par l'employeur à la suite d'un agissement du salarié considéré par lui comme fautif, que cette mesure soit de nature à affecter, immédiatement ou non, la présence du salarié dans l'entreprise, sa fonction, sa carrière ou sa rémunération* » (L. 1331-1).

Il semble difficile d'élargir davantage le domaine de la sanction disciplinaire, que la jurisprudence applique largement.

Si la mise à pied disciplinaire ou la rétrogradation ont depuis toujours constitué des sanctions, le défaut d'avancement ou la rupture d'essai ne sont pas toujours le résultat d'un comportement fautif. Selon que l'employeur évoquera, ou non, des fautes disciplinaires à cette occasion, il devra (ou non) respecter la procédure.

B. - Respect des droits de la défense (L. 1332-1 et s.)

216 **Contradictoire.** Toute sanction doit donner lieu à une procédure destinée à permettre au salarié de se défendre lors d'un entretien. Seule la plus minime des sanctions, l'avertissement, en est dispensée et une notification **motivée** au domicile suffira. Pour les autres et en l'absence de procédure, le salarié n'est pas censé avoir été sanctionné (ex. : droit d'accès à l'entreprise malgré une mise à pied disciplinaire).

Cette procédure en trois temps est proche de celle concernant le licenciement pour motif personnel : convocation – entretien – notification motivée.

Le salarié doit être convoqué par lettre remise en main propre contre décharge, ou envoyée à son domicile. Elle indique que l'employeur envisage de prendre une sanction à son encontre et fixe la date et le lieu d'un entretien sur ce thème. Doit figurer également la mention suivante : « *Si vous le désirez, vous pouvez vous faire assister par un membre du personnel appartenant à l'entreprise* » (sur le rôle important de cet assistant-témoin, *cf. infra*).

217 **Trois délais.** Le législateur souhaitant que le salarié ne reste pas longtemps dans l'expectative, cette lettre doit partir dans un délai maximal de **deux mois** à compter de la découverte des faits fautifs ; mais si l'employeur a déclenché une enquête

destinée à vérifier la réalité des fautes, ce délai court à partir du moment où il a eu pleine connaissance des faits reprochés.

Dans le même but, délai maximal **d'un mois** entre la date prévue pour l'entretien et la notification écrite de la sanction.

Un délai cette fois minimum de **48 heures** entre l'entretien et l'envoi de la notification est enfin fixé pour permettre au chef d'entreprise de réfléchir à la sanction adéquate qu'il va finalement prendre en fonction des explications professionnelles, mais également parfois très personnelles (graves problèmes de santé, personnels ou familiaux) données par le salarié lors de l'entretien.

Cette notification est remise en main propre au salarié, ou envoyée par lettre recommandée avec AR. Elle doit être soigneusement motivée car cette énonciation écrite obligatoire de la faute puis de la sanction permettra un éventuel contrôle prud'homal, l'employeur étant définitivement lié par ce qu'il a écrit : ce qui n'est plus le cas en matière de licenciement depuis l'ordonnance du 22 septembre 2017. Or qui peut le plus, peut le moins ?

C. - Un contrôle prud'homal approfondi

218 **Tout, ou rien.** Le salarié contestant la sanction qui lui a été infligée peut saisir le conseil des prud'hommes afin d'en obtenir *l'annulation,* jamais la révision.

Mais le contentieux disciplinaire – toujours hors licenciement – reste marginal : sans doute parce que le salarié peut s'expliquer au cours de l'entretien préalable avec l'employeur. Plus certainement car il n'ignore pas que l'assigner en justice alors qu'il continue à travailler dans l'entreprise ne constitue pas vraiment une assurance de promotion, mais plutôt une solide option pour figurer dans le prochain plan de sauvegarde de l'emploi.

219 Quels sont en effet les **trois motifs d'annulation** de la sanction prévus par l'article L. 1333-2, le doute profitant toujours au salarié ?

1 - La sanction *injustifiée* sera annulée par le juge : pas de faute, pas de sanction, la règle est ancienne. Dans cette hypothèse, il paraît évident que l'employeur doit en rester là (ex. : le soi-disant retard était en réalité la prise d'heures de délégation, ou un cas de force majeure).

2 - Si la procédure a été *irrégulière*, le juge *peut* également annuler la sanction : sanction de fond sévère pour une irrégularité de forme. Est-ce à dire que, par exemple, l'absence de lettre recommandée de notification entraînera automatiquement l'annulation ? Il n'en est rien. Dans cette hypothèse comme dans les deux autres, le juge *peut*, et non *doit*, annuler ; seule une irrégularité ayant porté préjudice au salarié entraînera l'annulation : mais le juge n'est jamais forcé de la prononcer. Toutefois, s'il le fait, l'employeur pourra, cette fois après accomplissement de la procédure, infliger la même sanction : jurisprudence dissuasive... pour le salarié.

3 - La sanction *disproportionnée à la faute* pourra enfin être annulée. Il n'est donc pas demandé au juge prud'homal de statuer sur l'exacte proportionnalité de la

faute à la sanction, quête impossible devant une juridiction paritaire, mais de sanctionner l'erreur manifeste d'appréciation du chef d'entreprise : ainsi cinq jours de mise à pied pour un retard de cinq minutes. Mais le juge prud'homal n'est pas l'employeur, et ne pourra donc en infliger une inférieure.

Rien n'empêche enfin l'employeur dont la première sanction a été annulée d'en infliger une seconde moins élevée, si c'est dans les deux mois qui suivent : celle figurant par exemple en dessous dans la liste des sanctions, forcément énoncée par le règlement intérieur.

220 **De la sanction à l'éviction.** Le lecteur comprend sans doute mieux pourquoi le contentieux disciplinaire (non lié au licenciement) reste faible : 1 % des affaires prud'homales, 4 sur 10 concernant un simple avertissement : contentieux de l'honneur professionnel (dans les entreprises publiques). Un autre facteur, plus sociologique, peut également expliquer cette stabilité. L'organisation militaire des industries du XIXe siècle exigeait une discipline forte. L'entreprise de haute technologie du XXIe siècle ne peut fonctionner sur la seule crainte de la sanction : soit le salarié qualifié apprécie son travail et la question ne se pose pas, soit il le fait à contrecœur et il risque alors d'être évincé de l'entreprise. Les nouvelles technologies exigent du salarié plus qu'une présence passive ou des gestes répétitifs et un certain quota de production : de plus en plus appelé à n'intervenir qu'en cas d'erreur de la machine (robotique, machines à commande numérique) qui fabrique elle-même le produit, le salarié passif ne peut être maintenu à son poste *(« In, or out »)*.

CYBERSURVEILLANCE DES SALARIÉS : DÉBAT LOYAUTÉ PROBATOIRE/ IMPUNITÉ DU FAUTIF

Principe général de loyauté de la preuve. Au visa des articles 9 du Code de procédure civile et 6 § 1 de la CEDH, mais aussi du principe de loyauté dans l'administration de la preuve, l'Assemblée plénière a affirmé le 7 janvier 2011 que *« l'enregistrement d'une communication téléphonique réalisé à l'insu de l'auteur des propos tenus constitue un procédé déloyal rendant irrecevable sa production à titre de preuve »* en matière *civile*.

Ce que la Chambre sociale avait affirmé depuis bien longtemps dans les rapports contractuels : *« au nom de la loyauté qui doit présider aux rapports de travail »*, elle écarte symétriquement les preuves obtenues déloyalement par l'employeur, mais aussi par les salariés : *« L'enregistrement de la conversation téléphonique en cause a été effectué par Mme X. à l'insu de son correspondant M. X., son chef hiérarchique, la cour d'appel en a déduit à bon droit que ce procédé était déloyal et rendait la preuve ainsi obtenue irrecevable en justice »* (CS, 29 janvier 2008).

A fortiori **interdiction des stratagèmes.** Si l'huissier *« a eu recours à un stratagème pour confondre la salariée, le constat établi dans ces conditions ne peut être retenu comme preuve »* (CS, 18 mars 2008). Ou lorsque La Poste, inquiète par l'ouverture des lettres dans un centre de tri, inclut sans prévenir des missives laissant d'indélébiles traces bleues (CS, 4 juillet 2012).

Cybersurveillance, GPS, Internet des objets connectés
Big Brother = Bibliothèque rose
Caméras vidéo, empreintes digitales pour les portables, biométrie, puces RFID, géolocalisation par portable professionnel, logiciels de contrôle du courriel, des connexions Internet... et maintenant nanotechnologies. Avec l'informatique miniaturisée, où l'essentiel est invisible pour les yeux mais qui dispose d'une mémoire d'ordinateur, et demain l'IdO (l'Internet des objets : en 2020, chacun d'entre nous aura en moyenne dix objets connectés, donc autant de données personnelles à diffuser..ou à voler), tout est techniquement possible, mais tout n'est pas juridiquement permis, d'abord au nom de la bonne foi contractuelle (L. 1221-1).
Or nombre d'entreprises craignent que leurs salariés n'aillent surfer sur Internet, cette télévision couleur interactive désormais posée sur chaque bureau, se consacrent largement à leur courriel privé, ou passent des heures sur le si interactif Facebook et donc si chronophage Web 3.0 : selon l'entreprise *de contrôle des connexions* Olfeo, en mai 2016, 44 % de l'utilisation du Web en entreprise est à usage non professionnel, avec 59 minutes par jour. Top Ten : médias, blogs et forums, Facebook, *streaming*, vidéos et autre You Tube, Leboncoin, messageries, Copainsdavant. Cette évasion bien réelle bien que virtuelle est particulièrement mal ressentie au pays des 35 heures. De multiples méthodes de contrôle ont donc vu le jour pour rechercher et sanctionner les fautifs ; or c'est souvent l'entreprise qui se retrouve en difficulté devant le juge. Car en amont, elle doit avoir fait preuve d'une totale transparence.

Loyauté des contrôles, ou l'employeur arrosé
Au-delà de la question de fond relative à la conciliation entre les droits du salarié (ex. : vie privée) et ceux de l'entreprise (ex. : sécurité informatique = cœur nucléaire), les principes ont été fixés par l'arrêt Néocel du 20 novembre 1991, et sa caméra cachée ayant surpris une caissière mettant discrètement un billet de 50 francs dans son sac, avec ce commentaire oral définitif : « ça, c'est pour ma pomme ! ». Au nom de la « *loyauté qui doit présider aux rapports de travail* », mais aussi pour dissuader en amont les éventuels fautifs, le Code du travail oblige l'employeur à une double information préalable, sous peine de voir son unique preuve écartée par le juge, et donc la sanction annulée même si la faute est bien réelle.
→ **Sur le plan individuel** et sous peine d'inopposabilité, « *aucune information concernant personnellement un salarié ne peut être collectée par un dispositif qui n'a pas été préalablement porté à sa connaissance* » (L. 1222-4).
Mais une fois cette mise en garde effectuée (ex. : sur la page d'accueil, avec double-clic), « *les connexions établies par un salarié sur des sites Internet pendant son temps de travail grâce à l'outil informatique mis à sa disposition par son employeur pour l'exécution de son travail sont présumées avoir un caractère professionnel, de sorte que l'employeur peut les rechercher aux fins de les identifier hors de sa présence, l'inscription d'un site sur la liste des "favoris" de l'ordinateur ne lui conférant aucun caractère personnel* » (CS, 9 février 2010).

→ **Sur le plan collectif,** « *le comité d'entreprise* (demain le Comité Social et Économique) *est informé et consulté, préalablement à la décision de mise en œuvre, sur les moyens ou les techniques permettant un contrôle de l'activité des salariés* ». Cet article L. 2323-47, que la Chambre sociale applique avec fermeté (inopposabilité), est source de quelques surprises de la part des illettrés technologiques que sont les non-informaticiens, et donc souvent les juristes fâchés avec les maths depuis le CM1 ; avec le tout-numérique et sa traçabilité automatique, tous les systèmes ou presque deviennent de petites boîtes noires permettant de contrôler les salariés... parfois à l'insu de la DJ (Direction Juridique) elle-même ; d'où la nécessité de toujours associer la direction informatique et le « délégué à la protection des données personnelles » (à compter du 25 mai 2018, quand le règlement européen 2016/679 entrera en vigueur) à ce type de projet. Mais, à l'inverse, mettre en place un système de vidéosurveillance visant la clientèle, puis l'utiliser pour détecter les vols d'un salarié conduit inéluctablement, en l'absence de consultation du CE, à rendre l'enregistrement inopposable au voleur. Et constitue vis-à-vis de la Cnil un détournement de finalité pénalement très lourdement sanctionné, sanction disproportionnée et donc peu appliquée : 5 ans de prison, 300 000 euros d'amende.

D'un monde physique à un monde de données : les essentielles lois Informatique et Libertés

Article 8 de la Charte des droits fondamentaux de l'Union européenne : « *Toute personne a droit à la protection des données à caractère personnel la concernant. Ces données doivent être traitées loyalement, à des fins déterminées et sur la base du consentement de la personne concernée, ou en vertu d'un autre fondement légitime prévu par la loi. Toute personne a le droit d'accéder aux données collectées la concernant et d'en obtenir la rectification.* »

Curieuse époque où, tels des Petits Poucets, nous laissons en tant que clients des traces partout, en particulier grâce à nos cartes à puce (Bleue, de péage, de fidélité ici, là, là et là, Navigo...). Mais, dans la pratique, elle pose aussi de redoutables questions aux entreprises employant dans le monde entier des milliers de salariés. Surtout après la loi française du 6 août 2004 qui a donné de solides moyens d'action à notre très pédagogique Cnil. Sur les 7703 plaintes reçues en 2016, 33 % concernent la diffusion de données personnelles sur internet (site, réseau social, blog), 33 % le secteur commerce/marketing (prospection commerciale) et 14 % la gestion des ressources humaines. Dans l'ordre : vidéosurveillance, refus de communiquer son dossier professionnel à un salarié, géolocalisation des véhicules ou des smartphones, accès à la messagerie du salarié, prise de contrôle à distance des postes de travail par l'employeur.

Article 1 de la loi « pour une République numérique » du 7 octobre 2016 : « *Toute personne dispose du droit de décider et de contrôler les usages qui sont faits des données à caractère personnel la concernant, dans les conditions fixées par la présente loi.*

Article 6 de la loi du 6 août 2004 : « *Les données sont collectées et traitées de manière loyale et licite. Elles sont collectées pour des finalités déterminées, explicites*

et légitimes, et ne sont pas traitées ultérieurement de manière incompatible avec ces finalités (...). Elles sont adéquates, pertinentes et non excessives au regard des finalités pour lesquelles elles sont collectées, et de leurs traitements ultérieurs. »
Article 8 : « *Il est interdit de collecter ou de traiter des données à caractère personnel qui font apparaître, directement ou indirectement, les origines raciales ou ethniques, les opinions politiques, philosophiques, religieuses, ou l'appartenance syndicale des personnes, ou qui sont relatives à la santé ou à la vie sexuelle de celles-ci.* »
Homogène pour les 27-28 États-membres et d'application directe, ce qui est une bonne idée, le règlement communautaire « *relatif à la protection des personnes physiques à l'égard du traitement des données à caractère personnel* » adopté le 27 avril 2016 prévoit au 25 mai 2018 la fin des déclarations préalables à la CNIL, au profit d'une protection des données assurée en continu par l'entreprise elle-même, compte tenu des évolutions technologiques.

Chaque candidat ou salarié joue, plus ou moins volontairement, au Petit Poucet... puis au Petit Chaperon Rouge
Lorsque chacun d'entre nous ouvre son ordinateur, son portable professionnel et *a fortiori* se promène sur Facebook ou le Net, sa petite boîte noire – dont il ignore lui-même les capacités exactes – collecte et enregistre automatiquement un nombre colossal de données souvent personnelles. Entre l'informatique naissante de la loi de 1978 et aujourd'hui le surf sur Internet très haut débit, mobiles 4G, Cloud et désormais IdO, la question a changé de nature car la traçabilité est inhérente à tous ces outils – en réalité ces mini-ordinateurs – devenus d'usage quotidien...
« 24/7/365 : Always on ». L'employeur n'a donc plus à interroger un agent de maîtrise coûteux, à la mémoire parfois défaillante mais prêt à beaucoup de micro-négociations pour que son service tourne : il lui suffit d'appeler toutes les données concernant le collaborateur en question. Si ce dernier savait tout ce qu'on peut trouver dans son dossier électronique (données téléphoniques, fax, photocopies, courriels, connexions Intranet mais aussi Internet les plus diverses, pages lues, imprimées...), dans la minute il deviendrait technophobe. Et ce n'est qu'un début : pourrons-nous demain nous déconnecter de tous nos objets connectés ?
Sur l'ensemble de la question, et en particulier l'ouverture de courriels personnels, voir infra le chapitre sur le licenciement personnel.
→ Le rapport annuel de la Cnil, mai 2017, et ses fiches très pédagogiques sur le recrutement, la géolocalisation, la vidéosurveillance, l'accès aux locaux et le contrôle des horaires (site : www.cnil.fr).
→ J.-E. Ray, chronique *Droit social* : « Actualité des TIC : tous connectés, partout, tout le temps ? », juin 2015.

Chapitre 2

La durée du travail : du tout légal aux accords d'entreprise

221 **Première partout.** Objet de la première loi du travail en France (22 mars 1841) puis en 1919 de la première convention de l'OIT, la durée du travail a été l'une des premières revendications des salariés. Car, au-delà de la fatigue source d'accidents, elle dessine en creux le temps non contraint : la vie personnelle et familiale, les loisirs, bref le « temps libre ». Mais elle fixe aussi la rémunération du collaborateur : ainsi des 1,6 million de Smicards payés à l'heure, ou du travail à mi-temps aboutissant à un demi-salaire.

Ayant conduit depuis le passage aux 35 h à une intensification du travail (« la chasse aux temps morts ») et à une flexibilité accrue (le plus important : la durée, ou les horaires ?), elle a enfin un impact sur la santé, physique (pause déjeuner : de 86 mn en 1980 à 22 mn aujourd'hui) et mentale de chaque collaborateur : la Chambre sociale y veille avec beaucoup d'attention. C'est d'ailleurs sur ce fondement qu'a été prise la directive de 1993 révisée en 2003, que la CJUE applique elle aussi avec une grande rigueur. Mais, dans le même temps, la Commission cherche à la détricoter pendant que le Parlement veut renforcer cette « directive-gruyère », vu le nombre d'exceptions. D'où le retentissant échec de sa révision en 2004-2017 et son succédané : la publication en juin 2017 de sa « communication interprétative » relative à cette directive qui veut « *aider les autorités nationales, les praticiens du droit et les partenaires sociaux quant à son interprétation* ».

Problème : il s'est passé quelques petites choses (Internet, Cloud, réseaux sociaux internes et externes, smartphones, télétravail…) depuis 1993 : ne s'adaptant pas à ces radicaux changements sur le temps et le lieu du travail grâce à nos « portables » le droit du travail-autruche est en train de se suicider.

222 **35 h, oui mais de quoi au juste ?** « 35 heures » ? « 32 heures » ? « 39 heures » ? Certes : mais de quoi exactement ? Le temps pendant lequel le salarié « *est à la disposition de l'employeur et dans l'exercice de son activité ou de ses fonctions* » (directive du 23 novembre 1993) ? Celui lié au travail, y compris les trajets s'ils sont exceptionnels ? Du « temps de travail *effectif* », comme s'il existait un travail ineffectif ? Du temps « *payé comme temps de travail* » ? Généralement, du temps de présence dans l'entreprise ? Et pour le chirurgien ou l'animateur dormant dans une chambre confortable fournie par leur employeur : travail ? Repos ? Un peu des deux ? Selon la définition retenue, la journée de 8 heures peut ainsi devenir 10 heures de présence pour le salarié, 14 heures d'absence pour ses enfants qui l'attendent... mais aussi parfois 4 heures de travail vraiment productif. Ainsi du « présentéisme contemplatif » dans les bureaux vers 14 h 30, ou du présentéisme virtuel tout au long de la journée : 40 % du temps de connexion au bureau s'avère personnel, avec conversations sur Facebook ou *streaming* sur You Tube, et comme programme de la semaine le discret téléchargement de l'intégrale des Stones.

223 **La vraie révolution de la loi 35 h de janvier 2000 : sa définition englobante du temps de travail.** L. 3121-1 : « *La durée du travail effectif est le temps pendant lequel le salarié est à la disposition de l'employeur et se conforme à ses directives, sans pouvoir vaquer librement à des occupations personnelles* ». Confirmée par la loi du 8 août 2016 ayant refondé le droit de la durée du travail, cette définition exclut les temps de trajet, de restauration ou de pause... sauf si la subordination demeure. Ce passage du temps sur la machine *au temps à disposition* constituait l'évolution essentielle des lois 35 heures, et une véritable bombe en nos temps d'ordinateurs portables, de Cloud et de 4G. La jurisprudence avait préparé le terrain, cherchant à réprimer les fraudes (35 heures officielles au bureau... et 25 heures à la maison grâce à Internet) : « *Les heures avaient été soit imposées par la nature ou la quantité de travail demandé, soit effectuées à la demande ou au moins avec l'accord implicite de l'employeur.* »

224 **Importation de la vie privée au bureau + Exportation du travail à la maison = dissolution des frontières vie professionnelle/vie personnelle.** Mais à l'inverse de cette exportation de plus en plus importante du travail en dehors des temps et des locaux de travail (quel cadre n'écluse pas ses 65 courriels quotidiens pendant ses « vacances » ?), chaque collaborateur importe aussi largement sa vie personnelle au bureau : longs coups de téléphone puis Minitel hier, Facebook, jeux et *streaming* aujourd'hui. Que devient le droit à la déconnexion (voir encadré infra) lorsque les frontières entre vie privée et vie professionnelle sont abolies ? Sur les réseaux sociaux par exemple, 55 % des salariés français sont « amis » avec des collègues, 16 % avec leur supérieur hiérarchique, et surtout 13 % avec des clients et 11 % avec des prestataires... Alors, même en oubliant les portables personnels permettant de s'y connecter quand même, « *blacklister* » Facebook au bureau pour éviter ce « vol de temps », est-ce bien raisonnable ? Le 5 septembre 2017, la CEDH a décidé qu'une interdiction générale de toute connexion personnelle dans un règlement intérieur était disproportionnée.

LA RUDE MISE AU POINT DE LA CJUE, 9 SEPTEMBRE 2003

Travail ou repos ? Un système binaire un peu primaire. « *Les notions de "temps de travail" et de "temps de repos" au sens de la directive de 1993 ne doivent pas être interprétées en fonction des prescriptions différentes des États-membres. Elles constituent des notions de droit communautaire qu'il convient de définir selon des caractéristiques objectives. Seule une telle interprétation autonome est de nature à assurer à la directive sa pleine efficacité, ainsi qu'une application uniforme dans l'ensemble des États-membres (...). La référence "aux législations et pratiques nationales" ne signifie pas que les États peuvent déterminer unilatéralement la portée de cette notion de temps de travail.* »

Rendu par la CJUE le 9 septembre 2003, l'arrêt Dr Jaeger constituait un net rappel à l'ordre pour les nombreux États ayant défini des temps du troisième type selon leurs propres critères légaux ou conventionnels (astreinte à domicile, garde sur place, équivalences à la française...). Le temps de travail relevant en France chaque année davantage de la négociation collective d'entreprise (cf. ordonnances du 22 septembre 2017), mais inscrit en droit communautaire sous le signe de la santé physique et mentale des temps de repos, il était peu probable que la Cour de Luxembourg fasse preuve de laxisme. Elle applique au contraire sans états d'âme l'opposition binaire de la directive de 1993, codifiée par celle du 4 novembre 2003 : tout ce qui n'est pas du temps de travail (boulot) constitue donc du temps de repos (dodo), ce qui reste un peu primaire (ex. : métro).

Sommeil = Travail. Dans le cas du docteur Jaeger, les nuits passées dans sa « chambre *de repos* » de l'hôpital de Kiel ont donc été intégralement requalifiées de temps *de travail*. Même dans son *Droit à la Paresse* paru en 1880, Paul Lafargue, gendre du Grand Barbu Allemand, n'avait pas osé imaginer qu'un jour le sommeil puisse constituer un temps de travail effectif.

Et afin que des mal-comprenants ne puissent comparer l'arrêt Jaeger à l'arrêt Simap du 3 octobre 2000 (un médecin urgentiste espagnol d'astreinte à son *domicile* par portable interposé considéré comme en *repos*), la CJUE précise : « *Par rapport à un médecin relevant du régime de l'astreinte* à domicile, *celui qui est obligé de se tenir à la disposition de l'employeur* dans un lieu déterminé par celui-ci *durant toute la durée de ses périodes de garde est soumis à des contraintes sensiblement plus lourdes puisqu'il doit demeurer éloigné de son environnement tant familial que social, et bénéficie d'une latitude moindre pour gérer son temps pendant que ses services professionnels ne sont pas sollicités.* » À l'instar de la Cour de cassation française, *la localisation du salarié* constitue donc un élément essentiel de la qualification de « temps de repos », alors qu'elle ne figure dans aucune des deux définitions.

Les arrêts Simap et Jaeger ayant semé le trouble dans nombre d'États-membres (le chirurgien Jaeger ayant dormi benoîtement toute la nuit peut donc rentrer chez lui à son réveil pour enfin prendre ses onze heures de repos), une révision de la directive est en cours... depuis dix ans, autour d'un exercice d'équilibriste : « assurer un niveau élevé de santé et de sécurité des travailleurs », en permettant « une plus grande flexibilité pour les entreprises ». Mais l'UE a aujourd'hui d'autres soucis ; et ces définitions issues du travail manuel sont en train d'exploser car nos

neurones n'en font qu'à leur tête (*cf.* le rapport « *Transformation numérique et vie au travail* » de Bruno Mettling, rendu le 15 septembre 2015).
Conçue pour l'industrie et son tout-collectif, la directive de 1993-2003 est plus en plus inadaptée à l'économie numérique et au travail à distance. Et de ce fait incite à l'externalisation de l'emploi (free lances, auto-entrepreneurs) par exemple dans nombre de startups où temps de travail et temps de repos ne peuvent être précisément décomptés, entre le mélange vie professionnelle et vie personnelle dû au travail à distance et les horaires souvent très improbables des geeks.
En 2017, les non-salariés à temps complet déclaraient travailler 51,2 h par semaine (2 379 h par an), et les salariés du privé 39,1 h (1 726 h).
Quand « travaille » un travailleur du savoir ? Trois constats.

225 **Premier constat : de plus en plus intellectuel, le travail se joue des frontières de temps comme de lieu.** « *Au bureau, je ne fais que réagir ; chez moi, je peux enfin vraiment travailler.* » On travaille souvent plus efficacement chez soi, au calme, que dans le très *open* mais mini-*space* avec ses 987 sonneries quotidiennes, surtout si un téléphone 4G et un ordinateur portable obligeamment fournis par l'entreprise permettent de se déplacer toujours et partout avec tout son bureau. Ce qui permet parfois à la concurrence de voler 175 documents ultraconfidentiels en empruntant dans le TGV, ou à l'occasion d'un passage en douane pendant 3 minutes le portable en question, le temps d'un transfert éclair vers une clef USB.

La définition française de l'an 2000 constituait donc à la fois un progrès contre les pratiques envahissantes de certaines entreprises, mais aussi le chant du cygne d'une conception liée au travail manuel, où la loi de la pesanteur empêchait physiquement d'exporter tout travail à l'extérieur de l'usine. Sans parler de l'intérêt du travail qui change tout dans le vécu quotidien *(« Je n'ai pas vu le temps passer ! »)*, la tragi-comédie franco-gauloise des 35 heures a montré que la *durée* est aujourd'hui souvent moins importante que l'*intensité* du travail, ou encore la *prévisibilité* des horaires, particulièrement pour les chargés de famille *(« Qui va garder Juliette samedi matin ? »)* ou les sports collectifs (l'absence de goal...).

Cet élargissement de la définition légale était cependant porteur de fortes remises en cause : *quid* par exemple d'un cadre quittant régulièrement son domicile à 5 heures du matin pour aller prendre son avion à Roissy (voir L. 3121-4 : contrepartie conventionnelle, sous forme de repos ou financière) ? Du salarié devant pouvoir être joint sur son portable pendant tout le week-end, sans bien sûr être officiellement d'astreinte ?

Laisse électronique. Si la jurisprudence distingue soigneusement travail effectif, astreinte et repos (*cf.* CS, 16 mars 2016 : « le salarié devant rester joignable pour résoudre les problèmes de l'entreprise en dehors des locaux de l'entreprise et de ses temps de travail effectifs, les périodes litigieuses constituaient des périodes d'astreintes »), *quid* des 35 heures (24 + 11) de *repos* hebdomadaire ? Si le salarié doit simplement être « *joignable* » – en clair *dérangeable* – pendant ce temps, s'agit-il encore de vie privée, c'est-à-dire précisément de pouvoir « *se soustraire aux sollicitations des tiers* » ? La réponse positive faite par la CJUE dans l'arrêt SIMAP du 3 octobre

2000 paraît décalée : même si, à l'évidence, une astreinte par portable à domicile n'est pas du travail, « elle n'est pas de tout repos », et ne peut donc être considérée comme un vrai temps de repos : si le salarié n'est pas occupé, il reste pré-occupé par cette laisse électronique.

Ces temps du troisième type (ni vraiment travail/ni tout à fait repos) qui se banalisent expliquent en France le succès du forfait-jours créé en janvier 2000 pour les cadres autonomes.

226 **Deuxième constat : sur quelle période de référence calculer la durée de travail ?** Sur la journée, la semaine (principe dans l'UE), le mois (travail à temps partiel), l'année (congés payés depuis 1936, travail intermittent, modulation, forfait-jours), voire la vie (obligation scolaire jusqu'à 16 ans, retraite possible à compter de 62 ans : un salarié travaille aujourd'hui moitié moins que son grand-père, mais se sent souvent « submergé ») ?

Dans tous les pays développés, deux tendances se dessinent : *diversification* des durées (temps partagé, temps partiel), et *allongement* de la norme de référence : de l'hebdomadaire aux rythmes mensuels et surtout désormais annuels, banalisés tant par la loi que par les accords collectifs.

Sur le plan économique, ce *rythme annuel* paraît le plus apte, sinon le seul, à autoriser les comparaisons internationales car il inclut les heures supplémentaires (déclarées) mais aussi les repos hebdomadaires, fêtes chômées (amputées en 2012 de 4 jours au Portugal) et autres congés. Soit environ 2 200 heures de travail effectif par an dans le Sud-Est asiatique, 1 730 aux États-Unis et 1 600 heures en moyenne dans l'Union européenne, avec des écarts considérables : 1 558 heures en France, mais 1 658 en Allemagne, 1 680 en Italie, 1 705 aux Pays-Bas, 1 802 en Irlande, 1 832 en Slovénie, 1 840 en Pologne et 1 864 heures en Lettonie.

La durée moyenne effectivement travaillée dans l'UE est de 38,1 heures, là encore avec de très forts écarts : 43 heures en République tchèque, 42 heures en Lettonie, Pologne ou Slovaquie ; mais 31 heures aux Pays-Bas, 36 en Suède, Royaume-Uni et France, 37 en Allemagne, Irlande et Finlande. Mais tous ces chiffres d'Eurostat **additionnant temps plein et temps partiel**, privé et public, signifient-ils quelque chose ?

Et toutes ces moyennes *officielles* correspondent-elles enfin à la réalité ? Tout le monde sait que les horaires affichés sont parfois très différents des horaires réels. Existe même parfois un véritable gouffre entre le régime légal et les pratiques de l'entreprise, qu'elles émanent de l'employeur (heures supplémentaires non déclarées, repos hebdomadaire tous les quinze jours, durée quotidienne extrêmement flexible) mais aussi des salariés : pauses officielles et pauses officieuses, surf au bureau sur des sites pas toujours professionnels, « fini-parti » pourtant expressément interdit pour des raisons de sécurité, tolérances nombreuses de la part du supérieur hiérarchique : le temps de travail est l'archétype de ces multiples micro-négociations aussi permanentes en bas qu'invisibles pour la hiérarchie… et parfois l'inspectrice du travail.

227 **Troisième constat : du mille-feuille de la « législation » française issue de logiques différentes à la synthèse de la loi du 8 août 2016.** Constatons d'abord que notre empilement de textes nationaux est soumis à la hiérarchie des normes, à commencer par les traités ratifiés (OIT, UE). Et ils ne manquent pas, comme le montre le visa trop long pour être vraiment honnête de l'arrêt du 26 septembre 2012 encadrant -asphyxiant – notre indispensable forfait-jours : « *Vu l'article 151 du Traité sur le fonctionnement de l'Union européenne se référant à la Charte sociale européenne et à la Charte communautaire des droits sociaux fondamentaux des travailleurs, l'article L. 212-15-3 ancien du Code du travail, dans sa rédaction applicable au litige, interprété à la lumière de l'article 17, paragraphes 1 et 4 de la directive 1993-104 CE du Conseil du 23 novembre 1993, des articles 17, paragraphe 1, et 19 de la directive 2003-88 CE du Parlement européen et du Conseil du 4 novembre 2003 et de l'article 31 de la Charte des droits fondamentaux de l'Union européenne* ».

Faucille près du marteau. Historiquement, le contrôle du temps de travail a été l'une des premières préoccupations des employeurs du XIXe siècle, inquiets des horaires trop élastiques pratiqués par des ouvriers souvent restés paysans à temps partiel (*cf.* « la St Lundi » : la faucille n'était jamais loin du marteau). Fondés sur deux principes d'origine militaire (standardisation et synchronie), les horaires de travail avaient pour fondement le tout-collectif, bien adapté aux nécessités industrielles de l'époque et au syndicalisme, mais aussi facile à contrôler pour l'inspection du travail.

1841 : chair à canon. Mais l'excessive amplitude de la durée quotidienne (13 heures) et hebdomadaire (jusqu'à 80 heures) a amené le législateur à intervenir, avant tout pour des raisons d'hygiène et de sécurité. La loi du 22 mars 1841 fait suite au rapport du Dr Villermé, et à l'inquiétude du ministre de la Guerre concernant le très fort taux de conscrits rachitiques incapables de porter les armes. Émergeait aussi l'idée de partage d'un travail rare (les hommes excluant alors les femmes), refrain revenant périodiquement en cas de chômage massif (1936, 2000).

1936 : partage du travail. En 1936, il fut entendu qu'il fallait « *travailler moins pour travailler tous* ». Ce beau slogan aussi théorique que malthusien (le travail est un trésor individuel mais aussi collectif, qui donne à chacun son autonomie tout en étant source de lien social ; lui seul crée de la richesse) n'eut guère de résultats en termes d'embauche, malgré la politique drastique menée par Léon Blum à l'encontre des heures supplémentaires. Comme son alter ego de 1982 *(« Mieux vaut un jeune retraité qu'un jeune chômeur »)*, il semblait oublier que les personnes – *a fortiori* les cadres, *a fortiori* dans les TPE-PME – ne sont pas interchangeables. Les statistiques, tant françaises qu'européennes, le montrent bien : les « 350 000 emplois créés ou sauvegardés » par les 35 heures entre juin 1998 et juin 2002 méritent une analyse critique : promesses ou embauches fermes ? Quels emplois : CDD ou CDI ? Part de l'effet d'aubaine ? Et surtout à quel coût social en termes de flexibilité, et financier global pour l'État ?

1982 : Echange RTT/flexibilité. Le début de la Révolution informatique des années 1980 reposa la question, mais en termes différents : *réduction* de la durée du travail doit aller de pair avec *aménagement* du temps de travail pour contenir les coûts. Ce que fit la première ordonnance de J. Auroux en 1982, avec la création de la négociation collective dérogatoire à la loi. Face à une demande de plus en plus diversifiée et exigeante en matière de délais, dans le tertiaire en particulier, l'ancien mécanisme d'ajustement (stocks + heures supplémentaires ou chômage partiel) est apparu trop onéreux. Le système des flux tendus exige une capacité d'adaptation importante (flexibilité) qui peut certes passer par l'extériorisation (sous-traitance) ou les emplois précaires (autre forme de durée du travail, celle du contrat : travail temporaire, contrat à durée déterminée), mais également par l'aménagement des horaires pratiqués dans l'entreprise pour faire face aux demandes du « client-roi », mais aussi parfois consomm-acteur citoyen, oubliant volontiers que les si appréciées « 24 h chrono » génèrent en amont travail de nuit et de week-end pour les salariés-serfs en cause. **Le bonheur du client fait parfois le malheur du travailleur.**

Août 2016 + septembre 2017 : priorité au terrain. La loi du 8 août 2016 a voulu inaugurer la refonte du « Code du Travail du XXIe siècle », en commençant par le droit de la durée du travail. Si les définitions n'ont guère changé, chaque nouvel article est, sur le modèle proposé par le rapport Combrexelle en 2015, constitué de trois paragraphes, résumés à l'article introductif L. 3111-3 : « *Le présent livre définit les règles d'ordre public, le champ de la négociation collective* où la négociation d'entreprise est prioritaire par rapport à la Branche, *et les règles supplétives applicables en l'absence d'accord.* » Cette priorité donnée à la négociation, au niveau de l'entreprise, a été consacrée par la première ordonnance du 22 septembre 2017.

228 **Pour une flexibilité partagée.** Si nous ne sommes pas encore arrivés à une individualisation totale, le tout-collectif semble condamné sans que les salariés d'aujourd'hui et surtout les plus jeunes, demandeurs de souplesse et d'horaires plus personnalisés voire de télétravail y voient forcément une remise en cause intolérable de leur statut. Il n'apparaît par ailleurs guère choquant que la fameuse « flexibilité » ne soit pas unilatérale mais partagée équitablement, et une vie de famille normale garantie. Dans tous les pays de l'UE, les statistiques font état d'un accroissement régulier de la flexibilité des horaires et d'une intensification du travail (*cf.* Fondation de Dublin : *www.eurofound.ie*). La loi du 23 mars 2006 a ainsi créé dans le Code français une nouvelle section consacrée à « l'articulation de la vie *professionnelle* et de la vie personnelle et familiale », qui ne peut être qu'*individualisée*. De nombreuses entreprises françaises ont suivi, soit au nom de l'égalité H/F, soit du « bien-être au travail » (voir n° spécial *Dr. soc.*, mars 2014).

229 **Mais certains syndicats ne voient pas toujours d'un bon œil cette fin du tout-collectif** où ils voient la promesse de leur affaiblissement : ainsi de leur opposition initiale au télétravail. Or c'est précisément vers eux que la puissance publique se tourne chaque année davantage lorsqu'il s'agit de définir dans une branche et surtout l'entreprise une marge de flexibilité devant être légitimée par un accord collectif au niveau concerné. La loi du 4 mai 2004 a d'abord permis à l'accord d'entreprise de se substituer en ce domaine aux socialement plus équilibrés accords de branche. Puis celle du 20 août 2008 a été beaucoup plus loin en donnant, sur certains points relatifs justement au temps de travail (contingent, CET...), une totale autonomie aux accords d'entreprise, cette fois entièrement affranchis des accords de branche ne pouvant rien leur interdire. En ce domaine, la loi du 8 août 2016 en a fait le principe, élargi à l'essentiel du droit du travail par la première ordonnance du 22 septembre 2017.

Coexistent donc aujourd'hui deux types de normes, issues de deux moments de l'Histoire : des normes *légales* aujourd'hui marginalisées car se contentant désormais de fixer un cadre à la négociation collective *(Section 1) :* car l'aménagement *conventionnel* du temps de travail *(Section 2)* est en pleine expansion dans toute l'Europe. En raison de la complexité encore abracadabrantesque du droit français de la durée du travail, particulièrement malvenue pour ce domaine du *quotidien* et de la fiche de paie mensuelle, seules les questions *essentielles* seront ici abordées.

Et pour aller plus loin, le lecteur se reportera à l'ouvrage de référence de Franck Morel : *Durée et aménagement du temps de travail,* Guide Revue fiduciaire, 8e édition, mai 2016.

SECTION I Des normes légales encadrant la négociation collective

Fruit des conquêtes ouvrières (cf. la violente manifestation du 1er mai 1886 aux États-Unis pour les huit heures par jour), elles ont beaucoup évolué, qu'il s'agisse du travail à temps plein *(§ 1)* ou de travail à temps partiel *(§ 2) :* une réforme tous les deux ans depuis 2008, puis la refonte complète du 8 août 2016.

§1 Le travail à temps plein

230 Ce rythme (curieux pour le commun des mortels : 8 heures par jour = un tiers d'une journée) est encore celui de l'immense majorité des salariés. La norme sociale correspond ici à la norme juridique, le repos dominical puis les 40 heures de 1936 ayant ancré dans l'esprit des Français un rythme *hebdomadaire :* les 40 heures devenues 39 heures en 1982 puis 35 heures en janvier 2000. Les lois du 31 mars et du 2 août 2005, celles de 2007, 2008, 2016 ont lentement démantibulé, mais pas fait disparaître cette très idéologique durée légale maintenue en 2012 puis 2017.

Il existe des durées légales *(1.1.),* et donc des heures littéralement « supplémentaires » *(1.2.).* Mais Candide aurait certainement posé la question de la réalité sociale, au quotidien, de ce maquis de réglementations. Même après la réforme du 8 août 2016, pas moins de 60 pages dans le Code Dalloz 2017 pour les lois, et 30 pour les règlements avec moult renvois, bref pratiquement inexploitable car incompréhensible pour les entreprises sans service juridique.

Mais reconnaissons au droit de la durée du travail une part certaine dans la création d'emplois : les milliers d'embauches de RRH et autres juristes en droit du travail se nourrissant de sa complexité !

A. - Les durées légales de travail

231 Il convient de ne pas confondre durée *normale* (rare en Europe), durée *maximale* (norme communautaire), et *amplitude* de la journée de travail.

Durée normale : « *la durée légale du travail effectif des salariés à temps complet est fixée à trente-cinq heures par semaine* » (L. 3121-27). Cela ne veut pas dire que l'entreprise ne puisse aller au-delà de 35 heures (heures « supplémentaires »), ou en deçà (le conjoncturel « chômage partiel » devenu « activité partielle », ou le structurel travail à temps partiel) : mais c'est le chiffre de référence en matière de durée de travail (voir modulation sur l'année, seuil du travail à temps partiel, etc.). Depuis dix ans, la durée moyenne du travail à temps plein est stable en France : 36,1 heures par semaine... en mélangeant temps plein (39,1 h) et temps partiel (23,3 h). Contre 51,2 h pour les non-salariés.

Durées maximales hebdomadaires : chaque semaine un salarié français ne peut en principe travailler plus de 48 heures (L. 3121-20) et pas plus de 44 heures sur 12 semaines consécutives : mais depuis 2016, un accord collectif peut porter ce dernier seuil à 46 h (L.3121-23). Dans des cas exceptionnels, l'employeur pourra enfin obtenir de l'administration du travail l'autorisation de faire travailler ses salariés plus de 48 heures, mais jamais plus de 60 heures.

Par jour, la durée maximale est fixée à 10 heures (L. 3121-18), et jusqu'à 12 heures en cas de dérogation administrative ou conventionnelle (L.3121-19).

Depuis 2016, le dépassement de ces *maxima* peut entraîner condamnation de l'employeur à des amendes administratives pouvant aller jusqu'à 2 000 euros, théoriquement appliquées autant de fois que de salariés concernés, volontaires ou non : de quoi faire regretter au DRS le bon vieux PV.

232 **Protéger la santé physique et mentale, mais aussi la vie familiale du salarié. « Vacances : temps de repos accordé aux employés » (Littré).** Combien de cadres osent partir en « vacances » ou en week-end en laissant ostensiblement sur leur bureau ordinateur portable et Blackberry ? Combien vont au contraire les emporter pour consulter plusieurs dizaines de fois par jour leur messagerie professionnelle ? Selon un sondage APEC publié en décembre 2014, 23 % des cadres français disent ne jamais se déconnecter, 22 % rarement... et 63 % que les TIC perturbent leur vie personnelle et familiale.

Mais qui sont les adeptes de ces soirées ou vacances très laborieuses ?

Maître travailleur du savoir, sur son cerveau perché... Certes, quelques *workalcolics* incapables de déconnecter de leur doudou d'adulte (le redoutable *Crackberry*), des solitaires s'ennuyant chez eux, d'autres enfin souhaitant « rester au courant », en courant sans fin. Mais une majorité de collaborateurs veut tout simplement éviter que les deux premiers jours de la rentrée ne soient consacrés à la lecture des 65 courriels journaliers × 21 jours = 1 365 messages, dont 998 titrés « Très urgent » et 367 « Urgent ». Quant au « repos dominical »... le fameux « travail du dimanche » était déjà pratiqué par des centaines de milliers de collaborateurs pour des raisons professionnelles (« boucler à temps le dossier Y ») : qui en a parlé à l'occasion de la loi du 8 août 2016 ? Bref la Toile, mais au sens arachnéen pour 39 % des salariés français travaillant de temps en temps ou régulièrement chez eux le soir, le week-end ou pendant les vacances. La Boétie, qui a si bien décrit la « servitude volontaire », ignorait que Bill Gates inventerait un nouveau « système d'exploitation ».

Puisque le calcul du temps de travail à la minute près devient chaque année plus difficile, ne faut-il pas alors garantir au salarié un temps de repos continu, et lui aussi effectif ?

233 Le droit au repos, droit fondamental ; mais les neurones se reposent-ils ? « La directive 93/104 a pour finalité de protéger de façon efficace la sécurité et la santé des travailleurs. Compte tenu de cet objectif essentiel, chaque travailleur doit notamment bénéficier de périodes de repos adéquates qui doivent non seulement être effectives, en permettant aux personnes concernées de récupérer la fatigue engendrée par le travail, mais également revêtir un caractère préventif de nature à réduire autant que possible le risque d'altération de la santé, que l'accumulation de périodes de travail sans le repos nécessaire est susceptible de présenter » (CJUE, Jaeger, précité, encadré, n° 86).

Refrain repris par le Conseil constitutionnel en 2008 puis la Chambre sociale le 24 avril 2013, censurant le régime du forfait-jours dans l'informatique : *« Attendu que le droit à la santé et au repos est au nombre des exigences constitutionnelles ; Attendu que toute convention de forfait en jours doit être prévue par un accord collectif dont les stipulations assurent la garantie du respect des durées maximales de travail ainsi que des repos, journaliers et hebdomadaires. »*

234 Veiller au respect des temps de *repos* plutôt que de créer des usines à gaz juridiques et technologiques pour calculer à la minute près le temps de *travail* est évidemment une bonne idée. Seul problème : c'est quoi, au XXIe siècle, être au repos ? Le cadre ouvrant son ordinateur professionnel le dimanche matin pour terminer un dossier qui l'intéresse est-il toujours en repos ? Et la DRH tentant d'écluser son courriel professionnel tous les soirs à 21 heures, mais aussi le samedi et pendant ses *« congés »*, y compris maternité, « pour rester dans la course » ? Si ce travail n'est pas directement ou indirectement *commandé* par l'employeur, pour le juriste ils sont au repos, vaquant ainsi librement à leurs occupations... professionnelles. Sans parler des questions qui « prennent la tête » le week-end, voire la nuit : car contrairement à nos bras, nos neurones n'en font parfois qu'à leur tête.

DROIT À LA DÉCONNEXION : UNE IDÉE DEJA DÉPASSÉE ?

Hyperconnexion. Si Charlie Chaplin revenait, il réaliserait « Les Temps Modernes II ».

À la place de Charlot et ses gestes mécaniques, on verrait un cadre se levant la nuit pour regarder son portable, puis le consultant cent fois par jour : au volant, pendant les réunions de travail, sous la table lors du dîner familial. La scène d'anthologie ? Lorsqu'il l'ouvre discrètement pendant un office religieux, surgit un SMS : « *Si un jour JE t'appelle, ce ne sera pas sur ton portable. Dieu* ».

À la fin du XIXe siècle, l'insomnie du monde avait commencé avec la Révolution de l'électricité. En ce début du XXIe, la Révolution numérique nous permet de tout suivre « *en temps réel* » : l'instantanéité est devenue la norme, et la connexion permanente « *dans un espace sans distance et un temps sans délais* » (Francis Jauréguiberry).

Et cette Grande Accélération ne touche pas seulement les geeks et les startupers, mais toute l'industrie et a fortiori les services avec le « client – roi ».

« Débordé », « submergé » : ces métaphores liquides évoque la marée montante des courriels, SMS et autres notifications envahissant notre vie personnelle et professionnelle.

Deconnexion attitude. La loi du 8 août 2016 a donc ajouté un thème supplémentaire à la négociation collective obligatoire sur l'égalité professionnelle : « *7°. Les modalités du plein exercice par le salarié de son droit à la déconnexion et la mise en place par l'entreprise de dispositifs de régulation de l'utilisation des outils numériques, en vue d'assurer le respect des temps de repos et de congé ainsi que de la vie personnelle et familiale.*

À défaut d'accord, l'employeur définit ces modalités et les communique par tout moyen aux salariés. Dans les entreprises d'au moins cinquante salariés, ces modalités font l'objet d'une charte élaborée après avis du comité d'entreprise ou à défaut, des délégués du personnel, qui prévoit notamment la mise en œuvre, à destination des salariés et du personnel d'encadrement et de direction, d'actions de formation et de sensibilisation à un usage raisonnable des outils numériques.

« *Les modalités du plein exercice par le salarié de son droit à la déconnexion* » : car si la loi s'était bornée à répéter qu'un salarié a le droit de ne pas devoir travailler pendant son temps de repos ou ses congés...

French déconnection. Pour l'instant unique au monde, notre nouveau droit (légal) » à la déconnexion » a suscité des commentaires très intéressés à l'étranger. Mais oblige à repenser une vieille nouvelle question, qui déborde largement le droit du travail.

Il y a vingt ans, il fallait de la bonne volonté et un matériel haut de gamme pour se connecter. Aujourd'hui, à l'ère de la couverture 4G et des réseaux sociaux, où qu'il soit dans le monde, un travailleur du savoir peut se connecter grâce à son « portable ».

A fortiori la génération Millénium, dès le CP dotée d'un smartphone devenu sa troisième main : elle ne se connecte plus car elle vit connectée, dans un joyeux mélange professionnel/personnel : le domicile devient un second bureau, et le bureau, où l'on se connecte volontiers sur des sites pas du tout professionnels, se pare parfois d'une cuisine, d'une salle de repos voire « *d'afterworks* » obligatoires. Pour cette génération, la déconnexion obligée relève d'un paternalisme désuet, et demain d'un traitement inhumain et dégradant. Les négociateurs souvent seniors des accords d'entreprise souhaités par la loi du 8 août 2016 feront bien d'y songer s'ils veulent survivre aux prochaines élections : car les temps ont changé, et vont changer encore : avec l'internet des objets, demain nous ne serons plus jamais *dé*connectés. **Que faire ?**

1. D'abord savoir si problème, individuel ou collectif, il y a, et où ?
Car la situation est extrêmement contrastée selon les entreprises, et leur secteur d'activité (entre les douze collaborateurs de la startup et ceux de la boucherie...), mais aussi au sein de celles-ci : certains services n'ont aucun problème de sur-connexion, pour d'autres c'est par période (bouclage des comptes). Certains étant en permanence en sur-tension (commercial, RH), avec des problèmes spécifiques : le mailer fou s'ennuyant chez lui le soir et qui inonde ses collègues.
L'accord Orange du 27 septembre 2016 prévoit que chaque collaborateur pourra demander au DSI un bilan individuel de l'ensemble de ses communications professionnelles. Un peu téméraire pour l'entreprise, donnant ainsi des preuves de surconnexion fautive à un futur plaideur ? Mais les lois Informatique et Libertés le permettaient depuis fort longtemps.
Ensuite sortir du dolorisme travailliste, voulant faire le bonheur des masses laborieuses à l'insu de leur plein gré, en constatant une évidence : le salarié est l'acteur principal de son droit à la déconnexion.
Exemple : ignorant le culte du présentéisme à la française, nombre de cadres pas forcément surchargés ni *workaholics*, mais ayant l'habitude de télétravailler depuis leur première année de Fac, coupent aujourd'hui leur temps de travail et – horresco referens– fractionnent leur temps de repos pour aller chercher leurs enfants à la sortie de l'école à 17 h 00, et reprennent leur dossier de 21 h 30 à 23 h. Ils y trouvent leur équilibre vie professionnelle/vie personnelle, et n'ont pas le sentiment de rejouer Cosette réveillée la nuit par les époux Thénardier.
Mais fractionner le temps de repos, la Chapelle Sixtine du droit du travail ? Allons ! Valjean, Lantier, revenez, ils sont devenus fous ?
Alors, le vaillant travailliste, comme Coyote continuant à courir bien au-delà de la falaise sans s'apercevoir du vide sous ses pieds dans les films de Tex Avery : « *Cachez ces mails que je ne saurais voir* ! »

2. Déconnecter, pour trouver le temps... de travailler
Avant d'être une question juridique de santé-sécurité, l'hyperconnexion est une question de qualité de vie au travail, et de qualité du travail tout court. Car au bureau, un manager peut-il aujourd'hui vraiment travailler, ou ne fait-il que réagir ? Quelle est la productivité réelle de nos réunions à la française, pendant lesquelles 57 % des participants disent consulter leurs courriels, 43 % en envoyer et 22 % consulter Internet ? N'est-elle pas négative lorsque d'importantes décisions sont ainsi prises alors que la moitié des participants n'a rien suivi de la discussion ?
L'accord Orange du 27 octobre 2016 « sur l'accompagnement de la transformation numérique » évoque donc fort légitimement « la gestion Connexion/Déconnexion

pendant le temps de travail » : « *Les managers veillent à organiser des temps collectifs en physique durant lesquels l'utilisation des outils numériques sera déconseillée (ex : réunion de service sans consultation de la messagerie) afin d'éviter la sur-sollicitation* ».

La Charte Solvay du 20 février 2016 insiste sur « *Le bon usage de la messagerie électronique. Il est important de rappeler à chacun les bonnes pratiques dans l'usage de la messagerie électronique afin de concourir à une plus grande efficacité au travail et au respect de l'équilibre des temps de vie. Ne pas se laisser déborder par le caractère instantané et impersonnel de la messagerie, mais au contraire, gérer les priorités, se fixer des plages horaires pour répondre, se déconnecter pour pouvoir consacrer la réflexion nécessaire aux sujets de fond* ».

Dans son chapitre « Pour un meilleur usage des outils de communication numériques » l'accord Pôle Emploi du 17 mars 2017 indique enfin que « *chaque agent peut mettre en œuvre des temps de déconnexions individuelles, ponctuelles et partielles (mises en veille du téléphone, déconnexion de la messagerie mail), sur des plages compatibles avec l'activité professionnelle. Ces actes volontaires doivent ainsi permettre à chacun de se préserver de la sur sollicitation ou encore de se consacrer totalement à son interlocuteur, par exemple en assurant la mise en veille du téléphone à l'entrée d'une réunion* ».

3. Déconnecter de qui ? De quoi ?

Mais le droit individuel ne doit pas cacher le devoir collectif : l'hyper-connexion masque souvent des dysfonctionnements organisationnels ou un management défaillant, la solution à éviter étant la coupure des serveurs, déplaçant seulement le problème.

Car déconnexion technique ne signifie ni déconnexion intellectuelle, ni non-travail. Ne pouvoir accéder aux systèmes d'informations de son entreprise ne paralyse ni le salarié passionné, ni celui sous pression qui travaillera hors connexion le week-end, ou grâce à une puissante clef USB. Le travail intellectuel ayant le don d'ubiquité, une déconnexion forcée n'interdit pas au collaborateur de rédiger un long rapport ou ses nombreux mails, « d'avancer pour rattraper son retard ».

Et déconnecté de qui, et de quoi au juste ? Car il ne s'agit plus seulement du bon vieux courriel du chef ou du collègue. Ce sont aussi les messages urgents et les SMS laissés par les clients, le fournisseur ou le sous-traitant sur le répondeur du portable et au bureau. Mais aussi sur la page Facebook, où des collègues voire des clients sont devenus des « amis » ; ou sur la communauté professionnelle privée (ex : commerciaux) créée en dehors du magnifique réseau social interne de l'entreprise pour discuter plus librement, et à toute heure du jour et de la nuit.

4. Prendre le courriel par les cornes

Et comprendre que bloquer les serveurs le week-end ne sert à rien si le salarié doit faire face le lundi matin aux 323 mails entassés dans sa boîte.

Certaines entreprises ont par exemple : carrément supprimé les fonctions « Répondre à tous » et « Copie conforme » ; empêché l'envoi des courriels non titrés ; accompagné systématiquement les envois après 20 h d'un pop-up rappelant

à l'expéditeur que cela peut être attendre le lendemain, et au destinataire (interne) qu'il n'a pas à y répondre immédiatement.
Dans son accord sur la qualité de vie au travail du 17 mars 2017, Pôle Emploi en a tiré toutes les conséquences : « *Il est demandé à tout agent absent pour une période de plus de 5 jours d'activer un message d'absence indiquant à l'émetteur d'un courriel lui étant destiné que le message ne sera pas traité. Afin de faciliter l'activation de ce message, Pôle emploi s'engage à charger dans la messagerie un message pré-formaté* (...).
Afin de permettre à un agent, suite à une absence de plus de 5 jours ouvrés, de prendre connaissance des informations diffusées durant son absence et de gérer les mails reçus, il ne peut pas être, sauf nécessité de service, planifié la première demi-journée de son retour sur une activité d'accueil en flux ».
Mais plus généralement, et comme l'indique la Charte Solvay « pour l'équilibre entre activité professionnelle et vie personnelle » envoyée en février 2016 aux 6 700 salariés français, il s'agit d'abord de « *promouvoir une culture, une organisation du travail, un mode de management et des comportements favorisant l'équilibre entre activité professionnelle et vie personnelle* ».

« Quand le vent se lève, certains construisent des abris, d'autres des moulins »

Plutôt que rendre le numérique responsable de tous nos maux, commençons par voir ce qu'il nous apporte : avec le travail à distance qui va exploser, de radicales remises en cause de notre culture hiérarchique à la française, le cadre autonome travaillant peut-être plus, mais dans des conditions qu'il a choisies : une flexibilité enfin partagée.
Et nous ne sommes qu'au début de ce « Grand Chambardement ». Entre l'internet des objets et la diffusion rapide du télétravail, (pas assez) libéré depuis l'ordonnance de septembre 2017, le problème sera de pouvoir se déconnecter. Regardez vos adolescents.
Il n'est pas question de reprocher au Code la date de sa naissance. Mais en refusant de tenir compte des nouveaux travailleurs et de ces nouvelles formes de travail, notre droit du travail s'accrochant au modèle militaro-industriel est en train de se suicider.

POUR ALLER PLUS LOIN...

Jean-Emmanuel Ray, « *Grande accélération et droit à la déconnexion* », Dr. soc. novembre 2016 p. 912. Gr. Loiseau, « *La déconnexion : observations sur la régulation du travail dans le nouvel espace-temps des entreprises connectées* », Dr. soc. mai 2017 p. 463. Et le numéro spécial des Cahiers Sociaux, juillet-août 2017.

B. - Les heures supplémentaires après la loi du 8 août 2016

235 De la dissuasion légale de 1936 à l'adaptation par la négociation de 2016. Depuis toujours, les heures supplémentaires sont, avec le chômage partiel devenu « activité partielle », la première flexibilité interne. Le choix des 40 heures en 1936 s'était révélé en avance sur son temps : la « semaine anglaise » (8 heures x 5 jours) était pratiquement inexistante dans l'industrie et le commerce français, où l'on travaillait largement plus de 48 heures. Léon Blum dut donc se résoudre à accepter des dépassements, mais voulut alors fortement dissuader les entreprises d'y avoir recours. Toute heure dépassant l'horaire normal était donc en principe payée avec une forte majoration (accentuée par les charges sociales) : + 25 % pour les huit premières heures et + 50 % après : la situation d'aujourd'hui, à défaut d'accord collectif.

Mais ce système se révéla peu dissuasif pour les employeurs car il n'est pas question d'embaucher pour une commande de courte durée ; et très attractif pour des salariés endettés ou mal payés. Les entreprises n'ont guère de difficultés à trouver des volontaires pour effectuer des heures supplémentaires ; il faut parfois constituer des listes d'attente, du moins pour le personnel masculin : pour un salarié de TPE qui en a fait 98 h en 2016 (contre 16 h pour celui d'une entreprise de plus de 500), elles représentent 65 euros de plus par mois.

La loi du 8 août 2016 a entièrement refondu, mais aussi harmonisé l'ensemble et, miracle, les ordonnances de septembre 2017 ne sont intervenues qu'à la marge.

L. 3121-28 : majoration salariale, ou repos compensateur : « *Toute heure accomplie au-delà de la durée légale hebdomadaire (…) est une heure supplémentaire, qui ouvre droit à une majoration salariale ou, le cas échéant, à un repos compensateur équivalent* ».

236 **Depuis 2016, c'est à l'accord collectif de fixer les règles applicables** ; et l'époque du partage du travail, c'est fini.

1. « *Un accord collectif d'entreprise ou d'établissement ou, à défaut, une convention de branche prévoit le ou les taux de majoration des heures supplémentaires accomplies au-delà de la durée légale. Ce taux ne peut être inférieur à 10 %* ». (L. 3121-33). But de cette minoration de la majoration habituelle de 25 % : favoriser la flexibilité interne et la réduction du coût du travail, à l'instar de ce qui suit.

2. Car « *un accord collectif d'entreprise ou d'établissement ou, à défaut, une convention de branche peut également prévoir le remplacement de tout ou partie du paiement des heures supplémentaires, ainsi que des majorations, par un repos compensateur équivalent* » (L. 3121-33-II).

Et à défaut d'accord, d'entreprise ou de branche ? Retour à la situation de… 1936 : « *À défaut d'accord, les heures supplémentaires (…) donnent lieu à une majoration de salaire de 25 % pour chacune des huit premières heures supplémentaires. Les heures suivantes donnent lieu à une majoration de 50 %* » (L. 3121-36)

237 **L'accord collectif et le contingent annuel d'heures supplémentaires.** Ce contingent veut limiter les heures supplémentaires effectuées sur longue période, au profit d'éventuelles embauches, par une contrepartie supplémentaire en repos compensateur : payé, mais aussi difficile à gérer s'il devient important : complexité dissuasive.

Ordre public (L. 3121-30). Des heures supplémentaires peuvent être accomplies dans la limite d'un contingent annuel. Les heures effectuées au-delà de ce contingent annuel ouvrent droit à une contrepartie obligatoire sous forme de repos.

Champ de la négociation collective (L. 3121-33). Un accord d'entreprise ou d'établissement ou, à défaut, une convention de branche

- définit le contingent annuel prévu à l'article L. 3121-30 ;
- peut prévoir qu'une contrepartie sous forme de repos est accordée au titre des heures supplémentaires accomplies ***dans la limite du contingent*** ;
- fixe l'ensemble des conditions d'accomplissement d'heures supplémentaires ***au-delà du contingent annuel*** ainsi que la durée, les caractéristiques et les conditions de prise de la contrepartie obligatoire sous forme de repos.

Dispositions supplétives. À défaut d'accord, un décret détermine le contingent annuel (aujourd'hui 220 h/an), ainsi que les caractéristiques et les conditions de prise de la contrepartie obligatoire sous forme de repos pour toute heure supplémentaire effectuée au-delà du contingent.

À défaut d'accord, la contrepartie obligatoire sous forme de repos est fixée à 50 % des heures supplémentaires accomplies au-delà du contingent annuel pour les entreprises de vingt salariés au plus, et à 100 % de ces mêmes heures pour les entreprises de plus de vingt salariés (L. 3121-38).

238 **À l'instar du chômage partiel, les heures supplémentaires s'imposent au salarié** : il ne peut refuser de les exécuter, ni *individuellement* (il ne s'agit pas d'une modification du contrat) ni *collectivement* (« grève des heures sup. »), *si* elles ont été légalement décidées : information et consultation préalable du comité d'entreprise ou des délégués du personnel, (demain du Conseil Social et Économique), respect du contingent conventionnel.

C. - Deux régimes probatoires distincts

239 **Durée du travail à rémunérer.** « *S'il résulte de l'article L. 3171-4 que la preuve des heures de travail effectuées n'incombe spécialement à aucune des parties et que l'employeur doit fournir au juge les éléments de nature à justifier les horaires effectivement réalisés, il appartient cependant à ce dernier de fournir préalablement au juge des éléments de nature à étayer sa demande* », répète arrêt après arrêt la Cour de cassation. Il n'est pas illégitime que l'employeur ne doive pas rémunérer automatiquement n'importe quelle demande de paiement d'heures ne reposant sur aucun élément de fait, faute pour lui de pouvoir prouver l'absence de travail. Au juge donc de former sa conviction.

240 **Durées maximales du travail et minimales de repos.** « *La preuve du respect des seuils et plafonds prévus par le droit de l'Union européenne, et des durées maximales de travail fixées par le droit interne incombe à l'employeur* » (CS, 23 mai 2017). S'agissant des temps de pause (20 minutes après 6 heures de travail) ou du respect des plafonds européens (qui garantissent le temps *de repos*), la charge de la preuve repose donc alors sur l'employeur.

Mais le tachygraphe des routiers s'est démocratisé, et les prud'hommes voient arriver des commerciaux avec les relevés de leur localisation par GPS ou des cadres en forfait-jours avec l'agenda électronique partagé du service, ou les heures de connexion de leur PC au serveur central : ce qui peut réserver quelques surprises en termes de travail de nuit ou de repos dominical. Mais s'agit-il toujours de travail « *directement ou indirectement commandé par l'employeur* » ? La passion existe.

NE PAS CONFONDRE...

Heures supplémentaires et heures de récupération : il peut arriver qu'une entreprise travaille une semaine 43 heures, et que pourtant l'employeur ne verse ni majoration ni repos compensateur. Il s'agit simplement de récupérer les six heures perdues quelque temps auparavant à l'occasion par exemple d'une grève EDF ou d'un volcan lointain. Ce simple déplacement d'horaires parfaitement légal peut intervenir dans les douze mois après l'événement imprévisible (cause accidentelle, intempéries, force majeure) mais aussi dans les douze mois *précédant* la fermeture prévue de l'entreprise (inventaire, pont à l'occasion d'un jour férié). Mais les temps de grève et de lock-out ne peuvent donner lieu à récupération.

Heures supplémentaires et heures complémentaires : le salarié à temps partiel peut être amené à travailler au-delà de la durée prévue au contrat (*cf.* ci-dessous les réformes successives – ou plutôt le capharnaüm, faute d'étude sérieuse d'impact préalable – de 2013-2017) ; ces heures ne sont pas juridiquement des heures supplémentaires, mais des heures complémentaires car elles demeurent en deçà de 35 heures.

Durées maximales et amplitude maximale du travail : « La durée maximale de travail est déterminée sur la base du temps de travail effectif, et non sur celle des amplitudes horaires dont doit être déduite la part de l'activité qui ne correspond pas à du travail effectif », a très logiquement indiqué la Chambre sociale le 12 mars 2014. En résumé, la durée maximale du travail (10 h par jour) doit se placer au sein de l'amplitude maximale de travail, déterminée par l'indérogeable règle des 11 h de repos hebdomadaire : soit 13 h d'amplitude maximale (24 h – 11 h = 13 h), qui comporte des temps de pause, de déjeuner voire d'usage privatif d'Internet.

241 Vers des temps tiers ? Entamée il y a dix ans, la révision de la directive de 1993-2003 veut casser les arrêts de la CJUE et re-légaliser nos équivalences, du moins s'agissant des « temps de garde inactifs » : ni tout à fait du travail, ni vraiment du repos. Mais quand la crise sera derrière nous, et l'euro stabilisé. En attendant Godot.

§2 Le travail à temps partiel refondu par la loi du 8 août 2016, revu à la marge par l'ordonnance de septembre 2017 (L. 2253-1, 6° al.)

242 Situations extrêmement diverses. Correspondant ici à des préoccupations individuelles (parent voulant voir grandir ses enfants), là à des besoins collectifs d'organisation (entreprise de services), le travail à temps partiel représente 4,4 millions de salariés français : en moyenne 20 %, contre 10 % en 1983, mais 11 % des temps plein et 26 % des temps partiels. Avec de très forts écarts types : 88 % dans l'aide à domicile,

67 % dans la restauration rapide, 31 % dans les secteurs Éducation, Santé ou Services aux particuliers, mais 2 % dans l'Automobile ou l'Énergie. Chiffre faible par rapport à ceux de l'Europe du Nord : Pays-Bas 51 %, Suède 28 %, Danemark 23 %, Royaume-Uni (qui avait même créé le « contrat zéro heure ») 25 %, mais Pologne 9 %, Grèce 6 %. S'il est très majoritairement sous CDI (73 %) il reste largement féminisé : plus de 80 % des emplois à temps partiel en France sont occupés par des femmes, souvent dans des emplois peu qualifiés, ce qui pose de délicats problèmes de discrimination indirecte (ex. : promotion). Mais en nos temps de lourd chômage structurel, le travail à temps partiel représente aussi un partage du travail et du revenu peu conflictuel (ex. : « *job sharing* » en cas de PSE).

243 **Les 24 heures de la loi du 14 juin 2013 : moins partiel, moins éclaté, moins subi,** pour faciliter la poly-activité et la conciliation vie privée et professionnelle. Le travail à temps partiel reste souvent subi, faute de temps plein et donc de salaire plein : 32 % en moyenne, mais 40 % dans l'hôtellerie-restauration, ce qui entraîne un fort *turn-over*. Situation créant à terme un véritable sous-emploi, mais aussi un « *poor working* » à l'américaine, qui en France entre alors en concurrence avec les revenus d'inactivité. La réforme du 14 juin 2013 avait voulu passer « *d'une logique où le temps partiel est utilisé comme variable d'ajustement de l'organisation du travail à une logique dans laquelle l'organisation du travail doit être adaptée pour favoriser un temps partiel choisi* ».

On avait bien aimé l'imbroglio 35 h : on a beaucoup aimé « les 24 h », reconfigurées trois fois depuis 2013 devant les insolubles problèmes posés, pourtant assez prévisibles quand on sait la durée *moyenne* du travail à temps partiel était en 2013 (et est restée !) de 23,3 h hebdomadaires, avec de très forts écarts.

244 **État des lieux après la loi du 8 août 2016.** Si la durée minimale reste fixée à 24 heures hebdomadaires (L. 3123-14-1), ou à 104 heures pour les temps partiels sur le mois, la liste des nécessaires dérogations est passée à sept.

LES SEPT PRINCIPALES DÉROGATIONS À LA DURÉE MINIMALE LÉGALE DE 24 H...

1. Le salarié peut demander à travailler moins pour lui permettre de faire face à des contraintes personnelles, ou pour cumuler plusieurs activités. Cette demande doit être écrite et motivée, et les horaires alors regroupés sur des journées ou demi-journées régulières ou complètes.
2. Si le contrat a été signé avant le 1er juillet 2014, la durée minimale n'est pas obligatoire.
3. Elle ne s'impose pas s'il s'agit d'un CDD de 7 jours maximum.
4. Pas davantage si le salarié signe un CDD ou un CTT pour remplacer un salarié absent : l'employeur peut alors recruter le remplaçant sur la base de la durée contractuelle du salarié remplacé.
5. Pas non plus pour les étudiants : « salarié âgé de moins de 26 ans poursuivant des études ».

6. Une durée de travail inférieure peut être fixée par une convention de branche étendue (pas d'entreprise), si elle prévoit deux garanties :
– les horaires doivent être regroupés sur des journées ou des demi-journées régulières ou complètes ;
– le salarié peut cumuler plusieurs activités, afin d'atteindre une durée globale d'activité correspondant à un temps plein ou à un temps partiel au moins égal à 24 heures par semaine.
7. La durée minimale n'est évidemment pas applicable au million de salariés employés par un particulier : les 2,4 millions de « particuliers-employeur » (ménage, nounou.)

245 Flexibilité dans la rigidité. Le contrat de TTP doit être écrit, et comporter un grand nombre de précisions afin de lui donner un minimum de prévisibilité temporelle : qualification, éléments de rémunération, durée du travail, avec sa répartition au sein de chaque semaine et mois le cas échéant, et les conditions précises d'une éventuelle modification de celle-ci, que néanmoins le salarié pourra légitimement refuser en cas de « raisons familiales impérieuses ». La jurisprudence veille avec soin au respect de ces précisions, et n'hésite pas à requalifier en temps plein, dès la première irrégularité (CS, 23 novembre 2016).

246 « Complément d'heures » et « heures complémentaires » :

- **L. 3123-22. « Complément d'heures par avenant ».** Un accord de branche étendu peut permettre d'augmenter temporairement (au maximum huit avenants par an) la durée contractuelle : il fixe le taux de majoration de ces heures, et les modalités selon lesquelles les salariés bénéficieront prioritairement des compléments d'heures.
- **L. 3123-17. Un dixième au maximum/+ 10 % au minimum.** Chaque « **heure complémentaire** » (pas « supplémentaire » !) accomplie dans la limite du dixième de la durée contractuelle donne lieu à une majoration de 10 %. Un accord de branche peut porter cette limite au tiers de la durée contractuelle, mais toutes les heures complémentaires effectuées sont alors majorées de 25 %, sauf taux différent retenu par l'accord. L'ordonnance du 22 septembre 2017 a permis à la convention collective de branche de définir les mesures énoncées aux articles L. 3123-19, L. 3123-21 et L. 3123-22.

247 Droits au refus du TTP (L. 3123-10). Des heures complémentaires non prévues peuvent être légitimement refusées par le salarié. Même celles contractuellement prévues peuvent parfois donner lieu à refus : ainsi lorsque l'employeur prévient moins de trois jours à l'avance.

Le même droit au refus existe en matière de modification de la répartition des horaires, pourtant contractualisée, si le salarié prouve que « *ce changement n'est pas compatible avec des obligations familiales impérieuses, avec le suivi d'un enseignement scolaire ou universitaire, avec une période d'activité fixée chez un autre employeur ou avec une activité professionnelle non salariée* ».

248 **Une simple priorité.** Les temps partiels voulant reprendre un emploi d'une durée au moins égale à la durée minimale ont priorité pour l'attribution d'un emploi de même catégorie professionnelle. L'employeur porte à leur connaissance la liste des emplois disponibles, ou des emplois équivalents.

En l'absence d'emploi disponible, l'employeur peut refuser la demande du salarié.

249 **Le principe d'égalité du traitement temps plein/temps partiel** (même période d'essai ou préavis, proratisation en matière de rémunération) ne veut cependant pas dire véritable intégration dans une entreprise où l'on travaille un jour par semaine. Sur le plan des droits collectifs, très peu de « temps partiels » sont élus délégués : peu intéressés, et peu intéressants pour les syndicats qui présentent les listes.

Mais le temps partiel reste tout à fait adapté pour entrer progressivement dans le monde du travail (chômeurs de longue durée, RSA), y rester si l'entreprise connaît des difficultés économiques *(job sharing)*, ou en sortir sans rupture brutale (préretraite progressive : mi-temps puis quart-temps).

§3 Temps de travail et temps d'activité des trois cadres

Quels sont les enjeux du débat ? Quelles sont les radicales solutions retenues par la loi du 19 janvier 2000 élargies par les lois de 2003, août 2005 puis 20 août 2008, et enfin recadrées par la loi du 8 août 2016.

A. - Les enjeux

250 **Enjeux humains : l'encadrement n'est plus ce qu'il était.** Nombreux sont les cadres tenant un double discours : s'ils jugent volontiers dans l'entreprise que les 35 heures sont impossibles, mieux, impensables car « *un cadre ne compte pas son temps : c'est la mission qui compte* », ils se disent en privé souvent satisfaits que la loi puis surtout la jurisprudence aient rappelé qu'il existe des limites à la subordination temporelle. Même si beaucoup de dirigeants, passionnés par un travail à tout point de vue valorisant, pensent qu'un cadre à temps partiel est partiellement un cadre puisqu'il ne s'engage pas totalement, beaucoup de collaborateurs, jeunes en particulier et souvent parmi les plus prometteurs, veulent, après avoir vu leur père « ré-engeneeré » à 56 ans, pouvoir appliquer le proverbe chinois : « *Dans la vie, il faut marcher sur deux pieds.* »

Ancienne élite désormais banalisée voire secrétarisée, directement frappée par les restructurations *(« Que les hauts salaires lèvent le doigt »)*, le cadre s'est redécouvert salarié : il hésite moins à saisir la justice ou aller voir l'inspecteur du travail, voire à se syndiquer : selon les résultats de représentativité de mars 2017, la CFDT est le premier syndicat de cadres avec 27 % des suffrages au niveau national, devant le CFE-CGC avec 19,4 % et la CGT à 19,3 %.

251 **Enjeux juridiques.** Le temps passé assis à son bureau est-il l'étalon pertinent de la productivité d'un cadre ? Poser la question, c'est déjà y répondre. Il faut alors se demander comment décompter de façon à la fois efficace et équitable un temps de travail *stricto sensu,* mais aussi de déplacement, de formation, d'écoute indispensable des collaborateurs, voire de répétitifs déjeuners d'affaires, ou encore de télétravail au domicile plus ou moins volontaire en soirée ou le dimanche après-midi.

Pour des experts, consultants, mais aussi des magistrats ou les universitaires, cette course au décompte à la minute d'un temps de plus en plus fragmenté est tout simplement vaine : le travailleur du savoir fonctionne avec ses neurones, ses portables, Internet et le *Cloud* lui donnant le don d'ubiquité. En faisant souvent disparaître la frontière vie personnelle/vie professionnelle. *« Au bureau, je ne fais plus que réagir ; chez moi, je peux enfin travailler »* : le constat est aujourd'hui banal pour des cadres qui doivent répondre toute la journée au téléphone, aux 138 courriels tous forcément très urgents et donc attendre le calme du bureau à 20 heures voire de la maison à 22 heures pour s'attaquer aux problèmes de fond (*cf.* Fr. Favennec et Fr. Schoenberger, « Temps professionnel et temps personnel », *Dr. soc.*, janvier 2010).

Ne faut-il pas alors inverser la problématique et garantir à cette population un temps de repos effectif lui aussi minimal (les 24 + 11 = 35 heures de repos hebdomadaire), de vrai repos sans astreinte officieuse ? (*cf.* Ph. Waquet, « Le temps de repos », *Dr. soc.*, mars 2000, p. 288, et l'arrêt du 10 juillet 2002 rappelant « *qu'est en repos le salarié totalement dispensé, directement ou indirectement et sauf cas exceptionnels, d'accomplir pour son employeur une prestation de travail* »).

252 **« L'emploi du temps » de l'encadrement** exigeait des solutions juridiques novatrices : tellement novatrices que la CJUE ou surtout la CEDH pourraient remettre un jour en cause notre fameux « forfait-jours », pourtant si bien adapté aux « cadres autonomes », de plus en plus nomades et télétravailleurs.

Provocation : demain, dans les entreprises du quaternaire, à quoi servira le bureau sinon à recréer une vie collective pour les SBF (sans bureau fixe) ?

À la segmentation nécessaire des temps (travail, repos, trajets + temps du 3e type : astreintes, équivalences) correspond depuis l'an 2000 une segmentation tripartite de l'encadrement.

B. - Les trois classes de cadres

La loi du 19 janvier 2000, revue et corrigée par la loi du 8 août 2016, a divisé l'encadrement en trois populations d'importance très variable.

1° Les VVIP : les cadres dirigeants

253 **L. 3111-2 :** *« Sont considérés comme ayant la qualité de cadre dirigeant les cadres auxquels sont confiées des responsabilités dont l'importance implique une grande indépendance dans l'organisation de leur emploi du temps, qui sont habilités à prendre des décisions de façon largement autonome et qui perçoivent une rémunération se situant dans les niveaux les plus élevés des systèmes de rémunération pratiqués dans leur entreprise ou établissement ».*

« Les cadres dirigeants ne sont pas soumis aux dispositions des titres II et III ».

Jugée en l'an 2000 militante anti-35 heures par la Dame des 35 heures, cette population a donc été globalement sortie de *l'ensemble du droit de la durée du travail* (travail de nuit, le dimanche, astreintes...).

Ce régime très spécial s'inspire de la très permissive directive européenne de 1993, elle-même inspirée du « *leitender Angestellter* » allemand, *manager* assurant la responsabilité économique de l'entreprise. Comme elle, il exclut de l'application de tout le droit de la durée du travail ces salariés si peu subordonnés qui ont un rôle d'employeur, et le représente souvent en matière sociale : présidence du comité d'entreprise, responsabilité pénale...

254 Une jurisprudence exigeante *« dans une perspective de cantonnement de cette catégorie de cadres exclue de la réglementation de la durée du travail »* (Rapport de la Cour de cassation, juin 2017). La Chambre sociale veut aussi recadrer nos armées mexicaines où nombre de cadres supérieurs étaient subitement devenus « dirigeants ». Il faut donc se limiter au premier cercle ces cadres ayant une totale latitude dans leur domaine d'activité, y compris bien sûr en matière d'« emploi du temps » (CS, 22 juin 2016). Car il va de soi que l'intention du législateur n'était pas de viser tous les cadres qui « dirigent » un service et autres « chefs ».

Mais un « cadre dirigeant » ne dirige pas forcément toute l'entreprise : il peut n'en diriger qu'une partie : directeur d'un grand hypermarché, donc d'un simple établissement (CS, 5 mars 2014), responsable régional d'une entreprise de BTP (CS, 11 mai 2017).

L'intelligence consistant aujourd'hui à choisir entre de grands inconvénients, une autre solution était-elle concevable ? L'exemple du directeur financier prenant son 747 le dimanche à Roissy pour aller négocier un contrat à Rio le lundi après-midi avec retour le mardi dans la nuit montrait l'ampleur des dégâts collatéraux : infraction au repos quotidien, au repos hebdomadaire et dominical, aux durées maximales, au travail de nuit. Fallait-il monter une immense usine à gaz à l'inefficacité garantie ? Les trois critères cumulatifs restreignent considérablement cette catégorie : plus dirigeants que cadres.

***2°** Les cadres intégrés à une équipe*

255 *« Les cadres (...) dont la nature des fonctions les conduit à suivre l'horaire collectif applicable au sein de l'atelier, du service ou de l'équipe auxquels ils sont intégrés sont soumis aux dispositions relatives à la durée du travail, au repos et aux congés. »* Catégorie hiérarchiquement opposée à la précédente, les « cadres intégrés » suivent le sort commun : l'ensemble du droit de la durée du travail et du repos leur est applicable, y compris les modalités de contrôle (décompte précis des horaires journaliers et hebdomadaires, pauses...) comme de RTT. Logique en droit, mais psychologiquement dévalorisant pour cette population souvent « sortie du rang ». Pour cette catégorie, si le cadre doit dépasser 35 heures de façon répétitive, le forfait *salarial* est possible mais avec une impérative référence horaire.

3° *La classe Affaires : le cadre autonome après la loi du 8 août 2016*

256 Les cadres qui ne sont ni dirigeants, ni intégrés ont une durée du travail qui peut être fixée par des conventions individuelles de forfait sur une base hebdomadaire ou mensuelle. Mais tout forfait *annuel* doit entrer dans le cadre d'un accord collectif préalable. Ce cadre pourra être soumis à l'un des deux régimes suivants, le premier étant manifestement destiné à être phagocyté à terme par le second, sans cesse élargi depuis 2000 et qui préfigure l'avenir, du moins si le Conseil de l'Europe le laisse vivre (voir *infra*).

257 **Régime classique : le forfait-heures** prend la forme d'une durée horaire hebdomadaire, mensuelle, ou annuelle : il est légitime que, pour un cadre, le législateur de 2000 ait écarté l'hypocrisie d'une bien théorique réduction journalière, et logique qu'il laisse subsister ici le contrôle en heures, sur une base nettement élargie. Comme pour les cadres intégrés, la loi a légalisé pour cette catégorie le forfait avec référence horaire, à la semaine ou au mois.

L. 3121-56 : « *Peuvent conclure une convention individuelle de forfait en heures sur l'année (...) les cadres dont la nature des fonctions ne les conduit pas à suivre l'horaire collectif applicable au sein de l'atelier, du service ou de l'équipe auquel ils sont intégrés ;*

L. 3121-57 : « *La rémunération du salarié ayant conclu une convention individuelle de forfait en heures est au moins égale à la rémunération minimale applicable dans l'entreprise pour le nombre d'heures correspondant à son forfait* ».

Mais depuis 2000 ce système n'a pas connu un grand succès, en raison de la nécessité d'une comptabilisation précise des heures effectuées, par auto-déclaration intranet ou par badgeuse, et donc d'éventuels contrôles d'inspectrices du travail redoutées des entreprises.

Car il a aussi un très sérieux concurrent.

258 **Le forfait-jours, idée astucieuse et équitable.** Novation franco-française et donc plus fragile côté Cour de Luxembourg ou de Strasbourg, le forfait-jours est attrayant pour les entreprises comme pour les cadres autonomes pouvant ainsi réellement bénéficier d'un minimum de jours de repos. Elle concerne aujourd'hui un cadre sur deux, qui travaille en moyenne 44,6 heures par semaine (DARES, juillet 2017).

L. 3121-58 : « *Peuvent conclure une convention de forfait en jours sur l'année (...) les cadres qui disposent d'une autonomie dans l'organisation de leur emploi du temps et dont la nature des fonctions ne les conduit pas à suivre l'horaire collectif applicable au sein de l'atelier, du service ou de l'équipe auquel ils sont intégrés* ».

259 **Ce décompte en journée ou par demi-journée de travail, mais aussi de repos** (car ces cadres savent par expérience que la RTT en heures est un leurre), résout en effet l'insoluble question des temps « ni-ni » (repas d'affaires, obligations professionnelles, temps de TGV et autre Air France) : ni vraiment temps de travail, ni tout à fait temps de repos pendant lequel le cadre a le sentiment « *d'être à la disposition de son* *entreprise »*, celle-ci estimant au contraire qu'il peut « *vaquer à des occupations personnelles »*. *A fortiori* pour des télétravailleurs au domicile où le contrôle des horaires (non connectés) est problématique.

260 Jours, pas heures. Pour les entreprises, le décompte *par jour* semble par nature exclure les contrôles *des horaires* quotidiens ou hebdomadaires. L. 3121-62 *: « Les salariés ayant conclu une convention de forfait en jours ne sont pas soumis aux dispositions relatives : 1. À la durée quotidienne maximale de travail prévue à l'article L. 3121-18 (10 h maximum) 2. Aux durées hebdomadaires maximales de travail prévues aux articles L. 3121-20 (48 h maximum) et L. 3121-22 (44 h sur 12 semaines) 3. À la durée légale hebdomadaire prévue à l'article L. 3121-27* (44 h au maximum sur 12 semaines). Mais la jurisprudence conteste cette permissivité.

Pour les *cadres* en question, « *un tiens vaut mieux que deux tu l'auras »* : afin d'éviter le ratissage des jours fériés et/ou des congés supplémentaires tout en leur garantissant une RTT minimale, la loi a fixé un plafond de 218 jours travaillés. Ce chiffre qui allonge d'une semaine environ les congés classiques peut bien sûr être réduit, mais avec précision ; les accords collectifs signés prévoient entre 5 et 25 jours (!) ouvrables de congés supplémentaires, le seuil psychologique étant 10 jours ouvrables (2 semaines...), la moyenne se situant à 212 jours.

261 Attractivité. Malgré la politique très restrictive de la Chambre sociale, hélas reprise par la loi du 8 août 2016, le système reste si intéressant pour l'entreprise en termes de simplification de tous ordres qu'elle est prête à beaucoup pour parvenir à un accord. Et il paraît doublement dangereux pour elle de se montrer trop en retrait sur ce terrain par rapport à ses principaux concurrents : les meilleurs salariés en poste, mais aussi les meilleur(e)s diplômé(e)s des meilleures écoles font désormais du *benchmark* social RTT, *a fortiori* quand la pression fiscale devient confiscatoire, et leur temps libre un bien rare.

Afin d'éviter les dérives depuis longtemps constatées sur les forfaits de rémunération, lorsque le cadre en forfait-jours perçoit une rémunération manifestement sans rapport avec les sujétions qui lui sont imposées, il peut, nonobstant toute clause contraire conventionnelle ou contractuelle, saisir le Conseil des prud'hommes afin que lui soit allouée une indemnité calculée en fonction du préjudice subi, eu égard notamment au niveau du salaire pratiqué dans l'entreprise (L. 3121-61). Mais ne nous leurrons pas. Le cadre assignant son employeur sur cette base commet une double faute : assigner celui qui l'emploie, et se comporter comme un salarié comptant ses heures : il a donc quelque souci à se faire pour son avenir dans l'entreprise. Ce contentieux très limité mais parfois contagieux intervient donc souvent suite à une rupture.

262 Première forfaitisation du *temps* (et non seulement de la *rémunération* comme pour les forfaits avec référence horaire), le forfait-jours écarte le spectre des « Temps modernes » revisités : le retour de la pointeuse installée de plus en plus près du bureau, ou à la fin de la queue habituelle à la cantine et qui aurait certainement inspiré Charlie Chaplin. Mais fin 2017, la vraie question se situe moins sur le terrain du temps que sur celui de la *charge réelle* de travail (*cf.* la vague de suicides militants, sur le lieu de travail).

263 **Ubiquité.** Car avec les facilités qu'offrent les TIC en matière de travail au domicile en particulier, la charge de travail intéresse vivement la jurisprudence qui tient compte du travail *commandé :* ainsi du dossier urgent remis le vendredi soir pour le lundi matin, considéré par la Cour de cassation comme du travail effectif même s'il est accompli à la maison. Plus d'un cadre sur deux déclare travailler chez eux en dehors des heures réglementaires.

264 **Mais le forfait-jours n'a fait que légaliser la réalité**, et il permet également aux cadres de maintenir une certaine opacité sur leur emploi du temps, source de flexibilité patronale sans doute, mais aussi personnelle, comme l'a vertement rappelé la cour d'appel de Chambéry le 12 septembre 2007, à propos d'un conseiller prud'homme ayant très, très largement apprécié le temps consacré à la rédaction de ses jugements, et condamné *en correctionnelle. Réformation brutale par les juges d'appel (inquiets) : « Étant seul face à sa conscience pour apprécier les conditions strictement nécessaires à l'élaboration de sa décision, nulle autorité ne saurait être comptable du temps que le juge consacre à son activité juridictionnelle. »*

Mais entre le « cadre dirigeant » qu'ils ne seront jamais et le « cadre intégré », c'est-à-dire rabaissé au niveau du lot commun qui pointe duquel il aspire justement à se différencier, beaucoup de cadres autonomes ne veulent pas subir un audit ou devoir se justifier, le cas échéant, sur leur « emploi du temps ». Si les jours de repos sont suffisants pour compenser les jours de travail à longue rallonge qui ont toujours existé, ils considèrent que le système est équitable.

L'encadrement est d'ailleurs aujourd'hui la seule population vraiment satisfaite des 35 heures... alors qu'elle n'en bénéficie pas.

265 **L'asphyxie jurisprudentielle du forfait-jours (2013-2016).** Véritable E.T. du droit de la durée du travail, le forfait-jours a fait l'objet d'une lente asphyxie jurisprudentielle. Chimie, Commerce de gros, Experts-comptables, Bâtiment, Notariat, Supermarchés Hôtels, cafés, restaurants... Sous son visa habituel de huit lignes, trop riche pour être vraiment honnête additionnant des textes internationaux de portée différente en droit interne, la Cour a estimé treize fois en trois ans que les stipulations d'une convention de branche – pourtant étendue – n'étaient pas « *de nature à garantir que l'amplitude et la charge de travail restent raisonnables et assurent une bonne répartition, dans le temps, du travail de l'intéressé, et, donc, à assurer la protection de la sécurité et de la santé du salarié* ».

Ces censures successives, aux conséquences rétroactives ingérables pour des centaines de milliers de cadres (et ayant conduit les ordonnances de septembre 2017 à inviter le juge à ne pas faire jouer la rétroactivité en cas d'annulation : L. 2262-15 nouveau) ont fait grand bruit dans les entreprises se demandant si le forfait-jours était encore utilisable. Insécurité judiciaire qui allait finir par étouffer ce système adapté à la révolution de l'immatériel, initié et mis en œuvre par des syndicats représentatifs se voyant ainsi, négociateurs de branches et d'entreprises confondus, renvoyés au rayon des « idiots utiles » car sacrifiant par leur impéritie la santé des salariés.

266 La regrettable légalisation de la jurisprudence par la loi du 8 août 2016. Issu de la loi du 8 août 2016, L. 3121-64 indique que le nécessaire accord collectif doit déterminer :

1 - Les catégories de cadres, forcément « autonomes » visés.
2 - La période de référence : année civile ou autre période de douze mois.
3 - Le nombre de jours du forfait, dans la limite de 218 jours. Et 235 en cas de renonciation par le salarié à une partie de ses jours de repos en contrepartie d'une majoration de salaire. Mais à déconseiller en termes de santé.
4 - Les conditions de prise en compte, pour la rémunération des salariés, des absences ainsi que des arrivées et départs en cours de période ;
5 - Les modalités selon lesquelles :
   - l'employeur assure l'évaluation et le suivi régulier de la charge de travail (voir encadré *infra*) ;
   - l'employeur et le salarié communiquent périodiquement sur la charge de travail du salarié, sur l'articulation entre son activité professionnelle et sa vie personnelle, sur sa rémunération ainsi que sur l'organisation du travail dans l'entreprise ;
   - le salarié peut exercer son droit à la déconnexion.

267 Mais afin de ne pas devoir renégocier un accord forfait-jours qui ne serait plus à jour depuis 2016, une convention de forfait peut être conclue si l'employeur :

1 - établit un document de contrôle faisant apparaître le nombre et la date des journées ou demi-journées travaillées. Sous la responsabilité de l'employeur, ce document peut être renseigné par le salarié ;
2 - s'assure que la charge de travail du salarié est compatible avec le respect des temps de repos quotidiens et hebdomadaires ;
3 - organise une fois par an un entretien avec le salarié pour évoquer sa charge de travail, qui doit être raisonnable, l'organisation de son travail, l'articulation entre son activité professionnelle et sa vie personnelle ainsi que sa rémunération (L. 3121-65).

268 Fin de l'excommunication jurisprudentielle ? Sans doute rassérénée par cet alignement légal, la Cour de cassation s'est montrée plus compréhensive le 22 juin 2017, en donnant son (toujours très prétorien) mode d'emploi du forfait-jours, encore et toujours placé sous le signe d'une grande défiance, et donc dissuasif.

1 - « ***Toute convention de forfait en jours doit être prévue par un accord collectif dont les stipulations assurent la garantie du respect des durées maximales de travail ainsi que des repos, journaliers et hebdomadaires*** ». Or l'article L. 3121-62 indique que ces durées maximum de travail ne sont justement pas applicables au forfait-jours...

2 - « *Répond aux exigences relatives au droit à la santé et au repos, l'accord selon lequel ces personnels sont soumis à un forfait annuel en jours évalué à deux cent neuf jours par an, en ce qu'il prévoit que,*
- *les cadres sont tenus de déclarer régulièrement dans le logiciel « temps » en place dans l'entreprise le nombre de jours ou de demi-journées travaillées ainsi que le nombre de jours ou de demi-journées de repos et qu'une consolidation est effectuée par la direction des ressources humaines pour contrôler leur durée de travail ;*
- *au cours de l'entretien annuel d'appréciation, le cadre examine avec son supérieur hiérarchique la situation du nombre de jours d'activité au cours de l'exercice précédent au regard du nombre théorique de jours de travail à réaliser, les modalités de l'organisation, de la charge de travail et de l'amplitude de ses journées d'activité, la fréquence des semaines dont la charge a pu apparaître comme atypique ;*
- *toutes mesures propres à corriger cette situation sont arrêtées d'un commun accord ;*
- *s'il s'avère que l'intéressé n'est pas en mesure d'exercer ses droits à repos, toute disposition pour remédier à cette situation sera prise d'un commun accord entre le cadre concerné et son manager* ».

3 - « *Enfin, la cour d'appel a relevé que la mise en œuvre du forfait-jours avait fait l'objet d'un suivi régulier par l'employeur, et fait ressortir que celui-ci avait veillé à ce que la charge de travail de la salariée ne soit pas excessive* ».

La confiance nécessairement due à un cadre par définition « *autonome* » n'exclut donc pas la multiplication des contrôles...

269 Deux sanctions distinctes, selon la source de l'illicéité

1 - Si les stipulations de l'accord (branche ou/et entreprise, l'un pouvant rattraper les vides de l'autre) ne sont pas conformes aux exigences jurisprudentielles, c'est irrattrapable (une note de service ne servira à rien) ; le forfait-jours signé est nul, rétroactivement : rattrapage des heures supplémentaires sur 36 mois, mais pas travail dissimulé faute d'élément intentionnel.

2 - Si c'est l'employeur qui n'a pas respecté les stipulations d'un accord collectif licite (ex. : entretien, suivi mensuel), la convention de forfait-jours est alors simplement « privée d'effet » (heures supplémentaires), jusqu'à ce que l'employeur rentre dans les clous jurisprudentiels.

270 Garantir par l'accord collectif des temps de repos effectif, comme l'avait rappelé le Conseil constitutionnel dans sa décision du 29 juillet 2005. Dépasser l'amplitude maximale de 13 heures quotidiennes de travail ou envoyer des courriels comminatoires un peu tard ou très tôt est donc une mauvaise idée.

Idem pour le repos *hebdomadaire* communautaire d'au minimum 24 heures + 11 heures = 35 heures ; aucun travail, « *directement ou indirectement commandé* », ne peut y porter atteinte : il faut donc commencer par écarter tout reproche sur les soi-disant 78 heures hebdomadaires de travail (13 heures x 6 jours). Pour un forfait-*jours* (de travail mais aussi de repos), les syndicats ne devraient pas voir d'inconvénients à ce que le futur accord collectif neutralise le samedi, jour ouvrable mais rarement ouvré. Deux jours de repos consécutifs, ce n'est plus Cosette contre les Thénardier, l'amplitude hebdomadaire maximum tombant à 65 heures. Ce qui reste beaucoup, même si la Chambre sociale n'a pas cité les 48 heures hebdomadaires – *en moyenne* – de la directive de 1993.

Une semaine « charrette » à 51 heures, bon ; six semaines de suite, non.

L'inspection du travail, qui a eu le sentiment d'être mise à la porte du contrôle de leur temps *de travail*, peut rentrer par la fenêtre grâce à celui des temps *de repos* qui, pour un cadre, nécessitent une période de refoulement du professionnel le samedi, jusqu'à l'excellente émission *Capital* du dimanche soir sur M6 permettant de se reconnecter pour le lundi matin.

« CHARGE DE TRAVAIL » : LE ROI EST NU

Compteurs. La notion de « charge mentale » est beaucoup plus difficile à appréhender que la charge pondérale de l'ouvrier métallo ou du BTP que l'on retrouve dans les critères du Compte Pénibilité (cf. seuil de port de charges de « 7 500 kg/jour »). Or elle est omniprésente dans le nouveau régime du forfait-jours, et parfois aggravée par les pratiques collaboratives très chronophages.

L. 3121-60 : » *L'employeur s'assure régulièrement que la charge de travail du salarié est raisonnable, et permet une bonne répartition dans le temps de son travail* ».

Mais c'est quoi, la « charge de travail » d'un cadre autonome ? **Objectivité du temps de travail, subjectivité de la charge mentale** Dans la conception manufacturière sur laquelle s'est construit notre Code, c'est la durée du travail qui régule collectivement la charge de travail, toute exportation du travail étant physiquement impossible (loi de la pesanteur). Mais pour contrôler, il faut d'abord connaître. Or côté entreprise, il faut être courageux pour se lancer dans une Co-Opération Vérité sur ce concept explosif (« *charge* » : c'est du lourd, comme « charges sociales ») mais très médiatisé, du burn-out (sur-charge) au bore-out (sous-charge/ placardisation).

BOÎTE DE PANDORE...

Car comme le montrent les remarquables travaux de l'ANACT, la charge de travail recouvre trois visions différentes, dont il faut faire la synthèse pour comprendre.

1. Vue Top. Le travail prescrit au titre du pouvoir de direction du chef d'entreprise, avec objectifs à atteindre, process et reportings : l'inverse de la vie au quotidien.

2. Vue Down. Le travail réel effectué par le collaborateur ou l'équipe, tous les jours confrontés à des problèmes « pas marqués dans le manuel ». À commencer par des défaillances dans l'organisation, humaines mais aussi techniques : par exemple des irritants liés à des outils inadaptés (summum : reportings sur des fichiers incompatibles). Seuls les salariés et leur collectif de travail les connaissent vraiment. Ils pourront profiter de la relance du droit d'expression directe et collective voulue par la loi du 8 août 2016 avec sa négociation sur » *la mise en place de dispositifs de régulation de l'utilisation des outils numériques, en vue* *d'assurer le respect des temps de repos et de congé ainsi que de la vie personnelle et familiale* ».

3. Vue Moi. La charge de travail ressentie est différente selon chaque salarié : sa personnalité, sa formation, son éco-système personnel mais aussi professionnel : marges de manœuvre, soutien attendu des collègues, charge cognitive ou communicationnelle vécue différemment par un Y grisé par la vitesse et un senior : l'effort intellectuel augmentant avec l'âge, la charge mentale aussi.

Au-delà du sens et de la reconnaissance, qui changent tout.

Il faut donc commencer par connaître : baromètre semestriel sur la qualité de vie, remontée des entretiens individuels, groupes d'expression sur le réseau social interne avec recherche sémantique informatisée...

Discuter plus que mesurer, car l'approche volumétrique oublie souvent la charge mentale.

Travaux d'Hercule

Passer de la bonne vieille charge pondérale à la « charge mentale », donc de la sécurité physique à la « santé mentale », c'est changer de logiciel... et donc pour tous les acteurs monter en compétence. Deux types d'accords.

248. Accord défensif anti-contentieux. Il s'agit de se mettre en conformité avec les exigences de prévention des risques, si importante après le revirement de la Chambre sociale du 1° juin 2016. Et tenter d'éviter une médiatique mise en examen des dirigeants pour harcèlement moral, ou une condamnation pour faute inexcusable (Cass. Civ. 2°, 8 novembre 2012 : infarctus suite à une « *politique de réduction des coûts ayant accru la charge de travail* »).

L'accord Michelin du 15 mars 2016 porte sur « la maîtrise de la charge de travail des cadres autonomes ». Trois objectifs : identifier les situations caractérisées par une charge déraisonnable, en dresser une analyse partagée par le cadre et son hiérarchique, déterminer les éventuelles actions à engager. Avec un contrôle des connexions à distance en soirée et le week-end pour les cadres itinérants, et un « dispositif de vigilance » lorsque cinq fois en un mois, le repos quotidien est inférieur à 11 h, ou l'amplitude supérieure à onze heures. Premier niveau de traitement : le cadre et son manager. Si aucune solution n'est trouvée, la direction du personnel intervient : dissuasif pour le responsable hiérarchique... lui-même sous pression : le harcèlement managérial est une maladie hiérarchiquement contagieuse.

Accord offensif de régulation

Ainsi « l'accord de méthodologie sur l'évaluation et l'adaptation de la charge de travail » signé le 21 juin 2016 chez Orange. Un constat (« *Une charge de travail adaptée est l'équilibre entre les ressources dont disposent les salariés et les contraintes qui se posent à eux. Cet équilibre résulte d'une discussion sur le travail* »), puis trois axes d'action : impact des projets sur la charge de travail, prévisions d'emploi et de compétences adaptées, mise en place de méthodes et de dispositifs d'échange sur le terrain. Au chapitre des moyens : maîtrise du temps de travail, prise en compte des propositions dans la conduite des projets et de la

GPEC, suivi effectif et individualisé, avec prise en charge des difficultés signalées, et une attention particulière pour les alertes récurrentes.
Reste à éviter que ces nouveaux contrôles ne contredisent pas l'idée même d'autonomie, n'entravent pas l'agilité de l'équipe, et n'alourdissent pas... la charge des managers de proximité, dont l'avis est rarement demandé.

Avec l'électricité, à la fin du XIX°, l'insomnie du monde avait commencé. Avec les TIC au début du XXIe...

SECTION II Le triomphe de l'aménagement conventionnel du temps de travail (1982-2017)

271 **Renversement dont l'Histoire est friande :** hier, la durée du travail était considérée comme le noyau dur de l'ordre public de protection (« les femmes et les enfants d'abord » de la loi de 1841), et constituait la principale revendication des salariés à l'égard de leur employeur, mais également de l'État-gendarme. Or depuis 1982, elle est devenue le Cheval de Troie de la flexibilité dans l'entreprise, le laboratoire expérimental d'un nouveau droit du travail, les lois devenant toujours plus permissives avec le passage au secteur tertiaire.

272 Phénomène commun à de nombreux pays d'Europe : les pouvoirs publics voulant privilégier la flexibilité interne pour éviter les licenciements, mais ne voulant pas revenir sur des lois historiques, la négociation forcément collective qui permet de déroger à celles-ci a été favorisée. Seconde surprise : alors que depuis leur naissance les conventions collectives avaient cherché à *limiter* le pouvoir patronal, les accords dérogatoires à la loi permettent au contraire *d'élargir* celui-ci : travail par cycle, annualisation des horaires, forfaits annuels. Des PME se plaignant de ne pas disposer de délégués syndicaux afin de pouvoir signer un accord suscitent elles-mêmes des vocations syndicales : c'est le monde à l'envers, y compris pour les syndicalistes, qui doivent assumer cette très lourde responsabilité après avoir dû signer des accords liés aux PSE (*cf. infra,* Titre 3).

§1 Loi du 8 août 2016 puis ordonnance du 22 septembre 2017 : de la dérogation par accord d'entreprise à la supplétivité de l'accord de branche

273 **La norme juridique et sociale reste en principe l'horaire légal collectif classique** à 35 heures hebdomadaires. La dérogation (au sens étymologique : faire *différent,* pas forcément moins bien ou moins favorable, malgré l'opposition pédagogique mais spécieuse *in melius/in pejus, cf.* le forfait-jours) est donc soumise à des conditions préalables, mais à chaque loi de plus en plus permissives.

Mais, même après la loi du 8 août 2016 :

- la dérogation ne peut intervenir que lorsqu'elle a été prévue ***par un texte légal,*** l'autorisant expressément, et dans les limites fixées par ce texte. Si ce n'est pas le cas, l'employeur encourt des sanctions pénales, et l'accord n'est pas « très dérogatoire » mais frappé de nullité.
- Un accord collectif doit permettre ce recours, la loi du 8 août 2016 ayant, sauf exception, donné ici priorité/primauté à l'accord d'entreprise, élargie par l'ordonnance du 22 septembre 2017. Mais le législateur ne pouvait ignorer que plus de la moitié des salariés français travaillent dans des PME dépourvues de délégués syndicaux. C'est la raison pour laquelle la plupart des dérogations peuvent intervenir à la suite d'accords de branche « d'accès direct » à la flexibilité. En l'absence de délégués, la PME de Cavaillon pourra annualiser ses horaires ou proposer à ses salariés autonomes et volontaires des forfaits-jours ***si*** le syndicat national des distributeurs de fruits et légumes a signé, avec un ou plusieurs syndicats représentatifs de la branche, un accord spécifique. Dans certains secteurs atomisés où les besoins de flexibilité sont justement très forts, la branche continue donc légitimement à occuper une place privilégiée, même après les ordonnances de septembre 2017 (*cf.* Titre 3).

§2 L'annualisation des horaires depuis 2016

274 Pics, creux et diminution de la masse salariale. Pour les entreprises de plus en plus nombreuses soumises à de forts pics et creux d'activité (le client-roi veut tout, tout de suite), l'annualisation constitue une solution financièrement très avantageuse. Faute d'accord en ce sens, elles doivent en période de forte charge multiplier les heures supplémentaires majorées qui succèdent à des creux, contraignant à une mise en activité partielle également coûteuse pour elles malgré les réformes récentes.

Si, en revanche, un accord d'« annualisation » est signé, la durée et la répartition des horaires restent identiques, les pics d'activité succédant toujours aux creux. Mais disparaissent, du moins si cette annualisation est bien gérée, toute rémunération différenciée des heures supplémentaires ou du chômage partiel, repos compensateur et imputation sur le contingent annuel : gain financier considérable pour l'entreprise… et déception pour les salariés.

Seule contrainte : l'accord permettant d'y recourir doit prévoir des « contreparties » : augmentation de salaires, réduction du temps travaillé. Mais ce miracle économique financièrement défavorable aux salariés visés n'intervient que si, à la fin de l'année ou dans la période retenue par les partenaires sociaux, la moyenne des horaires hebdomadaires s'établit pour *chaque* salarié à 35 heures hebdomadaires ou 1 607 heures annuelles au maximum.

275 L'idée est que, les pics ayant compensé les creux, le salarié a (fictivement) accompli régulièrement 35 heures hebdomadaires sur les 47 semaines travaillées, et sera rémunéré sur cette base. Son salaire mensuel sera lissé (autre *dérogation* à la loi, car il ne correspond pas aux horaires réellement effectués) à un niveau unique équivalant à 35 heures par semaine, une régularisation éventuelle intervenant en fin d'année, en plus ou en moins. Bref, des heures supplémentaires hebdomadaires... mais sans heures supplémentaires payées à l'année.

Même si la loi du 22 mars 2012 confirmée en 2016 a permis de se passer de l'accord exprès de chaque collaborateur visé, rarement ravi de perdre ses majorations pour heures supplémentaires, la gestion d'une annualisation reste d'une extrême complexité. Car elle s'applique à chaque salarié pris individuellement : que l'un soit malade et l'autre absent trois jours ou gréviste trois heures, les calculs nécessitent un puissant logiciel. Sans parler des salariés démissionnant avant la période haute à qui il faudrait demander un remboursement (en pratique, jamais), ou tout simplement de la météo ou d'une grève des transports publics qui bouleversent fin novembre des plannings chèrement négociés avec les syndicats.

276 **Lieu habituel de la régulation sociale**, mais aussi instrument anti-*dumping* interne car une fois étendue elle s'applique à tous (y compris aux PME sans délégué syndical), la branche où l'équilibre de la négociation est mieux assuré était devenue subsidiaire dès avant les ordonnances de septembre 2017. Chaque entreprise peut créer ses propres normes négociées, avec une diversification des règles entre entreprises d'un même secteur, et entre les TPE/PME et les plus grandes.

« Et moi, et moi, et moi » : il était prévisible que l'individualisation de notre société d'individus touche ensuite les entreprises voulant désormais être *auto-normes* : sécréter leurs propres règles. Ce qui évidemment motive peu les inspecteurs du travail à se lancer dans un vaste contrôle exigeant un investissement considérable, pour une seule entreprise.

Mais : 1. N'était-ce pas déjà le cas auparavant ? 2. Plus gênant : sur le terrain, dans la vraie vie et non celle rêvée de certains « petits juristes » (à l'instar du « petit chef ») qui comme l'inspecteur Javert ont perdu de vue le but du Droit, le monstre juridique qu'est notre « droit » de la durée du travail a-t-il encore une réalité sociale ?

277 **Restant malgré les textes récents d'une abracadabrantesque complexité pour un droit d'application quotidienne**, le droit français de la durée du travail est aujourd'hui le siège d'un paradoxe : la majorité des entreprises ignore par manque d'information, mais aussi car elles ne veulent pas remettre en cause l'équilibre politique, social et économique (allègement de charges) de leurs accords 35 heures, les immenses possibilités de flexibilité individuelle et collective désormais offertes par les accords dérogatoires, *a fortiori* depuis les cinq lois qui ont fini par détricoter à peu près totalement les lois 35 heures de l'an 2000, sur lesquelles les gouvernements de 2012 puis 2017 ne sont pas revenus : lorsque par exemple les heures supplémentaires ne sont plus majorées que de 10 %...

Un nouveau droit du travail, plus individualisé pour les salariés mais aussi les entreprises, est en train de naître, *a fortiori* avec la priorité donnée à l'accord *d'entreprise* par les ordonnances du 22 septembre 2017.

Chapitre 3

De la sécurité physique à la santé mentale, de la « souffrance » à la « qualité de vie » au travail

278 **La qualité de vie au travail, facteur de performance individuelle mais aussi collective.** Selon le Baromètre annuel de l'ANACT (« Pourquoi je vais travailler ? »), une large majorité des salariés français se déclare satisfaite de son travail : les points de satisfaction maximum sont les relations avec les collègues (92 %), l'autonomie et la sécurité sur le lieu de travail. Autre surprise en ces temps de « souffrance au travail », « *burn-out* », « *bore-out* », et autre « harcèlement managérial » : les relations avec la hiérarchie sont bonnes pour huit salariés sur dix, et le climat social rencontre un jugement presque aussi favorable (71 %), il est vrai variable selon la taille de l'entreprise : plus elle est petite, plus le climat social est jugé positif.

Selon l'enquête de l'UE publiée en mai 2014, la France arrive en 13e position pour les conditions de travail : 58 % de satisfaits, moyenne UE : 53 %, avec de très forts écarts-types ; de 87 % pour le Danemark et la Finlande, à 16 % pour la Grèce ou 20 % pour l'Espagne. Mais 89 % des Français sont satisfaits de l'intérêt de leur travail, 80 % de leur temps de travail et 76 % de l'équilibre vie professionnelle/vie personnelle.

Mais ils sont nettement moins satisfaits que les salariés étrangers de la qualité de l'information interne (59 % pour une moyenne internationale de 68 %), la possibilité de donner leur opinion (66/78 %), la proximité et l'écoute du management (59/74 %). L'enquête montre enfin que la crise a dégradé les conditions de travail dans presque tous les pays.

279 **Bien-faire son travail et bien-être au travail.** Avant d'évoquer ce qui ne va pas (harcèlements divers, accidents de travail, stress et autres tensions, sources d'absentéisme et de conflits individuels ou collectifs), il faut donc rappeler qu'en dehors de la vie professionnelle cauchemardée mise en scène par nombre de médias et qui n'incite guère les jeunes générations à rejoindre ce lieu de tensions et de harcèlements permanents, avoir un travail protège de la dépression et du suicide. Mais aussi

que le chapitre ici abordé ne peut se résumer à des sanctions pénales ou aux procès devant les prud'hommes voire le tribunal correctionnel. Comme le montre l'enquête internationale annuelle « *Great Place to Work* », *à la fiabilité très relative mais très médiatisée, il est « des entreprises où il fait bon travailler, où le collaborateur a confiance dans son encadrement, est fier de son travail comme de son entreprise, et travaille dans une ambiance conviviale* ». Classement France 2017 pour les plus de 5 000 salariés : Décathlon, Mac Donalds, Kiabi, Leroy-Merlin, H&M...

Or pour attirer puis fidéliser les meilleur(e)s, surtout à notre époque de chasse aux talents qui constituent aujourd'hui le véritable « capital social » d'une entreprise (dans la société du savoir, le talentisme a remplacé le capitalisme), la qualité de vie au travail est essentielle, aujourd'hui plus qu'hier ; surtout pour la génération Y soucieuse de sens voire de plaisir au travail, davantage que pour ses aînés habitués au devoir. Mais à l'instar du Droit lui-même, cette qualité de vie n'est pas donnée : elle se construit tous les jours, avec tous les acteurs de l'entreprise.

LE TÉLÉTRAVAIL REFONDÉ FIN SEPTEMBRE 2017
LA CONFIANCE, SINON RIEN

Cinq principes pour ce « travail à distance » plébiscité par 61 % des Français.

1. Le télétravail n'est pas un statut ni une activité en soi, mais un mode d'organisation percutant la culture à la fois verticale et jalousement égalitaire de l'entreprise – la Cour – à la française. Il ne s'improvise donc pas, qu'il s'agisse du télétravail des collaborateurs, ou des managers.
2. Le télétravail n'est ni un droit, ni une obligation, mais résulte d'un triple volontariat : entreprise-salarié-encadrement.
3. Il ne constitue ni une faveur (pour l'amie du manager), ni une sanction pour le harceleur envoyé chez lui, ou encore les mal notés devant, eux, rester au bureau (« l'Etage des Nuls »).
4. L'accès à distance touche le cœur nucléaire de l'entreprise : l'intégrité de ses systèmes d'information, avec un double risque : piratage et autre virus bien sûr, mais aussi lourde responsabilité en cas de fuite de données personnelles avec le règlement communautaire applicable au 25 mai 2018 : jusqu'à 20 millions d'euros ou 4 % du chiffre d'affaires mondial...
5. Le refrain du télétravail ? « *La confiance, sinon rien !* ».

Pourquoi s'y mettre aujourd'hui ?

1. Car la somme de tolérances individuelles au fil des demandes, bref le télétravail au gris parfois ignoré de la DRH elle-même, qui constitue fin 2017 l'essentiel du télétravail salarié, ne fonctionne plus. Aujourd'hui, les dizaines de collaborateurs comparent leurs avantages respectifs (ex : prise en charge de la moitié de l'abonnement privé). Des règles collectives et consensuelles sont socialement indispensables, y compris pour éviter un contentieux coûteux (rattrapage heures supplémentaires), voire dévastateur (ex : travail dissimulé).

Car gérer les 2 % de télétravailleurs au cas par cas ne provoque pas les mêmes problèmes organisationnels que lorsque 35 % des collaborateurs travaillent de

chez eux : or la réforme du 22 septembre 2017 banalisant le télétravail (ex : fin de l'avenant obligatoire) va faire monter les demandes...
2. Car le cadre légal a bougé, enfin. Pour une fois unanimes, nos partenaires sociaux avaient adressé le 15 juin 2017 au Ministre du Travail leur « *rapport conjoint sur le développement du télétravail et du travail à distance* » destiné à « *nourrir les réflexions futures tant du gouvernement* ». Puis la 3° ordonnance du 22 septembre 2017 a libéralisé son régime juridique ; sans hélas enfin admettre que le télétravailleur à domicile ou dans un espace de *co-working* ne peut se voir appliquer en totalité le Code du Travail conçu pour le tout collectif de l'usine ou des bureaux : « *Le télétravailleur a les mêmes droits que le salarié qui exécute son travail dans les locaux de l'entreprise* » (L. 1222-9, 3° alinéa nouveau). L'hypocrisie va donc continuer : chez vous, avez-vous une sortie de secours ? Une rampe pour handicapés ?
3. Car le travail à distance évolue aussi vite que les technologies (5G), et la culture des jeunes générations. Or pour les fameux « talents » que les entreprises s'arrachent, le télétravail est un droit naturel : ils ne veulent pas changer le monde, mais ont toujours travaillé comme cela : une entreprise s'y refusant par principe les fait fuir.
4. Car le télétravail a plusieurs portes d'entrée : la qualité de vie au travail bien sûr, mais aussi GPEC en cas de déménagement pour garder les meilleurs, voire obligation de reclassement en cas de PSE ou d'avis d'inaptitude.
Sécurité des données ou contrôle du temps de travail, les télécentres aux quatre coins de l'agglomération et autres « bureaux de passage » appartenant à l'entreprise ne posent guère de problèmes puisqu'il s'agit d'une présence physique dans un lieu de travail professionnel. Ce n'est pas le cas du *co-working* dans des tiers – lieux, où les travailleurs indépendants sont nombreux, et les télétravailleurs salariés rares : car dès que des données sensibles sont utilisées, entre le wifi partagé et les voisins parfois envahissants...

Mieux vaut ne pas improviser

Comme le notait le rapport des partenaires sociaux : « *En matière de qualité de vie au travail, le télétravail obtient le score le plus élevé dans tous les baromètres d'entreprises ou nationaux. Mais ce plébiscite, quasi unanime par ceux qui le pratiquent comme par les managers et les équipes dans lesquelles il est en usage, ne doit pas faire oublier la révolution silencieuse que cela engage* ».
« *Test and learn* » est donc la démarche appropriée. Avec avant tout, une étude de faisabilité technique avec la DSI : postes non télétravaillables car maniant des données trop sensibles ; sécurisation des connexions à distance ; ordinateurs et connections strictement professionnels ; pas de wifi, ni d'impression de documents, armoire fermée...
Puis information-consultation du comité d'entreprise (L. 2323-6) et du CHSCT (L. 4612-8) -demain le Comité Social et Economique- qui ne peut pénétrer dans un domicile mais pourra nommer un expert : organisme public en charge de ce dossier, l'ANACT a publié des modes d'emploi et assure un tel accompagnement (www.anact.fr).

Puis campagne de sensibilisation sur le réseau social interne, avec FAQ (« *Non, le mercredi n'est pas le jour rêvé pour télétravailler* ») et tests individuels d'autonomie.
Puis entrer en négociation avec les syndicats : négociation pas obligatoire, même après l'ordonnance du 22 septembre 2017 qui veut l 'encourager. Mais si lors de l'accord interprofessionnel de 2005, ils étaient très réticents face à cette individualisation/externalisation, ce n'est plus le cas du fait de la pression des salariés dans nos grandes agglomérations, et des jeunes collaborateurs très attachés à leur qualité de vie et soucieux de développement durable.
Commencer par une expérimentation sur un établissement ou une filiale au profil adéquat, avec un accord collectif à durée expressément déterminée d'un an, une commission paritaire de suivi se réunissant tous les trois mois pour faire le point, et résoudre au fur et à mesure d'éventuels problèmes.
Cet accord collectif – souvent unanime– créant du consensus évitant le contentieux prévoira l'expérimentation dans des lieux déterminés un jour par semaine, avec ses conditions : en particulier celles des postes télétravaillables et de l'éligibilité au télétravail, essentielles pour le succès de l'opération tout en respectant le principe d'égalité.
Pas les CDD ou les apprentis devant apprendre, ancienneté minimum d'un an dans l'entreprise, mais surtout d'au moins six mois dans le service concerné : on ne travaille bien à distance qu'avec des personnes que l'on connaît bien. Avec un quota pour ne pas vider le service : si les demandes sont trop nombreuses, priorité sera donnée aux personnes handicapées, aux femmes enceintes, puis ceux habitant le plus loin.
Les travailleurs à temps partiel ? Ils n'y auront accès qu'aux mêmes conditions que les temps plein : par exemple au maximum 20 % de leur temps travaillé. Et le mercredi n'est télétravaillable pour personne car 1. Nombre de temps partiel ne travaillent déjà pas ce jour-là ; 2. Le télé-**travail** exige de se consacrer à son travail, rarement compatible avec la garde d'enfants.

Quelles nouveautés depuis l'ordonnance du 22 septembre 2017 ?

1. Un élargissement de sa définition en forme de banalisation : le télétravail n'est en effet pas un nouveau contrat exigeant un avenant, mais un simple mode d'organisation de l'entreprise. Hier : « Toute forme d'organisation du travail dans laquelle un travail qui aurait également pu être exécuté dans les locaux de l'employeur est effectué par un salarié hors de ces locaux *de façon régulière* et volontaire en utilisant les technologies de l'information et de la communication *dans le cadre d'un contrat de travail ou d'un avenant à celui-ci* ». Depuis 2017, « *de façon régulière* » a disparu : le « télétravail occasionnel » peut au contraire être mis en œuvre d'un commun accord, recueilli par tout moyen à chaque fois qu'il est mis en œuvre : pas besoin donc d'un écrit en double exemplaire pour télétravailler un jour de grève des transports.
2. La création d'une ébauche de droit au télétravail. Pour faire face à des contraintes personnelles, tout salarié qui occupe un poste éligible à un mode d'organisation en télétravail dans les conditions prévues par accord collectif ou, à défaut, par la

charte, peut demander à son employeur le bénéfice du télétravail. L'employeur qui refuse d'accorder le bénéfice du télétravail à son salarié doit motiver sa réponse. Un refus ne pourra donc être de principe.

3. Son cadre : un accord collectif ou, à défaut, une charte élaborée par l'employeur après avis du futur Comité social et économique, s'il existe, fixant :

- les conditions de passage en télétravail et celles de retour à une exécution du contrat sans télétravail ;
- les modalités d'acceptation par le salarié des conditions de mise en œuvre du télétravail ;
- les modalités de contrôle du temps de travail ou – nouveauté – de régulation de sa charge de travail ;
- les plages horaires durant lesquelles l'employeur peut habituellement contacter le salarié en télétravail, qui étaient avant fixées « en concertation avec lui », et ont une influence sur l'accident de travail) ;

4. La reconnaissance d'un très, très éventuel accident (mais le doigt coincé entre deux touches est plus rare que l'électrocution du doberman) comme accident de travail : « *L'accident survenu sur le lieu où est exercé le télétravail* **pendant les plages horaires du télétravail** *est présumé être un accident de travail* ».

5. Si l'ordonnance a supprimé l'obligation « *de prendre en charge tous les coûts découlant directement de l'exercice du télétravail, notamment le coût des matériels, logiciels, abonnements, communications et outils, ainsi que de la maintenance de ceux-ci* », celle de « *prendre en charge les coûts directement engendrés par ce travail, en particulier ceux liés aux communications* » figurant dans l'ANI du 19 juillet 2005 étendu le 30 mai 2006 demeure... Et c'est une question sensible qui doit être traitée par l'accord collectif, ou la Charte : le plus cher : les consommables... mais certaines entreprises interdisent, pour des raisons de sécurité, toute impression au domicile.

6. **En nos temps d'inondations centenaires** tous les trois ans, de grève des transports paralysant toute une agglomération, mais aussi hélas d'attentats entraînant le bouclage d'une ville (Bruxelles, 2016), l'article L. 1222-11 conçue pour l'épidémie H1N1 demeure : « *En cas de circonstances exceptionnelles, notamment de menace d'épidémie, ou en cas de force majeure, la mise en œuvre du télétravail peut être considérée comme un aménagement du poste de travail rendu nécessaire pour permettre la continuité de l'activité de l'entreprise et garantir la protection des salariés* ». Mais la mise en télétravail de 897 personnes ne s'improvise pas...

Pour comparer les meilleures pratiques et accords : le très pratique « Guide du télétravail » rédigé par la Métropole Européenne de Lille, rédigé avec la CFE-CGC, la CFTC et la CGPME (www.lillemetropole.fr). Le site du spécialiste mais réaliste Yves Lasfargue (www.ergostressie.com) ; enfin le site d'échanges des télétravailleurs français, avec un MOOC (www.zevillage.net).

280 **Le travail n'est pas forcément la santé.** 270 millions d'accidents du travail et 2 millions de morts chaque année selon l'OIT, constatant aussi que les pays développés exportent volontiers vers le Sud leurs principaux risques.

En France, selon les chiffres pour l'année 2015 publiés par la CNAM en novembre 2016, 624 525 accidents **du travail** avec arrêt (contre 720 150 en 2007), d'une durée moyenne de 50 jours, dont 36 046 graves et 545 décès dont 137 dans les BTP, 66 dans les Transports. Total : 39,6 millions de journées perdues.

Mais, du fait aussi de l'élargissement du champ des maladies reconnues et d'une meilleure information des médecins comme des salariés, le nombre de **maladies professionnelles** explose, avec 9,6 millions de journées perdues : 13 500 en 1998, 36 871 en 2004, et 50 960 en 2015, avec 381 décès, dont 224 dus à l'amiante. Mais à 87 % des TMS (39 % main, poignet, doigts ; 30 % épaule ; 21 % coude),

Enfin 86 229 accidents de trajet avec arrêt (contre 100 018 en 2011), avec 269 décès (5,9 millions de journées perdues).

Mais attention : toute crise économique entraîne mécaniquement une diminution des accidents du travail (AT) puisqu'il y a diminution de la population active ; et la lente disparition des mines ou d'industries lourdes occasionne une diminution des accidents graves (indice de gravité dans le BTP : 35 %, contre 4 % dans les banques et assurances). Reste que malgré de très réels progrès, deux salariés meurent au travail chaque jour ouvrable en France.

Deux évolutions rendent indispensable une profonde réforme du système en vigueur, conçu pour le mineur ou le métallurgiste : l'évolution des risques professionnels, et la révolution jurisprudentielle 2002-2016, en pleine intensification du travail.

281 Du coup de grisou du mineur au stress du travailleur du savoir. Comme l'a remarqué la CJUE dans l'arrêt Jaeger du 9 septembre 2003, « *le préambule de la Constitution de l'OMS, dont font partie tous les États-membres, définit la santé comme un état complet de bien-être physique, mental et social, et non pas seulement comme un état consistant en une absence de maladie ou d'infirmité* ». Certes ! Mais quittons Oui-Oui au Pays des Coccinelles : la vie en entreprise est aussi faite de contraintes, organisationnelles et humaines. Si les petits chefs et les *reportings* quotidiens sont une véritable calamité, si un employeur assurant un meilleur équilibre vie professionnelle/vie personnelle fidélisera mieux ses meilleurs collaborateurs voulant légitimement « marcher sur deux pieds », laisser penser que produire collectivement des services achetés par des clients amène naturellement à un « *état complet de bien-être physique, mental et social* » relève de la publicité mensongère. L'enfer, c'est les autres.

Mais comme le montre aussi l'accord européen sur le *stress* d'octobre 2004 transposé – recopié – en juin 2008 par les partenaires sociaux français puis étendu le 6 mai 2009, ce dernier est difficile à définir (*« le stress est un état accompagné de plaintes ou dysfonctionnements physiques, psychologiques ou sociaux, qui résulte du fait que les individus se sentent inaptes à combler un écart avec les exigences ou les attentes les concernant »*, selon l'accord-cadre européen), et surtout multifactoriel, à l'instar des suicides sur le lieu de travail. En France, 20 % des arrêts-maladie de plus de 45 jours sont liés à des troubles psychosociaux.

Si le salarié importe forcément au bureau le stress de sa vie privée, il exporte aussi celui de sa vie professionnelle dans sa vie personnelle ou familiale. Et des parents tendus – comme en notre période de crise sociétale + économique – font rarement des enfants détendus.

282 *« Allô, patron, bobo ? »* : **l'entreprise maternante.** Dans les deux cas, que doit faire l'entreprise ? Leur bonheur grâce à un *Chief Happiness Officer* ? Au nom de leur « bien-être », doit-elle s'intéresser à la vie privée de ses collaborateurs, au mépris de l'article 9 du Code civil : informations sur le diabète, conseils diététiques pour les commerciaux, accompagnement pour arrêter le tabac ou l'alcool, « tickets-psy » pour les déprimés, et « *safe sex* » pour les expatriés ? Mais téléphoner à une salariée en maladie, tout simplement pour prendre de ses nouvelles, est parfois jugé comme le summum du harcèlement moral...

283 **Bien-être au travail et être fier de son travail : questions d'organisation.** Selon l'institut CSA, quatre salariés sur dix (41 %) se disent stressés, et 13 % très stressés. Ce chiffre atteint 47 % pour les catégories socioprofessionnelles supérieures, voire 57 % pour les cadres supérieurs (la boîte courriel qui se remplit toujours plus vite). La faute au travail exclusivement pour 60 % d'entre eux, mais des causes professionnelles *et* personnelles pour 38 %. Souvent les répercussions du stress débordent la sphère professionnelle et touchent la sphère personnelle : grosse fatigue, tensions musculaires, difficultés à ne plus penser au travail une fois à la maison, troubles du sommeil et de la sexualité, anxiété, irritabilité : 64 % déclarent avoir ressenti un de ces symptômes, et en moyenne trois sont cités. Inquiétant, car leur cumul conduit à des pathologies plus graves. Et le directeur de l'Anact de déplorer les « *idées reçues : gestion individuelle du stress, numéros verts et autres cellules de soutien psychologique. La prévention, ce n'est pas de savoir comment faire face au stress, mais c'est de faire en sorte qu'une organisation du travail ne génère pas de situations stressantes* ».

284 **Santé des salariés et santé de l'organisation.** L'article L. 4121-1 met à la charge de l'employeur l'obligation de veiller à la santé physique et mentale des salariés. Mais interdire à un fumeur de fumer dans un bureau commun, obliger un salarié du BTP à porter casque et gants de sécurité est une chose. Veiller à ce que chaque manager, lui-même soumis à des objectifs à la limite du réalisable donc du « supportable », ne « mette pas la pression » sur ses collaborateurs n'a pas grand-chose à voir.

285 **Les risques du métier.** Qu'il s'agisse des métiers ou des risques, les « métiers à risques » ont également changé : si l'accident du travail soudain, immédiatement et visiblement lésionnaire du mineur de fond ou la chute du toit du plombier-zingueur (11 % des décès liés à des chutes de hauteur) sont hélas bien connus et depuis longtemps pris en charge par le droit du travail, de la Sécurité sociale, et par les personnes compétentes (médecin du travail, inspecteur du travail), l'irruption, juridique puis médiatique, de la santé *mentale* mais aussi des maladies à effets très différés (amiante,

éther de glycol : vingt ans ou trente ans après) pose aujourd'hui de nouvelles et difficiles questions aux juristes comme aux juges. La « *charge* (pondérale) *de travail* » de Charlie Chaplin, que l'on retrouve dans les facteurs de pénibilité (physique) de 2016 (« 7 500 kg cumulés par jour ») n'a pas grand-chose à voir avec la charge cognitive, informationnelle et communicationnelle du travailleur du savoir.

Sans parler des troubles musculo-squelettiques (TMS) : dix fois plus en quinze ans, et aujourd'hui 87 % des déclarations de maladie professionnelle. Liés à des mouvements rapides et répétitifs (travail à la chaîne, mais aussi de longue durée sur ordinateur), ils se développent aussi avec le vieillissement du salariat. Or de simples mesures ergonomiques de base (bras posés, pause toutes les 30 minutes, mesures d'étirement) permettent d'en limiter les dégâts s'agissant de frappe sur clavier. Dégâts qui touchent désormais des cadres et dirigeants « secrétarisés » car privés d'assistante, tapotant à un doigt toute la journée, y compris pendant les réunions ou une « *conf-call* ».

En attendant que leur pouce, de SMS en courriel, ne devienne une véritable *palme* pour enfin véritablement *surfer* sur Internet.

286 Anxiété technologique sociétale et stress technologique personnel. Au-delà de l'ex- « hygiène-sécurité » liée au modèle manufacturier des années 1960 devenue santé *physique*, avec la croissance des travailleurs du savoir est apparue dans le Code en janvier 2002 la santé *mentale* du salarié. Ce qui est une toute autre question dans notre société d'individus à la vie familiale souvent fort chahutée, avec parfois tout au bout du chemin des suicides sur le lieu de travail : ainsi des cas très médiatisés du centre Renault de Guyancourt, des centrales d'EDF ou chez France Telecom, entreprises ne passant pas pour le temple de l'exploitation mais où l'écran de l'ordinateur est parfois devenu le seul interlocuteur du salarié, ex-fonctionnaire de 50 ans déboussolé par le client-roi et l'argent fou.

287 Des manu-factures aux neurones-factures. La santé mentale peut aussi être atteinte par la charge informationnelle et communicationnelle qui s'alourdit chaque année pour les travailleurs du savoir, aggravée par l'urgence devenue la norme : on n'ose imaginer le château de Vaux-le-Vicomte ou Notre-Dame de Paris réalisés aux rythmes d'aujourd'hui. Mais aussi par le culte du changement permanent, opportunité pour le fort en thème mais fort déstabilisant pour les non qualifiés, et dont le sens n'apparaît pas toujours clairement dans notre monde « court-termiste » ; par les obligations de résultat avec des *reportings* permanents, empêchant le manager de manager son équipe, et qui font des chers collègues de dangereux concurrents internes. Comme le constate Christophe Dejours : « *Une règle de travail ne se bâtit jamais seulement par rapport à son efficacité instrumentale et son utilité économique, mais aussi par référence à ce qui permet à tous les membres du collectif de vivre ensemble et de travailler ensemble. Car coopérer, ce n'est pas seulement produire, c'est aussi vivre ensemble* » (*cf.* N. Aubert et V. de Gaulejac, *Réussir à tout prix, être performant coûte que coûte : le coût de l'excellence*, Le Seuil, 3e édition, 2012).

STRESS ET MONDE INSENSÉ : DILUTION DU COLLECTIF ET PEUR DE NE PAS « ÊTRE À LA HAUTEUR »

Le stress n'est pas une maladie : il fait partie de la vie, et peut être lié à des événements heureux : naissance, rendez-vous amoureux, succès à un concours.

« Insensé : qui n'est pas sensé, qui a perdu le sens » (Littré)

Comment pourrait-il en être autrement lorsque le commun des mortels voit un *trader* trentenaire français faire joujou avec cinquante milliards d'euros, ou un de ses collègues américains bénéficier d'un bonus annuel équivalent à un million de Smic mensuel ? Quand le « Siège-World » exige chaque année + 20 %, et quand la filiale ne fait que 15 %, un PSE se profile ?

Comment ignorer :

- que les flux *tendus* ne permettant pas toujours de faire un « travail soigné », que « 24 h chrono » ne font pas des salariés *détendus* ? Comme en électricité, P = UI : une trop forte intensité entraîne des « pétages de plombs » ;
- que le « Au rapport ! » de l'adjudant-chef s'est mué en *reportings* permanents et chronophages au détriment de l'écoute des collaborateurs ?
- que l'individualisation des rémunérations et la chasse aux temps morts post-35 h ont souvent tué les collectifs de travail, dont le mal-être d'hier s'exprimait par une bonne grève sur les conditions de travail ? Les « grèves froides » individuelles d'aujourd'hui (absentéisme, somatisation : « *L'homme insensé vainement se consume* », Racine) sont autrement plus difficiles à gérer ;
- que la lente submersion par des dizaines de courriels ou SMS pleins d'injonctions souvent paradoxales dans un style bref donc cassant voit se noyer lentement nombre de managers tentant de les écluser le soir et le week-end ? Si l'on y ajoute une vie personnelle, de couple ou familiale, souvent fort chahutée...

Exemple vécu : « *C'est quoi, un adulte ?* » Réponse de Juliette, 9 ans : « *Une grande personne qui n'a jamais le temps* »... Stress.

Un temps sans délai, bien décrit par Nicole Aubert, professeur à l'ESCP :

« C'est avec la conjonction de l'avènement des nouvelles technologies – e-mail, smartphone, Internet – et du triomphe du capitalisme financier fondé sur une exigence de rentabilité à court terme, que sont apparues de nouvelles façons de vivre le temps : instantanéité, immédiateté et urgence qui désormais imprègnent tout le mode de vie et d'action des entreprises.

Le rapport au temps n'est plus le même. Ce n'est plus un rythme long, avec un profit accumulé pour être réinvesti, mais un temps très court, une accélération incessante induite par les nouvelles technologies. Dans ce contexte économique, l'entreprise privilégie une culture de la réactivité extrême et de l'adaptabilité permanente au détriment de la compétence longuement accumulée, de la culture du métier, de la loyauté professionnelle. Le travail réel semble avoir disparu pour les dirigeants : seuls les objectifs et la performance financière deviennent essentiels. Nous sommes passés à une logique du "combien" et non plus du "comment". On ne s'occupe plus du qualitatif. La dimension du sens, pourtant fondamentale, se perd dans un maelström d'actions désordonnées et de projets parcellisés. »

« Only... me »

« *Plus la communauté est fortement intégrée, plus elle a de vertus préservatrices* » : dans son livre sur le suicide, Émile Durkheim associait déjà facteurs psychologiques liés à la personne prise isolément, et facteurs sociaux : l'organisation sociale autour de l'individu, et en particulier « l'organisation du travail » qui manifestement peut avoir un impact : si trente clients mécontents font en plus la queue devant une seule vendeuse... Pour sa part, la Chambre sociale a reconnu le harcèlement managérial : « *Peuvent caractériser un harcèlement moral les méthodes de gestion mises en œuvre par un supérieur hiérarchique, dès lors qu'elles se manifestent pour un salarié déterminé par des agissements répétés ayant pour objet ou pour effet d'entraîner une dégradation des conditions de travail susceptibles de porter atteinte à ses droits et à sa dignité, d'altérer sa santé physique ou mentale ou de compromettre son avenir professionnel* » (CS, 1er mars 2011, voir encadré *infra*). Mais la « charge de travail » ou la « pénibilité du travail » sont des notions dont on imagine facilement qu'elles sont moins objectives et quantifiables qu'un « poids de 45 kg au maximum, brouette comprise ».

Victimisation et boucs émissaires

Mais il ne faut pas non plus tomber, y compris et surtout chez les juges, dans le tout-psychologique et la victimisation généralisée. Excellents boucs émissaires, les entreprises ont aussi les poches profondes. Sans oublier que le Mineur de Germinal ou le Métallo de Simone Weil connaissaient des conditions de travail autrement plus stressantes que nos ingénieurs des services R&D ayant le sentiment de ne plus rien maîtriser.

Le marché du stress est immensément prometteur : les cabinets d'experts spécialisés nommés par les institutions représentatives du personnel fleurissent, indirectement aidés par des juges terrorisés par l'éventualité d'un grave dérapage, voire d'un suicide.

288 **La révolution jurisprudentielle de 2002-2016.** Depuis les arrêts Amiante du 28 février 2002 (Chambre sociale), créant en droit du travail une obligation de sécurité de résultat, puis la banalisation de la faute inexcusable de l'employeur afin de mieux indemniser la victime (Deuxième Chambre civile, en charge du contentieux Sécurité sociale), la Cour de cassation a poursuivi son évolution qui a mis à mal puis à bas le compromis historique de 1898 (indemnisation automatique et forfaitaire de l'accidenté contre exclusion des poursuites civiles contre l'employeur).

289 *Securitas omnia corrumpit.* **L'arrêt du 5 mars 2008 a été le couronnement de cette évolution jurisprudentielle :** « *L'employeur est tenu, à l'égard de son personnel, d'une obligation de sécurité de résultat qui lui impose de prendre les mesures nécessaires pour assurer la sécurité et protéger la santé des travailleurs. Dans l'exercice de son pouvoir de direction, il lui est interdit de prendre des mesures qui auraient pour objet ou pour*

effet de compromettre la santé (donc physique mais aussi mentale) *et la sécurité des salariés.* »

Certes rendu dans une affaire visant un établissement classé Séveso, où le CHSCT avait désigné un expert avant d'émettre un avis négatif au vu de son rapport, le comité d'entreprise ayant ensuite fait de même, l'arrêt Snecma du 5 mars 2008 restera dans les mémoires comme une mutation génétique de l'obligation de sécurité. D'une part, c'est un syndicat qui a obtenu *en référé,* en l'absence de toute violation d'une obligation particulière de sécurité, de danger grave et imminent, de risque « grave » ou encore « sérieux d'atteinte à l'intégrité physique », bref en amont de la réalisation éventuelle d'un risque professionnel, la suspension de la note de service mettant en place la nouvelle organisation.

290 S'il semble d'autre part assez raisonnable d'interdire au chef d'entreprise *« de prendre des mesures qui auraient pour objet de compromettre la santé des salariés »* (!), lui interdire de prendre des mesures « qui auraient *pour effet* de compromettre leur santé physique et mentale » mérite plus ample examen : car quelle mesure patronale n'aura jamais pour effet de générer du stress chez certains collaborateurs, et donc de porter éventuellement atteinte à leur santé mentale ? Sur le plan collectif un projet de PSE, sur le plan individuel un projet de mobilité entraîne un fort stress familial et insomnies... et *a fortiori* la convocation à un entretien préalable de licenciement...

Mais il faut alors que le législateur ou la Chambre sociale donnent à l'employeur des moyens simples, y compris disciplinaires, pour faire respecter ces nouvelles règles : or par exemple en matière de contrôle préventif d'alcoolémie ou de drogues, c'est encore loin d'être le cas.

291 **Les deux révolutions en cours.** 1. D'un droit de la *réparation* de l'accident du travail à un droit de la *prévention* des risques dans et hors l'entreprise : le droit des accidents de travail et son financement sortent totalement bouleversés de cette évolution. 2. Du travail punition et souffrance *(« Tu gagneras ton pain à la sueur de ton front »)* à la « qualité de vie au travail » : les entreprises ne doivent pas seulement éviter que leurs collaborateurs tombent malades du fait de leur activité professionnelle ; reprenant la définition de l'OMS (en résumé : la santé n'est pas l'absence de maladie), elles sont aujourd'hui sommées d'assurer leur « bien-être » : une révolution commencée le 2 juillet 2013 avec l'ANI sur la « qualité de vie au travail », devenue nécessité concurrentielle pour les entreprises mondiales voulant attirer les meilleurs jeunes talents.

Sur l'ensemble de la question, voir :

– L'ouvrage de référence est celui de M. Blatman et P.-Y. Verkindt, L'état de santé du salarié, Éditions Liaisons, collection « Droit vivant », 3e éd., juin 2014, et leurs chroniques dans la revue Droit social.

– F. Pelletier et K. Bézille, L'entreprise à l'épreuve des risques psychosociaux, Éditions Liaisons, collection « Droit vivant », 2011.

– Le très complet numéro spécial de Droit social, mars 2014 : « La qualité de vie au travail ».

– « La qualité de vie au travail : un levier de compétitivité » Réseau Anact-Aract, Fabrique de l'industrie, Terra Nova, octobre 2016
– H. Lanouzière, « Prévenir la santé et la sécurité au travail », Éditions Lamy, collection « Lamy Conformité », 2012.
– Site de l'Anact (www.anact.fr) avec son blog : qualitedevieautravail.org/blog. Et son Libre Blanc d'octobre 2017 : « Pour apprendre à manager le travail ».
– Le site de la Fondation de Dublin (www.eurofound.europa.eu) et son rapport sur « les conditions de vie et de travail en Europe ».

Le souci de protection du travailleur contre les risques liés à l'exercice de son activité professionnelle a suscité une réglementation préventive complexe *(Section 1)* dont la mise en œuvre s'effectue sous un contrôle particulièrement pressant *(Section 2)*.

SECTION I Les normes

§1 Multiplication des sources

292 **Les risques liés à l'activité** *industrielle* sont à l'origine des premières lois du travail au milieu du XIXe siècle. Le législateur a depuis multiplié les prescriptions, et le Code du travail 2017 y consacre des centaines d'articles, en constante évolution. Dans le Code Dalloz, 73 pages pour les seules mesures de nature législative, et 340 pour les règlements. Auxquels il faut y ajouter les textes figurant dans d'autres codes, notamment en matière d'installations classées ou d'immeubles de grande hauteur, les textes non codifiés, et les mesures de prévention édictées par les caisses d'assurance maladie. Le *Pluyette*, édité par l'UIMM, y consacre plus de 2000 pages en petits caractères, et le très complet *Lamy Hygiène-Sécurité* deux tomes entiers, régulièrement mis à jour par Internet.

Si l'on y ajoute les règlements, ici nombreux, les directives communautaires et autres accords sectoriels qui se sont multipliés après la directive-cadre du 12 juin 1989 centrée sur la prévention et élargissant la sécurité purement physique aux conditions de travail et à la santé *mentale*, on constate que ce droit fait appel à la quasi-totalité des sources du droit du travail.

Mais ces règles étant *par nature d'ordre public* et non négociables, le législateur a logiquement renvoyé au *règlement intérieur* unilatéral la définition des mesures d'application : conventions collectives et contrat de travail n'abordent pratiquement pas ces questions. La Chambre sociale n'hésite pas à censurer des stipulations encourageant directement ou indirectement les salariés à prendre des risques en matière de sécurité, pour eux *mais aussi pour les tiers :* ainsi conduire plus vite pour gagner plus. Elle a ainsi annulé le 24 septembre 2008 un système conventionnel de rémunération des « *courses* » conduisant à une majoration du salaire en fonction des distances parcourues et des délais de livraison : « *Un tel mode de rémunération de nature à compromettre la sécurité du salarié était prohibé.* » Sans parler de celle des tiers...

§2 Un contenu toujours élargi

293 Hier : faire respecter les règles de prévention. Aujourd'hui : garantir la santé, voire le « bien-être » ? Cette réglementation semble relever davantage de l'ingénieur que du juriste : dans de nombreux pays européens, la compétence de l'inspection du travail s'arrête d'ailleurs là. Bien que rassemblées depuis 2008 dans la Quatrième Partie du Code (« Santé et sécurité au travail »), les mesures pullulent. Mais le principe général reste posé par l'article L. 4121-1 : « *L'employeur prend les mesures nécessaires pour assurer la sécurité et protéger la santé physique et mentale des travailleurs.* »

294 Responsabilité du chef d'entreprise, ou de son délégataire

L'obligation de respecter, et faire respecter les prescriptions d'hygiène et de sécurité pèse d'abord sur le « chef d'entreprise » (forcément une personne *physique*), devenu avec le Code 2008 « l'employeur » (souvent une personne *morale*).

Pour le responsabiliser – au double sens du terme – la jurisprudence affirme qu'il est « *tenu de veiller personnellement à la stricte et constante exécution des dispositions édictées en vue d'assurer l'hygiène et la sécurité des travailleurs* ». Il ne saurait donc invoquer pour sa défense la négligence ou la désobéissance de ses collaborateurs, voire de la victime elle-même.

295 Délégation de pouvoir : Licéité de la DP = C × A × M. Pour s'exonérer de cette lourde responsabilité, l'employeur peut invoquer une délégation de pouvoir. La responsabilité de la personne physique délégataire accompagne naturellement l'exercice des pouvoirs ainsi transférés. Afin d'éviter tout détournement de cette procédure, véritable *mistigri* juridique sinon « patate chaude » car personne ne souhaite se retrouver un jour en correctionnelle, la jurisprudence n'admet la validité de cette délégation, prouvée par tous moyens mais dont il est judicieux de garder une trace écrite, que si le délégataire est cumulativement doté de la *compétence* (ex. : stage de formation), de l'*autorité* (pour se faire immédiatement obéir en cas d'urgence) et des *moyens* (financiers et techniques) nécessaires à l'exercice de ces responsabilités : bref, pourra-t-il intervenir efficacement en cas de problème ? S'il manque une condition, l'inspecteur du travail ou le juge remontera au niveau supérieur...

296 Cette obligation de sécurité ne se limite pas à la seule exécution des prescriptions techniques. Se fondant sur les dispositions très générales du Code du travail, la jurisprudence considère que le chef d'entreprise est soumis à une obligation générale de sécurité de résultat. Même si la CJUE a rappelé le 14 juin 2007 que la directive de 1989 n'allait pas « *jusqu'à imposer au chef d'entreprise de garantir un environnement de travail sûr* ».

297 **Même si aucune violation précise des textes** ne peut être imputée à l'employeur, il pourra donc être mis en cause si un accident, mais aussi une simple inspection font apparaître qu'il a toléré dans son établissement une situation dangereuse (ex. : tabagisme passif). Et cette obligation de sécurité est *pénalement sanctionnée* puisqu'il s'agit de la santé, voire de la vie des personnes. Même si aucun accident ne s'est produit, l'employeur qui ne respecte pas la réglementation est donc passible de poursuites correctionnelles.

L'entreprise peut également être condamnée, dans les conditions de la responsabilité pénale des personnes morales (C. pén., art. L. 121-2). Pour la Chambre criminelle, la délégation de pouvoir élargit cette responsabilité, le délégataire devenant l'un de ses « représentants ».

298 **L'esprit de prévention impose une certaine** *logique normative*. Les textes communautaires imposent ainsi une véritable hiérarchie des mesures de sécurité (*cf.* L. 4121-2) : priorité est donnée aux actions visant à supprimer le risque sur celles qui ne font que le corriger, et aux mesures de protection collective et objective (écran de protection, garde-corps...) sur les mesures de protection individuelles et autres consignes de sécurité. Car la sécurité des travailleurs ne doit pas dépendre de leur bonne volonté à accepter des contraintes pesantes (ex. : gants et tenue de protection), et parfois difficilement compatibles avec les exigences de productivité immédiate, ou un été torride (ex. : casque BTP).

Le législateur a enfin et très légitimement mis l'accent sur le concept de *sécurité intégrée* consistant à tenir compte des problèmes de sécurité dès la conception des locaux ou des machines.

299 **Du travail soigné au travail à soigner.** À notre époque où le principe de précaution, entré en 2004 dans notre Constitution au sujet du seul *environnement,* est désormais directement évoqué par les juges, la lutte contre les maux imputables au travail se complexifie année après année : aux risques industriels connus (mais pas toujours : hier, l'amiante était un produit miracle ; l'explosion d'AZF-Toulouse était due à un problème de stockage et non de production, très surveillée) touchant le corps des salariés, succèdent ceux mettant en cause son cerveau (stress, troubles du sommeil...) : de la physiologie à la psychologie, avec interférence permanente (somatisation : « *J'en ai plein le dos* »/mal de dos ; « *Ça me prend la tête* »/migraines). Sans parler des dégâts collatéraux lorsque la charge de travail conduit à ne plus pouvoir déconnecter ses neurones ou débrancher son *Crackberry* pendant le week-end, au grand désespoir des enfants constatant qu'un parent présent peut être absent, car au travail.

HARCÈLEMENTS IMMORAUX : L'ENFER PAVÉ DES MEILLEURES INTENTIONS

Issu du verbe *herceler* (la herse avec ses nombreuses piques), le harcèlement connaît aujourd'hui un bien triste succès juridique et judiciaire en France et dans l'Union européenne, après avoir fini d'éloigner les deux sexes outre-Atlantique.

Au grand bonheur des universités américaines multipliant les « cursus de genre », parfois en forme de guerre contre le mâle-veillant, sexe dominateur *naturellement* porté sur la violence, afin d'assurer une véritable égalité des sexes. La guerre pour l'égalité ? En janvier 2015, vingt courageux professeur(e)s de droit d'Harvard constataient que « *pour statuer sur des affaires d'infraction sexuelle présumée, notre Université a adopté des procédures qui dérogent aux règles de droit les plus fondamentales. Ce système jette par-dessus bord toute notion d'équilibre et d'équité* ».

La règle *de droit* est-elle la seule à pouvoir réguler une société ? Est-elle apte à réglementer tous les comportements au sein des entreprises ? Faut-il rappeler qu'en Extrême-Orient, « *le droit est fait pour les Barbares* » ? Le *contentieux*, dont la fonction normative est essentielle aux États-Unis, est-il un mode normal de régulation sociale dans notre grand pays aux 200 000 textes ? La médiatique sanction *pénale* est-elle la plus adéquate pour des comportements dont les ressorts sont d'une rare complexité ? Ne sert-elle pas aussi parfois de moyen de chantage, voire d'extorsion de fonds ?

Toujours à l'avant-garde du « politiquement correct », cette insoutenable lourdeur de l'être, l'UE a dans la directive du 5 juillet 2006 portant sur « l'égalité de traitement entre hommes et femmes » mais constituant un consternant mélange de discrimination, de harcèlement sexuel et de harcèlement tout court, presque réussi à atteindre le niveau de la guerre des sexes à l'américaine.

Définition communautaire du harcèlement sexuel : « *Situation dans laquelle un comportement non désiré* (traduction officielle mais problématique de *unwanted* : ah, la preuve du « désir » en droit ! On attend avec impatience l'embarrassante question préjudicielle posée à la CJUE, puis son application par un juge suédois et un juge italien) *à connotation sexuelle s'exprimant physiquement, verbalement ou non verbalement* (non verbalement ? Un regard ?) *survient, avec pour objet ou pour effet* (donc parfois involontaire) *de porter atteinte à la dignité d'une personne et de créer un environnement intimidant, hostile, dégradant, humiliant ou offensant* » (« l'atmosphère de complicité de harcèlement » américaine). Entre la multiplication des hypothèses de discrimination et l'élargissement permanent des harcèlements, la guerre de tous contre tous : chacun responsable de rien, mais victime de tous. Rideau.

En sou*rire* ou sou*pleurer* (J. Renard) ? Le juriste reste confondu par cette « définition » pouvant désormais entraîner deux ans d'emprisonnement en France et risquant de décrédibiliser les vraies victimes d'un harcèlement bien réel. Mais la violence au travail redécouverte avec l'ANI du 25 mars 2010 est-elle vraiment nouvelle ? La lecture de Dickens ou de Hugo ou, plus près de nous, d'A.-J. Cronin ou S. Weil montrent qu'à l'évidence harcèlement sexuel et harcèlement moral ont toujours existé, particulièrement en entreprise, ce monde clos où un salarié passe plus de temps éveillé qu'avec son conjoint, où existent des rapports de séduction (des deux côtés, et en particulier dans les pays latins : ce n'est pas encore un crime), mais aussi de perversité. Ou une organisation du travail peut générer presque naturellement un « harcèlement managérial » : le cadre le nez sur ses objectifs qui est en train de taper son *reporting* hebdomadaire « met la pression » sur ses collaborateurs, qui font de même pour l'étage en dessous. D'où la réaction de la Chambre sociale : « *il appartient au juge de rechercher si les méthodes de gestion mises en œuvre dans le service ne caractérisaient pas un harcèlement moral* » (CS, 10 mai 2012).

Après le harcèlement *sexuel* de 1992 revu en 2012 puis 2016 (Acte I), le harcèlement *moral* (Acte II).

I. Les harcèlements sexuels après les lois de 2015 puis 2016

« *Harcèlement sexuel : harceler autrui dans le but d'obtenir des faveurs de nature sexuelle.* » Vingt ans après la première loi du 2 novembre 1992, le Conseil constitutionnel avait très légitimement déclaré inconstitutionnelle le 4 mai 2012 cette définition tautologique (« redire la même chose »). Résultat paradoxal : la loi du 6 août 2012, avec des peines doublées, sur la base d'une panoramique définition à l'obscure clarté et à la très floue précision s'inspirant du droit communautaire. Rappelons qu'il n'est ici question ni de violences, ni d'agressions sexuelles (cf. Cass. crim. 8 juin 2017 : P.-D.G. d'un groupe d'hypermarchés condamné à 18 mois d'emprisonnement avec sursis pour agression sexuelle commise par une personne abusant de l'autorité que lui confère sa fonction).

1. L'agissement sexiste (calendrier Pirelli au bureau) est inclus dans le chapitre « Egalité Professionnelle », et non pas « Harcèlements » : « *Nul ne doit subir d'agissement sexiste, défini comme tout agissement lié au sexe d'une personne, ayant pour objet ou pour effet de porter atteinte à sa dignité ou de créer un environnement intimidant, hostile, dégradant, humiliant ou offensant* » (L.1142-2-1). « *Environnement intimidant* » ? Atmosphère, atmosphère...

2. Le harcèlement sexuel (L. 1153-1). « *Aucun salarié ne doit subir des faits : 1° Soit de harcèlement sexuel, constitué par des propos ou comportements à connotation sexuelle répétés qui soit portent atteinte à sa dignité en raison de leur caractère dégradant ou humiliant, soit créent à son encontre une situation intimidante, hostile ou offensante ;*

2° Soit assimilés au harcèlement sexuel, consistant en toute forme de pression grave, même non répétée, exercée dans le but réel ou apparent d'obtenir un acte de nature sexuelle, que celui-ci soit recherché au profit de l'auteur des faits ou au profit d'un tiers ».

La définition du Code Pénal, où le régime de la preuve respecte l'horrible présomption d'innocence, est un peu différente : « *Fait d'imposer à une personne, de façon répétée, des propos ou comportements à connotation sexuelle qui soit portent atteinte à sa dignité en raison de leur caractère dégradant ou humiliant, soit créent à son encontre une situation intimidante, hostile ou offensante. Est assimilé au harcèlement sexuel le fait, même non répété, d'user de toute forme de pression grave dans le but réel ou apparent d'obtenir un acte de nature sexuelle, que celui-ci soit recherché au profit de l'auteur des faits ou au profit d'un tiers* » (Article 222-33). Mais la sanction est lourde : deux ans d'emprisonnement et

30 000 € d'amende : soit 730 jours de prison, avec les dégâts collatéraux familiaux que l'on devine, et un délit aujourd'hui professionnellement rédhibitoire : faute grave + Lourde casserole pour l'avenir.

Or comme l'écrit excellemment Maître Éolas sur son blog : « *Que notre société tolère encore des comportements inacceptables envers les femmes est un fait. Mais changer les mœurs à coups de sanctions pénales est une vieille chimère et un fantasme de toute-puissance de la loi dangereux par nature. Je n'aime pas les beaufs des machines à café, mais de là à en faire des délinquants pour leur apprendre les bonnes manières...* »

Portalis, Beccaria, Carbonnier, revenez : ils sont devenus fous !

3. Un fait divers = une modification législative. Suite à l'affaire du député Vert Denis Baupin et ses lourds SMS, la loi du 8 août 2016 a aligné le droit probatoire du harcèlement sexuel celui des discriminations (L. 1154-1). « *Le salarié établit des faits qui permettent de présumer* » a donc été remplacé par : « *présente des éléments de fait laissant supposer* » (Le Conseil Constitutionnel avait pourtant exigé en 2002 « des faits précis et concordants »). « *Au vu de ces éléments, il incombe à la partie défenderesse de prouver que ces agissements ne sont pas constitutifs d'un tel harcèlement et que sa décision est justifiée par des éléments objectifs étrangers à tout harcèlement* ». Comme d'habitude opéré au nom des bons sentiments et même jugé fort progressiste par de beaux esprits, ce tripatouillage du droit de la preuve nous fait donc revenir à l'Ancien Régime. Courage ! Nous allons enfin parvenir à cette société d'individus vindicatifs et procéduriers d'outre-Atlantique, dont nous moquions il y a dix ans la notion d'« atmosphère de harcèlement ». Mais soyons rassurés : grâce à ces ajouts successifs, quand tous les gros lourds de la cafétéria seront enfin à la Santé, tout ira mieux.

Double faute patronale. Car L. 1153-5 permet d'agir aussi contre l'employeur sur le terrain du manquement à son obligation de sécurité : « *L'employeur prend toutes dispositions nécessaires en vue de prévenir les faits de harcèlement sexuel, d'y mettre un terme et de les sanctionner* » et comme il s'agit d'obligations distinctes, « *lorsqu'elle entraîne des préjudices différents, la méconnaissance de chacune d'elles peut ouvrir droit à des réparations spécifiques* » (double indemnisation, Cass. crim., 8 juin 2017).

Si le contentieux du harcèlement sexuel reste rare dans nos pays latins où la guerre des sexes n'est pas ouvertement déclarée, ce n'est pas le cas du harcèlement moral, qui parfois s'y substitue. Né en janvier 2002 sur une initiative du PCF voulant encadrer le pouvoir de direction, il constitue de ce point de vue un éclatant succès. « *La victimologie et la thérapeutique ont remplacé le combat social* » (Jean-Pierre Le Goff, CNRS).

II. Le harcèlement moral à toutes les sauces

Harcèlement hiérarchiquement transmissible. « Juste à temps » ? « 24 heures chrono » ? Mais à quel prix individuel et collectif ? Nos temps modernes, placés sous le signe de l'urgence et de la compétition permanentes « mettent la pression » sur des salariés qui en ont, littéralement, « plein le dos » de cette « gestion par

le stress ». Si pour certains les « charrettes » désormais structurelles relèvent du plaisir de la vitesse voire permettent d'éviter les tensions de la vie familiale ou conjugale en rentrant à 21 heures, tout le monde ne peut suivre : problème.
Mais la volonté réelle du législateur du 17 janvier 2002 était justement d'encadrer le pouvoir de direction sur ce terrain médiatisé, donc fort glissant pour un employeur déclaré responsable des errements de ses hiérarchiques. Ce n'est pas un hasard si les procès se sont multipliés en pleine folie financière exigeant des retours sur investissement de 15 % ou 20 %.
Depuis la loi du 6 août 2012, la répression pénale du harcèlement moral est alignée sur celle du harcèlement sexuel, elle-même doublée : donc deux, voire trois ans d'emprisonnement (l'équivalent d'un homicide involontaire), et 30 000 euros d'amende.
« L'homme n'est pas une île ». Mais l'un des problèmes est de faire la part des facteurs personnels et professionnels... souvent indissociables : le paternalisme de nos grands-pères n'a jamais été jusqu'à se mêler des problèmes psychologiques de leurs salariés : quand on ouvre la boîte de Pandore dans une société française déboussolée, championne de la consommation d'anxiolytiques et autres psychotropes...
Aujourd'hui une majorité des dossiers prud'homaux relatifs à la rupture pour motif personnel évoquent (à tout hasard ?) un harcèlement : qualification rejetée par les juges d'appel dans sept cas sur dix.

Deux définitions panoramiques
L. 1152-1 : « *Aucun salarié ne doit subir les agissements répétés de harcèlement moral qui ont pour objet* ou pour effet *une dégradation de ses conditions de travail* susceptible de *porter atteinte à ses droits et à sa dignité, d'altérer sa santé physique ou mentale ou de compromettre son avenir professionnel* ».
Article 222-33-2 du Code pénal : « *Le fait de harceler autrui par des propos ou comportements répétés ayant pour objet* ou pour effet *une dégradation des conditions de travail* susceptible de *porter atteinte à ses droits et à sa dignité, d'altérer sa santé physique ou mentale ou de compromettre son avenir professionnel, est puni de deux ans d'emprisonnement et de 30 000 € d'amende* ».
Toute la difficulté est la subjectivité de cette définition, *i.e.* le sentiment qu'en a la victime, en droit du travail souvent un subordonné qui n'a pas à prouver un dommage né et actuel (« susceptible de porter atteinte... »). Et l'on souhaite bien du plaisir aux magistrats dans leur recherche de la vérité, ici plurielle (*cf.* en mars 2010, M.-F. Hirigoyen, *Harcèlement moral : démêler le vrai du faux*, remake de son best-seller : « *Il ne faut pas confondre le harcèlement avec les autres risques psychosociaux, et éviter les plaintes abusives car les magistrats sont excédés. Le problème est que nous en parlons aujourd'hui à tort et à travers, et que cela risque de banaliser des souffrances moins visibles* »). Si un harcèlement délibéré, qui « a pour objet une dégradation des conditions de travail », est évidemment visé, le comportement « ayant pour effet » cette dégradation (et non seulement des conditions de travail dégradantes) est également sanctionné.

Une scène du « Théâtre à la Carte », troupe intervenant en entreprise, démontre de façon frappante cette difficulté : sur un même texte mais sur deux tons opposés, un directeur commercial réprimande vertement l'une de ses jeunes collaboratrices. Dans le premier cas, la porte claque comme les mots, mettant le spectateur très mal à l'aise. Dans le second, même texte, mais ton paternel et sourires montrant le recul par rapport aux mots employés : qui y verrait un harcèlement ? Car tout dépend de l'atmosphère dans l'entreprise ou le service, mais aussi du passé comme de l'état psychique de chacun : Gérard Depardieu aurait ainsi quelque difficulté à convaincre les juges d'un comportement harceleur qui, pour une autre personne en situation de faiblesse (y compris passagère : n'embaucher que des Rambo ne résout pas tout, car Rambo peut divorcer et/ou déprimer...), peut être ressenti comme un véritable harcèlement, dans notre pays par ailleurs champion d'Europe des anxiolytiques. Grâce à la politique panoramique de la Chambre sociale comme de la Chambre criminelle (« *Le délit de harcèlement moral n'implique pas que soient constatés des agissements répétés de nature différente, ni que ces agissements aient initialement eu pour objet ou pour effet une dégradation des conditions de travail susceptible de porter atteinte à la dignité et à la santé de la victime* », Cass. crim., 26 janvier 2016), le harcèlement moral – cachant souvent autre chose – est aujourd'hui omniprésent dans les affaires prud'homales.
Pas nécessairement d'intention de nuire. S'estimant harcelée, une sous-directrice d'agence bancaire avait été en arrêt-maladie pendant trois ans, puis avait demandé la résolution judiciaire de son contrat. La cour d'Aix-en-Provence l'avait déboutée : « *Les agissements dont se plaint Mme M. ne peuvent être considérés comme un harcèlement moral : ils s'inscrivent dans l'exercice du pouvoir de direction de l'employeur tant qu'il n'est pas démontré par la salariée qu'ils relèvent d'une démarche gratuite, inutile et réfléchie destinée à l'atteindre et permettant de présumer l'existence d'un harcèlement.* » Cassation assurée au vu du texte légal (« ayant pour objet ou pour effet ») : » *Indépendamment de l'intention de son auteur, le harcèlement moral est constitué dès lors que sont caractérisés des agissements répétés ayant pour effet une dégradation des conditions de travail.* » Cette obsession textuelle, *a priori* respectable de la part du juge du droit, ne peut cependant que desservir les victimes d'un véritable « harcèlement » noyées dans la masse des plaintes.
Harcèlement managérial (CS, 10 novembre 2009) : « *Peuvent caractériser un harcèlement moral les méthodes de gestion mises en œuvre par un supérieur hiérarchique, dès lors qu'elles se manifestent pour un salarié déterminé par des agissements répétés ayant pour objet ou pour effet d'entraîner une dégradation des conditions de travail susceptibles de porter atteinte à ses droits et à sa dignité, d'altérer sa santé physique ou mentale ou de compromettre son avenir professionnel.* » S'agissant d'un collaborateur harcelé puis licencié pour inaptitude, l'arrêt du 10 novembre 2009, toujours repris depuis, consacre la volonté de la Chambre sociale d'aller chercher en amont les véritables raisons du harcèlement moral, ici des méthodes de gestion caricaturales : « *Pression continuelle,*

reproches incessants, ordres et contrordres dans l'intention de diviser l'équipe, absence de dialogue caractérisée par une communication par l'intermédiaire d'un tableau Excel. » S'il faut que ces méthodes indignes, ces « agissements répétés » – même sur une brève période d'un mois : CS, 12 février 2014 – visent « *un salarié déterminé* », rien n'interdit cependant à ses camarades d'assigner eux aussi, dans une forme inédite de *class action* individuelle. Car, *a priori*, ils sont soumis à ces mêmes « méthodes de gestion » ; et si elles émanent d'un dirigeant, c'est une hypothèse de responsabilité pénale de l'entreprise en tant que personne morale.

Harcelé moralement par un *subordonné.* Un chef de service se suicide : sa veuve cite directement en Correctionnel l'un de ses ex-collaborateurs, « *qui avait dévalorisé de façon réitérée son action, diffusant à son propos une image d'incompétence dans son milieu professionnel et adoptant un comportement irrévérencieux et méprisant à son égard* ». Le tribunal correctionnel le condamne : « *le dénigrement auquel il s'était livré pendant plusieurs années ayant contribué à dégrader les conditions de travail de M. X..., au point d'altérer sa santé physique ou mentale* ». Mais les juges d'appel le relaxent : « *Subordonné de la victime, le prévenu n'avait ni les qualités, ni les moyens de compromettre l'avenir professionnel de celle-ci* ». Cassation prévisible par la Chambre criminelle le 9 décembre 2011 : « *En subordonnant le délit à l'existence d'un pouvoir hiérarchique, la cour a ajouté à la loi des conditions qu'elle ne comporte pas : le fait que la personne poursuivie soit le subordonné de la victime est indifférent à la caractérisation de l'infraction.* »

Harcelé par un délégué syndical. Si de nombreux délégués ont obtenu la condamnation d'un manager pour harcèlement moral, certaines DRH recevant deux lettres RAR + douze courriels + dix coups de téléphone par semaine de leur délégué syndical ont été tenté de lui renvoyer l'ascenseur.

Le 17 mars 2015, la Chambre criminelle a ainsi condamné pour harcèlement moral un délégué syndical « *tenant à ses interlocuteurs des propos injurieux et humiliants, touchant les personnes mêmes de ceux-ci, leur physique, leurs tenues vestimentaires, leur passé professionnel, leur probité, à être très près de leur visage au point qu'ils se sentent physiquement menacés, n'étaient nullement nécessaires pour mener à bien des actions syndicales dans l'intérêt des salariés. Irrespectueux de la personne humaine, de tels comportements répétés, systématiques et inadaptés par rapport à l'exercice normal et loyal de l'action syndicale, étaient à l'évidence volontaires avec pour but d'intimider, déstabiliser et atteindre la personne même des cadres constituant la direction de l'établissement et, par là même, leur porter un préjudice personnel* ».

Harcelée par son ex-amant, cadre de haut niveau auteur d'appels téléphoniques, SMS et mails avec propos très dévalorisants. « *Relations privées complexes, s'agissant d'une liaison passionnelle* », avait indiqué le salarié invoquant donc une affaire relevant de sa vie privée. Que nenni : « *Malgré la liaison entretenue par ces deux salariés, ces faits se rattachaient à la vie de l'entreprise* » (faute grave confirmée : CS, 15 avril 2015).

Une multiplicité d'acteurs. Le législateur de 2002-2012-2014 n'a pas fait dans le détail : pas moins de cinq acteurs peuvent intervenir. Or la mesure la plus efficace est évidemment une active prévention en amont, avant qu'un classique incident relationnel ne dégénère en « Maillon le plus faible » grandeur nature.
Le médecin du travail devient le personnage central (proposition de mutation… qui peut renforcer le sentiment d'exclusion de la victime), le cas échéant avec l'inspecteur du travail qui tranchera en cas de désaccord. L'institution représentative du personnel chargée de la santé « physique et mentale » des salariés ; les délégués du personnel voient leur droit d'alerte en matière de libertés publiques s'étendre à ce nouveau domaine. Enfin, s'ils ont l'accord de l'intéressé, les syndicats pourront agir en justice.
Le pilori du Moyen-Âge, mais sans jugement. Mais dans l'hypothèse où le harcèlement se révélerait inexistant, l'ex-harceleur sortira-t-il indemne de cette opération, dans l'entreprise comme dans sa famille ? Une relaxe devant le tribunal correctionnel ne « blanchit » qu'en droit l'ex-prévenu, qui reste stigmatisé par ce type de poursuites aboutissant à une médiatique mise en examen, au-delà de sa nouvelle situation de chômeur.
Éventuel partage des responsabilités ? La Chambre criminelle a cru devoir casser le 27 mai 2015 un arrêt plein de bon sens ayant, sur le plan civil, procédé à un partage de responsabilité, s'agissant d'un pauvre président d'une communauté de communes ayant écarté sa secrétaire générale « *à l'incompétence avérée, qui mettait en péril les intérêts de la communauté, n'acceptait aucune réflexion et avait été à l'origine de l'attitude de son employeur tenu de faire en sorte que la gestion des affaires publiques soit irréprochable, tout en préservant les personnels sous les ordres de Mme X, dont certains ont eu à souffrir du comportement agressif de l'intéressée au point d'en devenir dépressifs* ». Cassation : « *Quelle qu'ait été la manière de servir de la partie civile, les faits poursuivis outrepassaient les limites du pouvoir de direction du prévenu et caractérisaient des agissements au sens de l'article 222-33-2 du Code pénal.* ».
Comme souvent, le Conseil d'État se montre plus réaliste, et donc plus équilibré (CE, 11 juillet 2011).
La DRH entre deux feux. Les managers l'appellent « l'effet Club Sandwich ». Pris entre les ordres de la direction obsédée par ses *reportings* financiers et leurs collaborateurs protestant contre des pratiques de harcèlements, que doit faire le service RH ? Dans l'arrêt du 8 mars 2017, la responsable des Ressources Humaines d'un magasin avait été licenciée pour faute car elle était restée inerte alors que le directeur harcelait constamment ses collaborateurs, créant un « *climat de terreur et d'humiliations* ». Estimant « *qu'un salarié ne peut être sanctionné disciplinairement lorsque le manquement qui lui est reproché résulte d'un comportement fautif de l'employeur* », elle saisit la justice. Mais la Chambre sociale valide son licenciement : « *En cautionnant les méthodes managériales inacceptables du directeur avec lequel elle travaillait en très étroite collaboration, et en les laissant perdurer, Mme X. avait manqué à ses obligations contractuelles et mis en danger tant la santé physique que mentale des salariés* ».

III. De la contreproductive obligation jurisprudentielle de sécurité de résultat (CS, 29 juin 2006) au retour à la raison du 1° juin 2016

« L'employeur est tenu envers ses salariés d'une obligation de sécurité de résultat en matière de protection de la santé et de la sécurité des travailleurs dans l'entreprise ; l'absence de faute de sa part ne peut l'exonérer de sa responsabilité. Il doit également répondre des agissements des personnes qui exercent, de fait ou de droit, une autorité sur les salariés. » (CS, 29 juin 2006). Cette responsabilité automatique car de plein droit n'était pas du tout incitative pour l'entreprise : si quoi qu'elle fasse, elle était toujours condamnée...

Heureux revirement le 1° juin 2016 : « "*Ne méconnaît pas l'obligation légale lui imposant de prendre les mesures nécessaires pour assurer la sécurité et protéger la santé physique et mentale des travailleurs, notamment en matière de harcèlement moral, l'employeur qui justifie avoir pris toutes les mesures de prévention prévues par les articles L. 4121-1 et L. 4121-2 du Code du travail et qui, informé de l'existence de faits susceptibles de constituer un harcèlement moral, a pris les mesures immédiates propres à le faire cesser* ».

Deux conditions d'exonération. L'employeur doit pouvoir démontrer avoir pris : 1. « *Toutes les mesures de prévention* » : donc pas seulement l'insertion de rudes menaces dans son règlement intérieur. 2. Puis « *les mesures immédiates propres à faire cesser* » le harcèlement moral signalé.

Prévention. L. 4121-1 évoque « *1. Des actions de prévention des risques professionnels ; 2. Des actions d'information et de formation ; 3. La mise en place d'une organisation et de moyens adaptés.* »

En cas de problème : réaction rapide, mais pas expéditive. « *L'obligation faite à l'employeur de prendre toutes les dispositions nécessaires en vue de prévenir ou de faire cesser les agissements de harcèlement moral n'implique pas par elle-même la rupture immédiate du contrat de travail d'un salarié à l'origine d'une situation susceptible de caractériser ou de dégénérer en harcèlement moral.* » (CS, 22 octobre 2014).

Car une aussi grave accusation nécessite une enquête, permettant parfois de débusquer un règlement de comptes professionnel ou sentimental, comme l'y invite l'accord-cadre européen contre la violence et le harcèlement du 26 avril 2007 indiquant que de fausses accusations devront être sanctionnées. Si le dénonciateur-victime ne peut, sous peine de nullité, faire l'objet d'une sanction disciplinaire, d'un licenciement ou d'une mesure discriminatoire (L. 1152-3 / CS 16 juin 2016 : licenciement pour faute lourde deux semaines après sa plainte...), la Chambre sociale a logiquement confirmé le 28 janvier 2015 le licenciement pour faute grave d'une dénonciatrice ayant porté « *des accusations graves, réitérées, voire calomnieuses et objectivement de nature à nuire à leur destinataire ainsi qu'à l'employeur, accusé de laisser la salariée en proie à ce prétendu harcèlement en méconnaissance de son obligation d'assurer sa sécurité et de préserver sa santé* ». Mais le salarié ayant dénoncé des faits de harcèlement moral ne peut être poursuivi pour diffamation (Cass. civ. 1, 28 septembre 2016, évoquant « *des exigences probatoires de nature à faire obstacle à l'effectivité du droit* ») ; mais n'écartant pas la dénonciation calomnieuse si, au moment de la dénonciation, « le salarié avait connaissance de la fausseté des faits allégués » : facile à prouver !

Du harcèlement moral à l'atteinte à la dignité : éviter la banalisation

Comme le rappelait la CJUE le 14 octobre 2004, « *l'ordre juridique communautaire tend indéniablement à assurer le respect de la dignité humaine en tant que principe général de droit* ».

Et l'article 31 de la Charte des droits fondamentaux de l'Union d'indiquer : « *Tout travailleur a droit à des conditions de travail qui respectent sa santé, sa sécurité et sa dignité.* » De nombreux arrêts accueillent aujourd'hui très largement ces « atteintes à la dignité » : « *qui constituent pour l'employeur un manquement grave à ses obligations* » justifiant la prise d'acte immédiate (CS, 7 février 2012).

Mais si l'on veut vraiment protéger de comportements indignes certains salariés fragilisés, il convient de ne pas confondre remarque acide et autre ordre abrupt avec atteinte à la dignité de la personne humaine.

« Omnes omnium » (« La guerre de tous contre tous », Th. Hobbes)

« Harcèlement sexuel » élargi aux « agissements sexistes », et « harcèlement moral » à la preuve allégée par la loi du 8 août 2016 ; « violence au travail », et « violences *morales* » à l'égard du conjoint depuis la loi du 9 juillet 2010, et demain délit de fessée permettant enfin au papa de passer 24 heures en garde à vue, puis de perdre son emploi voire coucher en prison suite à la plainte de son fiston.

Tous les problèmes de la vie de l'entreprise, mais aussi de couple et de famille vont bientôt se régler au commissariat local. Mieux : devant le tribunal correctionnel ! Enfant, parent, conjoint, salarié, collègue, chacun pourra, enfin !, porter plainte contre tout le monde dans cette « société » que nous construisons pierre après pierre avec entrain : une « société » d'individus vindicatifs et procéduriers, bafouant la présomption d'innocence.

SECTION II Le contrôle

La bonne exécution des prescriptions de santé et de sécurité par le chef d'entreprise est étroitement surveillée.

§1 Les services administratifs

300 **Inspection du travail.** S'agissant d'une législation d'ordre public, le rôle essentiel incombe naturellement à l'inspecteur du travail. Les contrôleurs et ingénieurs-conseils des caisses d'assurance maladie exercent une mission similaire, mais prioritairement orientée vers le conseil. Les uns et les autres disposent d'un droit d'entrée et de contrôle dans les établissements, leur permettant d'apprécier le respect des prescriptions légales et, à défaut, d'enjoindre au chef d'entreprise de prendre les mesures correctives nécessaires.

Leurs pouvoirs sont toutefois très différents. Les caisses de Sécurité sociale peuvent infliger une majoration du taux de cotisation accidents aux employeurs fautifs ; l'inspecteur du travail a le pouvoir de dresser un procès-verbal transmis au Parquet pour l'ouverture de poursuites pénales.

Au-delà de la réforme du 7 avril 2016 élargissant ses pouvoirs (demande d'expertises chimiques, amendes administratives, transaction pénale : voir supra), l'inspecteur ou le Dirrecte peut, en cas de risque sérieux d'atteinte à l'intégrité physique des travailleurs, saisir le juge des référés pour voir ordonner, éventuellement sous astreinte, toutes les mesures propres à faire cesser ce risque (mise hors-service, immobilisation, saisie des matériels, fermeture temporaire d'un atelier ou chantier), les salariés ne devant ni être licenciés ni subir aucune réduction de salaire de ce fait. Cette procédure est en fait rarement mise en œuvre, la seule menace d'y recourir suffisant généralement. Même dissuasion atomique dans le BTP ou désormais « l'exposition dangereuse à une substance chimique cancérigène, mutagène ou toxique » lorsqu'il menace d'utiliser l'article L. 2331-12 : injonction d'arrêt immédiat de l'activité dangereuse : quand 29 corporations y interviennent en même temps...

§2 Du « service médical du travail » aux « services pluridisciplinaires de santé au travail » (L. 4622-1) revus par la loi du 8 août 2016

301 **Les 4 980 médecins du travail** (moyenne d'âge : 55 ans...) sont de moins en moins nombreux, mais très présents depuis la loi du 17 janvier 2002 ayant élargi leurs fonctions à la santé mentale. Tout employeur doit assurer à ses salariés le bénéfice de la médecine du travail, soit en créant un service médical interne, soit en adhérant à un service interentreprises, en fonction de l'effectif du personnel qu'il occupe. Le Code du travail assure au médecin du travail un statut garantissant son indépendance : son embauche et son licenciement ne peuvent intervenir qu'avec l'accord des représentants du personnel ou, à défaut, sur autorisation de l'inspecteur du travail (L. 4623-4 et s.).

Aujourd'hui, 29 % de visites d'embauche, 52 % de contrôles périodiques et 12 % de reprises : les missions de la médecine du travail sont *purement préventives*, et excluent sauf urgence toute activité de soins. Si l'on écarte certaines activités administratives, il s'agit principalement de deux missions :

- ***surveiller l'état sanitaire des salariés*** et leur aptitude à exercer leur emploi, d'abord à l'occasion de l'embauche de CDI, mais aussi de CDD ; soit pour la seule Île-de-France 12 millions de visites par an pour satisfaire à cette seule obligation : dans la pratique... ; puis par des visites périodiques, l'exercice de cette mission peut mettre le médecin du travail devant la difficile situation d'avoir à constater l'inaptitude du salarié, mettant ainsi obstacle à son emploi ;
- ***mener une action sur le milieu du travail,*** à laquelle il est censé consacrer au moins un tiers de son temps comme conseiller technique de l'ensemble des composantes de l'entreprise, c'est-à-dire l'employeur mais aussi les salariés,

représentants du personnel et services sociaux pour l'ensemble des questions de santé et de sécurité.

En pratique, le poids des activités administratives et des visites faisait que l'activité de surveillance du milieu de travail restait limitée.

302 **La loi du 8 août 2016 a recentré** le rôle du médecin du travail sur la surveillance des seuls salariés occupant des postes à risque pour la santé, ou des postes de sécurité grâce à la mobilisation de l'équipe pluridisciplinaire.

Tout salarié, quel que soit son contrat de travail bénéficie d'un suivi individuel de son état de santé, réalisé par le médecin du travail **et/ou** les professionnels de santé de l'équipe pluridisciplinaire du service de santé au travail (notamment le collaborateur médecin et l'infirmier).

Ce suivi commence par une « visite d'information et de prévention » réalisée après l'embauche par l'un des professionnels de santé. Elle permet d'identifier des salariés pour lesquels le médecin du travail va proposer un suivi renforcé, que les risques particuliers résultent de leur état de santé, ou des caractéristiques de leur poste.

Les salariés affectés à des postes présentant des risques particuliers bénéficient d'une surveillance médicale renforcée, comportant un examen d'aptitude réalisé avant l'embauche et renouvelé périodiquement. Cet examen indispensable dans un objectif de prévention des risques graves est réalisé par le médecin du travail.

AU TRAVAIL, L'ALCOOL TUE

« *Aucune boisson alcoolisée autre que le vin, la bière, le cidre et le poiré n'est autorisée sur le lieu de travail.* » L'article R. 4228-20 du Code du travail fleure bon la IIIe République, complété par son successeur : « *Il est interdit de laisser entrer, ou séjourner dans les lieux de travail des personnes en état d'ivresse* » (R. 4228-21). **Car en entreprise, l'alcool reste une calamité.** Outre le licenciement de la personne en cause pour ses propres fautes disciplinaires, il est aussi source d'accidents de travail (un sur six) : pour elle, ses propres collègues, mais aussi de dommages voire de blessures pour les tiers : clients, fournisseurs, et autres usagers de la route : d'où la banalisation chez les routiers des éthylotests anti-démarrage au-delà de 0,10 mg, aujourd'hui obligatoires pour le transport collectif de personnes. Même au pays ayant créé un « contrat vendanges » spécifique, la consommation d'alcool sans contrôle serait-elle une liberté fondamentale ? C'est ce qu'avait prétendu un salarié, remis à sa place par l'arrêt du 31 mars 2015 : « *Ne constitue pas une atteinte à une liberté fondamentale le recours à un contrôle d'alcoolémie permettant de constater l'état d'ébriété d'un salarié au travail, dès lors qu'eu égard à la nature du travail qui lui est confié, un tel état d'ébriété est de nature à exposer les personnes ou les biens à un danger, et que les modalités de ce contrôle, prévues au règlement intérieur, en permettent la contestation.* » Soumis à une obligation de sécurité de résultat, l'employeur doit donc mettre en place un système efficace de prévention. Le décret du 1er juillet 2014 est venu à son secours : « *L'employeur prévoit (...) les mesures permettant de protéger la santé*

et la sécurité des travailleurs et prévenir tout risque d'accident. Ces mesures, qui peuvent notamment prendre la forme d'une limitation voire d'une interdiction de cette consommation, doivent être proportionnées au but recherché » (R. 4228-20, 2e alinéa) : on avance...
À condition, vu les enjeux ici à la fois majeurs et immédiats, que des juges ne chipotent pas sur « *l'état d'ébriété apparent* » permettant selon le règlement intérieur de faire subir un éthylotest (CS, 2 juillet 2014). Et *a fortiori* ne déclarent pas infondé le licenciement d'un chauffeur routier contrôlé avec un taux d'alcoolémie supérieur à 0,50 g, sur le motif d'un « *défaut d'affichage du règlement intérieur à une place convenable et aisément accessible dans les lieux de travail conformément à l'article R. 1321-1* » (CS, 4 novembre 2015).

§3 Le salarié acteur de sa propre sécurité, mais aussi de celle d'autrui

303 « *Il incombe à chaque travailleur de prendre soin, en fonction de sa formation et selon ses possibilités, de sa sécurité et de sa santé ainsi que de celles des autres personnes concernées du fait de ses actes ou de ses omissions au travail.* » Transposition de la directive de 1989, l'article L. 4122-1 semble rappeler une règle de bon sens : la sécurité est l'affaire de *tous* les acteurs. Il a fait pourtant beaucoup de bruit dans le Landerneau travailliste, l'employeur n'étant plus le seul responsable.

Si deux **droits** lui sont reconnus, le droit communautaire puis la Cour de cassation cherchent à responsabiliser le salarié :

- droit à la ***formation***, qui s'adresse notamment aux salariés nouvellement embauchés ou changeant de poste, mais aussi aux intérimaires particulièrement concernés par les accidents du travail ;
- droit, et non obligation, d'alerte et de retrait : « ***Aucune sanction, aucune retenue de salaire ne peut être prise à l'encontre d'un travailleur ou d'un groupe de travailleurs qui se sont retirés d'une situation de travail dont ils avaient un motif légitime de penser qu'elle présentait un danger grave ou imminent pour chacun d'eux*** » (L. 4131-3).

CS, 29 janvier 2009 : « *L'employeur, tenu d'une obligation de sécurité de résultat en matière de protection et de sécurité au travail, doit en assurer l'effectivité. Est nul le licenciement prononcé par l'employeur pour un motif lié à l'exercice légitime par le salarié du droit de retrait de son poste de travail dans une situation de danger.* » Il est incontestable que le respect de l'intégrité physique d'un salarié est le droit fondamental par excellence, bien davantage que le port d'un bermuda au travail l'été.

Mais comme tout autre, ce droit ne saurait être utilisé de manière *fautive :* d'abord s'il crée pour autrui une nouvelle situation de danger grave et imminent, mais l'employeur ne peut exiger la rédaction obligatoire d'un écrit. Mais aussi *abusive* (pour un chauffeur de bus, de simples embouteillages), notamment s'il est invoqué sans motif raisonnable pour dissimuler d'autres fins : insubordination, grève payée.

304 **Mais la banalisation de l'exercice collectif du droit de retrait** (enseignants de *tout* un lycée, conducteurs de toute la ligne de bus protestant contre une agression ; hôtesses de *toutes* les lignes d'Orient pour la grippe aviaire ou H1N1, et hélas désormais suite à des attentats) pose de délicates questions à l'employeur :

Sur le plan *légal*, un tel arrêt de travail généralisé est *disproportionné* et ne constitue pas un exercice normal, comme l'a rappelé la Chambre sociale le 22 avril 2003 s'agissant de chauffeurs de bus où elle ne l'a admis *que* pour ceux allant *dans les quartiers* où de graves incidents avaient eu lieu.

Mais en termes de *légitimité*, d'éventuelles sanctions patronales sont-elles comprises par les intéressés encore sous le choc de l'agression d'une collègue (dans la Banque, plus de 3 000 « actes d'incivilités » par an), et par l'opinion publique ? Le Droit n'est pas la vie.

La jurisprudence a indiqué qu'en cas d'abus, l'employeur est certes fondé à recourir aux mesures de droit commun (sanction disciplinaire). Mais la formulation délibérément très subjective de la loi *(« motif raisonnable de penser que... »)* fait peser la charge, ici très lourde, de la preuve sur le chef d'entreprise : car mieux vaut un abus qu'un accident.

305 **Un équilibre difficile à trouver.** Le salarié a, dans son propre intérêt et en contrepartie de la responsabilité qui pèse sur son employeur, l'obligation de respecter strictement les consignes de sécurité. Toute faute l'expose à des sanctions rigoureuses : il est légitime que l'employeur, pénalement responsable de tout manquement aux règles de sécurité, se voie donner les moyens de les faire respecter : « *En cas de manquement à l'obligation qui lui est faite par l'article L. 4122-1, un salarié engage sa responsabilité, et une faute grave peut être retenue contre lui* » : en l'espèce, un chef de chantier refusant de porter son casque de sécurité se met lui-même en danger ; mais il donne aussi un bien mauvais exemple à ses subordonnés : faute grave (CS, 23 mars 2005). Même motif et même sanction le 30 septembre 2005 pour un directeur technique : « *Alors même qu'il n'aurait pas reçu de délégation de pouvoir, il répond des fautes qu'il a commises dans l'exécution de son contrat de travail (...). Malgré des instructions précises et circonstanciées de son employeur, il avait persisté à ne pas respecter les consignes de sécurité. La lourde obligation de sécurité de résultat pesant sur l'employeur ne lui permettait pas de tolérer plus longtemps les insuffisances de son directeur technique.* »

Alors que la Chambre sociale a grandement élargi le champ de la responsabilité patronale, il est normal que, dans le même temps, elle lui donne les moyens, y compris disciplinaires, de faire respecter les consignes de sécurité. Car au bout du chemin, il vaut mieux être chômeur que mort.

306 **Sécurité d'autrui.** La sécurité des personnes qui a valeur constitutionnelle exige que, comme dans la vie de tous les jours, chacun soit attentif à ne pas mettre en danger la sécurité ou la santé *des tiers* : collègues de travail (ex. : harcèlement moral) mais également travailleurs temporaires, sous-traitants, voire clients ou fournisseurs venus chercher leur marchandise dans l'entreprise. Le respect d'autrui *ne s'arrête pas à la relation de travail,* comme l'a légitimement rappelé la directive.

FUMER (ET DÉSORMAIS « VAPOTER ») NUIT GRAVEMENT À L'EMPLOI

L'enfer, c'est les autres. La fumée d'une seule cigarette papier polluant pendant 3 heures l'air d'un bureau de 60 m2, l'on comprend que 78 % des salariés estiment que l'employeur doit leur garantir un travail sans fumée, 64 % des *fumeurs* préférant eux-mêmes travailler dans une atmosphère sans tabac (Ipsos). Et sur les 60 000 décès directement liés au tabac en France, 1 100 *non*-fumeurs (tabagisme passif).

Quarante années après la loi du 9 juillet 1976 « relative à la lutte contre le tabagisme » et vingt-cinq ans après celle du 10 janvier 1991, il était temps que les non-fumeurs ne soient plus contraints de supporter le tabagisme de leurs collègues si indélicats.

Car « *l'interdiction de fumer dans des lieux affectés à un usage collectif* » devrait d'abord être une règle de *courtoisie minimale* – à quand son équivalent pour les téléphones portables ? – avant de constituer une *obligation légale* pour les employeurs (CSP, art. R. 3511-8).

A fortiori **depuis la généralisation de l'interdiction le 1er février 2007,** l'employeur saisi par le salarié incommodé ou tout simplement soucieux d'éviter le tabagisme passif ne peut donc se contenter d'apposer un beau panneau d'interdiction de fumer, ou de demander aux fumeurs de le faire quand leur collègue est absent, comme dans l'espèce du 28 juin 2005. Au nom de l'obligation de sécurité qui pèse sur lui, il doit *garantir à l'ensemble* de ses collaborateurs le droit de travailler sans fumée (aucune), droit *de facto* assuré par le décret du 15 novembre 2006. Et si possible lui-même s'abstenir de fumer au bureau : l'autorité vient de l'exemplarité.

Un décret qui a fait un tabac

Particulièrement nécessaire après l'arrêt de 2005 ayant légitimé la prise d'acte d'une non-fumeuse importunée par son voisin de bureau, puis celui du 21 juin 2006 ayant admis que des subordonnés assignent en *responsabilité civile* leur directeur ayant porté atteinte à leur santé, la réforme opérée par le décret du 15 novembre 2006 a – pratiquement, et c'était le but – interdit de fumer dans tous les lieux de travail. Alors que les textes sur ce sujet avançaient jusque-là à petits pas en multipliant les exceptions pour ne pas braquer les fumeurs et le puissant lobby du tabac source de ressources fiscales, ce simple *décret* – une loi aurait donné lieu à un lobbying destructeur – est très vite entré dans les mœurs car l'opinion publique était prête, et l'angle d'attaque astucieux : si les fumeurs ont à la rigueur le droit de se suicider lentement (aux frais de la CNAM), *quid* des milliers de non-fumeurs contractant chaque année de leur fait un cancer du poumon ?

Ce décret visant à éliminer toute fumée des entreprises a donc fait délibérément compliqué, cher et très exigeant pour toutes les exceptions, avec des normes techniques alors très élevées : ainsi la mise en place de « salles fumeurs » est extrêmement coûteuse (un fumoir pour cinq : 50 000 euros + 300 euros/mois...), aucun service ne devant alors y intervenir, y compris la maintenance.

Beaucoup d'entreprises ont donc légitimement décidé de déclarer zone non-fumeurs la totalité des locaux, les fumeurs invétérés adoptant alors des comportements créatifs (toilettes, 10 minutes pour aller fumer dans la rue où s'étalent 8 526 mégots, etc.).
Si les « *175 000 agents (policiers, gendarmes, inspecteurs du travail) habilités à dresser PV* » ne se sont pas mobilisés sur ce terrain risqué et peu rentable (amende de 68 euros pour le contrevenant, mais de 135 euros et plus pour l'employeur), les services juridiques ont fait l'objet de très nombreuses questions sur les fameuses « pauses fumeurs ».
La bien mauvaise idée des « pauses fumeurs »
Licéité ? Douteuse, car elles passeront demain pour une incitation, voire après-demain pour une faute inexcusable (« *L'employeur avait ou aurait dû avoir conscience du danger auquel était exposé le salarié et n'a pas pris les mesures nécessaires pour l'en préserver* »), à l'instar des portables professionnels utilisés plus de 30 minutes sans oreillette.
Paiement ? Pas obligatoire ni même recommandé (voir *supra*) ; mais alors comme toutes les autres pauses, en fonction des pointeuses ou du forfait-jours.
Compenser le temps parti en fumée ? Principe d'égalité – de jalousie – cher au cœur des Français : « *Françoise s'absente 4 fois 10 minutes par jour, pourquoi pas moi ? Faut-il que je me mette à fumer ?* » Ou comment de rares non-fumeurs sont devenus fumeurs pour s'échapper quelques minutes du bureau... incitant la hiérarchie, quand le temps le permet, à faire des réunions informelles dehors au soleil avec tout le service (marketing, rarement juridique).
Mais aussi perte de productivité de *fumeurs* devenus abstinents, moins créatifs ou plus agressifs, voire s'étant mis en arrêt-maladie pour dépression ou montrer leur mauvaise humeur. Perte de productivité de *non-fumeurs* aussi, avec ces va-et-vient incessants qui détournent du travail et bloquent les ascenseurs.
Même sanction pour l'e-cigarette depuis le 1er octobre 2017. « Vapoter » (to vape : inhaler de la vapeur) nuit-il à la santé ? Beaucoup moins que la cigarette classique, a fortiori pour le vapotage passif. Mais suite au rapport de l'Afssaps constatant que « *consommer des cigarettes électroniques peut induire une dépendance, et dégage dans l'air des composés organiques volatils et des particules fines* », la loi Santé du 26 janvier 2016 a interdit de vapoter « *dans les lieux de travail fermés et couverts à usage collectif* » (C. santé publ., art. L. 3511-7-1, et décret n° 2017-633 du 25 avril 2017 : locaux fermés et couverts, affectés à un usage collectif recevant des postes de travail, signalisation apparente rappelant le principe de l'interdiction, contravention de 2e classe).
Cannabis et raisonnements hors sol. Nombre d'entreprises ont le sentiment que la question du tabac n'est plus essentielle : le cannabis l'a remplacé, avec des effets autrement plus dangereux à l'égard des collègues, des clients, voire des tiers (tribunal correctionnel de Cherbourg, 8 avril 2014 : prison ferme pour le grutier ayant, sous l'empire du cannabis, mal manœuvré et tué un de ses camarades). Selon la Mission interministérielle de lutte contre les drogues, la France compte

550 000 consommateurs quotidiens de cannabis et 250 000 consommateurs de cocaïne : 17 % parmi les professionnels des arts et du spectacle, 7 % chez les cadres, 6 % chez les étudiants... et 33 % dans la construction.
Au lieu de se battre pour la dépénalisation de drogues qu'ils qualifient de « douces » car le cannabis (illégal) serait moins dangereux que le vin (licite), ces beaux esprits se rappelant leurs vertes années (mais à l'époque le taux de concentration était cinq fois inférieur aux produits aujourd'hui proposés) capables d'un raisonnement aussi captieux (effets justement de la fumette ?) devront nous expliquer – mais il sera trop tard – ce qu'ils feront lorsque, par exemple, les dealers s'occuperont cette fois très officiellement des collèges et des lycées, bref de nos adolescent(e)s pour le développement desquels la consommation de cannabis est tout simplement redoutable, et souvent associée à l'alcool avant de passer à des choses plus sérieuses. *« C'est une chance que le vide d'idées n'ait pas sur leurs visages le même effet que le vide d'air en physique : ils se comprimeraient admirablement »* (G. C. Lichtenberg, professeur à Göttingen, 1788).
Souvent permissive en ce domaine où elle veut voir d'abord un acte de vie personnelle, la Chambre sociale a le 27 mars 2012 fait un petit pas en avant, à propos d'un steward de la compagnie Air Tahiti licencié pour consommation de drogues (dures) pendant le temps d'escale entre deux vols long-courrier. Rappel habituel : « *Un motif tiré de la vie personnelle du salarié ne peut justifier un licenciement disciplinaire que s'il constitue un manquement de l'intéressé à une obligation découlant de son contrat de travail.* » En l'espèce, « *le salarié appartenant au personnel critique pour la sécurité se trouvait sous l'influence de produits stupéfiants pendant l'exercice de ses fonctions ; il n'avait pas respecté les obligations prévues par son contrat de travail et avait ainsi fait courir un risque aux passagers* ». Contrairement au tabac, ce n'est donc pas la consommation, en entreprise ou ailleurs, qui est ici en cause, mais les conséquences (décalées dans le temps) sur l'exécution du contrat : contre l'alcool ou le haschisch, même combat.
Est-il vraiment scandaleux que lorsque la sécurité de collègues et de tiers est en jeu, comme l'a souligné la loi du 16 août 2015 renforçant le suivi médical des postes à risques l'obligation de sécurité, de l'employeur mais aussi du salarié l'emporte ? Rappelant « *l'obligation qui incombe à l'employeur d'assurer la sécurité et la santé des salariés dans l'entreprise, en vertu de l'article L. 4121-1 du code du travail* », le Conseil d'État a donc fort légitimement admis le 5 décembre 2016 que le règlement intérieur d'une entreprise de BTP prévoit des contrôles aléatoires de consommation de substances stupéfiantes par test salivaire, s'agissant des postes dits « hypersensibles drogue et alcool » « *pour lesquels l'emprise de la drogue constitue un danger particulièrement élevé pour le salarié et pour les tiers* » : cet article ne portait donc pas aux droits des personnes et aux libertés individuelles et collectives une atteinte disproportionnée par rapport au but recherché. Mais ces tests salivaires présentant des risques d'erreur, le Conseil reconnaît au salarié ayant fait l'objet d'un test positif le droit à une contre-expertise médicale, à la charge de l'employeur.

POUR ALLER PLUS LOIN...
P.-Y. Verkindt et S. Fantoni : « *Drogues et travail : des liaisons dangereuses* », *Dr. soc.* juin 2011, p. 674. Joël Colonna et Virginie Renaux : « *Conduites addictives en entreprise* », Les Cahiers du DRH, juin 2016. Ph. Auvergnon : « *Drogues illicites et travail salarié* », *Dr. soc.*, mai 2015, p. 449. Françoise Champeaux, Semaine Sociale Lamy, 21 décembre 2016, « Tests salivaires : à quelles conditions ? »

307 **Une politique active de sécurité** apparaît donc tout à la fois comme une exigence morale et juridique, mais aussi comme un indicateur de bonne gestion pour l'entreprise.

Plus d'un siècle après la loi fondatrice mais désormais dépassée du 9 avril 1898 sur les accidents du travail, les progrès sont évidents, tant en ce qui concerne la prévention et la prise en charge financière du salarié qu'en matière de maintien de son contrat, voire son éventuelle réintégration suite à un licenciement pour son « état de santé » : sur ce dernier point qui évite le « *No Future* », la Cour de cassation se montre extrêmement vigilante.

Reste que les risques ont changé (*cf.* les 2 000 agressions annuelles dont sont victimes les agents de la RATP, plus de 1 000 à la SNCF, ou le stress accumulé par des agents submergés du Pôle Emploi), en particulier en raison de l'évolution structurelle de la population active. De moins en moins d'ouvriers (qui désormais *surveillent* leur machine) et de plus en plus de cadres soumis à des obligations de résultat : le « *Karôshi* » japonais (300 morts par an) et le « *burn-out* » (mort par épuisement au travail) sont désormais arrivés en France, sans parler des suicides militants sur le lieu de travail. Partout en Europe, on constate des pathologies dues au stress grandissant, sur lesquelles ni le médecin du travail, ni le CHSCT ou l'inspecteur du travail ne sont aussi à l'aise qu'en cas de bon vieux risque industriel.

L'évolution de notre société (ex. : la télé-disponibilité grâce aux mobiles et autres portables) nous invite donc à réfléchir à ce passage de l'accident du travail à la santé mentale, où vie privée et vie professionnelle interfèrent nécessairement.

POUR ALLER PLUS LOIN...
- M. Blatman et P.-Y. Verkindt, L'état de santé du salarié, Éditions Liaisons, collection « Droit vivant », 4e édition, mars 2014.
- C. Dejours, « La souffrance au travail a-t-elle changé de nature ? », RDT, Controverse, janvier 2010, p. 9.
- Les n° spéciaux de « Travail et Changement », Anact (www.anact.fr).
- Les travaux de la Fondation de Dublin (www.eurofound.europa.eu) et ceux de l'Agence européenne pour la santé et la sécurité au travail de Bilbao (http://osha.eu.int).
- www.inrs.fr : dossiers et fiches de l'INRS

Partie 3

ÉVOLUTION DE LA RELATION DE TRAVAIL

Chapitre 1

Mobilités du salarié après l'ordonnance du 22 septembre 2017

308 « *Les contrats légalement formés tiennent lieu de loi à ceux qui les ont faits* » (C. civ., art. 1103 nouveau) : une jeune maman peut-elle refuser toute modification de ses horaires ? Une mutation dans un autre magasin à deux kilomètres ? Dans le cadre d'un accord de GPEC voire d'un plan de sauvegarde de l'emploi, un salarié est-il forcé d'aller s'installer à 450 kilomètres de chez lui ?

Les « Trente Glorieuses » l'avaient habitué à la croissance de l'ensemble de ses avantages : il refusait plus rarement une promotion qu'un changement de lieu, une augmentation collective de sa rémunération qu'une augmentation non compensée de son temps de travail. Sur le plan juridique, c'est pourtant la même question qui se pose : si l'une des parties a toujours la possibilité de *proposer* une modification des stipulations contractuelles existantes, peut-elle *imposer* à l'autre une révision unilatérale d'un élément essentiel du contrat ?

La métamorphose de notre économie et la restructuration permanente de nos entreprises ont fait passer le droit de la révision du domaine individuel au domaine collectif : il s'agit moins de savoir si M. Dupont va accepter sa mutation de Grenoble à Nancy que de transférer des dizaines sinon des centaines de salariés d'un bout à l'autre de la France, avec de nouvelles conditions de travail.

309 **Jeu de l'Oie.** Les futurs compagnons faisaient leur Tour de France : aujourd'hui, nombreux sont les salariés marchant sur leurs traces. Nommés à Toulouse, ils doivent quelques années plus tard rejoindre Marseille puis Levallois, au gré des transferts de sites mais aussi au titre de l'obligation de reclassement en cas de projet de licenciement économique. Selon les entreprises, sont évoqués les « Dominos », les « Chaises musicales » ou la « Grande Vadrouille ». Mais nombreux sont ceux qui refusent de continuer à jouer à ce nouveau Jeu de l'oie, prenant alors le risque de perdre leur emploi.

D'autres solutions sont-elles possibles ? Les chefs d'entreprise sont pour leur part soumis à une loi terriblement efficace bien que ne figurant dans aucun Code : la loi du marché, qui les contraint parfois à délocaliser leur production pour faire face à la concurrence internationale, ou à restructurer les établissements français. Le droit est la science de l'équilibre, et le droit du travail français ne peut oublier son environnement, y compris communautaire à 28 où la concurrence par le droit social ou fiscal est une triste réalité (cf. l'Irlande).

310 Jeu de lois. Idée force des lois de 2015-2017 : anticiper des restructurations parfois imprévues mais jamais imprévisibles, par la négociation obligatoire sur la GPEC et donc la mobilité géographique, mais aussi professionnelle. Idée déjà énoncée par l'ANI du 14 novembre 2008 : *« La mobilité professionnelle et géographique doit offrir des possibilités d'évolution de carrière et de promotion sociale des salariés, et doit constituer pour eux une protection contre la perte d'emploi. Elle est d'autant mieux acceptée qu'elle est anticipée, expliquée et accompagnée. »*

311 Flexibilité interne plutôt qu'externe : plus de modifications pour moins de licenciements économiques. Les restructurations n'étant plus un accident mais un phénomène permanent dû à la mue de notre économie, ces changements continus affectent bien souvent le contrat de travail des salariés, qui devront changer de poste, voire perdre *leur* emploi actuel pour garder *un* emploi. Car la mobilité interne (un cadre sur cinq chaque année, dont 13 % seulement de promotion) se différencie hélas de moins en moins de la mobilité externe. L'arrivée des nouvelles technologies et notre faible croissance mettent parfois le salarié devant une alternative brutale : être mobile professionnellement et géographiquement, ou être exclu. Les *mutations* économiques et technologiques s'accompagnant de mutations tout court, le Droit ne peut ignorer ces évolutions. La mobilité dépasse le cadre géographique et devient professionnelle (maintien de « l'employabilité »). Comme tout organisme vivant, l'entreprise doit pouvoir évoluer. Il paraît d'ailleurs inconcevable d'exclure *a priori* toute révision s'agissant d'un contrat à durée indéterminée dont la durée moyenne est de dix ans en France, au sein de l'UE où la liberté de circulation est la règle. Le contrat « à exécution successive » qu'est le contrat de travail retrouve alors son sens premier.

312 Respect des droits fondamentaux. Toute modification du contrat ou simple changement des conditions de travail, par décision patronale mais aussi par accord collectif, doit aujourd'hui tenir compte du passage du droit du travail-droit collectif des travailleurs d'hier aux droits de la personne au travail d'aujourd'hui, illustré par l'article L. 1121-1. Depuis l'arrêt Stéphanie M. du 14 octobre 2008, centré sur le salarié et donc le retour à une analyse subjective désormais largement intégrée aux textes de 2013-2017, le collaborateur oppose des droits fondamentaux à son employeur voulant le muter, voire simplement modifier ses horaires (voir *infra*).

313 Changement ou bougeotte ? Mais la logique de tous ces changements reste parfois d'une obscure clarté : le changement pour… le changement ? La fameuse « résistance au changement » dont les cabinets de conseils exploitant ce filon doré nous rebattent les oreilles n'est souvent qu'une « ré-action » face à des évolutions jugées insensées : « dénuées de sens ». Sans oublier que cette nouvelle religion laïque, qui déstabilise le faible et le peu qualifié, constitue une suite d'opportunités pour le (très) fort qui en vante les mérites *urbi et orbi*, mais dont la première préoccupation est de pouvoir s'y soustraire : *« Golden Welcome »* à l'entrée et *« Golden Parachutes »* à la sortie, parfois quelles que soient ses performances.

VIE RÊVÉE DES SUR-DIPLÔMÉS ET CAUCHEMAR DES PEU QUALIFIÉE

Au-delà du placage de la culture de mobilité américaine par certains de ces cabinets, nombre de cadres et autres dirigeants ayant acquis cette culture dès leur adolescence, mais également certains juristes par ailleurs inamovibles (magistrats du siège, professeurs d'université) ont une vision excessivement optimiste de la mobilité géographique : ils oublient qu'un salarié français sur deux travaille à moins de huit kilomètres de son domicile, autour duquel il a construit son petit écosystème comprenant sa vie privée, amicale et familiale (et a dû parfois attendre huit ans pour obtenir un logement HLM), bref où il a ses racines et qu'il ne quittera donc pas. D'où le retentissant échec des plans négociés de mobilité issus de la loi du 14 juin 2013 (moins de vingt-quatre ans plus tard, d'où leur suppression le 22 septembre 2017), et a fortiori de l'ancienne obligation jurisprudentielle de reclassement urbi et orbi avant la remise au pas de la loi du 6 août 2015 puis des ordonnances de septembre 2017, « *sur l'idée qu'on fera passer des salariés de Lille à Marseille ou de Strasbourg à Rennes. Le véritable espace de mobilité qui permet une saine gestion de l'emploi, c'est l'espace de mobilité du salarié. C'est autour de ce territoire que doivent se concentrer les efforts de tous, ce qui passe par une profonde remise en cause des mentalités et des pratiques* » (S. Morel, DRH du Printemps).

« Bouger is beautiful », « Move On ! » Ne faut-il pas reconsidérer ces slogans, confondant fin et moyens au profit d'une analyse coûts/avantages de ces politiques de mobilité systématique ?

Quatre exemples :

Une mobilité contrainte peut-elle être gagnante pour le salarié ? Et pour l'entreprise ? À moins qu'elle ne veuille y trouver un motif de licenciement.

Sachant qu'il faut un ou deux ans pour qu'un cadre soit pleinement opérationnel, voire trois ou quatre s'agissant d'un cadre supérieur, cette mode de la mobilité est-elle pertinente ?

Que pensent les habitués du bourg ou de l'arrondissement du turnover permanent de leurs vendeuses ou de leurs conseillers financiers ?

Sans parler des DRH et de leurs délégués syndicaux : a fortiori depuis les ordonnances du 22 septembre 2017, les vrais « deals » sur les sujets importants ou sensibles ne pouvant intervenir qu'entre professionnels ayant su s'apprivoiser. Or seule la durée permet de construire cette nécessaire confiance.

314 Volonté individuelle et volonté collective. *A fortiori* après les réformes de 2015-2017 posant le principe de l'accord d'entreprise majoritaire car signé par des syndicats ayant réuni plus de 50 %, des suffrages exprimés aux dernières élections professionnelles, une très décoiffante question se pose au travailliste estimant naturellement que le contrat individuel de travail, éminemment suspect car simple contrat d'adhésion liée à la subordination, devait évidemment s'effacer au profit de la convention collective assurant une meilleure protection.

Et si le brave petit contrat se révélait être un efficace rempart contre la flexibilité croissante passant désormais par le droit conventionnel ? Oui, mais... un salarié peut-il refuser l'application d'une convention... « collective » et ainsi se soustraire aux règles du jeu collectivement définies, y compris lorsqu'il s'agit de sauver l'entreprise et donc la collectivité du personnel ? Car s'agissant d'une entreprise au bord du dépôt de bilan, la réduction de la masse salariale est une équation simple à trois variables : nombre de salariés × salaire moyen x durée du travail : sur laquelle agir en cas de problème ? Une telle position jurisprudentielle n'encourage-t-elle pas alors la flexibilité externe plutôt qu'interne ?

Sur l'ensemble de cette question, refondé le 22 septembre 2107, voir infra conclusion du présent chapitre.

ATTENTION !

L'ex-opposition « modification substantielle/non substantielle » a aujourd'hui disparu des arrêts de la Cour de cassation comme du Code du travail, et est devenue... **« MCT » ou « SCCT ».** Soit intervient une véritable *modification*, soit il s'agit de la simple *exécution* du contrat dans le cadre de l'exercice normal du pouvoir patronal. D'où l'évolution terminologique de la jurisprudence reprise par le Code, essentielle quant à ses effets : l'ex- « modification substantielle » est devenue **« modification de l'un des éléments essentiels du contrat »** (ou « modification » tout court), que le salarié peut toujours refuser. S'il s'agit seulement d'un « **simple changement des conditions de travail** » (ex- « non substantielle »), il doit alors s'y plier au nom du respect du lien de subordination, son éventuel refus constituant une faute disciplinaire.

Ce chapitre est consacré à l'aspect qui concerne directement le salarié : face à une proposition de son employeur, que doit-il faire ? En premier lieu, il convient de préciser le périmètre exact du socle contractuel *(Section I)*. À la proposition patronale, le salarié peut exprimer son acceptation *(Section II)*, ou son refus *(Section III)*.

SECTION I La quadrature du socle contractuel

315 **L'article 1103 nouveau (ex-1134) du Code civil a-t-il la même force en droit du travail ?** Outre le respect de l'ordre public social qui frappe de nullité une clause contractuelle moins favorable qu'un texte supérieur, le juge a appris à se méfier du rapport de force à l'embauche, et de la subordination en cours de contrat (*cf.* Lacordaire, *« Entre le fort et le faible, c'est la liberté qui opprime et la loi qui libère »*). La Cour de cassation fait donc souvent appel à l'article L. 1121-1 du Code du travail, et s'agissant

des accords collectifs offensifs ou défensifs, les ordonnances de septembre 2017 ont repris cette nécessaire conciliation vie professionnelle et vie personnelle, forcément propre à chaque individu.

316 **Quadrature du socle.** Quels sont les quatre éléments formant « le socle contractuel » ? Deux éléments sont par nature contractuels, car déterminants dans l'engagement du salarié : toucher au *salaire contractuel (§ 1)* ou à la *qualification (§ 2)* constitue donc toujours une modification du contrat pouvant donc être refusée par le salarié. Le *temps* de travail *(§ 3)* et le *lieu* de travail *(§ 4)* posent de plus délicates questions : « ça dépend ! ».

§1 Le salaire contractuel

317 ***Salarium, salarii* : le salaire faisant le salarié**, payé il y a très longtemps en pains de sel, il est l'élément essentiel, « le donjon du contrat de travail » pour reprendre l'expression de Ph. Waquet. Le salarié ne peut imposer une augmentation, l'employeur ne peut modifier le salaire convenu.

Mais encore faut-il savoir de quoi l'on parle exactement.

Si la question du salaire en nature ou en espèces a perdu de son intérêt, la fourniture contractuellement prévue d'un logement, d'une voiture de fonction ou de la prise en charge de frais de déplacement (s'ils sont réellement exposés), ne peut être remise en cause sans l'accord du salarié, un retrait modifiant à la fois le contrat lui-même et l'équilibre économique de celui-ci. Plutôt que d'aligner treize lignes de cotisations sociales aussi diverses qu'inutiles puisque jamais lues, le bulletin de paie pourrait alors plus utilement différencier par couleurs la source des avantages en question : inquiétant exercice pour nombre de salariés que cette première mais parfois unique ligne d'avantages contractuels, donc acquis. Et de quoi les faire réfléchir à une éventuelle contractualisation de ces avantages collectifs, finalement si précaires.

Résumé de vingt ans d'évolution jurisprudentielle en matière de modification du salaire contractuel : totale rigidité et analyse objective.

318 **Intangibilité du niveau du salaire contractuel :** *« La rémunération contractuelle constitue un élément du contrat de travail qui ne peut être modifié, même de façon minime, sans l'accord du salarié »* (CS, 3 mars 1998).

L'arrêt Hertzberg constituait l'aboutissement d'une évolution visant à sécuriser ce qui fait vivre le salarié et sa famille : on ne peut plus toucher « un peu » (côté entreprise), « un peu beaucoup » (« substantiellement » côté salarié) au *niveau* du salaire *contractuel*. D'un centime d'euro ou de cent euros, à la hausse ou à la baisse, peu importe : l'analyse est *objective*, et peu importe désormais qu'il s'agisse d'un smicard ou d'un cadre supérieur. L'employeur ne peut que *proposer* la modification, en indiquant au salarié qu'il peut la refuser, et attendre une réponse positive avant d'effectuer toute révision. À moins : 1. qu'il n'y soit légalement, ou conventionnellement, tenu (augmentation du Smic, de la CSG ou des minima de branche) ; 2. Ou que cette somme ne soit pas contractuelle, mais de source par nature collective (usage ou convention collective).

319 **Structure du salaire** : « *Le mode de rémunération contractuel d'un salarié constitue un élément du contrat qui ne peut être modifié sans son accord, peu important que le nouveau mode soit plus avantageux* » (CS, 5 avril 2012 : prise d'acte ici justifiée). Quittant le niveau lui-même, c'est la structure du salaire que la Cour surveille, toujours d'un point de vue objectif : ni l'employeur ni le juge ne peuvent se substituer au salarié qui reste maître de son choix, même si le rapport fixe/commissions paraît plus favorable sur le plan financier s'il y a eu incorporation au fixe, passé de 3 200 euros à 5 400 (CS, 6 juin 2016), ou que la modification soit microscopique. Idem pour le passage d'une prime versée sur la base d'objectifs individuels à une prime fonction d'objectifs collectifs, ou même la modification du variable des commerciaux pour faire face à une concurrence extrêmement agressive. C'est ce qu'a rappelé l'arrêt Generali du 12 avril 2012 : s'il n'existe pas de menace sur la compétitivité au niveau du secteur d'activité du groupe (ici mondial...) auquel il appartient, l'assureur ne peut modifier le système de rémunération variable de ses commerciaux français « *pour les motiver à conquérir de nouvelles parts de marché* ».

320 **Trois remarques**

- Quand l'employeur propose une telle modification, sait-il ce qu'il fera des éventuels refuzniks ? Car on voit mal deux commerciaux bénéficier l'un de l'ancien variable, l'autre du nouveau (égaux et egos).
- S'il choisit de les licencier, ce ne peut être pour cause personnelle mais exclusivement pour motif économique, **du moins en l'absence d'accord collectif depuis l'ordonnance du 22 septembre 2017 (voir *supra*)**. Ce qui renvoie à la créative jurisprudence examinant ce problème non au niveau de l'entreprise française concernée mais à celui du secteur d'activité du groupe – sur le seul territoire français depuis 2017 – qui, lui, peut se porter comme un charme ;

321 **Synthèse** : « *La rémunération contractuelle d'un salarié constitue un élément du contrat de travail qui ne peut être modifié, même de façon minime et quelle qu'en soit la cause, sans son accord. Il en va de même du mode de rémunération prévu par le contrat, peu important que l'employeur prétende que le nouveau mode serait plus avantageux. Lorsqu'un salarié refuse la modification de son contrat, l'employeur doit soit le rétablir dans les conditions initiales de son emploi, soit tirer les conséquences du refus en engageant la procédure du licenciement, le salarié ayant droit jusqu'au licenciement au maintien de son salaire.* »

322 **Égalité de traitement.** Surplombe toutes ces règles le principe partout appliqué par la Chambre sociale : à situation de fait identique, salaire identique sauf justification objective et pertinente, ou avantage conventionnel issu d'une convention collective, dont la licéité est présumée depuis l'ordonnance du 22 septembre 2017. En cas de modification unilatérale de la rémunération, à la hausse comme à la baisse, l'employeur doit donc veiller à le respecter sous peine d'alignement futur par le haut, ce qui n'incite guère à augmenter un seul collaborateur particulièrement méritant.

323 **Information-consultation préalable des institutions représentatives.** La CJUE a rappelé le 21 septembre 2017 (C. 149/16 –Socha e.a) « *qu'un employeur est tenu de procéder aux consultations (des représentants du personnel) lorsqu'il envisage de procéder, au détriment des travailleurs, à une modification unilatérale des conditions de rémunération qui, en cas de refus d'acceptation de la part de ces derniers, entraîne la cessation de la relation de travail* ». Pas de PSE peut-être, mais information-consultation.

324 **Rigidité du salaire contractuel, mais flexibilité des avantages *conventionnels***

Pour le salarié, son salaire est souvent tout (trop) simplement le chiffre figurant en bas à droite de sa dernière fiche de paie. Et il pense que ce montant ne peut jamais être modifié sans son accord. Outre d'éventuelles modifications de CSG et autres CRDS sur lesquelles l'employeur collecteur obligé n'a aucune prise, il devra déchanter. S'agissant du salaire *contractuel*, la signature d'un nouvel accord collectif ne peut entraîner aucun effet si le salarié n'y souscrit pas : « *Un accord collectif ne peut prétendre modifier le contrat de travail.* »

325 **Mais attention !** S'agissant des avantages salariaux *issus du statut collectif* (engagements unilatéraux, usages, accords collectifs), ils ne sont pas *incorporés* au contrat de travail, sauf contractualisation expresse et personnalisée. Si par exemple l'usage portant sur un 13e mois est régulièrement dénoncé, si un avenant à l'accord d'entreprise substitue quelques jours de congés en basse saison à une prime voire supprime fin 2017 le 13e mois figurant dans l'accord de 2012, le salarié ne peut invoquer un quelconque « droit acquis »... qu'il n'a justement pas « acquis » puisqu'il s'agit d'un avantage émanant du statut collectif, qui *régit* son contrat de travail. Et *a fortiori* refuser ce qui ne constitue qu'un simple changement de ses conditions de travail malgré la perte sèche qu'il constate en bas à droite de sa fiche de paie. « *La structure de la rémunération ne résultait pas des contrats de travail mais de la convention collective : la nouvelle structure salariale conventionnelle s'impose aux salariés* » (CS, 16 décembre 2003).

326 **Étroite surveillance jurisprudentielle d'éventuels dégâts salariaux collatéraux**

Mise en œuvre d'une clause de mobilité géographique. « *Lorsqu'elle s'accompagne d'une modification de tout ou partie de la rémunération, la mise en œuvre de la clause de mobilité suppose, nonobstant toute clause contraire, que le salarié l'accepte* » (CS, 14 octobre 2008). Sans doute, l'affectation dans une unité beaucoup plus petite d'une directrice de magasin dont le salaire varie selon le chiffre d'affaires lui fait-elle perdre de l'argent. Mais, en dehors de ce contexte, quelle mobilité se fait en toute

« neutralité salariale » ? *A fortiori* si la Cour parle de « rémunération », terme plus globalisant que le salaire : entre les « primes de région parisienne » et les pratiques et autres éventuels accords collectifs du nouvel établissement, la « rémunération » est presque toujours modifiée.

Idem en cas de **mobilité professionnelle** : *« L'évolution des fonctions du salarié décidée par l'employeur avait une incidence sur les* modalités de calcul de la partie variable de sa rémunération, *et constituait donc une modification de son contrat »* (CS, 6 décembre 2007).

327 Refus jurisprudentiel des clauses de variation discrétionnaire

Devant cette rigidité complexifiant la gestion des rémunérations et permettant en ces périodes de tension du marché du travail à certains cadres de profiter de cet effet d'aubaine en prenant acte, des entreprises avaient eu l'idée de contractualiser leur liberté de gestion : une clause expresse prévoit par exemple que chaque année l'employeur pourrait revoir à son gré tel bonus ou la prime d'objectif. *« Une clause contractuelle ne peut valablement permettre à l'employeur de modifier unilatéralement la rémunération contractuelle du salarié »*, a rétorqué la Chambre sociale le 16 juin 2004.

328 Qui ne dit mot ne consent pas (sauf L. 1222-6) : *« Le mode de rémunération contractuel d'un salarié constitue un élément du contrat de travail qui ne peut être modifié sans son accord, lequel ne peut se déduire de la poursuite du contrat de travail aux nouvelles conditions »* (CS, 11 décembre 2002). Dans la limite de la prescription triennale des salaires, le salarié pourra donc réclamer un rattrapage global.

329 Que peut faire le salarié en cas de modification imposée de son salaire contractuel ?

Saisine du juge des référés et remise en l'état : *« La formation de référé prud'homal, qui a relevé que l'employeur avait imposé au salarié une modification unilatérale de sa rémunération contractuelle, a pu décider que cette violation du contrat de travail constituait un trouble manifestement illicite dont la cessation imposait le rétablissement du salaire initial »* (CS, 18 février 1998).

Éventuelle prise d'acte : *« L'employeur ayant, sans recueillir l'accord du salarié, modifié sa rémunération contractuelle, peu important que le nouveau mode soit plus avantageux, la prise d'acte de la rupture était justifiée »* (CS, 5 mai 2010). **Si** la modification est suffisamment importante pour justifier la rupture (*« nouveau système de commissionnement des commerciaux, ni lisible ni fiable »*, CS, 11 mars 2015), un tel départ est très ennuyeux pour l'entreprise ayant cru pouvoir passer en force en imposant unilatéralement une modification, avec effet d'aubaine pour les meilleurs (parfois déjà débauchés par la concurrence) qui partent en prenant l'initiative de la rupture, mais en l'imputant à l'employeur : indemnités de rupture, et défaut irréfragable de cause réelle et sérieuse en l'absence de lettre de licenciement dûment motivée.

La poursuite du travail sans rien dire ne signifie pas acceptation tacite. Dans la limite des 36 mois, il pourra exiger le différentiel, en référé.

La Cour de cassation est donc légitimement attentive s'agissant du salaire *contractuel* : même à la marge, ni son montant ni sa structure ne peuvent être modifiés unilatéralement par l'employeur sans l'accord du salarié.

Mais il en va différemment depuis le 22 septembre 2017 si la modification du salaire constitue l'application d'un accord collectif issu de l'article L. 2254-2 (voir conclusion *infra*).

§2 La qualification

330 Contractuelle. À l'instar du salaire auquel de nombreuses conventions collectives la lient d'ailleurs étroitement, la qualification est par nature contractuelle : si le salarié signe tel contrat avec tel employeur, c'est pour effectuer un travail déterminé à tel niveau hiérarchique. Cette position juridique est également sociale voire culturelle.

Dans l'entreprise (française en particulier : logique de l'honneur et effet de Cour), elle classe le salarié (les « classifications » des conventions de branche), lui donne parfois accès à un étage particulier ou à un restaurant spécifique. Ces signes extérieurs de *standing* professionnel font parfois l'objet de guerres picrocholines.

À l'extérieur de l'entreprise, la fonction dont il fait état le valorise ou le dévalorise, d'où la quête de titres moins cassants (« technicien de surface » pour l'ancien « balayeur » ; « assistante » pour l'ex-secrétaire), ou très marketing : « télé-acteurs » pour ces nouveaux OS intellectuels de l'industrie tertiaire répondant aux clients des *hotlines* au bord de la crise de nerfs. Ces anecdotes ont une traduction en termes de contentieux : une mutation dans un poste ou un service équivalents en droit, mais dévalorisés en interne, sera vécue comme une sanction : l'ego des plaideurs donne à cette question un enjeu personnel qui dépasse de loin les arguments juridiques, et qui explique l'acharnement judiciaire de certains d'entre eux.

Il convient tout d'abord de distinguer soigneusement *qualification*, *affectation* et *tâches (A)*. L'on pourra ensuite envisager la *contractualisation (B)* avant de voir dans quelles hypothèses la *modification* de la qualification est possible *(C)*.

A. - Qualification, affectation et tâches

331 Arrêt Citrons-Bananes. *« Dans le cadre de son pouvoir de direction, l'employeur peut changer les conditions de travail d'un salarié. La circonstance que la tâche donnée soit différente de celle qu'il effectuait antérieurement ne caractérise pas une modification du contrat de travail, dès l'instant où elle correspond à sa qualification. »* (CS, 10 mai 1999). Une salariée agricole ayant été mutée de la récolte des citrons à celle des bananes avait refusé de poursuivre son travail. À la cour d'appel de Fort-de-France ayant invoqué *« ce changement de poste qui avait une incidence sur les fonctions de la salariée et apportait une modification substantielle aux conditions d'exécution du contrat de travail »*, la Cour de cassation rappelle que le contrat lui-même – ici d'ouvrière agricole – n'est pas touché par un changement d'affectation, « *hors discrimination prohibée ou sanction injustifiée* ». Position constamment reprise depuis.

Ce célèbre arrêt dit « Citrons-Bananes » résume l'essentiel du débat opposant la ***qualification*** du salarié, élément essentiel par nature, à ***l'affectation*** relevant normalement du pouvoir de direction, qu'il s'agisse d'une ouvrière agricole comme en l'espèce, ou de modification des tâches confiées à un cadre supérieur, très chatouilleux sur ce terrain plein d'ego.

332 **En l'absence de stipulations contractuelles** précises ou de modification évidente, toute la question est de savoir à partir de quand le salarié, qui ressent forcément mal le bouleversement de ses conditions quotidiennes de travail, peut prétendre que le contrat lui-même a été modifié, Ainsi dans l'arrêt du 7 juin 2006 : « *La modification concernait non de simples tâches parmi d'autres, mais l'économie fonctionnelle du contrat de travail* » ; et la Chambre sociale d'approuver la cour de Lyon d'avoir ordonné en référé la fin de ce trouble manifestement illicite, c'est-à-dire la réintégration du commercial « *dans ses fonctions contractuelles initiales* ».

S'agissant du récurrent problème de la très douloureuse descente dans l'organigramme par ajout d'un niveau intermédiaire entre Dieu et ses Hauts Disciples : « *la seule création d'un échelon hiérarchique intermédiaire entre le salarié et le directeur général n'entraînait aucune modification du contrat, dès lors que les fonctions et les responsabilités du salarié n'étaient pas modifiées* » (CS, 19 octobre 2016).

333 **Placards et détournement du pouvoir de direction** : pour des raisons inavouables bien que souvent connues de tous (du militantisme syndical à la rupture amoureuse, en passant par de vieux règlements de comptes professionnels), l'employeur ou le supérieur hiérarchique, tout en prenant soin de ne toucher ni au salaire ni à la qualification, affecte le salarié à un poste nettement moins valorisant ou physiquement plus dur (sur une chaîne ou dans un magasin, à salaire égal les postes ne se valent pas), voire lui retire lentement mais sûrement ses tâches une par une. Si le *salarié* prouve le détournement de pouvoir, souvent à l'aide de témoignages car ce comportement est fréquemment récurrent, il pourra obtenir le cas échéant l'annulation de la mesure, des dommages et intérêts, voire agir devant le juge pénal s'il s'agit d'un cas de discrimination pénalement réprimée.

B. - Contracter, c'est prévoir : stipulations contractuelles relatives à la qualification

334 **Puissance du droit.** Justement parce que la qualification est un élément essentiel du contrat, chacune des deux parties peut tenter d'en tirer profit.

L'employeur peut souhaiter insérer une clause de *polyvalence* : « vendeuse-caissière » dans un grand magasin. Cette pratique est aujourd'hui en pleine expansion, pour des raisons de flexibilité interne au jour le jour (remplacement lundi matin de la vendeuse absente), mais aussi afin d'éviter de faire appel au travail précaire pour faire face aux nombreux congés (ex. : inflation des RTT). La tentation d'exploiter au maximum cette liberté contractuelle dans le rapport de force déséquilibré caractérisant l'embauche ne doit pas cependant conduire à l'indétermination de l'objet du contrat, sanctionnée depuis 1804 par le Code civil ; *« vendeuse-caissière-magasinière, pouvant être amenée à faire des livraisons ou le ménage en cas de nécessité »* : l'objet du contrat est-il déterminé ou déterminable ? Réponse négative, clause nulle : ce n'est plus un contrat, mais un malentendu.

Côté salarié, trois constats :

- La qualification contractuelle permet de refuser toute mobilité professionnelle y portant atteinte : dans l'arrêt du 8 mars 2000, la Cour de cassation approuve un directeur d'hypermarché d'avoir refusé sa mutation sur un poste de directeur de simple supermarché, ***« qualification distincte selon la convention collective applicable »***.
- Un salarié peut légitimement refuser d'accomplir une tâche n'ayant aucun rapport avec sa qualification contractuelle. Cette attitude, assimilée dans un premier temps par l'entreprise à une insubordination fautive, est un droit légitime mais aboutit souvent à la rupture, illégitime mais simplement indemnisée. Bref si les tâches demandées au salarié sont étrangères à sa qualification contractuelle, il peut les refuser ; et s'il accepte, et les erreurs commises ne pourraient lui être imputées à faute.
- Il va enfin de soi que ce n'est pas la seule qualification figurant au contrat signé il y a huit ans qui sera examinée par le juge, ***« mais la qualification du salarié au regard des fonctions réellement exercées par lui »*** (CS, 19 mars 2008 : chauffeur-livreur devant, six ans après, redevenir employé de reprographie : prise d'acte justifiée).

335 Ces beaux schémas pèchent cependant par excès de simplisme : nous ne sommes plus dans les classifications Parodi-Croizat d'après-guerre inspirées de la fonction publique. Alors que le quart des qualifications d'aujourd'hui auront disparu dans dix ans, les définitions de poste se veulent plus flexibles : on peut penser que la notion même de *qualification* de l'ère industrielle (« Peintre OP3, niveau 4 ») est en train de s'effacer au profit de la notion de *compétence (« Au bas du mur, le maçon est qualifié ; en haut du mur, il est compétent »)* : évolution fragilisant cependant le salarié, âgé en particulier. À moins de tomber dans les excès des syndicats catégoriels américains où un électricien peut refuser de ramasser une truelle *(« Not my job ! »)*, il convient de ne pas pousser à l'excès cette vision verticale des tâches dans l'entreprise, même s'il faut s'interroger sur cette politique patronale de contestation systématique du toujours-acquis. Mais dans les PME en particulier, il est difficile de pouvoir faire face à toutes les situations sans envisager des « coups de main » sortant de la qualification *stricto sensu* du salarié.

C. - L'impossible modification unilatérale de la qualification

Puisque la qualification est un élément essentiel du contrat, elle ne peut être modifiée, ni à la hausse ni à la baisse, sans l'accord des deux parties.

336 **Modification à la hausse.** L'hypothèse d'un refus de promotion semble *a priori* singulière : et pourtant ? Même dans cette hypothèse, le refus n'est pas fautif car certaines promotions n'en sont pas vraiment : placard plus ou moins doré dont toute la profession se gausse (« Directeur Prospective 2045 »), poste à risques dont les derniers titulaires ont été licenciés pour incompétence, ou sont en détention provisoire.

Mais ferait parfois franchir au salarié des seuils fiscaux, et surtout sociaux (allocation pour garde d'enfant : *cf.* le très complet et très documenté ouvrage d'Emmanuelle Favre et Etty Buzyn, *Le bébé, la nounou et nous*, Albin Michel) aboutissant *in fine* à lui faire perdre de l'argent. Même ici, il conviendra donc de toujours se ménager une preuve écrite de l'acceptation du salarié.

337 **Modification à la baisse.** C'est évidemment l'hypothèse qui donne lieu à 100 % du contentieux, autant d'ailleurs pour des raisons financières que d'ego (*cf.* CS, 12 juillet 1999 : une secrétaire de direction est *affectée* auprès d'un autre directeur nettement moins médiatique ; elle montera jusqu'en cassation pour plaider la déqualification, évidemment refusée). Or certaines fonctions sont affectivement *intuitu personae* : un chauffeur ou une secrétaire savent bien que leur vie quotidienne peut être bouleversée par un simple changement d'*affectation*, et passer du service de la star locale extravertie à celui de l'obscur *has been* fait encourir les lourds sarcasmes des collègues.

338 **Rétrogradation disciplinaire.** Sanction devant être prévue au règlement intérieur et donner lieu à l'accomplissement de la procédure *ad hoc*, elle aboutit à une double modification du contrat : qualification inférieure – ce qui se révèle particulièrement cruel pour un salarié monté par le rang – conduisant à une rémunération inférieure. S'agissant de l'exercice du pouvoir disciplinaire, la Cour de cassation a mis longtemps à permettre à un salarié de refuser une sanction par ailleurs justifiée, témoignage concret du lien de subordination.

339 **C'est pourtant ce qu'elle a fait avec l'arrêt du 27 mars 2007 :** *« Une modification du contrat prononcée à titre de sanction disciplinaire ne peut être imposée au salarié. »* Les deux arrêts du 28 avril 2011 ont achevé cette sanction, aujourd'hui à éviter : 1. *« L'employeur qui envisage de notifier à un salarié une rétrogradation disciplinaire doit informer l'intéressé de sa faculté d'accepter ou refuser cette modification. »* On imagine la joie de l'employeur devant proposer au salarié fautif un tel choix. 2. En cas de refus de la rétrogradation, l'employeur doit re-convoquer le salarié à un nouvel entretien préalable, avant de lui notifier le licenciement qui se substituera à la rétrogradation. Simple ! 3. Si l'on ajoute que le rétrogradé démotivé, soumis aux sarcasmes de ses anciens subordonnés et à l'évitement de ses anciens collègues, fait rarement l'affaire à son nouveau poste...

Il semble donc à tous points de vue périlleux pour l'employeur de vouloir procéder à une rétrogradation *disciplinaire,* que le salarié peut toujours refuser sans commettre aucune faute : et l'effet pervers de cette évolution apparaît immédiatement. Nombre d'entreprises préfèrent aujourd'hui se placer tout de suite sur le terrain du licenciement pour faute : évidemment jamais fondé sur le légitime refus d'une modification du contrat, mais sur la faute initiale, et dans le respect des délais disciplinaires.

340 **S'agissant de l'obligation de reclassement en cas de projet de licenciement économique,** si l'employeur est, en l'absence de tout poste vacant de même qualification, effectivement obligé de proposer des postes moins qualifiés, le salarié reste toujours en droit de refuser cette proposition de modification : or en ce domaine et comme nous le verrons *infra*, reclassement rime souvent avec déclassement. Mais un refus de modification de la qualification – toujours licite, quel qu'en soit le motif – ne peut donc plus ici constituer une cause de *licenciement* pour faute ; et le salarié qui ne l'a pas expressément acceptée pourra, dans la limite de la prescription triennale, réclamer le cas échéant le différentiel de salaire.

Quadrature du socle contractuel = 2 + 2. Si *salaire* et *qualification* constituent des éléments par essence essentiels car contractuels, il n'en va pas de même du *temps* ou du *lieu* de travail.

§3 Le temps de travail

341 **RTTs.** Entre l'époque « *réduction* du temps de travail » et nos temps de « *rallongement* du temps de travail », sans oublier les TIC permettant de travailler n'importe où, n'importe quand, inutile de montrer l'actualité de ce thème, parfois en forme de guerre des temps vie professionnelle/vie personnelle (*cf.* n° spécial *Droit social*, février 2014 : « Droit du travail et qualité de vie au travail »).

Comme d'habitude ici, il convient d'abord de séparer ce qui est expressément contractualisé de ce qui ne l'est pas. En matière de temps de travail, il faut ainsi écarter le *temps partiel* et les *forfaits-jours*, car tout ou presque doit alors être contractualisé (*cf.* chapitre sur la durée du travail).

Il faut ensuite opposer *horaires de travail (A)* relevant en principe du pouvoir de direction, et *durée du travail* constituant en principe un élément essentiel du contrat *(B)*. Cette *summa divisio* s'explique en partie par l'impact que peut avoir une réduction du *temps* de travail sur le salaire final.

A. - Les horaires de travail relèvent du pouvoir de direction, mais...

342 **Principe :** *« Le changement d'horaires constitue un* simple changement des conditions de travail *relevant du pouvoir de direction »* (faute disciplinaire si refus, CS, 20 février 2007)...mais en application de l'article L.1121-1 *« sauf atteinte excessive au* *droit du salarié au respect de sa vie personnelle et familiale, ou à son droit au repos »* (CS, 14 décembre 2016).

Du principe à la casuistique. En ces temps de flexibilisation généralisée des horaires pouvant aboutir à une individualisation des entreprises et des salariés transformant la salle à manger familiale en hall de gare, on imagine les enjeux du débat. Le principe reste que cette fixation ressort du pouvoir de direction auquel le salarié doit se plier sous peine de faute disciplinaire ; mais il peut en aller autrement si le changement porte une évidente atteinte à l'équilibre implicite du contrat, ou bouleverse la vie personnelle, familiale ou le droit au repos du salarié. Car, comme le relève Antoine Mazeaud, s'il existe un secteur géographique, il existe pour les mêmes raisons un *« secteur temporel »* au sein duquel le salarié a organisé son temps personnel et familial. Mais si ces raisons *impérieuses* autorisent le salarié à parfois refuser, il n'en va pas toujours de même, y compris désormais travailler le samedi : *« Décidé dans l'intérêt de l'entreprise, ce changement des conditions de travail n'était pas de nature à perturber la vie familiale de la salariée, qui conservait le bénéfice de ses deux jours de repos hebdomadaire »* (CS, 6 mai 2009).

343 RIP ex-1134 du Code civil/Vive L. 1121-1 du Code du travail ! Ces arrêts doivent être rapprochés de l'article L. 3122-12 : *« Lorsque le travail de nuit est incompatible avec des obligations familiales impérieuses, notamment avec la garde d'un enfant ou la prise en charge d'une personne dépendante, le refus du travail de nuit ne constitue pas une faute ou un motif de licenciement, et le travailleur de nuit peut demander son affectation sur un poste de jour. »* Règle que la jurisprudence a curieusement étendue le 4 mai 2017 : *« Nonobstant toute clause contractuelle ou conventionnelle contraire, le passage d'un horaire de nuit à un horaire de jour constitue une modification du contrat qui doit être acceptée par le salarié »*. Dans une station-service (par antiphrase) d'autoroute qui doit rester ouverte 24 h/24 h, les salariés de nuit vont devoir le rester car leurs collègues de jour refusent la rotation prévue par l'accord collectif et rappelée dans leur contrat ?

Même motif et même impossibilité de sanction s'agissant d'un passage d'un horaire *continu* à un horaire *discontinu* et *vice-versa*, d'un horaire *fixe* à un horaire *par cycle* (matin la première semaine, après-midi jusqu'à 21 heures la seconde semaine) ; ou enfin d'un passage d'horaires variables à un horaire fixe (CS, 24 janvier 2007), alors que le cas inverse n'appelle pas forcément la même solution.

« La nouvelle répartition de l'horaire de travail avait pour effet de priver M. J. du repos dominical, ce qui constituait une modification de son contrat qu'il était en droit de refuser » : s'agissant pourtant d'un café-restaurant où la dérogation au repos dominical est de droit depuis longtemps, l'arrêt du 2 mars 2011 montre que la Chambre sociale veille au respect de la vie familiale, sociale voire religieuse du salarié, qui ici n'avait jamais travaillé le dimanche. Étroitement lié à la vie privée, le droit au repos est un droit fondamental, comme l'a rappelé le Conseil constitutionnel en 2005 puis la Chambre sociale le 3 novembre 2011.

Mais dans la limite du contingent annuel, les heures supplémentaires n'entraînent pas modification du contrat et peuvent donc être imposées. Allant jusqu'au bout, la Cour de cassation a précisé que la mise en chômage partiel, du moins pour la période où le salarié est indemnisé, ne constitue pas non plus une modification du contrat.

344 **Rappelons pour terminer :**

1 - Un salarié refusant d'effectuer des horaires illégaux (ex. : au-delà de 60 heures, ou sans le repos de 11 heures consécutives) ne commet aucune faute, pas plus que celui « ***ne pouvant accomplir le travail demandé dans un temps compatible avec ses horaires*** »... ou les temps obligés de repos (Contrôle judiciaire de la charge réelle de travail : CS, 16 novembre 1999, cf. articles de M.-A. Moreau et Ph. Waquet, Dr. soc., mars 2000).

2 - Si un collaborateur est sanctionné pour refus d'obéissance alors qu'il ne faisait que protester contre un bouleversement ***imposé*** de ses horaires (pas seulement proposé), la sanction sera annulée.

3 - Il faut, en dehors du cas légalement particulier du temps partiel, réserver l'hypothèse d'une ***contractualisation*** claire, précise et personnalisée d'horaires spécifiques (ex. : « Mercredi, départ à 16 heures pour la sortie de l'école »). Mais à l'instar des clauses de variation discrétionnaire en matière de rémunération, la Cour de cassation refuse d'appliquer les stipulations permettant de faire varier des horaires au seul gré de l'entreprise, et ***a fortiori*** le ***« labour on call »*** britannique devenu le « contrat zéro heure » (rester « pendu au téléphone » en attendant l'ordre de venir travailler).

4 - Bénéficiant ***« d'un statut exceptionnel et exorbitant du droit commun »***, les représentants du personnel peuvent refuser une modification, mais également un simple changement de leurs conditions de travail. Ce qui paraît singulier s'agissant ici de mesures par nature ***collectives*** : ainsi de la mise en chômage partiel.

B. - La durée du travail, élément essentiel du contrat

345 **De la RETT à la RATT** : il y a longtemps, RTT signifiait réduction du temps de travail. Le législateur n'avait pas imaginé l'hypothèse de mai 2007-mai 2012 avec le slogan : « *Travailler plus pour gagner plus* » (RTT = rallongement du temps de travail). Mais passer à 36 heures ou 39 heures réelles constitue de banales heures supplémentaires, tant que la norme légale reste à 35 heures. Si, en revanche, le passage de 35 heures à 39 heures intervient à salaire constant (les « 35 h *à l'envers* »/accords en faveur de l'emploi du 8 août 2016), tout dépend de la source de la modification : si elle émane de l'employeur, il s'agit d'une modification devant être *individuellement acceptée* par *chaque* collaborateur.

346 **Régime spécifique en cas d'accord collectif**. Si la modification est l'application d'un accord collectif (*cf.* L. 2254-2 nouveau depuis 2017), il a le droit de refuser... puis de s'inscrire à Pôle-Emploi *:* afin de répondre aux nécessités liées au fonctionnement de l'entreprise ou en vue de préserver, ou de développer l'emploi, un accord d'entreprise peut aménager la durée du travail, ses modalités d'organisation et de répartition ; Les stipulations de l'accord se substituent de plein droit aux clauses contraires du contrat de travail, y compris en matière de durée du travail, le salarié pouvant refuser la modification de son contrat résultant de l'application de l'accord. Si l'employeur engage une procédure de licenciement à son encontre, ce licenciement ne constitue pas un licenciement pour motif économique et repose sur une cause réelle et sérieuse. Dissuasif (voir *conclusion du chapitre*).

§4 Changements de lieu de travail

347 **Cultures de mobilité.** Si l'on écarte l'entreprise virtuelle (ex. : réseau mondial d'experts sur le réseau social interne) visant des télétravailleurs et promise à un riche avenir, son lieu de travail quotidien est un élément essentiel... de la vie quotidienne du salarié.

Car dans les grandes métropoles en particulier, les temps de transport (moyenne nationale : 59 min) ne sont pas de tout repos. Se rattache surtout à ce lieu précis toutes ses racines : sa vie privée, amicale, familiale (enfants si attachés à leurs copains d'école, mais aussi et de plus en plus parents âgés : cf. le nouveau statut du « salarié aidant ») et sociale. Quel que puisse être l'intérêt du nouveau job ou des nouveaux pays à découvrir, se voir appliquer une clause de mobilité n'est donc pas seulement changer d'emploi et déménager : c'est aussi vendre son appartement ou son pavillon, changer ses enfants de collège, tenter de trouver un nouveau travail pour son conjoint qui ne souhaite pas forcément lui aussi être mobile, voire ne le peut guère : les clients d'un plombier, d'une avocate ou d'un dentiste ne vont pas les suivre à 360 km. Et pour le salarié et toute sa famille se constituer sur place un nouveau réseau amical : parfois un vrai déracinement en forme de déchirement qu'ont quelques difficultés à comprendre quelques *happy fews* surdiplômés ayant fait un stage d'anglais à Yale à 17 ans et une année de césure à Singapour, fanas de Jacques Kerouac et dont le rêve est de « faire enfin la 66 ».

348 **Contractualisation, ou simple information sur le lieu de travail ?** Tout ce qui est expressément contractualisé à l'embauche s'impose aux deux parties au titre du fameux « élément essentiel » : mais pas le reste.

« La mention du lieu de travail dans le contrat a valeur d'information, à moins qu'il ne soit stipulé par une clause claire et précise que le salarié exécutera son travail exclusivement dans ce lieu. » L'arrêt du 15 mars 2006 a résolu une vieille question. Énoncer dans le contrat : « Lieu de travail : 12, place du Panthéon, Paris 75005 » vaut-il contractualisation de ce lieu, rendant alors illicite une mutation de l'autre côté de la place des Grands-Hommes ? Ne pensant pas que les parties aient ainsi voulu interdire toute mutation à 900 mètres, mais voulant aussi encourager une mobilité dans le même secteur géographique afin de garder un emploi, la Cour de cassation a, avec bon sens, décidé que telle n'était pas leur intention ; en l'espèce, licenciement pour faute réelle et sérieuse de la caissière ayant refusé de rejoindre un autre magasin à cinq kilomètres

de là. Si, au contraire, elle avait fait expressément contractualiser par une clause claire, précise et si possible personnalisée le magasin initial *(« Les parties conviennent qu'en raison des charges familiales de Mme X., son lieu de travail sera le magasin Shopi de Clohards-Carnoët, 29031 »)*, elle aurait pu refuser d'aller travailler à 100 mètres de là en invoquant l'article 1103 du Code civil.

349 **Marbre et gestion juridique de son contrat.** Un *avenant* signé en cours d'exécution entraîne automatiquement contractualisation de son contenu : si les deux parties ont modifié d'un commun accord une règle antérieure, leur volonté d'en fixer une nouvelle confère une importance considérable à celle-ci. D'où, pour les salariés qui le peuvent (souvent à la suite d'un SOS de l'employeur : coup de main impromptu, remplacement immédiat d'une collègue démissionnaire), la nécessaire renégociation de leur contrat quand leur situation familiale change. Au-delà de la bien banale prime, la réduction de l'étendue de la clause de mobilité, par exemple de « l'international » à « la région parisienne » : **bref la nécessaire gestion juridique de son propre contrat.**

350 Avant d'examiner la clause de mobilité géographique *(B)*, puis d'étudier la situation du salarié en l'absence de clause *(C)*, puis rappeler la situation particulière du salarié travaillant dans une entreprise ayant signé un accord collectif de mobilité depuis l'ordonnance du 22 septembre 2017 *(D)*, il convient de commencer par la nouveauté des années 2010, qui **sur-plombe** tout le droit de la mobilité, surtout géographique : l'irruption de l'article L. 1121-1 *(A)*.

A. - Libertés du salarié et subordination : l'irruption de l'article L. 1121-1 dans le droit de la mobilité

351 **Nécessaire conciliation.** *« Nul ne peut apporter aux droits des personnes et aux libertés individuelles et collectives des restrictions qui ne seraient pas justifiées par la nature de la tâche à accomplir et proportionnées au but recherché »* (L. 1121-1). Vieux débat que la conciliation entre subordination inhérente au contrat de travail et respect des libertés du citoyen. Car à la limite, pour le salarié, devoir se rendre tous les jours au travail dans un lieu précis et à heures fixes emporte des restrictions considérables à la vie personnelle, familiale et sociale du citoyen devant se lever à 7 h 05, déjeuner (avec des collègues !) vers 12 h 45, et « n'est libre » qu'après 18 h 30... Mais c'est au salarié lors de l'embauche qu'il appartient de faire cet arbitrage libertés/subordination/salaire. S'il signe ensuite un contrat de travail, c'est qu'il a estimé que ces multiples restrictions sont pour lui légitimes et supportables, bref justifiées par la nature de la tâche à accomplir, et proportionnées au but recherché.

Car une entreprise constitue nécessairement une organisation où des personnes doivent travailler ensemble pour produire un bien ou un service, acheté ensuite par un client de plus en plus exigeant. Il reste donc souhaitable qu'ils soient là en même temps, à faire ce qui leur est demandé de faire, dans les délais convenus.

352 « *Et moi, et moi, et moi* » (1967). Dans notre société d'individus et notre État de droits (« *Only... me* »), il n'est guère surprenant que des salariés à l'égard desquels l'entreprise a multiplié les mesures d'individualisation (contrat, horaires, salaire...) récusent des règles collectives qu'ils jugent excessivement contraignantes. Or le premier terme de L. 1121-1 (« Nul ») signifie que le texte ne vise pas seulement l'employeur dans l'exercice unilatéral du pouvoir patronal : un contrat individuel, et même une convention collective pourtant signée par des organisations syndicales sont visés par ce texte.

À l'instar de son contrôle des clauses de non-concurrence ou encore d'exclusivité portant atteinte à la liberté du travail, la Cour de cassation examine avec attention des stipulations pourtant régulièrement signées, mais qui pourraient porter une atteinte excessive aux libertés du salarié. Si c'est le cas, est-elle *« justifiée par la nature de la tâche à accomplir et proportionnée au but recherché »* ?

353 Mobilité géographique et vie familiale : retour à l'analyse subjective (arrêt Stéphanie M., CS, 14 octobre 2008)

Effet pas vraiment imprévisible de la montée en puissance jurisprudentielle de l'article L. 1121-1, datant pourtant de la loi du 31 décembre 1992 : depuis l'arrêt du 14 octobre 2008, le salarié invoquant une grave atteinte à sa vie personnelle ou familiale peut refuser une mobilité géographique pourtant contractuellement prévue. D'où le double et paradoxal visa de cet arrêt de cassation : L. 1121-1 du Code du travail, puis l'ex-1134 du Code civil. Dans cet ordre-là.

L'arrêt Stéphanie M. du 14 octobre 2008 constitue une caricature des pratiques de certaines sociétés de services exigeant un *engagement* total (c'est le *deal* initial tacite, le « contrat psychologique » disent les gestionnaires), pour lesquelles un cadre à temps partiel est partiellement un cadre, où une mère de famille et *a fortiori* un jeune papa manifestant désormais d'autres centres d'intérêt que son centre de profit voit s'ouvrir toutes grandes les portes de Pôle Emploi. Basée à Marseille, Stéphanie M. notre consultante junior mais désormais jeune maman, avait eu de plus l'outrecuidance de demander un congé parental à temps partiel, puis de refuser une mission de trois mois en région parisienne ; son contrat de consultante prévoyant, tout naturellement pour ce type de fonctions, la *« possibilité de déplacements en France et à l'étranger, certaines missions pouvant justifier l'établissement temporaire de sa résidence sur place »*, elle est licenciée pour faute.

Alors que les (inamovibles) magistrats de la cour d'Aix-Marseille l'avait classiquement déboutée de sa demande de dommages-intérêts pour licenciement sans cause réelle et sérieuse *(« le déplacement prévu était limité à trois mois, dans une ville située à quelques heures de train ou d'avion de Marseille, la mauvaise foi de l'employeur n'étant pas établie »)*, la Chambre sociale casse au visa apparemment paradoxal de deux articles à la logique bien différente sinon opposée : L. 1121-1 du Code du travail et 1103 du Code civil (dans cet ordre) reprochant aux juges d'Aix de *« n'avoir pas recherché si, comme le soutenait Mme M., la mise en œuvre de la clause contractuelle ne portait pas une atteinte au droit de la salariée à une vie personnelle et familiale, et si une telle atteinte pouvait être justifiée par la tâche à accomplir et était proportionnée au but recherché* ».

354 D'une analyse objective à une analyse subjective

Énoncer que la situation personnelle du salarié peut avoir un impact sur sa mobilité géographique n'est pas vraiment un scoop : même en présence d'une solide clause de mobilité géographique, la plupart des entreprises commencent d'abord par se renseigner sur la situation familiale du collaborateur avant de lui proposer une mutation lointaine. Certes, le 28 mars 2006, la Cour avait déclaré « *qu'une mutation géographique ne constitue pas en elle-même une atteinte à la liberté fondamentale du salarié quant au libre choix du domicile* ».

Mais invoquer la classique bonne foi de l'article L. 1222-1, c'est aller beaucoup moins loin que devoir systématiquement confronter nécessités de l'entreprise et droit du salarié à « une vie privée et personnelle », même si cette démarche n'est pas nouvelle. Pour passer de Nice à Lille ou rejoindre une base-vie chinoise, on choisit rarement un père d'une nombreuse famille, ou la jeune maman seule avec ses trois enfants. Mais la formulation générale de la Cour, dans cet arrêt rendu en plénière de Chambre ne citant pas l'article 8 de la CEDH *(« Toute personne a droit au respect de sa vie privée et familiale, de son domicile et de sa correspondance »)*, semble aller bien au-delà des clauses *d'affectation* comme en l'espèce.

355 Retour vers le xxe siècle ?

- **Acte I. Subjectivité**

Au millénaire dernier, dans les années 1970, la jurisprudence avait adopté une analyse très humaine mais conduisant à une casuistique au résultat très aléatoire pour les deux parties : pour chaque salarié visé, la mobilité géographique en cause conduisait-elle à « *un bouleversement de sa vie personnelle, familiale ou sociale* » ? Selon la localisation du domicile du collaborateur, sa situation de famille (officielle/officieuse, et souvent évolutive), les moyens de transport voire les heures des crèches et de maternelles locales, les solutions étaient donc fort diversifiées.

- **Acte II. Analyse objective naissance du « secteur géographique ».**

Revirement avec l'arrêt M. H. du 4 mai 1999 récusant cette vision subjective trop aléatoire car reposant sur l'examen de la situation de chaque sujet de droit concerné et donc guère incitative à la flexibilité interne que constitue la mobilité. Le changement du lieu de travail « *doit être apprécié de façon objective* » (par rapport à l'entreprise), les juges du fond devant par ailleurs examiner si le nouveau lieu de travail est situé dans le même « *secteur géographique* » : la mobilité devait alors être acceptée. « *Désormais la méthode d'analyse doit être objective. Alors qu'auparavant le caractère substantiel de la modification, en cas de déplacement de l'entreprise était apprécié salarié par salarié en fonction de sa situation personnelle (âge, nombre d'enfants, etc.), il convient, désormais, de statuer de la même manière pour tous* », commentait le doyen Ph. Waquet, souhaitant encourager les salariés à être mobiles pour garder un emploi.

• **Acte III. Subjectivité : le retour jurisprudentiel**

Retour en force avec la jurisprudence Stéphanie M. Le revirement du 14 octobre 2008 repris mot pour mot le 23 mars 2011 à propos d'Arnaud D., un papa divorcé (voir *infra*) puis le 10 février 2016 s'agissant d'une jeune maman avec un bébé et un enfant en garde alternée, constitue une... modification très substantielle du droit antérieur.

• **Acte IV. Subjectivité : le retour légal**

Retour en force avec la loi du 14 juin 2013. Comme nous l'avons vu supra, le législateur fait désormais le plus grand cas du respect de la vie personnelle de chaque collaborateur visé par un accord collectif, l'ajoutant article après article, à l'instar de la loi du 6 août 2015 s'agissant du travail dominical ou en soirée, ou des nouveaux accords collectifs issus des ordonnances de septembre 2017.

356 Résumons

Attention ! Le pouvoir de direction normalement exercé demeure premier. L'employeur va proposer au salarié une mobilité dans le même secteur géographique, ou dans le cadre défini par sa clause de mobilité. C'est ensuite que le salarié pourra éventuellement faire valoir (avec les risques que cela implique) les problèmes que lui pose cette mobilité *a priori* licite : « *La bonne foi contractuelle étant présumée, il incombe au salarié de démontrer que la décision de l'employeur a été prise, en réalité, pour des raisons étrangères à son intérêt ou que la clause a été mise en œuvre dans des conditions exclusives de la bonne foi contractuelle* » (CS, 14 octobre 2008, société Otis).

En cas de contestation par le salarié (qui demeure fort rare), le juge doit répondre à deux questions successives :

1. La mobilité envisagée porte-t-elle une atteinte excessive au droit du salarié à une vie personnelle et familiale ? Ce qui signifie que l'employeur va devoir entrer dans la vie privée de chaque collaborateur visé, quitte à se mettre en délicatesse avec l'article 9 du Code civil mais surtout l'article L. 1132-1 pénalement sanctionné : « *Aucune personne ne peut (...) faire l'objet d'une mesure discriminatoire, directe ou indirecte, (...) en raison de sa situation de famille.* » Parmi les 23 consultantes, pourquoi Stéphanie M. ?

2. Une telle atteinte est-elle justifiée par la tâche à accomplir par ce salarié, et proportionnée au but recherché par cette entreprise ? Si la société de consultants était au bord du dépôt de bilan, et que ce gros client avait exigé la collaboration de la spécialiste Stéphanie M. et de personne d'autre ? Entre la situation personnelle du salarié et celle de son entreprise (à supposer que les juges en tiennent vraiment compte), quelles que soient ses vieilles pratiques internes... Ainsi dans l'arrêt du 23 mars 2011, où une société d'assurances indiquait à propos d'un commercial que « *la mutation de M. Arnaud D. de Compiègne à Paris correspondait à un mouvement s'inscrivant dans une pratique normale de rotation des inspecteurs au sein de la société, la procédure s'est déroulée selon l'usage de la société et dans le respect de ses droits notamment quant aux mesures d'accompagnement destinées à faciliter son installation et à sa rémunération, et enfin qu'il n'avait pas été traité différemment des autres inspecteurs* ». Réponse de la Chambre sociale : le juge devait « *rechercher concrètement, comme il lui était demandé,* *si la décision de l'employeur de muter M. Arnaud D. ne portait pas une atteinte au droit du salarié à une vie personnelle et familiale, lequel faisait valoir qu'il venait de s'installer près de Compiègne à la suite de son divorce afin d'offrir de meilleures conditions d'accueil à ses enfants, et si une telle atteinte pouvait être justifiée par la tâche à accomplir et était proportionnée au but recherché* ». Entre les divorces, les familles décomposées puis recomposées, le mariage pour tous et les vieux parents dépendants, la mobilité géographique du salarié fils-époux-papa-concubin-amoureux devient une très savante et fort insécure casuistique.

Morale en forme d'éventuel accident de travail, pour les salariés des deux sexes ne voulant pas être mobiles tout en finançant nos retraites : mariez-vous, ayez beaucoup d'enfants, et occupez-vous de vos parents très âgés.

357 Les quatre conséquences de cette évolution dans l'air du temps

1. Les clauses de mobilité sont plus ce qu'elles étaient. Car par définition, elles ne visent pas un transfert à 20 km mais plutôt à 100 ou 700 km : dans la plupart des cas, le maintien du domicile actuel est exclu, et la vie personnelle et familiale forcément largement impactée. On souhaite bien du courage aux juges du fond, saisis par un salarié en difficulté mais connaissant mal les contraintes collectives d'une société, pour trouver le bon équilibre entre nécessités de l'entreprise et respect des droits de chaque collaborateur. Ainsi dans l'arrêt du 10 février 2016, la Cour d'appel avait affirmé que « *le refus de Mme X. d'accepter une modification de son contrat de travail n'étant que la mise en œuvre d'une stipulation expresse, il reste constitutif d'une faute* ». Cassation : elle aurait dû rechercher « *si la mise en œuvre de la clause contractuelle ne portait pas une atteinte au droit de la salariée à une vie personnelle et familiale, et si une telle atteinte pouvait être justifiée par la tâche à accomplir et était proportionnée au but recherché* ».

2. Même problème au sein du même secteur géographique, comme avant l'arrêt M. H. de 1999 : cette mobilité a priori plus réduite peut néanmoins bouleverser la vie privée et familiale du collaborateur visé. Ainsi du passage d'un bout à l'autre de nos grandes « agglomérations », avec un temps de transport quotidien passant de 15 minutes à 3 heures, ou rendant matériellement impossible le *steaple-chase* quotidien du matin (crèche/TER avec correspondance/collège/métro). Même ici, le juge doit rechercher si « *la décision d'affectation de Mme A.* (à 30 kms) *ne portait pas atteinte aux droits de la salariée à la santé et au repos et à une vie personnelle et familiale, et si une telle atteinte pouvait être justifiée par la tâche à accomplir et proportionnée au but recherché"* (CS, 16 novembre 2016).

3. Et surtout la situation de chaque salarié est évolutive : on est rarement papa à 19 ans ou aidant à 25. Raison pour laquelle la Chambre sociale n'a pas mis en cause la *validité* même des clauses de mobilité (même « sur l'ensemble du territoire métropolitain »), mais les *conditions de leur mise en œuvre* : ce qui permet aussi d'éviter le séisme des effets d'une rétroactivité de clauses annulables.

4. Même si ils ont tous deux exactement la même clause de mobilité, le Casanova officiellement célibataire du service Marketing est donc désormais plus mobile que sa voisine de bureau également célibataire mais dotée de deux jeunes enfants et s'occupant de son vieux père. Car l'évolution démographique va multiplier les « raisons familiales impérieuses » (pléonasme), notamment « la garde d'un enfant ou la prise en charge d'une personne dépendante » évoquées pour le travail à temps partiel ou de nuit.

Sur l'ensemble de la question, voir l'ouvrage *Mobilités du salarié* de J.E. Ray, éditions Liaisons, coll. « Droit vivant », octobre 2014.

B. - En présence d'une clause de mobilité géographique

358 Elle est devenue clause de style dans la plupart des contrats de cadres appartenant à des entreprises travaillant sur plusieurs sites, et *a fortiori* à l'international. Liberté de circulation au sein de l'UE, mais aussi politique volontariste de groupes multinationaux voulant obliger leurs collaborateurs à s'immerger dans d'autres cultures, et les Français à oublier la rigidité présumée de leur droit du travail : l'existence d'une clause de mobilité au périmètre précis et adéquat a aussi un rôle psychologique, et simplifie *a priori* grandement la tâche du gestionnaire de personnel. Puissance du droit : elle peut transformer une énorme modification du contrat (Paris-Singapour) en simple petit changement des conditions de travail ne pouvant être refusé par le salarié sous peine de licenciement pour faute.

359 Mais ne pas tout mélanger

Grosse bourde absolue : parler de « mobilité » en cas de transfert partiel ou total *d'entreprise*, en application de l'article L. 1224-1 (voir chapitre suivant).

Clause de mobilité nationale ou internationale ? Le périmètre géographique de la clause pose peu de problèmes, si l'on écarte la mutation en Guyane d'un cadre pouvant être muté « sur l'ensemble du territoire français », ou le salarié travaillant à Nice muté à Monaco et obtenant la prime conventionnelle d'expatriation. L'obligation de renseignement oblige l'employeur qui désire muter le salarié en dehors du territoire métropolitain à préciser si les Dom-Tom sont visés. *A fortiori* le terme « expatriation » devra explicitement figurer si le collaborateur peut être muté à l'international.

360 Substantielle évolution des conditions de validité des clauses de mobilité

Si l'arrêt du 14 octobre 2008 a utilisé L. 1121-1 pour encadrer la mise en œuvre des clauses de mobilité, il a bien pris garde de ne pas les annuler systématiquement : elles restent donc valides, et c'est au jour de la mobilité que le juge devra apprécier leur impact sur la vie personnelle ou la santé. Normal si l'on pense à l'évolution d'une carrière, et des souhaits de chaque collaborateur : les fantasmes extrême-orientaux d'un célibataire de 23 ans sont plus rares pour le père de trois adolescentes, âgé de 57 ans...

La clause de mobilité doit fixer un secteur géographique précis (le vaste « France métropolitaine » est licite), toute mutation au-delà de cette zone devenant une modification du contrat : pour une clause « Région Centre », travailler un kilomètre plus loin, au sud de la nationale, peut donc entraîner une véritable modification. Mais une clause

« au sein des 27 pays membres de l'Union européenne » reste licite si elle est justifiée et proportionnée : la contrainte reste faible.

361 **Pratique à risques : l'insertion d'une clause de mobilité** pendant l'exécution d'un contrat n'en comportant pas. Hypothèse banale en cas de fusion et autres restructurations, l'entreprise absorbante souhaitant unifier les contrats de l'ensemble de ses salariés, anciens et nouveaux. S'agissant d'une modification évidente du contrat, le salarié est en droit de refuser cette insertion. L'entreprise la souhaitant (ou l'élargissement d'une clause préexistante : de la région parisienne on passe à la France entière) devra donc procéder avec une infinie délicatesse : il n'est pas question de pouvoir l'imposer sans prendre le risque d'une prise d'acte qui lui sera imputable, ou d'un licenciement économique dont on voit mal la cause réelle et sérieuse. Comment en effet expliquer que cette insertion est vitale pour « sauvegarder la compétitivité de l'entreprise » ?

362 **Que faire en cas de refus d'exécution d'une clause de mobilité, hors application d'un accord collectif ?** Le contentieux n'est pas le Droit, et le Droit n'est pas la vie...

La question ne se pose que dans de rares cas : si l'on écarte les quelques entreprises utilisant la clause de mobilité géographique pour réduire discrètement leurs effectifs ou licencier pour insubordination quelques indésirables bien ciblés, l'immense majorité ne propose une lointaine mobilité qu'après en avoir longtemps discuté avec le salarié : il leur paraît en effet parfaitement stupide de le muter d'autorité pour le rapatrier quelques mois plus tard du fait de ses problèmes personnels ou familiaux ; et si c'est un excellent collaborateur, il vaut mieux le fidéliser en n'insistant pas excessivement.

En droit, quelle suite donner à un refus de mobilité justifié par d'impérieuses raisons personnelles ou familiales ? En rester là, bien sûr... et cibler un autre collaborateur *a priori* plus flexible sur le plan personnel...

363 **Suites disciplinaires d'un refus :** *« En violation de la clause de mobilité prévue à son contrat et malgré plusieurs lettres de mise en demeure, le salarié avait refusé de rejoindre successivement deux nouvelles affectations, et repris son travail qu'après avoir été convoqué à l'entretien préalable au licenciement. Un tel refus, sans aucune justification légitime, caractérisait une faute grave rendant impossible la poursuite du contrat de travail »*. (CS, 12 janvier 2016).

Cet arrêt ne signifie pas que le seul refus paisible d'une mobilité légitime constitue automatiquement une faute grave. Mais dans la vraie vie, les choses s'enveniment vite, et la grave insubordination-faute grave n'est pas loin.

UN SALARIÉ PEUT-IL ÊTRE TEMPORAIREMENT AFFECTÉ LOIN DE SON POSTE HABITUEL ?

Deux hypothèses très différentes

« Lorsque la spécificité des fonctions implique une certaine mobilité géographique ». Ainsi dans le BTP : dans l'arrêt du 2 avril 2014, l'assistant chef de chantier qui travaillait habituellement dans l'est de la France refuse sa vingtième mais nouvelle affectation dans le Sud-Ouest : « Le déplacement refusé s'inscrivant dans le cadre habituel de son activité, le salarié avait manqué à ses obligations contractuelles » (licenciement pour faute). Idem pour un consultant international : « Le déplacement à Alger s'inscrivait dans le cadre habituel de son activité », peu importe l'absence de toute clause de mobilité (CS, 11 juillet 2012). Contracter, c'est prévoir : il est donc souhaitable de rappeler dans le contrat initial qu'une telle mobilité est inhérente aux fonctions, avec le cas échéant des contreparties contractuelles, ou conventionnelles (ex. : indemnités de grand déplacement dans le BTP).

« Les circonstances exceptionnelles », touchant l'entreprise. La mobilité provisoire est ici proposée pour une longue durée à des salariés sédentaires : par exemple pour permettre à l'employeur d'effectuer des travaux d'envergure (hôtels de luxe parisiens), avec retour au poste initial quand ils seront finis. Si cette affectation même provisoire se situe en dehors du secteur géographique antérieur, le collaborateur peut en principe refuser. Mais cette solution conduisant tout droit à des licenciements économiques, la Cour de cassation a donc décidé le 3 mai 2012 que « l'affectation occasionnelle d'un salarié en dehors du secteur géographique où il travaille habituellement peut ne pas constituer une modification de son contrat de travail », mais à trois sévères et cumulatives conditions : 1. Cette affectation ne peut être motivée que par l'intérêt de l'entreprise ; 2. Doit être justifiée par des circonstances vraiment exceptionnelles (le chômage partiel total existe) ; 3. Le salarié doit préalablement, et dans un délai raisonnable, être informé du caractère temporaire de l'affectation, et de sa durée prévisible. Si une seule fait défaut, « le salarié n'a commis aucune faute en refusant de rejoindre sa nouvelle affectation » (CS, 3 novembre 2016, défaut de cause réelle et sérieuse).

Reste que le droit n'est pas la vie, et qu'imposer une telle mutation donne rarement lieu ensuite à des prouesses professionnelles.

C. - En l'absence de clause, mobilité imposée limitée au même « secteur géographique »

364 Clause personnalisée de stabilité. Le contrat individuel peut tout d'abord avoir contractualisé un lieu de travail spécifique, par une clause claire et précise, personnalisée et si possible argumentée. Elle entraîne alors une totale stabilité du lieu de travail, une mutation même à 500 mètres étant exclue, et *a fortiori* la mobilité dans le même secteur géographique que devront pourtant accepter tous les collègues. Mais, *à l'embauche*, quel futur salarié peut exiger cette totale immobilité ? Bien peu de candidats. Et l'obtenir encore moins, en raison des risques de contagion/jalousie pour le personnel en place. Mais la contractualisation d'un lieu précis en cours d'exécution du contrat par un avenant particulier fait présumer du caractère essentiel de l'élément ainsi précisé.

Idem en cas de télétravail : *« Lorsque les parties sont convenues d'une exécution de tout ou partie de la prestation de travail par le salarié à son domicile, l'employeur ne peut modifier cette organisation contractuelle du travail sans l'accord du salarié »* (CS, 12 février 2014).

365 Le contrat ne prévoit rien. Que faire ?

La jurisprudence avait pendant quarante ans adopté une attitude très humaine, et donc une casuistique d'une extrême complexité : pour chaque transfert du lieu de travail et pour chacun des salariés visés, elle examinait si « intervenait un bouleversement dans sa vie personnelle, familiale ou sociale » (l'ex- *« modification substantielle dans ses conditions de vie »*). Selon le domicile du salarié, sa situation de famille (officielle/officieuse, et souvent évolutive), les moyens de transport, voire les heures des crèches et maternelles locales, les solutions étaient très diversifiées.

366 « Simple changement des conditions de travail » si la mobilité intervient dans le même secteur géographique. Total revirement avec l'arrêt M. H. du 4 mai 1999 : muté de Versailles à Chartres, un cadre refuse le transfert et se retrouve licencié pour faute grave. Position approuvée par la cour de Versailles qui constate que, pour un cadre, ce changement n'apporte pas de bouleversement à sa vie. Cassation et apport majeur sur ce terrain de l'arrêt du 4 mai 1999 : les juges du fond devaient examiner *« si le lieu de travail où était affecté M. H. était situé dans un secteur géographique différent de celui où il travaillait précédemment »*. Comme le constatait le doyen Waquet, *« l'expression n'est certes pas la meilleure qui soit, et une autre désignation pourrait être trouvée : bassin d'emploi, agglomération urbaine. C'est évidemment aux juges du fond de définir localement le secteur géographique en fonction des facilités de communication, des transports existants, des habitudes culturelles, etc. »*.

La politique de la Chambre sociale était claire : inciter les salariés à davantage de mobilité pour garder un emploi. Les trois critères pris en compte pour statuer ? L'arrêt du 7 juillet 2016 évoque logiquement 1. La distance, mais évidemment pas un kilométrage précis : 30 km entre deux banlieues est bien différent de 30 km entre deux villes reliées par autoroute ou entre deux vallées de Haute-Savoie « à vol d'oiseau » : soit 90 km de tournants pour les non-oiseaux ; 2. Les moyens de transport, collectifs ou individuels ; 3. La durée supplémentaire des trajets, avec son impact sur la vie personnelle du collaborateur.

En termes de procédures, la simplification saute aux yeux côté entreprise, si du moins elle est sûre de son fait : il s'agit d'un simple changement dans les conditions de travail, puisque la mutation individuelle ou collective intervient dans le même secteur… **et si**, depuis l'arrêt Stéphanie M. du 14 octobre 2008, cette mutation ne se heurte pas à un refus du salarié fondé sur des motifs impérieux fondés sur sa vie personnelle ou familiale. Il sera possible, après information et consultation de l'ensemble des institutions représentatives du personnel (CHSCT inclus), de simplement notifier leur mobilité aux personnes concernées en prenant bien soin de ne pas leur proposer de signer un avenant : cela constituerait l'aveu d'une véritable modification.

367 **Dans la** *pratique*, cette jurisprudence favorable à la mobilité pour garder un emploi ne simplifie cependant que faiblement la vie des gestionnaires de personnel devant, au-delà du régime très spécifique des représentants du personnel, séparer dans un premier temps les salariés titulaires d'une clause de mobilité (pour lesquels la question ne se pose en principe pas), puis au contraire ceux ayant fait contractualiser le lieu de travail (leur permettant de refuser leur nouvelle affectation, même située dans le même secteur géographique), et enfin tenter de prendre en compte la situation personnelle de ceux ayant exprimé de graves difficultés sur ce terrain. Pour le transfert d'un service entier sur un autre site, il faudra beaucoup de diplomatie pour expliquer à Marielle qu'elle doit rejoindre dans un mois la banlieue Nord sous peine de licenciement pour faute, alors que son voisin Bruno, mieux inspiré lors de l'embauche puisqu'il avait fait expressément contractualiser « Paris *intramuros* », se verra proposer avec une infinie délicatesse le même transfert qui, en cas de refus, lui donnera accès à un généreux plan de sauvegarde de l'emploi si dix salariés ont également refusé et sont licenciés. Il pourra d'ailleurs ensuite s'interroger sur la cause réelle et sérieuse de son licenciement, qui ne peut jamais être constituée par son légitime refus : on souhaite bien du plaisir au DRH voulant démontrer que le transfert à 12 kilomètres était indispensable pour sauvegarder la compétitivité de l'entreprise.

368 **Sauf s'il a signé un accord collectif** après le 22 septembre 2017 (voir conclusion du chapitre).

SECTION II La révision acceptée

369 **Révision acceptée par l'employeur.** La demande de révision peut émaner du salarié lui-même (promotion souhaitée, conjoint muté) : il est d'ailleurs fréquent que le chef d'entreprise accède à ces demandes, surtout pour garder ses meilleurs collaborateurs. La jurisprudence l'y incite d'ailleurs très vivement au nom de l'exécution de bonne foi des contrats. Mais le principe jurisprudentiel demeure : *« Un salarié n'a pas un droit acquis à la mutation géographique. »* Et *a fortiori* à la progression de carrière.

370 **Révision acceptée par le salarié.** Mais dans la plupart des cas, c'est l'employeur qui propose au salarié une mutation professionnelle ou géographique qu'il accepte, *volens nolens*. La courtoisie comme la jurisprudence exigent, même si la mobilité porte sur un élément non essentiel du contrat, une offre patronale précise *(§ 1)*. L'acceptation du salarié doit se manifester clairement, sinon expressément *(§ 2)*. Mais dans de nombreux cas aujourd'hui, *« qui ne dit mot consent »*.

§1 Une offre patronale précise et loyale

371 **Elle ouvre la négociation concernant la révision du contrat.** Pendant toute sa durée, le contrat initial se poursuit sans que le salarié, en l'absence de notification, ne puisse considérer le contrat comme modifié : une prise d'acte trop rapide aurait alors les effets d'une démission. La loyauté contractuelle, la jurisprudence et souvent les conventions collectives exigent de l'employeur qu'il remplisse son obligation de renseignement, et laisse au salarié un délai de réflexion raisonnable.

372 **Au-delà de la « concertation préalable »** issue de la loi du 14 juin 2013 et visant à prendre en compte la vie personnelle du salarié, mesure élémentaire de savoir-vivre, l'**obligation de renseignement** pesant sur le chef d'entreprise est parfois minutieusement décrite par les conventions collectives. Ainsi pour les agents de maîtrise de la métallurgie, l'employeur doit préciser, sous peine d'inopposabilité de la modification, *« l'emploi dans la classification et le coefficient hiérarchique, la rémunération garantie dudit emploi, les appointements réels, le lieu où l'emploi va être exercé et éventuellement l'énumération des avantages en nature ».*

373 **Un délai de réflexion raisonnable** doit être laissé au salarié afin de lui permettre d'examiner les conséquences pratiques de la proposition de mobilité, pour lui et sa famille : sa durée sera fonction de la nature et de l'importance du changement proposé. Ce délai de réflexion doit « lui permettre d'évaluer la portée de la modification proposée et de décider en connaissance de cause » (CS, 28 mars 2001 : la nuit porte conseil). Pendant ce délai (ex. : un mois pour l'acceptation d'un reclassement), l'employeur ne peut licencier le salarié resté silencieux avant son expiration : le licenciement serait dépourvu de cause réelle et sérieuse.

§2 Si acceptation = pas de ticket-retour

374 **Exempte de tout vice du consentement**, l'acceptation du salarié à la modification doit en principe être officialisée par la signature d'un avenant dans le mois qui suit, le retour à la situation antérieure n'étant en principe plus possible sans un nouvel accord. Sauf clause expresse, le salarié ne dispose donc ni d'un « ticket-retour » ni d'un « droit de repentir » emprunté au droit de la consommation, même si la mobilité géographique acceptée se révèle désastreuse pour le conjoint, ou la promotion une splendide voie de garage.

Revenant – comme dans d'autres domaines – à une application plus stricte du droit civil (*« La novation ne se présume point »*), la Cour de cassation indique que l'employeur ne peut modifier le contrat de travail sans l'accord du salarié. Il lui incombe soit de maintenir les conditions contractuellement convenues, soit de tirer les conséquences du refus opposé par l'intéressé, l'acceptation de celui-ci ne pouvant résulter de la seule poursuite par lui du travail. À l'employeur donc de provoquer une réponse expresse du salarié, dans un sens ou dans l'autre.

375 « Qui ne dit mot consent » : le singulier article L. 1222-6. *« Lorsque l'employeur, pour un motif économique, envisage la modification d'un élément essentiel du contrat de travail, il en informe le salarié par lettre recommandée avec accusé de réception. La lettre de notification informe le salarié qu'il dispose d'un délai d'un mois à compter de sa réception pour faire connaître son refus. À défaut de réponse dans un délai d'un mois, le salarié est réputé avoir accepté la modification proposée. »* Cette horreur juridique (*cf.* droit du mariage) a été légalisée pour obliger les salariés hésitants à prendre rapidement position : mais la Chambre sociale ne l'aime guère, et cherche à limiter sa portée.

1 - Depuis l'ordonnance du 22 septembre 2017, L. 1222-6 n'est pas applicable s'il s'agit de la seule application d'un accord collectif (voir infra L. 2254-2 nouveau, dont la procédure n'est guère différente).

2 - Une formalité... substantielle : ***« L'employeur qui n'a pas respecté ces formalités ne peut se prévaloir ni d'un refus ni d'une acceptation de la modification »*** (CS, 25 mars 2009). S'agissant du contrat du salarié, il n'est guère surprenant que la Cour s'en tienne strictement au texte. L'article L. 1222-6 a en effet le mérite de souligner l'importance sinon la gravité de la démarche en cause : une LRAR envoyée au domicile ne produit pas la même impression qu'un courriel. « Ni d'un refus ni d'une acceptation » : en l'absence d'exception à la règle « qui ne dit mot ne consent pas », cette dernière retrouve sa place : ***a priori*** refus de la modification, à moins qu'un avenant n'ait été signé ensuite.

3 - Si le salarié refuse ou accepte avant la fin de ce délai d'un mois, faut-il en tirer immédiatement les conséquences ? Surtout pas : ***« Ce délai constitue une période de réflexion destinée à permettre au salarié de prendre parti sur cette proposition en mesurant les conséquences de son choix. Il en résulte que l'inobservation de ce délai par l'employeur prive de cause réelle et sérieuse le licenciement fondé sur le refus du salarié »*** (CS, 3 mars 2009). La création jurisprudentielle de ce droit de repentir pendant tout le reste de la période incite évidemment les entreprises à ne rien entreprendre avant un mois ; car si elle a entamé, par exemple, une procédure de mutation (en principe acceptée), elle devra y renoncer au profit d'une procédure de licenciement (pas pour faute) si le salarié finalement renonce.

Le silence du salarié entraîne donc des résultats *opposés selon la cause* de la modification. Si elle est personnelle (ex. : rétrogradation disciplinaire), le salarié qui ne l'accepte pas expressément (avenant au contrat) est censé l'avoir refusée, même s'il travaille aux nouvelles conditions.

Mais si la modification : 1. touche un élément essentiel du contrat ; 2. à un motif ***économique tel que listé*** à l'article L. 1233-3 (CS, 13 septembre 2017); 3. est proposée en dehors du ***reclassement*** qui doit précéder tout projet de licenciement économique (CS, 15 juin 2016) 4. Et en dehors de l'application de l'accord collectif issu de l'ordonnance du 22 septembre 2017 (voir infra), le salarié ne la refusant pas expressément dans le mois qui suit la réception de la lettre est censé l'avoir acceptée, et ne pourra plus prétendre bénéficier des conditions de son contrat initial.

376 **Mais le mieux est d'obtenir l'accord exprès et écrit du salarié,** une réponse positive mais conditionnelle *(« oui bien sûr, mais à condition que »)* devant être assimilée à un refus. Cette prudente pratique évitera toute contestation ultérieure, l'exécution du travail aux nouvelles conditions ne caractérisant pas une acceptation.

SECTION III La modification refusée

377 **L'employeur peut refuser une proposition de modification** du contrat émanant *du salarié*, s'il reste de bonne foi. Mais la loi lui impose parfois (femmes enceintes, reclassement des accidentés du travail ou des salariés inaptes, harcèlement moral...), souvent en concertation avec le médecin du travail, des aménagements d'emploi liés à l'état de santé ou à l'aptitude physique du collaborateur concerné.

À l'inverse, ***certains*** **salariés peuvent refuser** une mobilité proposée par l'employeur, fût-elle minime au nom de leur contrat : ainsi des salariés ayant fait contractualiser un lieu ou un horaire de travail précis et personnalisé, ou les représentants du personnel, si du moins elle porte atteinte à l'exercice de leur mandat (voir 3° partie). Collectivement enfin, les salariés refusant par exemple une délocalisation partielle de l'entreprise pourront se mettre en grève pour tenter d'obtenir leur maintien sur le site.

378 En dehors de ces cas particuliers mais aussi de la jurisprudence Stéphanie M. largement détaillée *supra*, le salarié est-il en droit de refuser une révision **décidée par le chef d'entreprise** ? Cherchant un équilibre entre le caractère intangible du contrat énoncé par l'ex-article 1134 et la nécessaire évolution de l'entreprise, la jurisprudence se réfère tout d'abord à l'intention des parties (C. civ., art. 1156) en tentant de répondre à la question suivante : cet élément a-t-il été déterminant dans l'acceptation du salarié lors de la signature du contrat ? Si c'est le cas, c'est l'essence, la substance de celui-ci qui est touchée par la mobilité et le salarié est en droit de refuser cette atteinte à la force obligatoire des contrats.

Mais dans l'immense majorité des litiges, le juge ne parvient pas à savoir si le consentement du salarié il y a douze ans a été ou non déterminé par l'implantation de l'entreprise à Toulouse ou dans sa banlieue. L'arrêt du 15 mars 2006 a bien séparé ce qui relève de l'*information* du salarié *(« Horaire collectif : 35 heures » ; « Lieu actuel du travail : Saint-Jean-de-Luz »)* et ce qui relève d'une *contractualisation* « par une clause claire et précise », donc en principe individualisée et si possible motivée *(« En raison des problèmes familiaux de Mme Y. »)*.

379 **Le choix : la porte, ou la porte.** Selon la *summa divisio* habituelle, il faut ici différencier deux hypothèses, tout en remarquant que toutes deux conduisent directement à Pôle Emploi : seul le motif change. Peut-on alors vraiment parler de choix offert au salarié, *a fortiori* de 50 ans lorsque la France compte 3,5 millions de chômeurs ?

Quelles sont les conséquences d'un refus de mobilité unilatérale qui entraînerait une modification du contrat *(§ 1)*, ou qui au contraire ne constitue qu'un simple changement des conditions de travail *(§ 2)*. Depuis le 22 septembre 2017, il en va différemment si la mobilité résulte d'un accord collectif majoritaire (§ 3).

§1 Révision patronale unilatérale entraînant une modification du contrat du salarié

380 **Mode d'emploi en quatre arrêts :** *« La modification du contrat de travail par l'employeur, pour quelle que cause que ce soit, nécessite l'accord du salarié, qui ne saurait résulter ni de son silence ni de la poursuite du contrat »* (CS, 13 octobre 2011).

« L'employeur ne peut modifier unilatéralement le contrat de travail ; lorsque le salarié refuse la modification, l'employeur doit soit le rétablir dans son emploi, soit tirer les conséquences du refus en engageant la procédure de licenciement » (CS, 5 mai 2009).

« Le salarié, qui se voit imposer une modification unilatérale de son contrat et qui ne choisit pas de faire constater que cette voie de fait s'analyse en un licenciement, est fondé à exiger la poursuite du contrat aux conditions initiales, et ne peut être tenu d'exécuter le contrat de travail aux conditions unilatéralement modifiées par l'employeur » (CS, 26 juin 2001).

« La cour d'appel, qui a fait ressortir que l'employeur n'avait pas renoncé à la modification refusée par le salarié, en a justement déduit que celui-ci était fondé à prendre acte de la rupture de son contrat de travail. » Cet arrêt du 5 mai 2009 ne doit pas prêter à confusion : le salarié à qui une modification de son contrat est seulement *proposée* ne peut pas prendre acte de la rupture : il ne peut le faire que si l'employeur la lui a déjà *imposée*, et si elle est assez lourde interdit la poursuite du contrat (CS, 26 mars 2014).

381 **Le salarié à qui l'employeur ne peut que proposer une modification** est donc toujours en droit de refuser, même pendant le préavis, même en cas d'augmentation de salaire et de qualification, même s'il s'agit d'une mutation disciplinaire. Mais qu'il s'agisse de mobilité géographique (mutation) ou professionnelle (reconversion), l'exercice de ce droit n'est pas sans risque : ce refus peut le cas échéant entraîner, sans faute de la part de l'employeur, le licenciement du réfractaire pour motif *économique*. Entre les modifications que continue à connaître la jurisprudence et celles qu'entraînent les changements organisationnels permanents et autres restructurations, quelle peut être l'attitude du salarié, et en réponse celle de l'employeur ?

A. - « Un tiens vaut mieux que deux tu l'auras »

382 Le salarié à qui une véritable modification n'entrant pas dans les prévisions du contrat est *imposée* (ex. : fiche de paie réduite unilatéralement de 5 % sur le salaire *contractuel*), et non pas seulement *proposée*, peut continuer à travailler, ou au contraire prendre l'initiative de la rupture mais en rejeter l'imputabilité sur l'employeur.

Le salarié peut **poursuivre le travail aux *anciennes* conditions**, *a priori* considérées comme désormais inacceptables par le chef d'entreprise. Ce comportement ne peut lui être imputé à faute puisqu'il ne fait qu'exécuter les stipulations contractuelles. Cette attitude forcera souvent l'employeur à prendre position : renoncer à la modification, ou licencier le salarié pour motif économique puisque le refus est alors un droit. Ses indemnités de rupture seront calculées sur la base des sommes qu'il aurait dû percevoir si l'employeur n'avait pas touché à son salaire contractuel.

Mais le collaborateur prudent peut également **travailler aux *nouvelles* conditions** fixées par l'entreprise. Si la révision intervient pour motif personnel (ex. : rétrogradation), la seule poursuite du travail n'entraîne pas acceptation tacite d'une révision du contrat initial. Le salarié ne dit mot mais ne consent pas : il pourra dans quelques années, si l'employeur ne rapporte pas la preuve de son acceptation, obtenir réparation du préjudice subi (ex. : rattrapage de salaires sur 36 mois). Il n'en va pas de même si la révision intervient pour motif économique : à l'issue du délai d'un mois plein précisé dans la lettre, ne pas répondre à la LRAR de l'employeur équivaut à une acceptation, à moins que cette proposition ne soit faite dans le cadre d'un reclassement pour motif économique.

Dans de nombreuses hypothèses néanmoins, il sera interdit sinon impossible au salarié (fermeture et délocalisation d'un site) de travailler aux anciennes conditions, et il refusera de se plier aux nouvelles, sans qu'un licenciement intervienne. **Il peut engager une** *action en exécution* devant le juge prud'homal statuant en référé, lui demandant non une explosive « réintégration » puisque le contrat n'est ni en fait ni en droit rompu, mais la simple poursuite du contrat aux conditions antérieures. Mais le but de cette instance est moins d'obtenir sous astreinte la poursuite du contrat que de forcer l'employeur à prendre position.

Si le salarié est *absolument certain* **du caractère *essentiel* de la modification, et qu'elle lui a *déjà* été imposée,** il pourra également *prendre acte*, dans un délai bref. Prenant l'initiative de la rupture *(« le salarié est en droit de se prévaloir de cette faute pour soutenir que son contrat de travail avait été rompu par l'employeur »)*, il en refuse à juste titre l'imputabilité : la prise d'acte de la rupture imputable à la société produit les effets d'un licenciement sans cause réelle et sérieuse. Mais cette prise d'acte exige de la part du salarié une très sérieuse analyse de la « quadrature du socle contractuel », en évitant par exemple de confondre avantages conventionnels et contractuels, ou encore vraie modification du contrat et simple fin d'une tolérance patronale. Car la prise d'acte produit certes les effets d'un licenciement sans cause réelle et sérieuse si les graves faits invoqués empêchaient la poursuite du contrat de travail. Mais dans le cas contraire ceux d'une démission : le réveil sera alors brutal (*cf. infra* : « Autres modes de rupture du contrat de travail »).

En référé – et *a fortiori* du juge du fond – le salarié pourra obtenir la délivrance des documents afférents (lettre de licenciement, certificat de travail), mais également une provision sur les indemnités de rupture (indemnités de préavis et de licenciement) voire *l'intégralité* de celles-ci si le caractère essentiel de la modification imposée ne fait aucun doute.

B. - Réponse patronale au refus du salarié d'accepter une modification unilatérale

383 **Parfois l'employeur renonce purement et simplement** à l'imposer (éviter le départ des meilleurs, coût élevé du licenciement, autres salariés volontaires), et le contrat initial se poursuit donc normalement… ou presque (promotion future ?). En aucun cas le salarié, qui entre-temps a fait parfois des projets sinon des châteaux en Espagne en comptant sur un généreux PSE, ne pourra alors considérer que la renonciation patronale lui permet de se prétendre licencié : une prise d'acte serait alors assimilée à une démission. Mais dans une grande majorité des cas, cette apaisante solution ne sera pas retenue. Si le salarié a le droit de refuser, le chef d'entreprise conserve son droit de résiliation unilatérale.

La nature de la rupture ne pose guère de problèmes : c'est un licenciement, jamais une démission. Mais quelle en est la cause ? Licenciement personnel ou pour motif économique ?

Cette dernière qualification doit généralement être retenue, comme l'indique l'article L.1233-3 issu de la loi du 8 août 2016 : « *Constitue un licenciement pour motif économique le licenciement effectué pour un ou plusieurs motifs non inhérents à la personne du salarié résultant d'une suppression ou transformation d'emploi ou d'une modification, refusée par le salarié, d'un élément essentiel du contrat de travail…* **consécutives notamment** à des difficultés économiques, à des mutations technologiques ou une réorganisation de l'entreprise nécessaire à la sauvegarde de sa compétitivité. Ce à quoi le DRH n'avait guère pensé lorsqu'il avait simplement proposé de revoir le variable des commerciaux (arrêt Générali, CS, 12 avril 2012), ou délocalisé le siège social de Paris à Lorient.

384 Au salarié se retrouvant à la porte après avoir simplement exigé le respect de stipulations contractuelles, et plaidant donc presque naturellement le défaut de cause réelle et sérieuse, la Cour précise : « *Si le refus de la modification du contrat oblige l'employeur qui entend maintenir cette modification à licencier le salarié, ce licenciement n'est pas nécessairement dépourvu de cause réelle et sérieuse. Il appartient au juge de rechercher si le motif* (initial) *de la modification constitue une cause réelle et sérieuse de licenciement.* » De la cause réelle et sérieuse du *licenciement*, le juge remonte donc à celle de la *modification* initiale, question à laquelle l'employeur avait rarement pensé, mais à laquelle il devra répondre.

§2 Refus d'un « simple changement des conditions de travail »

385 Sous réserve de l'application de la jurisprudence Stéphanie M., le refus d'un simple changement des conditions de travail constitue en principe une faute, et peut donner lieu à un licenciement disciplinaire : le lien de subordination exige que le salarié

se soumette à la volonté de l'employeur, du moins si celui-ci use sans abuser de son pouvoir de direction. Peu importe alors le motif initial du changement. Avant 2000, il s'agissait dans la plupart des cas d'une faute *grave* rendant impossible l'exécution du préavis : solution permettant d'évacuer cette délicate question se posant nécessairement en cas de simple cause réelle et sérieuse : puisqu'il s'agit d'un simple changement des conditions de travail, l'employeur peut en effet légitimement exiger que le préavis soit exécuté par le licencié aux *nouvelles* conditions.

386 **Mais là encore, la Chambre très sociale a du cœur :** avec son analyse de plus en plus *subjective* (*i.e.* fonction de chaque sujet de droit visé) des conséquences à en tirer, à l'instar de la personnalisation des peines en droit pénal. Il est apparu en effet choquant de licencier dans les mêmes conditions (faute grave) un voleur de matériel et une mère de famille avec vingt ans d'ancienneté ayant simplement refusé un changement de lieu de travail. Bref, après « la *faute grave* en principe », la Chambre très sociale avait rectifié le tir avec l'arrêt du 9 mai 2001 (« pas nécessairement *une faute grave* ») : ce qui interdisait de rompre un CDD avant terme si son titulaire refuse d'aller travailler un km plus loin.

Mais suite au re-revirement de 2016 (Assemblée Plénière, 23 octobre 2015/ Alignement : CS, 12 janvier 2016 : « *Un tel refus, sans aucune justification légitime, caractérisait une faute grave rendant impossible la poursuite du contrat de travail* »), la grave insubordination-faute grave n'est pas loin. Avec finalement toujours un licenciement conduisant à Pôle Emploi.

Et le préavis ?

1 - En cas de faute grave, la question ne se pose pas car « interdisant la poursuite du contrat », elle est justement privative du préavis.
2 - Lorsqu'un salarié est licencié pour avoir légitimement refusé une véritable modification, l'employeur ne peut imposer au salarié cette modification pendant son exécution (CS, 3 mai 2016). Ce dernier peut arrêter de travailler et touchera le reliquat.
3 - Mais à l'inverse, s'il s'agit d'un simple changement des conditions de travail, l'exécution du préavis aux nouvelles conditions est licite ; si le salarié s'y refuse, il ne sera pas payé (CS 31 mars 2016).

387 **Mais, dans la pratique**, il arrive que le salarié refuse de rejoindre son nouveau poste, et ne puisse travailler à l'ancien. Que faire ?

Quatre hypothèses :

1 - ***« Le refus de travailler sans invoquer de motif légitime n'entraîne pas à lui seul rupture du contrat de travail »***, a dû indiquer la Cour de cassation, rappelant qu'il n'existe pas de rupture du quatrième type : ni démission, ni licenciement, ni résiliation conventionnelle. L'envoi à l'ancienne d'une lettre de prise d'acte patronale ou du certificat de travail est à bannir absolument car considéré comme un licenciement : absence évidente de procédure, absence éventuelle de cause réelle et sérieuse si la lettre en question n'évoque bien imprudemment aucun motif pouvant le cas échéant constituer une telle cause en cas de contentieux prud'homal.

2 - Si c'est le salarié qui a quitté l'entreprise en prenant acte, il va devoir initier un procès devant le conseil des prud'hommes afin de voir reconnaître ***a posteriori*** son droit de refuser (***i.e.*** lui a été ***imposé*** une modification importante). Dans l'attente du résultat judiciaire, sa situation n'est guère éloignée de celle qui suit.

3 - Le salarié ayant envoyé une lettre de démission en bonne et due forme, ***« cette lettre ne comportant aucune réserve, et le salarié ne justifiant d'aucun litige antérieur ou contemporain de celle-ci avec son employeur »*** sera ***a priori*** démissionnaire : il risque de le regretter lorsqu'il se présentera à Pôle Emploi qui n'indemnise que les personnes involontairement privées d'emploi.

4 - Et si personne ne bouge ? Le salarié reste chez lui en exigeant le maintien de son ancienne affectation mais se garde bien de démissionner, l'employeur ne voulant pas procéder à un licenciement et ne tirant aucune conséquence de ce non-travail ? ***« En l'absence d'une telle décision, le contrat n'a pas été rompu et le salarié ne peut réclamer aucune indemnité de rupture »,*** indique la Chambre sociale. En l'absence de travail, l'absence de salaire se fera vite sentir pour ce nouveau « ni-ni » : salarié sans salaire, faux-vrai chômeur sans droit aux allocations chômage. À moins qu'il ne tombe malade.

La Cour de cassation refusant d'obliger l'employeur qui a normalement utilisé son pouvoir de direction à licencier, la situation risque de durer si une porte de sortie honorable n'est pas trouvée : rupture conventionnelle, démission négociée ou saisine du conseil des prud'hommes en résolution judiciaire par le salarié invoquant des manquements patronaux.

§3 Accord collectif et modification du contrat depuis l'ordonnance du 22 septembre 2017 : un régime très spécifique

388 Évolution des conventions collectives et intangibilité du contrat individuel de travail : un bien délicat conflit d'impérativités. Depuis octobre 1987 et son arrêt Raquin, la Cour de cassation avait fait du contrat un véritable donjon. Mais depuis l'an 2000, le législateur privilégie chaque année davantage l'accord collectif d'entreprise comme source de droit, faisant de la flexibilité interne sur les salaires ou la durée du travail négociée le moyen privilégié de lutte contre la flexibilité externe (licenciements économiques). Quel est alors l'effet d'un accord d'entreprise sur chaque contrat ? Jusqu'en janvier 2000, le législateur ne s'était jamais directement intéressé à cette question, il est vrai posée de façon très différente depuis la crise : Au temps des 5 % de croissance annuelle des Trente Glorieuses, les deux évoluaient de concert autour du « toujours plus » de l'ordre public social : intérêt collectif et intérêt individuel coïncidaient. Il n'en va plus de même lorsqu'il s'agit de mettre en œuvre un accord collectif de compétitivité avec retour aux 39 h. payées toujours 35 : pour ce retour en arrière, la légitimité réelle des signataires est alors en question.

C'est la raison pour laquelle le législateur du 20 août 2008 a abandonné la présomption irréfragable de représentativité de nos Cinq Confédérations au profit d'une nouvelle conception reposant sur les résultats aux élections professionnelles (+ 10 % des suffrages exprimés) ; et commencé à renforcer la légitimité des accords avec un minimum de 30 % pour l'ensemble ses syndicats signataires, les ordonnances du 22 septembre 2017 basculant vers l'accord réellement majoritaire à plus de 50 % au 1° mai 2018 : la loi de la majorité est certainement plus légitime en cas d'impact sur le contrat de travail.

389 **« L'union fait la force ».** Car depuis toujours et dans tous les pays, la négociation collective a été conçue pour compenser l'inégalité (économique à l'embauche, puis juridique dans l'exécution) inhérente au contrat individuel de travail.

À compter des années 1990, avec les accords compétitivité-emploi où ce sont les avantages *contractuels* qui vont parfois baisser, un véritable conflit d'impérativités est né. Car ces deux astres montés ensemble se heurtent de plus en plus souvent : accompagnant un mouvement plus général d'individualisation *(« Et moi, et moi, et moi », 1967)*, la jurisprudence éprise de droit civil a depuis 1987 voulu faire du contrat de travail un « donjon » inexpugnable, alors que les lois de 2004, 2008, et surtout du 8 août 2016 puis les ordonnances du 22 septembre 2017 ont fait de la négociation collective *d'entreprise* la base de la régulation sociale, en légitimant ses acteurs et ses accords. Car la question ne se pose qu'au niveau de la collectivité de travail en cause : on voit mal un ANI ou une convention collective de branche prétendre faire plier chaque contrat de travail.

390 **Volonté individuelle et volonté colllective.** *A fortiori* après les réformes de 2015-2017 posant le principe de l'accord d'entreprise majoritaire car signé par des syndicats ayant réuni plus de 50 %, des suffrages exprimés aux dernières élections professionnelles, une très décoiffante question se posait au travailliste normal estimant naturellement que le contrat individuel de travail, éminemment suspect car simple contrat d'adhésion liée à la subordination, devait évidemment s'effacer au profit de la convention collective assurant une meilleure protection.

Et si le brave petit contrat se révélait être un efficace rempart contre la flexibilité croissante passant désormais par le droit conventionnel ? Oui, mais... un salarié peut-il refuser l'application d'une convention... « collective » et ainsi se soustraire aux règles du jeu collectivement définies, *a fortiori* depuis que l'accord doit désormais respecter la règle des 50 % ? S'agissant par exemple d'une entreprise au bord du dépôt de bilan, la réduction de la masse salariale est une équation simple à trois variables : nombre de salariés × salaire moyen x durée du travail : sur laquelle agir en cas de problème ? Une telle position jurisprudentielle n'encourage-t-elle pas alors la flexibilité externe plutôt qu'interne ?

391 **Singulier chassé-croisé.** Ne jurant hier que par les garanties collectives et en particulier conventionnelles, certains syndicats indirectement soutenus par la Chambre sociale sont alors devenus les chantres de l'intangible contrat individuel, pourtant qualifié par G. Scelle avant-guerre de « *pseudo-contrat* » voire de « *permis de chasse* ».

Au risque de se faire prendre demain à leur propre piège avec l'*opt-out* qui monte fort dans l'UE, et qui en Australie a donné lieu au « *Fair Work Act* » : le salarié renonce à des avantages conventionnels en négociant de gré à gré d'autres avantages individuels, le projet interdisant aux accords d'entreprise d'interdire ce type de dérogation.

À l'inverse, nombre d'employeurs, habituellement si attachés au tête-à-tête contractuel, ne jurent que par ces accords collectifs beaucoup plus flexibles, et qui lois après ordonnances permettent d'élargir leur pouvoir de direction. On comprend leur nouvelle passion pour la négociation d'entreprise : la réversibilité des avantages conventionnels, et depuis 2004-2017 l'affranchissement de l'accord d'entreprise à l'égard des normes de la branche, la rendent particulièrement attractive.

392 « Régi par » ou « stipulations plus favorables » ? Dans la hiérarchie des normes, le contrat *régi* par les conventions collectives applicables (branche, entreprise) ne peut, même après les lois d'août 2008 et 2016 puis les ordonnances de septembre 2017, contenir que « des stipulations plus favorables » que les sources supérieures. Ce principe de faveur demeure pour lui la règle, y compris dans des domaines moins prévisibles : « *Le contrat individuel de travail ne peut comporter des restrictions aux libertés plus importantes que celles prévues par la convention collective applicable* » (CS, 16 janvier 2001 en matière d'uniforme ; CS, 22 octobre 2008 pour une clause de non-concurrence : réfaction dans les limites conventionnelles).

393 Règle française : non-incorporation des avantages conventionnels au contrat de travail. Depuis l'arrêt Air France du 27 juin 2000, la *summa divisio* voulue par le législateur français (la situation peut être très différente à l'étranger où c'est la convention qui fixe tout et le contrat suit, comme aux États-Unis avec son système de *représentation* de chaque adhérent) oppose désormais flexibilité des avantages conventionnels à la rigidité des avantages prévus au contrat.

En l'espèce, à la suite de la fusion UTA/Air France, un accord de substitution était intervenu : les ex-salariés d'UTA avaient alors contesté la perte d'une prime conventionnelle figurant dans leur ancien accord collectif ; mais cette source collective ayant disparu, « *ce changement de structure salariale s'imposait aux salariés sans que ceux-ci puissent se prévaloir d'une modification de leur contrat de travail* » (cf. Ph. Waquet, Dr. soc., décembre 2000, p. 1007).

Mais une loi pouvait – elle remettre en cause le dogme de l'intangibilité *contractuelle* au nom de la liberté *conventionnelle* des partenaires sociaux (faire évoluer un accord collectif signé) ?

394 Le Conseil constitutionnel, *supporter* de la liberté conventionnelle. La décision du 15 mars 2012 (sur la loi Warsmann du 22 mars 2012 : « La mise en place d'une répartition des horaires sur une période supérieure à la semaine prévue par un accord collectif ne constitue pas une modification du contrat de travail »), était très attendue : pas de déception. Car le Conseil aurait pu se contenter de son triptyque classique : 1. Y a-t-il atteinte à la liberté contractuelle ? 2. Le législateur démontre-t-il alors un motif d'intérêt général ?

3. Et suffisant pour aller jusque-là ? Or le Conseil commence par citer le huitième alinéa du Préambule constitutionnel : « *Tout travailleur participe, par l'intermédiaire de ses délégués, à la détermination collective des conditions de travail ainsi qu'à la gestion des entreprises.* » Puis légitime la réforme après avoir rappelé que « *cette possibilité de répartition des horaires sans obtenir l'accord préalable de chaque salarié est subordonnée à l'existence d'un accord collectif, applicable à l'entreprise, qui permet une telle modulation* ». Cet hommage à l'accord collectif et à la liberté contractuelle des partenaires sociaux (la liberté conventionnelle) montre l'attachement de nos juges (de la rue Montpensier, nettement moins côté quai de l'Horloge) à cette source constitutionnelle spécifique au droit du travail.

395 **La double face (individuelle, mais aussi collective) de la liberté contractuelle.** Extraits de cette importante décision voulant manifestement accompagner pour l'avenir, non sans quelque prémonition (cf. ordonnances de septembre 2017), la contractualisation du droit du travail français : « *12. Considérant que, selon les requérants, en permettant à une entreprise de moduler la répartition du temps de travail sur l'année sans devoir obtenir l'accord préalable du salarié, ces dispositions porteraient atteinte à la liberté contractuelle (...) ;*

14. Considérant qu'il résulte des travaux préparatoires de la loi déférée qu'en permettant que la répartition des horaires de travail sur une période supérieure à la semaine et au plus égale à l'année ne constitue pas en elle-même une modification du contrat de travail exigeant un accord préalable de chaque salarié, le législateur a entendu conforter les accords collectifs relatifs à la modulation du temps de travail destinés à permettre l'adaptation du temps de travail des salariés aux évolutions des rythmes de production de l'entreprise ; que cette possibilité de répartition des horaires de travail sans obtenir l'accord préalable de chaque salarié est subordonnée à l'existence d'un accord collectif, applicable à l'entreprise, qui permet une telle modulation ; que les salariés à temps incomplet sont expressément exclus de ce dispositif ; qu'il s'ensuit que ces dispositions, fondées sur un motif d'intérêt général suffisant, ne portent pas à la liberté contractuelle une atteinte contraire à la Constitution. »

Position confirmée, et élargie aux rudes conséquences à en tirer, avec sa décision du 7 septembre 2017 sur la loi d'habilitation.

396 **Où en est ce passionnant mais délicat débat fin 2017 ?** Il a considérablement évolué depuis l'époque 1968-2008 où, avec la présomption irréfragable de représentativité, un délégué syndical appartenant à une grande confédération mais à la tête d'une section de 8 camarades (sur 763 salariés) et avec un score de 4,2 % des voix aux élections professionnelles pouvait signer tout seul un accord d'entreprise s'appliquant automatiquement à 100 % du personnel !

La loi de 2008 avait fixé le seuil minimum d'ordre public à 30 %. Et dès avant la loi du 8 août 2016 posant le principe des 50 %, celle du 14 juin 2013 avait créé les aujourd'hui défunts accords collectifs et forcément majoritaires à plus de 50 % de maintien dans l'emploi pour sauver des entreprises au bord du dépôt de bilan, qui ont souvent un impact sur les stipulations contractuelles. Un accord collectif qui veut maintenir la collectivité du personnel pendant une phase difficile : une idée idiote ? Mais que répondre à nos amis étrangers s'étonnant qu'un tel accord de maintien de l'emploi produise automatiquement des licenciements économiques (des meilleurs collaborateurs) ?

Réactions ponctuelles successives du législateur pour inciter chaque salarié à se soumettre à la règle collective. En l'an 2000, en mars 2012, le 14 juin 2013, puis après trois 49-3 en août 2016, la pression restait toujours indirecte : le législateur n'avait jamais voulu fixer une règle générale de supériorité de l'accord collectif faisant donc plier le contrat individuel de travail : sociologiquement difficile dans notre société d'individus. Et pourtant...

397 **Unification des régimes le 22 septembre 2017 : quatre en un.** Relative au renforcement de la négociation collective (y compris donc sur le contrat de travail), l'ordonnance de septembre 2017 fusionne à juste titre quatre accords, dont les trois premiers avaient eu, à vrai dire, un succès plus que mitigé : de mobilité interne (AMI), de préservation et de développement de l'emploi (APDE), d'aménagement du temps de travail et de maintien de l'emploi (AME) enfin de réduction du temps de travail (ARTT), au profit d'un régime juridique unifié et qui ratisse très large.

398 **L. 2254-2 nouveau.** Afin de répondre aux nécessités liées au fonctionnement de l'entreprise *(donc hors difficultés économiques actuelles ou prévisibles),* **ou** en vue de préserver ou de développer l'emploi, un accord d'entreprise peut :

- aménager la durée du travail, ses modalités d'organisation et de répartition ;
- aménager la rémunération ;
- déterminer les conditions de la mobilité professionnelle ou géographique interne à l'entreprise.

L'accord doit définir dans son préambule ses objectifs *(il vaudra mieux y reprendre le texte légal)*, mais *peut* préciser *(rien ici d'obligatoire, ce qui est un peu singulier pour le 2°)*

1 - les modalités d'information des salariés sur son application et son suivi pendant toute sa durée ;
2 - les conditions dans lesquelles fournissent des efforts proportionnés à ceux demandés aux salariés pendant toute sa durée :
    - les dirigeants salariés exerçant dans le périmètre de l'accord ;
    - les mandataires sociaux et les actionnaires, dans le respect des compétences des organes d'administration et de surveillance.
3 - Les modalités selon lesquelles sont conciliées la vie professionnelle et la vie personnelle et familiale des salariés (*cf. L. 1121-1, encore et toujours*).

399 **Effets de l'accord collectif (majoritaire). En résumé : faute de faire plier le contrat de travail, faire plier le salarié :** 1. en évitant de créer un rapport de force collectif : pas de PSE et donc pas d'information-consultation approfondie des instances représentatives du personnel, même si plus de dix licenciements ; 2. en lui enlevant tout avantage ou effet d'aubaine (ex : généreux PDV pour un collaborateur déjà sur le départ), 3. En lui retirant tout espoir de gain pour l'avenir avec une cause réelle et sérieuse pré-établie.

Texte du 22 septembre 2017. « *Les stipulations de l'accord se substituent de plein droit aux clauses contraires et incompatibles du contrat de travail, y compris en matière de rémunération, de durée du travail et de mobilité professionnelle ou géographique interne à l'entreprise* » *:* la loi pourrait d'autorité opérer cette « substitution », et s'arrêter là.

Mais non : *« le salarié peut refuser la modification de son contrat de travail résultant de l'application de l'accord »*.

Procédure : *« le salarié dispose d'un délai d'un mois pour faire connaître son refus par écrit à l'employeur à compter de la date à laquelle ce dernier a communiqué dans l'entreprise sur l'existence et le contenu de l'accord »*. À défaut d'écrit de refus dans ce délai, il y aura donc acceptation tacite comme dans L. 1226-2.

Rudes effets du refus *: « Si l'employeur engage une procédure de licenciement à l'encontre du salarié ayant refusé l'application de l'accord »* (ce qu'il n'est jamais obligé de faire), il devra certes *suivre la procédure* d'un licenciement individuel pour motif économique, mais *« ce licenciement ne constitue pas un licenciement pour motif économique »* (et pas personnel non plus, car il n'est pas inhérent à la personne du salarié : bref un motif *sui generis* n'entraînant aucune des conséquences individuelles (ex : obligation de reclassement) ni collective (ex : montage d'un PSE) du licenciement économique. Et le licenciement *« repose sur une cause réelle et sérieuse »* : le seul refus de l'application de l'accord collectif en cause constitue de par la loi le « motif légitime » de la convention 158 de l'OIT.

« Le salarié peut s'inscrire comme demandeur d'emploi à l'issue du licenciement et être indemnisé. L'employeur abonde le compte personnel de formation du salarié dans des conditions et modalités définies par décret (100 heures sont prévues) ».

Ces rudes conséquences expliquent en partie que la même ordonnance du 22 septembre 2017 ait avancé au 1° mai 2018 l'exigence d'un accord collectif vraiment majoritaire : le collaborateur se plie ainsi à la loi de la majorité. qui peut être parfois très relative en termes d'inscrits : 52 % des voix sur 55 % des inscrits ayant voté...

400 **Mais dans la vraie vie ?** 1. Les syndicats sont forcément sensibles au caractère contraignant des stipulations conventionnelles qu'ils pourraient signer : car si les salariés-électeurs n'apprécient pas, les signataires pourraient (se faire) descendre aux prochaines élections professionnelles à moins de 10 % et alors disparaître. Grande prudence donc de leur part, mais peu compatible avec le seuil désormais exigé de plus de 50 % côté signataires. 2. L'employeur lui-même n'ignore pas qu'un accord trop rude conduira ses meilleurs collaborateurs attirés par la concurrence a finalement se réjouir de ce licenciement-aubaine en nos temps de reprise : si leur licenciement est certes *« sui generis »*, ils toucheront cependant indemnité de préavis et indemnité de licenciement : pas mal pour un futur démissionnaire. 3. *A fortiori* dans les PME, où le problème est d'attirer d'excellents salariés intéressés par les multiples avantages des grandes entreprises, puis de les fidéliser. 4. *A fortiori* dans une TPE, où la vie quotidienne partagée entre l'employeur trimant avec ses collaborateurs constitue un puissant amortisseur de radicales remises en cause de ce vrai collectif de travail.

401 **Il faut enfin ne pas oublier que le Conseil d'État** avait posé le 19 juillet 2017 une QPC sur le licenciement du salarié après le refus d'une modification de son contrat résultant un accord collectif (« *Le moyen tiré de ce qu'elles portent atteinte aux droits et libertés garantis par la Constitution, notamment en ce qu'elles n'encadrent pas le choix de l'employeur d'engager une procédure de licenciement à l'encontre d'un ou de plusieurs des salariés ayant refusé la modification de leur contrat de travail résultant de l'application d'un accord d'entreprise conclu en vue de la préservation ou du développement de l'emploi, soulève une question présentant un caractère sérieux* »). Après la réforme du 22 septembre 2017, la réponse du Conseil Constitutionnel du 20 octobre 2017 était évidemment très attendue. Même si, contrôlant le 7 septembre 2017 la loi d'habilitation, il n'y a pas semblé trop hostile. Le Conseil ne censure donc rien, invitant simplement les employeurs à réagir rapidement : « *Si le législateur n'a pas fixé de délai à l'employeur pour décider du licenciement du salarié qui l'a averti de son refus de modification de son contrat de travail, un licenciement fondé sur ce motif spécifique ne saurait, sans méconnaître le droit à l'emploi, intervenir au-delà d'un délai raisonnable à compter de ce refus* ». Le décret à venir le fixera ?

402 **Voir plus loin que le bout de son Code.** Si l'on comprend facilement la volonté de la Chambre sociale de faire respecter l'intangibilité du contrat énoncé depuis 1804 à l'ex-article 1134 du Code civil, il ne faut pas, en regardant les gens de haut et prétendant représenter les gens d'en bas, se réjouir de sa position en criant comme des cabris : « *Le contrat, le contrat de travail, le contrat individuel de travail doit l'emporter sur la convention collective* », voire inviter la Chambre sociale à « résister » (pauvre Jean Moulin) à la loi Warsmann (de droite en 2012) aux lois Sapin et El Khomri (de gauche) et désormais Pénicaud (en même temps). Car : 1. dans une démocratie, ce n'est pas le législateur qui opprime et le juge qui libère ; 2. cette « résistance » du contrat renforce l'individualisation des rapports de travail et affaiblit les accords collectifs, qui deviennent alors plus à option que vraiment collectifs. 3. Et semble oublier que dans l'UE à 28-27 d'aujourd'hui, l'*opt-out* (la possibilité de déroger par accord individuel aux normes collectives) connaît une forte montée en puissance.

Sur l'ensemble de cette délicate question

- Le rapport refondateur de J.D. Combrexelle, « La négociation collective, le travail et l'emploi », remis au Premier Ministre le 11 septembre 2015. Et son article paru dans la revue « Le Débat », n° 191 de septembre 2016 : « Droit du travail : le défi français de la réforme ».
- L'ouvrage de référence de G. Bélier, H.J. Legrand et A. Cormier : « La négociation collective après les ordonnances de septembre 2017 », Ed. Liaisons, Coll Droit vivant, janvier 2018.
- Les numéros spéciaux de Droit Social, décembre 2017 et janvier 2018, entièrement consacrés aux ordonnances du 22 septembre 2017.

403 **La mobilité, la meilleure comme la pire des choses.** Un faible taux de mobilité interne et externe n'est pas signe de dynamisme et d'enrichissement humain pour une entreprise. Mais un fort *turnover* coûte, directement (sélection, embauche...) et indirectement (formation, savoir-faire transmis au concurrent...), des sommes astronomiques, et incite les jeunes cadres à travailler davantage pour leur future mobilité externe que pour leur entreprise actuelle. Particulièrement en cas de gestion prévisionnelle des emplois et des compétences, et *a fortiori* de plan de sauvegarde de l'emploi, les problèmes juridiques sont ici de peu d'importance face au « déracinement » évoqué par les salariés mutés, mettant en avant les problèmes familiaux (travail du conjoint, études des enfants), puis les questions de logement (départ en cours d'accession à la propriété, vente d'un immeuble dont le prix a baissé de 40 % dans le bassin d'emploi sinistré), enfin la perte de relations amicales ou de voisinage.

La mobilité ***professionnelle*** qui accompagne souvent la mobilité géographique se heurte pour sa part à des problèmes psychologiques difficilement prévisibles et complexes à gérer. On se souvient des mineurs de Lorraine licenciés, ou des verriers de Rives-de-Giers à qui de nombreuses propositions avaient été faites dans les années 1980, attractives sur le plan financier et d'un coût très élevé pour « l'entreprise citoyenne » d'Antoine Riboud ou la collectivité nationale. Or les reconversions réussies sont peu nombreuses (« retourner à l'école » à 48 ans, image forte de l'ouvrier qualifié dans une ambiance de travail difficile – bruit, chaleur, travail de nuit – jugée incompatible avec un passage dans le secteur tertiaire féminisé).

404 **Mobilité immobile.** Le progrès technique semble permettre de concilier l'inconciliable, pour l'instant dans des cas limités : l'entreprise peut évoluer sans que le personnel ne soit contraint à déménager. Légalisé le 22 mars 2012 et (un peu) libéralisé par l'ordonnance de septembre 2017, le télétravail a ainsi permis à des parents de garder leur emploi alors que leur entreprise avait changé de région. Avec un code d'accès, leur Mac Book Air Pro et Internet très haut débit, des cadres peuvent réaliser un vieux rêve : avoir le don d'ubiquité. Le souhaitent-ils vraiment ?

405 **Mais n'a-t-on pas ici oublié la modification par excellence** : le changement de *partenaire*, *i.e.* en droit du travail le changement d'*employeur* ? Hors application de l'article L. 1224-1, et même s'il s'agit du même groupe avec identité de locaux, d'activité et de direction comme en l'espèce, *« un changement d'employeur constitue une novation du contrat qui ne peut résulter que d'une acceptation expresse du salarié »*, a rappelé l'arrêt du 8 avril 2009. Mais L. 1224-1 est l'objet du chapitre suivant.

QUESTIONNAIRE D'AUTO-ÉVALUATION SUR LA RÉVISION DU CONTRAT DE TRAVAIL

1. L'insertion d'une clause de mobilité géographique peut à tout moment être proposée à un salarié déjà en poste

VRAI-FAUX

2. S'il s'agit d'une clause ne modifiant pas les conditions actuelles du travail (ex. : clause de non-concurrence, préavis de licenciement moins long), le salarié ne peut refuser une telle insertion

VRAI-FAUX

3. Toutes les informations figurant dans le contrat sont par définition contractuelles : ainsi du lieu de travail

VRAI-FAUX

4. Le salarié refusant la mise en œuvre d'une clause contractuelle peut être considéré comme démissionnaire

VRAI-FAUX

5. Le niveau de la rémunération est un élément essentiel du contrat : la somme en bas à droite de la fiche de paie ne peut donc varier sans l'accord exprès du salarié

VRAI-FAUX

6. L'entreprise est en droit de changer le mode de rémunération d'un salarié (ex. : abaissement du fixe, augmentation de la part variable), mais à condition que la nouvelle rémunération soit plus favorable

VRAI-FAUX

7. Embauchée comme caissière-vendeuse, une salariée ayant été caissière pendant huit ans peut refuser de devenir vendeuse

VRAI-FAUX

8. Certains salariés peuvent refuser un changement des horaires de travail qui semble minime à l'entreprise (ex. : 20 minutes plus tôt le matin)

VRAI-FAUX

9. Un salarié embauché pour l'horaire légal peut donc refuser de faire des heures supplémentaires

VRAI-FAUX

10. Le salarié à temps partiel en revanche est en droit de refuser toute modification de la durée du travail

VRAI-FAUX

11. L'employeur ne pouvant imposer une modification du contrat, le salarié peut dans ce cas précis prendre acte de la rupture et se considérer comme licencié

VRAI-FAUX

12. Le salarié ne se présentant plus au travail après un changement de ses conditions de travail ne sera plus payé

VRAI-FAUX

13. Le refus d'un changement dans les conditions de travail constitue automatiquement une faute grave

VRAI-FAUX

14. L'employeur ayant signé un accord de mobilité depuis la loi du 14 juin 2013 devra néanmoins examiner pour chaque personne visée si la mobilité entraîne un bouleversement de sa vie personnelle

VRAI-FAUX

15. Si un accord collectif sur l'emploi est signé modifiant les conditions contractuelles de rémunération, depuis le 22 septembre 2017 un salarié peut refuser de s'y soumettre

VRAI-FAUX

16. Si un usage salarial (ex. : 13e mois) est régulièrement dénoncé par l'employeur, il disparaîtra sans que les salariés puissent y voir une modification de leur contrat puisqu'il s'agit d'une source collective

VRAI-FAUX

17. Sauf si l'avantage en cause a fait l'objet d'une contractualisation expresse individuelle

VRAI-FAUX

18. En cas de modification du contrat pour motif économique, la non-réponse du salarié dans le mois qui suit la proposition patronale vaut acceptation

VRAI-FAUX

19. Une réponse du type « J'accepte ma mutation, mais à condition que... » constitue en droit un refus

VRAI-FAUX

20. Les représentants du personnel peuvent refuser un simple changement de leurs conditions de travail

VRAI-FAUX

Réponses

1. VRAI si elle est seulement proposée : cette modification du contrat ne peut être imposée.

2. FAUX même si dans l'immédiat, le salarié toujours en poste ne voit rien changer, inclure une clause de non-concurrence dans le contrat initial modifie à l'évidence celui-ci.

3. FAUX *« la mention du lieu de travail dans le contrat a valeur d'information, à moins qu'il soit stipulé par une clause claire et précise que le salarié exécutera son travail exclusivement dans ce lieu »* (CS, 15 mars 2006).

4. JAMAIS il n'existe pas de volonté sérieuse et sans équivoque de démissionner, et l'employeur qui procéderait de la sorte prononcerait en droit un licenciement, sans cause réelle et sérieuse : il peut en revanche licencier pour faute.

5. FAUX par sa généralité : si le niveau contractuel ne peut être modifié à la hausse comme à la baisse sans l'accord du salarié, une modification des sources collectives (ex. : nouvel accord collectif d'entreprise réduisant une prime conventionnelle) n'apporte pas de modification au contrat individuel. On peut y ajouter les modifications de cotisations sociales, CSG et autre CRDS : simple collecteur de cotisations, l'employeur n'y est pour rien. Enfin, depuis l'ordonnance du 22 septembre 2017, si un accord collectif a été signé, l'accord exprès du salarié n'est pas exigé.

6. FAUX la jurisprudence ne veut pas entrer dans cette analyse complexe et très incertaine à terme pour le salarié si le marché s'effondre, ou si l'âge réduit ses performances. Le salarié est seul juge de son intérêt.

7. FAUX si la qualification est effectivement un élément essentiel du contrat, la polyvalence prévue lors de la signature du contrat reste opposable au salarié jusqu'à la fin de celui-ci, à moins de prouver un détournement de pouvoir.

8. VRAI les horaires relèvent en principe du pouvoir de direction de l'employeur, à moins qu'il ne s'agisse bien sûr d'un véritable bouleversement (ex. : jour/nuit : mais « c'est le jour et la nuit »), ou en cas d'atteinte excessive au droit du salarié au respect de sa vie personnelle et familiale, ou à son droit au repos. Mais la contractualisation personnalisée d'horaires spécifiques autorise un tel refus, ainsi que, depuis l'arrêt Stéphanie M. du 18 octobre 2008, la preuve d'une perturbation majeure de la vie privée ou familiale du salarié : en l'espèce, le fait de ne plus pouvoir accompagner ses trois enfants à la crèche et à l'école.

9. FAUX la durée légale n'interdit pas les heures « supplémentaires » prévues par la loi : elles ne constituent donc pas une modification. Il en va de même à la baisse avec la mise en « activité partielle » indemnisée : il s'agit (aussi) de retenir les meilleurs collaborateurs.

10. EN PRINCIPE OUI... la durée du travail est en principe un élément essentiel du contrat de travail, a fortiori à temps partiel car elle impacte alors directement le salaire.

11. VRAI s'il la modification a été déjà imposée, et non proposée. S'il est certain qu'il s'agit d'une grave modification empêchant la poursuite du contrat de travail (CS, 26 mars 2014), le départ du salarié aura les effets d'un licenciement, avec les conséquences nouvelles issues des ordonnances de septembre 2017.

12. VRAI en l'absence de travail, absence de salaire ; et en l'absence de licenciement, absence d'indemnités de rupture. Mais à l'inverse, l'employeur doit fournir le travail convenu au salarié.

13. FAUX pas automatiquement. Si le salarié refuse de revenir travailler sans bon motif malgré plusieurs mises en demeure, ce peut être le cas (CS, 12 janvier 2016). Dans le cas inverse, il s'agit d'une simple cause réelle et sérieuse qui conduit tout de même à Pôle Emploi.

14. VRAI l'arrêt Stéphanie M. du 14 octobre 2008, rendu au visa de l'article L. 1121-1, oblige les juges du fond « à rechercher si la mise en œuvre de la clause contractuelle ne porte pas une atteinte au droit de la salariée à une vie personnelle et proportionnée au but recherché ». A fortiori dans le cadre d'un accord de mobilité créé par la loi du 14 juin 2013, qui a repris cette problématique, quelles que soient les stipulations de l'accord. Malheur aux célibataires, sans enfant naturel ou parent dépendant.

15. VRAI mais il prend alors le risque d'être licencié pour ce seul refus, motif sui generis de son éventuel licenciement, alors présumé fondé sur une cause réelle et sérieuse...

16. VRAI c'est l'opposition classique : rigidité du contrat au nom de l'article 1134 du Code civil, mais flexibilité des sources collectives qui ne s'incorporent pas au contrat.

17. VRAI au nom du principe énoncé ci-dessus : un avantage conventionnel expressément repris dans le contrat individuel n'est plus conventionnel, mais fait partie intégrante de celui-ci.

18. ÇA DÉPEND c'est effectivement ce que prévoit l'article L. 1222-6, exclusivement mais obligatoirement applicable en cas de modification du contrat pour l'un des motifs économiques listé à l'article L. 1233-3. Mais qui ne s'applique ni s'agissant d'un reclassement dans le cadre d'un projet de licenciement économique, ni en cas de nouvel accord collectif. Attention ! Il faut attendre l'expiration du délai d'un mois plein avant de tirer les conséquences de l'attitude du salarié, même s'il a répondu 48 heures après la lettre de proposition de modification.

19. VRAI car imposer une nouvelle condition équivaut à refuser la proposition initiale.

20. VRAI car ils bénéficient d'un « statut exceptionnel et exorbitant du droit commun ». Mais ils ne disposent pas d'un « droit au refus » : en cas de refus d'un simple changement des conditions de travail, l'employeur pourra demander, et obtenir, une autorisation de licenciement pour faute à l'inspecteur du travail compétent si le changement était sans incidence sur l'exercice de leur mandat.

Chapitre 2

Mobilité du capital, transferts d'entreprise et contrat de travail

406 **L. 1224-1, un article star.** Singulière fortune que celle de l'ex-article L. 122-12 du Code du travail ! Alors que même les juristes spécialisés ne connaissaient pas toujours par cœur les numéros d'articles, chacun avait pu lire dans la presse des commentaires sur « L. 122-12 » – devenu en 2008 L. 1224-1 – ses mérites ou méfaits supposés. Et cet article fait encore figure d'épouvantail dans les fonds de pension américains.

On lui prête d'ailleurs souvent plus qu'il ne lui revient, croyant à tort qu'il s'agit d'un principe nouveau alors qu'il date de la loi du 19 juillet 1928 initiée par des employeurs lorrains voulant des règles claires pour faciliter la concentration dans la sidérurgie. Son principe a été repris par la directive du 12 mars 2001 *« relative au maintien des droits des travailleurs en cas de transfert d'entreprises ou d'établissements »*.

L. 1224-1 : *« Lorsque survient une modification dans la situation juridique de l'employeur, notamment par succession, vente, fusion, transformation du fonds, mise en société de l'entreprise, tous les contrats de travail en cours au jour de la modification subsistent entre le nouvel employeur et le personnel de l'entreprise. »*

407 **L. 1224-1 constitue donc une exception notoire au droit commun :** car, à l'instar du droit du mariage, le changement de contractant représente une novation. Il reflète aussi toute l'ambivalence du droit du travail : évitant licenciement collectif puis réembauches très sélectives, les salariés gardent leur emploi malgré ce changement de contractant ; et le repreneur peut immédiatement poursuivre son activité, en ayant évité la fuite des meilleurs.

En nos temps de restructurations permanentes, il est d'application quotidienne : du salon de coiffure cédé par le futur retraité aux collaborateurs d'Alstom devenant salariés de *General Electric* ou de Siemens à l'insu de leur plein gré, sans oublier le « retour sur notre cœur de métier » avec cession des services informatique et de gardiennage.

408 **Du capitalisme au talentisme.** La loi du 19 juillet 1928 s'est longtemps appliquée exclusivement à des ouvriers et employés interchangeables. S'agissant aujourd'hui des très volatiles travailleurs du savoir, la transmission impérative des contrats est vitale pour le nouvel employeur : car ce ne sont pas ses bureaux et les

134 Mac qui constituent son véritable capital, mais la somme des neurones de ses meilleurs collaborateurs *attachés* à l'entreprise, et qui en France ne peuvent profiter du transfert pour se faire licencier. Car dans les désormais très divers États-membres de l'Union, l'application des trois directives successives sur les transferts d'entreprises révèle une grande diversité de situations (voir l'Allemagne, avec son droit tout relatif du salarié à refuser son transfert, le conduisant directement au chômage), mais aussi d'appréhension patronale.

Car tout dépend *in fine* du régime du licenciement économique applicable, hélas souvent mis en œuvre après la cession. Alors que notre article L. 1224-1 effraye les investisseurs américains, son équivalent britannique résultant pourtant de la même directive du 12 mars 2001 n'a pas les mêmes effets : le droit du licenciement économique anglais étant nettement moins contraignant, un repreneur reprend plus facilement. C'est aussi la raison pour laquelle les textes d'août 2016 puis septembre 2017 ont réformé le nôtre.

409 Ici en particulier, le droit relève davantage de la logique des intérêts que de celle des textes : avocats et même magistrats le savent bien, se préoccupant d'abord de connaître quels effets ils peuvent tirer d'une loi, avant de rechercher par quels biais ils pourraient entrer dans son champ d'application, ou au contraire lui échapper. Pour bien comprendre les controverses auxquelles donne lieu depuis toujours l'ex-article L. 1224-1, il faut donc inverser le schéma traditionnel : ses radicaux effets *(Section I)* suscitent moins de difficultés que la terrible casuistique de ses conditions d'application *(Section II)*.

SECTION I Les radicaux effets de l'article L. 1224-1

410 Transfert automatique de tous les contrats. «...*Tous les contrats de travail en cours au jour de la modification dans la situation de l'entreprise subsistent entre le nouvel employeur et le personnel de l'entreprise.* » L'objet de l'article L. 1224-1 est simple : il s'agit d'écarter le principe général de l'effet relatif des contrats posé par l'article 1199 (nouveau) du Code civil (« *Les contrats ne créent d'obligations qu'entre les parties* »).

Tous les contrats de travail en cours sont donc transférés tels quels, dans tous leurs éléments. Les salariés n'ont aucune démarche à faire, et leur nouvel employeur n'a même pas à leur notifier le transfert de leur contrat. Cela vaut pour les avantages comme l'ancienneté, la classification, le salaire, mais aussi les sujétions comme les clauses de mobilité, de non-concurrence ou de dédit-formation. Et de façon très humaine mais plus curieuse, pour les usages et les engagements unilatéraux.

En revanche, les accords collectifs d'entreprise ne sont pas transférés, et pas davantage le régime de prévoyance ou de retraite, même s'il figurait dans le contrat de travail. Mais conformément à l'article L. 2261-13 revu par la loi du 8 août 2016, *les effets* de l'accord d'entreprise sont maintenus en vigueur pendant une durée maximale d'un an, afin de permettre une négociation employeur/syndicats aboutissant à un accord « de substitution ».

Sur le plan collectif, les comités d'entreprise du cédant comme du cessionnaire devront être informés et consultés sur les projets ; et par prudence les CHSCT. Mais demain, l'unique « Comité Social et Économique ».

Mais dans la réalité, lorsqu'il s'agit d'une OPE hostile par exemple, le droit collectif du travail disparaît souvent, les DRH n'ayant pas toujours voix au chapitre. Ce qui s'avère souvent désastreux lorsque l'on fait le bilan un ou deux ans après : alors que la « fusion entre égaux » avait été survendue sur le mode de folles synergies « 1 + 1 = 3 ! », toutes choses égales par ailleurs (ce qui n'arrive jamais dans la *vraie* vie), la guerre des egos a plutôt conduit à 1 + 1 = 0,5, à cause d'une vaste démobilisation, où tout le monde a perdu ses repères et les meilleurs sont partis à la concurrence, venue faire son marché au bon moment. Une fusion sur deux est un échec, entre autres du fait de cette impréparation sociale.

411 **Transfert impératif, pour tous les acteurs.** Lorsque les conditions d'application de l'article L. 1224-1 sont réunies, la poursuite des contrats de travail avec le cessionnaire s'impose tant aux employeurs successifs qu'aux salariés. Cette règle s'applique aussi bien au salarié qu'à l'employeur : d'une certaine manière, le collaborateur est attaché à l'entreprise comme autrefois le serf au fonds (*cf.* Alain Supiot, « Les salariés ne sont pas à vendre : en finir avec l'envers de l'article L. 122-12 », *Dr. soc.*, mars 2006, p. 26). Si dans l'avenir, la jurisprudence française devait revirer en donnant aux salariés un droit de refus en cas de transfert, de redoutables questions surgiraient dans notre société du quaternaire. Ainsi l'entreprise qui rachèterait une société (de services en particulier) pourrait constater qu'elle ne vaut plus rien, les meilleurs collaborateurs ayant refusé ce changement d'employeur étant partis un mois avant à la concurrence, bien indemnisés (effet d'aubaine). Mais les plus mauvais l'attendraient de pied ferme.

Exception : la « clause de restructuration », exclusivement pour les cadres dirigeants (débauchés ailleurs et qui se méfient), légitimée mais encadrée par l'arrêt du 10 avril 2013 : « *la clause contractuelle, qui permet au salarié de rompre le contrat de travail, ladite rupture étant imputable à l'employeur en cas de changement de direction, de contrôle, de fusion-absorption ou de changement significatif d'actionnariat entraînant une modification importante de l'équipe de direction, est licite dès lors qu'elle est justifiée par les fonctions du salarié au sein de l'entreprise et qu'elle ne fait pas échec à la faculté de résiliation unilatérale du contrat par l'une ou l'autre des parties* »), ou disposition légale particulière (clause de conscience des journalistes).

412 **Refus du salarié = subtil** *distinguo*. **Le salarié qui refuse le principe même de son transfert** en l'écrivant au cédant *avant* la vente rompt lui-même son contrat, avec les effets d'une démission. Ce n'est évidemment pas le cas d'une opposition collective et radicale au transfert, grève avec occupation à l'appui.

Mais le collaborateur qui ne vient plus travailler après le transfert a déjà bénéficié de l'effet automatique de L. 1224-1, et pourra être licencié pour faute par son *nouvel* employeur.

Symétriquement, ni l'ancien ni le nouveau chef d'entreprise ne peuvent s'opposer au jeu de l'article L. 1224-1. Le licenciement opéré en fraude de ces dispositions, au seul motif du transfert, serait frappé de nullité (« dénué d'effet », indique pudiquement la jurisprudence).

413 **Le nouveau chef d'entreprise a ensuite les pleins pouvoirs.** La neutralisation de l'article 1199 du Code civil *au jour du transfert* n'emporte pas ensuite neutralisation du pouvoir patronal. Après le transfert, le nouvel employeur peut procéder aux modifications et aux licenciements qui lui paraissent nécessaires dans l'intérêt de l'entreprise, dans les mêmes conditions que si le salarié avait été à son service depuis l'origine.

Comme c'est le même contrat de travail qui se poursuit, le cessionnaire pourra par exemple, s'il respecte le délai maximal de deux mois, sanctionner un collaborateur pour des fautes commises sous l'ancienne direction.

L'article L. 1224-1 n'exclut pas davantage des propositions ultérieures de modification des contrats. Voire un plan de sauvegarde de l'emploi juste après la cession : sauf clause particulière, le coût des indemnités de rupture pèsera sur le second employeur, qui devra justifier de ces licenciements économiques par la nécessité de la sauvegarde de la compétitivité de l'entreprise... ou ses nouvelles difficultés économiques.

414 **Transfert des dettes patronales, sauf procédures collectives.** Afin que le salarié se trouve face à un seul débiteur, présent et solvable, l'article L. 1224-2 précise que le nouvel employeur est tenu, à l'égard des salariés dont les contrats ont subsisté, des obligations salariales qui incombaient à l'ancien employeur à la date de cette modification : il a alors un recours contre son prédécesseur. Le nouvel employeur se voit donc transférer la charge du paiement des droits acquis avant le transfert mais dont l'échéance lui est postérieure (congés payés, prime de fin d'année...) : il n'est donc pas indifférent de racheter une entreprise avant, ou après le mois d'août (congés payés), ou de décembre (prime de fin d'année).

Les deux employeurs successifs prévoient donc contractuellement leurs contributions financières respectives : c'est le but des *« data room »*. Cet aspect constitue un élément important de la négociation de reprise, y compris le coût de *golden*-parachutes éventuels insérés *in extremis* par le vendeur, parfois un peu gêné à l'égard de proches collaborateurs dont il devine l'avenir radieux. Ou encore du prix de l'éviction par le cédant il y a six mois d'un représentant du personnel sans aucune autorisation de l'inspecteur du travail, et qui vient demander au repreneur ébahi sa réintégration et 59 mois de salaires (CS, 27 mai 2009).

Mais *in fine* côté entreprise, la question reste souvent celle du coût des probables licenciements économiques prononcés après la cession : les contraintes juridiques et financières créées par la directive de 2001 varient donc selon les contraintes nationales existant en matière de licenciement économique, très différentes au sein de l'Union européenne mais particulièrement complexes en France : d'où la vivacité du débat sur l'article L. 1224-1 en nos temps de restructurations permanentes.

L'ordonnance du 22 septembre 2017 a voulu faciliter le transfert de sites en sécurisant l'employeur de plus de 50 salariés avec comité d'entreprise souhaitant accepter une offre de reprise limitée (*cf.* L. 1233-61) : il peut procéder à un PSE juste avant le transfert (pratique auparavant illégale car présumée frauduleuse) souvent sur discrète demande de l'acheteur pour lequel c'est une condition sine qua non de la reprise. Ce dernier préfère plutôt jouer le chevalier blanc, qui sauve, que le chevalier noir commençant son règne pas un vaste PSE, voire la fermeture d'une unité.

SECTION II Conditions d'application de l'article L. 1224-1

415 L'importance des enjeux financiers et sociaux explique l'âpreté et la sophistication des débats sur le domaine d'application de L. 1224-1 : qui va payer les éventuelles indemnités de rupture ? Mais aussi, en ces temps de « social-spectaculaire », qui va devoir faire face à une éventuelle médiatisation d'un conflit social avec séquestration du DRH et pneus qui brûlent devant l'enseigne ? Pour ces raisons, certains groupes redoutant le sévère contrôle judiciaire en matière d'obligation de reclassement ou de cause réelle et sérieuse (depuis 2017 exclusivement sur un périmètre nationale) utilisent l'article L. 1224-1 *à l'envers* : ils externalisent leur personnel pour éviter un plan de sauvegarde de l'emploi et donc d'éventuels conflits.

§1 L. 1224-1 à l'endroit

416 Entité économique autonome ? « *Lorsque survient une modification dans la situation juridique de l'employeur, notamment par succession, vente, fusion, transformation du fonds, mise en société de l'entreprise, tous les contrats de travail en cours au jour de la modification subsistent entre le nouvel employeur et le personnel de l'entreprise.* » Les hypothèses expressément visées par l'article L. 1224-1 sont en pratique les plus importantes : évoquant toutes un lien de droit, elles ne prêtent alors guère à difficultés : celui qui rachète la pharmacie du village hérite en même temps du sourire ou de la mine acariâtre de la préparatrice qui y travaille ; tout comme le restaurant, désormais japonais, des serveurs marocains de l'ancien « Délices de Marrakech ».

417 Attention ! L. 1224-1 n'a rien à voir avec :

- la simple *cession* de participations ou le transfert d'actions ***« qui ne suffisent pas, à eux seuls, à entraîner le transfert d'une entité économique autonome »*** (CS, 3 mai 2007) ;

- le *« transfert »*, en réalité la mobilité d'un cadre supérieur dans les diverses entreprises d'un même groupe en application d'une clause de mobilité intra-groupe : clause nulle car un collaborateur ne peut consentir par avance à un changement d'employeur ;
- les mutations géographiques collectives, bien à tort parfois qualifiées de « transferts de 213 salariés de Nancy à Grenoble », dans le cadre d'un accord collectif de mobilité ou d'un PSE : somme de mobilités individuelles, n'ayant strictement rien à voir avec le transfert d'une entreprise ou d'un établissement ;

418 **« EEA ».** Car pour la Chambre sociale qui suit les contorsions successives de la CJUE, L. 1224-1 ne s'applique qu'en cas de transfert d'une *« entité économique autonome, constituée d'un ensemble organisé de personnes et d'éléments corporels ou incorporels permettant l'exercice d'une activité économique qui poursuit un objectif propre, dont l'identité est maintenue ; le transfert d'une telle entité ne s'opère que si des moyens corporels ou incorporels significatifs et nécessaires à l'exploitation de l'entité sont repris, directement ou indirectement, par un autre exploitant »*. C'est donc l'existence de cette entité économique autonome ne pouvant se résumer à une simple activité qui entraînera, ou non, transfert impératif et automatique de tous les contrats de travail en cours au jour de la cession. Et *« si les conditions d'application de l'article L. 1224-1 ne sont pas réunies, le changement d'employeur, qui constitue une novation du contrat de travail, ne peut, sauf dispositions législatives contraires, résulter que d'une acceptation expresse du salarié »* (CS, 8 avril 2009).

419 **Le redoutable cas des prestataires de services successifs.** La diversité des situations s'étant accrue depuis 1928, puis le « retour sur le cœur de métier » étant devenu un must pour les financiers n'aimant pas « la masse salariale », le débat s'est rapidement focalisé sur le « notamment ». Lorsque l'opération porte sur un fonds de commerce (mise en location-gérance et retour du fonds au terme du contrat), L. 1224-1 s'applique certainement, comme en matière de succession. Mais lorsque l'activité transférée est l'exécution d'une *prestation de services* ? L'hypothèse n'est pas nouvelle, mais ses applications se sont multipliées avec les phénomènes d'extériorisation de l'emploi et d'*out-sourcing* (gardiennage, nettoyage, restauration, informatique...). Qui va devoir assumer la charge financière sinon psychologique du reclassement des salariés, le paiement des indemnités de rupture en cas de changement de prestataire ou de reprise d'activité par le donneur d'ordres, voire l'occupation des locaux par les salariés littéralement « laissés sur le carreau » ? Devant l'importance de ces enjeux, la jurisprudence, tant française que communautaire, a été marquée par des revirements successifs.

420 **L. 1224-1 constitue donc ici une fort savante casuistique :** « Si la perte d'un marché n'entraîne pas, en elle-même, l'application de l'article L. 1224-1, il en va autrement lorsque l'exécution d'un marché de prestation de services par un nouveau titulaire s'accompagne du transfert d'une entité économique autonome, constituée d'un ensemble organisé de personnes et d'éléments corporels ou incorporels permettant l'exercice d'une activité économique qui poursuit un objectif propre, dont l'identité est maintenue » (CS, 19 novembre 2008). Dans chaque cas d'espèce, il faut donc s'attacher à apprécier si, compte tenu de l'importance et de la spécificité des éléments transférés (actifs, clientèle, marque : CS, 12 mai 2015) et de l'identité des activités, on se trouve en présence du transfert d'une entité économique autonome, constitutive d'une entreprise au sens de l'article L. 1224-1.

Ce *distinguo* subtil n'ayant rien d'évident, le contentieux a encore de beaux jours devant lui.

Mais si, quatre ans après la cession, la cour d'appel juge que L. 1224-1 n'était pas applicable, *« le transfert du contrat de travail du salarié ne pouvait à l'époque s'opérer qu'avec son consentement exprès, et L. 1224-1 ayant été édicté dans le seul intérêt du salarié, sa méconnaissance ne peut être invoquée que par celui-ci »* (CS, 10 avril 2008). Gros, gros soucis de rétroactivité... et de réintégrations chez l'ancien employeur (*cf. infra*).

§2 L. 1224-1 à l'envers, ou les limites de l'« externalisation par appartement »

421 **Cas d'école :** un groupe mondial de grande consommation, donc particulièrement attentif aux effets médiatiques de ses décisions sociales : le conflit des Petits Lu d'Évry contre Danone de 2001 a fait réfléchir dans notre société de la réputation. Or la conjoncture est mauvaise, l'arrêt de certaines activités envisagé. Si l'on trouve un repreneur (si possible au nom imprononçable et venant de fort, fort loin) pour les **secteurs** déficitaires de cette entreprise, c'est lui qui, héritant de tous les contrats de travail, devra le cas échéant « faire le sale boulot », social et littéralement procès-dural s'agissant d'un PSE.

422 Cinq avantages pour le vendeur, qui ne sera plus l'employeur :

- le juge judiciaire, qui ne peut être saisi que par les salariés visés et non par les syndicats (CS, 12 juillet 2017), ne peut apprécier le choix de gestion que représente une telle cession partielle d'activité, sauf fraude évidente ;
- 456 postes auront effectivement disparu de ses effectifs en une seconde : mais pour le vendeur, il ne pourra être question de défaut de cause réelle et sérieuse de « licenciements économiques » n'existant pas ;
- prononcés par le cessionnaire, les éventuels licenciements économiques ultérieurs interviendront dans des conditions financières mais aussi de reclassement sans aucune commune mesure avec celles imposées à l'entreprise ou au groupe en question ;
- à ce niveau désormais réduit, les difficultés économiques fondant les licenciements seront beaucoup plus facilement réelles et sérieuses ;
- médiatiquement, les plans de sauvegarde de l'emploi réalisés dans d'obscurs établissements français d'une entreprise désormais taïwanaise ou russe auront lieu de façon nettement plus discrète.

Ainsi instrumentalisé, L. 1224-1 ne sert donc plus à maintenir le contrat de travail à l'occasion d'un transfert : impératif et automatique, c'est ce transfert qui permet *d'externaliser non pas une activité, mais un personnel* jugé soit trop coûteux par sa couverture conventionnelle, soit à problèmes sociaux car en voie de licenciement.

423 **Réaction jurisprudentielle à une externalisation massive.** La Cour de cassation a vivement réagi à cette instrumentalisation montante par l'arrêt Perrier-Vittel France du 18 juillet 2000. Elle a rappelé que l'article L. 1224-1 n'est applicable qu'à l'occasion du transfert *« d'une entité économique autonome constituée d'un ensemble organisé de personnes et d'éléments corporels ou incorporels poursuivant un objectif propre »*. Or en l'espèce, les salariés chargés des palettes de bois tous externalisés vers la société sous-traitante « La Palette rouge » *(sic)* étaient par exemple amenés en cas de besoin à travailler sur les chaînes d'embouteillage. Pour mieux déjouer d'éventuelles fraudes, l'arrêt du 10 octobre 2006 a ajouté que *« l'existence d'une entité économique autonome est indépendante des règles d'organisation et de gestion du service au sein duquel s'exerce l'activité économique »*.

Et en cas d'engagement par un accord collectif de GPEC « *de maintenir la stabilité des effectifs du groupe pendant trois ans* », suivi un an plus tard de la vente d'une activité ? « *La décision de transférer à la société Infomobile le service Client Grand public, en ce qu'elle emportait exclusion des salariés du groupe SFR, méconnaissait l'engagement spécifiquement pris dans le cadre de l'accord de 2006 et privait les salariés d'une chance de conserver un emploi au sein du groupe* » (CS, 8 décembre 2016).

424 **Attention !** La vente d'un établissement ou d'un site *entier* entre évidemment dans le cadre de L. 1224-1. Ce sont les seules entreprises cédant *un de leurs services* à un sous-traitant (version entreprise : *« se recentrant sur notre cœur de métier en externalisant notre activité de...* ») qui risquent de voir le juge, un ou quatre ans après, décider que l'article L. 1224-1 n'était pas applicable, avec des conséquences rétroactives difficilement gérables : *« Lorsque les conditions d'application de l'article L. 1224-1 du Code du travail ne sont pas réunies, le transfert du contrat de travail du salarié ne peut s'opérer qu'avec son consentement exprès, qui ne peut résulter de la seule poursuite du contrat sous la nouvelle direction »* (CS, 25 novembre 2009).

425 **Effets cataclysmiques garantis :**

- Demande de retour au bercail, le cas échéant en référé devant le conseil des prud'hommes, de la part de nombre des salariés transférés.
- Avec éventuel rattrapage des avantages individuels (différentiel de salaires, primes, intéressement... sur trois ans) mais aussi conventionnels dont le transfert les avait privés (plus de 400 salariés ex-Alcatel Marine en juin 2004).
- Leurs postes ayant été entre-temps supprimés, il faudra soit construire immédiatement une nouvelle usine, soit un plan de sauvegarde de l'emploi, ce qu'on voulait justement éviter il y a deux ans : la justice immanente est rarement immédiate. Et justifier chaque licenciement par une cause économique sérieuse dans le

secteur d'activité du groupe ainsi reconstitué, avec des juges encore plus attentifs que d'habitude.

Dans l'arrêt EADS du 21 juin 2006, la Chambre sociale a ainsi donné satisfaction à 23 salariés : constatant *« l'absence de réelle spécificité du département cédé, dans son activité et dans son personnel »*, elle en déduit *« l'absence de transfert d'une entité économique autonome »*, et donc l'inapplication avec effet rétroactif de L. 1224-1 (23 licenciements sans cause réelle et sérieuse). Plus créatif sinon menaçant : *« La société ayant éludé par le transfert litigieux les droits et garanties dont les salariés auraient bénéficié en cas de licenciement pour motif économique, elle a commis une faute au regard de l'exécution loyale du contrat de travail. »* Réparation spécifique, distincte de celle liée à la rupture elle-même.

Fraude classique sanctionnée par la Cour de Paris le 7 septembre 2017 : *« La société UPS a organisé la cession d'une activité déficitaire dans des conditions ne permettant pas d'assurer sa pérennité, dans le seul but de se séparer d'une activité non rentable et ce avec les salariés concernés par cette activité, sans assumer les conséquences légales liées à cette décision. »*

426 **Le vendeur, honteux et confus, jure alors,** mais un peu tard… qu'il céderait non plus un service, mais tout l'établissement en cause, qui constitue à l'évidence une *« entité économique autonome poursuivant un objectif propre »*.

Suivre ou ne pas suivre, voilà la question.

Partie 4

LA RUPTURE DU CONTRAT À DURÉE INDÉTERMINÉE

427 **Le contrat de travail n'a pas vocation à l'éternité**. À tout moment le salarié subordonné peut démissionner et ainsi « reprendre sa liberté », le chef d'entreprise pouvant se séparer de lui par un « licenciement », dont l'étymologie renvoie à la même idée. Article L. 1231-1 : *« Le contrat de travail à durée indéterminée peut être rompu à l'initiative de l'employeur ou du salarié, ou d'un commun accord. »*

Mais outre ces trois formes de rupture, existent en droit du travail de nombreuses hypothèses où le non-spécialiste est souvent embarrassé : du plus simple (refus d'une modification des horaires) au plus compliqué (longue maladie conduisant à l'inaptitude physique totale au poste), en passant par la consensuelle résiliation conventionnelle ou au contraire la brutale prise d'acte. Pour chaque cas, il convient de rechercher la nature exacte de la rupture, qui détermine une procédure précise, dont le non-respect est (parfois pénalement) sanctionné. Comme l'a rappelé l'arrêt du 8 février 2005, *« le juge qui constate la rupture du contrat doit dire à qui cette rupture est imputable, et en tirer les conséquences juridiques ».*

A fortiori avec nos 3,5 millions de demandeurs d'emploi, le licenciement a souvent des conséquences psychologiques, familiales sinon physiologiques importantes (la souffrance du *non*-travail : morbidité des chômeurs supérieure à la moyenne). Et il se passe rarement bien malgré les efforts du droit du travail : procédure longue et indemnisation, pour partir la tête haute. Il représente d'ailleurs aujourd'hui plus de 85 % du contentieux prud'homal, permettant au salarié de poursuivre ce travail de divorce professionnel.

428 **Interactions entre les divers modes de rupture.** Au premier semestre 2017, environ 550 000 salariés *s'inscrivaient* chaque mois à Pôle Emploi : 12 000 suite à leur licenciement économique, 38 000 (soit plus du triple) suite à un licenciement pour motif personnel, 110 000 à l'issue de leur CDD et 30 000 suite à une mission d'intérim ; 15 000 après avoir démissionné, et en moyenne **36 000 ruptures** conventionnelles étaient homologuées par les Direccte, chiffre entrant dans les 203 000 « Autres cas d'inscription à Pôle emploi ». Même si toute rupture n'y conduit pas forcément : ainsi du démissionnaire rejoignant immédiatement son nouvel employeur, ou du retraité ravi de pouvoir enfin consacrer du temps à ses hobbies.

429 **TSL (« Tout Sauf un Licenciement ») et évasion sociale.** La *« résiliation du contrat à durée indéterminée à l'initiative de l'employeur »* (= licenciement) est le mode de rupture le plus réglementé afin de sauvegarder la dignité du salarié : procédure, cause réelle et sérieuse. Mais aussi dans l'intérêt de la société tout entière : des salariés licenciés à 58 ans risquent de rester longtemps à la charge de Pôle Emploi, voire devenir « bénéficiaires » du RSA. Or depuis la loi fondatrice du 13 juillet 1973, on a assisté à un phénomène très classique en droit : plus le licenciement, personnel ou économique, était réglementé, plus le nombre de démissions, résiliations conventionnelles (aujourd'hui 3e mode de rupture : le triple des licenciements économiques), a augmenté... cependant moins vite que le travail précaire, voire l'extériorisation de l'emploi.

430 **Vases communicants et interactions.** Car lorsque le contrat à durée déterminée ou de travail temporaire arrive à échéance, il n'y a ni licenciement ni même rupture mais extinction prévue par les deux parties : l'employeur n'est pas soumis aux contraintes juridiques qu'entraîne un licenciement. Le législateur a donc également dû intervenir pour limiter la croissance du travail précaire, et c'est alors la sous-traitance (version officielle : *« recentrage sur le cœur de métier »*), l'extériorisation (vraie ou fausse) ou les « indépendants » et autres « auto-entrepreneurs » chers à Uber qui ont pris la relève.

431 **L'équilibre est difficile à trouver**, et l'évasion sociale (comme fiscale : *« les hauts taux tuent les totaux »*) un phénomène que le travailliste ne peut ignorer. Car avec la croissance du nombre de chômeurs, loi et surtout jurisprudence se sont montrées de plus en plus exigeantes à l'égard de l'entreprise. Il s'agit désormais moins de l'exercice du droit de résiliation unilatérale que de lutte contre l'exclusion, dans l'intérêt de la société tout entière : les politiques de l'emploi coûtent 40 milliards d'euros par an, soit deux points du PIB.

432 Au nom de l'intérêt général, le licenciement économique est par exemple devenu la solution ultime, quand tous les reclassements possibles ont été envisagés : comme l'a indiqué le Conseil constitutionnel, la sauvegarde de l'emploi est une exigence de valeur constitutionnelle, mais devant se concilier avec la liberté d'entreprendre (Décision « Florange » du 27 mars 2014).

Mais il n'y a pas d'employés sans employeur. Et un chef d'entreprise n'embauche pas parce qu'un nouveau contrat vient d'être créé, ou que les dommages-intérêts en cas de licenciement non fondé son plafonnés. Il faut qu'il ait de nouvelles commandes, de nouveaux clients, et de la visibilité.

433 **Un CDI à durée de plus en plus indéterminée, sinon plus brève.** L'enquête publiée en janvier 2015 par la DARES (http://travail-emploi.gouv.fr/IMG/pdf/2015-005.pdf) montre enfin que le CDI n'a pas la stabilité attendue : 20 % durent moins de trois mois, et 36 % sont rompus avant un an (46 % pour les moins de 24 ans...) : 16 % par démission (23 % pour les moins de 24 ans), 13 % par rupture d'essai, 4 % pour motif personnel, puis 2 % par résiliation conventionnelle.

RESPONSABILITÉ SOCIALE DES ENTREPRISES : DROIT ET ÉTHIQUE DU LICENCIEMENT

Si ce qui suit se limite au terrain du droit, faut-il rappeler qu'il existe heureusement nombre d'autres règles de vie en société ?
Convoquer un ingénieur de 55 ans le 23 décembre en lui annonçant l'entretien préalable le lundi 2 janvier au matin s'agissant d'un licenciement économique

qui aurait pu sans doute attendre la fin des congés, est-ce courtois sinon admissible ?

Licencier un collaborateur de 58 ans pour insuffisance, alors que dans les médias l'entreprise se fait la championne de l'employabilité des seniors, est-ce lui faire perdre son emploi ou l'exclure du monde du travail ?

Licencier un cadre malade depuis plus d'un an peut s'avérer indispensable, et cette pratique est admise par le droit. Mais, s'il est vraiment malade depuis une aussi longue durée, son exclusion de l'entreprise n'aura-t-elle pas un effet très négatif sur l'évolution de sa maladie ?

Jusqu'où peuvent aller les projets d'entreprise ? Dans certains d'entre eux est évoquée l'adhésion à « Nos dix valeurs » en forme de Dix Commandements, dont certaines peuvent parfois toucher la vie privée ou la liberté d'expression des salariés. Un très bon cadre, en désaccord avec sa hiérarchie sur ces thèmes, peut-il être licencié comme cela a déjà été le cas ?

La responsabilité juridique (ces licenciements ont-ils une cause réelle et sérieuse ?) ne peut évidemment être la seule en cause.

Si l'angélisme n'a pas droit de cité dans l'entreprise qui ne peut constituer un hôpital social, le droit du travail pose à l'homme (en pratique surtout à la femme) chargé(e) de son application des questions souvent dérangeantes, surtout au temps de la très médiatique RSE (« Responsabilité Sociétale de l'Entreprise »), parfois en forme de « markéthique » afin de bien se positionner face à la concurrence sur le marché mondial de la Vertu.

S'il est excellent que des accords de RSE protègent les enfants pakistanais ou birmans, il n'est pas interdit de commencer par les appliquer aux seniors et autres salariés malades de longue durée en voie de licenciement en France.

434 Plan

Ce thème important à tous les points de vue (personnel, économique, contentieux) nécessite l'examen de cinq chapitres successifs, à jour des ordonnances du 22 septembre 2017.

Chapitre 1 : « Le licenciement pour motif personnel ». Chapitre 2 : « Le licenciement pour motif économique ». Chapitre 3 : « La démission du salarié ». Chapitre 4 : « Les autres modes de rupture ». Chapitre 5 : « Les suites de la rupture ».

Chapitre 1

Licenciement pour motif personnel

Le régime du licenciement pour motif *personnel*, donc « inhérent à la personne » selon le droit communautaire, a connu de profonds changements avec l'ordonnance du 22 septembre 2017 « *relative à la prévisibilité et la sécurisation des relations de travail* ». Mais la loi fondatrice reste celle du 13 juillet 1973.

435 **Avant 1973**, la seule obligation qui pesait légalement sur l'employeur était l'envoi d'une lettre recommandée notifiant son licenciement au salarié concerné ; sur le fond, il n'avait qu'à répondre de ses abus éventuels.

Votée au début de la fin des Trente Glorieuses et donc en l'absence de nombreux licenciements pour motif économique, la loi du 13 juillet 1973 a rompu avec le passé :

- elle a obligé le chef d'entreprise à mieux respecter la dignité du salarié, en lui permettant de s'expliquer lors d'un entretien préalable. Elle a donc institué une procédure obligatoire *(Section I)* ;
- elle a exigé que tout licenciement repose sur une cause réelle et sérieuse, sous peine de fortes sanctions civiles reconfigurées par l'ordonnance de septembre 2017 *(Section II)*.

ATTENTION ! ÉVITER LES GB (GROSSES BOURDES)

Le droit du licenciement ne s'applique pas :

- à la rupture de la période d'essai (L. 1231-1, 3e alinéa) ;
- à l'échéance, ou lors de la rupture avant terme d'un contrat à durée déterminée, et a fortiori d'un contrat de travail temporaire.

Il ne faut pas confondre :

- licenciement *individuel* et licenciement pour *motif personnel*. Un seul salarié peut être licencié pour motif économique (l'unique caissière de la Boucherie Sanzot) : ce sera alors la procédure spécifique qui s'appliquera. À l'inverse, plusieurs salariés peuvent être licenciés le même jour pour un même motif personnel (vol de matériel en bande organisée) ;
- licenciement pour *faute* et licenciement *pour cause*. Le premier ne constitue qu'un sous-ensemble du second : l'insuffisance professionnelle fondée sur des faits objectifs et vérifiables ne constitue pas une faute ; mais, dans les conditions examinées ci-après, une cause personnelle de licenciement. Idem pour la vie privée du salarié (*cf. infra*).

Un droit d'ordre public
Si la clause contractuelle limitant le droit par l'employeur de rompre un CDI reste licite dès lors qu'elle ne rend pas impossible la rupture du contrat, *« aucune clause du contrat ne peut valablement décider qu'une circonstance quelconque constituera en elle-même une cause de licenciement »* (CS, 12 février 2014) : le juge n'est pas lié par ces dispositions destinées à lui retirer tout pouvoir d'appréciation. Si la loi elle-même énonce parfois des causes réelles et sérieuses présumées, n'existe donc pas en droit français de clauses *conventionnelles ou contractuelles* permettant de pré-constituer une cause réelle et sérieuse (L. 1231-4) : mais elles ne sont pas dénuées d'effet psychologique.

SECTION I La procédure de licenciement pour motif personnel

436 **Un acte grave.** Elle peut paraître longue voire complexe, et les classements mondiaux nous en font souvent reproche. Pourtant, avant de décider de cet acte grave, ne faut-il pas que chacun puisse expliquer son point de vue ?

Sa durée (concrètement, au minimum dix jours) permet parfois d'empêcher les coups de tête dans les PME, sur lesquels le chef d'entreprise ne voulait pas ensuite revenir pour ne pas perdre la face. Même si l'ordonnance de septembre 2017 a créé un droit à l'erreur en faveur du (petit) employeur.

Elle assure le respect des droits de la défense : le salarié pourra s'expliquer directement, dans une discussion en tête à tête. Il s'agit tout à la fois de courtoisie minimale à l'égard de quelqu'un qui a travaillé dans l'entreprise, de vérifier le motif de l'éventuelle rupture, mais parfois aussi de chercher à froid une solution alternative.

On ne peut enfin ignorer que cette procédure se révèle dissuasive à deux points de vue : sa complexité même dissuade le chef d'entreprise de procéder à cette mesure grave. Et l'entretien préalable le fait parfois renoncer à son projet : c'est une chose de signer une lettre de licenciement glissée dans un parapheur ; c'en est une autre que devoir annoncer directement à un salarié en plein désarroi familial qu'il va être licencié, *a fortiori* pour celui en longue maladie et qui, contre toute attente, s'est présenté à l'entretien.

Point n'est donc besoin d'apprendre par cœur cette procédure, qui est chronologique : fixation d'un rendez-vous *(§ 1)* pour une tentative de conciliation en forme d'entretien *(§ 2)*. Puis après un nécessaire délai de réflexion, l'employeur prend une décision qu'il notifie, très soigneusement motivée, au salarié *(§ 3)*. Mais depuis septembre 2017, il bénéficie d'une session de rattrapage *(§ 4)*.

§1 Convocation à l'entretien préalable (L. 1232-2)

437 **Aucun seuil d'effectifs, ni d'ancienneté.** Tout projet de licenciement pour motif personnel doit d'abord donner lieu à l'envoi d'une lettre recommandée de convocation, que l'employeur peut également remettre en main propre au salarié contre décharge : si ce dernier refuse de la prendre, il faudra utiliser La Poste ou un huissier. Mais pour d'évidentes raisons de dignité mais aussi probatoires, ni Intranet, ni Internet, ni *a fortiori* un courriel ou un SMS.

Cette lettre indique qu'un licenciement est *envisagé* – évidemment pas décidé – à l'encontre du salarié, et fixe le jour et l'heure, ainsi que le lieu de l'entretien qui ne peut avoir lieu moins de cinq jours *ouvrables* après la présentation de la lettre de convocation : le salarié ne peut renoncer à ce délai. Cet entretien a en principe lieu sur le temps et le lieu du travail. S'il intervient en dehors du temps habituel de travail, il devra être rémunéré en plus.

Il n'est pas obligatoire d'évoquer ici les faits qui justifient le déclenchement de la procédure car il ne s'agit pas de contentieux (CS, 8 mars 2017). Il est en revanche indispensable de préciser qu'il s'agit d'un éventuel licenciement, et non *« d'une sanction »*, ou *« d'une mesure importante vous concernant »* : il faut que le salarié puisse savoir ce qui l'attend exactement, préparer ses arguments et joindre la personne qui pourra, le cas échéant, l'assister lors de cet entretien. Si le terme « licenciement » ne figure pas, la procédure est d'ores et déjà irrégulière.

438 **Assistance (L. 1232-4) :** *« Vous pouvez vous faire assister par une personne de votre choix appartenant au personnel de l'entreprise. »* Cette phrase doit figurer sur toute lettre de convocation, et chaque mot compte :

- le salarié *peut*, mais ne doit pas. Si par exemple le cadre souhaite évoquer un départ négocié, ou si le salarié ne souhaite pas donner une publicité certaine à son licenciement pour harcèlement sexuel, il viendra seul lors de l'entretien ;
- « se faire *assister* », au sens physique ou moral du terme : ne pas être seul face au responsable du personnel. Mais non se faire *représenter* par un avocat, le délégué syndical ou pire : sa belle-mère. Pour que l'entretien aboutisse à la conciliation souhaitée, le salarié doit venir en personne, et l'employeur peut refuser toute représentation, et *a fortiori* toute délégation collective bruyante ;
- par un « *membre* du personnel » ; pas forcément un *représentant* du personnel, bien que ce soit très souvent le cas, ce dernier étant protégé contre une éventuelle réaction patronale. Un ami, un camarade de travail courageux voire téméraire, peut donc venir assister le salarié lors de l'entretien : il sert de soutien psychologique mais peut-être aussi à l'avenir de témoin dans un éventuel contentieux : position délicate qui calme les ardeurs. Malgré son absence à son travail lors de l'entretien, il devra être payé ;
- « de *l'entreprise* », notion plus large que celle d'établissement : le salarié d'un petit établissement de 9 ou 36 salariés, ne disposant *dans les faits* d'aucun

délégué du personnel, peut faire appel à un camarade, ou à un délégué d'un autre établissement en disposant.

439 Conseiller du salarié (L. 1232-7). C'est justement cette absence légale de délégués dans les TPE, mais aussi de fait dans de nombreuses PME qui a amené le législateur à prévoir la possibilité dans les entreprises ne disposant d'aucun représentant du personnel (les TPE de moins de 11 salariés en droit ; mais fréquemment des entreprises de plus de 50 n'ont ni délégué du personnel, ni comité d'entreprise, ni délégué syndical, ni demain le nouveau « Comité Social et Économique » : un salarié sur trois) de se faire assister par un *« conseiller du salarié »* extérieur à l'entreprise, inscrit sur une liste dressée par le préfet après avis des organisations syndicales, où figurent les nom, adresse, profession et éventuelle appartenance syndicale des conseillers pour faciliter le choix du futur licencié.

Dans cette hypothèse, la lettre de convocation doit alors (*en plus*) indiquer que le salarié peut *également* se faire assister par ce « conseiller », et fournir obligatoirement l'adresse de l'inspection du travail et de sa mairie où il pourra prendre connaissance de la liste fixée tous les trois ans par le préfet. Sinon la procédure sera irrégulière, avec à la clef un mois maximum de salaire.

Dans la limite ici absolue de quinze heures mensuelles, ce conseiller, souvent lui-même salarié voire représentant du personnel dans une grande entreprise (souvent publique), a le droit de s'absenter pour assister les futurs licenciés, et son salaire maintenu.

Mais le but était autant d'assister psychologiquement voire juridiquement le salarié que d'ouvrir aux syndicats les portes des petites entreprises sans représentation du personnel. Comme dans d'autres domaines du droit du travail (intéressement), les entreprises de petite taille se voient de plus en plus incitées à avoir leurs propres institutions de représentation.

440 Temps minimum de réflexion. La jurisprudence veille à ce que le salarié convoqué dispose d'un temps « raisonnable » sinon « suffisant » afin de joindre un éventuel assistant et préparer sa défense. Et si le salarié d'une PME compte se faire assister par un conseiller du salarié, il doit disposer d'au moins cinq jours ouvrables (dimanche ou jour férié ne comptent pas mais le samedi non ouvré, si) après la présentation au salarié de la lettre recommandée de convocation ou sa remise en main propre, et doit en informer le petit patron, parfois fort surpris et qui ne dispose pas de la même possibilité.

Une fois la lettre reçue, le salarié n'est pas obligé de se rendre à l'entretien préalable, et son absence ne peut jamais lui être imputée à faute. Mais comme il ne peut être question que son absence ou un arrêt-maladie paralysent la procédure (CS, 6 avril 2016 : « *L'employeur n'a pas l'obligation de reporter la date de l'entretien préalable d'un salarié malade* », même si un tel report n'est évidemment pas interdit... s'il reste dans les délais), l'employeur constatera son absence le jour dit, et pourra la poursuivre.

§2 Entretien individuel préalable, sur temps et lieu de travail

441 **Ultime tentative de conciliation.** « *L'employeur indique les motifs de la décision envisagée et recueille les explications du salarié* » (L. 1232-3).

Dans l'esprit du législateur, cet entretien doit chercher à aboutir à une conciliation permettant d'éviter le licenciement. L'employeur informé des faits exacts, et tenant compte de la situation personnelle difficile alors parfois décrite par le salarié, renoncerait à cette mesure définitive ou chercherait des mesures alternatives (ex. : mutation). Mais il en va différemment en pratique : la complexité de la procédure incite à ne convoquer le salarié que lorsque le licenciement semble acquis. Si l'entretien permet de respecter le principe du contradictoire, il aboutit donc très rarement à la conciliation souhaitée.

L'employeur ou le RRH indique au salarié les motifs précis qui l'ont amené à déclencher la procédure (c'est la première fois qu'ils sont ainsi énoncés), puis recueille donc ses explications... et éventuellement celles de la personne qui l'assiste.

Cette dernière n'est pas qu'un témoin en vue d'un contentieux ultérieur : souvent habitué à la prise de parole ou à la négociation (ex. : délégué syndical), elle intervient parfois avec beaucoup de conviction et quelques arguments tactiques, surtout lorsqu'elle est extérieure à l'entreprise (conseiller du salarié). La jurisprudence laisse ici une immense liberté d'expression au salarié, sauf abus (ex. : vie privée du chef d'entreprise, diffamation, injure).

442 **L'employeur ou son représentant participe seul à l'entretien.** La Cour de cassation a cependant admis, lorsque cela est indispensable, que soit ponctuellement présent la supérieure hiérarchique du salarié ou toute autre personne nécessaire à son déroulement. Mais il est illicite d'aller au-delà et de multiplier les acteurs, voire les spectateurs du côté patronal afin d'impressionner le salarié et son assistant (CS, 20 janvier 2016 : chef de boutique, et celui du personnel).

Il est illégal que l'employeur ou le DRH se fasse *représenter* par une personne extérieure ou simplement assister par un avocat. *A fortiori* un simple entretien téléphonique ou un échange de courriels rendent la procédure irrégulière, tout comme une audition commune à plusieurs salariés ayant par exemple commis la même faute.

A fortiori ni un avocat, ni comme en l'espèce l'expert-comptable de la PME ne peut conduire l'entretien puis signer la lettre : « *La finalité même de l'entretien et les règles relatives à la notification du licenciement interdisent à l'employeur de donner mandat à une personne étrangère à l'entreprise pour conduire la procédure de licenciement* » (CS, 26 avril 2017).

La durée de l'entretien est très variable : s'il s'agit d'une faute reconnue par le salarié, il est fort bref. Si la faute est contestée ou si la sanction évoquée paraît excessive, il est plus long et peut donner lieu à de véritables négociations (transformation du licenciement en mutation ou mise à pied) : aucune des parties n'a intérêt à aller au contentieux, même si chacun l'évoque. Et si le salarié ne se présente pas, la procédure continue...

443 **Délai de réflexion minimum de 72 h.** L'employeur ne peut notifier immédiatement le licenciement à l'issue de l'entretien : afin de lui donner le temps de la réflexion, la loi impose de ne pas envoyer la lettre de notification avant un délai de deux jours ouvrables... souhaitant qu'il s'arrête là et renonce au licenciement. Ce qu'il peut toujours faire, même si le salarié a déjà pris ses dispositions : sauf abus, l'employeur peut sans commettre de faute renoncer à poursuivre la procédure de licenciement qu'il a engagée. S'il n'existe pas de délai légal et général entre l'entretien et la notification (*mais* un mois maximum en cas de licenciement disciplinaire, sauf si une procédure conventionnelle obligatoire a été mise en œuvre dans l'intervalle), il est souhaitable de respecter en pratique ce bref délai afin de ne pas laisser le salarié dans l'incertitude. A *fortiori* en cas de faute grave exigeant une rupture rapide.

§3 Notification du licenciement, très précisément motivée (L. 1232-6)

444 **LRAR.** Cette notification intervient forcément par lettre recommandée avec accusé de réception, car elle revêt une particulière importance, la rupture se situant à la date où l'employeur a manifesté sa volonté d'y mettre fin, c'est-à-dire au jour de *l'envoi* de la lettre LRAR notifiant la rupture.

Attention ! Elle doit toujours :

- Être signée par l'employeur ou son représentant, mais jamais par une personne étrangère à l'entreprise (CS, 26 avril 2017 : l'expert-comptable : défaut de cause réelle et sérieuse).
- Énoncer précisément le(s) motif(s) précis, donc réels *et* sérieux, du licenciement, quelle qu'en soit la cause (faute, cause, motif économique...) : donc ne jamais procéder par renvoi à l'entretien, ou à une sanction antérieure. Le législateur s'est ici placé dans une optique contentieuse : ce document écrit sera essentiel devant le conseil des prud'hommes car il lie l'employeur n'ayant pas utilisé à temps son « droit à l'erreur » créé par l'ordonnance du 22 septembre 2017 « *relative à la prévisibilité et la sécurisation des relations de travail* » (voir *§ 4 infra*).

Mais les risques d'erreurs devraient aussi diminuer avec le nouvel l'article L. 1232-6 évoquant un décret en Conseil d'État fixant « *les modèles que l'employeur peut utiliser pour procéder à la notification du licenciement* », qui « *rappellent en outre les droits et obligations de chaque partie.* » On peut penser que le décret *à venir* obligera l'employeur à rappeler que 1. Le salarié peut demander, dans un bref délai, des précisions à l'employeur, avec des conséquences non négligeables sur l'indemnisation (voir *infra*), 2. Le nouveau délai de prescription : un an maximum, contre deux avant 2017.

445 **Esprit ouvert, mais pas béant.** Mais cette obligation peut se révéler défavorable au salarié : à l'égard de sa famille par exemple, souhaite-t-il que l'on connaisse le vrai motif de son licenciement (ex. : harcèlement sexuel) ? Lorsqu'il retrouvera du travail, que dira-t-il au nouvel employeur qui lui demandera, parmi d'autres pièces, sa lettre de licenciement où figure le motif : « vols répétés » ?

Mais côté patronal, même si le salarié le demande, il ne peut donc être question de ne pas motiver précisément la lettre : devant le juge prud'homal, cela constituerait un défaut de cause réelle et sérieuse.

446 **La rédaction des motifs** doit donc donner lieu à une triple réflexion :

1 - sont-ils exactement ceux évoqués lors de l'entretien préalable ? En cas de contradiction (deux retards deviennent « insubordination répétée »), le motif du licenciement ne sera pas réel ;

2 - s'il y a pluralité de motifs, mais qu'un seul d'entre eux peut conduire à la nullité du licenciement car portant atteinte à une liberté fondamentale (grève, discrimination), *« il n'y a pas lieu d'examiner les autres griefs pour vérifier l'existence d'une cause réelle et sérieuse »* avait indiqué l'arrêt du 3 février 2016 créant le « motif contaminant », frappant de *nullité* le « licenciement-représailles » (assignation aux prud'hommes en requalification de CDD). Mais problème : à s'en tenir à cette jurisprudence, un petit patron ayant reproché à son collaborateur des coups et blessures volontaires sur son collègue, le vol de 336 138 euros de matériel et un vaste détournement de clientèle devrait ensuite le réintégrer sous astreinte s'il a (bêtement) ajouté : «...*Et en plus, tu veux me traîner aux prud'hommes !* ». L'ordonnance du 22 septembre 2017 a donc légitimement ajouté un article L. 1235-2-1 : « *En cas de pluralité de motifs de licenciement, si l'un des griefs reprochés au salarié porte atteinte à une liberté fondamentale, la nullité encourue de la rupture ne dispense pas le juge d'examiner l'ensemble des griefs énoncés, pour en tenir compte, le cas échéant, dans l'évaluation qu'il fait de l'indemnité à allouer au salarié, sans préjudice des dispositions de l'article L. 1235-3-1* » (nouveau, portant sur le licenciement nul : « *lorsque le salarié ne demande pas la poursuite de son contrat de travail ou que sa réintégration est impossible, le juge lui octroie une indemnité, à la charge de l'employeur, qui ne peut être inférieure aux salaires des six derniers mois* »).

3 - ces motifs peuvent-ils fonder un licenciement sur une cause réelle, *et* sérieuse, *pour le salarié en cause ?*

§4 Éventuelle session de rattrapage patronale

447 **Avant septembre 2017,** la LRAR fixait définitivement le cadre du litige éventuel, et le chef d'entreprise ne pouvait à aucun moment ni remettre en cause, ni ajouter d'autre motifs : « *La lettre de licenciement fixant les termes et les limites du litige, le juge ne peut retenir d'autres griefs* ». Devant les nombreux cas où des petits patrons s'étaient fait condamner pour défaut de cause réelle et sérieuse en raison d'une rédaction approximative de la lettre de licenciement, l'ordonnance du 22 septembre 2017 « relative à la prévisibilité et la sécurisation des relations de travail » a voulu légitimement leur permettre de rectifier le tir. Mais y est-elle parvenue ?

L. 1235-2 nouveau : « *Les motifs énoncés dans la lettre de licenciement (...) peuvent, après la notification de celle-ci, être précisés par l'employeur, soit à son initiative, soit à la demande du salarié, dans des délais et des conditions fixées par décret en Conseil d'État* ».

Nouveauté : la LRAR une fois envoyée, l'employeur peut donc « *préciser* (mais plus « compléter ») *les motifs énoncés* », de lui-même ou sur demande du salarié. Bonne idée a priori que cette session de rattrapage pour le patron de TPE/PME ayant peu, ou mal motivé la lettre. Mais l'exercice a ses limites : que va penser le juge prud'homal de cette seconde LRAR ? Le salarié se précipitant pour envoyer le soir même une très vindicative demande d'explications ne va-t-il pas provoquer en retour une forte réaction patronale, avec moult ajouts jetant finalement le doute sur les motifs initiaux ? Sur quelle version devra se prononcer le juge : la dernière, mais si elle ne doit que « préciser » la première ?

Beaucoup va donc se jouer dans le décret à paraître...

Mais *in fine*, retour à la Case Départ jurisprudentielle : « *La lettre de licenciement, complétée le cas échéant par l'employeur, fixe les limites du litige en ce qui concerne les motifs de licenciement* ».

§5 Procédure irrégulière : complexification des sanctions en 2017

448 Le nouvel article L. 1235-2 supprime l'ancienne obligation de réitération de la procédure, au profit d'un triptyque à l'obscure clarté.

1 - Changement le plus important : si le collaborateur n'a fait aucune demande d'explications auprès de l'employeur, « *l'irrégularité que constitue une insuffisance de motivation de la lettre de licenciement ne prive pas, à elle seule, le licenciement de cause réelle et sérieuse et ouvre droit à une indemnité qui ne peut excéder un mois de salaire* ». Solution opposée à celle d'avant 2017, où pour la jurisprudence une motivation insuffisante aboutissait à une absence de motivation et donc un défaut de cause réelle et sérieuse, avec à l'époque six mois minimum de dommages-intérêts... qui deviennent un mois maximum.

2 - « *Lorsqu'une irrégularité a été commise au cours de la procédure, notamment si le licenciement d'un salarié intervient sans que la procédure requise aux articles L. 1232-2 (entretien), L. 1232-3 (idem), L. 1232-4 (assistance du salarié) ait été observée, ou sans que la procédure conventionnelle ou statutaire de consultation préalable au licenciement ait été respectée, mais pour une cause réelle et sérieuse, le juge accorde au salarié, à la charge de l'employeur, une indemnité qui ne peut être supérieure à un mois de salaire.* » Qu'il s'agisse d'une procédure conventionnelle (ex : conseil de discipline, voir *infra*) ou de la procédure légale, leur violation entraîne une sanction maximum d'un mois de dommages-intérêts en cas de cause réelle et sérieuse constatée. A contrario, si forme et fond ont été violés (ex : licenciement verbal : « Tu te casses » !), il n'y a donc pas cumul, l'irrégularité de forme (faiblement sanctionné) étant absorbée par le défaut de cause réelle et sérieuse.

3 - « *En l'absence de cause réelle et sérieuse du licenciement, le préjudice résultant du vice de motivation de la lettre de rupture est réparé par l'indemnité allouée conformément aux dispositions de l'article L. 1235-3* » avec son nouveau plancher/plafond fonction de l'ancienneté. Là encore non cumul des sanctions forme/fond.

449 **Légitime alignement.** Pour la Chambre sociale, la violation d'une règle importante issue d'une procédure conventionnelle préalable au licenciement (ex. : conseil de discipline) ne constituait pas une irrégularité de forme (un mois au maximum de dommages-intérêts), mais de fond (au minimum six mois, avant 2017). Violer la procédure légale, qui pourtant elle aussi « *institue une protection des droits de la défense* », pouvait donc coûter six fois moins cher qu'une procédure conventionnelle : curieux. Rectification avec L. 1235-2, 5° issu de l'ordonnance du 22 septembre 2017 : que ce soit la procédure légale, ou une procédure conventionnelle ou statutaire (RATP, SNCF) qui n'a pas été respectée, s'il existe une cause réelle et sérieuse, « *le juge accorde au salarié une indemnité qui ne peut être supérieure à un mois de salaire.* »

450 **Fin du minimum/Maximum un mois.** Depuis l'arrêt du 30 juin 2016, « *l'existence d'un préjudice et son évaluation relèvent du pouvoir souverain des juges du fond* » : n'existe donc plus de préjudice minimum automatique en cas de faute patronale. Et la condamnation à des dommages-intérêts ne peut donc dépasser un mois : peu dissuasif pour le chef d'entreprise ne souhaitant pas faire appel à un conseil juridique afin de se faire expliquer en détail la procédure, complexe pour les TPE-PME. Les juges ont donc parfois appelé au secours le bon vieux « abus de droit » (voir *infra*), qui leur permet de majorer l'indemnisation « *en raison de l'existence d'un préjudice moral distinct de celui résultant de l'irrégularité de la procédure de licenciement* » (CS, 18 mai 2017). Avec l'arrivée du plafond de dommages-intérêts, on peut penser que l'abus va être, tout comme les discriminations ou les harcèlements qui permettent également d'y échapper, à la mode.

SECTION II La cause réelle et sérieuse du licenciement

451 **Aucune exception.** L. 1232-1 : « *Tout licenciement pour motif personnel est motivé dans les conditions définies par le présent chapitre. Il est justifié par une cause réelle et sérieuse* ». En abrégé « crs »...dont le législateur n'a jamais donné de définition. Mais la jurisprudence ayant rendu depuis 1973 des dizaines de milliers d'arrêts à ce sujet – c'est aujourd'hui 85 % du contentieux prud'homal – on cerne mieux cette notion qui permet à l'employeur d'exclure un salarié de son entreprise... et parfois du marché du travail. Et la Cour de cassation se montre aujourd'hui beaucoup plus exigeante qu'en 1973 (de 400 000 chômeurs à nos 3,5 millions).

L. 1235-1, 3° al. : « *Le juge, à qui il appartient d'apprécier le caractère réel et sérieux des motifs invoqués par l'employeur, forme sa conviction au vu des éléments fournis par les parties après avoir ordonné, au besoin, toutes les mesures d'instruction qu'il estime utiles. Il justifie dans le jugement qu'il prononce le montant des indemnités qu'il octroie.*

Si un doute subsiste, il profite au salarié. »

452 **Loyauté probatoire.** Comme examiné *supra*, il va de soi que l'employeur doit fonder le licenciement sur des preuves légales (information-consultation préalable de l'ex-comité d'entreprise, déclaration à la CNIL (tardive = inopposabilité), et loyalement obtenues : pas de stratagèmes, de provocations, ni de caméras cachées.

§1 La notion de cause réelle, et sérieuse

Autant la *réalité* du motif (invoqué lors de l'entretien et précisément décrit dans la lettre de notification) ne pose guère de problème en raison de son caractère objectif, autant le *sérieux*, forcément empreint de subjectivité d'un côté comme de l'autre, apparaît comme une notion à géométrie variable malgré les évolutions jurisprudentielles récentes visant à davantage d'*objectivité* : mais l'objectivité dans les rapports humains quotidiens...

A. - Objectivité : la réalité du motif

453 **Un motif précis et vérifiable.** Pour être réel, le motif invoqué dans la lettre de notification doit répondre à trois qualificatifs cumulatifs, sachant qu'*in fine* le doute profite au salarié :

- il doit être *existant* : ne pas relever d'un rapport inexact de l'agent de maîtrise ou d'une pointeuse défaillante ; ou *a fortiori* reprocher une faute au salarié qui exerce un droit : « abandon de poste » pour le gréviste ou celui exerçant légitimement son droit de retrait ;
- il doit être *exact* : dix minutes de retard ne sont pas équivalentes à soixante-dix ; de mauvais résultats ne peuvent être imputés à un salarié sur un marché qui s'est effondré ;
- il ne doit pas enfin exister de *contradiction* entre le motif évoqué lors de l'*entretien* (devant l'assistant ou le conseiller du salarié qui pourra en témoigner) et celui figurant sur la *lettre* de licenciement. Ni contradiction, ni évolution spectaculaire comme on peut en constater lorsque le chef d'entreprise, peu sûr de son fait et surpris par la pugnacité du salarié lors de l'entretien, décide de « charger la barque » : deux retards se transforment en insubordination notoire, un incident oral avec un collègue en « harcèlement moral », voire en « voie de fait » ou « coups et blessures ». Un motif réel de licenciement ne peut donner lieu à ce type de transformation, même si depuis septembre 2017, l'employeur peut désormais « *préciser* » les motifs figurant dans la LRAR reçue par le collaborateur : mais à utiliser avec modération... voire pas du tout en étant précis dès le départ : toujours préférable !

Si la réalité du motif de licenciement ne donne pas lieu à un contentieux abondant, il n'en va pas de même du sérieux, subjectif des deux côtés malgré la volonté de la Cour de cassation d'objectiver le licenciement.

B. - Le sérieux du motif : du droit de résiliation à la lutte contre l'exclusion

454 **Conflit de logiques.** La vision patronale peut ici s'opposer à celle du salarié : si le premier considère qu'il a un motif sérieux de se séparer du collaborateur en cause, ce dernier trouve souvent que ce motif n'est pas assez sérieux pour le contraindre au

chômage. Si ce second point de vue peut sembler humainement valable et que de nombreux employeurs en tiennent compte, il n'est pas juridiquement fondé : c'est le licenciement qui doit reposer sur une cause réelle et sérieuse. Mais avec la montée du chômage, la jurisprudence tient largement compte de cette seconde optique de lutte contre l'exclusion (ex. : rôle essentiel de l'âge, à travers celui de l'ancienneté, y compris désormais pour l'indemnisation plafonnée d'un licenciement infondé).

Il serait fastidieux de reprendre ici l'ensemble des cas de licenciement fondés sur une cause (réelle et) sérieuse : tout bon Code du travail (annoté : Litec, Dalloz) en fournit plusieurs centaines. Les deux motifs les plus classiques sont la *faute* du salarié, et l'*intérêt* de l'entreprise, que nous examinerons successivement. Dans les deux cas, le motif invoqué *« doit être matériellement vérifiable et ne pas présenter un caractère subjectif »* : ainsi ni la *« perte de confiance »* ni la *« mésentente avec le reste du personnel »* ne peuvent plus servir de base à un licenciement.

1° La faute constituant une cause sérieuse de licenciement

Une faute légère ne pouvant plus justifier un licenciement depuis 1973, il existe désormais une hiérarchie des fautes, avec quatre niveaux (*cf.* tableau *infra*). En règle générale, « *ne peuvent constituer un motif réel et sérieux d'un licenciement disciplinaire que des griefs imputables au salarié, matériellement vérifiables et énoncés par la lettre de notification* » (CS, 5 juillet 2005).

455 **Faute constituant une cause réelle et sérieuse.** La réitération de fautes légères qui fonde souvent une faute constituant une **cause réelle et sérieuse** entraîne le licenciement du fautif avec les deux « indemnités de rupture » (indemnité de préavis s'il en est dispensé + indemnité de licenciement légale augmentée depuis septembre 2017), et son indemnité de congés payés acquise mois après mois. Deux facteurs jouent un rôle important dans la qualification de la faute par les juges : le *niveau hiérarchique* du salarié (un cadre doit montrer l'exemple), et surtout son *ancienneté* dans l'entreprise : un salarié irréprochable depuis douze ans ne peut être licencié comme le dernier embauché.

456 **Faute grave.** Elle résulte *« d'un fait ou d'un ensemble de faits imputables au salarié qui constitue une violation des obligations découlant du contrat de travail ou des relations de travail, d'une importance telle qu'elle rend impossible le maintien du salarié dans l'entreprise pendant la durée du préavis »*. Conforme à la Convention 158 de l'OIT (*« Faute d'une nature telle que l'on ne peut raisonnablement exiger de l'employeur qu'il continue à occuper le salarié pendant la période du préavis »*), cette définition jurisprudentielle a l'avantage d'être identique pour les CDD (pour autoriser une rupture avant terme) et les CDI.

Conséquence naturelle : le salarié licencié perdra donc son (indemnité de) préavis (IP). L'employeur ne l'en *dispense* pas : il l'en *prive* à titre de sanction. Le salarié perd donc également son indemnité de licenciement (IL), ces deux indemnités de rupture (IR) allant en principe de pair. Il touchera donc seulement son indemnité de congés payés.

Définie par ses effets, la faute grave est une notion relative, la jurisprudence étant là encore très attentive à l'ancienneté et au passé professionnel du collaborateur en cause : ainsi du « *salarié s'étant immiscé à plusieurs reprises dans des opérations projetées par des clients, exerçant sur eux des pressions et les dénigrant auprès des tiers* », mais « *exemplaire depuis 31 ans, qui n'avait fait l'objet d'aucune sanction antérieurement et avait obtenu la médaille vermeil du travail* » (CS, 23 septembre 2009 : absence de faute grave, mais faute réelle et sérieuse).

Si avoir longtemps toléré un comportement fautif écarte a priori ce niveau de faute, un harcèlement sexuel ou moral avéré constitue en principe une faute grave, ce qui permet d'écarter rapidement le fautif de l'entreprise. *Idem* pour des propos racistes ou antisémites (CS, 2 juin 2004) ; ou encore le collaborateur mettant en cause sa propre sécurité (refus de port du casque), mais aussi celle de ses camarades ou clients.

457 **Qui vole un œuf ne vole pas un bœuf.** La disparition massive à chaque rentrée scolaire de gommes, de dossiers cartonnés et de papier A4 n'est évidemment pas traitée de la même façon que le vol en bande organisée de pneus neufs. Si le vol de deux pneus ne constitue pas une faute grave (« *l'acte isolé de M. X. justifiant d'une ancienneté de plus de dix années n'était pas de nature à rendre impossible son maintien dans l'entreprise* », CS, 6 avril 2011), le client reste roi : « *le vol commis par un salarié au préjudice d'un client caractérise, alors même que l'objet soustrait serait de faible valeur, une faute grave* » (CS, 16 janvier 2007).

De la même façon et contrairement à une idée reçue, l'existence d'une faute grave est indépendante du préjudice qui peut résulter des agissements reprochés au salarié pour l'employeur ou pour des tiers ; il est en effet des comportements inacceptables, même s'ils ne génèrent dans l'immédiat aucun préjudice : règles de sécurité, travail chez la concurrence pendant les congés (CS, 5 juillet 2017).

458 **Rappelons enfin que la faute grave a également pour effet de permettre** :
- la rupture anticipée du contrat à durée déterminée, après avoir accompli la procédure *disciplinaire (cf. supra)* ;
- la rupture anticipée du contrat de *mise à disposition* signé entre l'agence du travail temporaire et l'utilisateur qui a constaté la faute grave du travailleur temporaire détaché chez lui *(cf. supra)* ;
- le licenciement d'une femme enceinte, si du moins « *la faute de l'intéressée n'est pas liée à l'état de grossesse* » ;
- le licenciement d'un salarié accidenté du travail ou victime d'une maladie professionnelle, pendant toute la durée de la suspension de son contrat de travail et même après, si la faute grave a été commise pendant la période de suspension. Le contentieux est ici important, en raison des intérêts psychologiques et financiers en jeu de part et d'autre (*cf.* M. Blatman, P.-Y. Verkindt, S. Bourgeot, *L'état de santé du salarié*, Éditions Liaisons, collection « Droit vivant », 3e édition, 2014) ;
- enfin de priver également le salarié de son indemnité *conventionnelle* de licenciement, *sauf* stipulation contraire dans l'accord collectif.

459 **La preuve de la faute grave** pèse entièrement sur l'employeur, en application des principes généraux du droit civil : puisqu'il s'estime dispensé de l'obligation de verser l'IP et l'IL, à lui d'en faire la preuve. *A fortiori*, le doute profite donc au salarié : la faute ne sera alors pas considérée comme grave par le juge prud'homal, qui ordonnera le versement des indemnités de rupture, puis se penchera le cas échéant sur la cause réelle et sérieuse. « *Il appartient au juge de qualifier les faits invoqués* » : ni le contrat de travail, ni le règlement intérieur, ni même une convention collective ne peuvent lui imposer la qualification de faute grave.

460 **Mise à pied conservatoire.** « *Lorsque les faits reprochés au salarié ont rendu indispensable une mesure conservatoire de mise à pied à effet immédiat, aucune sanction définitive relative à ces faits ne peut être prise sans que la procédure prévue à l'article L. 1332-2 ait été respectée* » (L. 1332-3). En pratique, il n'est pas obligatoire mais fort souhaitable de mettre à pied le salarié gravement fautif de façon conservatoire pendant la durée de la procédure. « Mise à pied » (hier de l'officier de cavalerie) notifiée par remise immédiate d'une lettre en main propre, et en principe à durée indéterminée puisqu'il s'agit d'écarter le collaborateur de l'entreprise en attendant son accomplissement : point n'est besoin de laisser un informaticien terminer de tripatouiller le logiciel de paye.

Mais **surtout pas mise à pied disciplinaire,** nécessairement à durée déterminée, car la même faute ne peut donner lieu à deux sanctions : « Aucun fait fautif ne peut donner lieu à double sanction ; l'employeur qui avait épuisé son pouvoir disciplinaire ne pouvait prononcer ultérieurement un licenciement pour le même fait », même en cas de faute grave. En l'absence de travail mais en présence d'une faute grave ou lourde, le salarié ne sera pas rémunéré. À l'inverse, un licenciement ultérieur pour simple faute réelle et sérieuse entraînera versement des salaires perdus : sinon, défaut de cause réelle et sérieuse.

461 **La faute grave en pratique.** La faute grave permettant à l'employeur de ne pas verser les indemnités de rupture (IP + IL) souvent importantes (3 à 6 mois de salaire par exemple, et l'indemnité de clientèle pour les VRP), certains chefs d'entreprise ne licencient pas pour une faute réelle et sérieuse, mais attendent leur répétition ou une insubordination notoire pour viser la faute grave. Les avocats qui conseillent les salariés connaissent bien cette pratique, ainsi que celle, moralement et juridiquement douteuse, consistant à toujours viser la faute grave, en espérant que le salarié n'ira pas en justice. À supposer qu'il le fasse, il sera toujours temps, à l'occasion de l'audience de conciliation, de lui verser (plusieurs mois après, et la main sur le cœur : « Embrassons-nous, Folleville ») l'IP et l'IL qu'il aurait dû recevoir à l'occasion du licenciement. C'est pour mettre un terme à ces excès de quelques-uns que la Cour de cassation a évolué dans un sens favorable au salarié et reconnaît de moins en moins de fautes graves... ou lourdes.

462 **Faute lourde (dolosive pour le civiliste) : le retour de la responsabilité civile du salarié licencié.** « *La faute lourde est caractérisée par l'intention de nuire à* *l'employeur, laquelle implique la volonté du salarié de lui porter préjudice dans la commission du fait fautif, et ne résulte pas de la seule commission d'un acte préjudiciable à l'entreprise* » (CS, 8 février 2017). Ce n'est donc pas ici l'effet qui compte : **peu importe le montant du dommage causé.** C'est le but poursuivi : une intention de nuire que l'employeur doit prouver (pas facile), et que la Chambre sociale analyse avec une extrême rigueur, car « *la responsabilité pécuniaire du salarié à l'égard de son employeur ne peut résulter que de sa faute lourde* » (CS, 25 janvier 2017).

463 Immunité ou impunité ? Ainsi du directeur d'un fast-food ayant détourné plus de 20 000 euros : pas de faute lourde en l'absence « *d'intention de nuire à l'employeur, qui ne peut résulter de la seule atteinte à l'image ou aux biens de l'entreprise* » (CS, 9 avril 2014). Idem pour ce pauvre salarié détournant à l'insu de son plein gré des clients au profit de sa femme gérant une entreprise directement concurrente : le devoir d'entraide entre époux ? (CS, 22 juin 2016). Mais à l'inverse, ce directeur d'usine s'étant attribué une prime de six fois son salaire annuel (798 000 euros) avait commis des « *agissements procédant d'une intention de nuire caractérisant une faute lourde* » (CS, 2 juin 2017). Mais l'intention de jouir d'une telle prime, est-ce volonté de nuire ?

Délit pénal, le vol ne constitue pas non plus une faute lourde en droit du travail français : le voleur vole pour lui, pas pour nuire à son employeur. Douce France...

Mais la Chambre criminelle maintient pour sa part sa jurisprudence habituelle : « *Le préjudice subi par la partie civile résultant directement du délit commis par le demandeur, la cour d'appel n'avait pas à caractériser une faute lourde à l'encontre de ce dernier* » (Cass. crim., 25 février 2015). Ce qui incite l'employeur lésé à porter plainte, en se constituant partie civile : poursuites pénales dont le salarié et sa famille se seraient volontiers passé.

464 Cet élément nécessairement intentionnel entraîne deux conséquences, légitimement sévères pour le collaborateur en cause.

Après mise à pied immédiate et expressément qualifiée de *conservatoire*, puis accomplissement de la procédure, le licenciement évidemment notifié pour faute *lourde* interviendra sans les indemnités de rupture : ni IP ni IL... comme la faute grave. La privation concomitante de l'indemnité de congés payés a disparu avec la décision du Conseil Constitutionnel du 2 mars 2016, reprise par la loi du 8 août 2016. Mais sont-elles alors identiques dans leurs effets ? Que nenni !

Fin de l'immunité civile du salarié. La faute lourde permet à l'employeur de poursuivre le salarié lourdement fautif en dommages-intérêts devant le conseil des prud'hommes. Mais là encore, ni le contrat de travail ni la convention collective ne peuvent prétendre lier le juge, et il ne peut compenser salaires à verser/futur dommages-intérêts.

Cette double et donc lourde responsabilité (disciplinaire + civile) amène la Chambre sociale à ne voir aujourd'hui des fautes lourdes que dans des cas tout à fait exceptionnels. Faute d'intention de nuire à son employeur, le petit trader J. Kerviel qui a fait perdre quatre milliards d'euros à une grande banque en 2008 ne pouvait se voir reprocher ce degré de faute.

QUATRE GROSSES BOURDES SUR LA FAUTE LOURDE

1. « La faute lourde, c'est une faute super grave ! ». Pas du tout, car elle exige la démonstration (toujours difficile à faire) d'une intention de nuire, peu importe le préjudice.
2. « Vu son extrême gravité, la faute lourde permet un licenciement immédiat, sans procédure. » Au contraire ! Le salarié qui risque d'être privé de ses indemnités de rupture (IP plus IL, mais plus de l'ICP) doit pouvoir s'expliquer.
3. « La faute lourde est tellement grave qu'elle prive le salarié de l'indemnisation chômage. » L'indemnisation chômage est un système d'assurance et/ou de solidarité qui ne prend pas en compte les fautes. Cela évite également qu'un employeur, très mécontent du salarié, prive une famille entière d'allocations chômage.
4. « Comme depuis le 8 août 2016, le collaborateur lourdement fautif touche toujours son ICP, peu importe qu'il commette une faute grave ou une faute lourde ! ». C'est oublier que le chômeur va pouvoir être assigné par son employeur devant le Conseil des Prud'hommes en remboursement du préjudice qu'a causé sa faute intentionnelle. Et que parfois, il a dû ensuite vendre son appartement.

465 Tableau récapitulatif des fautes en droit du travail

Degré de la faute	Procédure à suivre	Sanction maximale pouvant être infligée au salarié	Particularités	Régime de la preuve
Faute légère	Loi du 4 août 1982 + conventionnelle éventuelle	– La plus forte des sanctions prévues au règlement intérieur, avant le licenciement (généralement mise à pied) – Exemples : retard d'une heure ; incident banal avec collègue	Le contrôle judiciaire est large (existence de la faute, régularité de la procédure, non-disproportion faute/sanction) ; et la sanction efficace : annulation de la sanction, avec effet rétroactif	Le doute profite au salarié
Faute constituant une cause réelle et sérieuse	Loi du 13 juillet 1973 + conventionnelle éventuelle	– Licenciement possible, mais avec les deux indemnités de rupture : préavis (indemnité si dispense) + de licenciement, et bien sûr congés payés – Exemples : réitération de fautes légères ; incident devant les clients ; refus d'un changement d'affectation	– Il n'y a pas annulation de ce licenciement par le juge, mais indemnisation en cas de défaut de cause réelle et sérieuse (barémisation depuis 2017) – Depuis septembre 2017, le non-respect d'une procédure conventionnelle ne prive plus le licenciement de crs	Le doute profite au salarié
Faute grave	*Idem* + mise à pied conservatoire conseillée + conventionnelle éventuelle	– Licenciement avec maintien de l'ICP mais sans indemnités de rupture : privation du préavis (la faute est si grave qu'il ne peut être question de l'exécuter) et de l'IL – Exemples : insubordination grave ; rixe ; harcèlement sexuel ; atteinte à la sécurité	Permet la rupture : – du CDD avant son terme, sans IFC – du CTT (remise à disposition) sans IPE – du contrat d'une femme enceinte, ou d'un accidenté du travail – pendant l'exécution du préavis (mais l'IL sera versée)	La charge de la preuve repose sur l'employeur puisqu'il ne verse pas les indemnités de rupture
Faute lourde	*Idem* + mise à pied conservatoire conseillée + conventionnelle éventuelle	– Manifeste l'intention de nuire de son auteur – Licenciement sans IP ni IL, mais maintien de l'ICP depuis 2016 – Seule la faute lourde de grève permet le licenciement d'un salarié gréviste – Exemples : graves délits pénaux : violences physiques, séquestration…	Seule la faute lourde en droit du travail (dolosive au sens du droit civil) permet de poursuivre le salarié sur le terrain de sa responsabilité civile. L'employeur obtiendra réparation du préjudice subi devant le conseil des prud'hommes. Mais en cas de délit pénal, des poursuites sont possibles devant les tribunaux répressifs par la victime directe de l'infraction, avec constitution de partie civile.	La charge de la preuve (disciplinaire + responsabilité civile) repose sur l'employeur

466 **Trois remarques**

1 - La règle *« non bis in idem »* (pas deux sanctions successives pour la même faute) est appliquée de façon rigoureuse par la jurisprudence.
2 - S'il constate l'absence de faute lourde, le juge doit alors examiner si elle est grave, puis réelle et sérieuse, etc.et en tirer les conséquences.
3 - Le degré de la faute est sans incidence sur les droits au chômage, la participation ou l'intéressement, et le versement de la contrepartie liée à une clause de non-concurrence.

LICENCIEMENT DISCIPLINAIRE ET POURSUITES PÉNALES

Nombre de fautes graves ou lourdes constituent également des délits pénaux : harcèlement sexuel, vol, violence, abus de confiance...

Avant 2007, certaines entreprises n'hésitaient pas à porter plainte pour conforter le licenciement prononcé tout en leur permettant de retarder l'issue de l'éventuel procès prud'homal, en application de l'adage d'ordre public « le criminel tient le civil en l'état ».

Depuis la loi du 5 mars 2007, une telle tactique est plus risquée. Car justement pour prévenir ces pratiques dilatoires, « *la mise en mouvement de l'action publique n'impose pas la suspension du jugement des autres actions exercées devant la juridiction civile, de quelque nature qu'elles soient, même si la décision à intervenir au pénal est susceptible d'exercer, directement ou indirectement, une influence sur la solution du procès civil* ».

En pratique : alors qu'auparavant le juge prud'homal devait surseoir à statuer dans l'attente du jugement du tribunal correctionnel, il n'est désormais plus tenu de le faire, à moins qu'introduite séparément de l'action publique, l'action civile n'ait « pour unique objet la réparation du dommage causé par l'infraction ». Bref, « si l'alinéa 3 de l'article 4 du Code de procédure pénale dans sa rédaction issue de la loi du 5 mars 2007 n'impose pas la suspension du jugement des autres actions civiles que celles de la partie civile, il n'interdit pas au juge saisi de telles actions de prononcer le sursis à statuer jusqu'au prononcé définitif d'une action publique s'il l'estime opportun » (CS, 17 septembre 2008).

Mais attention : une fois le jugement pénal rendu, l'autorité de la chose jugée au pénal s'impose au juge civil quant aux faits constatés et à leur imputabilité au salarié, qui constituent le soutien nécessaire de la condamnation pénale. Si la vendeuse soupçonnée est relaxée, même au bénéfice du doute, et que le seul motif du licenciement énoncé dans la lettre était le vol, il n'y aura alors automatiquement ni faute grave, ni même faute réelle et sérieuse.

467 Rappelons enfin que contrairement aux autres chambres, extrêmement chatouilleuses sur la loyauté des preuves (*cf.* Assemblée plénière, 7 janvier 2011, écartant un enregistrement téléphonique fait à l'insu de son interlocuteur), la Chambre criminelle indique régulièrement « *qu'aucune disposition légale ne permet aux juges répressifs d'écarter des moyens de preuve remis par un particulier aux services d'enquête au seul motif qu'ils auraient été obtenus de façon illicite ou déloyale et qu'il leur appartient seulement, en application de l'article 427 du Code de procédure pénale, d'en apprécier la* *valeur probante, après les avoir soumis à la discussion contradictoire* » (C. crim., 27 janvier 2010). Ce qui incite certains employeurs pas très sûrs de la loyauté et donc de la licéité de leurs preuves à se porter d'abord sur le terrain pénal, voire à pratiquer ce que la pratique policière qualifie de « soudure à froid » : c'est ainsi que des gendarmes, procureurs voire des juges d'instruction reçoivent anonymement des photos, films et autre disquettes informatiques aussi confondantes pour le collaborateur qu'illégalement obtenues par l'entreprise.

2° La cause sérieuse de licenciement

468 **En dehors de tout comportement fautif de sa part**, le salarié peut également être licencié. D'abord et avant tout pour motif économique (*cf.* chapitre entier *infra*) ; mais également pour insuffisance professionnelle (non fautive) ou parce que la prolongation de sa maladie oblige l'employeur à le remplacer définitivement, *dans l'intérêt de l'entreprise*. Ce motif sera contrôlé par le juge prud'homal, qui vérifiera l'absence de détournement de pouvoir ou d'abus de droit.

Exemple le plus actuel dans notre société de la communication, et donc de la réputation : la vie privée du jeune collaborateur, exposant stupidement sa nudité numérique sur Instagram ou Facebook. Et souhaitant également pouvoir, au-delà de l'article L. 1121-1, arbitrer individuellement son mix argent/loisirs.

C. - Vie privée du citoyen et licenciement du salarié

469 **Du vil paternalisme d'entreprise du XIXe au merveilleux** *« family friendly »* **de l'entreprise en 2017.** Cette « grande maison » qu'est l'entreprise serait-elle aussi « une grande famille » avec son *pater/patronus/*patron pouvant sanctionner un salarié pour des faits intervenus dans sa vie privée ? En un siècle, la réponse s'est inversée. Au XIXe siècle, nombre de patrons pratiquaient un paternalisme aussi décrié aujourd'hui qu'apprécié à l'époque par les rares salariés auxquels il s'appliquait (*cf. Le catéchisme du Patron*, Léon Harmel, 1889). Ces prolétaires, habitant des cités ouvrières où la « Rue de la Droiture » croisait l'« Avenue de la Ponctualité », bénéficiaient ainsi d'infirmeries, crèches et autres centres de vacances, « œuvres sociales » dévolues en 1946 au tout récent comité d'entreprise.

Ce mélange des genres rejeté par le droit comme par les mentalités revient néanmoins un siècle plus tard, avec les « conciergeries d'entreprise », le *« safe sex »* pour les expatriés et autres « tickets psy » : l'entreprise maternante.

TIC et dissolution des frontières. La bonne vieille opposition vie privée/vie professionnelle est-elle aujourd'hui possible, même après « le droit à la déconnexion » créé le 8 août 2016 ? Sans aller jusqu'au total mélange des genres sur Facebook où le collaborateur a des clients ou des fournisseurs comme « amis », rien n'est moins sûr en raison du brouillage de plus en plus important sinon préoccupant entre ces deux temps et ces deux lieux auparavant bien différenciés (*cf.* hier la sirène du matin et du soir remplaçant l'Angélus ; et l'importance symbolique des temps d'habillage faisant passer d'un statut à l'autre). Brouillage dû en particulier à l'irruption Internet + Smartphone permettant de « travailler où l'on veut, quand on veut », mais également de pouvoir quitter virtuellement son bureau des heures entières pour aller « surfer perso sur le Web avec mes amis de Facebook » (59 mn en 2017...). Oui, mais si mon supérieur fait partie de mes « amis » du samedi soir, et qu'il y voit des horreurs sur son style de management ? Ou que l'un de mes « amis » lui transmette une capture d'écran de nos intéressantes discussions ?

470 *Quid* **de dérapages privés sur le flambant neuf réseau social** *interne* **?** J'y suis un pilier de la communauté « Tarte Tatin » : que dire à mon manager me rappelant de plus en plus roidement que *« Wiki-time is work-time »* ? Et à l'inspecteur du travail stupéfait de mes 98 heures de connexion sur le réseau interne d'entreprise vers mi-nuit ? Je m'y branche de chez moi tous les soirs et le week-end : avec des copains, on a créé une très active communauté Photoshop, 656 membres.

Mais en matière de licenciement pour faits – pas fautes- de vie personnelle, l'hypothèse la plus banale est celle des relations sentimentales (et au-delà si affinités) entre salariés de la même entreprise, rarement sans incidence voire incident sur la vie du service. *A fortiori* si la liaison intervient avec l'employeur lui-même : en cas de rupture amoureuse, celle du contrat est proche (*cf.* Ch. Radé : « Amour et travail : retour sur un drôle de ménage », *Dr. soc.*, janvier 2010, p. 35).

471 **Importation de la vie personnelle au bureau/Exportation du travail à la maison.** Plus généralement, et en dehors des pauses officielles où justement le salarié est censé *« pouvoir vaquer librement à des occupations personnelles »,* le temps « de travail effectif » est aussi utilisé dans un but privé : téléphone à la famille, réservations diverses, présentéisme contemplatif à base de Meetic, de *streaming* ou de jeux passionnants sur Internet, faisant suite à la vieille tradition ouvrière de la « perruque » : utiliser le matériel de l'entreprise pour des travaux personnels. Bref, pour l'employeur – qui s'en passerait volontiers – la vie privée du salarié est omniprésente.

472 *« Sous le nom de vie personnelle, la jurisprudence protège aussi bien la vie privée que la vie publique du salarié. »* Dans son ouvrage collectif rédigé avec Yves Struillou et Laurence Pécaut-Rivolier (Pouvoirs du chef d'entreprise et libertés du salarié, Éditions Liaisons, collection « Droit vivant », mars 2014), le doyen Philippe Waquet consacre de longs développements à cette notion qu'il a créée et qui veut dépasser l'intimité de la vie privée, englobant par exemple le fait, pour une secrétaire d'un garage Renault, de pouvoir s'acheter une voiture Peugeot (CS, 22 janvier 1992). Bref, recouvrant la vie privée du salarié, mais aussi ses libertés civiles et civiques.

Mais cela ne signifie pas que l'intimité de la vie privée ne puisse plus être invoquée : ainsi le célèbre arrêt Nikon du 2 octobre 2001, relatif au contrôle d'un courriel titré « Personnel » d'un collaborateur, a été rendu au visa de l'article 9 du Code civil : *« Le salarié a droit même au temps et au lieu de travail au respect de l'intimité de sa vie privée. »* : ce qu'a confirmé la CEDH le 5 septembre 2017.

Le terme « vie personnelle du salarié » contient en lui-même la solution jurisprudentielle adoptée : le servage étant aboli et le lien de subordination donc limité au temps et au lieu de travail, l'employeur ne peut en principe reprocher quoi que ce soit au citoyen, libre dans sa vie personnelle, comme l'a rappelé la Chambre mixte dans son important arrêt du 18 mai 2007.

473 Trois principes

a) La vie privée du citoyen ne peut en principe fonder le licenciement disciplinaire du salarié...

« Un motif tiré de la vie personnelle du salarié ne peut, en principe, justifier un licenciement disciplinaire, sauf s'il constitue un manquement de l'intéressé à une obligation découlant de son contrat de travail » : l'arrêt du 3 mai 2011 où un ouvrier nettoyeur devant utiliser un véhicule de service s'était vu retirer son permis de conduire après avoir perdu l'ensemble de ses points a fixé la jurisprudence panoramique de la Chambre sociale. En l'espèce : *« Le fait pour un salarié qui utilise un véhicule dans l'exercice de ses fonctions de commettre, dans le cadre de sa vie personnelle, une infraction entraînant la suspension ou le retrait de son permis de conduire ne saurait être regardé comme une méconnaissance par l'intéressé de ses obligations découlant de son contrat de travail. »*

474 La vie privée ne concernant pas l'exécution du contrat de travail, l'employeur ne peut donc exercer son pouvoir disciplinaire à l'égard d'un collaborateur dont les actes de la vie personnelle lui déplaisent, voire lui posent un réel problème dans notre société de l'image (de marque).

Suite à l'arrêt fondateur de la Chambre mixte du 18 mai 2007 à propos du chauffeur d'un PDG s'étant fait adresser dans l'entreprise de volumineuses revues très échangistes et sanctionné de ce fait, le Rapport 2008 précise : *« La Cour de cassation réaffirme avec force le principe de la séparation entre les faits relevant de la vie privée, sur lesquels l'employeur ne peut pas s'appuyer pour prononcer une sanction disciplinaire, et ceux relevant de l'exercice du contrat de travail. Il est cependant important de rappeler que la Chambre mixte se situait en l'espèce dans le cadre d'une sanction disciplinaire, qui suppose par hypothèse de caractériser une faute à l'encontre du salarié et non sur le terrain d'un licenciement non disciplinaire qui aurait pu, lui, être justifié par l'existence d'un trouble objectif dans l'entreprise à condition de le démontrer. La notion de trouble objectif, invoquée par l'employeur en l'espèce, ne pouvait à l'évidence pas être accueillie dans ce contexte purement disciplinaire. »*

Bref, comme le notait Ph. Waquet, il est en principe exclu de mettre en œuvre une procédure disciplinaire lorsqu'il s'agit de faits relevant de la vie privée : *« Une sanction de cette nature n'est possible que si le salarié a commis une faute, i.e. un fait objectif imputable au collaborateur et constituant une faute au regard des obligations qui pèsent sur lui. »*

b) Mais un licenciement disciplinaire peut intervenir en cas de manquement du salarié à une obligation inhérente au contrat

Ainsi du devoir de loyauté : médecin-conseil de la CNAM mis en examen pour escroquerie sur des prestations de Sécurité sociale (!), mais qui omet d'en avertir son employeur (*« La dissimulation par le salarié d'un fait en rapport avec son activité professionnelle et les obligations qui en résultent peut constituer un manquement à la loyauté à laquelle il est tenue envers son employeur, dès lors qu'il est de nature à avoir une incidence sur ses fonctions »*, CS, 29 septembre 2014) ; directeur des services généraux cachant à son employeur ses investissements personnels dans une société cliente (faute grave : CS, 15 avril 2015). Et bien sûr respect de l'obligation de non-concurrence, ou détournement de clientèle (CS, 3 décembre 2014).

Mais aussi lorsque le rédacteur en chef amoureux mais évincé « *avait proféré des menaces sur le téléphone personnel d'une collaboratrice, la menaçant de la détruire de façon très professionnelle et de faire circuler des bruits sur elle* » (CS, 10 novembre 2016). Ou enfin harceler une collègue, mais exclusivement en dehors de temps et lieux de travail : mais une collègue reste une collègue (faute grave).

c) TOC, si effets désastreux pour l'entreprise du comportement en question

Un licenciement *non disciplinaire* **est possible pour « trouble objectif caractérisé » (TOC),** donc pour simple *cause* réelle et sérieuse, bref avec les indemnités de rupture et donc le préavis. Ce trouble objectif tient généralement aux réactions de tiers (clients, fournisseurs), le *buzz* sur les réseaux sociaux ou la montagne de courriels scandalisés rendant ici service à l'entreprise.

475 Attention...

1 - **Bien choisir son terrain,** et s'y tenir. L'employeur ne doit tout mélanger, et licencier « pour faute grave : trouble objectif caractérisé » : horreur car « *un fait de la vie personnelle occasionnant un trouble objectif dans l'entreprise ne saurait justifier un licenciement disciplinaire* » (CS, 9 mars 2011).

2 - **Régime probatoire** : « *Il appartient à l'employeur, lorsqu'il allègue un trouble objectif causé à l'entreprise par un fait de la vie privée du salarié, d'établir la réalité (et le caractère suffisamment sérieux) de ce trouble* » (Cass. soc., 28 avril 2011).

3 - **Éventuelle discrimination.** L'article L. 1132-1, au régime probatoire très favorable à la supposée victime, exclut expressément tout licenciement fondé sur « *la situation de famille, les mœurs, l'orientation sexuelle, les opinions politiques, les convictions religieuses et, sauf inaptitude constatée par le médecin du travail, l'état de santé ou le handicap du salarié* » : la sanction de cette discrimination est alors la nullité du licenciement.

DEUX EXEMPLES DE CONFRONTATION VIE PROFESSIONNELLE/VIE PERSONNELLE

Pratiques religieuses en entreprise

Au nom de la loi ? Au nom de ma foi ?

« Nul ne doit être inquiété pour ses opinions, *même* religieuses. » Pour la « fille aînée de l'Église » depuis le sacre de Clovis en 496, l'article 10 de la Déclaration des droits de 1789 constituait une vraie révolution. Et l'adverbe « même » résumait aussi d'un mot deux siècles sanglants de l'Histoire de France, qui a connu dans sa chair les guerres les plus atroces : celles de religion. Le peuple français sait donc ce qu'il en coûte de faire passer la religion de chacun au-dessus de la loi de tous ; et n'a pas de leçons à recevoir d'autres nations à l'Histoire fort différente, dont certaines commencent à se poser de sérieuses questions sur leurs choix (ex. : Grande-Bretagne, ou Canada avec ses accommodements de plus en plus déraisonnables).

Un siècle plus tard, le militantisme anticlérical de l'ex-séminariste Émile Combes, voulant d'abord éloigner les jeunes générations de l'enseignement catholique avec sa religion laïque militante, aboutissait en 1905 – l'Islam était alors totalement absent – à la très politique *« loi de séparation des Églises et de l'État »* défendue par Aristide Briand, puis à l'invention du concept de « laïcité », aujourd'hui unique au monde et souvent intraduisible.

Pendant un siècle, ce « Yalta religieux » s'est appliqué sans grande difficulté aux religions opérant une nette séparation entre préceptes religieux et règles juridiques *(« Rendez à César ce qui appartient à César, et à Dieu ce qui appartient à Dieu »).* Mais il se trouve en difficulté lorsque, comme dans le cas de l'Islam fondé six siècles après Jésus-Christ dans le désert d'Arabie, et dans un tout autre contexte par Mahomet, chef religieux à La Mecque puis politique et militaire à Médine, sont édictées des règles communes. *A fortiori* s'agissant aujourd'hui de populations en difficulté d'intégration professionnelle mais aussi géographique, se réfugiant donc parfois dans un communautarisme envahissant à l'égard des coreligionnaires.

L'article 9 de la supranationale convention EDH surplombe aujourd'hui tous les arrêts : *« Toute personne a droit à la liberté de pensée, de conscience et de religion ; ce droit implique la liberté de changer de religion ou de conviction, ainsi que la liberté de manifester sa religion ou sa conviction individuellement ou collectivement, en public ou en privé, par le culte, l'enseignement, les pratiques et l'accomplissement des rites. La liberté de manifester sa religion ou ses convictions ne peut faire l'objet d'autres restrictions que celles qui, prévues par la loi, constituent des mesures nécessaires, dans une société démocratique, à la sécurité publique, à la protection de l'ordre, de la santé ou de la morale publiques, ou à la protection des droits et libertés d'autrui. »*

Commentaire de la CEDH sous ses quatre importants arrêts du 15 janvier 2013 : *« La Cour souligne l'importance de la liberté de religion, élément essentiel de l'identité des croyants et fondement – parmi d'autres – des sociétés démocratiques pluralistes. La liberté de religion garantie par l'article 9 implique la liberté de manifester sa religion, y compris sur le lieu de travail. Toutefois, lorsque la pratique religieuse d'un individu empiète sur les droits d'autrui, elle peut faire l'objet de restrictions.* » La grande question fin 2017 : la CEDH suivra-t-elle la doctrine des deux arrêts rendus par la CJUE le 14 mars 2017 (voit infra) ? Et si non, so what ?

Droit français : opposition services publics/entreprise privée (CS, 19 mars 2013, deux arrêts)

1. Laïcité, et donc absolue neutralité dans la fonction publique et les services publics. Y compris pour les *entreprises privées* assurant la gestion d'un service public depuis l'arrêt CPAM de Seine-Saint-Denis rendu par la Chambre sociale le 19 mars 2013 : « *Les principes de neutralité et de laïcité du service public sont applicables à l'ensemble des services publics, y compris lorsque ceux-ci sont assurés par des organismes de droit privé. (...) Les agents des CPAM sont soumis à des contraintes spécifiques résultant du fait qu'ils participent à une mission de service public, lesquelles leur interdisent notamment de manifester leurs croyances religieuses par des signes extérieurs, en particulier vestimentaires peu important que la salariée soit ou non directement en contact avec le public. (...) La restriction instaurée par le règlement intérieur de la Caisse était nécessaire à la mise en œuvre du principe de laïcité de nature à assurer aux yeux des usagers la neutralité du service public.* » Indispensable.

2. Liberté religieuse dans l'entreprise privée, la laïcité n'y ayant pas sa place selon la Chambre sociale : c'est l'État qui est laïc, pas la société. Second arrêt du 19 mars 2013 : « *Le principe de laïcité instauré par l'article 1er de la Constitution n'est pas applicable aux salariés des employeurs de droit privé qui ne gèrent pas un service public ; il ne peut dès lors être invoqué pour les priver de la protection que leur assurent les dispositions du Code du travail.* »

Dans l'entreprise, organisation collective, un collaborateur doit d'abord se soumettre aux dispositions légales : ainsi de l'interdiction du voile intégral dans les entreprises ouvertes au public (loi du 11 octobre 2010, jugée conforme par la CEDH le 11 juillet 2017 car « *proportionnée au but poursuivi, à savoir la préservation des conditions du "vivre ensemble" en tant qu'élément de la protection des droits et libertés d'autrui* »). Et des règles de non-discrimination hommes/femmes.

Idem pour les questions de santé ou de sécurité : du salarié lui-même, mais aussi de collègues ou des tiers. L'employeur doit prévoir des limitations justifiées et proportionnées, qui relèvent de son règlement intérieur. Le 15 janvier 2013, la Cour de Strasbourg a ainsi légitimé le licenciement d'une infirmière gériatrique ayant refusé de retirer l'ostensible croix qu'elle portait au cou : elle pouvait se blesser, mais aussi blesser des personnes âgées.

Il faut ensuite concilier au cas par cas, la règle étant rappelée par la Chambre sociale le 19 mars 2013, au visa de l'article L. 1121-1, sous l'ombre portée de la CEDH : « *Les restrictions à la liberté religieuse doivent être justifiées par la nature de la tâche à accomplir, répondre à une exigence professionnelle essentielle et déterminante, et proportionnées au but recherché.* » Problème : ces trois exigences successives aboutissent à une démultiplication à l'infini des règles applicables dans chaque entreprise, voire établissement. Et encouragent un contentieux toujours aléatoire.

L'explosif, mais très spécifique et franco-français feuilleton Crèche Baby-Loup

Avec son redoutable cocktail pratiques religieuses/éducation/petite enfance qui touche aux valeurs essentielles de notre République, il était très spécifique : cinq juges successifs, cinq solutions différentes pour statuer sur le cas de cette directrice adjointe d'une crèche associative installée dans des quartiers difficiles, licenciée pour faute car elle avait vertement refusé de retirer son foulard islamique. Les trois plus importantes décisions :

► **Cass. soc., 19 mars 2013** : « Vu les articles L. 1121-1, L. 1132-1, L. 1133-1 et L. 1321-3 du Code du travail, ensemble l'article 9 de la Convention de sauvegarde des droits de l'homme et des libertés fondamentales.

Il résulte des articles L. 1121-1, L. 1132-1, L. 1133-1 et L. 1321-3 du Code du travail que les restrictions à la liberté religieuse doivent être justifiées par la nature de la tâche à accomplir, répondre à une exigence professionnelle essentielle et déterminante, et proportionnées au but recherché. » Ce qui était en cause était donc le règlement intérieur prévoyant que « le principe de la liberté de conscience et de religion de chacun des membres du personnel ne peut faire obstacle au respect des principes de laïcité et de neutralité qui s'appliquent dans l'exercice de l'ensemble des activités développées par Baby-Loup ».

Évocation de la laïcité, non applicable ici + mesure trop générale = cassation avec renvoi. Prononcé pour un motif discriminatoire, le licenciement pour faute grave de la directrice adjointe ayant refusé d'enlever son voile était donc nul, et sa réintégration (très médiatisée) ordonnée.

► **Cour d'appel de Paris, 27 novembre 2013.** Mais la cour de renvoi, celle de Paris, s'était ouvertement rebellée en s'inspirant du bel article de notre très regretté collègue François Gaudu (« L'entreprise de tendance laïque », *Dr. soc.*, déc. 2011, p. 1186). En résumé : selon la Cour de Strasbourg, un employeur dont l'éthique est fondée sur la religion, mais aussi une croyance philosophique, peut imposer à ses collaborateurs des obligations spécifiques (*cf.* CEDH, 23 septembre 2010 : licenciement justifié d'un cadre supérieur de l'Église mormone allemande pour des faits d'adultère). Si de telles institutions peuvent exiger de leurs salariés un comportement impactant aussi largement leur vie personnelle, une association prônant la neutralité et la laïcité afin d'assurer le « vivre ensemble » de 33 nationalités dans un quartier difficile défend des convictions au moins aussi respectables : elle doit donc pouvoir faire de même. La Cour de Paris avait donc approuvé le licenciement pour faute grave : *« Une personne morale de droit privé assurant une mission d'intérêt général peut, dans certaines circonstances, constituer une entreprise de conviction au sens de la jurisprudence de la CEDH et se doter de statuts et d'un règlement intérieur prévoyant une obligation de neutralité du personnel dans l'exercice de ses tâches. »* (*cf.* J.-E. Ray : « À propos d'une rébellion », *Dr. soc.*, janv. 2014, p. 4). Second pourvoi, et renvoi en Assemblée Plénière.

► **Assemblée plénière, 25 juin 2014 : il faut sauver Baby-Loup.** Elle recadre d'abord la Cour de Paris en rappelant le roide état du droit : *« L'association avait pour objet, non de promouvoir et de défendre des convictions religieuses, politiques ou philosophiques, mais, aux termes de ses statuts, de développer une action orientée* *vers la petite enfance en milieu défavorisé.* » Puis, sans jamais citer l'article 9 de la CEDH, reprend bien consciencieusement les articles L. 1121-1 et L. 1321-3 du Code du travail. Et appréciant très, très concrètement « *les conditions de fonctionnement d'une association de dimension réduite, employant seulement dix-huit salariés, qui étaient ou pouvaient être en relation directe avec les enfants et leurs parents* », elle en tire une conclusion différente de la Chambre sociale : « *La restriction à la liberté de manifester sa religion ne présentait pas un caractère général mais était suffisamment précise, justifiée par la nature des tâches accomplies par les salariés de l'association et proportionnée au but recherché* » : licenciement pour faute grave justifié, dans cette espèce si particulière.

► **Que faire ? Comme l'écrivait début 2016 Alain Supiot** dans son avis très critique sur la position adoptée par la Commission Nationale Consultative des Droits de l'Homme du 26 septembre 2013 reprenant la radicale opposition public-laïcité/privé-liberté de la Chambre sociale, « *cette opposition tranchée méconnaît la richesse et la complexité du principe de laïcité qui, ne se réduisant pas à la neutralité des services publics, articule le public et le privé plutôt qu'il ne les oppose (...). Ces errements procèdent d'une même incompréhension de la laïcité : elle n'est pas seulement la source de devoirs pour les agents publics et de droits pour les personnes privées, mais le principe sous l'égide duquel des personnes de confessions différentes peuvent constituer une communauté politique, laquelle ne se réduit pas à « vivre ensemble ».*

Une communauté politique n'est pas en effet un troupeau d'individus munis des mêmes droits, mais suppose le respect de la loi commune qui garantit l'exercice de ces droits (...). Cette question de la constitution d'une communauté politique se pose aussi dans l'entreprise (...). Dans ses rapports avec ses salariés, l'employeur se trouve, comme l'État dans ses relations avec les citoyens, soumis au principe de laïcité : il doit à la fois faire preuve de neutralité religieuse et empêcher que chaque salarié puisse arguer de ses convictions religieuses pour échapper à la loi commune, qui soude la collectivité de travail et permet à l'entreprise de réaliser son objet. Cette mise en œuvre du principe de laïcité dans l'entreprise s'opère sous le contrôle de l'État (juge ou inspecteur du travail) et obéit aux règles générales d'objectivité et de proportionnalité fixées par le Code du travail (...). L'application du principe de laïcité à tous les citoyens sur tout le territoire de la République est la condition de la liberté de conscience reconnue à chacun ».

La lecture des deux arrêts de la CJUE du 14 mars 2017 semble montrer que ses juges avaient pris connaissance de ce commentaire.

Port du voile et réclamations de la clientèle

Pour une entreprise classique, c'est la question essentielle car son activité économique en dépend : peut-elle interdire le port de signes religieux lorsque des clients se plaignent, ou encore pour des raisons d'image ?

CEDH, 15 janvier 2013. S'agissant d'une hôtesse de British Airways portant ostensiblement une croix à son cou et sanctionnée de ce fait, les juges britanniques saisis avaient estimé que le but de l'entreprise, « *véhiculer une certaine image et distinguer sa marque et son personnel* », était légitime. Mais la Cour européenne des droits de l'homme avait pris une position différente le 15 janvier 2013 ; certes, « *vouloir projeter une certaine image commerciale est légitime* ». Mais « *au regard des circonstances où aucune atteinte réelle aux intérêts d'autrui n'a été établie, les tribunaux britanniques n'ont pas suffisamment protégé le droit de Mme X à manifester sa religion* ».

Chambre sociale, 9 avril 2015 : le mistigri juridictionnel.

Une ingénieure informatique porte un voile, y compris en clientèle : « *ce port ayant gêné un certain nombre de ses collaborateurs* », un client l'interdisant chez lui exige du prestataire qu'elle le retire. Refus de la salariée, licenciement pour faute, contentieux pour discrimination.

Licenciement non discriminatoire, estiment les Prud'hommes puis la Cour de Paris : « *Devant tenir compte de la diversité des clients et de leurs convictions, le prestataire est amené à imposer aux employés qu'il envoie au contact de sa clientèle une obligation de discrétion respectant les convictions de chacun* » ; en application de L. 1121-1, cette restriction est alors « *justifiée par la nature de la tâche à effectuer et proportionnée au but recherché* ». Pourvoi de la salariée : « *La gêne ou la sensibilité de la clientèle d'une société commerciale ne constitue pas un critère légitime justifiant de faire prévaloir des intérêts économiques ou commerciaux sur la liberté fondamentale de Mme Y.* »

Mais comme le rappelle aussi l'article L. 1133-1 issu de la directive du 27 novembre 2000, l'interdiction des discriminations « ne fait pas obstacle aux différences de traitement, lorsqu'elles répondent à une exigence professionnelle essentielle et déterminante, et pour autant que l'objectif soit légitime et l'exigence proportionnée ».

C'est sur ce terrain communautaire que s'était prudemment placée la Chambre sociale de la Cour de cassation, un peu échaudée par le feuilleton Baby-Loup, lui permettant de poser une question préjudicielle à la Cour de Luxembourg : « *Constitue une exigence professionnelle essentielle et déterminante, en raison de la nature d'une activité professionnelle ou des conditions de son exercice, le souhait d'un client d'une société de conseils informatiques de ne plus voir les prestations de cette société assurées par une salariée portant un foulard islamique ?* »

CJUE, 14 mars 2017, deux arrêts

▮ *De la laïcité aux clauses générales de neutralité*

Extraits de l'arrêt C-157/15, Samira Achbita c. G4S Secure Solutions, concernant la réceptionniste d'une entreprise de sécurité belge. « *L'article 2, paragraphe 2, de la directive 2000/78/CE du Conseil, du 27 novembre 2000, portant création d'un cadre général en faveur de l'égalité de traitement en matière d'emploi et de travail, doit être interprété en ce sens que l'interdiction de porter un foulard islamique, qui découle d'une règle interne d'une entreprise privée interdisant le port visible de tout signe politique, philosophique ou religieux sur le lieu de travail, ne constitue pas une discrimination directe fondée sur la religion ou sur les convictions au sens de cette directive (...). S'agissant du refus d'une travailleuse telle que Mme Achbita de renoncer au port du foulard islamique dans l'exercice* *de ses activités professionnelles auprès de clients de G4S, il appartient à la juridiction de renvoi de vérifier si, tout en tenant compte des contraintes inhérentes à l'entreprise, et sans que celle-ci ait à subir une charge supplémentaire, il eût été possible à G4S, face à un tel refus, de lui proposer un poste de travail n'impliquant pas de contact visuel avec ces clients, plutôt que de procéder à son licenciement. Il incombe à la juridiction de renvoi, eu égard à tous les éléments du dossier, de tenir compte des intérêts en présence et de limiter les restrictions aux libertés en cause au strict nécessaire. »*

En revanche, une telle règle interne d'une entreprise privée est susceptible de constituer une discrimination indirecte s'il est établi que l'obligation en apparence neutre qu'elle prévoit entraîne, en fait, un désavantage particulier pour les personnes adhérant à une religion ou à des convictions données, à moins qu'elle ne soit objectivement justifiée par un objectif légitime, tel que la poursuite par l'employeur, dans ses relations avec ses clients, d'une politique de neutralité politique, philosophique ainsi que religieuse, et que les moyens de réaliser cet objectif ne soient appropriés et nécessaires, ce qu'il appartient à la juridiction de renvoi de vérifier (...).

S'agissant de la condition relative à l'existence d'un objectif légitime, il convient de relever que la volonté d'afficher, dans les relations avec les clients tant publics que privés, une politique de neutralité politique, philosophique ou religieuse doit être considérée comme légitime. En effet, le souhait d'un employeur d'afficher une image de neutralité à l'égard des clients se rapporte à la liberté d'entreprise, reconnue à l'article 16 de la Charte, et revêt, en principe, un caractère légitime, notamment lorsque seuls sont impliqués par l'employeur dans la poursuite de cet objectif les travailleurs qui sont supposés entrer en contact avec les clients de l'employeur ».

Rendus après les attentats, le Brexit et en pleine crise des réfugiés, alors que nombre de pays de l'Union (Pays-Bas, France, Allemagne) étaient en pleine campagne électorale centrée sur l'immigration, ces deux arrêts de Grande Chambre, rendus sur des conclusions là encore opposées des deux avocats généraux, sont beaucoup plus importants que notre feuilleton Baby-Loup, véritable précipité des obsessions françaises (religion/éducation/laïcité). Ils constituent une excellente nouvelle en termes de sécurité juridique, cette prise de position s'imposant par ailleurs aux 28 pays de l'UE et à tous leurs juges.

476 Le raisonnement de la CJUE est en trois temps

1 - **Dans l'arrêt n° C-188/15, Asma Bougnaoui c. Micropole SA visant l'ingénieure commerciale française en clientèle,** elle rappelle d'abord qu'en l'absence de toute règle générale interne interdisant le port de tout signe visible de convictions politiques, philosophiques ou religieuses en vigueur dans l'entreprise à la date des faits, « *la volonté d'un employeur de tenir compte des souhaits d'un client de ne plus voir les services dudit employeur assurés par une travailleuse portant un foulard islamique ne saurait être considérée comme une exigence professionnelle essentielle et déterminante* » au sens de la directive. Le client ne fait pas la loi en matière de discrimination.

2 - **N'existe pas de discrimination directe** lorsque « *la règle interne de l'entreprise G4S se réfère au port de signes visibles de convictions politiques, philosophiques ou religieuses et vise donc indifféremment toute manifestation de telles convictions. Cette règle traite, dès lors, de manière identique tous les travailleurs de l'entreprise, en leur imposant notamment, de manière générale et indifférenciée, une neutralité vestimentaire. Il ne ressort pas des éléments du dossier dont dispose la Cour que cette règle interne a été appliquée différemment à Mme Achbita par rapport aux autres travailleurs de G4S* ».

3 - **Mais une discrimination indirecte** « *s'il était établi que l'obligation en apparence neutre qu'elle contient aboutit, en fait, à un désavantage particulier pour les personnes adhérant à une religion ou à des convictions données* » ?

Mode d'emploi donné par la Cour : « *Une telle différence de traitement ne serait pas constitutive d'une discrimination indirecte si elle est justifiée par un objectif légitime et si les moyens de réaliser cet objectif étaient appropriés et nécessaires [...]. La Cour relève que la volonté d'un employeur d'afficher une image de neutralité vis-à-vis de ses clients tant publics que privés est légitime, notamment lorsque seuls sont impliqués les travailleurs qui entrent en contact avec les clients. En effet, ce souhait se rapporte à la liberté d'entreprise, reconnue par la Charte des droits fondamentaux de l'UE* ». Cet apport de la liberté d'entreprendre dans la pesée des intérêts en présence doit être souligné.

477 Que peuvent faire les entreprises françaises ?

Dans l'entreprise privée : des managers demandeurs de règles claires. Dans les entreprises classiques, le manager de terrain souhaite disposer d'une règle commune et carrée ne donnant pas de prise à la négociation face à un individu revendicatif, et *a fortiori* à un groupe obtenant à l'usure un régime particulier alors revendiqué par d'autres.

Car face à la montée des intégrismes, l'immense majorité des salariés souhaite « avoir la paix » avec ses collègues sur ces questions personnelles faisant sur-réagir car touchant à des convictions profondes : un droit à l'indifférence, en forme de protection du collectif de travail. Face à certains collaborateurs revendicatifs et parfois menaçants à l'égard de leurs coreligionnaires y compris femmes sommés de se soumettre aux rites, l'encadrement est donc laissé bien seul face à cette question pour le moins délicate sur le plan relationnel, mais aussi civil (article L. 1132-1 du Code du travail) voire pénal (article 225-1 du Code pénal). Certains cadres croient alors devoir rechercher si telle pratique est vraiment obligatoire pour la religion en cause, se transformant en théologiens amateurs... Désastre assuré.

Mais dans l'immense majorité des cas, croyants et managers concilient discrètement pratiques religieuses individuelles et vie nécessairement collective de l'entreprise (ex. : jours de RTT). *A fortiori* dans les groupes internationaux, où les salariés de filiales étrangères sont parfois très réactifs, y compris sur les groupes Facebook ou le réseau social interne. D'où des « chartes sur la diversité » voulant aussi encadrer les pratiques religieuses dans l'entreprise, mais qui parfois ouvrent la porte à des revendications de plus en plus larges : pourquoi un athée n'aurait-il pas droit lui aussi à des jours d'absence ? Et le membre de l'Église de scientologie ? Et le militant du druidisme, reconnu comme religion en Angleterre en 2013 ?

Alors, après avoir fait un peu de pédagogie à l'égard du siège mondial si elles appartiennent à des groupes internationaux où ces restrictions vont parfois sembler bien rudes, les entreprises françaises concernées doivent initier une procédure de révision de leur règlement intérieur, dans le cadre de l'article L. 1321-2-1 issu de la loi du 8 août 2016, désormais validé par la CJUE : « *Le règlement intérieur peut contenir des dispositions inscrivant le principe de neutralité et restreignant la manifestation des convictions* (pas seulement religieuses, mais la liberté syndicale doit être respectée) *des salariés si ces restrictions sont justifiées par l'exercice d'autres libertés et droits fondamentaux ou par les nécessités du bon fonctionnement de l'entreprise et si elles sont proportionnées au but recherché* ». En espérant que la CEDH suive demain le même chemin... Donc information-consultation du comité d'entreprise, puis inspection du travail qui vérifiera, en application de l'article L 1321-3 et des deux arrêts, que « *les dispositions apportant aux droits des personnes et aux libertés individuelles et collectives des restrictions (soient) justifiées par la nature de la tâche à accomplir et proportionnées au but recherché* ». En ciblant par exemple les personnes en contact avec le public... quitte à muter en back-office la salariée en cause, comme le suggère un peu facilement la CJUE ?

OBSERVATOIRE DE LA LAÏCITÉ – PRINCIPES DE RÉSOLUTION DES CONFLITS

Dans son **rapport publié le 4 avril 2017**, le permissif Observatoire de la laïcité proposait **trois principes de résolution des conflits :**

1. Partir des demandes particulières exprimées pour chercher une solution apportant un bénéfice universel, y compris pour ceux qui n'ont rien demandé. Tous les salariés doivent être incorporés dans la formulation des réponses, et pas seulement le salarié ou le groupe réel ou supposé de salariés ayant soulevé la question.
2. Equidistance : neutralité et discrétion par rapport à ses confrères, à ses clients, à ses fournisseurs. Ce type de dialogue permet de dénouer bien des situations individuelles très en amont, en abordant avec tact tout type de question d'apparence, à évocation religieuse ou non.
3. Ne pas tenter d'interpréter les textes religieux mais s'en tenir à la situation de travail dans l'entreprise, sans entrer dans un débat sur la pertinence de la demande. Par exemple en examinant une demande d'absence pour motif religieux au même titre que pour organisation familiale momentanément complexe, avec bienveillance, neutralité et souci de l'organisation du travail de l'équipe.

478 Au-delà du règlement intérieur : charte, guide pratique, accord collectif ?

Le très pragmatique guide rédigé par la direction d'EDF est exemplaire, avec ses questions-réponses et son refrain « *Les questions que vous ne devez pas vous poser* »/« *Les questions que vous devez vous poser* ». Exemple : « *La question que vous ne devez pas vous poser : Que dit sa religion ? ; Pourquoi ? Parce que le salarié ne peut vous livrer que* *sa propre interprétation subjective. Parce que l'interprétation qu'il fait de sa religion relève de sa liberté de conscience. Parce que peu importe ce que la religion dit, elle ne "fait jamais loi" au sein d'une entreprise. Les questions que vous devez vous poser : Cela entrave-t-il la sécurité ? Cela entrave-t-il la sûreté ? Cela entrave-t-il l'hygiène ? Cela entrave-t-il l'aptitude du collaborateur à réaliser sa mission ? »*

Négocier un accord collectif ? Si un tel accord est source de consensus, négocier d'éventuelles discriminations paraît saugrenu : non seulement les syndicats représentatifs n'ont aucune vocation à le faire, mais leur base électorale peut aujourd'hui les pousser aux deux extrêmes et mettre le feu à l'entreprise. Et un tel accord reste de toute façon soumis à L.1121-1 et la jurisprudence de la CEDH. Les très, très rares accords signés ressemblent donc plus à un engagement unilatéral de l'employeur sur la nécessaire neutralité, soutenu car partagé par les syndicats signataires.

Ainsi de l'accord Hachette Livre « sur la lutte contre les discriminations » signé le 10 juillet 2017 : *« La société réaffirme la nécessité d'assurer le respect, entre les salariés, de toutes les croyances religieuses (...). La société veillera notamment que le respect des convictions religieuses soit assurée (...), permettant le « bien vivre ensemble » et le fonctionnement harmonieux de l'entreprise. La société prône une politique de neutralité interdisant le port de tout signe visible de convictions politiques, philosophiques ou religieuses aux salariés en contact avec la clientèle, ou pour des questions d'hygiène et de sécurité »*.

Mais les entreprises veilleront à ce que l'accord ou leur généreuse « Charte de la diversité » ne servent pas de support à des revendications communautaires de plus en plus larges et insistantes, en rappelant, après celles liées à la sécurité des personnes, les restrictions jurisprudentielles.

Limites. Les arrêts de la CJUE ne visent que le « port de signes *visibles* » (plus facile à mettre en œuvre que *« l'ostentatoire »* français), laissant sans réponse nombre d'autres questions : absences pour fêtes religieuses, manipulation de certains produits, menus particuliers, objets religieux amenés au bureau...

Mais heureusement traitées par le remarquable car très pratique **« Guide Pratique du fait religieux dans les entreprises privées »**, publié par le ministère du Travail en janvier 2017, tant pour les employeurs que pour les salariés, et regroupant des questions/réponses autour des cinq thèmes : offres d'emploi, entretien d'embauche ; exécution du travail ; comportement dans l'entreprise ; organisation du temps de travail ; vie collective (*cf.* le site www.travail-emploi.gouv.fr).

479 Obsessions. Mais ces deux heureux arrêts de la CJUE sont aussi un coup d'arrêt pour les comités, observatoires, voire juges finissant par voir du religieux partout. Et même la Chambre sociale le 1° février 2017 : une future agent de la RATP refuse de « prêter serment » avec la formule *« Je le jure »*, estimant qu'elle est contraire à sa foi chrétienne : licenciement pour faute grave. La Cour *annule* son licenciement au visa des articles L. 1132-1 du code du travail et 9 de la CESDH, reconnaissant sans le dire à la formule un caractère religieux qu'il n'a plus depuis fort longtemps, et que tout le monde ignore.

Sur l'ensemble de la question, voir n° spécial de la JCP (S) n° 35 du 5 septembre 2017 : « Le silence religieux dans l'entreprise »

480 Coûteuses facéties sur Facebook ou Instagram (CS, 6 mai 2015)

Alors qu'hier les dérapages d'un collaborateur au Café du commerce n'étaient écoutés que par les quatre convives s'empressant de les reprendre à la machine à café (4 × 5 = 20 auditeurs), une page Facebook (en moyenne en France : 180 « amis », soit 32 400 « amis d'amis ») et *a fortiori* un compte Twitter sont suivis par un nombre très supérieur de personnes, au profil beaucoup plus diversifié. Le caractère viral du Web 2.0 horizontal peut enfin donner à une photo vengeresse sur Instagram ou une vidéo provocante sur You Tube une diffusion nationale voire mondiale.

Problème côté entreprise : dans notre société de la réputation, toute atteinte à son « image de marque » est très mal ressentie, y compris parfois de la part de collègues trouvant ces dérapages dangereux pour leur emploi.

Solution ? Évidemment la même que celle exposée supra s'agissant de faits de vie personnelle :

1 - Le salarié n'étant *plus subordonné* en dehors du temps de travail, les actes de sa vie privée – ici ses frasques Web – ne constituent pas en principe une *faute disciplinaire*.

2 - Sauf s'il s'agit de comportements contraires aux obligations inhérentes à un contrat de travail. En particulier de la confidentialité : il va de soi qu'un directeur financier n'a pas à se répandre sur Facebook ou Twitter en évoquant des résultats calamiteux. Un licenciement *disciplinaire*, pour faute grave, serait alors légitime.

3 - TOC. Un licenciement *non disciplinaire* reste possible si ces faits de vie privée ont causé un trouble objectif caractérisé *à*, ou *dans* l'entreprise. De ce point de vue, les TIC facilitent le TOC : ainsi d'un *bad buzz* ou de centaines de véhéments courriels de protestation.

4 - Encore faut-il que cette *cause, qui doit être démontrée par l'employeur*, soit réelle, et surtout assez sérieuse pour justifier l'éviction du collaborateur.

5 - Et que l'employeur n'en ait pas eu connaissance par des moyens déloyaux ou portant atteinte à la vie privée (preuve irrecevable).

Principe : liberté d'expression, dans le cadre de la vie privée. Dans l'entreprise et *a fortiori* en dehors, le salarié-citoyen bénéficie de sa liberté d'expression, grande conquête de la Révolution, avec l'article 11 de la Déclaration de 1789 : « *La libre communication des pensées et des opinions est un des droits les plus précieux de l'Homme.* » Attachement repris le 10 juin 2009 par le Conseil constitutionnel à propos de la loi Hadopi : « *La liberté d'expression et de communication par Internet est d'autant plus précieuse que son exercice est une condition de la démocratie, et l'une des garanties du respect des autres droits et libertés.* » Traduction pour la Chambre sociale, faisant bien la différence avec le « *droit d'expression direct et collectif* » (L. 2281-1) permettant à chaque salarié de s'exprimer sur les temps et lieux de travail sur le contenu et l'organisation du travail : « *Sauf abus, le salarié jouit dans l'entreprise, et en dehors de celle-ci, de sa liberté d'expression à laquelle seules des restrictions justifiées par la nature de la tâche à accomplir et proportionnées au but recherché peuvent être apportées.* »

CS, 6 mai 2015. Un salarié poste début 2011 deux billets sur l'excellent site « Miroir social », dont une large partie est ouverte au public : « *un de mes collègues a été sanctionné pour avoir soi-disant mal répondu à son chef d'équipe, motif monté de toutes pièces (...) : ce jeune salarié avait osé revendiquer l'application du Code du travail* ». Il ajoute que lui-même avait subi de la part de la direction « *chantage et menaces déguisés* ». Licencié pour faute grave, il saisit la justice et gagne : « *L'exercice de la liberté d'expression des salariés en dehors de l'entreprise ne peut justifier un licenciement que s'il dégénère en abus ; le fait pour un salarié de s'interroger, dans le cadre d'une situation de conflit et par la voie d'un site Internet revêtant un caractère quasiment confidentiel, sur le licenciement de l'un de ses collègues, sans que les propos incriminés soient injurieux ou vexatoires, n'excédait pas les limites de la liberté d'expression* » : absence de cause réelle et sérieuse.

Attention à vos paramétrages ! La Chambre sociale tient grand compte du contexte (« *situation de conflit* » dans l'arrêt du 6 mai 2015), mais surtout de l'audience potentielle du dérapage (« *site Internet revêtant un caractère quasiment confidentiel* ») : un courriel offensif adressé à un auditoire restreint n'est pas traité de la même façon qu'une interview à un quotidien régional ou que la mise en ligne sur un site d'accès public. Mais si c'est l'exercice de la liberté d'expression qui a été sanctionné : licenciement = trouble manifestement illicite, juge des référés prud'homal, réintégration sous astreinte (CS, 18 février 2014).

481 Injure ? Diffamation ? Publique (15 000 euros d'amende) ou privée (38 euros) ? Ces infractions pénales s'appliquent légitimement aux sites Internet.

Société de la réputation/Liberté d'expression : dans ce conflit des logiques, les employeurs se retrouvent fort dépourvus lorsque les réseaux horizontaux bruissent d'injures ou de diffamations. Car comme il s'agit d'infractions de presse – par définition publiées, excluant donc les correspondances privées –, associant rude droit pénal et très subtil droit de la presse, ils jouent souvent à l'employeur arrosé. « *Éliminons nos patrons, et surtout nos patronnes mal baisées qui nous pourrissent la vie !* » « *Sarko devrait voter une loi pour exterminer les directrices chieuses comme la mienne !* », avait écrit une vendeuse, licenciée de ce fait. L'arrêt de la première Chambre civile du 10 avril 2013 retient une solution d'un grand classicisme : l'existence d'une « communauté d'intérêts ».

« *Après avoir constaté que les propos litigieux avaient été diffusés sur les comptes ouverts par Mme Y tant sur le site Facebook que sur le site MSN, lesquels n'étaient en l'espèce accessibles qu'aux seules personnes agréées par l'intéressée, en nombre très restreint, la cour d'appel a retenu que celles-ci formaient une communauté d'intérêts. Elle en a exactement déduit que ces propos ne constituaient pas des injures publiques.* » Contrairement donc à ce que laisse penser une lecture un peu rapide, l'arrêt du 10 avril 2013 signifie que la majorité des comptes Facebook est publique. Ce qui incite à limiter le nombre de ses « amis », et à paramétrer son profil en conséquence, au-delà de l'aspect probatoire.

482 QI numérique minimum

Plus généralement, la casuistique à laquelle ces arrêts conduisent devrait enfin inciter les collaborateurs à être plus prudents dans leur expression sur les réseaux sociaux externes : un QI numérique minimal est exigé, surtout avec le développement de Twitter ou Instagram (voir le remarquable « Guide du bon sens numérique » d'AXA).

« Les paroles s'envolent, les écrits restent » : il faut rappeler à tous ces inconscients Petits Poucets que même si aucun écho de la très vive discussion d'hier sur le « mur » d'un collègue n'a été transmis à qui que ce soit, les propos en cause, même échangés entre « amis » (en réalité de simples « contacts », *cf.* Cass. civ. 1°, 5 janvier 2017 : « *le terme "ami" employé pour désigner les personnes qui acceptent d'entrer en contact par les réseaux sociaux ne renvoie pas à des relations d'amitié au sens traditionnel du terme, le réseau social étant simplement un moyen de communication spécifique entre des personnes partageant les mêmes centres d'intérêt* ») resteront gravés dans le marbre numérique et pourront ressortir dans quelques mois ou années, dans un tout autre contexte. Faudra-t-il un jour faire apparaître, dès la connexion sur les réseaux sociaux, ce message automatique : *« Tout ce que vous allez écrire pourra être un jour retenu contre vous »* ?

Conclusion sur ces calamiteuses affaires : 1. À l'instar de Guillaume d'Orange : *« Gardez-moi de mes amis… »* ; 2. Au lieu de pleurnicher sur les déboires dus à sa détestable *e-réputation*, l'*homo numericus* évite de laisser ses nouvelles empreintes *digitales* partout. 3. Les entreprises les plus médiatisées doivent donc créer des paratonnerres numériques internes (réseau social interne…) mais aussi externes (blog un peu décalé du dirigeant, forums de discussion *ad hoc*) permettant de capter ici le mécontentement des salariés, là des clients ou usagers.

Nudité numérique. Ces décisions très médiatisées ont eu au moins un aspect positif : mettre en garde les jeunes générations sur les risques d'une utilisation laxiste du Web, qui n'est pas une zone de non-droit.

POUR ALLER PLUS LOIN

J.-E. Ray : « Facebook, l'employeur et le salarié », *Dr. soc.*, février 2011, p. 128 ; « Actualités des TIC », *Dr. soc.*, juin 2015, p. 553.
L'ouvrage de référence est celui de Ph. Waquet, Y. Struillou et L. Pécaut-Rivolier, « Le chef d'entreprise et les libertés du salarié », Éditions Liaisons, collection « Droit vivant », mars 2014.

483 Non-réalisation des objectifs et licenciement

En cette matière, rien n'est plus comme avant depuis l'arrêt Giraudy du 14 novembre 2000 rappelant que le droit du licenciement est d'ordre public.

1 - Unilatérale ou contractuelle, la fixation d'objectifs ne peut prétendre préconstituer une cause réelle et sérieuse de licenciement. *« Aucune clause du contrat de travail ne peut valablement décider qu'une circonstance quelconque constituera*

une cause de licenciement : il appartient au juge d'apprécier si les faits invoqués par l'employeur peuvent caractériser une cause réelle et sérieuse de licenciement. »

2 - Trois sévères conditions de constitution d'une cause réelle et sérieuse : « *L'insuffisance de résultats ne peut constituer en soi une cause de licenciement ; il appartient au juge de rechercher si les objectifs, fussent-ils définis au contrat de travail, étaient réalistes, et si les mauvais résultats procédaient soit d'une insuffisance professionnelle non fautive, soit d'une faute imputable au salarié.* »

a - Pour être valablement utilisés par l'employeur dans le cadre d'un licenciement, les objectifs doivent donc être tout d'abord *réalistes* : c'est-à-dire tenir compte d'éléments extérieurs au salarié comme la situation réelle du marché au cours de la période considérée *(« raisonnables et compatibles avec le marché »)*, bref déterminés compte tenu de la situation du marché et des conditions d'exercice de l'activité, et bien sûr notifiés au salarié pour lui être opposables.

b - L'employeur doit lui fournir les *moyens nécessaires* à l'accomplissement de sa mission, le devoir d'adaptation réapparaissant en cas d'évolution importante. La jurisprudence est par exemple attentive à la situation de cadres dont le temps de travail a été officiellement réduit, mais les objectifs maintenus *(« Le salarié ne pouvait accomplir le travail demandé dans un temps compatible avec ses horaires »*, CS, 16 novembre 1999) ; ou encore à un comportement personnel *« pouvant être excusé par les conditions de travail »* (CS, 5 mai 2004).

c - Sur le terrain de la cause *sérieuse* du licenciement enfin, cette non-réalisation justifie-t-elle la rupture du contrat, ou mérite-t-elle une simple sanction *s'il s'agit* d'un comportement fautif ? (absence de cause réelle et sérieuse : CS, 3 février 2000 : *« les objectifs étant très difficiles à atteindre, et la marge de manœuvre du salarié très faible »* ; CS, 24 juin 2003 : *« Faible écart entre l'objectif fixé et les résultats de la salariée »*).

Tout dépend alors de la durée (rater un client le mois dernier/n'avoir aucune commande depuis trois mois), et de l'importance de cette non-réalisation : faire 5 % de moins que ses camarades même si *« la seule comparaison des résultats d'un salarié avec ceux de ses collègues ne peut caractériser son insuffisance professionnelle »* (CS, 5 février 2003), ou 48 % des objectifs fixés : cause réelle et sérieuse ; la Cour se plaçant parfois sur le terrain disciplinaire *(« en faute de ne pas les avoir atteints »)*. La « sanction des performances » prend alors tout son sens, sans oublier qu'un collaborateur ayant touché depuis deux ans 20 % de moins que ses collègues est ainsi vivement incité à une mobilité externe, plus ou moins volontaire.

484 Longue maladie et rupture du contrat de travail (hors accident du travail)

Licenciement sur « l'état de santé » = discrimination. Si le salarié a justifié son absence pour maladie et jusqu'à l'examen de reprise si l'arrêt a duré plus de 21 jours, l'employeur ne peut, sous peine de nullité, licencier un salarié en fonction de son « état de santé », notion plus large que la « maladie » : séropositivité, état dépressif, ce mal des temps modernes plus difficilement identifiable qu'une grosse grippe.

485 Licenciement = Exception à la règle = Quatre très strictes conditions

« Vu l'article L. 1132-1 du code du travail ; Attendu que si ce texte fait interdiction de licencier un salarié, notamment en raison de son état de santé ou de son handicap, il ne s'oppose pas au licenciement motivé, non par l'état de santé du salarié, mais par la situation objective de l'entreprise dont le fonctionnement est perturbé par l'absence prolongée ou les absences répétées du salarié, entraînant la nécessité pour l'employeur de procéder à son remplacement définitif par l'engagement d'un autre salarié ;

Pour rejeter la demande de la salariée en dommages-intérêts pour licenciement sans cause réelle et sérieuse, l'arrêt retient que l'employeur justifie d'absences de la salariée dont la dernière de plus de sept mois au moment du licenciement et ayant suivi d'autres périodes d'absence prolongée, sans visibilité pour l'avenir au moment du licenciement ; qu'il en ressort une perturbation du service de prospection et de fidélisation de la clientèle au-delà des solutions provisoires de remplacement temporaire (...).

En se déterminant ainsi, en relevant une perturbation du seul service de prospection et de fidélisation de la clientèle, sans constater le caractère essentiel de ce service dans l'entreprise, la cour d'appel a privé sa décision de base légale » (CS, 23 mai 2017).

1 - C'est le fonctionnement de toute l'entreprise qui doit être perturbé : pas seulement le service concerné, qui doit donc être « essentiel » : quelles personnes peuvent prétendre que leur absence perturbe toute leur entreprise ? Dans les TPE ? Les cadres dirigeants dans les autres ?

2 - L'embauche, dans un délai raisonnable (CS, 31 mars 2016 : trois mois pour un ingénieur : trop tard), d'un autre *salarié* sous CDI, est indispensable (défaut de cause réelle et sérieuse si un CDD est possible), à durée du travail équivalente.

3 - Il faut que ce remplacement soit effectif : or il arrive qu'à l'occasion de licenciements économiques, le poste vacant en cause soit supprimé. Motif personnel sur la lettre, mais suppression du poste : défaut de cause réelle et sérieuse.

4 - La cause de l'absence ne doit pas résulter d'une faute patronale : *« Lorsque l'absence prolongée du salarié pour cause de maladie résulte d'un manquement de l'employeur à son obligation de sécurité de résultat, ses conséquences sur le fonctionnement de l'entreprise ne peuvent être invoquées pour justifier un licenciement »* (CS, 13 mars 2013 : épuisement professionnel).

L'arrêt du 27 janvier 2016 a enfin résolu une vieille question : si l'une de ces quatre conditions fait défaut, s'agit-il d'un licenciement sans cause réelle et sérieuse, ou du retour au principe : une discrimination sur l'état de santé et un licenciement nul ? *« À défaut d'éléments de nature à laisser présumer l'existence d'une discrimination en raison de l'état de santé »*, il s'agit d'un simple licenciement sans cause réelle et sérieuse.

D. - La preuve de la cause réelle et sérieuse

486 La cause réelle et sérieuse a donc une importance capitale dans le droit du licenciement. Mais tout est-il possible pour prouver (opposabilité) ? Mais qui doit prouver quoi (charge et risque) ?

OPPOSABILITÉ DE LA PREUVE
AVEC LES TIC, TOUT EST TECHNIQUEMENT POSSIBLE,
TOUT N'EST PAS JURIDIQUEMENT PERMIS

Si la preuve est la rançon du droit, son prix peut être très élevé dans les rapports de travail. Côté employeur, les TIC permettent une traçabilité à peu près totale de toute l'activité du salarié, l'arrêt du 26 novembre 2002 prêtant alors à sourire, s'agissant d'une déléguée médicale ayant fait l'objet d'une surveillance itinérante par son chef de service : entre le GPS de sa voiture et désormais la géolocalisation de sa troisième main, son portable dont elle ne se sépare jamais, cette technique visuelle, fatigante, et coûteuse car chronophage apparaît aujourd'hui dépassée.

Car traçabilité et mémoire (d'ordinateur) étant inhérentes à tous les outils informatiques, les bien involontaires petits Poucets que nous sommes laissons des traces par centaines dès que nous ouvrons un ordinateur, envoyons un SMS ou un courriel même intitulé « Personnel » à l'autre bout du monde. Traces qu'il suffira de remonter le moment venu : rien ne presse, puisque tous ces engins multifonctions ont une mémoire, et plus précisément un historique... d'ordinateur. L'employeur n'a donc plus à rechercher les informations : elles lui sont gracieusement et automatiquement fournies, sur longue période, par chacun de ses salariés. Avec les TIC où l'essentiel est invisible pour les yeux, en matière probatoire tout devient donc techniquement possible : mais tout n'est pas juridiquement permis. Le salarié a droit au respect de sa vie privée... mais quid de l'employeur, s'estimant en état de légitime défense quand des informations confidentielles quittent l'entreprise sous la forme de courriels soigneusement titrés « Privé » ?

487 **Procédures d'information/consultation préalables internes, rappelées par la CEDH le 5 septembre 2017.** L'arrêt du 6 juin 2006 a rappelé qu'en l'absence d'information préalable du CHSCT, du comité d'entreprise, et enfin de chaque salarié, une vidéosurveillance est, comme toute autre méthode de contrôle technique, illicite : *« Si l'employeur a le droit de contrôler et de surveiller l'activité de son personnel durant le temps de travail, il ne peut mettre en œuvre un dispositif de contrôle qui n'a pas fait l'objet, préalablement à son introduction, d'une information et d'une consultation du comité d'entreprise. Le système de vidéosurveillance de la clientèle mis en place par l'employeur étant également utilisé pour contrôler les salariés sans information et consultation préalables du comité d'entreprise, les enregistrements du salarié constituaient un moyen de preuve illicite. »* En l'espèce, existait également un détournement de finalité du système tel que déclaré à la Cnil (300 000 euros d'amende potentiels).

488 **Déclaration, ou autorisation préalables à la CNIL.** Avant l'entrée en vigueur le 25 mai 2018 du règlement communautaire sur la protection des données à caractère personnel de mai 2016, toute collecte et traitement d'informations nominatives doit faire l'objet d'une *déclaration préalable* à la Cnil sous peine d'inopposabilité. La rapport 2016 de la CNIL montre une banalisation : si 16 % des plaintes reçues touchent au monde du travail, la moitié concerne des dispositifs de vidéo filmant les salariés sur leur lieu de travail, puis la géolocalisation des véhicules et désormais des smartphones, l'accès à la messagerie du salarié par l'employeur, enfin la prise de contrôle à distance des postes de travail.

489 **Petit rappel de la loi Informatique et Libertés :**

Article 6 : « *Les données sont collectées et traitées de manière loyale et licite (...), pour des finalités déterminées, explicites et légitimes, et ne sont pas traitées ultérieurement de manière incompatible avec ces finalités (...). Elles sont adéquates, pertinentes et non excessives au regard des finalités pour lesquelles elles sont collectées, et de leurs traitements ultérieurs.* »

Article 8 : « *Il est interdit de collecter ou de traiter des données à caractère personnel qui font apparaître, directement ou indirectement, les origines raciales ou ethniques, les opinions politiques, philosophiques, religieuses, ou l'appartenance syndicale des personnes, ou qui sont relatives à la santé ou à la vie sexuelle de celles-ci.* »

490 **Des preuves loyalement obtenues (Assemblée plénière, 7 janvier 2011)**

« *Par tout moyen* ». S'agissant en droit du travail de *faits* juridiques, la preuve peut être faite « *par tout moyen* ». Mais pas « *par tous les moyens* », comme par exemple un stratagème : faire « ami » sur Facebook pour licencier un collaborateur malade affichant de magnifiques photos d'un safari en Tanzanie, démultipliés à l'infini avec les TIC : « *Il incombe à chaque partie de prouver* conformément à la loi *les faits nécessaires au succès de sa prétention* » (Code de procédure civile, art. 9).

Y compris côté salarié : pas d'enregistrement secret de conversations téléphoniques, ni de copie intégrale sur un disque dur externe du contenu de l'ordinateur professionnel la veille du départ : à moins que ces documents (papiers photocopiés, ou électroniques) ne soient « *strictement nécessaires pour assurer sa défense dans le procès qui l'oppose à son employeur* » (CS, 31 mars 2015).

491 **Quelles sont les preuves judiciairement acceptables ?**

- ***L'aveu*** obtenu dans des conditions normales de température et de pression (ni violence morale, ni stratagème) reste la reine des preuves : « *J.-F. X. a admis que, depuis son arrivée au sein de la société Nortel Europe, il avait utilisé son outil de travail pour des connexions pornographiques sans rapport avec son activité salariée ou celle de l'entreprise* » (abus de confiance, C. crim., 19 mai 2004).
- **Les bonnes vieilles *attestations*** (régulières en la forme) jouent en justice un rôle important : plutôt que de s'épuiser en ordonnance sur requête aux fins de saisie ou de duplication du disque dur par un huissier pas toujours au fait de ces diffi-

ciles questions et recopiant un fond d'écran appartenant à un tiers, le témoignage de deux salariés passant derrière l'écran ou d'une cliente choquée par des pièces-jointes pornographiques peut suffire à l'affaire. S'agissant de courriels où se posent de difficiles questions de violation des correspondances (voir infra) un banal destinataire peut toujours faire état de ce qui lui a été envoyé ; *a fortiori* s'il est excédé par les pratiques de son collègue (cour de Versailles, 11 février 2003 : un salarié choqué par des propos racistes avait transmis le courrier électronique en cause à la direction), sans parler des actes manqués (le mari envoyant par erreur à sa femme un courriel très chaud mais aussi très critique sur le Grand Chef, destiné à sa maîtresse travaillant dans la même entreprise, CS, 2 février 2011). Reste à prouver qui en est le *véritable* expéditeur, qui n'est pas évidemment toujours le titulaire du poste (les bizutages prennent aujourd'hui de nouvelles formes).

- **Le bon vieux *faisceau d'indices*** permettra d'emporter la conviction du juge. Comme l'a noté la Chambre sociale le 2 juin 2004 dans l'arrêt Spot-Images s'agissant d'un courriel antisémite : « *Analysant l'ensemble des éléments de preuve soumis à son appréciation et plusieurs attestations, et notamment l'historique des envois électroniques de la société, la cour d'appel a constaté qu'il était établi que M. X. était bien l'auteur du courriel incriminé.* » Mais la valeur probatoire d'un courriel reste faible, si elle est contestée : « *L'intéressé ne justifie pas des conditions dans lesquelles il avait obtenu ces mails, ces documents n'apparaissant pas dans la boîte mail de M. Y... ; qu'il est possible de modifier un mail existant ou de créer de toutes pièces un mail antidaté ; ces courriels, dont l'authenticité n'était pas avérée, n'étaient pas probants* » (CS, 24 juin 2009).
- **Le *recours à un expert* qui sait faire (le tri)**. CS, 19 juin 2013 : un directeur artistique est soupçonné de concurrence déloyale. En son absence, l'employeur fait ouvrir son disque dur par un expert en présence d'un huissier et la moisson est confondante : il est licencié pour faute grave. Devant le juge du fond, il plaide l'atteinte à sa vie privée car dans ses dossiels figurait une partie de sa correspondance personnelle qu'il y avait transférée. La cour de Versailles le suit, en insistant sur l'origine privée de ce fichier.

Cassation : « *Vu les articles 9 du Code civil et 9 du Code de procédure civile ; Attendu que les dossiers et fichiers créés par un salarié grâce à l'outil informatique mis à sa disposition par son employeur pour l'exécution de son travail sont présumés, sauf si le salarié les identifie comme étant personnels, avoir un caractère professionnel de sorte que l'employeur peut y avoir accès hors sa présence (...).*

En statuant ainsi, alors d'une part qu'elle avait constaté que l'expert avait exclu de son rapport les fichiers et dossiers identifiés comme étant personnels au salarié, ce dont il résultait que l'employeur n'y avait pas eu accès, d'autre part que des courriels et fichiers intégrés dans le disque dur de l'ordinateur mis à disposition du salarié par l'employeur ne sont pas identifiés comme personnels du seul fait qu'ils émanent initialement de la messagerie électronique personnelle du salarié, la cour d'appel a violé les textes susvisés. »

492 Prudente issue de secours : l'appel au juge. « *S'il existe un motif légitime de conserver ou d'établir avant tout procès la preuve de faits dont pourrait dépendre* *la solution d'un litige, les mesures d'instruction légalement admissibles peuvent être ordonnées à la demande de tout intéressé, sur requête ou en référé* » (Code de procédure civile, art. 145). Si le TGI veut bien y prêter la main, reste l'obtention d'une ordonnance sur requête : mais cette procédure, non contradictoire car forcément surprise, n'était guère prisée des magistrats, rassurés par l'arrêt du 23 mai 2007 rappelant enfin que la recherche de la vérité permet de porter une atteinte proportionnée à la vie privée.

Communiqué de la Cour sous cet arrêt : « *Apportant à la jurisprudence Nikon une précision importante, la Chambre sociale énonce que le respect de la vie personnelle du salarié ne constitue pas en lui-même un obstacle à l'application de l'article 145 du Nouveau Code de procédure civile dès lors que le juge constate, ce qui était le cas en l'espèce, que la mesure qu'il ordonne procède d'un motif légitime et qu'elle est nécessaire à la protection des droits de la partie qui la sollicite.* »

Cette possibilité doit bien sûr être réservée aux hypothèses de gravissimes dérives du collaborateur : en l'espèce et à l'instar de l'arrêt Nikon, il s'agissait d'un responsable marketing sérieusement soupçonné de créer une société directement concurrente avec deux futurs collègues avec lesquels il entretenait de son bureau (!) une correspondance régulière. Il n'en irait certainement pas de même d'une demande visant à prendre connaissance de courriels personnels amoureux ou ludiques avec dossiers joints ou vidéos embouteillant le circuit informatique. Bref comme l'indique le communiqué de la Cour : « *Le juge doit constater que la mesure qu'il ordonne procède d'un motif légitime, et qu'elle est nécessaire à la protection des droits de la partie qui la sollicite.* »

E. - Où en est-on aujourd'hui en matière de preuve TIC ? Principe : sur outils professionnels = Présomption de caractère professionnel mais CEDH, 5 septembre 2017

493 **Sur temps et lieu de travail, un travailleur est présumé travailler.** L'employeur le rémunérant pour cela peut donc appliquer ce roide principe, rappelé par la Cour européenne des Droits de l'homme dans son *premier* arrêt Bărbulescu du 12 janvier 2016, cet ingénieur des ventes roumain licencié pour avoir utilisé, pendant ses heures de travail et sur l'ordinateur de l'entreprise, le service de messagerie Yahoo Messenger qu'il avait été invité à ouvrir par son employeur pour répondre aux demandes des clients. Mais pendant toute une semaine, l'entreprise avait surveillé ses communications de messagerie en ligne, puis utilisé les 45 pages de retranscription des conversations très personnelles et autres tchats avec son frère et sa fiancée pour le licencier disciplinairement : « violation du règlement intérieur interdisant l'utilisation de l'ordinateur professionnel à des fins personnelles ».

RIP : arrêt CEDH, 12 janvier 2106 : « Il n'est pas abusif qu'un employeur souhaite vérifier que ses salariés accomplissent leurs tâches professionnelles pendant les heures de travail »...Formule pour le moins prudente, et pourtant non reprise dans l'arrêt de Grande Chambre rendu en sens inverse le 5 septembre 2017.

CEDH, Grande Chambre, 5 septembre 2017. Cet arrêt définitif (par onze voix contre six) fixe les principes désormais applicables dans les 47 pays du Conseil de l'Europe. Les communications non professionnelles sur le lieu de travail relèvent de la protection de la vie privée et des correspondances de l'article 8 : « Ce type de messagerie instantanée sur Internet n'est autre qu'une forme de communications faisant partie de l'exercice d'une vie privée sociale. Par ailleurs, la notion de « correspondance » s'applique à l'envoi et à la réception de messages, même depuis l'ordinateur de l'employeur ».

Conséquence : pas d'interdiction générale dans le règlement intérieur : *« Les instructions d'un employeur ne peuvent pas réduire à néant l'exercice de la « vie privée sociale » sur le lieu de travail ».*

Petit rappel : selon la jurisprudence de la CEDH, le droit à la « vie privée » comprend le droit de mener une « **vie privée sociale** ». Ce qui donne, dans son inimitable style psycho-sociologisant : « la possibilité pour l'individu de développer son identité sociale, la possibilité *d'aller vers les autres* afin de nouer et de développer des relations avec ses semblables (...). Des restrictions apportées à la vie professionnelle peuvent tomber sous le coup de l'article 8 lorsqu'elles se répercutent sur la façon dont l'individu forge son identité sociale par le développement de relations avec autrui ; car c'est dans le cadre de leur travail que la majorité des gens ont beaucoup, voire le maximum, d'occasions de resserrer leurs liens avec le monde extérieur ».

« Le respect de la vie privée et de la confidentialité des communications continue à s'imposer, même si ces dernières peuvent être limitées dans la mesure du nécessaire (...). Les autorités nationales n'ont pas correctement protégé le droit de M. Bărbulescu au respect de sa vie privée et de sa correspondance, ni ménagé un juste équilibre entre les intérêts en jeu. Elles n'ont pas, d'une part, vérifié si M. Bărbulescu avait été préalablement averti par son employeur de la possibilité que ses communications soient surveillées (la France le prévoit depuis 1982) et pas non plus compte du fait qu'il n'avait été informé ni de la nature ni de l'étendue de cette surveillance, ni du degré d'intrusion dans sa vie privée et sa correspondance. De surcroît, les juridictions nationales n'ont pas déterminé, premièrement, quelles raisons spécifiques avaient justifié la mise en place des mesures de surveillance, deuxièmement, si l'employeur aurait pu faire usage de mesures moins intrusives pour la vie privée et la correspondance de M. Bărbulescu et, troisièmement, si l'accès au contenu des communications avait été possible à son insu. »

494 Mais comme le note le communiqué de la Cour *« cet arrêt ne signifie pas que les employeurs ne peuvent en aucun cas surveiller les communications de leurs employés ou qu'ils ne peuvent pas licencier d'employés pour avoir utilisé Internet à des fins personnelles sur leur lieu de travail. Cependant, la Cour considère que les États devraient veiller à ce que, lorsqu'un employeur prend des mesures pour surveiller les communications de ses employés, ces mesures s'accompagnent de garanties adéquates et suffisantes contre les abus. La décision a précisément pour objet de préciser les critères que doivent appliquer les autorités nationales lorsqu'elles apprécient si une mesure prise pour surveiller* *les communications des employés est proportionnée au but poursuivi et si l'employé concerné est protégé contre l'arbitraire* ».

495 Le système français est déjà globalement conforme

Justification et proportionnalité des contrôles portant atteinte aux libertés figurent à l'article L. 1121-1.

Obligation d'information préalable du salarié : L. 1222-4.

Limitation de l'accès de l'employeur au contenu de la messagerie professionnelle : la jurisprudence ne l'autorise à consulter librement que les messages non identifiés comme personnels. Les messages identifiés comme personnels ne peuvent être consultés à l'insu du salarié, même si l'utilisation non professionnelle de la messagerie a été interdite.

La loi Informatique et libertés prévoit l'obligation de déclarer les systèmes de surveillance individuelle des salariés sur la messagerie, à défaut de laquelle les informations collectées ne peuvent lui être opposées à l'appui d'une sanction.

496 Comme les six juges dissidents de la CEDH, on peut cependant estimer, avec nombre de DSI très inquiets de la portée de cet arrêt en nos temps de guerre économique voire de terrorisme que : « *si les juridictions internes ont accordé plus de poids au droit pour l'employeur d'assurer le bon fonctionnement de l'entreprise et de surveiller la façon dont les employés accomplissaient leurs tâches dans le cadre de leur relation de travail qu'au droit du requérant au respect de sa vie privée et de sa correspondance, nous considérons qu'il n'est pas déraisonnable pour un employeur de vouloir vérifier que ses employés accomplissent leurs tâches professionnelles lorsqu'ils font usage sur leur lieu de travail et pendant leurs heures de travail du matériel qu'il met à leur disposition (...).Pour pouvoir prospérer, les relations de travail doivent se fonder sur la confiance entre les personnes (Palomo Sánchez et autres c. Espagne). Dès lors, nous estimons que vu leur marge d'appréciation les juridictions internes étaient en droit de tenir compte, dans leur mise en balance des intérêts en jeu, de l'attitude qui avait été adoptée par le requérant, lequel avait rompu le lien de confiance avec son employeur* ».

497 Principe français Ainsi les dossiels et courriels « *créés par le salarié à l'aide de l'outil informatique mis à sa disposition par l'employeur pour les besoins de son travail sont présumés avoir un caractère professionnel, en sorte que l'employeur est en droit de les ouvrir hors la présence de l'intéressé, sauf si le salarié les identifie comme étant personnels* » (CS, 16 mai 2013). Idée simple et pas vraiment choquante (en droit) : tout salaire mérite travail.

Sur temps et lieu de travail, le salarié étant censé travailler pour son employeur, ce dernier a donc accès à la production de son collaborateur sans devoir (en droit) l'en informer préalablement, sauf si le règlement intérieur prévoit sa présence. Mais cette règle n'interdit pas un minimum de savoir-vivre, ni de savoir-faire.

498 Cette présomption simple de caractère professionnel cède logiquement dans deux cas

1. Si le salarié utilise son propre matériel, ce qui est de plus en plus fréquent avec la pratique du « BOYD » (*« bring your own device »*, mais parfois *« disaster »*), encouragée par les DG mais redoutée des DSI, DJ et DRH. Un dossiel professionnel figurant dans un smartphone ou un Mac BookAir privé reste *a priori* hors de portée de l'employeur, qui ne peut ouvrir d'autorité l'ordinateur d'un tiers. *Idem* s'agissant de courriels privés, même très critiques à l'égard de la chef, mais envoyés de la boîte personnelle d'un collègue vers la boîte personnelle d'une collègue : *« courriel purement privé dont il ne pouvait résulter un quelconque manquement à une obligation de loyauté envers l'employeur »* (CS, 26 janvier 2012).

2. Si le salarié détruit cette présomption en titrant son courriel ou son dossiel « Privé » (plutôt que « Personnel » qui peut renvoyer au service du même nom). Mais en cas de doute, la présomption de caractère professionnel va jouer.

499 Reprenons les quatre hypothèses les plus classiques, en précisant qu'il ne faut pas confondre ouverture (licite) et utilisation (parfois illicite) du contenu si *in fine* celui-ci s'avère privé voire intime.

1° Dossiers papier et dossiels

500 Présomption simple de documents professionnels. S'il s'agit de dossiers *papier*, et sous réserve évidemment de l'article L. 1221-1 du Code du travail sur la bonne foi contractuelle, le principe fixé par les arrêts du 16 mai 2007 a été repris par celui du 11 juillet 2012 à propos d'un directeur de restaurant dont la fouille du bureau en son absence avait permis de découvrir de solides motifs de licenciement : *« Les documents détenus par le salarié dans le bureau de l'entreprise mis à sa disposition sont, sauf lorsqu'il les identifie comme étant personnels, présumés avoir un caractère professionnel, de sorte que l'employeur peut y avoir accès hors sa présence. »*

S'agissant de fichiers informatiques, second arrêt du 16 mai 2007, rendu au visa des articles 8 de la CEDH, 9 du Code civil et L. 1132-1 : *« Les fichiers dont le contenu était reproché au salarié n'avaient pas été identifiés par lui comme personnels, ce dont il résultait que l'employeur pouvait en prendre connaissance sans qu'il soit présent ou appelé. »* Tout dépend donc d'abord du titrage, non du contenu voire du classement, parfois automatique : « Mes documents » ne fait pas disparaître la présomption de caractère professionnel.

Mais attention : si l'ouverture est licite, l'utilisation du contenu se révélant privé ne l'est pas forcément : *« Si l'employeur peut toujours consulter les fichiers qui n'ont pas été identifiés comme personnels par le salarié, il ne peut les utiliser à son encontre dans une procédure judiciaire s'ils s'avèrent relever de sa vie privée »* (CS, 18 octobre 2011).

501 Mais si les dossiels sont expressément titrés « Privé » ? Si le salarié a expressément intitulé son fichier « Personnel », « Privé », ou que le titrage ne laisse absolument aucun doute (« Famille », « Boudchoux »), la présomption simple tombe et la situation est évidemment différente, a fortiori après l'arrêt de la CEDH du 5 septembre 2017. L'arrêt du 17 mai 2005 en a donné le mode d'emploi : *« Sauf risque ou événement particulier, l'employeur ne peut ouvrir les fichiers identifiés par le salarié comme personnels contenus dans le disque dur de l'ordinateur mis à sa disposition qu'en présence de ce dernier ou celui-ci dûment appelé. »*

1. S'il s'agit de dossiers dûment estampillés « Privé », l'employeur peut donc ouvrir le disque dur *« de l'ordinateur mis à la disposition du salarié »* (bref, la propriété de l'entreprise) mais *« en présence de ce dernier ou celui-ci dûment appelé »*. Pour tenter d'éviter toute provocation ou insertion de dossiers compromettants, l'ouverture doit donc en principe se faire en sa présence. Mais cela ne signifie pas que son accord soit requis : s'il est « dûment appelé » mais refuse d'y participer, l'employeur peut tout de même, après s'être ménagé des preuves de cette convocation, faire procéder à l'ouverture des fichiers en question avec l'aide d'un spécialiste de l'informatique s'il veut éviter de se ridiculiser ultérieurement devant le juge.

2. Reprenant presque mot pour mot l'arrêt du 11 décembre 2001 visant l'ouverture d'armoires personnelles, la Cour de cassation permet à l'employeur dans l'arrêt du 17 mai 2005 de prendre connaissance de dossiers personnels hors la présence de celui-ci, ni même dûment prévenu en cas *« de risque ou d'événement particuliers »*, en réalité tout à fait exceptionnels (voir infra). Comme l'on devine l'enthousiasme des salariés en cause, conviés à assister à l'ouverture de leurs dossiers très personnels voire à les ouvrir eux-mêmes (problèmes des codes d'accès, et d'éventuelles manipulations destinées à les faire disparaître), la question essentielle devient alors la définition de cet *événement* ou de ce *risque*. Dans cet arrêt, la (miraculeuse) découverte de photos érotiques dans un tiroir du salarié ne permettait pas, selon la Cour, d'ouvrir ensuite le disque dur hors la présence de l'intéressé, disque où avait été pourtant trouvé *« un ensemble de dossiers totalement étrangers à ses fonctions figurant sous un fichier intitulé "perso" »*.

502 La technique plutôt que le règlement intérieur. L'ouverture du disque dur et la lecture des dossiers *identifiés comme personnels par le salarié* ne peuvent constituer qu'une *ultima ratio*, la simple technique informatique permettant d'éviter 99 % des problèmes. S'agissant par exemple de téléchargement illégal de musique (MP3) ou de vidéo (jpeg), le format spécifique de ces flux permet une détection immédiate par le service informatique, à l'entrée comme à la sortie : point n'est besoin d'aller fouiller. Et si l'on veut éviter que LeBonCoin, Meetic ou Facebook soient trop présents, il suffit de blacklister ces sites, ou par exemple donner un accès limité aux heures de pause (officielle).

Mieux vaut le pouvoir de direction, en amont, que le pouvoir disciplinaire en aval... Ce qui n'empêche pas aujourd'hui le salarié de se connecter directement à son propre opérateur grâce à son smartphone personnel.

2° Courriels ?

503 Situation différente des dossiels, car il s'agit en principe d'une correspondance entre personnes. « Même aux temps et lieu de travail, le salarié a droit au respect de l'intimité de sa vie privée ; celle-ci implique le secret des correspondances. L'employeur ne peut, sans violation de cette liberté fondamentale, prendre connaissance des messages personnels émis par le salarié et reçus par lui grâce à un outil informatique mis à sa disposition pour son travail. »

L'un des premiers rendus en Europe, l'arrêt Nikon du 2 octobre 2001, avait voulu fixer les grands principes : droit à la vie personnelle sur le lieu de travail, pas d'ouverture des courriels privés, même si le règlement intérieur a interdit l'utilisation de la messagerie à des fins personnelles : règles reprises par l'arrêt de la CEDH du 5 septembre 2017. Mais il avait fait l'objet d'une interprétation très extensive dans l'opinion : tous les courriels émis par le collaborateur de son PC *(« Personal Computer »)* de bureau semblaient bénéficier de cette protection. Le visa de cassation des arrêts du 2 février 2011 confirme un raisonnement *a contrario* : *« Vu l'article 9 du Code civil et le principe du secret des correspondances privées »*, la vie et les correspondances privées sont protégées... car elles sont privées. Or, aux temps et lieu de travail...

504 Courriels a priori professionnels si dans la boîte professionnelle

Aux temps et lieu de travail, tous les courriels – c'est le terme légitimement employé par les deux arrêts du 2 février 2011 – créés par le collaborateur *« à l'aide de l'outil informatique mis à sa disposition par l'employeur pour les besoins de son travail sont présumés avoir un caractère professionnel »* : son manager peut (en droit) donc en prendre connaissance sans qu'il soit présent ni même appelé.

L'identification comme élément personnel, *par l'intitulé et non le contenu ou le destinataire*, doit résulter d'un acte du salarié qui détruit cette présomption en affichant clairement sa nature. Rappelons qu'un courriel intitulé « JM » appartienne au dénommé Jean-Marie ne change rien à l'affaire (CS, 21 octobre 2009) : ce titrage ne détruit pas la présomption.

Et si le salarié s'est abstenu de tout titrage (la plaie des « Re » et des « Sans objet ») ? Comme lorsqu'il y a doute, le courriel sera réputé professionnel.

Cette obligation de devoir titrer « Privé », qui doit figurer dans le règlement intérieur, constitue un bon équilibre : si l'employeur ne peut en prendre connaissance, il pourra néanmoins, et sans porter atteinte à la vie privée du collaborateur, s'étonner du nombre d'envois de cette nature, de leur volume ou de celui des pièces jointes. S'il est fort optimiste, il pourra aussi chercher à éviter une éventuelle mise en cause de sa responsabilité civile en ajoutant automatiquement en fin de mail qu'il s'agit d'un envoi non professionnel, et que donc.

505 **Mais pour les courriels titrés « Privé » ?**

Dans son importante décision rendue le 18 mai 2007, la Chambre mixte a rappelé qu'une missive adressée dans l'entreprise à un salarié, sans la mention « Personnel » mais faisant au contraire état de sa qualité de « Chauffeur de direction », est présumée professionnelle : « *Le pli litigieux était arrivé sous une simple enveloppe commerciale démunie de toute mention relative à son caractère personnel ; en l'état de ces motifs dont il se déduisait que cet envoi avait pu être considéré, par erreur, comme ayant un caractère professionnel, la cour d'appel a exactement décidé que son ouverture était licite.* » Il n'avait donc pas été porté atteinte au secret des correspondances sanctionné par l'article 226-15 du Code pénal.

Ouverture de courriels titrés « Privé » : riposte graduée. L'employeur soupçonne un salarié de transmettre par courriel titré « Privé » des informations confidentielles à la concurrence, ce qui démontre de la part du collaborateur un QI numérique déficient. Peut-il prendre connaissance de courriels titrés « Privé » ?

- Écartons d'abord le cas de collaborateurs demandant eux-mêmes au DSI de faire un grand ménage, ou encore les erreurs d'adressage en forme d'actes manqués, comme le montre l'arrêt du 2 février 2011 : « *Le courriel litigieux ayant été malencontreusement transmis par le salarié en copie à une salariée de l'entreprise, l'employeur en avait eu connaissance par le fait même de l'intéressé.* »
- Afin d'éviter que loyauté probatoire ne rime avec impunité du fautif, la voie du recours au juge des requêtes a été inaugurée par l'arrêt Datacep du 23 mai 2007, rendu au visa des articles 145 du Code de procédure civile, 9 du Code civil et L. 1121-1 du Code du travail : « *Le respect de la vie personnelle du salarié ne constitue pas, en lui-même, un obstacle à l'application des dispositions de l'article 145 du Nouveau Code de procédure civile, dès lors que le juge constate que les mesures qu'il ordonne procèdent d'un motif légitime et sont nécessaires à la protection des droits de la partie qui les a sollicitées.* »
- « *Sauf risque ou événement particulier, l'employeur ne peut ouvrir les messages identifiés par le salarié comme personnels contenus sur le disque dur de l'ordinateur mis à sa disposition qu'en présence de ce dernier ou celui-ci dûment appelé.* »

Alignant le régime d'ouverture des courriels sur celui des dossiels, l'arrêt dit « du Corbeau » du 17 juin 2009 avait attiré l'attention. Des lettres anonymes avaient été adressées à l'entreprise, comportant des renseignements montrant que leur auteur avait eu accès à des informations confidentielles cryptées. La direction avait donc contrôlé les postes informatiques des salariés ayant eu accès à ces informations : identifié puis licencié, l'auteur des courriers avait plaidé la simple application de l'arrêt Nikon pour ses courriels personnels ; la Cour a donc créé une très étroite exception.

La confusion des régimes dossiel et courriel étant confirmée en 2012, un employeur pouvant le cas échéant démontrer des circonstances extrêmement exceptionnelles peut, sans passer par le juge, procéder à ses risques et périls à l'ouverture de courriels titrés « privé ».

506 **Mais attention ! Pour la Chambre sociale :** « *Sauf risque ou événement particulier* » **= événements absolument exceptionnels.** Dans l'affaire du Corbeau, la fuite

de ces documents ultra-confidentiels n'avait pas ainsi été jugée comme telle : il faut remonter à l'arrêt M6 de 2001, avec sa menace d'attentat terroriste, pour en trouver l'unique exemple. Or dans ces cas extrêmes, de nature criminelle (pédophilie, terrorisme), l'employeur doit impérativement s'abstenir de toute action pouvant entraîner la destruction involontaire de preuves, et donc sa mise cause pénale ; il doit joindre immédiatement la police judiciaire (la BEFTI à Paris) ou la gendarmerie qui, dans chaque département, dispose d'un service spécialisé.

507 Et les courriels issus de la boîte personnelle du collaborateur, utilisée sur temps et lieu de travail à partir de l'ordinateur professionnel (CS, 7 avril 2016) ?

La question du secret des correspondances est réapparue avec les arrêts du 26 janvier puis du 7 avril 2016. La directrice d'une association en arrêt maladie reproche à son employeur la consultation, sur son ordinateur professionnel, de courriels non titrés « Privé » car issus de ses deux messageries personnelles consultées sur temps et lieu de travail. La cour d'appel rejette sa demande : les courriels litigieux se trouvant sur une messagerie électronique figurant sur l'ordinateur professionnel mis à la disposition de la salariée sur son lieu de travail, dans l'intérêt de l'entreprise l'employeur pouvait y accéder.

Cassation en deux temps. Rappel du principe Nikon : « Même au temps et au lieu de travail, le salarié a droit au respect de l'intimité de sa vie privée ; celle-ci implique en particulier le secret des correspondances ; l'employeur ne peut dès lors sans violation de cette liberté fondamentale, prendre connaissance des messages personnels émis ou reçus par le salarié grâce à un outil informatique mis à sa disposition pour son travail ». Application : les juges du fond auraient dû rechercher si *« le message électronique litigieux n'était pas issu d'une boîte à lettre électronique personnelle, distincte de la messagerie professionnelle, dont la salariée disposait pour les besoins de son activité et s'il n'était dès lors pas couvert par le secret des correspondances ». A fortiori « l'envoi du courriel litigieux par le salarié, de sa messagerie personnelle et en dehors du temps et du lieu de travail, à l'adresse électronique personnelle d'un collègue de travail, conférait à ce message un caractère purement privé »* (CS, 26 janvier 2012).

Mais le collaborateur ne doit pas ignorer que 1. Ses connexions sur le site orange.fr et donc leur durée sont systématiquement tracées. 2. Que « Effacer l'historique » n'efface rien du tout dans le serveur central.

3° Si les paroles s'envolent, les SMS professionnels restent, texto

508 Télé-phone et télé-graphe. *« Si l'enregistrement d'une conversation téléphonique privée, effectué à l'insu de l'auteur des propos invoqués, est un procédé déloyal rendant irrecevable en justice la preuve ainsi obtenue, il n'en est pas de même de l'utilisation par le destinataire de messages écrits téléphoniquement adressés, dits SMS, dont l'auteur ne peut ignorer qu'ils sont enregistrés par l'appareil récepteur »* (CS, 23 mai 2007). Une salariée destinataire de nombreux SMS en avait fait constater le contenu par huissier, puis utilisé cette preuve à l'appui d'une demande de dommages-intérêts pour harcèlement sexuel contre l'auteur des messages : son employeur. Victoire : ces SMS (*« Short Message Service »*) constituaient une preuve recevable, établissant l'existence d'un harcèlement. Solution a priori classique : à l'instar d'une lettre missive, la Chambre sociale estime que de tels messages écrits constituent une preuve admissible par leur destinataire qui en devient propriétaire. Ce qui les différencie évidemment d'éventuelles écoutes ou enregistrements téléphoniques, les deux pourtant issus du même appareil (qui demain fera aussi machine à laver) : il y a donc désormais téléphone-phone et téléphone-graphe.

« Sauf si les SMS sont identifiés comme étant personnels » ? Le titrage « Perso » dans le champ « Objet » est ici rarement possible ! Le collaborateur ne peut donc qu'écrire ce terme en tête de son SMS : si son employeur pourra dans les faits lire la suite, il ne pourra en principe l'utiliser en justice.

4° Contrôle des connexions Internet

509 **La *summa divisio* professionnel/personnel n'est ici guère opérationnelle** car le salarié ne peut marquer « Privé », à moins d'obtenir une connexion spécifique que les employeurs refusent pour des raisons évidentes, sauf parfois aux représentants du personnel pour des raisons de confidentialité (CS, 4 avril 2012). *« Les connexions établies par un salarié sur des sites Internet pendant son temps de travail grâce à l'outil informatique mis à sa disposition par son employeur pour l'exécution de son travail sont présumées avoir un caractère professionnel de sorte que l'employeur peut les rechercher aux fins de les identifier, hors de sa présence »* (CS, 9 juillet 2008). Conséquence de cette recherche : *« Le salarié avait usé de la connexion Internet de l'entreprise, à des fins non professionnelles, pour une durée totale d'environ quarante et une heures durant le mois de décembre 2004 ; son comportement rendait impossible son maintien dans l'entreprise et était constitutif d'une faute grave »* (CS, 18 mars 2009). *Idem* le 26 février 2013 : une assistante juridique (pas marketing !) avait consulté près de 10 000 sites extraprofessionnels en un mois : *« Une telle utilisation d'Internet pendant le temps de travail présentait un caractère particulièrement abusif, constitutif d'une faute grave »* ; voire un délit pénal s'il s'agit d'une lucrative activité professionnelle pirate : *« L'utilisation, par un salarié, de son temps de travail à des fins autres que celles pour lesquelles il perçoit une rémunération de son employeur constitue un abus de confiance »* (Cass. crim., 19 juin 2013).

Si l'auteur est précisément identifié (problème des ordinateurs en accès libre), les connexions illégales (téléchargement d'œuvres protégées), et le règlement intérieur parfaitement clair, la faute est caractérisée. Pour les téléchargements et autre streaming de vidéos pornographiques qui ne sont pas illégales en France, l'employeur n'a rien à gagner mais tout à perdre à se placer sur le terrain moral : il invoquera une *cause* réelle et sérieuse. Mais qui peut devenir *faute* grave en cas de contagion par des virus, ou lorsqu'ils sont le fait d'un directeur de deux établissements de l'association caritative Perce-Neige *« se connectant sur Internet pendant les heures de service, au vu et au su du personnel, à des sites pornographiques »* (CS, 10 mai 2012).

510 **Reste évidemment les connexions à partir de l'IPhone X** ou de l'ordiphone Samsung 4G personnels, auxquels l'employeur n'a évidemment pas accès, alors que les salariés se rencontrent ainsi sur Facebook voire LinkedIn sur temps et lieu de travail. Si l'on écarte les râteliers à portable de certaines entreprises (qui devraient être obligatoires au collège comme au lycée), c'est en termes de temps de travail effectif que l'employeur pourra sanctionner en cas d'abus.

511 **Vieilles pratiques.** Mais d'une part, cette utilisation privative n'est pas vraiment nouvelle, *a fortiori* pendant les pauses : il y a quarante ans, c'était le téléphone. Il y a trente ans le Minitel (rose ou non). Un tel contrôle est d'autre part techniquement difficile et pourrait se révéler contre-productif : car sur Facebook, on trouve aussi des collègues, des clients et des fournisseurs. Enfin et surtout, les collaborateurs visés sont justement ceux qui passent régulièrement des heures le week-end à travailler chez eux : commencer à faire les comptes n'est donc pas toujours une bonne idée.

512 **Nudité numérique.** La prudence la plus élémentaire invitait déjà les collaborateurs avisés à ne pas laisser dans leur disque dur professionnel ni même dans leur poubelle, vide à l'écran mais bien pleine ailleurs, des données touchant à l'intimité de leur vie privée. Car au-delà de la fouille patronale officielle et officieuse, les anecdotes ne manquent pas sur les collègues, concurrents indélicats ou facétieux qui, profitant de l'absence momentanée d'un inconscient ayant laissé son ordinateur en session, vont se promener dans ces dossiers forcément intéressants sinon croustillants, et en assurent immédiatement une diffusion générale avec PJ *via* les adresses professionnelles et personnelles.

513 Ni sur les informaticiens discrets qui, parfois sans aucun ordre en ce sens de leur hiérarchie, ont trouvé un moyen pour mieux connaître la vie très privée de telle collaboratrice : l'ouverture à 6000 kilomètres de distance de son disque dur a remplacé le trou de la serrure.

Pour vivre heureux (en entreprise)...

SUR L'ENSEMBLE DE CES QUESTIONS

Voir notre chronique « Droit du travail et TIC » dans la revue *Droit social*, juin 2015, p. 553. Et l'exposé fait par le conseiller Yves Struillou lors du colloque de la Chambre sociale du 5 avril 2013 : « La surveillance du salarié : d'une société de la curiosité à une société de l'inquisition », mis en ligne sur le site www.courdecassation.fr.

514 **Charge et risque de la preuve en matière de licenciement.** En droit du travail, nul n'ignore que le salarié, demandeur à l'instance, aura de grandes difficultés à produire des documents appartenant à l'employeur, et surtout à faire témoigner ses collègues qui travaillent encore dans l'entreprise. Contrairement au droit commun où la charge de la preuve appartient au demandeur, la loi du 13 juillet 1973 a donc décidé,

non pas de renverser la charge de la preuve et de la faire peser sur l'employeur (ce qui est *de facto* aujourd'hui le cas en matière de discrimination, ce qui incite le salarié à se placer sur ce terrain), créant ainsi une très curieuse présomption de faute, mais comme en droit pénal de confier la recherche de la vérité au juge.

L. 1235-1 : *« Le juge, à qui il appartient d'apprécier la régularité de la procédure suivie et le caractère réel et sérieux des motifs invoqués par l'employeur, forme sa conviction au vu des éléments fournis par les parties après avoir ordonné, au besoin, toutes les mesures d'instruction qu'il estime utiles (...). Si un doute subsiste, il profite au salarié. »* L'employeur explique donc devant le conseil des prud'hommes la ou les motifs du licenciement (qu'il a pu « préciser » depuis septembre 2017), le salarié cherchant à montrer qu'il n'en est rien : dans certains cas, le juge nommera un expert ou se rendra même sur place pour vérifier les dires de chacun, puis se prononcera lors de l'audience.

515 **Le doute profite au salarié.** Mais dans les cas où aucune des parties ne l'aura convaincu (ex. : *« Il m'a frappé » – « Jamais de la vie »,* sans témoin dans une PME ; ou : *« Il est très mauvais sur le plan professionnel » – « Je suis militant syndical, et on m'a affecté à un poste impossible »*), que faire ? En matière de licenciement comme en matière disciplinaire, *« si un doute subsiste, il profite au salarié »* (L. 1235-1, 5e al.). Le juge ayant un doute sur le caractère réel et/ou sérieux du motif invoqué par le chef d'entreprise devra déclarer le licenciement non fondé, avec les conséquences indemnitaires (revues et corrigées fin 2017) qui en découlent pour l'employeur.

516 **Lourde charge.** Cette évolution ne transfère pas la *charge* de la preuve à l'employeur comme c'est le cas pour les fautes graves ou lourdes car ce dernier n'a pas versé les indemnités de rupture. C'est seulement le *risque* de la preuve qui pèse sur lui, et non une présomption de culpabilité extrêmement dangereuse à tout point de vue et donc légitimement censurée par le Conseil constitutionnel dans sa décision du 12 janvier 2002. Simplement, le législateur considère que le chef d'entreprise, à l'initiative du licenciement et bénéficiant donc du privilège du préalable, est le mieux à même de convaincre le juge de la réalité et du sérieux de la cause, le doute devant profiter à la partie la plus faible juridiquement, économiquement et technologiquement avec la traçabilité des TIC : comme c'est le cas depuis le 4 août 1982 en matière de sanction disciplinaire.

Dans les entreprises, cet ajout aboutit concrètement à mieux préparer les éventuels licenciements (lettres de rappel, sanctions éventuelles), bref à constituer un dossier de nature à convaincre le juge prud'homal : un licenciement personnel sur quatre arrive *in fine* devant lui.

DEUX BOURDES À ÉVITER

1. Le doute évoqué par l'article L. 1235-1 n'a rien à voir avec le partage des voix au sein de la juridiction paritaire qu'est le conseil des prud'hommes. Si deux conseillers pensent qu'il n'existe pas de crs, et que les deux autres pensent l'inverse, il n'y a pas doute : il faut aller en départage.

2. Le doute ne doit pas résulter de l'inertie ou de la paresse de certains conseillers : s'ils ont un doute au début de l'affaire, ils doivent convoquer des témoins, engager une enquête, envoyer le conseiller rapporteur dans l'entreprise ou demander une expertise. C'est seulement après cette recherche de la vérité que, si un doute « subsiste », il profitera au salarié. *« Le doute n'est pas l'ignorance, mais le stade supérieur de la connaissance »*, A. Supiot.

§2 Sanctions de l'absence de cause réelle ou sérieuse après l'ordonnance du 22 septembre 2017 « *relative à la prévisibilité et la sécurisation des relations de travail* »

517 **En nature ou en argent ?** Si l'employeur n'avait pas de cause réelle et sérieuse, il n'aurait pas dû licencier : la réintégration du salarié apparaît comme la mesure la plus équitable et la plus adéquate. Mais annule-t-on un divorce ? Peut-on forcer jour après jour un chef d'entreprise et un ex-salarié passés devant les prud'hommes à travailler côte à côte ? Le salarié ne risque-t-il pas de faire l'objet de mesures vexatoires pour le pousser à la faute ou le contraindre à la démission ? Certes la réintégration forcée aurait un effet dissuasif en amont (voir le cas des représentants du personnel), l'employeur ne voulant pas prendre le risque de perdre la face quelques mois après le licenciement. Mais cette réintégration donnant à l'employeur le sentiment de perdre la face serait sans doute la source de nouveaux conflits : comme le droit civil, le droit du travail préfère souvent indemniser la victime, plutôt que de la rétablir dans la situation qui devrait être la sienne.

Mais cette logique *indemnitaire* cède le pas à une logique de *pouvoir* (« réintégration » forcée sous astreinte journalière) dans les cas où une liberté publique est en cause : outre le licenciement sans procédure d'un représentant du personnel titulaire d'un *mandat* d'ordre public, l'éviction d'un gréviste parce que gréviste, ou d'un militant syndical parce que militant syndical (L. 1132-1) : ces « licenciements » (en droit ces « évictions ») ne sont pas dénués de cause réelle et sérieuse : ils sont nuls. Dans un but dissuasif, ils n'existent pas et n'ont jamais existé. Sauf si le salarié, et lui seul, décide de se placer sur le terrain de l'indemnisation, revu et corrigé le 22 septembre 2017 (*cf. infra*).

518 **Depuis le 22 septembre 2017 : questions de temps**

1 - D'abord réduction du délai de prescription, passant de deux ans à un an : « *Toute action portant sur la rupture du contrat de travail se prescrit par douze mois à compter de la notification de la rupture.* » (L. 1471-1, 2° alinéa nouveau). Le salarié voulant contester son licenciement, personnel ou économique (L. 1235-7 nouveau), mais aussi sa démission ou une prise d'acte (voir infra) devra donc saisir le Conseil des Prud'hommes dans un délai maximum d'un an après la réception de sa lettre de licenciement, si celle – ci précise ce délai (il vaut mieux).
2 - Les dispositions visant le plancher/plafond « *sont applicables aux licenciements notifiés postérieurement à la publication de la présente ordonnance.* »
3 - Mais bien sûr, « *lorsqu'une instance a été introduite avant la promulgation de la présente ordonnance, l'action est poursuivie et jugée conformément à la loi ancienne,*

y compris en appel et en cassation ». La Cour de cassation rendra donc en 2021 des arrêts n'appliquant (logiquement) pas le barème de septembre 2017 ; mais on peut aussi penser qu'il va inspirer les juges saisis d'un défaut de cause réelle et sérieuse avant octobre 2017...

519 Rappel : la lettre de licenciement *initiale* **ne fixe plus forcément les limites du litige**. Avant 2017, l'employeur qui indiquait des motifs très généraux dans la lettre de notification au salarié ne pouvait plus les rectifier devant le Conseil des Prud'hommes, même s'ils étaient très réels et sérieux voire graves. Comme vu supra, désormais « *les motifs énoncés dans la lettre de licenciement (...) peuvent, après la notification de celle-ci, être précisés par l'employeur, soit à son initiative, soit à la demande du salarié, dans des conditions fixées par décret en Conseil d'État. La lettre de licenciement, précisée le cas échéant par l'employeur, fixe les limites du litige en ce qui concerne les motifs du licenciement* » (L. 1235-2 nouveau). Ce qui encouragera sans doute le salarié à lui faire une demande en ce sens : il n'a rien à y perdre et tout à gagner, y compris en termes de sanctions (voir *infra*).

520 Les sanctions depuis septembre 2017 : L. 1235-3 et L. 1235-3-1, nouveaux

L. 1235-3 nouveau : « *Si le licenciement d'un salarié survient pour une cause qui n'est pas réelle et sérieuse, le juge peut proposer la réintégration du salarié dans l'entreprise, avec maintien de ses avantages acquis.*

Si l'une ou l'autre des parties refuse cette réintégration, le juge octroie au salarié une indemnité à la charge de l'employeur, dont le montant est compris entre les montants minimaux et maximaux fixés dans le tableau ci-dessous

Ancienneté du salarié dans l'entreprise (en années complètes)	Indemnité minimale (en mois de salaire brut)	Indemnité maximale (en mois de salaire brut)
0	Sans objet	1
1	1	2
2	3	3,5
3	3	4
4	3	5
5	3	6
6	3	7
7	3	8
8	3	8
9	3	9
10	3	10
11	3	10,5
12	3	11

Ancienneté du salarié dans l'entreprise (en années complètes)	Indemnité minimale (en mois de salaire brut)	Indemnité maximale (en mois de salaire brut)
13	3	11,5
14	3	12
15	3	13
16	3	13,5
17	3	14
18	3	14,5
19	3	15
20	3	15,5
21	3	16
22	3	16,5
23	3	17
24	3	17,5
25	3	18
26	3	18,5
27	3	19
28	3	19,5
29	3	20
30 et au-delà	3	20

En cas de licenciement opéré dans une entreprise employant habituellement moins de onze salariés, les montants minimaux fixés ci-dessous sont applicables, par dérogation à ceux fixés au troisième alinéa :

Ancienneté dans l'entreprise (en années complètes)	Indemnité minimale (en mois de salaire brut)
0	Sans objet
1	0,5
2	0,5
3	1
4	1
5	1,5
6	1,5
7	2
8	2

Ancienneté dans l'entreprise (en années complètes)	Indemnité minimale (en mois de salaire brut)
9	2,5
10	2,5
11	3 (comme 11 salariés et plus)
12	3 (comme 11 salariés et plus), etc.

« Pour déterminer le montant de l'indemnité, le juge peut tenir compte, le cas échéant, des indemnités de licenciement versées à l'occasion de la rupture.

Cette indemnité est cumulable, le cas échéant, avec les indemnités prévues aux articles L. 1235-12, L. 1235-13 et L. 1235-15, dans la limite des montants maximaux prévus au présent article ».

521 Reprenons tout cela....

1 - *« Si le licenciement d'un salarié survient pour une cause qui n'est pas réelle et sérieuse, le juge peut proposer la réintégration du salarié dans l'entreprise, avec maintien de ses avantages acquis ».*

Rien n'a changé depuis 1973. Le Conseil des Prud'hommes ne « doit » pas « imposer » la réintégration : il ne « peut » que la « proposer », employeur comme salarié pouvant la refuser sans plus d'explications. Ce qui se passe dans l'immense majorité des cas : pas toujours côté patronal d'ailleurs, la réintégration dispensant de l'indemnisation. Redoutant l'ambiance tendue qui l'attend, c'est le salarié qui souvent préfère y renoncer.

2 - « Si l'une ou l'autre des parties refuse cette réintégration, le juge octroie au salarié une indemnité à la charge de l'employeur, dont le montant est compris entre les montants minimaux et maximaux fixés dans le tableau ci-dessous ».

Ce barème obligatoire pour le juge est la grande nouveauté de l'ordonnance « relative à la prévisibilité et la sécurisation des relations de travail ». Et cristallise une radicale opposition.

Côté entreprises, tout patron de PME ou de TPE a un exemple à citer de collègue qui, pour une faute vénielle dans la lettre de licenciement ou un obscur mécanisme probatoire (ex : déclaration de caméra à la CNIL) avait été condamné à des dizaines de mois de dommages-intérêts par un Conseil des Prud'hommes ou la Cour d'appel locale, qui alourdit souvent la sanction fixée par l'institution paritaire. De quoi mettre en péril leur petite entreprise, les dégoûter d'embaucher... et privilégier la rupture conventionnelle homologuée, très utilisée par les petits patrons. Rappelons que nos TPE/PME forment l'essentiel du contentieux prud'homal, portant à 85 % sur des licenciements pour motif personnel.

Côté syndicats ou salariés au contraire, peu importe les circonstances : une faute patronale ainsi judiciairement constatée qui a conduit un collaborateur et sa famille à Pôle-Emploi mérite évidemment une pleine et entière réparation. A fortiori s'agissant d'un collaborateur âgé, pour lequel un licenciement constitue en réalité une exclusion du marché du travail.

En pensant aussi aux somptueux parachutes en or touchés par certains dirigeants sur un départ sans panache (8 millions d'euros pour le PDG d'Alcatel-Lucent, 4,5 pour celui de Sanofi), que le Medef avait voulu aussi plafonner mais, ici, sans succès...

522 **Le feuilleton durait depuis deux ans.** Dans sa loi du 6 août 2015 « *pour la croissance, l'activité et l'égalité des chances économiques* », un jeune Ministre de l'Economie avait déjà prévu de plafonner les dommages-intérêts dûs en cas de licenciement non fondé pour ne pas mettre en difficulté les TPE/PME. Mais le 5 août 2015, le Conseil Constitutionnel avait censuré sur les seules modalités envisagées, le législateur « *devait retenir des critères présentant un lien avec le préjudice subi par le salarié (...) ; tel n'est pas le cas du critère des effectifs de l'entreprise* ». Mais « *le critère de l'ancienneté est en adéquation avec l'objet de la loi* » : critère retenu pour le plafond par l'ordonnance de septembre 2017.

Car sur le principe, le Conseil avait indirectement apporté de l'eau au moulin du Ministre d'hier, Président aujourd'hui : « *En aménageant les conditions dans lesquelles la responsabilité de l'employeur peut être engagée, le législateur a entendu assurer une plus grande sécurité juridique et favoriser l'emploi en levant les freins à l'embauche ; il a ainsi poursuivi des buts d'intérêt général* ».

523 **Un plancher incompressible** en forme de peine privée existait depuis juillet 1973 : au moins six mois de salaire brut en dommages-intérêts pour un collaborateur ayant plus de deux ans d'ancienneté dans une entreprise d'au moins 11 salariés. Plancher approuvé le 13 octobre 2016 par le Conseil Constitutionnel : « *en voulant éviter de faire peser une charge trop lourde sur les entreprises qu'il a estimées économiquement plus fragiles, (...) le législateur a poursuivi un but d'intérêt général. Il a opéré entre, d'une part, le droit de chacun d'obtenir un emploi et le principe de responsabilité et, d'autre part, la liberté d'entreprendre une conciliation qui n'est pas manifestement déséquilibrée* ».

Mais ce plancher est aujourd'hui fort différent selon le seuil d'effectif.

Dans nos TPE (« *entreprise employant habituellement moins de onze salariés* »), jusqu'à dix ans d'ancienneté, il est fixé beaucoup plus bas que dans les autres (voir tableau supra) : un demi-mois de dommages-intérêts pour un salarié avec 2 ans d'ancienneté, contre trois mois dans les plus grandes. Et ne rejoint le plancher commun de trois mois qu'au-delà de 11 ans d'ancienneté, alors que ce montant est acquis dès deux ans pour les autres.

Enfin pour les salariés avec plus de 2 ans d'ancienneté licenciés après septembre 2017, le plancher est divisé par deux : de six mois à trois mois minimum. Quant au salarié licencié (donc hors essai) sans cause réelle et sérieuse la première année, si le tableau indique « sans objet » pour ce plancher, un euro symbolique s'impose, car comme l'a déclaré la Chambre sociale le 13 septembre 2017 : « *la perte injustifiée de son emploi par le salarié lui cause un préjudice dont il appartient au juge d'apprécier l'étendue* ».

524 **Les plafonds fixés (de 1 à 20 mois) s'imposent au juge,** si d'autres chefs de préjudice ne sont pas retenus (voir infra : licenciement abusif, ou atteinte aux « libertés fondamentales »). S'il représente parfois la moitié du *plancher* d'avant 2017 (ainsi du salarié ayant trois ans d'ancienneté : de *minimum* six mois bruts à *maximum* trois mois, ce qui ne l'encouragera guère à saisir les Prud'hommes), les montants croissants fixés correspondent à ce qu'allouaient les Cours d'appel avant 2017 : un mois par année d'ancienneté. Ex : 10 ans = maximum 10,5 mois.

Ce plafond et ce plancher inciteront-ils à la négociation de départ, chacun sachant mieux à quoi il peut prétendre... ou non ? Mais le Loto, c'est fini.

525 **Trois bémols**

1 - Pas de cumul des sanctions en cas de double violation de la procédure et du fond, comme examiné supra : le fond (plafonné) absorbe alors la forme.
2 - « *Pour déterminer le montant de l'indemnité, le juge peut tenir compte, le cas échéant, des indemnités de licenciement versées à l'occasion de la rupture* ». Inspiré de droits étrangers voulant contenir le coût global d'un licenciement, cette simple possibilité de réduction vise les salariés étant partis avec de somptueuses et supra-légales « indemnités de licenciement ». Dont la jurisprudence devra fixer la nature et l'assiette exacte (cf. CS, 7 septembre 2017 : dans le cadre d'un PSE, pour l'indemnité supra-conventionnelle, il est possible de prévoir une assiette de calcul différente de l'indemnité conventionnelle).
3 - Si « *cette indemnité est cumulable, le cas échéant, avec les indemnités prévues aux articles L. 1235-12* (non-respect des procédures de consultation à l'occasion d'un PSE), *L. 1235-13* (non-respect de la priorité de réembauche : plus de deux mois avant 2017, un mois depuis) *et L. 1235-15* (absence fautive d'institutions représentatives du personnel), c'est « *dans la limite des montants maximaux prévus au présent article* ». Le plafond inclut donc le défaut de cause réelle et sérieuse, et la sanction de ces trois manquements.

526 **L. 1235-4 : remboursement (en principe) automatique des allocations chômage**. Seconde sanction liée au constat d'une absence de cause réelle et sérieuse, ou d'un licenciement nul : le remboursement d'office par l'employeur fautif « *aux organismes intéressés, de tout ou partie des indemnités de chômage versées au salarié licencié, du jour de son licenciement au jour du jugement prononcé, dans la limite de six mois d'indemnités de chômage par salarié intéressé* ».

527 **Logique**, car en l'absence de cause réelle et sérieuse, le licenciement n'aurait pas dû intervenir, le salarié n'aurait pas dû être au chômage, Pôle Emploi ne lui aurait donc pas versé d'allocations. Bref le licenciement non fondé a obligé la collectivité à verser des sommes qu'elle n'aurait pas dû verser. Ce reversement fait *donc partie de la sanction* infligée à l'employeur, que le juge peut moduler selon la gravité de son comportement, mais avec un plafond de six mois d'allocations. Sur le plan financier, c'est l'Assedic qui fait les frais de cette modulation judiciaire.

528 Mieux, et là encore pour ne pas mettre en difficulté nos TPE, « *les dispositions relatives au remboursement des indemnités de chômage en cas de méconnaissance des articles L. 1235-3 (défaut de cause réelle et sérieuse) et L. 1235-11 (annulation du PSE, et donc des licenciements) ne sont pas applicables au licenciement d'un salarié de moins de deux ans d'ancienneté dans l'entreprise, et au licenciement opéré dans une entreprise employant habituellement moins de onze salariés* ». Donc pas de remboursement des allocations chômage pour toutes les TPE, mais aussi pour toutes les entreprises ayant licencié fautivement un collaborateur avec moins de deux ans d'ancienneté.

529 Les exceptions faisant sauter le plafond : les licenciements nuls (L.1235-3-1 nouveau). « *L'article L. 1235-3 n'est pas applicable lorsque le juge constate que le licenciement est entaché d'une des nullités prévues au deuxième alinéa du présent article. Dans ce cas, lorsque le salarié ne demande pas la poursuite de l'exécution de son contrat de travail ou que sa réintégration est impossible, le juge lui octroie une indemnité, à la charge de l'employeur, qui ne peut être inférieure aux salaires des six derniers mois.*

Les nullités mentionnées à l'alinéa précédent sont celles qui sont afférentes à la violation d'une liberté fondamentale, à des faits de harcèlement moral ou sexuel dans les conditions mentionnées aux articles L. 1152-3 et L. 1153-4, à un licenciement discriminatoire dans les conditions prévues aux articles L. 1134-4 et L. 1132-4 ou consécutif à une action en justice, en matière d'égalité professionnelle entre hommes et femmes dans les conditions mentionnées à l'article L. 1144-3 et en cas de dénonciation de crimes et délits, ou à l'exercice d'un mandat par un salarié protégé mentionné au chapitre Ier du titre Ier du livre IV de la deuxième partie, ainsi qu'aux protections dont bénéficient certains salariés en application des articles L. 1225-71 et L. 1226-13.

L'indemnité est due sans préjudice du paiement du salaire, lorsqu'il est dû en application des dispositions de l'article L. 1225-71 et du statut protecteur, qui aurait été perçu pendant la période couverte par la nullité et, le cas échéant, de l'indemnité de licenciement légale, conventionnelle ou contractuelle ».

530 Reprenons....

1. Rien de nouveau dans le fait que la violation d'une « liberté fondamentale » ou les atteintes à la dignité de la personne (harcèlements) ne puisse être traitées comme une banale erreur patronale. Problème : la définition de cette « liberté fondamentale », ne figure nulle part. Si avec la Chambre sociale et le Conseil d'État, l'on sait qu'existent des libertés non fondamentales (ex : liberté vestimentaire, CS, 28 mai 2003 : « *le droit de se vêtir à sa guise au temps et au lieu de travail n'entre pas dans la catégorie des libertés fondamentales* ») et donc n'autorisent pas à saisir le juge *des référés*, la Chambre sociale semble y voir les libertés de valeur constitutionnelles : droit de grève, droit syndical, égalité H/F...

Le licenciement ainsi prononcé n'est donc pas ici dénué de cause réelle et sérieuse : il est nul. Le salarié peut donc saisir les Prud'hommes en référé (trouble manifestement illicite), demandant non pas sa « réintégration » puisqu'il est censé n'avoir jamais quitté l'entreprise, mais « *la poursuite de son contrat de travail qui n'a pas été valablement rompu* ». Si le juge constate la violation, il doit alors ordonner cette poursuite du contrat... si elle est possible. Il va de soi que ce n'est pas à l'employeur de prétendre qu'elle lui est impossible, ou que son personnel n'en veut pas : l'impossibilité s'impose à tous (ex : fermeture définitive de l'entreprise). Dans cette hypothèse, « *le juge lui octroie une indemnité, à la charge de l'employeur, qui ne peut être inférieure aux salaires des* six *derniers mois* » : voilà pour le plancher : donc le double du plancher habituel de trois mois. Second effet : le plafond de dommages-intérêts de 2017 disparaît.

Pour le licencié, une forte incitation à se placer sur ces deux terrains aux frontières parfois floues (la définition jurisprudentielle du harcèlement moral...), aux délais de prescription plus longs et au droit probatoire extrêmement favorable au demandeur, devant seulement « *présenter des éléments de fait laissant supposer l'existence d'une discrimination directe ou indirecte* » (L.1134-1), enfin fort redoutés des entreprises car pénalement sanctionnés et souvent médiatisés.

2. Il en va de même lorsque c'est le salarié lui-même qui renonce à la réintégration, et se place sur le terrain de l'indemnisation : *plancher qui ne peut être inférieur aux salaires des six derniers mois, et absence de plafond.*

Et comme d'habitude en matière de licenciement nul, cette indemnité est due « *sans préjudice du paiement du salaire, lorsqu'il est dû, qui aurait été perçu pendant la période couverte par la nullité et, le cas échéant, de l'indemnité de licenciement légale, conventionnelle ou contractuelle.* » (L. 1235-3-1).

LICENCIEMENT NUL CAR « MOTIF CONTAMINANT »
L'HEUREUSE RECTIFICATION DU 22 SEPTEMBRE 2017

En cas de pluralité de motifs, mais si un seul d'entre eux peut conduire à la nullité du licenciement car portant atteinte à une liberté fondamentale (grève, discrimination), « *il n'y a pas lieu d'examiner les autres griefs pour vérifier l'existence d'une cause réelle et sérieuse* » avait indiqué la Chambre sociale le 3 février 2016 créant le « motif contaminant », frappant de *nullité* le « licenciement-représailles » (ici, assignation aux prud'hommes en requalification de CDD).
Mais problème : à s'en tenir à cette jurisprudence, un petit patron ayant reproché à son collaborateur des coups et blessures volontaires sur son collègue, le vol de 336 138 euros de matériel et un vaste détournement de clientèle devrait ensuite le réintégrer sous astreinte s'il a (bêtement) ajouté : «...*Et en plus, tu veux me traîner aux prud'hommes !* ». L'ordonnance du 22 septembre 2017 a donc légitimement ajouté un article L. 1235-2-1... qui n'écarte pas la « réintégration » mais invite le juge à bien réfléchir sur le montant de l'indemnisation : « *En cas de pluralité de motifs de licenciement, si l'un des griefs reprochés au salarié porte atteinte à une liberté fondamentale, la nullité encourue de la rupture ne dispense pas le juge d'examiner l'ensemble des griefs énoncés, pour en tenir compte, le cas échéant, dans l'évaluation qu'il fait de l'indemnité à allouer au salarié, sans préjudice des dispositions de l'article L. 1235-3-1.* »

531 Licenciement irrégulier ?, non fondé ?, nul ?, abusif ?, ne pas se tromper de qualification !

Il existe aujourd'hui en droit du travail quatre types de licenciements fautifs, avec quatre sanctions tout à fait différentes, allant de un mois maximum de salaire à plusieurs dizaines de mois. Sans parler des représentants du personnel qui peuvent obtenir des dizaines de mois en cas de licenciement nul car prononcé sans autorisation administrative.

Sécuriser… les petites entreprises. Identique dans tous les pays de l'Union européenne mais résolu de façon très différente, le débat concerne le choix de la sanction adéquate : en nature (donc la dissuasive réintégration forcée), ou par équivalent (dommages-intérêts plus ou moins dissuasifs, ce niveau constituant en soi un message) ? Au sein de l'UE, les lois de 2012-2017 veulent éviter ici la réintégration (Jobs Act, Italie), et plafonnent là les dommages-intérêts (GB, Espagne : 24 mois au maximum), permettant une gestion juridique des risques économiques : l'entreprise provisionne certes beaucoup, mais ne peut ensuite avoir de mauvaises surprises. C'est le recours au juge qui est parfois limité, sur ce terrain forcément conflictuel : ainsi, en GB, un salarié qui n'a pas deux ans d'ancienneté ne peut plus saisir la justice sauf discrimination : ce qui signifie côté entreprise une rupture facile, et pour le salarié l'équivalent d'une super période d'essai.

532 Même si les lois édictent souvent la nullité, le principe retenu par la loi française de 1973 et conforté par l'ordonnance n° 3 de septembre 2017 reste la réparation de nature indemnitaire. Principe rappelé avec vigueur par le Conseil constitutionnel puis la Chambre sociale : *« Dès lors qu'aucun texte n'interdit ou ne restreint la faculté pour l'employeur de licencier, la réparation ne peut être que de nature indemnitaire. Le juge ne peut, en l'absence de dispositions le prévoyant et à défaut de violation d'une liberté fondamentale, annuler un licenciement ou ordonner la poursuite des relations contractuelles. »*

A. - Licenciement irrégulier : violation de la procédure légale, conventionnelle ou statutaire

533 Comme son nom l'indique, c'est l'accomplissement de la *procédure* qui fait ici problème : convocation mal rédigée, entretien inexistant ou bâclé. Si le Code indique que le juge doit obliger l'employeur à réitérer la procédure, cette sanction n'est jamais appliquée (un an après…) ; l'entreprise devra donc verser une indemnité qui *« ne peut être supérieure à un mois de salaire »*, montant peu dissuasif vu aujourd'hui la complexité de la procédure. Rappelons en revanche qu'avant 2017, la mauvaise *motivation* de la lettre de notification du licenciement (« Perte de confiance » ; « Faute réelle et sérieuse ») ne touchait pas la forme, mais le fond : défaut de crs. Mais L. 1235-2 nouveau : « Les motifs énoncés dans la lettre de licenciement (…) peuvent, après la notification de celle-ci, être précisés par l'employeur, soit à son initiative, soit à la demande du salarié, dans des conditions fixées par décret en Conseil d'État ». C'est seulement après que « la lettre de licenciement, précisée (et non plus « complétée ») le cas échéant par l'employeur, fixe les limites du litige en ce qui concerne les motifs de licenciement ».

534 Depuis 2017, les sanctions dépendent de ce qui a suivi la notification (L. 1235-2, 3° al. et s.)

1 - Lorsque le salarié n'a pas présenté de demande à son employeur pour qu'il précise la lettre de licenciement mais que ce dernier repose sur une cause réelle et sérieuse, l'irrégularité que constitue une insuffisance de motivation de la lettre de licenciement ne prive pas, à elle seule, le licenciement de cause réelle et sérieuse et ouvre droit à une indemnité qui ne peut excéder un mois de salaire.

2 - Si le licenciement est déclaré sans cause réelle et sérieuse, le préjudice résultant du vice de motivation de la lettre de licenciement est réparé par l'indemnité allouée conformément aux dispositions des articles L. 1235-3 ou L. 1235-3-1 (le barème).

3 - Lorsqu'une autre irrégularité a été commise dans la procédure de licenciement (légale, conventionnelle ou statutaire) mais qu'il repose sur une cause réelle et sérieuse, le juge accorde au salarié, à la charge de l'employeur, une indemnité qui ne peut être supérieure à un mois de salaire.

B. - Licenciement non fondé sur une cause réelle et sérieuse

535 C'est ici le motif, la cause du licenciement qui est en cause ; un retard, ça va, trois retards.... Avec le barème plancher/plafond et leurs exceptions depuis 2017 (voir *supra*).

C. - Licenciement abusif

536 *« Il y a de l'abus ! »* Peu importe ici la régularité de la procédure, l'existence d'une cause réelle et sérieuse voire d'une faute grave ou lourde. C'est la mise en œuvre du droit de licencier qui est fautive, traduisant légèreté blâmable, intention de nuire, ou atteinte à la dignité du salarié. La Chambre sociale qui l'a créé en 1992 y voyait un moyen discret mais efficace pour dépasser le mois maximal d'indemnisation dû en cas de licenciement trop gravement irrégulier. Cette attitude judiciaire va-t-elle s'étendre avec le plafond de dommages-intérêts de 2017 ? Ainsi en cas d'éviction immédiate *(« Tu prends ton sac et tu te casses ! »)* : un mois au titre de la procédure bafouée, mais désormais aussi quelques milliers d'euros au titre du licenciement abusif. Trois exemples concrets.

Lorsque le *« licenciement est intervenu dans des circonstances particulièrement brutales, dans un contexte de pressions et de propos déplacés de la part de l'employeur »*.

- *Résultat : « réparation du préjudice moral, distinct de celui résultant de l'irrégularité de la procédure de licenciement »* (CS, 18 mai 2017).
- Si se montrer trop créatif dans les comptes constitue certes un motif de licenciement pour un comptable, lui imposer un discours sur la sincérité comptable devant tout le personnel réuni en rangs serrés dans la cantine n'est pas indispensable.

- En cas d'alternance politique, licencier le directeur d'une chaîne de radio est possible : même si son successeur attendait cet instant depuis cinq ans, il ne peut dans la nuit faire changer la serrure du bureau et déposer très élégamment un sac-poubelle noir de cent litres devant sa porte contenant toutes les affaires personnelles de son prédécesseur.

Dans ces hypothèses très classiques en droit commun, le Code du travail ne prévoit aucune sanction spécifique : si le salarié demandeur fait la preuve de ces « circonstances vexatoires », il obtiendra réparation du préjudice – souvent moral – subi, souverainement apprécié par les juges du fond.

D. - Licenciement nul = N'a jamais existé = Poursuite du contrat

537 Depuis l'arrêt du 28 mai 2003 voulant mettre un terme aux dérives de certains juges du fond ayant oublié le principe (l'indemnisation), la nullité ne peut être prononcée qu'en présence d'un texte exprès (accidenté du travail, femme enceinte, harcèlement sexuel ou moral, état de santé et autres discriminations de l'article L. 1132-1), mais aussi de violation d'une liberté fondamentale (ex : droit au juge), dont la liste n'est pour l'instant pas d'une aveuglante clarté en droit du travail, ce qui est un peu gênant depuis septembre 2017 car leur violation fait sauter le plafond de dommages-intérêts.

La sanction du licenciement nul varie selon que le salarié demande ou non sa « réintégration », terme techniquement impropre puisque, en droit, le contrat n'a jamais été valablement rompu : il s'agit d'une simple *« poursuite du contrat qui n'a pas été valablement rompu »*, par ailleurs politiquement moins explosive devant une juridiction paritaire. Le salarié est seul juge de ce choix : ni l'employeur ni le juge ne peuvent l'y contraindre.

1. S'il demande sa « réintégration » au conseil des prud'hommes statuant en référé, et que celui-ci relève l'existence d'un texte en ce sens ou la violation d'une liberté fondamentale, sera rendue une ordonnance de poursuite du contrat au titre de ce « trouble manifestement illicite », souvent accompagnée d'une astreinte destinée à forcer l'exécution. Mais si le salarié a droit au paiement d'une somme correspondant à la réparation de la totalité du préjudice subi entre son licenciement et sa « réintégration », la Chambre sociale applique-t-elle le droit commun de la responsabilité : *tout* le préjudice, certes ; mais *rien* que le préjudice ?

Depuis l'arrêt du 9 juillet 2014, elle distingue le cas du licenciement nul car prononcé en violation d'une liberté fondamentale des autres cas d'annulation : *« Par le présent arrêt, la Chambre sociale fait évoluer sa jurisprudence qui se plaçait sur le terrain du licenciement abusif ou sans cause réelle et sérieuse. Elle décide ici que l'indemnisation due au salarié suite à un licenciement discriminatoire ne doit pas être diminuée des revenus de substitution, à l'instar de ce qui est jugé s'agissant des conséquences du licenciement prononcé en violation d'une liberté* fondamentale. »

538 **Tout dépend donc de la nature du droit en question** : si c'est un droit *fondamental* (grève, liberté syndicale, licenciement-représailles à une action en justice), l'employeur sera condamné à verser l'ensemble des rémunérations entre la date d'éviction et celle de la réintégration, « *peu important que le salarié ait ou non reçu des salaires ou un revenu de remplacement pendant cette période* » (CS, 9 juillet 2014) : la pression est maximale.

Mais s'il s'agit d'un droit non fondamental (ex. : devoir d'adaptation, droit à l'emploi, CS, 21 septembre 2017), « *le salarié dont le licenciement est nul et qui demande sa réintégration a droit au paiement d'une somme correspondant à la totalité du préjudice subi au cours de la période qui s'est écoulée entre son licenciement et sa réintégration, dans la limite du montant des salaires dont il a été privé* ». Conséquence : déduction faite « des revenus qu'il a pu tirer d'une autre activité professionnelle, et du revenu de remplacement (allocations-chômage) » pendant cette période (CS, 20 juin 2012).

2. S'il ne demande pas sa « réintégration », la Chambre sociale veille aussi à une dissuasion financière maximale : idée de *peine* privée, plus que de *réparation* classique.

Cette hypothèse est la plus fréquente dans la pratique : mieux vaut être largement indemnisé aujourd'hui que contraint demain à démissionner, ou licencié pour faute grave. L'arrêt du 2 juin 2004 en a unifié le régime :

« *Le salarié victime d'un licenciement nul et qui ne demande pas sa réintégration a droit d'une part aux indemnités de rupture, d'autre part à une indemnité réparant l'intégralité du préjudice résultant du caractère illicite du licenciement, et au moins égale à celle prévue par l'article L. 1235-3.* » En clair, le salarié aura au minimum droit à l'indemnité prévue en cas de défaut de cause réelle et sérieuse : l'inverse aurait été paradoxal.

Le versement des indemnités de rupture (IP + IL) est donc ici automatique, « *sans qu'il soit besoin de statuer sur les motifs de la rupture* », et renchérit donc le coût du licenciement nul : dissuasif en amont, mais incitant financièrement le salarié à ne pas demander sa « réintégration »...évitant ainsi à l'employeur de perdre la face.

Et s'il s'agit de la violation d'une liberté fondamentale, le plafond de septembre 2017 ne sera pas applicable.

MINI-CAS PRATIQUE DE SYNTHÈSE

Ayant terminé sa période d'essai depuis cinq ans, M. Boris, jeune cadre au service Marketing des Établissements Hanier (Grenoble, 325 salariés), s'est vivement opposé au directeur général lors d'une réunion des cadres hier matin à 9 h 30, qui lui reprochait « une campagne publicitaire nulle, à vrai dire à hauteur de votre compétence, comme je l'ai indiqué ce matin au journaliste du Dauphiné Libéré venu m'interviewer ».

À 10 heures, on lui interdisait l'entrée de son bureau en lui remettant sa lettre de licenciement ainsi rédigée : « Suite à l'incident de ce matin, vous comprendrez qu'il n'est plus possible que vous travailliez dans l'entreprise. Veuillez trouver ci-joint votre indemnité de congés payés. »

Encore sous le coup de cette éviction, il vous demande ce qu'il peut faire, et évoque son adhésion récente au syndicat CFE-CGC : « Curieuse coïncidence, j'avais distribué des tracts de mon syndicat la veille. »

Réponse :

1. Examen des seuils : M. Boris est sous CDI, n'est plus en période d'essai (rupture possible sans motif ni procédure) ; et il a cinq ans d'ancienneté (plancher/plafond) dans une entreprise de 11 salariés ou plus (pas le plancher-plancher des moins de 11).

2. La procédure a été presque oubliée : ni convocation ni entretien préalable, et surtout motivation elliptique dans la lettre de notification. Trois hypothèses depuis 2017.

- Si M. Boris n'a fait aucune demande d'explications auprès de l'employeur, « l'irrégularité que constitue une insuffisance de motivation de la lettre de licenciement ne prive pas, à elle seule, le licenciement de cause réelle et sérieuse et ouvre droit à une indemnité qui ne peut excéder un mois de salaire ».
- « *Lorsqu'une irrégularité de forme a été commise au cours de la procédure (...) mais pour une cause réelle et sérieuse, le juge accorde au salarié, à la charge de l'employeur, une indemnité qui ne peut être supérieure à un mois de salaire.* »
- « *En l'absence de cause réelle et sérieuse du licenciement, le préjudice résultant du vice de motivation de la lettre de rupture est réparé par l'indemnité allouée conformément aux dispositions de l'article L.1235-3* » et son nouveau plancher/plafond fonction de l'ancienneté. Mais non cumul des sanctions forme/fond.

3. La méthode employée est à l'évidence « abusive » (interdiction de repasser à son bureau, éviction immédiate, « comme un voleur »). Ce type d'indemnisation étant indépendant de la cause de licenciement ou de sa régularité formelle, il pourra obtenir en plus du conseil des prud'hommes la réparation du préjudice moral subi. Mais à lui d'en évaluer le montant et d'en faire la preuve devant le juge, avec éventuelle publication, aux frais de l'entreprise, du jugement dans le journal qui avait évoqué « sa compétence nulle » ; bien que non expressément prévu par le Code du travail, ce mode de réparation est adapté.

4. En lui versant seulement sa seule indemnité de congés payés, l'entreprise Hanier lui reproche implicitement d'avoir commis une faute grave, donc privative des indemnités de rupture : à elle d'en apporter la preuve devant le juge. Si M. Boris est resté correct au cours de l'incident (contestation des faits, sans injures ni voies de fait), la faute grave n'est pas constituée ; il percevra donc son indemnité de préavis de trois mois (il est cadre) et les congés payés afférents, plus celle de licenciement, légale (augmentée fin septembre 2017) ou conventionnelle.

5. M. Boris pourra surtout contester la validité au fond de son licenciement.

La motivation de la rupture est pour le moins elliptique : « suite à l'incident de ce matin ». Depuis 2017, si le salarié a demandé des précisions, finalement peu convaincantes sur ce « vif incident », défaut de faute réelle et sérieuse car une discussion un peu vive fait partie de la vie normale de l'entreprise, *a fortiori* si M. Boris n'a eu aucune attitude désobligeante à l'égard du directeur général. Le conseil des prud'hommes demandera à entendre les cadres présents, se renseignera sur le passé professionnel de M. Boris. À l'issue de l'audience de jugement, il prendra position sur la présence d'une faute (réalité du motif), suffisamment sérieuse pour fonder le licenciement d'un cadre qui se doit de ne

pas rester un simple « *Yes, man* » : « *Sauf abus résultant de propos injurieux, diffamatoires ou excessifs, le salarié jouit, dans l'entreprise et en dehors de celle-ci, de sa liberté d'expression à laquelle seules des restrictions justifiées par la nature de la tâche à accomplir et proportionnées au but recherché peuvent être apportées* » (CS, 2 février 2011)
Si ce n'est pas le cas (ou en cas de doute), les Établissements Hanier seront condamnés, outre les indemnités de rupture (IP plus IL) évoquées ci-dessus, à verser à M. Boris les dommages-intérêts prévus par le barème de 2017 pour cinq ans d'ancienneté : minimum trois mois, maximum six mois. Cette somme pourra se cumuler avec les dommages-intérêts obtenus pour licenciement abusif, mais pas avec l'indemnité d'un mois au maximum due en cas de licenciement irrégulier en la forme.
6. La coïncidence licenciement/adhésion à un syndicat est enfin troublante : la discussion cause de la rupture ne serait-elle qu'un prétexte ? Un peu déçu de son plafond de six mois de 2017 après plus de cinq ans de labeur et voulant pouvoir le dépasser, M. Boris va sans doute se placer sur le terrain des libertés fondamentales, et présenter devant le juge des référés prud'homal des éléments laissant supposer que le vrai motif de son licenciement est en réalité son activité syndicale. Le juge, en application de l'article L. 1132-1 sur les discriminations (par ailleurs pénalement sanctionnées), constatera cette fois la nullité du licenciement et ordonnera, si M. Boris le souhaite, la poursuite de son contrat de travail dans l'entreprise sous astreinte journalière, sa « réintégration dans son poste ». Tant qu'elle ne sera pas effective, l'astreinte pourra être régulièrement liquidée, et les salaires devront être versés à M. Boris même s'il n'a effectué aucun travail. Mais souhaite-t-il être repris ?
Si ce n'est pas le cas, depuis fin 2017 : « *L'article L. 1235-3 (le plafond de dommages-intérêts) n'est pas applicable lorsque le juge constate que le licenciement est nul car intervenu en violation d'une liberté fondamentale* » (la liberté syndicale figurant dans le Préambule constitutionnel en est une).
Si M. Boris ne demande pas la poursuite de son contrat de travail ou que sa réintégration est impossible, le juge lui octroiera ses indemnités de rupture (IP+IL) et une indemnité qui ne pourra être inférieure aux salaires des six derniers mois. L'indemnité est due sans préjudice du paiement du salaire, lorsqu'il est dû, qui aurait été perçu pendant la période couverte par la nullité et, le cas échéant, de l'indemnité de licenciement légale, conventionnelle ou contractuelle.
En droit, voilà quelles sont les actions possibles, au civil, pour M. Boris. Concrètement, il n'est pas certain qu'il saisisse le conseil des prud'hommes au fond (section de l'encadrement, jugement dans un an), voire en référé (s'il s'agit d'une discrimination au titre de L. 1132-1, il peut agir immédiatement et obtenir sa « réintégration » dans le mois). Car spécialement pour un jeune cadre, assigner son employeur n'est pas de nature à faciliter sa carrière future, sauf peut-être dans un service Contentieux. Il est fort probable que son conseil et celui de l'entreprise préféreront négocier, puisque la rupture a été notifiée, une transaction plus discrète pour tout le monde. Le contrat ayant déjà été rompu, une résiliation conventionnelle homologuée n'est plus possible.

Chapitre 2

Licenciement pour motif économique : du droit de résiliation à la lutte contre l'exclusion

539 **Faisons un rêve.** Que ce chapitre appartienne un jour à l'Histoire du droit. Mais ce serait oublier que :

1 - Chaque mois début 2017, ce sont entre 12 000 et 15 000 salariés *qui se sont inscrits à Pôle emploi* suite à leur licenciement économique, mais entre 38 000 et 42 000 suite à un motif personnel. Curieux, non ?

2 - Nombre de licenciements ne sont plus liés aux seules difficultés économiques ou aux faillites : avec la fameuse *« destruction créatrice d'emplois »* de Joseph Schumpeter, de très profondes restructurations dues à la métamorphose de notre appareil productif les ont remplacées : a fortiori depuis la Révolution Numérique. En France, avant la crise de 2008, environ 10 000 *emplois* disparaissaient chaque jour ouvrable – ce qui est très différent de 10 000 *licenciements* – mais 11 000 étaient créés. Depuis, entre 160 000 et 250 000 salariés sont licenciés pour motif économique chaque année, pour l'essentiel dans les PME et donc hors plans de sauvegarde de l'emploi (889 PSE en 2015, 730 en 2016), qui seuls intéressent journalistes et travaillistes...

540 **Contre-modèle.** Malgré les lois Macron et Rebsamen d'août 2015, puis El Khomry du 8 août 2016 et enfin les ordonnances du 22 septembre 2017, notre fameux « modèle social français », dont aucun pays ne souhaite vraiment s'inspirer, conjugue encore procédures abracadabrantesques côté entreprise et grand sentiment d'insécurité sociale côté salariés, avec un taux de chômage à 10 % pour tout le monde.

541 **Le cœur et la raison sociale.** Ne soyons pas naïfs : si la complexité est bien réelle (stratifiés entre 1975 et 2005, ces textes visaient une période critique et limitée dans le temps, alors qu'aujourd'hui dans les grands groupes les restructurations sont permanentes), que se passerait-il si aucune norme impérative ne s'interposait entre le salarié et le western qu'est devenue aujourd'hui la vie économique ?

Mais la nécessaire conciliation entre droit à l'emploi et liberté d'entreprendre est toujours délicate, comme le rappellent régulièrement le Conseil constitutionnel, et récemment la Cour de cassation : *« Le droit à l'emploi résultant de l'alinéa 5 du Préambule de la Constitution de 1946 n'est pas une liberté fondamentale, mais un droit-créance qui doit être concilié avec d'autres droits ou principes constitutionnels, tels que la liberté d'entreprendre qui fonde, pour l'employeur, le droit de recruter librement ou de licencier un salarié »* (CS 21 septembre 2017).

Car si le droit du licenciement économique est ressenti comme excessivement contraignant par les entreprises, soit il constitue un frein à l'embauche, soit les voies de contournement se multiplient : travail précaire, L. 1224-1 à l'envers, sous-traitance voire délocalisation.

542 Un droit revu tous les ans (2013-2017). Au-delà des dix pages de procédures en forme de millefeuille du Code consacrées au droit du licenciement économique, bien que refondé le 14 juin 2013 (multiplication des mesures négociées de prévention à froid – GPNEC – mais aussi à chaud sinon brûlant (PSE négocié), enfin, en amont des licenciements, substitution de la Direccte au TGI pour contrôler le PSE), à quoi doit-il servir ?

Car le droit n'est pas une fin, mais un moyen : le droit du travail doit tout faire pour développer l'emploi de demain, dans une entreprise de France où les partenaires sociaux ont compris qu'on est plus intelligent à deux que tout seul : ainsi du débat employeur/comité d'entreprise/organisations syndicales sur les « orientations stratégiques de l'entreprise ». Car les salariés d'aujourd'hui sont ceux du Bac à 88 % : il est normal qu'ils soient informés en temps utile de la direction que compte prendre la direction, et pourquoi ces choix. Un minimum de « sens ».

543 De ce point de vue, l'année 2017 est l'aboutissement d'un cycle destiné à créer plus de consensus pour moins de contentieux.

La loi du 20 août 2008 avait refondé la représentativité des syndicats de salariés en les relégitimant sur la base de leur score électoral dans l'entreprise ; la loi du 4 mars 2014 a fait de même côté organisations patronales tout en rendant nettement plus transparent le financement des deux partenaires. Ce nouveau système était indispensable pour refonder le droit de la négociation collective sur des accords plus légitimes car signés par des syndicats vraiment représentatifs, à tous les niveaux. En particulier s'agissant d'emploi (PSE, accord compétitivité-emploi), où il faut que l'accord collectif emporte l'adhésion de la majorité du personnel pour être appliqué : d'où les accords majoritaires (plus de 50 %) prévus par la loi du 14 juin 2013, banalisés par les ordonnances du 22 septembre 2017 pour les plans de départs volontaires autonomes, exclusivement par accord collectif. Le consensus plutôt que le gaulois conflit des coqs sur leurs ergots.

544 À quoi doit servir le droit du licenciement économique ?

1. Sécuriser les parcours professionnels : l'employabilité. Comme le note Martin Richer : *« On ne peut plus la définir comme un ensemble de compétences permettant* *d'occuper un emploi. Il faut la comprendre comme un portefeuille évolutif de compétences multiformes, permettant d'évoluer dans son emploi, vers un autre emploi au sein de son entreprise ou encore vers une autre entreprise et cela en évitant les ruptures : périodes de chômage, déqualification, affectation de la santé. Responsabilité conjointe entre le salarié, l'entreprise, les pouvoirs publics et le système de formation et d'orientation, la construction de l'employabilité s'opère par l'acquisition de compétences mais aussi par la confrontation avec le travail. Et la rapidité et l'ampleur des mutations technologiques et de celles du travail imposent une acquisition de compétences continue, y compris pour les seniors dont on prolonge la vie professionnelle tout en continuant à les exclure de la formation. Mais il faut aussi redéployer le contenu des formations pour privilégier les compétences transférables et transversales, celles qui aident les salariés à évoluer, à progresser »* (*cf.* son blog : managementrse.blogspot.com).

Mais dans de nombreux cas, le droit du licenciement économique est hélas trop proche du droit de la faillite pour espérer faire autre chose que sauver les salaires non versés, particulièrement dans les petites structures ; il faut donc remonter en amont, le plus en amont possible avec la gestion prévisionnelle des emplois et des compétences.

545 **Surtout en nos temps de métamorphose de notre appareil productif (du matériel à l'immatériel)**, quelle que soit la taille de l'entreprise, les obligations de formation et d'adaptation tout au long de la vie professionnelle constituent autant d'ardentes obligations permettant au salarié, quand la bise sera venue, de pouvoir se reclasser en interne mais aussi en externe, parfois grâce au petit sac à dos virtuel qui le suit partout, quels que soient ses statuts successifs (salarié, indépendant, chômeur, en formation...) : le compte personnel d'activité créé par la loi du 8 août 2016.

Mais il faut ici aller vite, car si le travailleur est jeté dans le tourbillon économique sans avoir un parachute qui fonctionne...

546 **2. Prévention = À froid = Questions de temps et de *timing* :** formation, adaptation, mobilités internes... Il est évidemment souhaitable de donner du temps au temps, ne serait-ce que pour mettre en place des solutions alternatives et voir fonctionner ces multiples mécanismes de reclassement interne, et subsidiairement externe.

547 **Délais et inquiétudes.** Mais accompagnés de multiples négociations informelles et d'autant de rumeurs, ces interminables mois d'information-consultation-négociation avec de multiples partenaires (comité Social et Economique, syndicats souvent ici divisés, Direccte en première ligne depuis l'été 2013, préfet, conseil général, municipalité voire directement gouvernement pour les dossiers médiatiquement sensibles), le droit français donnant à chacun un rôle légal spécifique (monopole de la négociation avec les syndicats, consultation/négociation au sein du comité d'entreprise), génèrent un climat délétère en interne *(« Je suis sur la liste »)*, les entreprises concurrentes faisant leur marché parmi les meilleurs collaborateurs, mais aussi en externe (immense méfiance de fournisseurs qui ne fournissent plus, créanciers et

clients inquiets…) susceptible d'aggraver une situation par définition difficile. Le but légitime de se donner le temps de réfléchir à d'autres solutions s'était parfois transformé en *steeple-chase* juridictionnel, devenu déperdition d'énergies et d'argent s'épuisant dans les prétoires. Faire appel à papa-juge est-il la meilleure solution en matière de gestion de l'emploi ?

548 **Les lois du 14 juin 2013, du 8 août 2016 puis l'ordonnance du 22 septembre 2017 ont voulu privilégier le dialogue interne**, et faire intervenir, en amont des licenciements, une autorité administrative qui connaît déjà l'entreprise en cause : la Dirrecte, désormais en première ligne sur les PSE, les plans de départs volontaires et les accords compétitivité-emploi de 2017. *Exit* donc le TGI, au grand dam des marchands de complexité des deux bords, voyant parfois s'envoler 20 à 30 % de leur chiffre d'affaires.

549 **Effet utile ou effet contentieux**. Même après ces textes, quel spécialiste peut prétendre simplement décrire l'ensemble des procédures dans des groupes à structure complexe sans douze schémas format A3, cinquante PowerPoint… ou cent pages du présent ouvrage ? Et surtout faire comprendre à ses interlocuteurs, *a fortiori* étrangers, la fonction, l'effet utile, de chacune de ces phases ? C'est ainsi que commence le divorce entre le monde des juristes et le monde tout court, qui renonce à comprendre l'autisme grandissant du premier : les juges parlent aux juristes commentant les décisions des juges : un si petit monde.

550 **À moins bien sûr qu'il ne s'agisse de créer des emplois en droit social.** Après les lois 35 heures puis anti-35 heures dont les effets bénéfiques en termes de chiffre d'affaires n'étaient plus à démontrer et dont la corporation s'est montrée très satisfaite, ces textes successifs favorisent incontestablement l'embauche de nos étudiants juristes ou de ressources humaines (*cf.* le master professionnel en apprentissage « Développement des ressources humaines et Droit social » de l'École de management Paris I – Sorbonne : http://drh-sorbonne.fr, contact : M2DRH-ems@univ-paris1.fr).

551 **La construction d'un droit du licenciement économique** propre à sauvegarder la dignité de chaque salarié, et à donner à tous les partenaires les occasions et le temps d'envisager des solutions alternatives ou d'accompagnement externe reste à faire, malgré les réels progrès opérés depuis 2015. Toutes les pièces du puzzle sont là, des orientations stratégiques de l'entreprise à la GPEC triennale et au nouveau droit de la formation légitimement revu et corrigé en 2018, en passant par les PSE de 2015 et les plans de départs volontaires négociés de 2017…

Reste à les assembler, puis les faire vivre : car entre la mise en ligne sur www.legifrance.fr et la mise en œuvre concrète dans la PME de Brest…

SUR L'ENSEMBLE DE CETTE VASTE QUESTION

→ A. Cormier-Le Goff, E. Bénard, *Restructurations et droit du travail*, 3e édition, Éditions Liaisons, collection « Droit vivant », novembre 2014.

→ La brillante synthèse de Jean-Denis Combrexelle, ex-DGT : « Propos introductif sur la loi du 5 mars 2014 », *JCP (S)*, 15 mai 2014 : « *La carrière professionnelle devient de plus en plus une multiplication de CDD de courte durée suivis de CDI interrompus par des ruptures liées à des raisons économiques. Le principe de réalité conduit alors à s'interroger sur une nécessaire évolution du droit du travail vers des droits constitués tout au long de la carrière, et mobilisables par la personne indépendamment de l'existence d'un contrat de travail. Ces droits supposent l'existence de comptes externes à l'entreprise : le compte épargne-temps a évolué en ce sens, et existe le compte personnel de formation.* » Et depuis la loi du 8 août 2016, le « compte personnel d'activité » censé tous les regrouper.

→ Les numéros spéciaux de *Droit social* : « *Droit du travail, croissance et emploi : que faire ?* », avril 2016 : débats entre juristes et économistes du travail, P. Cahuc et O. Favereau. Celui de décembre 2016 sur la formation professionnelle (avant la restructuration de 2018...). Et de décembre 2017 puis janvier 2018 sur les ordonnances du 22 septembre 2017.

552 Définition du licenciement « pour motif économique »

Rédaction de L. 1233-3, issu de **l'ordonnance du 22 septembre 2017** : « *Constitue un licenciement pour motif économique le licenciement effectué par un employeur pour un ou plusieurs motifs non inhérents à la personne du salarié, résultant d'une suppression ou d'une transformation d'emploi ou d'une modification, refusée par le salarié, d'un élément essentiel du contrat de travail, consécutives notamment :*

1 - *À des difficultés économiques caractérisées*
   - *soit par l'évolution significative d'au moins un indicateur économique tel qu'une baisse des commandes ou du chiffre d'affaires, des pertes d'exploitation ou une dégradation de la trésorerie ou de l'excédent brut d'exploitation (...),*
   - *soit par tout autre élément significatif de nature à justifier de ces difficultés.*

2 - *À des mutations technologiques ;*

3 - *À une réorganisation de l'entreprise nécessaire à la sauvegarde de sa compétitivité ;*

4 - *À la cessation d'activité de l'entreprise* ».

553 Il ne faut donc pas confondre deux questions : la *qualification* du licenciement : personnel ou économique ? Et sa *justification* : repose-t-il sur une cause réelle, et sérieuse ?

• **Cause qualificative** du licenciement = un motif « *non inhérent à la personne du salarié* », critère issu du droit communautaire. On imagine bien que 328 licenciements soient dûs à un problème lié à l'entreprise plutôt qu'au comportement de chacun des salariés visés. En cas de doute sur la qualification, « *il convient de s'attacher au motif qui a été la cause première et déterminante* ». Si la suppression de l'emploi a été longtemps le critère essentiel du motif économique, la définition légale l'élargit à la transformation de l'emploi (ex. : robotisation d'un poste manuel : le nouveau poste n'a rien à voir avec l'ancien) et surtout à la modification de celui-ci : l'ancien emploi a *juridiquement* disparu car qualification et salaire sont différents.

• **Cause justificative** du licenciement, remaniée le 8 août 2016 puis le 22 septembre 2017. La source de ces suppressions ou transformations ne réside pas seulement dans les *difficultés économiques* de l'entreprise – très souvent hélas la liquidation de TPE-PME –, mais aussi dans les *mutations technologiques* qui peuvent l'affecter, même en l'absence de toutes difficultés économiques : « *Les mutations technologiques constituent un motif économique autonome de licenciement.* » Mais ce fondement est aujourd'hui bien risqué, car le salarié aura beau jeu de retourner la question : « *Qu'avez-vous fait pour me permettre de m'adapter aux nouvelles technologies ?* » (obligation d'adaptation, voir *infra*).

554 Depuis l'arrêt Vidéocolor du 5 avril 1995, une entreprise *in bonis* pouvait aussi licencier afin de prévenir de lourdes difficultés à venir (ex. : lancement d'un produit révolutionnaire par la concurrence : le Walkman de Sony détrôné en quelques mois par l'IPod d'Apple) : « *Lorsqu'elle n'est pas liée à des difficultés économiques ou à des mutations technologiques, une réorganisation ne peut constituer un motif économique que si elle est effectuée pour sauvegarder la compétitivité de l'entreprise* ». La loi du 8 août 2016 a donc enfin intégré cette jurisprudence sur « la sauvegarde de la compétitivité de l'entreprise » au Code.

555 **Plan.** Entre 1993 et 2017, jurisprudence et législateur ont uni leurs efforts pour tenter de **prévenir les licenciements économiques** *(Section I)*. Il faudra ensuite examiner les **procédures de licenciement pour motif économique,** dont les PSE reconfigurés par les lois de 2013, 2015 puis 2017 *(Section II)*, le lecteur non directement concerné pouvant se reporter directement au **contrôle judiciaire de la cause réelle et sérieuse,** reconfiguré en août 2016 puis septembre 2017 *(Section III)*.

Explication de tous ces changements législatifs ? Le fort tropisme de la Cour de cassation des années 1993-2012 pour le droit du licenciement économique et des plans de sauvegarde de l'emploi jugés plus protecteurs pour les salariés, mais très lourds – procédures + fond + médias- pour les grandes entreprises ou groupes français en constante restructuration. Ce qui a amené le législateur de 2013-2017 à réagir en cherchant à contourner le juge judiciaire (2013 : pour les PSE, *exit* le TGI au profit de la Direccte) ou le licenciement économique (accord de maintien de l'emploi de 2015 ; accord compétitivité-emploi de L. 2254-2 ; ruptures conventionnelles collectives), ou contenir cette envahissante jurisprudence : nationalisation de l'obligation de reclassement, et du périmètre de la cause réelle et sérieuse en septembre 2017.

À LIRE

Sur cette évolution, voir n° spécial de Droit social, décembre 2017, et l'excellent article de l'étoile montante Alexandre Fabre : « *Que reste-t-il du droit du licenciement pour motif économique ?* », Semaine Sociale Lamy, n° 1784 du 2 octobre 2017.

556 Rappel

Sauf pour certains « juristes » ayant une tête en forme de Code, ce n'est pas un nouveau contrat (feu le CNE, feu le CPE, feu « de génération », contrat-jeune, contrat-vieux, de projet, d'avenir, aidé...) qui crée de nouveaux emplois : c'est la *croissance économique* qui génère de nouveaux clients, donc de nouvelles commandes et donne de la visibilité et de la confiance dans l'avenir pour embaucher.

SECTION I Prévention des licenciements économiques

557 Protéger les *personnes* **plutôt que les** *postes* fait désormais consensus en Europe. À défaut de croissance forte, il faut anticiper en adoptant le plus en amont possible une politique responsabilisante de prévention, pour les deux parties au contrat.

558 Prévenir, à froid. L'idée force des lois de juin 2013 puis d'août 2016 est de remonter le plus loin possible afin d'anticiper des restructurations parfois imprévues (OPE hostile), mais jamais imprévisibles car elles ne sont plus un accident mais un phénomène permanent. Or ces changements affectent bien souvent le contrat de travail des salariés en cause, qui devront changer de poste voire perdre *leur* emploi pour garder *un* emploi. Particulièrement complexe et surtout très évolutif en droit français, le droit de la modification du contrat de travail a acquis en juin 2013 une place centrale ; et l'employabilité (formation + mobilités) devient le noyau dur du contrat employeur/salarié.

559 Anticiper donc... en pleine révolution numérique. Est-il scandaleux de multiplier comme l'ont fait les lois de juin 2013 puis d'août 2016 les systèmes d'anticipation d'éventuelles difficultés économiques, donc de formation, associées à des mobilités géographique et professionnelle permettant au salarié de garder non pas « son », mais « un » emploi, et à l'entreprise ses compétences ? Qu'un accord triennal *« accompagne la vision stratégique à moyen et long terme de l'entreprise et contribue à l'évolution de la carrière des salariés, notamment à travers la formation »* ? Car d'accord avec l'ANI, il faut bien reconnaître que la GPEC est *« encore méconnue, ou souvent controversée »* : vouloir réveiller cette Belle Endormie est donc une bonne idée... à condition que les mêmes causes ne conduisent aux mêmes conséquences : car pour pré-venir, il faut pré-voir. Or en nos temps de Révolution Numérique qui accélère tout, rendant vite obsolète une qualification hier acquise pour la vie : pour nombre d'entreprises, par les temps qui *courent*, les prévisions au-delà du semestre... La GPEC idéale ? Concilier performance de l'entreprise avec aspirations des salariés, tout en sécurisant l'emploi.

560 Synergie de quatre moyens pour prévenir les licenciements : obligation de négocier, à froid, la gestion prévisionnelle des emplois, mais aussi des compétences

(§ 1) ; obligation permanente d'adaptation des salariés *(§ 2)*, conjuguée avec l'obligation de reclassement interne si des suppressions de postes sont prévues *(§ 4)*. Et pour éviter des licenciements économiques à court ou moyen terme, négocier des accords de **flexibilité interne plutôt qu'externe** *(§ 3)*.

§1 Prévention collective, à froid : la GPEC négociée (L. 2242-40)

De la GPEC à la GPNégociéeEC. La prévention à moyen terme des licenciements économiques commence par un double échange avec les institutions représentatives du personnel – demain l'unique Comité Social et Économique – avant de communiquer l'information à chaque salarié afin qu'il ait de la visibilité sur l'avenir de son poste, et les conséquences à en tirer.

1 - **Pré-voir, avec le comité d'entreprise (élu)** : échange approfondi employeur/comité d'entreprise sur la stratégie à venir. Chaque année, le CE est consulté sur « *les orientations stratégiques de l'entreprise et leurs conséquences sur l'activité, l'emploi, l'évolution des métiers et des compétences, l'organisation du travail* ». Cette consultation porte en outre sur la GPEC et sur les orientations de la formation professionnelle. Il émet alors un avis et peut proposer des orientations alternatives (L. 2323-10).
   Mais rendre ainsi quasiment publiques des orientations stratégiques dans la guerre économique mondiale qui est la nôtre, à l'instar de la vaste « banque de données économiques et sociales », support de cette consultation et accessible à tous les représentants du personnel créée par la même loi, exige de grandes qualités de loyauté, et de confidentialité : ces deux excellentes idées restent aujourd'hui peu utilisées.
2 - **Pour pré-venir, avec les délégués syndicaux (désignés).** Puis l'employeur va se tourner vers les syndicats, qui ont en France le monopole de la négociation collective.

Cette fois dans les entreprises et les groupes d'entreprises d'au moins trois cents salariés, l'employeur doit engager tous les trois ans, justement sur le fondement des orientations stratégiques examinées avec le comité, une négociation portant sur :

- la mise en place d'un dispositif de GPEC ainsi que sur les mesures d'accompagnement susceptibles de lui être associées : formation redéployée par la loi du 5 mars 2014, validation des acquis de l'expérience, bilan de compétences, accompagnement de la mobilité professionnelle et géographique des salariés ;
- les conditions de la mobilité professionnelle ou géographique interne à l'entreprise ;
- les grandes orientations à trois ans de la formation professionnelle dans l'entreprise : objectifs du nouveau plan de formation, catégories de salariés et d'emplois auxquels ce dernier est consacré en priorité, compétences et qualifications à acquérir pour les trois années de validité de l'accord (L. 2242-13).

561 **Ni tout nouveau.** La GPEC n'est pas née le 14 juin 2013. Car gouverner, c'est prévoir et tout employeur la pratiquait en permanence *(« Quel produit vais-je vendre*

demain ? Avec quels salariés ? Qui devront avoir quelles compétences ? »). Cette ardente obligation de maintien de l'employabilité pour faire face à des restructurations figure d'ailleurs dans la directive du 11 mars 2002 relative à l'information et à la consultation des travailleurs, évoquant *« l'anticipation des risques »* et voulant *« promouvoir et renforcer l'information et la consultation sur la situation et l'évolution probable de l'évolution de l'emploi au sein de l'entreprise et les éventuelles mesures d'anticipation à envisager, notamment en termes de formation et de développement des compétences des travailleurs ».*

La redécouverte de la GPEC par le législateur est donc émouvante. Car, à moins de réduire les services Ressources humaines à la fonction Recrutement/Paie/Licenciement, cela fait quarante ans que nombre d'entreprises avaient mis en place, unilatéralement mais aussi conventionnellement, des plans de formation ou de mobilité professionnelle et géographique, dont le succès restait il est vrai parfois mitigé.

562 **Ni tout beau.** Si les lois du 18 janvier 2005 puis du 14 juin 2013 ont souhaité remonter loin en amont (obligation triennale de négocier), il n'est pas certain que fin 2017, où l'horizon est parfois réduit aux résultats trimestriels, cette planification à long terme reste réaliste tant les changements sont rapides dans les structures concernées (fusion, scission, externalisation…) ; sans parler des filiales de groupes internationaux n'ayant aucune prise sur la stratégie définie à 3 500 km, dans un monde en pleine Révolution numérique.

563 **Veille préventive.** Mais cette négociation doit créer un ensemble cohérent ; le plan de formation tel que redéfini par la loi du 4 mars 2014 est par exemple subordonné à l'objectif d'employabilité interne et externe ; et les sous-traitants informés des orientations stratégiques qui ont parfois un très, très rude effet sur leurs métiers et l'emploi.

564 Bref, pas seulement un *« packaging des outils et des accords déjà existants sur la formation, l'intégration des jeunes, la mobilité, la gestion de carrière…, optimisant ainsi progressivement l'usage des moyens d'adaptation que les entreprises mettent en œuvre, n'impliquant pas nécessairement une volonté de prévenir les inadéquations »* (Xavier Baron). Que la nouvelle GPNEC soit l'occasion pour chacun de s'arrêter de tourner de plus en plus vite dans sa cage d'écureuil, et de réfléchir ensemble sur des projets communs. Mais lorsque l'urgence est devenue la culture d'un bon manager, combien d'entreprises vont vouloir trouver le temps de se représenter l'avenir, pas toujours rose mais souvent rosse ? Combien de syndicats voudront signer ces accords de GPEC-mobilités à froid, tout en pensant qu'un accord sur le PSE pourrait suivre, avec une mobilisation plus facile à chaud ?

565 **Depuis septembre 2017**, l'employeur favorisera sans doute les « ruptures d'un commun accord dans le cadre d'accords collectifs », bref un alléchant « plan de départs volontaires autonome » car hors tristement médiatique PSE (*« Un accord collectif*

portant gestion prévisionnelle des emplois et des compétences ou plan de départ volontaire peut définir les modalités encadrant les conditions de la rupture d'un commun accord du contrat de travail qui lie l'employeur et le salarié » : voir *infra*).

Poussés, voire nettement au-delà, par les nombreux salariés désireux de quitter l'entreprise à des conditions financières qui pourraient ne pas durer, les délégués syndicaux n'ont parfois guère le choix. « Chèques-valise » certes plébiscités, mais à l'opposé de la gestion prévisionnelle des emplois et des compétences tant vantée, comme de la volonté de maintien dans l'emploi de nos coûteux seniors... dont la plupart ne demandent qu'à partir, permettant parfois l'embauche de juniors. Rien n'est simple.

566 Même si obligation de négocier ne veut pas dire obligation de signer, le bilan statistique de la loi de 2005 reste modeste en 2017, en quantité et en qualité. Et celle du 14 juin 2013 n'a pas réussi à réveiller cette Belle au Code Dormant. Sachant que la GPNEC doit aussi parfois dépasser l'entreprise : territoires, métiers et branches peuvent ainsi mutualiser des moyens, permettant la transférabilité des compétences. Vous avez dit « compétences transférables » ? Transférables chez qui ? Le concurrent ? Paradoxe de l'employabilité : bonne image employeur, donc attractivité. Mais aussi prime à l'infidélité : car une fois formés, ce sont les meilleurs qui partent.

§2 Prévention individuelle : la double obligation d'adaptation

567 **Devoir d'exécution de bonne foi.** Rendu au visa de l'article 1134 évoquant la loyauté contractuelle, le créatif arrêt du 25 février 1992 avait une portée générale, dépassant largement le cadre du licenciement économique : *« Tenu d'exécuter de bonne foi le contrat de travail, l'employeur a le devoir d'assurer l'adaptation des salariés à l'évolution de leurs emplois. »* Comme le remarque très justement Jean-Yves Kerbouc'h, *« lorsqu'elle n'est pas entretenue, la capacité professionnelle se consume sans que le salarié s'en aperçoive immédiatement : c'est à l'occasion d'un licenciement économique qu'il découvrira que sa qualification est devenue obsolète et qu'aucun employeur ne veut s'attacher ses services »*. Surtout en nos temps de Révolution numérique, des études évoquant trois millions d'emplois supprimés à court terme et autant de « travailleurs inutiles » car inemployables.

568 **Cette obligation s'applique en permanence,** à tout employeur, petit ou grand. L. 6321-1 : *« L'employeur assure l'adaptation de ses salariés à leur poste de travail (avec maintien de la rémunération). Il veille au maintien de leur capacité à occuper un emploi, au regard notamment de l'évolution des emplois, des technologies et des organisations. Il peut proposer des formations qui participent au développement des compétences, y compris numériques ainsi qu'à la lutte contre l'illettrisme »* (en tout ou partie en dehors du temps de travail, et en application d'un accord écrit entre l'employeur et le salarié).

569 **Employabilité. Locataire de son poste mais propriétaire de ses compétences,** chaque salarié doit désormais être acteur de sa propre employabilité, dans une dynamique gagnant/gagnant. Mais proposer une formation à un cadre naturellement porté à se former ne se heurte pas du tout aux mêmes réticences que pour un agent d'exécution, a fortiori senior. Comme le notait le CEREQ en juillet 2017, « *Le* souhait *et la* demande *de formation sont deux réalités bien distinctes. Si la majorité des salariés partagent le* souhait *de se former dans les 5 années à venir, avec peu de différences selon le niveau de qualification, les demandes de formation exprimées au cours de la dernière année concernent 31 % des salariés, mais sont très inégalement réparties : ceux occupant les emplois les moins qualifiés sont ceux qui ont formulé le moins de demandes de formation dans les 12 derniers mois : 19 % des ouvriers contre 50 % des cadres* ». Et de poser une délicate question : « *Rendre le salarié acteur de sa propre formation contribue-t-il à creuser les inégalités entre qualifiés et peu qualifiés ?* » (« *La formation en entreprise face aux aspirations des salariés* » Jean-Marie Dubois et Ekaterina Melnik-Olive. Céreq Bref n° 357, 2017).

570 **La compétence était un stock, avec la Révolution numérique et demain l'intelligence artificielle, elle devient un flux.** D'où les réformes de 2014 puis 2018 voulant recentrer les 32 milliards de dépenses de formation sur ceux qui en ont le plus besoin : moins pour HEC et plus pour le chômeur de longue durée, dans une démarche d'assurance qualité pour les organismes de formation via une certification.

571 **Un devoir nécessairement symétrique.** Comme l'avait indiqué l'arrêt du 5 décembre 2007, le devoir d'adaptation est légitimement symétrique : *« En l'absence de motif légitime, refuser de participer à une formation organisée dans l'intérêt de l'entreprise peut constituer une faute. »* Changement de braquet avec celui du 3 décembre 2008, à propos d'un ingénieur informatique en période d'inter-contrats ayant à plusieurs reprises refusé de se rendre en formation : *« Cette formation étant destinée à adapter l'intéressé aux évolutions technologiques de son emploi, elle constituait une* modalité d'exécution du contrat de travail *et répondait à l'intérêt de l'entreprise »* (*faute* réelle et sérieuse). *Idem* en cas de départ en cours de formation qui a lieu sur temps de travail (CS, 12 juin 2014).

572 Le problème est que tous les accords GPEC du monde, beaux, généreux mais forcément impersonnels, ne convaincront pas Samantha ou Roger, qui gardent souvent un souvenir cuisant de tout ce qui se rapporte à l'école, d'aller se former. À l'enthousiasme très mesuré de leur hiérarchie (absence assurée/mobilité externe possible) répond donc la faible motivation de salariés restés vingt ans immobiles géographiquement et professionnellement – passivité souvent encouragée car permettant de fixer la main-d'œuvre – à développer une autonomie très relative. Allez expliquer au paisible *factotum* du service Courrier que le métier de commercial est enthousiasmant aux temps du client-tyran. C'est individuellement, personne après personne, qu'il faut

convaincre chacun des collaborateurs qu'il a tout à gagner à entrer dans cette logique... et qu'il pourrait aussi perdre demain son emploi en cas de refus.

573 Employabilité interne et désormais externe, même en dehors de tout licenciement économique

• **Devoir ponctuel à chaud, en cas de projet de licenciement économique.** Une opératrice avec une ancienneté de sept ans est licenciée pour motif économique et assigne l'employeur pour défaut de cause réelle et sérieuse ; mais n'ayant bénéficié d'aucune formation, elle invoque aussi un *préjudice distinct* dû au manquement patronal à l'obligation d'adaptation. L'employeur répond que son poste de travail n'avait subi aucune évolution nécessitant une formation d'adaptation ; et qu'il lui appartenait de demander à bénéficier d'un congé individuel de formation, ce qu'elle n'avait jamais fait. *« La salariée étant présente dans l'entreprise depuis sept ans et n'ayant bénéficié d'aucun stage de formation continue, la cour d'appel a caractérisé un manquement de l'employeur à l'obligation de veiller au maintien de la capacité de la salariée à occuper un emploi au regard notamment de l'évolution des emplois, des technologies et des organisations »* (préjudice distinct de la rupture : 6 000 euros, CS, 7 mai 2014). Et si « une simple formation d'adaptation » aurait permis à la secrétaire administrative d'être reclassée au service Achat-Marketing, défaut de cause réelle et sérieuse du licenciement économique (CS, 31 mai 2017).

• **Obligation permanente à froid, en dehors de tout licenciement économique.** Quatre « garçons de cuisine » maliens faisaient valoir qu'aucune formation ne leur a été proposée depuis plus de vingt ans, notamment pour combattre leur illettrisme ; ils n'avaient donc pu évoluer au sein de l'entreprise : 10 000 euros de dommages-intérêts chacun (CS, 2 mars 2010).

574 Ces arrêts montrent que le maintien de l'employabilité de chaque collaborateur – y compris des seniors – n'est pas seulement un slogan pour la Cour de cassation. Et peu importe que le poste n'ait pas évolué, ou que le salarié n'ait rien demandé (CS, 25 juin 2015). L'obligation d'adaptation a donc désormais deux buts complémentaires :

- **employabilité interne**, en assurant certes au salarié la possibilité d'évoluer avec son poste, mais aussi de faire carrière dans l'entreprise ;
- mais, de façon beaucoup plus créative pour le chef d'entreprise concerné, également **employabilité externe**, *a fortiori* si un licenciement économique est envisagé : si le salarié se trouve demain sur le marché du travail, est-il compétent pour postuler sur un emploi ailleurs ? Et pour s'installer comme auto-entrepreneur ? La sanction de ce manquement sera alors constituée par des dommages-intérêts pouvant, le cas échéant, *s'ajouter* au défaut de cause réelle et sérieuse. Dissuasif, et habilement incitatif.

575 Mais simple adaptation, pas une reconversion

Car une entreprise n'est pas un centre de formation professionnelle : *« La formation qu'aurait dû suivre le salarié ayant jusque-là travaillé pour des magazines papier* *pour occuper le poste de chef de publicité Web dépassait le niveau de l'obligation de formation et d'adaptation incombant à l'employeur* » (CS, 17 mars 2015).

Mais surtout avec la Révolution numérique, quelles sont les frontières de l'obligation d'adaptation ? « *Le licenciement pour motif économique d'un salarié ne peut intervenir que lorsque tous les efforts de formation et d'adaptation ont été réalisés.* » Poussé au bout de sa logique, L. 1233-4 pourrait aboutir à suspendre tout licenciement économique : car quel employeur peut démontrer qu'il a réalisé « *tous les efforts de formation et d'adaptation* » ? Or dans les bassins d'emploi mono-industrie par exemple, ce n'est pas la courte formation résultant du seul devoir d'adaptation (les ouvriers représentent chaque année environ 40 % des salariés licenciés pour motif économique) qui pourra donner accès à un nouvel emploi. Ainsi dans les secteurs du textile, de la chaussure voire du petit électroménager où moins de 50 % des reclassements effectués interviennent dans la même activité productive, où par ailleurs les travailleurs sont très peu mobiles pour des raisons familiales et surtout financières.

576 **C'est donc d'une véritable reconversion** qu'il doit parfois s'agir, spécialement pour les non-qualifiés. Or pour ces salariés, parents ou grands-parents gardant souvent un mauvais souvenir de l'école et sans culture de formation ni de mobilité, un tel réapprentissage est souvent perçu comme une régression, et surtout l'antichambre d'une future mobilité géographique ou professionnelle. Côté entreprise, et au-delà de l'aspect strictement financier qu'il faut pouvoir assumer, ces formations nécessairement lourdes s'avèrent doublement coûteuses surtout pour les TPE-PME : il faut d'abord et avant tout pouvoir faire face à de longues absences, et les meilleurs risquent ensuite de s'en aller. Car malgré d'éventuelles clauses de dédit-formation, réservées aux très coûteuses formations de certains cadres, existent de réels risques de « braconnage » par la concurrence pour l'entreprise développant des compétences transférables.

577 **Impacts collatéraux.** Cette obligation permanente d'adaptation rend enfin plus délicats les licenciements pour *motif personnel* fondés sur l'insuffisance professionnelle. Les rares licenciements pour *motif économique*, prononcés sur le fondement de « mutations technologiques », sont également risqués, car réponse du salarié : à qui la faute ? À moins que le nouveau poste exige une complète réorientation (poste manuel répétitif/totalement informatisé avec niveau BTS ou DUT).

578 **Sécurisation du parcours professionnel : droit à l'emploi et employabilité.** Dans un monde en évolution permanente, le contrat de travail, contrat « à exécution successive », trouve donc un sens nouveau : le droit à l'emploi, figurant dans le préambule constitutionnel de 1946 et constitutionnalisé par le Conseil le 10 juin 1998, implique des efforts communs pour assurer la stabilité du rapport contractuel.

579 « *Faire l'entreprise de demain avec les hommes d'aujourd'hui* » n'est plus seulement socialement souhaitable, mais constitue désormais un impératif démogra-

phique. Or les salariés taylorisés les plus performants dans le système ancien, ceux qui ont désappris à apprendre, ne seront pas les premiers à demander à bénéficier du compte personnel d'activité, et auront de grandes difficultés à s'adapter à leur nouvel emploi : formation continue et formation continuée, avec le sac à dos virtuel que constitue le CPA, lié à la personne du travailleur tout court, au-delà du seul salariat. Ce devoir d'adaptation n'est pas enfin sans conséquences sur le plan de formation de l'entreprise, mais également sur la politique de recrutement : l'aptitude au changement devient un critère déterminant (la tête bien faite), et son appréciation ne se limite pas à des tests purement techniques. Avec l'intelligence artificielle que se développe partout, y compris dans le monde juridique, une tête bien pleine peut aujourd'hui être remplacée par un abonnement à 25 euros mensuels, sans charges sociales.

« *L'illettré du futur n'est pas celui qui ne sait pas lire, mais celui qui ne sait pas apprendre, désapprendre puis réapprendre* » (Alvin Töffler, *in* « la Troisième Vague »).

À LIRE

Les excellentes chroniques de J.-P. Willems (willemsconsultants.hautetfort.com) et de J.-M. Luttringer, sur l'agence AEF (http://www.aef.info).
Le numéro spécial de Droit Social, avril 2016 : « Droit du travail, croissance et emploi : que faire ? » Sp. p.319 : « Le droit du travail à l'épreuve de l'emploi », débat entre P. Lokiec, P. Cahuc et O. Favereau. Et celui de décembre 2016 : « Mutations de la formation professionnelle »
Yann Algan, Pierre Cahuc et André Zylberberg, « La fabrique de la défiance... et comment s'en sortir », Albin Michel, 2012

§3 Flexibilité interne plutôt qu'externe, par accord collectif : la fusion « 4 en 1 » du 22 septembre 2017

580 **Mouvement général en Europe.** Allemagne, Espagne, Portugal, Italie... Des syndicats pas toujours très accommodants y ont signé des accords donnant-donnant : baisse des rémunérations et/ou augmentation du temps de travail contre maintien de l'emploi.

581 **«** *Je te donne ma montre, tu me donnes l'heure* **» ?** Car problème : si le maintien dans l'emploi devient un élément permanent de la négociation côté employeur, le fond ne sera jamais atteint côté salariés. Mais il faut aussi voir la réalité : à l'instar de Michelin en 2016-2017, des sites moribonds devant être fermés sont finalement maintenus voire développés grâce à de très lourds investissements, en partie permis par la réduction de la masse salariale, par accord collectif majoritaire voire unanime. En cette matière, il convient donc de se méfier des slogans creux et des leçons gratuites des « Faukon » et autres « Yaka » aux mains si blanches.

582 Unification des régimes le 22 septembre 2017 : quatre accords en un, évinçant tout le droit du licenciement économique. Relative « au renforcement de la négociation collective », l'ordonnance n° 1 du 22 septembre 2017 fusionne à juste titre quatre accords, dont les trois premiers avaient eu un succès plus que mitigé : de mobilité interne (AMI), de préservation et de développement de l'emploi (APDE), d'aménagement du temps de travail et de maintien de l'emploi (AME) enfin de réduction du temps de travail (ARTT), au profit d'un régime juridique unifié qui ratisse large : un accord de compétitivité « évitant » sans le dire tout le droit du licenciement pour motif économique (procédures et fond) : il s'agit d'un « *motif spécifique* ».

Mais au prix d'un accord collectif, et majoritaire. On souhaite bien du plaisir aux syndicalistes signant, hors projet de dépôt de bilan, un accord abaissant les salaires contractuels de tous leurs camarades : ils s'en souviendront aux prochaines élections. Mais aussi aux employeurs n'ayant pas compris que le marché de l'emploi repart, surtout pour les meilleurs candidats, et collaborateurs. Si en plus leur démission est bientôt prise en charge par l'Assedic...

583 L. 2254-2 nouveau. *Afin de répondre aux nécessités liées au fonctionnement de l'entreprise (donc hors difficultés économiques actuelles ou prévisibles), ou en vue de préserver ou développer l'emploi, un accord d'entreprise peut :*

- *aménager la durée du travail, ses modalités d'organisation et de répartition ;*
- *aménager la rémunération dans le respect du salaire minimum interprofessionnel de croissance et des salaires minimas conventionnels*
- *déterminer les conditions de la mobilité professionnelle ou géographique interne à l'entreprise (...).*

« *Les stipulations de l'accord se substituent de plein droit aux clauses contraires et incompatibles du contrat de travail, y compris en matière de rémunération, de durée du travail et de mobilité professionnelle ou géographique interne à l'entreprise* » : la loi pourrait d'autorité opérer cette « substitution », et s'arrêter là.

Mais non : « *le salarié peut refuser la modification de son contrat de travail résultant de l'application de l'accord* » *(...).*

584 Rudes effets du refus : « *Si l'employeur engage une procédure de licenciement à l'encontre du salarié ayant refusé l'application de l'accord* » (ce qu'il n'est jamais obligé de faire), il devra certes suivre la procédure d'un licenciement individuel pour motif économique, mais ce licenciement ne constitue ni un licenciement pour motif économique mais pas personnel non plus car il n'est pas « inhérent à la personne du salarié » : bref un motif sui generis n'entrainant aucune des conséquences individuelles (ex : obligation de reclassement) ni collective (ex : montage d'un PSE) du licenciement économique : « *ce licenciement repose sur un motif spécifique qui constitue une cause réelle et sérieuse* ».

585 Les rudes conséquences de ce nouvel accord collectif de compétitivité expliquent en partie que la même ordonnance du 22 septembre 2017 ait avancé au 1er mai

2018 l'exigence d'un accord systématiquement majoritaire : le collaborateur se plie à la loi de la majorité... qui peut être parfois très relative en termes d'inscrits, et incite parfois les meilleurs à aller voir ailleurs, surtout en cas de reprise du marché de l'emploi.

§4 Préalable obligé à tout licenciement économique, l'ardente obligation de reclassement interne, reconfigurée le 22 septembre 2017

586 **Licenciement économique =** *ultima ratio* **car constat d'échec du reclassement.** L'obligation de reclassement s'impose pour tout projet de licenciement économique, individuel ou collectif : même dans une TPE de trois salariés ou une PME, le licenciement est l'*ultima ratio*, lié au constat d'échec des tentatives de reclassement interne, même en cas de PSE négocié par des syndicats à plus de 50 %.

Mais pas en cas de plan de départs (*vraiment*) volontaires car il n'y a pas licenciement, qu'il s'agisse du bon vieux PDV dans un PSE, ou du nouveau PDV autonome du 22 septembre 2017 (voir infra).

587 **Texte de l'article L. 1233-4,** largement remanié par l'ordonnance du 22 septembre 2017 « relative à la prévisibilité et à la sécurisation des relations de travail ».

« *Le licenciement pour motif économique d'un salarié ne peut intervenir que lorsque tous les efforts de formation et d'adaptation ont été réalisés et que le reclassement de l'intéressé ne peut être opéré sur les emplois disponibles, situés sur le territoire national dans l'entreprise ou les autres entreprises du groupe dont l'entreprise fait partie et dont l'organisation, les activités ou le lieu d'exploitation assurent la permutation de tout ou partie du personnel ;*

Pour l'application du présent article, le groupe est défini, lorsque le siège social de l'entreprise dominante est situé sur le territoire français, conformément au I de l'article L. 2331-1 (donc celui du comité de groupe au sens du droit du travail : voir infra) *et, dans le cas contraire, comme constitué par l'ensemble des entreprises implantées sur le territoire français.*

Le reclassement du salarié s'effectue sur un emploi relevant de la même catégorie que celui qu'il occupe ou sur un emploi équivalent assorti d'une rémunération équivalente. À défaut, et sous réserve de l'accord exprès du salarié, le reclassement s'effectue sur un emploi d'une catégorie inférieure.

L'employeur adresse de manière personnalisée les offres de reclassement à chaque salarié, ou diffuse par tout moyen une liste des postes disponibles à l'ensemble des salariés, dans des conditions précisées par décret. Les offres de reclassement proposées au salarié sont écrites et précises ».

588 **« Reclassement » ? Polysémie et marketing social.** Ce terme socialement très positif est devenu au fil des lois une *véritable auberge espagnole* :

- il est utilisé pour désigner aussi bien les effets d'un accord de GPEC que la mobilité d'un salarié en voie de licenciement pour motif économique ;

- le Code lui-même mélange allègrement reclassement interne et reclassement externe (*cf.* le plan de sauvegarde de l'emploi avec ses deux parties), pourtant fort différents car dans le premier cas le contrat est maintenu. À juste titre, la Chambre sociale continue à les opposer : sauf plan de départs (vraiment) volontaires, le reclassement *externe* est pour elle nécessairement subsidiaire, seulement quand le reclassement en interne s'est révélé impossible ;
- en cas de problèmes économiques, coexistent enfin deux reclassements, aux sanctions différentes sans qu'on en voie bien la logique : l'obligation de reclassement individuelle, automatiquement examinée par le conseil des prud'hommes en cas de contestation de la cause réelle et sérieuse d'un licenciement prononcé. Et l'obligation collective lorsque plus de dix salariés sont visés : le plan de reclassement doit être intégré à chaque PSE dont il constitue d'ailleurs le noyau dur. Depuis 2013 son insuffisance conduit à un refus d'homologation ou de validation du PSE par la Direccte (donc contentieux administratif, cf. CE, 22 juillet 2015 : les mesures contenues dans le PSE doivent être « *précises, concrètes et de nature à satisfaire l'objectif de maintien dans l'emploi et de reclassement des salariés, en tenant compte des efforts de formation et d'adaptation déjà réalisés par l'employeur et des moyens dont disposent l'entreprise et, le cas échéant, l'unité économique et sociale et le groupe* »). Avec à la clef la nullité des licenciements prononcés si l'employeur a eu la bien mauvaise idée de passer outre.

A. - 1992-2015 : rigorisme jurisprudentiel, effets pervers et réaction législative

Créée par la jurisprudence dès 1992 et légalisée en 2002, l'obligation de reclassement interne est une excellente idée, un élément concret de cette responsabilité sociétale de l'entreprise dont on parle beaucoup mais qu'on voit nettement moins, surtout en temps de crise.

589 **Chercher à maintenir dans un emploi,** et ainsi éviter l'exclusion des salariés les plus vulnérables contribue à la légitime réduction de la fracture, mais aussi de la facture sociale. Mais cette obligation connaît bien naturellement des résultats très variables (il est des entreprises dans lesquelles il vaut mieux rester, il est des bassins d'emploi très dynamiques et d'autres fort peu, il est des salariés qui ont d'autres projets de vie, etc.), *a fortiori* en pleine crise locale ou régionale réduisant notoirement les possibilités de reclassement externe.

590 **Une obligation panoramique.** « *Sauf fraude, les possibilités de reclassement s'apprécient au plus tard à la date du licenciement et l'employeur est libéré de l'obligation de faire des offres de reclassement au salarié dont il envisage le licenciement pour motif économique lorsque l'entreprise ne comporte aucun emploi disponible en rapport avec ses compétences, au besoin en le faisant bénéficier d'une formation d'adaptation* » (CS, 19 novembre 2014).

Cette obligation de reclassement ne vise donc évidemment que les postes *vacants disponibles*, à la date où l'employeur notifie le licenciement.

591 **L'obligation est permanente, et triplement prioritaire :**
- **permanente** : la procédure de PSE pouvant durer des mois, « l'obligation de reclassement ne peut se limiter aux possibilités de reclassement prévues par le plan de sauvegarde de l'emploi » ; l'employeur doit donc poursuivre ses recherches et ses propositions de reclassement jusqu'à la notification du licenciement ;
- **triplement prioritaire** : 1. L'ouverture d'un PSE gèle la mobilité interne ; les futurs licenciés passent obligatoirement avant. Paralysie pouvant durer plusieurs mois et posant donc quelques problèmes, même après 2017, dans un groupe français avec 24 filiales. 2. A fortiori en cas de concours entre un salarié à reclasser et un candidat venant de l'extérieur : le premier a priorité. 3. Il n'est enfin pas question de pouvoir laisser l'entreprise ou l'établissement d'accueil faire son marché, et a fortiori imposer aux salariés en cause une période d'essai ou même une période probatoire.

592 **En termes probatoires, qui doit prouver quoi ?** Si la preuve de *l'exécution de l'obligation* de reclassement incombe à l'employeur qui licencie, le salarié contestant la *consistance ou le périmètre* du groupe (ou du sous-groupe de reclassement depuis 2017) retenus par l'entreprise devra en apporter la preuve (CS, 16 novembre 2016).

593 **T'as voulu voir Vesoul ?** L'arrêt « Canon » du 14 décembre 2005 a montré enfin l'insistance de la Chambre sociale voulant assurer le constitutionnel droit à l'emploi ; un employeur ayant pratiqué fort en amont la GPEC s'était heurté à un refus de mobilité de la part du salarié. Quelques mois après, il le licencie pour motif économique, mais n'ose pas lui proposer une seconde fois la même modification, cette fois au titre du reclassement. Faute : *« Le refus par le salarié d'une proposition de modification de son contrat ne dispense pas l'employeur de son obligation de reclassement. »*

594 Obligation de plan de sauvegarde de l'emploi ou non, licenciement économique individuel ou collectif, peu importe : l'entreprise doit chercher de façon sérieuse mais aussi loyale (mutation de deux conjoints à plus de 800 kms l'un de l'autre : faute, CS 16 juin 2016) à reclasser individuellement chaque salarié qui le souhaite. Mais les résultats statistiques restent modestes malgré les efforts de la jurisprudence judiciaire hier, et ceux des Direccte depuis 2013.

595 **Un reclassement « à rémunération équivalente ».** L. 1233-4 : *« Le reclassement du salarié s'effectue sur un emploi relevant de la même catégorie que celui qu'il occupe ou sur un emploi équivalent assorti d'une rémunération équivalente. À défaut, et sous réserve de l'accord exprès du salarié, le reclassement s'effectue sur un emploi d'une catégorie inférieure ».*

Ce texte s'applique donc à tous les reclassements. Le lecteur aura compris que le débat ne porte évidemment pas sur l'obligation *pour le salarié d'accepter ou non un reclassement*, avec un salaire inférieur : il a toujours eu le droit de le refuser au titre d'une modification de son contrat, qu'il s'agisse du niveau ou de la structure de sa rémunération.

B. - Étendue géographique de l'obligation de reclassement, légitimement restreinte par l'ordonnance de septembre 2017 sur la sécurisation

596 **Principe de subsidiarité.** En cas d'entreprise à établissements multiples mais aussi de groupe avec ses filiales, la Cour de cassation applique le principe de subsidiarité. L'employeur doit rechercher les postes vacants dans l'ensemble des établissements de l'entreprise, en commençant par le plus proche, puis des sociétés de l'éventuel groupe.

597 **Urbi et orbi : l'ubris 1995-2017.** Avec l'arrêt Vidéocolor du 5 avril 1995, la Chambre sociale avait étendu l'obligation de reclassement aux établissements de l'entreprise sur le territoire français (normal). Mais aussi aux dizaines, voire aux centaines de filiales d'un groupe situées n'importe où à l'étranger (Groupe Total : 598 filiales, dont 429 à l'étranger ; EDF : 249/199 ; France Télécom : 211/149 ; sans parler du groupe Siemens avec ses 1 224 filiales, dont 919 hors Allemagne).

Devait-on vraiment demander à Sandra, si attachée à son terroir où elle a toutes ses attaches et qui, après 7 ans d'anglais au lycée, ne sait toujours pas si Brian est bien dans la cuisine, si elle accepterait d'aller en Écosse, à Berlin voire en Azerbaïdjan ou en Chine, pour 269 euros mensuels et 55 h par semaine ?

Pouvait-on demander au directeur d'une usine bavaroise, américaine, catalane ou lituanienne, où des centaines de chômeurs locaux se pressent à sa porte, si un poste d'OS en congé maternité est vacant pour y muter un Frenchy ? Nombre de ces responsables étaient d'abord un peu étonnés de devoir, sur leur territoire, exécuter une exigence du droit français ; et ensuite moyennement enthousiastes à l'idée de devoir embaucher ces Français mangeurs de grenouilles alors que leurs compatriotes cherchaient désespérément du travail.

Même sur le territoire français, le projet d'une réduction d'effectifs dans un site entraîne parfois de rapides embauches dans les autres, par CDD le cas échéant et dans une touchante unanimité locale : enfants et ami(e)s du personnel attendent pour travailler au pays, surtout en nos temps de crise ; et les DRH des sites d'accueil estiment que leur collègue en plein PSE ne va pas lui envoyer ses meilleurs collaborateurs...

598 **La très réaliste double correction de l'ordonnance du 22 septembre 2017**

Elle a d'abord ajouté « *que le reclassement ne peut être opéré sur les emplois disponibles (...), dans l'entreprise ou les autres entreprises du groupe... dont l'organisation, les activités ou le lieu d'exploitation assurent la permutation de tout ou partie du personnel* ». Mais rien de nouveau en réalité car simple recopiage de l'arrêt de la Cour de cassation du 16 novembre 2016 : « *S'agissant des possibilités de reclassement au sein du groupe, elles doivent s'apprécier parmi les entreprises dont les activités, l'organisation ou le lieu d'exploitation leur permettent la permutation de tout ou partie du personnel* ». Mais...

- **Première correction : nationalisation du périmètre géographique** : « ...*Les emplois disponibles, situés sur le territoire national dans l'entreprise ou les autres entreprises du groupe...* ».

Simple réalisme : exit donc toute obligation de reclassement à l'international, même si rien n'interdit évidemment à un groupe de proposer les postes vacants à Londres, Berlin, Macao ou Kyoto…

- **Seconde correction : l'ordonnance écarte la notion jurisprudentielle et panoramique de « groupe » spécifique au droit du reclassement** retenu par les deux arrêts du 16 novembre 2016, par ailleurs différente du périmètre d'analyse de la cause réelle et sérieuse du même licenciement économique. Cette dualité inutile des périmètres est supprimée au profit de celui du comité de « groupe » au sens du droit du travail, « *conformément au § I de l'article L. 2331-1* », donc « *formé par une entreprise appelée entreprise dominante, dont le siège social est situé sur le territoire français, et les entreprises qu'elle contrôle* », mais sans le § II évoquant en plus « *l'influence dominante sur une autre entreprise dont elle détient au moins 10 % du capital* ». « *Et, dans le cas contraire, comme constitué par l'ensemble des entreprises implantées sur le territoire français* ». Exit donc aussi la recherche d'un groupe de reclassement dans un réseau de franchisés.

599 Étendue professionnelle de l'obligation de reclassement. L'employeur doit proposer au salarié dont le licenciement est envisagé « *des emplois disponibles de même catégorie ou, à défaut, de catégorie inférieure, fût-ce par voie de modification des contrats, en assurant au besoin l'adaptation de ces salariés à une évolution de leur emploi* » : là encore, tous les emplois vacants, y compris ceux très (trop) déqualifiés ? Dans l'arrêt du 15 mai 2001, la Chambre sociale avait par exemple reproché à une PME de ne pas avoir osé proposer à un directeur administratif et financier un poste d'exécution. Mais, conformément à son habitude s'agissant de mobilité géographique, la Cour veut laisser le salarié menacé de perdre son emploi seul juge de son intérêt : il n'est jamais forcé d'accepter une déqualification. L'employeur doit donc proposer tous les postes – salariés – compatibles. Dans certains cas le salarié finit par accepter dans son intérêt bien compris (ex. : collaborateur à quelques mois de la retraite, à qui il manque quelques trimestres de cotisations) : re-classement se conjugue ici souvent avec dé-classement.

Mais subsidiarité toujours : il va de soi qu'avant de proposer un éventuel déclassement, l'employeur « *doit avoir recherché, au sein du groupe auquel appartient l'entreprise, s'il n'existait pas des emplois correspondant à la qualification et aux compétences du salarié* ».

600 Modalités de proposition, refondues le 22 septembre 2017

L. 1233-4, 4e alinéa, nouveau : « *L'employeur adresse de manière personnalisée les offres de reclassement à chaque salarié, ou diffuse par tout moyen une liste des postes disponibles à l'ensemble des salariés, dans des conditions précisées par décret* ».

601 Exit l'obligation de faire une proposition individualisée à chacun des 432 collaborateurs visés, même si elle n'est évidemment pas exclue. Mais le nouveau texte prend le contre-pied des arrêts excluant toute démarche collective (affichage : CS,

3 févr. 2017 ; intranet : CS 26 sept. 2006) : une liste des postes vacants, suffisamment détaillés (qualification, salaire, lieu...) pourra donc être affichée ou mise en ligne sur l'intranet. Ce qui simplifie drastiquement les obligations patronales, et tue tout contentieux sur le défaut de propositions individualisées. Mais cet auto – reclassement est-il scandaleux au pays des 82 % de bacheliers, pas tous incapables majeurs ?

Le décret à venir sera important : ne va-t-il pas obliger l'employeur à raisonner par catégorie professionnelle, ou par site ?

602 Côté entreprise, il convient d'indiquer que ces propositions, nécessairement « écrites et précises » pour être valables, ne valent pas contractualisation pour l'avenir. Et se ménager à la fois la preuve des postes proposés, mais aussi celle des éventuels refus.

603 Très classiquement, la Chambre sociale contrôle enfin la loyauté des propositions (il est des collaborateurs dont l'employeur ne souhaite guère qu'ils acceptent...) : ainsi de la mutation séparée de deux époux à 800 kms, l'un en Allemagne, l'autre en Belgique, avec pour chacun une obligation de résidence (CS, 16 juin 2016).

604 Certaines sociétés spécialisées (parmi les meilleures : BPI, Altedia) n'assurent pas seulement le reclassement professionnel du salarié, mais également son insertion dans sa nouvelle ville d'implantation : voyage sur place avec sa famille, inscription des enfants dans les écoles adéquates, recherche de l'appartement, branchement EDF, y compris parfois sur le plan relationnel (présentation à des familles d'accueil, inscription à tel club prestigieux ou telle association, etc.).

605 **Proposition de reclassement : ici, qui ne dit mot ne consent pas.** La procédure de l'article L. 1222-6 (LRAR de proposition, avec acceptation tacite au bout d'un mois) est ici inapplicable (CS, 15 juin 2016), alors qu'elle le serait pour le même poste s'agissant de GPEC. L'employeur doit donc proposer par écrit les postes vacants en fixant une date limite de réponse (en pratique, au minimum un mois), le silence mais aussi une acceptation conditionnelle *(« Oui, j'accepte, mais à condition que mes frais... »)* valant *ici* refus. Un licenciement économique prononcé pendant ce nécessaire délai de réflexion laissé au salarié est dénué de cause : il faut attendre son expiration avant de tirer les conséquences définitives d'une acceptation ou d'un refus.

606 **Des sanctions curieusement très différenciées en cas de violation de l'obligation de reclassement.** « Effet Mathieu » bien connu en droit du travail : mieux vaut être licencié par un puissant groupe *in bonis* que par son sous-traitant en difficulté, et *a fortiori* par le boucher de quartier en liquidation.

Sur le plan *individuel*, en l'absence d'obligation de monter un plan de sauvegarde de l'emploi (ex. : « petits licenciements économiques »), seule l'indemnisation est possible. Indemnisation au titre du défaut de cause réelle et sérieuse reconfigurée avec le plafonnement du 22 septembre 2017, même si le licenciement lui-même a objectivement une cause économique très réelle et extrêmement sérieuse (ex. : suppression du poste suite à la perte du principal client) : ce qui est bien difficile à expliquer à nos amis étrangers.

S'agissant de *« grands licenciements »* (plus de dix sur trente jours) devant donner lieu au montage d'un PSE, si c'est le plan de reclassement qui est insuffisant, la Direccte pourra refuser d'homologuer le PSE en cause. Ce qui arrive très rarement, car le téléphone a beaucoup fonctionné en amont entre l'employeur et l'Administration, et le PSE finalement proposé est souvent celui qui a déjà été recadré deux fois par la Direccte. S'agissant de cette obligation essentielle et donc la plus contrôlée, hier par le juge judiciaire, aujourd'hui par l'Administration, c'est parfaitement légitime.

607 **Mode d'emploi.** Dans son arrêt du 15 mai 2016, le Conseil d'État a donné aux Direccte le mode d'emploi : *« Il revient à l'autorité administrative de s'assurer que le plan de reclassement intégré au PSE est de nature à faciliter le reclassement des salariés dont le licenciement ne pourrait être évité. À cette fin, l'employeur doit avoir identifié dans le plan l'ensemble des possibilités de reclassement des salariés dans l'entreprise. Lorsque l'entreprise appartient à un groupe, l'employeur, seul débiteur de l'obligation de reclassement, doit avoir procédé à une recherche sérieuse des postes disponibles pour un reclassement dans les autres entreprises du groupe ; pour l'ensemble des postes de reclassement ainsi identifiés, il doit avoir indiqué dans le plan leur nombre, leur nature et leur localisation »*.

SECTION II Les procédures légales de licenciement économique

608 Le terme « légales » doit en effet être précisé, car peuvent s'y ajouter d'autres contraintes d'origine *conventionnelle*, *a fortiori* depuis la faveur de la loi de 2013 pour le PSE négocié, qui remporte un grand succès : dans les entreprises in bonis, 68 % des 672 PSE en 2016.

609 Trois procédures légales distinctes doivent être successivement examinées :

- *le licenciement individuel* pour motif économique ne pose guère de problèmes sociaux. Son régime est presque identique à celui du licenciement pour motif personnel *(§ 1)* ;
- le *« petit licenciement collectif »* (de 2 à 9 salariés sur une période de 30 jours) constitue un problème plus grave nécessitant l'intervention des institutions représentatives du personnel de l'entreprise, si elles existent *(§ 2)* ;
- le *« grand licenciement », ou « plan de sauvegarde de l'emploi »* (10 salariés et plus sur 30 jours) est grave pour une entreprise, sinon le bassin d'emploi *(§ 3)*. Il exige une étroite concertation avec les organes élus, toute la procédure étant depuis juin 2013, et en temps réel, sous l'œil attentif de la Direccte.

610 Mais alors que l'essentiel de nos licenciements économiques interviennent hors PSE (liquidation judiciaire, petits licenciements dans les PME), le législateur s'en désintéresse : ils ne sont pas médiatiques, et l'on n'a jamais vu deux vendeurs d'une charcuterie bloquer une autoroute ou un aéroport. Il est certes légitime de s'intéresser aux licenciés chez IBM ou Alstom : mais si le droit du travail doit protéger le plus faible, il ferait mieux de tourner son regard vers les salariés des sous-traitants desdites entreprises, statistiquement beaucoup plus nombreux et qui ont pour tout PSE leur licenciement sec, accompagné des seules indemnités de rupture.

§1 Le licenciement individuel pour motif économique

611 À première vue, cette pratique peut paraître singulière, car l'idée de licenciement économique est liée (à tort) au licenciement *collectif*. Or tous les jours en France, une PME de six salariés supprime un seul poste, ou le boulanger-pâtissier en difficulté procède au licenciement de son unique salariée : la vendeuse-caissière. Dans les grosses structures, en revanche, un licenciement économique unique paraît singulier, et cache souvent un motif très inhérent à la personne : donc défaut de cause réelle.

612 **Réunification Canada Dry des régimes (septembre 2017).** « *Canada Dry : la boisson qui a goût de l'alcool, la saveur de l'alcool, mais qui n'est pas de l'alcool* ». Avant 2017, les accords de mobilité collective, mais aussi de maintien ou en faveur de l'emploi voulaient inciter les salariés à se soumettre : quel que soit le nombre des refuzniks (donc même plus de 10 sur 30 jours), ils étaient licenciés selon cette procédure individuelle, donc sans montage d'un alléchant PSE-PDV qui les aurait incité à refuser en rejouant « *Take the money, and run* ».

613 Depuis 2017, voilà des ruptures collectives de nature économique qui, même si elles doivent suivre la *procédure individuelle* du licenciement économique, ne sont pas des licenciements économiques. Comme vu supra, l'ordonnance du 22 septembre 2017 a fusionné ces accords en un seul, au rude régime : « *Si l'employeur engage une procédure de licenciement à l'encontre du salarié ayant refusé l'application de l'accord* », il devra suivre la *procédure* d'un licenciement individuel pour motif économique, mais « *ce licenciement ne constitue pas un licenciement pour motif économique* ». Il est *sui generis*, et n'entraine aucune des conséquences individuelles (ex : obligation de reclassement) ni collective (ex : montage d'un PSE) du licenciement économique, « *et repose sur une cause réelle et sérieuse* »

614 **La procédure est ici presque semblable** à celle du licenciement pour motif personnel (L. 1233-11 et s.) :

- *convocation* à un entretien préalable : même forme ;
- *entretien préalable :* son déroulement est souvent différent, le salarié ayant moins d'arguments à développer puisque la rupture est par définition « *non inhérent à sa personne* », voire sui generis (accord en faveur de l'emploi). Dans le cas d'un

licenciement pour cause personnelle, le but est que les explications données permettent d'éviter la rupture. Cette fonction de conciliation est par nature moins présente en matière économique. C'est donc moins l'éventualité de la rupture que ses modalités qui sont en cause : reclassement, primes de départ... Lors de cet entretien, l'employeur va proposer au salarié de bénéficier de mesures d'accompagnement spécifiques.
- *notification motivée du licenciement.* En matière économique, l'employeur ne peut envoyer cette lettre moins de sept jours ouvrables (15 jours ouvrables pour un cadre) après l'entretien préalable (L. 1233-15). Dans tous les cas, la lettre de notification (LRAR) doit indiquer précisément le double motif du licenciement : à la fois les raisons économiques (difficultés économiques, mutations technologiques, sauvegarde de la compétitivité tel que revue en 2016 puis 2017 : voir *infra*), mais aussi leur incidence sur l'emploi ou le contrat de travail du salarié concerné (suppression du poste).

Elle doit en outre préciser que :
- le salarié bénéficie d'une priorité de réembauchage durant un délai d'un an à compter de la date de la rupture du contrat. En cas de non-respect, l'ordonnance de septembre 2017 a abaissé de deux à un mois les dommages-intérêts minimums ;
- il dispose d'un délai maximal de douze mois pour contester son licenciement.

615 **Simple information de l'administration.** Une fois le licenciement prononcé, l'employeur doit en *informer* la Direccte dans les huit jours (L. 1233-19) : ni autorisation préalable ni même notification, cette simple information est uniquement destinée à assurer le suivi statistique des licenciements pour motif économique.

§2 Le « petit licenciement économique » : moins de dix salariés sur trente jours

616 Ce licenciement est à la charnière du licenciement individuel pour motif économique et du grand licenciement collectif (10 salariés et plus sur 30 jours) : il emprunte au premier son caractère *individuel* (procédure contradictoire habituelle), et au second son caractère *collectif* (information et consultation des institutions représentatives du personnel), mais en écartant toute intervention administrative. Logiquement, l'employeur doit d'abord consulter les organes de représentation du personnel, avant de terminer par les procédures visant chaque salarié devant être licencié.

A. - Information et consultation des représentants du personnel (L. 1233-8 et s.)

617 Après le CHSCT, le comité d'entreprise, ou à défaut les délégués du personnel, – demain l'unique Comité Social et Économique – va être réuni et consulté lors d'une unique réunion sur le projet. Il ne s'agit pas d'une cogestion à l'allemande, et cet avis ne lie pas le chef d'entreprise, qui peut maintenir le plan initial. Mais cette consultation

va sans doute provoquer une vive discussion, où seront recherchées des solutions alternatives (reclassement interne, mise en activité partielle), et que le comité portera à la connaissance du personnel, ce dernier ne restant pas toujours sans réaction. Cet avis sera transmis au Direccte. Celui-ci ne dispose ici d'aucune compétence spécifique, du moins si aucun représentant du personnel n'est visé. On ne sera pas vraiment étonné que l'avis du comité soit dans la plupart des cas négatifs : des militants vont-ils voter pour le licenciement d'autres salariés ? Il s'intéressera néanmoins à la discussion qui l'aura précédé, où ont pu être abordées des questions relevant de sa compétence habituelle (recours massif à des travailleurs temporaires dans des conditions curieuses, nombreuses heures supplémentaires...).

B. - Procédure individuelle de licenciement (L. 1233-11)

618 Après l'entretien collectif que constituait la phase de consultation des élus, le chef d'entreprise va convoquer par LRAR les salariés finalement retenus, procéder aux entretiens individuels en proposant l'adhésion au « contrat de sécurisation professionnelle » (CSP) puis notifier le licenciement dans les conditions examinées *supra* (motivation doublement précise, énonciation de la priorité de réembauche, délai maximal de 12 mois pour assigner...).

C. - Information de l'administration (L. 1233-19)

619 L'employeur informe enfin la Direccte du ou des licenciements prononcés pour le suivi statistique. Mais en y joignant le PV de la réunion des délégués du personnel, qui auront pu faire de désagréables remarques qui attireront son attention : « *Pourquoi neuf licenciements chaque mois, depuis quatre mois ?* ». Voir L.1233-26 : « *Lorsqu'une entreprise a procédé pendant trois mois consécutifs à des licenciements économiques de plus de dix salariés au total, sans atteindre dix salariés dans une même période de trente jours, tout nouveau licenciement économique envisagé au cours des trois mois suivants est soumis aux dispositions* » du PSE !

§3 Le plan de sauvegarde de l'emploi reconfiguré (2013-2017)

620 **Dégâts collatéraux.** En droit communautaire comme en droit français, ce type de licenciement est particulièrement encadré en raison de l'impact qu'il a sur l'entreprise, mais également au niveau local : *ordre public* lorsque 523 métallos de plus de 50 ans, qui n'ont donc plus rien à perdre sont visés : responsable des « forces de l'ordre », le préfet peut s'inquiéter. *Moyens à mettre en œuvre* d'urgence à l'agence Pôle emploi locale devant tripler ses capacités d'accueil ; mais aussi *finances locales et publiques* : qui prendra en charge les licenciés ? Car un tel licenciement collectif affecte bien au-delà des salariés licenciés : avec ses effets sur plusieurs départements et une trentaine de collectivités territoriales, la fermeture de PSA-Aulnay a été un cas d'école, aujourd'hui réussie de « revitalisation » du site, obligation légale élargie par l'ordonnance de septembre 2017 aux « plans de départs volontaires autonomes ».

621 Dans de nombreux pays européens, l'employeur ne peut donc librement procéder à de tels licenciements : en Allemagne, le conseil d'entreprise dispose d'un droit de veto ; en Espagne ou en Belgique, une négociation complexe doit intervenir avec ces syndicats ; aux Pays-Bas, une autorisation préalable est en principe nécessaire. La directive communautaire du 20 juillet 1998 évoque la consultation des représentants du personnel *« en vue d'aboutir à un accord »*, et des *« mesures d'accompagnement visant l'aide au reclassement ou à la reconversion des travailleurs licenciés »*.

622 **Mais qui est vraiment protégé ?** Si l'on regarde trente ans en arrière, époque où les « licenciements secs » étaient la règle, le progrès en termes de protection est considérable, avec en particulier les obligations de reclassement d'abord interne et subsidiairement externe : la lutte contre l'exclusion a pris le pas sur le droit de licencier. Mais il convient de relativiser ces progrès : concentrés sur les PSE concernant chaque année moins du tiers des licenciés pour motif économique, ils ont abouti à une complexité ahurissante : créatrice d'emplois pour les marchands de complexité et les jeunes juristes en droit social, elle est totalement incompréhensible pour le non-initié... et parfois les partenaires sociaux eux-mêmes malgré les heureuses simplifications apportées par les textes d'août 2015 puis de septembre 2017.

Dans tous les cas, il vaut mieux prévenir que tenter de rompre : c'est le but de la première partie d'un plan « de sauvegarde de l'emploi ». Mais son régime étant resté fort complexe et médiatiquement risqué, la plupart des lois récentes ont cherché l'évitement de l'objet adoré par la Chambre sociale mais chiffon rouge des investisseurs étrangers : rupture conventionnelle homologuée de 2008 pour les « petits licenciements » (11 - 2 ou 12 –3 = 9), accord de maintien de l'emploi ou en faveur de l'emploi reconfigurés dans l'accord de flexibilité-compétitivité et autres ruptures conventionnelles collectives de septembre 2017, etc.

623 **Plan : quatre points essentiels.** Au-delà de la prévention générale des licenciements économiques déjà examinée (double obligation d'adaptation à froid, puis de reclassement à chaud), la loi oblige l'entreprise à présenter aux représentants du personnel un *« plan de sauvegarde de l'emploi »* qui a parfois du mal à porter son nom *(A)*, puis à mener avec eux une étroite *concertation (B)* en leur donnant les moyens de connaître mais *surtout de comprendre la situation économique (C)*, le tout désormais *sous le contrôle très attentif du Direccte (3.4.)*, lui-même contrôlé par le Conseil d'État.

624 **Toute la procédure se place donc sur le plan collectif,** et les salariés n'ont pas en principe ici d'entretien préalable : ils recevront individuellement, *in fine*, leur lettre de licenciement dûment doublement motivée.

A. - Un « plan de sauvegarde de l'emploi » doit « sauvegarder l'emploi »

625 **Un « PSE » ne doit évidemment pas se limiter à un « PLC »** (plan de licenciements collectifs). Mais il est rarissime qu'il mérite son nom en sauvant *tous* les emplois en cause : il reste paradoxal de présenter au comité d'entreprise et surtout aux salariés concernés un « plan de sauvegarde de l'emploi »... conduisant à 523 licenciements. Seule sa première partie (« Mesures destinées à éviter les licenciements ») est donc un vrai « PSE ».

626 **Quand construire un PSE ?** Toute *entreprise* (c'est à ce niveau, non à celui de chaque établissement ou celui du groupe qu'il faut décompter le nombre de ruptures) de plus de 50 salariés ayant un comité d'entreprise et envisageant de rompre pour motif économique le contrat de dix salariés ou plus sur une période de trente jours doit construire un projet de PSE.

627 **L. 1233-25 :** *« Lorsqu'au moins dix salariés ont refusé la modification d'un élément essentiel de leur contrat de travail proposée par l'employeur et que leur licenciement est envisagé, celui-ci est soumis aux dispositions applicables en cas de licenciement collectif pour motif économique. »* Le montage du PSE n'est donc pas lié au seul constat de plus de dix modifications ou de dix refus ; il faut que l'employeur envisage plus de dix licenciements sur 30 jours. Si ce sont les meilleurs qui peuvent se payer le luxe de refuser, il peut aussi renoncer à sa proposition de modification.

628 **Nombre de licenciés : un pluriel devenu singulier.** Car comme examiné supra, les 11, 27 ou 143 salariés refusant l'application d'un accord collectif (mobilité, maintien de l'emploi...) tel que refondu dans l'accord compétitivité créé le 22 septembre 2017 n'ont rien à attendre d'un futur PSE, ou PDV alléchant. En écartant les charmes vénéneux du régime du licenciement économique, et a fortiori d'un PSE/PDV, le législateur a voulu les inciter à appliquer l'accord collectif.

629 **Contenu minimal du PSE, qu'il soit unilatéral ou négocié.** *« Dans les entreprises d'au moins cinquante salariés, lorsque le projet de licenciement concerne au moins dix salariés dans une même période de trente jours, l'employeur établit et met en œuvre un plan de sauvegarde de l'emploi pour éviter les licenciements ou en limiter le nombre. Ce plan intègre un plan de reclassement visant à faciliter le reclassement des salariés dont le licenciement ne pourrait être évité, notamment celui des salariés âgés ou présentant des caractéristiques sociales ou de qualification rendant leur réinsertion professionnelle particulièrement difficile »* (L. 1233-61).

630 *« La validité du PSE est appréciée au regard des moyens dont dispose l'entreprise ou le groupe. »* Il n'existe donc aucun modèle photocopiable de PSE : tout dépend des moyens financiers et humains de chaque entreprise visée, et/ou de son appartenance au secteur d'activité d'un groupe florissant, ou au contraire en pleine déconfiture.

631 Son contenu, fonction de la créativité du service des ressources humaines et de la situation économique de l'entreprise ou du groupe, contient nous dit-on *deux parties*.

Il serait plus judicieux de parler d'une partie (éviter les licenciements = véritable plan de *sauvegarde de l'emploi*), puis d'une partie subsidiaire sinon résiduelle (aider au reclassement externe). Un vrai « plan de sauvegarde de l'emploi » ne comporte donc pas de seconde partie, et peut alors porter son nom : les 123 salariés dont les postes avaient été supprimés ont *tous* été reclassés en *interne*.

632 **Seul véritable « plan de sauvegarde de l'emploi », la première partie** du PSE constitue la base de la concertation avec le comité puis du contrôle de la Direccte, mais aussi la pièce maîtresse de la lutte contre l'exclusion : que compte faire concrètement l'employeur pour limiter les licenciements ? Les grandes déclarations sur la responsabilité sociale de l'entreprise (en Chine ou au Brésil) trouvent alors un bon champ d'expérimentation à Gandrange ou Amiens. Ce véritable « PSE », dont la raison d'être est d'éviter *in fine* le maximum de licenciements, est depuis la loi du 14 juin 2013 examiné avec une attention toute particulière par la Direccte : en particulier le plan dans le plan, c'est-à-dire le plan de reclassement, interne et subsidiairement externe, qu'il doit nécessairement contenir.

1° Première partie du PSE : « Éviter les licenciements ou en limiter le nombre »

633 **Qu'il soit unilatéral ou négocié,** ce plan *doit* prévoir des actions de reclassement interne dans l'entreprise mais aussi le groupe tel que nationalisé par l'ordonnance du 22 septembre 2017 (voir *supra*), et *peut* prévoir des mesures de chômage partiel, de job sharing, de formation, de réduction ou d'aménagement du temps de travail ainsi que de réduction du volume des heures supplémentaires (L. 1233-62). Très optimiste, la loi y a ajouté des actions de soutien à la création d'activités nouvelles et de validation des acquis ou de reconversion.

634 **Hier le TGI statuant en référé, mais aujourd'hui la Direccte** va vérifier, toujours en fonction des moyens humains et financiers de l'entreprise ou du groupe, que tout a été tenté pour limiter le nombre des ruptures, le noyau dur du contrôle étant aujourd'hui concentré sur le reclassement interne. À l'issue de cette première partie, les « 456 postes supprimés » sont parfois devenus *« 221 salariés sans solution de reclassement interne identifiée »*.

2° Forcément subsidiaire, l'éventuelle seconde partie du PSE : « Faciliter le reclassement externe du personnel dont le licenciement ne pourrait être évité »

635 **Après le reclassement** *interne*, **le reclassement** *externe*, toujours apprécié par le juge en fonction des moyens de l'entreprise ou le cas échéant du groupe : ce que peut faire un groupe puissant *in bonis* n'a en effet pas grand-chose à voir avec les possibilités plus que limitées de la boucherie Sanzot en dépôt de bilan.

636 Là encore, tout dépend des possibilités financières mais aussi de la créativité du service RH : aide au retour pour les travailleurs immigrés volontaires ; cellule de reclassement réellement financée, et pas seulement avec de jeunes stagiaires ; formation à la recherche d'emploi pendant le préavis ; départs volontaires ou assimilés (voir *infra*) ; *outplacement* (l'entreprise paie une société spécialisée, qui assure le reclassement externe du licencié, mais c'est lui qui demeure débiteur) ; essaimage individuel ou collectif (aide financière, juridique ou technologique donnée à d'anciens salariés afin de s'établir à leur compte) ; rachat d'entreprise(s) destinée(s) à accueillir les futurs licenciés ; achat de pages de journaux spécialisés afin de vanter les mérites de ces derniers ; financement d'une cellule de conversion prenant en charge pendant un an ces salariés qui n'ont pas démérité ; etc. Mais ces possibilités créatives restent réservées concrètement aux grandes entreprises *in bonis*.

LES DEUX PLANS DE DÉPARTS VOLONTAIRES DEPUIS L'ORDONNANCE DU 22 SEPTEMBRE 2017

Air France, IBM, Société générale, PSA, Renault, Michelin... Pourquoi tant de plans de départs volontaires (PDV) en France, demandent nos amis étrangers, alors que votre droit du licenciement économique reste le plus sophistiqué (définition : « raisonnement dont le but est uniquement l'efficacité persuasive et non la vérité, et contient des vices logiques bien qu'à première vue cohérents ») d'Europe tant au niveau des procédures qu'au fond ? Mieux : pourquoi ces groupes internationaux à forte visibilité médiatique préfèrent cette voie, nécessairement très onéreuse pour être attractive ?

1. « Pour vivre heureux, vivons caché. » Dans notre société de la réputation, un bon plan de suppression de postes est celui dont personne ne parle, où le terme « licenciement économique » n'est même pas prononcé : ce qui est désormais le cas avec la « rupture conventionnelle collective » de 2017. Bref l'inverse des usines à feu et à sang, avec le DRH couchant sous son bureau présentées à chaque journal de BFM voire CNN ou FoxNews. Qui eût cru, qui eût dit il y a seulement dix ans que Renault aurait pu en six mois sortir de ses effectifs 4 400 salariés, sans trois mois d'occupation, des centaines de pneus qui brûlent, six TGI et deux cours d'appel statuant en urgence ?

Pourquoi un tel calme ?

Sur le plan individuel, des salariés souvent endettés et n'ayant guère d'illusions sur leur éventuel reclassement, voire hélas l'avenir de leur site, préfèrent un solide chèque tout de suite pour passer à autre chose. Mais à quoi au juste dans un bassin d'emplois aujourd'hui sinistré, avec une croissance très molle ?

Au plan collectif, les syndicats sont ici mal à l'aise et souvent divisés, à tous leurs niveaux (cf. La Redoute en février 2014, où le délégué syndical local CFDT ayant refusé de signer, c'est le représentant de sa fédération qui l'a fait). « Se battre jusqu'au bout pour garder nos emplois » attire la bienveillance des médias et donc de l'opinion, elle-même confrontée à cette terrible question. Mais négocier ensuite comme des marchands de tapis le montant du chèque, pratique la plus courante à l'étranger, est nettement moins populaire (les 50 000 euros nets des Conti puis les 300 000 euros maximum de la Société générale ont retourné l'opinion), voire contre-productif pour des syndicalistes responsables. Car depuis les généreux chèques-valises des mineurs lorrains des années 1970, ils n'ignorent pas ce qu'il advient ensuite : désendettement, consommation, puis inscription de longue durée à Pôle emploi.

2. D'où depuis 2013 l'intervention de la Direccte en amont des ruptures, que le PDV figure au sein du PSE ou qu'il s'agisse depuis septembre 2017 de la nouvelle « rupture conventionnelle collective ». Comme l'indique pudiquement l'instruction du 26 juin 2013 : l'administration devra veiller à ce que « le montant des indemnités de rupture ne pèse pas exagérément au détriment des mesures actives de reclassement qui doivent être privilégiées » (ainsi du refus de validation de l'accord Chantelle, où les seniors étaient surtout visés). Il vaudra mieux qu'il le fasse en amont des annonces, car en cas de refus d'homologation et a fortiori de validation d'un accord très alléchant, il a intérêt à prévoir de solides sas d'accès à ses propres locaux.

3. Quatre ans après la loi de 2013, hors redressement ou liquidation judiciaires, le nombre de PSE ayant donné lieu à un accord collectif est supérieur à 60 % : ce succès aussi considérable qu'inattendu a une part d'explication dans l'existence de nombreux PDV (13 % des 730 PSE de 2016) nécessairement coûteux mais assurant à l'entreprise célérité et calme social.

Mais à l'impossible nul n'est tenu. Mis sous pression par leurs propres militants voire un écrasant référendum, mais aussi désormais sur un mur Facebook voire le très réactif réseau social interne, les syndicalistes voulant voir plus loin que leur grève ne peuvent guère résister. *A fortiori* à quelques mois des élections professionnelles, depuis que l'audience électorale est devenue le critère de la représentativité.

« On a dû gérer une double pression : celle de certains salariés à bout qui voulaient leur chèque et nous reprochaient d'avoir contesté le plan en justice, et celle de ceux qui voulaient sauver leur emploi », expliquait par exemple le délégué syndical CGT de Cap Gemini Outsourcing ayant obtenu le blocage du PDV en justice... mais ayant dû le débloquer un mois plus tard devant la fureur de nombreux salariés sur le départ. Idem pour le contentieux Renault, où FO, CFE-CGC et CFTC sont par exemple volontairement intervenues devant les juges pour expliquer que le PDV contesté par la CGT était une excellente idée, et ont finalement gagné.

4. Vu l'état actuel de la jurisprudence, l'obligation de reclassement même pour remplacer un CDD, et surtout la cause réelle et sérieuse au niveau de l'entreprise ou du secteur d'activité du groupe français, le juge se réservant le droit de vérifier qu'il s'agissait bien de sauvegarder sa compétitivité... Même après le net recadrage du 22 septembre 2017 (périmètres de l'obligation de reclassement et de la cause réelle et sérieuse désormais sur le seul territoire national), ces groupes sont à peu près sûrs de se retrouver, non plus devant le TGI depuis juillet 2013, mais toujours devant le conseil des prud'hommes pour l'examen approfondi de la cause réelle et sérieuse, et devoir payer une dizaine de mois de dommages-intérêts par salarié licencié. Sans parler de la médiatisation grace aux rapaces sociaux faisant une

apparition de 9 minutes à 13 h 02 ou 20 h 03 devant l'usine en grève pour conforter leur image.
Il n'apparaît donc pas stupide de préférer donner cet argent tout de suite aux personnes concernées : ce qui évite aussi d'y ajouter le surcoût des multiples *lawyers* et autres experts de toute nature ayant ainsi trouvé de quoi faire face aux frais fixes de leur cabinet (*cf.* le contentieux Goodyear-Amiens, six ans de procès-dures suivis de la fermeture : tout ça pour ça ?). En termes de gestion des risques médiatiques, juridiques et du coût final de l'opération, un plan de départs volontaires est donc un choix réaliste voire rentable. Encore faut-il que ce but soit atteint, pour les deux PDV possibles depuis septembre 2017 : les PDV/PSE et le PDV hors PSE, donc « autonome ».

Les risques du PDV classique, inclus dans la seconde partie du PSE
Le risque contentieux majeur n'est évidemment pas la question de la nécessité de monter un PSE comprenant dans sa seconde partie ce DPV prévoyant plus de dix ruptures (oui) ; ni de l'ordre de licenciements n'existant pas (non) ; ni la priorité de réembauchage (non).
1. Pas d'obligation de reclassement interne, sauf si... a rappelé la Chambre sociale le 19 mai 2016 : « Lorsque les départs volontaires prévus dans un PSE s'adressent aux salariés dont le licenciement est envisagé en raison de la réduction des effectifs, sans engagement de ne pas licencier si l'objectif n'est pas atteint au moyen de ruptures amiables des contrats de travail des intéressés, l'employeur est tenu, à l'égard de ces salariés, d'exécuter au préalable l'obligation de reclassement prévue dans le plan, en leur proposant des emplois disponibles et adaptés à leur situation personnelle, dans les sociétés du groupe dont les activités, l'organisation ou le lieu d'exploitation leur permettent la permutation de tout ou partie du personnel ». En un mot : pour éviter un plan de reclassement, l'employeur doit prendre officiellement (devant le comité d'entreprise, ou dans l'accord) l'engagement de ne prononcer aucun licenciement économique s'il s'avère que le nombre des candidats au départ est finalement inférieur au nombre de postes dont la suppression est envisagée. Sinon, l'adhésion du salarié au PDV sera sans effet sur l'obligation générale de reclassement, dont il pourra dénoncer l'inexécution (défaut de cause réelle et sérieuse). L'exercice est donc délicat côté entreprise, qui doit donc prévoir des sommes particulièrement alléchantes... mais qui depuis l'ordonnance du 22 septembre 2017 préférera sans doute monter un plan de départs volontaires dit « autonome » (la « rupture conventionnelle collective », voir infra).
2. Maintien de l'obligation de reclassement externe. Dans le cadre de ce PDV-PSE, mais aussi du PDV autonome, l'employeur doit offrir aux salariés qui y adhèrent des mesures concrètes d'accompagnement de ce départ, même volontaire, de nature à leur permettre un réemploi ou leur permettre la réalisation d'un projet personnel pour éviter une période de chômage. Cette légitime volonté jurisprudentielle de ne pas se contenter de donner un chèque pour rejouer « Take the money and run » est très étroitement surveillée par le Direccte chargé du contrôle des PSE : ainsi, l'accord majoritaire sur un PSE/PDV signé fin novembre 2013 par la CGT dans la société Chantelle n'a pas donné lieu à validation, car centré sur les seniores.

3. Déstabilisations : quantitative avec la désorganisation de l'entreprise, et qualitative avec l'hémorragie de compétences les plus recherchées : ce sont souvent les meilleurs qui partent, surtout quand le marché de l'emploi repart. En nos temps de surplus systématique de volontaires (ce qui en dit long sur le plaisir ou la réalisation au travail, qu'il faut panser et repenser), un PDV à guichets ouverts ou tout simplement mal ciblé peut déstabiliser toute l'entreprise en faisant partir des personnes ou des services vitaux pour elle, seuls restant ceux initialement visés ; or il est des collaborateurs dont on souhaite qu'ils aillent enfin plomber la concurrence. Tout praticien peut citer des salariés déprimés et dispensés de préavis comme de l'application de leur clause de non-concurrence qui, la semaine suivante, sont en poste chez un concurrent, voire financent avec leurs collègues une PME très réactive car très au courant des produits et du marché.

L'exercice PDV est donc délicat

L'accord doit cibler les services visés tout en se laissant le choix de refuser certains départs (mais refus très démotivant pour tout le monde), sans pour autant désigner indirectement des personnes (« les services marketing », où travaillent trois personnes), ou enfin porter atteinte à l'égalité de traitement, voire commettre une discrimination directe ou indirecte. Les critères doivent être objectifs et vérifiables (ancienneté, situation de famille) : le contentieux naissant est celui du refus de départ, ou d'engagements non tenus par les sociétés de reclassement externe, dont l'employeur reste responsable.

Le « PDV autonome » sécurisé par l'ordonnance du 22 septembre 2017

L. 1237-17 nouveau : *« Un accord collectif portant (...) rupture conventionnelle collective peut définir les conditions et modalités de la rupture d'un commun accord du contrat de travail qui lie l'employeur et le salarié.*

Ces ruptures, exclusives du licenciement ou de la démission, ne peuvent être imposées par l'une ou l'autre des parties ».

L'accord collectif visant des accords individuels. *« La rupture d'un commun accord dans le cadre d'accords collectifs »* fut la surprise des ordonnances de septembre 2017. Pas seulement pour ces termes singuliers pour un juriste : un accord collectif ne peut provoquer de *« ruptures individuelles d'un commun accord »*, qui par ailleurs ne peuvent être ici les classiques résiliations conventionnelles homologuées de 2008.

Quoi de nouveau ? Selon l'ordonnance « relative à la prévisibilité et à la sécurisation des relations de travail » voulant sécuriser ces pratiques pré-existantes mais vues d'un œil chaque année de plus en plus noir par la jurisprudence obsédée par le droit du licenciement et des PSE, aucun seuil d'effectif côté entreprise (mais elle doit pouvoir signer un accord collectif), ni nécessité de difficultés économiques ou de sauvegarde de la compétitivité de l'entreprise. Last but not least, *« l'information-consultation du Comité Social et Économique sur un projet de restructuration et de compression des effectifs ne s'applique pas en cas d'accord portant rupture conventionnelle collective »* (L. 2312-39).

Condition *sine qua non* **pour l'employeur** voulant monter ce PDV dit « autonome » car hors PSE : s'engager à ne procéder à aucun licenciement économique si le nombre de candidats au départ est insuffisant par rapport à ses objectifs.
Il devra ensuite obtenir de ses syndicats un accord collectif majoritaire à 50 % (au 1° mai 2018) fixant : le nombre maximal de départs envisagés ; les conditions et les modalités de candidature au départ, avec les essentiels critères de départage, ici préalablement fixés par accord collectif ce qui limitera le contentieux (l'ordre des licenciements n'étant pas applicable, CS, 1 juin 2017), le montant de l'indemnité de rupture -mais aucun préavis en l'absence de licenciement – qui ne peut être inférieure à l'indemnité de licenciement légale (augmentée de 25 % en le 25 septembre 2017), et dont le régime fiscal fixé est attractif. Enfin les mesures de reclassement, nécessairement externe, des partants sur des emplois équivalents : ici, pas de CSP (contrat de sécurisation professionnelle), pas de congé de reclassement (du moins obligatoire), mais formation, validation des acquis de l'expérience, aides à la reprise, à la création d'activité. Et revitalisation éventuelle du bassin d'emploi lorsque ces départs « affectent son équilibre par leur ampleur ».
Ce n'est donc pas « open bar » côté entreprise, surtout lorsque l'on sait qu'à l'instar des PSE, ces plans négociés doivent faire l'objet d'une validation de la Dirrecte.
Car l'accord, nécessairement majoritaire ce qui permet aux syndicats de faire monter les enchères, est, après simple information du nouveau « comité social et économique », et non consultation puisqu'il s'agit d'un accord collectif, transmis à l'Administration du Travail que l'employeur aura prudemment tenue au courant de tout le déroulement des négociations, et qui a 15 jours pour le valider, ou non, son silence valant validation.
Garante de l'intérêt général, la Dirrecte veillera par exemple à l'absence de discrimination notamment en raison de l'âge, ou qu'il ne s'agisse pas non plus de discrètes préretraites... à la charge de l'Unedic ; car à l'instar de sa petite sœur la résiliation conventionnelle homologuée, la formule donne droit aux allocations chômage. L'Administration veillera enfin à ce que le « volet indemnité de rupture » ne soit pas disproportionné par rapport au « volet reclassement », bref que ce PDV ne se réduise pas à des chèques valises. Mais qui vivra verra, car les salariés concernés sont d'abord demandeurs du chèque.
Mais une session de rattrapage est proposée à l'employeur mal-comprenant : « En cas de décision de refus de validation, l'employeur, s'il souhaite reprendre son projet, présente une nouvelle demande après y avoir apporté les modifications nécessaires et informé le comité social et économique ».
Contentieux : deux juges successivement compétents : 1. Juge administratif. *« L'accord collectif, le contenu du plan de départ volontaire et la régularité de la procédure précédant la décision de l'autorité administrative ne peuvent faire l'objet d'un litige distinct de celui relatif à la décision de validation ; Ces litiges relèvent de la compétence, en premier ressort, du tribunal administratif qui statue dans les trois mois, à l'exclusion de tout autre recours administratif ou contentieux ».* Si l'on en croit les chiffres du contentieux administratif sur les PSE (sur les 672 présentés à l'Administration en 2016, 89 arrêts rendus, tous niveaux de juridiction confondus), le juge administratif ne va pas être débordé : mais tout

est conçu pour. 2. Puis juge judiciaire : « *les litiges relatifs à l'exécution du plan de départ volontaire relèvent de la compétence du conseil des prud'hommes* », avec saisine dans un délai maximum de douze mois à compter de la date de rupture effective du contrat de travail.

Fracture et facture sociales. Alors bien sûr, la critique est aisée.

Pour des salariés endettés, l'arrivée d'une somme nécessairement attrayante, c'est à court terme des fins de mois moins difficiles mais ensuite une longue période à Pôle Emploi. Et pour des entreprises ou des groupes voulant éviter tout PSE médiatisé troublant aussi banquiers, créanciers, fournisseurs voire Urssaf, ces plans autonomes désormais sécurisés sont certes onéreux mais très attrayants : ne s'agissant pas d'un licenciement, pas d'obligation de reclassement, d'ordre des licenciements, de priorité de réembauchage ou d'interdiction d'embauche externe pendant un an, et bien sûr absence de tout contentieux sur la cause réelle et sérieuse d'un licenciement qui n'existe pas (*cf.* le rappel de L. 1237-17 : « *Ces ruptures, exclusives du licenciement ou de la démission, ne peuvent être imposées par l'une ou l'autre des parties* »).

Si par ailleurs ces départs volontaires, rarement ciblés sur les jeunes collaborateurs les plus prometteurs et en pleine santé, sont d'une redoutable efficacité en termes de départs rapides sans un seul licenciement (il y a souvent trop de candidats : on imagine le dynamisme des candidats recalés), ils ne correspondent ni à la gestion prévisionnelle des emplois et des compétences tant vantée depuis 2005, ni à la volonté de maintien dans l'emploi de nos coûteux seniors... dont la plupart ne demande qu'à partir, très librement et pas du tout contraints : le reproche de discrimination par l'âge n'est alors pas applicable (CS, 20 avril 2017 pour des pré-retraites par accord collectif).

Où l'on reparle de la responsabilité sociétale des entreprises.

B. - Choix initial : PSE négocié ? Unilatéral ?... Ou les deux ?

637 **Une forte incitation légale, mais aussi tactique au PSE négocié.** Il y a belle lurette que des entreprises avaient négocié leur PSE avec les syndicats ; fondée sur la relance du dialogue social en entreprise (GPNEC, accord de mobilité ou de maintien dans l'emploi) mais pour aussi déjudiciariser nos gauloises relations de travail, la loi du 14 juin 2013 a voulu encourager cette pratique pour le petit millier de PSE (975 en 2013, 749 en 2014, 889 en 2015, 730 en 2016) montés chaque année. Comme l'indique l'instruction du 26 juin 2013 : « *Si le choix entre un accord collectif majoritaire et une décision unilatérale de l'employeur relève de la responsabilité de l'employeur et des organisations syndicales, la Direccte doit encourager les partenaires sociaux à s'engager dans la première voie, qui constitue une alternative positive à l'élaboration unilatérale d'un projet de licenciement.* » Et pour être parfaitement compris, le ministre poursuit en évoquant le contrôle léger de la Direccte sur l'accord collectif majoritaire (la très *light* « validation » : voir *infra*), mais le contrôle approfondi de l'administration en cas d'acte unilatéral (« l'homologation », voir *infra*). Mais fallait-il aller jusqu'à une obligation de négocier voire une co-décision

à l'allemande ? Ce n'est pas le choix qui a été fait, et à juste titre car dans nombre d'entreprises négocier de futurs licenciements reste impensable pour certaines organisations syndicales.

1° La voie doublement privilégiée par la loi : un accord collectif, majoritaire

638 L. 1233-24-1. « *Dans les entreprises de cinquante salariés et plus, un accord collectif peut déterminer le contenu du plan de sauvegarde de l'emploi (...) ainsi que les modalités de consultation du comité d'entreprise et de mise en œuvre des licenciements. Cet accord est signé par une ou plusieurs organisations syndicales représentatives ayant recueilli au moins 50 % des suffrages exprimés en faveur d'organisations reconnues représentatives au premier tour des dernières élections des titulaires au comité d'entreprise ou de la délégation unique du personnel ou, à défaut, des délégués du personnel, quel que soit le nombre de votants. L'administration est informée sans délai de l'ouverture d'une négociation en vue de l'accord précité.* »

639 **Mais la question se pose rarement ainsi dès le départ** car il est rare que des syndicalistes soient immédiatement partants pour en cogérer les conséquences. Mais contrairement à la lettre du texte (« à défaut d'accord... »), la loi de 2013 ne crée pas une nouvelle obligation de négocier, ni même une priorité obligée qui mettrait les syndicats dans la délicate position de devoir refuser toute participation à la « sauvegarde de l'emploi ». L'employeur commence donc souvent à l'ancienne par monter un projet de plan unilatéral, la procédure d'information du CHSCT puis du comité d'entreprise (demain le Comité Social et Économique) pouvant *de facto* déboucher sur une négociation, mais avec les syndicats représentatifs au niveau considéré.

640 **En attendant l'information-consultation-négociation avec le nouveau « conseil d'entreprise »** issu depuis le 22 septembre 2017 de la fusion toutes IRP + Délégués syndicaux si ces derniers y consentent (cf. L. 2320-1 nouveau : « *Le conseil d'entreprise (...) est compétent pour négocier, conclure et réviser les conventions et accords d'entreprise* »).

641 **Double encouragement.** Côté entreprise, la voie négociée est vivement encouragée par ses vastes possibilités de dérogations :

- **procédures (L. 1233-21) :** par dérogation aux règles habituelles, un accord d'entreprise ou de groupe peut fixer les modalités d'information et de consultation du comité d'entreprise : conditions dans lesquelles il est réuni et informé de la situation économique et financière de l'entreprise, peut formuler des propositions alternatives au projet économique, enfin obtenir une réponse motivée de l'employeur à ses propositions ;
- **fond (L. 1233-24-2) :** outre le contenu habituel du PSE (voir *infra*), l'accord collectif peut également porter sur la pondération et le périmètre d'application des critères d'ordre des licenciements, leur calendrier, ou le nombre de suppressions

d'emploi et les catégories professionnelles concernées, les modalités de mise en œuvre des mesures de formation, d'adaptation et de reclassement.

642 **Ce qui est interdit :** « *L'accord ne peut déroger : 1° À l'obligation d'effort de formation, d'adaptation et de reclassement incombant à l'employeur ; 2° Aux règles générales d'information et de consultation du comité d'entreprise ; 3° À l'obligation, pour l'employeur, de proposer aux salariés le contrat de sécurisation professionnelle ou le congé de reclassement ; 4° À la communication aux représentants du personnel des renseignements prévus* » (L. 1233-24-3).

643 **Un franc succès.** Hors redressement ou liquidation judiciaires, 68 % des PSE ont fait l'objet d'un accord collectif en 2016 : sur les 672 décisions prises en 2016 par les Direccte, 89 jugements ou arrêts rendus dont 68 favorables à l'Administration (76 %), tous niveaux de juridiction confondus,

644 **Mais comme d'habitude, tout dépend de l'état antérieur du dialogue social** dans l'entreprise, qui devient un élément de compétitivité avec l'essor de la négociation collective à ce niveau, nettement renforcée par la loi du 8 août 2016 puis les ordonnances du 22 septembre 2017. Reste que sur un sujet aussi sensible que des licenciements économiques, le seuil de plus de 50 % « *en faveur d'organisations reconnues représentatives* », *au jour de la signature* de l'accord (et par des délégués syndicaux valablement désignés : Conseil d'État, Sanofi, 30 mai 2016) devenant la règle générale au 1° mai 2018 reste parfois difficile à atteindre... sauf en cas de PDV vraiment alléchant : moins de risques de dérapages, contrôle très *light* de l'Administration, qui délivre ici une simple validation : « *Il n'appartient pas à la Direccte de s'immiscer dans les choix faits par les signataires de l'accord* » (TA Limoges, 30 mars 2015).

645 **Et c'était avant les « ruptures conventionnelles collectives** » du 22 septembre 2017..qui pourront demain être négociées et signées avec le « conseil d'entreprise » issu de la fusion IRP + délégués syndicaux (cf. L. 2320-1 nouveau : « *Le conseil d'entreprise (...) est compétent pour négocier, conclure et réviser les conventions et accords d'entreprise* »).

2° Le PSE unilatéral, à l'ancienne

646 L. 1233-24-4. « *À défaut d'accord, un document élaboré par l'employeur après la dernière réunion du comité d'entreprise fixe le contenu du plan de sauvegarde de l'emploi et précise les éléments prévus aux 1° à 5° de l'article L. 1233-24-2, dans le cadre des dispositions légales et conventionnelles en vigueur.* »

647 Soit directement, soit suite à l'échec des négociations, l'employeur va construire son PSE selon les règles examinées *supra*, sans possibilités de dérogation mais avec l'inquiétante certitude que le contrôle administratif sera beaucoup plus poussé qu'en cas d'accord.

648 **Il faut donc avoir un QI-RH faible** pour penser que l'employeur va construire son PSE dans son coin, passer à la phase information-consultation du CHSCT puis du comité d'entreprise (demain le « Comité Social et Economique ») recueillir leur avis, aller déposer son gros dossier à la Direccte puis attendre sa réponse à grand renfort de Lexomil.

Il va de soi qu'au contraire, bien avant la première notification officielle intervenant le lendemain de la première réunion du comité, le chef d'entreprise s'en est rapproché dès le tout début de son pré-projet de PSE : pour évoquer par exemple un éventuel recours au chômage partiel (pardon, à « l'activité partielle »), ou ses projets en matière de revitalisation du site. S'ensuivent de nombreux échanges, plus ou moins formels, les syndicats et le comité d'entreprise ne restant pas eux-mêmes inactifs sur ce terrain.

Remarques de la Direccte sur par exemple un taux surprenant de seniors, un plan de reclassement interne limité à la région ? « Propositions » de l'administration suite à un PSE étique malgré l'excellente santé du groupe ? L'employeur ne restera évidemment pas les bras croisés et, avant le dépôt officiel, se remettra rapidement à l'ouvrage...

649 **Les deux ? Accord sur le PSE (validé) + Plan unilatéral (homologué) ?**

a) Cette solution hybride née de la pratique

Cette solution (le plan unilatéral reprenant les points n'ayant pu donner lieu à un accord) a reçu l'onction du Conseil d'État le 30 mai 2016 : « *Lorsqu'un accord collectif relatif à un plan de sauvegarde de l'emploi ne porte pas sur l'ensemble des éléments mentionnés aux 1° à 5° de l'article L. 1233-24-2 du code du travail, la décision par laquelle l'autorité administrative statue sur la demande de validation de cet accord est, en principe, divisible de celle par laquelle cette autorité statue sur la demande d'homologation du document unilatéral qui fixe ceux des éléments qui n'ont pas été déterminés par l'accord* ». Mais ces deux actes administratifs peuvent donner lieu à deux contentieux distincts, aux conséquences compliquées.

b) Attention !

Quelle que soit la formule adoptée (PSE négocié ou unilatéral), en l'absence de tout licenciement prononcé, la Direccte doit seulement vérifier que l'employeur a informé de manière suffisante le comité d'entreprise des motifs économiques des *futurs* licenciements, mais ne doit pas se prononcer sur le caractère suffisant de ces motifs : l'appréciation du motif économique et de son périmètre – revu en 2017 – relève exclusivement du juge judiciaire.

C. - Étroite concertation avec le CHSCT et le comité d'entreprise aujourd'hui, le Comité Social et Économique demain

650 Confronté à un problème de sureffectif important, le chef d'entreprise doit transmettre toute une série d'informations aux institutions représentatives existantes avant les réunions, qui permettent de confronter les avis ou de mettre en œuvre les suggestions faites par les représentants du personnel, qui peuvent se faire assister d'un expert-comptable.

651 Après la nécessaire et loyale information-consultation du CHSCT (sinon refus de la Direccte, Conseil d'État, 29 juin 2016), le projet de restructuration entraîne en principe deux phases de consultation distinctes et successives du comité d'entreprise :

- au nom de la marche générale de la société, l'article L. 2323-6 oblige l'employeur à informer et consulter en temps utile le comité d'entreprise sur les problèmes économiques constatés, en lui laissant un délai suffisant pour exprimer un avis éclairé ;
- puis au nom de ses attributions spécifiques relatives aux licenciements économiques, une seconde phase de consultation – elle-même divisée en deux réunions – s'impose au titre du projet de *ruptures pour motif économique*, conséquence de la nécessaire restructuration évoquée.

652 Au minimum trois jours avant la première réunion du comité d'entreprise et après avoir effectivement consulté le CHSCT, l'employeur doit transmettre au comité d'entreprise toutes les informations utiles sur son projet, et notamment les raisons économiques, financières ou techniques, le nombre de salariés dont le licenciement est envisagé, les catégories professionnelles concernées, le calendrier prévisionnel des licenciements, etc. (L. 1233-31). Mais il devra en plus lui soumettre *« le plan de sauvegarde de l'emploi qu'il envisage de mettre en œuvre pour éviter les licenciements ou en limiter le nombre »*, et pour faciliter le reclassement interne puis subsidiairement externe du personnel dont le licenciement ne pourrait être évité (L. 1233-61).

653 Il est possible que ces deux phases interviennent au cours de la même réunion du CE, mais toujours bien séparées, tant pour la convocation de l'instance que dans le procès-verbal du CE rédigé après la réunion.

654 **La loi du 14 juin 2013 a borné la durée maximale de l'ensemble de la procédure.** Nettement plus longs que les délais précédents, ceux-là sont désormais impératifs, incluant par exemple la nomination d'un expert-comptable, l'analyse de son rapport, mais aussi l'information-consultation du CHSCT, qui a pu nommer son propre expert (avant la fusion des IRP).

655 **À compter de la date de sa première réunion**, le comité doit rendre ses deux avis dans un délai qui ne peut être supérieur à deux mois lorsque le projet vise 10 à 99 salariés ; trois mois au maximum de 100 à 249 ; au maximum quatre mois au-delà. Mais un accord collectif peut prévoir des « délais différents » : plus longs bien sûr, mais aussi plus courts, et donc objet de délicates négociations donnant-donnant.

Last but not least : si le comité d'entreprise ou le CHSCT ne rend pas un avis dans ces délais maximaux, il est réputé avoir été consulté.

656 **Pour le comité d'entreprise : comprendre la situation économique et les enjeux du PSE.** Le comité d'entreprise est rarement surpris. Car très en amont de ce

PSE, et *a fortiori* depuis la loi du 14 juin 2013, le comité a en principe été informé des orientations stratégiques de l'entreprise et de l'évolution économique et sociale de l'entreprise tous les trimestres puis tous les ans.

657 **Avec l'arrêt Heinz du 22 juillet 2015 puis Astérion du 29 juin 2016,** le Conseil d'État a fixé les règles de procédure. L'administration doit s'assurer que la procédure d'information et de consultation

- du CHSCT, « lorsque l'opération modifie de manière importante les conditions de santé et de sécurité ou les conditions de travail des salariés *de l'entreprise* » (ceux qui restent), a été régulière ;
- idem pour le comité d'entreprise : il doit avoir été mis à même d'émettre régulièrement un avis, sur l'opération projetée et ses modalités d'application, puis sur le plan de sauvegarde de l'emploi. L'administration doit s'assurer que l'employeur a adressé au CE, avec la convocation à sa première réunion (ainsi que, le cas échéant, en réponse à des demandes exprimées par le comité), tous les éléments utiles pour qu'il formule ces deux avis en connaissance de cause.

658 **Lorsque l'entreprise appartient à un groupe** et que l'employeur est amené à justifier son projet au regard de la situation économique du secteur d'activité de ce groupe tel que redéfini par l'ordonnance de septembre 2017 (voir *infra*), les éléments d'information adressés au CE doivent porter non seulement sur la situation économique du secteur d'activité (lui aussi rédéfini) qu'il a lui-même pris en considération, mais aussi sur les raisons qui l'ont conduit à faire reposer son analyse sur ce secteur d'activité.

659 L'employeur convoque enfin le comité pour une seconde et en principe dernière réunion, qui peut durer longtemps voire parfois se terminer mal pour le président (s'asseoir près d'une porte gardée, prévoir sac de couchage, pyjama, boules Quiès, sandwichs, eau minérale, plusieurs téléphones portables chargés, trousse de toilette et médicaments usuels). Chacun fait valoir ses arguments, économiques ou sociaux. Lorsque l'ordre du jour est épuisé, un vote intervient pour donner l'avis du CE : il est souvent négatif car il est difficilement pensable de voter pour le licenciement d'autres salariés, quelles que soient les mesures d'accompagnement ou le niveau des primes de départ, qui sont souvent à la hausse par rapport à la première réunion. Depuis 2013, un dernier incident de séance ou le refus de rendre un avis est sans effet si les délais maximaux sont atteints.

D. - L'essentiel de la loi de 2013 : le rôle de tiers facilitateur de la Direccte

660 **Le recours systématique au TGI est-il la solution naturelle pour des « partenaires sociaux » ?** Ce qui a été légitimement remis en cause par la loi du 14 juin 2013 : 1. Le recours systématique à ce papa-tiers lors des grands PSE, traduisant un manque de dialogue social en interne ; 2. Les conséquences d'une décision judiciaire

aux effets nécessairement décalés dans le temps et forcément dans le « tout ou rien », pas toujours adéquats sinon socialement négatifs. Car sans parler du coût global de toutes ces procédures (mais constituant un revenu pour d'autres), quel en est le bilan social et humain ? Caricature : chez Goodyear-Amiens, la guérilla judiciaire a duré six ans et conduit à la fermeture, et dure encore après : pour quels résultats au juste ? Alors plutôt que de faire annuler six mois voire un an plus tard un PSE jugé insuffisant par un TGI (parfois désavoué deux ans après par la cour d'appel, qui elle-même en cassation...), n'était-il pas préférable de le faire contrôler en temps réel et **avant tout licenciement** par un fonctionnaire déjà connaisseur de l'entreprise, du droit du travail et des éventuelles mesures de soutien (ex. : activité partielle, revitalisation), et qui pourra donc peser en amont sur le respect des procédures et sur son contenu ?

661 **Conseil, puis contrôle : c'est l'administration du travail, à un haut niveau,** la Direccte (et non l'inspecteur du travail, compétent pour autoriser ou non le licenciement des représentants du personnel concernés), qui *« doit être personnellement l'autorité signataire des décisions »*, et va intervenir pour suivre et inciter à enrichir en temps réel le PSE, en amont des licenciements, dans une politique au niveau national pilotée conjointement par la DGT et la DGEFP.

DES REPROCHES UN PEU RAPIDES...

Le dessaisissement du TGI au profit de la Direccte, sur les procédures comme sur le fond du PSE, a bouleversé le vaste et lucratif marché du contentieux lié aux PSE, qui faisait vivre – dans les deux camps – nombre de marchands de complexité. Certains cabinets d'avocats spécialisés en ont fait les frais. Si le juge judiciaire a impeccablement appliqué la nouvelle loi en se déclarant ici incompétent, on comprend alors mieux que ce texte ne fasse pas l'objet d'un encensement excessif, comme les ordonnances de septembre 2017 voulant mettre un terme au dévoiement des expertises en tous genres faisant développant un très lucratif marché.

1. *« La Direccte n'a les moyens ni humains, ni techniques pour vraiment suivre les PSE. »* Certes en notre période de rude mais nécessaire austérité budgétaire, les moyens des Direccte n'ont pas brusquement augmenté ; et elles ne vont pas stopper les contrôles sur les chantiers de BTP pour suivre les PSE. Dans la pratique enfin, toutes les Direccte ne seront pas au même régime : à Paris, Lyon, Marseille ou Toulouse, il ne faut pas chômer. Mais c'est loin d'être le cas partout en France.

2. *« Des délais ridiculement courts »*, la Direccte ayant seulement 15 jours ou 3 semaines pour se prononcer ? Rappelons que ces délais courent après la notification officielle du PSE par l'employeur. Or l'administration sera saisie bien en amont (de facto quatre mois si plus de 250 salariés sont en cause). Les mauvaises langues disent d'ailleurs que la première et véritable négociation se fera avec la Dirrecte, qui aura – en off, of course – la primeur des projets patronaux.

3. *« Scandale des scandales : ces délais passés, il y aura validation ou homologation tacites ! »* En droit, oui. Mais dans la vraie vie, imagine-t-on un Direccte laisser passer ces délais, ou refuser de prendre position ? Dix cas de cette nature, et c'est

toute la loi du 14 juin 2013 qui aurait été médiatiquement et socialement remise en cause. L'instruction du ministre du 26 juin 2013 insiste au contraire à plusieurs reprises sur *« la nécessité de prendre des décisions explicites, et motivées »*. Cette question des délais se posait en revanche pour les 5 jours dont dispose la Direccte s'agissant de son pouvoir d'injonction relatif aux violations de procédure. Mais quatre ans plus tard, rien de grave à signaler.

662 Observation et injonction : deux moyens pour la Direccte de veiller au respect de la procédure d'information-consultation du comité d'entreprise

1. « L'observation ». Le lecteur français averti appréciera la finesse politique et sociale de l'article L. 1233-57-6 : *« À tout moment en cours de procédure, l'administration peut faire toute observation ou proposition à l'employeur concernant le déroulement de la procédure ou les mesures sociales. Elle envoie simultanément copie de ses observations au comité d'entreprise ou, à défaut, aux délégués du personnel et, lorsque la négociation de l'accord est engagée, aux organisations syndicales représentatives dans l'entreprise. L'employeur répond à ces observations et adresse copie de sa réponse aux représentants du personnel et, le cas échéant, aux organisations syndicales. »* Et l'instruction du 26 juin 2013 incite la Direccte *« à engager le dialogue avec les entreprises dès l'annonce d'un projet de licenciement, notamment en expliquant la nouvelle procédure et en faisant part de ses recommandations »*.

663 *« Observations »* du Direccte sur par exemple un taux surprenant de seniors, ou un plan de reclassement interne limité à la région ? *« Propositions »* de l'administration suite à un PSE étique malgré l'excellente santé du groupe ? L'employeur ne restera évidemment pas les bras croisés et, avant le dépôt officiel, se remettra rapidement à l'ouvrage. Car au bout du chemin, un refus d'homologation l'attend, qui fera vraiment désordre : devoir re-proposer quelques semaines plus tard, après moults quolibets des syndicats victorieux et de la presse locale, un plan acceptable et donc accepté (50 % des cas après un premier refus). S'il passe outre un refus ? Les licenciements seront nuls, avec en principe réintégration à la clef (L. 1333-39).

2. « L'injonction » de la Direccte à l'entreprise (L. 1233-57-5). Délais non respectés entre les réunions, communication de pièces refusée, attente du résultat de l'expertise... C'était l'essentiel du contentieux avant la loi de 2013, où les TGI étaient saisis à répétition, ce qui entraînait des procès-dures contentieuses sans fin.

664 L'injonction est la contrepartie de la suppression de ce contentieux judiciaire sur les procédures

La Direccte – et seulement elle : *exit* le TGI même en amont de toute décision administrative – peut être saisi par les élus du comité d'entreprise, les délégués du personnel, le CHSCT (Conseil d'État, 29 juin 2016) ou, en cas d'accord collectif, les syndicats estimant par exemple insuffisantes les informations données avant la transmission de la demande d'homologation ou de validation.

L'Administration doit alors statuer en cinq jours, ce qui peut être redoutable vu les enjeux.

665 **Si elle décide de faire droit à la demande,** elle adresse une injonction à l'employeur par tout moyen permettant de lui conférer une date certaine, lui demandant de fournir des éléments d'information relatifs à la procédure en cours, ou de se conformer aux règles de procédure applicables, avec copie de cette injonction à l'auteur de la demande, au comité d'entreprise, et aux syndicats en cas de négociation d'un accord.

Ce dernier n'a guère intérêt à faire la sourde oreille : car au bout du chemin, il pourrait se heurter à un refus de l'administration...

666 Quatre ans après la loi de 2013, les syndicats et le CE se saisissent volontiers de cette procédure, rapide et gratuite, pour peser dans le rapport de force en cours, puis éventuellement montrer ensuite au juge administratif les multiples défaillances de l'employeur.

667 **Effet utile.** Comme l'a rappelé le Conseil d'État le 23 mars 2016 à une cour administrative d'appel excessivement procédurière, un détail fautif dans la procédure d'information-consultation ne doit pas conduire à l'annulation aux effets cataclysmiques. Le juge administratif doit « procéder à une appréciation globale de la régularité de la procédure d'information et de consultation du comité d'entreprise », et ne sanctionner que les violations n'ayant pas permis aux institutions représentatives du personnel de se prononcer en connaissance de cause.

668 **Contrôle au fond : l'examen administratif des demandes de validation ou d'homologation (décret du 27 juin 2013)**

Dans les deux cas, la demande est effectuée par tout moyen, y compris électronique, permettant de conférer une date certaine.

669 **Délais.** Départ : à compter de la réception par la Direccte du dossier complet. C'est-à-dire « comprenant les informations permettant de vérifier le contenu du plan de sauvegarde de l'emploi, les modalités d'information et de consultation du comité d'entreprise, la pondération et le périmètre d'application des critères d'ordre des licenciements, le calendrier des licenciements, le nombre de suppressions d'emploi et les catégories professionnelles concernées, et les modalités de mise en œuvre des mesures de formation, d'adaptation et de reclassement, et (en cas d'accord) les informations relatives à la représentativité des organisations syndicales signataires ». Fin des délais : le Direccte doit envoyer sa décision au plus tard le dernier jour (15 ou 21 jours).

670 **Pas de contrôle du motif économique lui-même.** Comme l'a rappelé le Conseil d'État le 22 juillet 2015, le Direccte n'a pas à se prononcer sur le motif économique lui-même, et *a fortiori* son caractère réel et sérieux en l'absence tout licenciement encore prononcé : « *L'administration n'a pas à se prononcer, lorsqu'elle statue sur une demande d'homologation d'un document fixant un plan de sauvegarde de l'emploi, sur le motif économique du projet de licenciement collectif, dont il n'appartient qu'au juge du licenciement, le cas échéant ultérieurement saisi, d'apprécier le bien-fondé.* »

671 **Le Conseil d'État a fixé le 12 mai 2017 le contenu minimum de la décision administrative** : *« Aux termes de l'article L. 1233-57-4 du code du travail : "L'autorité administrative notifie à l'employeur la décision de validation (...) et la décision d'homologation. Elle la notifie au comité d'entreprise et, si elle porte sur un accord collectif, aux organisations syndicales représentatives signataires. La décision prise par l'autorité administrative est motivée ;*

Si le respect de cette règle n'implique ni que l'administration prenne explicitement parti sur tous les éléments qu'il lui incombe de contrôler, ni qu'elle retrace dans la motivation de sa décision les étapes de la procédure préalable à son édiction, il lui appartient, toutefois, d'y faire apparaître les éléments essentiels de son examen.

Doivent ainsi y figurer ceux relatifs à la régularité de la procédure d'information et de consultation des instances représentatives du personnel, ceux tenant au caractère suffisant des mesures contenues dans le plan au regard des moyens de l'entreprise et, le cas échéant, de l'unité économique et sociale ou du groupe ainsi que, à ce titre, ceux relatifs à la recherche, par l'employeur, des postes de reclassement ; qu'en outre, il appartient, le cas échéant, à l'administration d'indiquer dans la motivation de sa décision tout élément sur lequel elle aurait été, en raison des circonstances propres à l'espèce, spécifiquement amenée à porter une appréciation ».

672 **Deux contrôles administratifs bien différenciés** : le but est de mettre la pression sur les employeurs pour qu'ils recherchent un accord collectif (à plus de 50 %).

673 **« Validation »/Contrôle minimum s'agissant d'un accord d'entreprise sur le PSE (L. 1233-57-2).**

L'autorité administrative valide l'accord après s'être assurée de : 1. Sa conformité aux règles de la négociation collective : négociateurs valablement désignés, seuil des syndicats signataires à plus de 50 % ; 2. La régularité de la procédure d'information et de consultation du CHSCT puis du comité d'entreprise ; 3. La présence dans le PSE du contenu minimal : mesures destinées à éviter les licenciements ou à en limiter le nombre, et du plan de reclassement visant à faciliter le reclassement des salariés dont le licenciement ne pourrait être évité ; 4. L'existence des modalités de suivi de la mise en œuvre effective des mesures contenues dans le plan de reclassement.

S'agissant d'un PSE négocié ayant donné lieu à un accord positivement majoritaire, **le contrôle est donc léger** : mais que les entreprises n'y voient pas un blanc-*seing* automatique côté administration. Exemple : un accord unanime car prévoyant un plan de départs volontaires exceptionnellement attractif, que les syndicats soumis à une très forte pression de leur base ont ratifié *volens nolens*. Si curieusement il apparaît que les seniors y seront fort nombreux (*cf.* PDV de Chantelle, novembre 2013), et/ou que les « aides à la création d'entreprise » cachent de gros chèques-départ avec inscription un peu différée à Pôle emploi pour des salariés de 54 ans non qualifiés, la Direccte pourra légitimement refuser que la collectivité nationale prenne ainsi en charge ces futurs chômeurs de longue durée. Mais on conseille alors à ce responsable empêcheur de licencier en rond d'éviter les abords de l'usine pendant quelques mois.

La Direccte a ici 15 jours pour prendre position : au-delà, son silence vaut décision tacite de validation : hypothèse très théorique vu les enjeux, et la très ferme prise de position du ministre : pas de décision tacite sur un sujet aussi sensible.

A fortiori en cas de PSE unilatéral.

674 « Homologation »/Contrôle approfondi de l'Administration pour le PSE unilatéral (L. 1233-57-3).

Il ne peut prévoir de dérogations, et sera soumis à contrôle administratif attentif du contenu du PSE et notamment les efforts faits pour limiter le nombre de départs, les mesures proposées pour faciliter le reclassement interne et externe des salariés, et la proportionnalité du tout aux moyens de l'entreprise ou du groupe.

675 En l'absence d'accord collectif (mais aussi en cas d'accord ne portant pas sur l'ensemble des points mentionnés à l'article L. 1233-24-2), la Direccte *homologue* le document élaboré par l'employeur après avoir vérifié la conformité de son contenu aux dispositions législatives et aux stipulations conventionnelles, la régularité de la procédure d'information et de consultation du comité d'entreprise et du CHSCT, le respect par le plan de sauvegarde de l'emploi des articles L. 1233-61 à L. 1233-63 en fonction des critères suivants : 1° Les moyens dont disposent l'entreprise, l'unité économique et sociale et le groupe ; 2° Les mesures d'accompagnement prévues au regard de l'importance du projet de licenciement ; 3° Les efforts de formation et d'adaptation ;

676 La Direccte a ici 21 jours pour prendre position... sur un document sur lequel il aura souvent officieusement travaillé depuis plusieurs mois avec le DRH suite aux coups de téléphone, visites, courriels et autres demandes d'injonction des syndicats, du comité d'entreprise voire du CHSCT. Au-delà des 21 jours, décision tacite – mais toujours rarissime – d'homologation. Les salariés sont informés par voie d'affichage sur les lieux de travail de la décision, explicite ou implicite.

677 Et en cas de refus de l'Administration ? En cas de refus de validation ou d'homologation, il faut d'abord licencier pour insuffisance professionnelle le DRS, qui n'a pas compris que depuis 2013 un PSE commence, et finit devant la Direccte.

Puis ne surtout pas se précipiter devant la juridiction administrative pour contester cet acte qui a fait grief : mais reprendre le PSE sur la base des remarques faites. Recommencer toute la procédure à zéro ? Que nenni : « *En cas de décision de refus de validation ou d'homologation, l'employeur, s'il souhaite reprendre son projet, présente une nouvelle demande après y avoir apporté les modifications nécessaires et consulté* (donc une fois) *le comité d'entreprise* » (L. 1233-57-7).

678 Si l'employeur passe outre et licencie quand même ? On lui souhaite d'abord bien du courage pour les trois ans à venir dans ses rapports avec le Direccte et les inspecteurs du travail qui, eux, vont statuer sur le licenciement économique des représentants du personnel. Et ces licenciements seront nuls : *« Il ne peut procéder, à peine de nullité, à la rupture des contrats de travail avant la notification de cette décision d'homologation ou de validation ou l'expiration des délais »* (L. 1233-39).

DES TAUX D'HOMOLOGATION, ET A FORTIORI DE VALIDATION LOGIQUEMENT SOVIÉTIQUES

Les chiffres relatifs aux « validations » des PSE négociés ou aux « homologations » sont supérieurs à 80 %.

Ces taux soviétiques d'acceptation sont-ils le signe d'une grande paresse, d'un lâche laisser-aller de l'Administration, ou au contraire d'une intervention efficace en amont du dépôt officiel du plan finalisé ? Il faut avoir un QI-RH limité pour penser que l'employeur va construire son PSE dans son coin, passer à la phase information-consultation du CHSCT puis du comité d'entreprise, recueillir leur avis, aller déposer ces deux documents au directeur de la Direccte, puis attendre sa réponse à coups de Lexomyl.

Bien au contraire, et bien avant la première notification officielle intervenant le lendemain de la première réunion du comité, le chef d'entreprise s'en rapprochera pour lui demander conseil sur le montage du PSE. S'ensuivront de nombreux échanges, plus ou moins formels, les syndicats et le comité d'entreprise ne restant pas eux-mêmes inactifs sur ce terrain, incitant l'Administration à faire des observations voire prononcer une injonction en cas de problème de procédure.

Bref l'autorité administrative aura suivi *ab initio*, voire pas à pas toute la procédure interne (y compris l'éventuelle négociation), demandant ici – de facto exigeant car quelle entreprise pourra se payer le luxe d'un futur refus ? – la reprise de la procédure d'abord courtoisement, ensuite par voie d'injonction pour les DRS malcomprenants, là une meilleure prise en compte des seniors. Et vérifiant en règle générale si l'obligation de reclassement interne a été bien mise en œuvre, et que toutes ces mesures sont proportionnées aux moyens de l'entreprise ou du groupe.

Les Dirrecte sont désormais en première ligne, et c'est là que se passe désormais l'essentiel d'une négociation en réalité tripartite.

679 **Contentieux 100 % administratif, sur seulement 7 % des PSE... et à 95 % sur des décisions *positives* d'homologation ou de validation.** La décision administrative de validation ou d'homologation faisant nécessairement grief, les recours devront intervenir directement (pas de recours hiérarchique) devant la juridiction administrative. Ce qui n'encourage guère à faire un recours, mais c'est conçu pour : le juge judiciaire écarté, il fallait éviter que le juge administratif ne le remplace dans des contentieux sans fin.

Car c'est l'Administration qui a remplacé le juge judiciaire, pas le juge administratif !

680 **Recours possibles.** Acceptation ou refus : deux décisions susceptibles de recours, directement et dans les deux mois (comparer avec les délais judiciaires : un an en 2017) devant le tribunal administratif, dans le cadre du nouveau bloc de compétences.

Ce qui se révèle dissuasif, surtout lorsque l'on sait que ce dernier, puis la cour administrative d'appel et en cassation le Conseil d'État ne statueront évidemment pas sur le PSE lui-même, mais sur la seule décision administrative.

681 Comme c'était prévisible (plus de consensus = moins de contentieux), les trois-quart des quelques dizaines de contentieux portent sur des homologations. Ces recours peuvent être formés par les syndicats, le comité d'entreprise, le CHSCT mais aussi les salariés *directement concernés* par le PSE (Conseil d'État, 22 juillet 2015).

682 De façon prévisible bien que peu banale en droit administratif, n'existe quasiment aucun contentieux sur des décisions de refus : l'employeur a compris qu'il valait mieux reprendre son PSE recalé et en présenter un nouveau, enrichi sur la base du listing de ses insuffisances figurant dans la décision nécessairement motivée de refus...

683 **Bloc de compétences procédures + fond.** L. 1235-7-1 : « *L'accord collectif ou le document élaboré par l'employeur mentionné à l'article L. 1233-24-4, le contenu du plan de sauvegarde de l'emploi, les décisions prises par l'administration au titre de l'article L. 1233-57-5 et la régularité de la procédure de licenciement collectif ne peuvent faire l'objet d'un litige distinct de celui relatif à la décision de validation ou d'homologation mentionnée à l'article L. 1233-57-4. Ces litiges relèvent de la compétence, en premier ressort, du tribunal administratif, à l'exclusion de tout autre recours administratif ou contentieux. Il statue dans un délai de trois mois. Si, à l'issue de ce délai, il ne s'est pas prononcé ou en cas d'appel, le litige est porté devant la cour administrative d'appel, qui statue dans un délai de trois mois. Si, à l'issue de ce délai, elle ne s'est pas prononcée ou en cas de pourvoi en cassation, le litige est porté devant le Conseil d'État.* »

684 **Les effets d'une annulation de la décision de la Direccte par le juge administratif dépendent du motif de l'annulation (L. 1235-10).**

1. En cas d'annulation d'une décision de validation ou d'homologation, *en raison d'une absence ou d'une insuffisance de PSE*, la procédure de licenciement est nulle et les licenciements prononcés également : du moins ceux intervenus pour les salariés ayant plus de deux ans d'ancienneté dans des entreprises de plus de vingt salariés (L. 1235-10). Si le salarié la demande, le juge prud'homal pourra ordonner la réintégration. S'il ne la demande pas, mais aussi lorsque la réintégration est impossible (fermeture du site ou absence d'emploi disponible), le juge octroie au salarié une indemnité qui ne peut être inférieure aux salaires des **six** derniers mois (au lieu de 12) depuis septembre 2017.

2. L'annulation de la décision pour un motif autre que celui précité (ex. : procédures) donnera lieu à la réintégration du salarié, mais sous réserve de l'accord des parties (L.1235-16). À défaut, le salarié aura droit à une indemnité d'au moins six mois de salaires. Quand il s'agit des 2 600 salariés de Mory-Ducros, suite à l'annulation sur une question (controversée) d'ordre des licenciements.

Compte tenu de cette différence de régime reposant sur le seul motif d'annulation, le Conseil d'État a posé un principe le 17 mars 2017 : le juge administratif

« *doit, si la requête en annulation soulève plusieurs moyens, toujours se prononcer, s'il est soulevé devant lui, sur le moyen tiré de l'absence ou de l'insuffisance du plan, même lorsqu'un autre moyen est de nature à fonder l'annulation de la décision administrative* ». Et le Conseil d'État d'en tirer les conséquences sur son propre contrôle : « *Pour les mêmes raisons, il appartient au juge de cassation, saisi d'un pourvoi dirigé contre une décision juridictionnelle ayant prononcé l'annulation d'une décision d'homologation en raison de l'insuffisance du PSE, de se prononcer prioritairement [...] sur le bien-fondé de ce motif et, si celui-ci doit être censuré, d'annuler la décision juridictionnelle attaquée, alors même qu'elle serait également fondée sur d'autres motifs susceptibles d'en justifier le dispositif* ». Mais l'alignement des deux sur six mois minimum opéré par l'ordonnance du 22 septembre 2017 limite désormais la portée indemnitaire de cet arrêt.

3. Suite à de nombreux contentieux sur cette question, la loi du 6 août 2015 a légitimement précisé les conséquences de l'annulation d'une décision d'homologation portant uniquement sur une *insuffisance formelle de motivation* de la part de la Direccte : ni la régularité de la procédure, ni la qualité des mesures du PSE ne sont contestées. L. 1235-16 nouveau : « *En cas d'annulation d'une décision de validation ou d'homologation en raison d'une insuffisance de motivation, l'autorité administrative prend une nouvelle décision suffisamment motivée dans un délai de quinze jours à compter de la notification du jugement à l'administration, qui est portée par l'employeur à la connaissance des salariés licenciés à la suite de la première décision de validation ou d'homologation, par tout moyen permettant de conférer une date certaine à cette information.*

Dès lors que l'autorité administrative a édicté cette nouvelle décision, l'annulation pour le seul motif d'insuffisance de motivation de la première décision de l'autorité administrative est sans incidence sur la validité du licenciement et ne donne lieu ni à réintégration, ni au versement d'une indemnité à la charge de l'employeur. »

685 **Suivi de l'exécution du PSE : l'arrêté du 3 avril 2014** a fixé le contenu du bilan de la mise en œuvre devant être transmis à la Direccte, lui démontrant que le PSE ne lui a pas été survendu, sinon...

- nombre de mobilités, de reclassements internes, de départs volontaires, de licenciements économiques, mesures d'accompagnement à la mobilité externe : formations, aides à la création d'entreprise, aide à la mobilité, etc. ;
- nombre de personnes en CDI, en CDD de 6 mois et plus, en CDD de moins de 6 mois, en formation, en retraite, sans emploi.

Et il va de soi que le contentieux des mesures d'*exécution* du PSE relève des juridictions judiciaires.

686 **Notification individuelle du licenciement aux salariés.** Cette dernière phase est le seul aspect individuel du « grand licenciement » s'il existe des institutions représentatives du personnel. Seulement après réception de la notification par l'administration de sa décision (validation ou homologation) et sous peine de nullité, envoi de la lettre LRAR de notification, dont le contenu est le même que pour l'ensemble des licenciements économiques (*cf. supra*, licenciement individuel) :

- lettre énonçant précisément le double motif du licenciement, même en cas d'adhésion à un CSP : non seulement énonciation des difficultés économiques, mais également des incidences de cette situation sur l'emploi (suppression) ou le contrat de travail (modification) du salarié licencié. Une entreprise s'étant contenté d'indiquer *« Suppression de votre emploi »*, ou encore *« Graves raisons d'ordre financier »* dans la lettre de licenciement sera condamnée pour licenciement sans cause réelle et sérieuse en l'absence de motivation suffisante..sauf si elle s'est réveillée à temps en utilisant l'ordonnance du 22 septembre 2017 permettant de « préciser » les motifs ;
- énonciation de la priorité de réembauche, et de ses conditions (L. 1233-45). En cas de non-respect, depuis septembre 2017 le juge accordera au salarié une indemnité ne pouvant être inférieure à *un* mois de salaire, contre deux auparavant ;
- rappel du délai maximal de douze mois : « Toute contestation portant sur le licenciement pour motif économique se prescrit par douze mois à compter de la dernière réunion du comité social et économique ou, dans le cadre de l'exercice par le salarié de son droit individuel à contester le licenciement pour motif économique, à compter de la notification de celui-ci. Ce délai n'est opposable au salarié que s'il en a été fait mention dans la lettre de licenciement » (L. 1235-7) ;
- dans les dix jours de son départ de l'entreprise, le salarié peut demander à l'employeur par LRAR les critères retenus pour l'ordre des licenciements, ce dernier disposant d'un délai équivalent pour répondre.

687 Depuis l'ordonnance du 22 septembre 2017 « relative à la prévisibilité et la sécurisation des relations de travail », comme en matière de licenciement pour motif personnel, l'employeur dispose ici : 1. De modèles de lettre fixés par décret qu'il peut utiliser pour procéder à la notification du licenciement, et qui rappellent les droits et obligations de chaque partie (L. 1233-42 nouveau). 2. D'un droit à la rectification de ses éventuelles erreurs de rédaction : *« Les motifs énoncés dans la lettre de licenciement peuvent, après la notification de celle-ci, être précisés (...) dans des conditions fixées par décret en Conseil d'État. La lettre de licenciement, complétée le cas échéant par l'employeur, fixe les limites du litige en ce qui concerne les motifs de licenciement »* (L. 1235-2 nouveau).

Sur les difficultés d'application de ces nouveaux textes (particulièrement importantes en matière de licenciement collectif où la motivation des 368 LRAR est identique...), voir supra le licenciement pour motif personnel.

688 **Le droit français se rapproche ainsi du droit communautaire :** *« consultation en vue d'aboutir à un accord »* (accord de GPNEC en amont). Mais jamais en France avec le comité d'entreprise, qui est pourtant l'interlocuteur naturel en matière d'information-consultation : avec les syndicats. Que du bonheur pour les amants de complexité, et un marché en expansion continue : si le PSE relève désormais de l'administration, le licenciement prononcé reste de la compétence du conseil des prud'hommes.

SECTION III Le contrôle judiciaire de la cause réelle et sérieuse du licenciement économique après l'ordonnance du 22 septembre 2017

689 **Faible contentieux, mais médiatisé.** Bien que le taux de recours au juge soit ici huit fois inférieur (3 %) à celui du licenciement pour motif personnel (25 %), le conseil des prud'hommes reste aujourd'hui très présent et médiatisé : car lorsque les 675 salariés licenciés gagnent et touchent chacun, même après le plafonnement de septembre 2017, en moyenne dix mois de salaire sous forme de dommages-intérêts, le directeur financier demande sa mutation... ou dépose le bilan.

690 **Il existe en droit français trois défauts possibles** de cause réelle et sérieuse :

1 - L'inertie fautive en matière de reclassement individuel interne même si l'entreprise est en dépôt de bilan, même si la Direccte a homologué ou validé le PSE.
2 - L'absence de difficultés économiques, de sauvegarde de la compétitivité, etc. tel que redéfinie par la loi du 8 août 2016 puis recadrée par les ordonnances du 22 septembre 2017 (voir infra) ;
3 - Enfin la cause réelle et sérieuse de la modification refusée par des salariés dont l'employeur n'avait pas envisagé une seconde l'éviction lors de la proposition initiale (ex. : CS, 12 avril 2012, Générali, modification du variable des commerciaux suite à l'irruption des bancassureurs en ligne).

RAPPEL

Toute contestation portant sur le licenciement pour motif économique se prescrit par douze mois (L. 1235-7).

691 Existe (en principe) une procédure spécifique *(§ 1)*, l'essentiel à tout point de vue restant le contrôle de la cause réelle (facile), et sérieuse *(§ 2)*.

§1 Procédure (en principe) accélérée

692 Des *délais* plus brefs sont imposés mais dépourvus de toute sanction : un mois au maximum entre la saisine du conseil et la séance de conciliation ; six mois au maximum entre la date de renvoi du bureau de conciliation au jugement lui-même. « *En cas de recours portant sur un licenciement pour motif économique, l'employeur* doit communiquer *au juge tous les éléments qu'il a fournis aux représentants du personnel* », dans les huit jours qui suivent sa convocation devant le bureau de conciliation. La tâche du salarié contestant la régularité ou le motif de son licenciement en sera d'autant facilitée, puisque l'inertie de l'entreprise pourrait fonder un défaut de cause réelle et sérieuse.

§2 Le créatif contrôle judiciaire de la cause réelle et sérieuse du licenciement économique, désormais très encadré

693 **Colossales.** Pour le chef d'entreprise comme pour les salariés (dont 3 sur 4 sont licenciés hors PSE), le contrôle de la cause réelle et sérieuse du licenciement constitue un point essentiel en raison des sommes en cause : des mois de salaire pour chaque salarié, certes désormais soumis au plafonnement obligatoire de l'ordonnance du 22 septembre 2017, mais avec en plus pour l'employeur remboursement des allocations-chômage à l'Assedic.

694 **Ce qui est loin d'être anodin car existe ici une différence fondamentale avec le licenciement pour motif personnel.** Comme son nom l'indique, ce dernier type de rupture est par définition unique, fonction des aptitudes actuelles, du passé professionnel de chaque individu : son cas n'est guère transposable à d'autres salariés. En revanche, si l'employeur a licencié 347 salariés en raison de la perte d'un marché à l'exportation, et que le juge ne reconnaît pas le motif invoqué dans la LRAR comme une cause réelle et sérieuse pour trois d'entre eux qui ont engagé un procès, les 344 autres risquent d'être fortement incités à faire de même... avec des conséquences financières identiques pour l'entreprise ; plusieurs milliers de mois de salaire à verser *au minimum*, et au maximum deux mille mois de remboursement d'allocations-chômage à l'Assedic : ce qui provoquera parfois la liquidation de l'entreprise...

695 **La lettre LRAR doit donc être rédigée avec beaucoup d'attention,** et mentionner d'abord un motif réel, puis un motif sérieux, l'appréciation judiciaire de cette cause réelle et sérieuse se faisant à la date de la notification du licenciement, non à celle du début de la procédure.

Depuis septembre 2017, l'employeur devant faire face à des demandes d'explications par plusieurs licenciés en application du nouvel article L. 1235-2 nouveau (« *Les motifs énoncés dans la lettre de licenciement peuvent, après la notification de celle-ci, être précisés..* ») devra évidemment veiller à leur apporter une réponse cohérente, sinon unique.

696 Cause **qualificative : la réalité** du motif économique est rarement contestée, à moins que derrière la mesure de l'employeur ne se cache un licenciement inhérent à la personne visée. Un arrêt a ainsi mis en scène un danseur des Folies Bergères, *seul* licencié pour motif économique : or l'enquête menée par le conseil des prud'hommes a montré qu'il avait été écarté en raison de son âge, motif éminemment personnel (CS, 24 mars 1990). À moins que l'employeur ne puisse prouver ni suppression du poste (ex. : externalisation) ni transformation de l'emploi du salarié (ex. : salaire ou qualification ont changé), ou tout simplement qu'il ait oublié de les mentionner dans la lettre de licenciement.

697 Cause **justificative : le sérieux** de la cause du licenciement économique pose des problèmes autrement plus épineux, que la Cour de cassation avait résolus avec son dynamisme sinon sa créativité habituels (*cf.* Ph. Waquet, « Emploi et profit », *RJS*, mai 2006). Car en créant la « cause réelle et sérieuse », le législateur de 1973 avec ses 350 000 chômeurs avait pensé au seul licenciement pour *faute* : les prud'hommes pouvaient se faire rapidement une opinion sur le comportement fautif de tel salarié en entreprise. Mais sont-ils capables de décider que l'échec du dernier produit lancé nécessitait 16, 28 ou 41 licenciements ? Jusqu'où doit aller leur contrôle ?

698 **Ubris.** Après quelques hésitations, la Cour de cassation a adopté, à compter de 1993 et son franchissement du seuil symbolique des trois millions de chômeurs, une position très (trop) avancée, s'éloignant définitivement du principe posé en 1956 par l'arrêt Brinon *(« L'employeur est seul juge de la gestion de son entreprise »)*. Le juge désormais juge la gestion du chef d'entreprise, qui fait l'objet d'un examen, sinon d'un jugement sévère dont le coût peut s'avérer dissuasif puisqu'il s'agira au minimum de défaut de cause réelle et sérieuse, pour *chacun* des salariés licenciés : sommes certes plafonnées depuis 2017, mais restant de nature à émouvoir, en amont du plan, le directeur financier. Emotion qui facilitera le travail du DRH voulant monter, conformément à la loi, un PSE proportionné aux moyens de l'entreprise, ou du groupe.

NIVEAU DE RENTABILITÉ DE L'ENTREPRISE ET STABILITÉ DE L'EMPLOI

1. Interdiction du contrôle judiciaire sur les choix de gestion du chef d'entreprise : ni en amont (CS, 3 mai 2012, Vivéo), ni en aval, Assemblée plénière, 8 décembre 2000, SAT : *« Attendu que pour décider que les licenciements étaient dépourvus de cause économique réelle et sérieuse, la cour d'appel a retenu que la pérennité de l'entreprise et le maintien de sa compétitivité étant assurés dans les trois hypothèses envisagées de réorganisation, l'entreprise en choisissant la solution du regroupement d'activités à Montereau et de la fermeture du site de Riom n'a pas intégré dans ses calculs, comme elle en avait cependant l'obligation, le concept de préservation de l'emploi et a donc excédé la mesure de ce qui était nécessaire à la sauvegarde de la compétitivité du secteur considéré de l'entreprise ;*
Attendu cependant que les licenciements ont une cause économique réelle et sérieuse lorsqu'il est établi que la réorganisation de l'entreprise, qui entraîne des suppressions d'emplois, est nécessaire à la sauvegarde de la compétitivité de l'entreprise ou du secteur d'activité du groupe auquel elle appartient ; Qu'en statuant comme elle a fait alors, d'une part qu'elle reconnaissait que cette condition était remplie dans les trois hypothèses de réorganisation envisagées initialement par l'employeur alors, d'autre part qu'il ne lui appartenait pas de contrôler le choix effectué par l'employeur entre les solutions possibles, la cour d'appel a violé les textes susvisés. »

Et l'Administration, après la loi de 2013 ? Extraits du rapport annuel du Conseil d'État, mai 2016 : *« Ni l'administration, ni le juge administratif ne contrôlent le motif économique du licenciement. Un salarié qui souhaite contester son licenciement économique, prononcé après élaboration et approbation d'un PSE, doit,*

comme auparavant, introduire un recours devant le conseil de prud'hommes. Lui seul est compétent pour apprécier si le licenciement économique repose sur une cause réelle et sérieuse, c'est-à-dire si la situation économique de l'entreprise justifie la rupture du contrat de travail.
De même, lorsque l'employeur présente au comité d'entreprise une analyse de la situation économique justifiant la réorganisation de l'entreprise restreinte à un secteur d'activité particulier, l'administration doit seulement s'assurer que l'employeur a expliqué les raisons de ce choix et fourni des éléments d'information sur la situation de l'entreprise dans ce secteur d'activité, sans porter d'appréciation sur le choix du secteur ».

2. Position confortée le 12 janvier 2002 par le Conseil constitutionnel, qui s'est rappelé au bon souvenir du législateur en censurant sur le même fondement une partie de la loi Florange le 27 mars 2014 puis Hamon le 17 juillet 2015.
Le Conseil a relevé que l'article 1 permettait un refus de cession de l'établissement en cas d'offre de reprise sérieuse seulement lorsque ce refus est motivé par la « *mise en péril de la poursuite de l'ensemble et l'activité de l'entreprise cessionnaire* ». Il a jugé que cela prive l'entreprise de sa capacité d'anticiper des difficultés économiques et de procéder à des arbitrages économiques.

3. Respect de la liberté d'entreprendre donc... mais aussi de la stabilité de l'emploi – Contrôle approfondi : CS, 1er décembre 1999 (Miko).
« Attendu que la société Miko a licencié Mme Schaffer en 1992, en invoquant la nécessité d'ajuster sa production à ses ventes et de diminuer ses effectifs permanents ;
Attendu qu'il est fait grief à l'arrêt d'avoir dit que ce licenciement était sans cause réelle et sérieuse, alors, selon le moyen, que lorsqu'elle n'est pas liée à des difficultés économiques, la réorganisation de l'entreprise constitue un motif économique de licenciement dès lors qu'elle procède du souci d'améliorer la rentabilité de celle-ci et, partant, permet de sauvegarder sa compétitivité vis-à-vis des entreprises concurrentes ; qu'ainsi, en estimant au contraire que, compte tenu du contexte économique favorable pour la société Miko, la suppression de plusieurs emplois permanents, dont celui de Mme Schaffer, en permettant de réaliser une réduction de la charge salariale, répondait moins à une nécessité économique qu'à la volonté de l'employeur de privilégier le niveau de rentabilité de l'entreprise au détriment de la stabilité de l'emploi, pour en déduire que le licenciement économique litigieux était dépourvu de cause réelle et sérieuse, la cour d'appel a omis de tirer les conséquences légales de ses propres constatations et violé, par fausse application, l'article L. 321-1 du Code du travail ;
Mais attendu que la cour d'appel après avoir constaté que le chiffre d'affaires de la société était en nette progression en 1991, a retenu que la suppression des emplois permanents à laquelle elle s'était livrée répondait moins à une nécessité économique qu'à la volonté de l'employeur de privilégier le niveau de rentabilité de l'entreprise, au détriment de la stabilité de l'emploi ; qu'ayant ainsi fait ressortir que la réorganisation n'avait été décidée que pour supprimer les emplois permanents de l'entreprise et non pour sauvegarder sa compétitivité, elle a pu décider que le licenciement n'était pas justifié par un motif économique. »

Enfin le 6 juillet 2016, à propos du feuilleton Continental : « *La société Continental France ne justifiait ni de difficultés économiques, ni d'une menace pesant sur la compétitivité du secteur d'activité de la division "Passenger and Light Truck Tire" du groupe Continental auquel elle appartenait ; la mesure de réorganisation constituée par la fermeture de l'établissement de Clairoix et la suppression de l'ensemble des emplois ne répondait qu'à un souci de rentabilité du secteur pneumatique du groupe* » (défaut de cause réelle et sérieuse pour des centaines de salariés).

La jurisprudence française refuse donc depuis fort longtemps de considérer qu'un motif d'économies constitue un motif économique **sérieux**, ce qui à l'évidence donne une consistance au « droit à l'emploi » mais ne correspond guère aux préoccupations des actionnaires d'aujourd'hui.

699 Depuis la loi du 8 août 2016 puis l'ordonnance du 22 septembre 2017, que doit contrôler le conseil des prud'hommes ?

L. 1233-3 : « *Constitue un licenciement pour motif économique le licenciement effectué par un employeur pour un ou plusieurs motifs non inhérents à la personne du salarié, résultant d'une suppression ou d'une transformation d'emploi ou d'une modification, refusée par le salarié, d'un élément essentiel du contrat de travail, consécutives notamment :*

***1. À des difficultés économiques** caractérisées soit par l'évolution significative d'au moins un indicateur économique tel qu'une baisse des commandes ou du chiffre d'affaires, des pertes d'exploitation ou une dégradation de la trésorerie ou de l'excédent brut d'exploitation,*

soit par tout autre élément significatif de nature à justifier de ces difficultés.

Une baisse significative des commandes ou du chiffre d'affaires est constituée dès lors que la durée de cette baisse est, en comparaison avec la même période de l'année précédente, au moins égale à :

a) Un trimestre pour une entreprise de moins de onze salariés ;

b) Deux trimestres consécutifs pour une entreprise d'au moins onze salariés et de moins de cinquante salariés ;

c) Trois trimestres consécutifs pour une entreprise d'au moins cinquante salariés et de moins de trois cents salariés ;

d) Quatre trimestres consécutifs pour une entreprise de trois cents salariés et plus ;

***2. À des mutations technologiques** ;*

***3. À une réorganisation de l'entreprise** nécessaire à la sauvegarde de sa compétitivité ;*

4. À la cessation d'activité de l'entreprise ».

La matérialité de la suppression, de la transformation d'emploi ou de la modification d'un élément essentiel du contrat de travail s'apprécie au niveau de l'entreprise »

L'ordonnance de septembre 2017 a ajouté à cette longue liste deux choses essentielles :

1 - **Le périmètre** de l'analyse de la cause réelle et sérieuse : « *Les difficultés économiques, les mutations technologiques ou la nécessité de sauvegarder la compéti-*

tivité de l'entreprise s'apprécient au niveau de cette entreprise si elle n'appartient pas à un groupe et, dans le cas contraire, au niveau du secteur d'activité commun au sien et à celui des entreprises du groupe auquel elle appartient, établies sur le territoire national. Pour l'application du présent article, le groupe est défini, lorsque le siège social de l'entreprise dominante est situé sur le territoire français, conformément au I de l'article L. 2331-1 et, dans le cas contraire, comme constitué par l'ensemble des entreprises implantées sur le territoire français ».

2 - **La définition du secteur d'activité d'un groupe** de société : *« Le secteur d'activité permettant d'apprécier la cause économique du licenciement est caractérisé, notamment, par la nature des produits biens ou services délivrés, la clientèle ciblée, les réseaux et modes de distribution, se rapportant à un même marché ».*

700 Reprenons

1 - La source des suppressions de postes ne réside donc pas seulement dans les *difficultés économiques* de l'entreprise : souvent hélas la liquidation pure et simple de TPE-PME. Mais aussi dans les *mutations technologiques*, motif autonome qui peut l'affecter en l'absence de toutes difficultés économiques. Mais il s'agit alors d'un exercice périlleux car le salarié aura beau jeu de retourner la question : *« Qu'avez-vous fait pour me permettre de m'adapter aux nouvelles technologies ? »* (*cf. supra* l'obligation d'adaptation).

2 - La Chambre sociale avait créé un troisième cas : la *cessation totale et définitive de l'entreprise* (pas d'un de ses *services*), ou la dissolution de l'association, reprises au 4° alinéa : *« cessation d'activité de l'entreprise »* (si elle n'appartient pas à un groupe, voir infra).

3 - **Plus de vingt ans après sa création par la Chambre sociale**, le Code avait intégré le 8 août 2016 *« la réorganisation de l'entreprise nécessaire à la sauvegarde de sa compétitivité »*, qui ne doit pas être confondue avec les « difficultés économiques », dont elle est pourtant bien proche côté gestionnaires. Car depuis l'arrêt Vidéocolor du 5 avril 1995, une entreprise qui gagne de l'argent pouvait aussi licencier, mais exclusivement afin de prévenir de lourdes difficultés à venir (ex. : lancement d'un produit révolutionnaire par le concurrent : hier le Walkman de Sony détrôné en quelques mois par l'IPod d'Apple, aujourd'hui l'irruption de Free sur la concurrence) : *« Lorsqu'elle n'est pas liée à des difficultés économiques ou à des mutations technologiques, une réorganisation ne peut constituer un motif économique que si elle est effectuée* pour sauvegarder la compétitivité de l'entreprise ».

701 Mais « sauvegarder la compétitivité », c'est quoi au juste ?

La jurisprudence a mis et maintient la barre très haut. Il faut que la réorganisation de l'entreprise soit indispensable (sauve-garder = sauve-qui-peut). L'employeur ne peut donc se contenter de grandes généralités sur la montée de la concurrence, ou la dureté des temps comme : *« notre activité s'effectuant dans un secteur fortement concurrentiel, la forte progression des techniques oblige à une adaptation permanente »*. Réponse : *« En statuant ainsi par des motifs d'ordre général impropres à caractériser l'existence d'une menace pesant sur la compétitivité du* secteur des activités fusionnées, *la cour a violé l'article L. 321-1 »* (CS, 21 février 2007).

Plus généralement, la Cour de cassation réfute toute augmentation de cette compétitivité, mais aussi les fameux « licenciements boursiers » destinés à faire plaisir aux actionnaires, actuels ou futurs. Une entreprise a-t-elle cependant le droit de prétendre vouloir simplement maintenir sa compétitivité ? La Chambre très sociale semble aujourd'hui l'admettre du bout des lèvres : ce qui est le minimum... si l'on s'entend sur ce qu'est vraiment « la compétitivité » : rester compétitif en ces temps de *benchmark* permanent sans fin et sans fond qui tirent forcément le prix de la main-d'œuvre vers le bas...

702 Périmètre d'appréciation judiciaire de la cause réelle et sérieuse : l'établissement ? L'entreprise ? La filiale ? Le groupe ? Français... Mondial ? Réponse avec l'ordonnance du 22 septembre 2017

À quel niveau apprécier la sauvegarde de la compétitivité, mais aussi les difficultés économiques lorsque le licenciement intervient dans un établissement d'une entreprise florissante, ou dans la filiale en grande difficulté d'un groupe qui marche fort ? Si par exemple le groupe américain General Electric licencie en France, le conseil des prud'hommes de Romorantin saisi de la cause réelle et sérieuse peut-il exiger les comptes de ses 1 117 filiales, dont 785 hors territoire américain ?

➔ S'agissant d'une **entreprise mono-établissement** (SARL Boucherie Sanzot et Fils), sa compétitivité locale suffira au bonheur du conseil des prud'hommes local. Mais s'il s'agit d'un établissement d'une entreprise en comprenant vingt et un ? Les vingt autres vont très bien, seul celui-là va très mal, ou voit arriver de gros nuages en provenance du Levant ?

➔ **Au niveau de l'entreprise tout entière, jamais en dessous** répond la Chambre sociale reprise par la loi, estimant que c'est à ce niveau (juridique : personne morale, et économique : comptes) que tout se décide. Ce qui peut aboutir à de surprenants résultats humains et économiques lorsqu'un seul établissement va très mal, mais que l'entreprise elle-même va très bien : défaut automatique de cause réelle et sérieuse pour tous les licenciés.

➔ **Et si l'entreprise appartient à un groupe de sociétés ?** Le contrôle judiciaire se place ni tout en haut (le groupe), ni tout en bas (la filiale en cause), mais au niveau du **secteur d'activité du groupe** auquel elle appartient. Ainsi le groupe Bouygues dont la division BTP est en plein essor pourrait parfaitement licencier pour motif économique une présentatrice de LCI si sa division Audiovisuel connaît de graves problèmes de compétitivité depuis l'arrivée de la TNT gratuite.

Mais de la théorie à la pratique... L'arrêt du 28 février 2012 pose frontalement le problème : la filiale de Montauban d'un groupe français perd son unique client ; que faire, sachant que son chiffre d'affaires est désormais égal à zéro, et que les reclassements n'ont pas donné grand-chose ? L'employeur faisait valoir que « *les pertes colossales de la société Aixor logistics et l'impossibilité de continuer à employer les 101 salariés du site de Montauban privés de toute activité compte tenu de la perte de son client unique étaient de nature à atteindre la compétitivité de l'activité logistique du groupe Norbert Dentressangle et à justifier la fermeture du site de Montauban et les licenciements subséquents* ».

Réponse classique côté Cour de cassation, mais toujours aussi surprenante côté gestionnaire : « *Une réorganisation, si elle n'est pas justifiée par des difficultés économiques ou par des mutations technologiques, doit être indispensable à la sauvegarde de la compétitivité de l'entreprise ou, si celle-ci appartient à un groupe, du secteur d'activité de ce dernier. Ayant relevé que le secteur d'activité du groupe auquel la société appartenait avait une excellente rentabilité, avec une marge opérationnelle qui conservait un haut niveau, la cour d'appel a fait ressortir que la réorganisation invoquée par l'employeur dans la lettre de licenciement n'était pas justifiée par la nécessité de sauvegarder la compétitivité du secteur d'activité du groupe auquel elle appartient.* »

À l'inverse, ce qui avait permis dans l'affaire Vidéocolor de 1995 de déclarer sans cause réelle et sérieuse les licenciements effectués dans une filiale lyonnaise qui allait mal car, au-dessus, le secteur d'activité du groupe n'allait pas trop mal, devait un jour connaître l'hypothèse inverse, choquante pour les salariés. C'est chose faite avec l'arrêt du 28 novembre 2007 : « *Les difficultés économiques évoquées pour justifier des licenciements économiques s'appréciant au niveau du secteur d'activité du groupe auquel appartient l'entreprise qui licencie, la cour d'appel n'avait pas à rechercher si les résultats de la société procédant aux licenciements étaient bénéficiaires.* » Voilà donc les salariés d'une très florissante filiale française d'une société belge, qui voyaient chaque année le chiffre d'affaires et le bénéfice de leur entreprise exploser, valablement licenciés pour motif économique.

703 Bref, le principe jusqu'à présent appliqué pour sanctionner – ou plutôt dès l'origine conçu, dans une vision judéo-chrétienne pour mieux indemniser des salariés qui n'y sont pour rien : l'employeur qui a commis une faute morale en licenciant des collaborateurs doit « payer sa faute » – des licenciements réalisés au sein d'entreprises subissant des difficultés économiques ou connaissant de graves problèmes de compétitivité mais appartenant à des groupes en bonne santé économique reste applicable quand c'est le secteur d'activité français de leur groupe qui se trouve mal.

1 - Dans la vraie vie, que doit alors faire l'employeur qui a déjà tout tenté pour reclasser les salariés partout ailleurs dans le groupe ? À part provisionner 101 défauts de cause réelle et sérieuse ?

2 - Tout irait pour le mieux si la notion de « secteur d'activité », repris par le Conseil d'État dans le cadre du contrôle administratif du PSE, était claire. Stupéfaction pour les groupes étrangers jusqu'en 2017 : la nécessité de devoir ouvrir les comptes top secret de son « secteur d'activité », bref de sa division « Semi-conducteurs » ou « Machines agricoles » pour s'expliquer sur les 34 licenciements opérés à Arles (France, Europe). Stupéfaction généralement suivie d'un refus catégorique, entraînant *ipso facto* le défaut de cause réelle et sérieuse.

704 Impacts de l'ordonnance du 22 septembre 2017 : deux utiles définitions des périmètres en cause

1 - **Quel périmètre du « groupe » prendre en compte ? L'arrêt du 16 novembre 2016** avait fait avancer les choses : « *la cause économique d'un licenciement*

s'apprécie au niveau de l'entreprise ou, si celle-ci fait partie d'un groupe, au niveau du secteur d'activité du groupe dans lequel elle intervient (...). Le périmètre du groupe à prendre en considération à cet effet est l'ensemble des entreprises unies par le contrôle ou l'influence d'une entreprise dominante dans les conditions définies à l'article L. 2331-1 du code du travail » : bref, celui du comité de groupe, dont les attributions sont notamment de recevoir les informations sur l'activité, la situation financière, l'évolution et les prévisions d'emploi dans le groupe et dans chacune des entreprises qui le composent ainsi que la communication des comptes et du bilan consolidés. Employant la notion d'entreprise dominante, plus large que celle de « société mère », cet article vise pour déterminer un ensemble économique, d'une part, les entreprises contrôlées, ce qui renvoie à des rapports de nature sociétaire du code de commerce.

En l'espèce, le *« mouvement Leclerc ne se présente nullement comme un groupe au sens capitalistique du terme mais comme un groupement de commerçants indépendants, se structurant autour d'une association des centres distributeurs Leclerc qui, notamment, décide de l'attribution de l'enseigne Leclerc à ses adhérents et définit les orientations globales du mouvement, d'un groupement d'achat commun aux centres Leclerc et de coopératives régionales qui assurent surtout des fonctions logistiques au bénéfice des commerçants adhérents : il ne s'agit donc pas d'un groupe au sens économique du terme »* avait constaté la Cour d'appel, approuvée par la Cour de cassation.

Qui avait ajouté, comme à son habitude depuis 1995, « sans qu'il y ait lieu de réduire le groupe aux entreprises situées sur le territoire national ». La goutte d'eau...

Ajouté par l'ordonnance du 22 septembre 2017, le 12° alinéa nouveau de L.1233-3 supprime ce chiffon rouge pour les investisseurs étrangers : *« Les difficultés économiques, les mutations technologiques ou la nécessité de sauvegarder la compétitivité de l'entreprise s'apprécient au niveau de cette entreprise si elle n'appartient pas à un groupe et, dans le cas contraire, au niveau du secteur d'activité commun au sien et à celui des entreprises du groupe auquel elle appartient, établies sur le territoire national ».*

Réserve générale : la fraude qui corrompt tout. Car si un groupe use de manœuvres frauduleuses pour créer artificiellement des difficultés économiques dans sa filiale française (ce qui n'est pas hors de portée en termes de comptabilité), l'examen du juge pourra alors dépasser le territoire national. Mais la fraude ne se présume pas, et ce sera au demandeur de la prouver.

2 - **Quant au « secteur d'activité » commun au groupe,** il est désormais *« caractérisé, notamment, par la nature des produits biens ou services délivrés, la clientèle ciblée, les réseaux et modes de distribution, se rapportant à un même marché ».* Cette définition lie désormais le juge judiciaire, à qui la Chambre sociale de la Cour de cassation avait rappelé le 17 mai 2017 *« qu'il lui appartient de vérifier le caractère réel et sérieux des difficultés économiques invoquées au regard du secteur d'activité pertinent pour son appréciation, peu important le périmètre retenu par l'employeur dans la lettre de licenciement ».*

Ne pas confondre le périmètre d'analyse de la cause réelle et sérieuse avec le co-emploi groupe/filiale (CS, 6 juillet 2016) « Hors existence d'un lien de subordination, une société faisant partie d'un groupe ne peut être considérée comme un co-employeur à l'égard du personnel employé par une autre que s'il existe entre elles, au-delà de la nécessaire coordination des actions économiques entre les sociétés appartenant à un même groupe et de l'état de domination économique que cette appartenance peut engendrer, une confusion d'intérêts, d'activités et de direction se manifestant par une immixtion dans la gestion économique et sociale de cette dernière. En déclarant les sociétés Continental France et Continental AG coemployeurs des salariés et de les condamner in solidum à leur verser diverses sommes, alors que le fait que la politique du groupe déterminée par la société mère ait une incidence sur l'activité économique et sociale de sa filiale, et que la société mère ait pris dans le cadre de cette politique des décisions affectant le devenir de sa filiale et se soit engagée à garantir l'exécution des obligations de sa filiale liées à la fermeture du site et à la suppression des emplois ne peuvent suffire à caractériser une situation de coemploi, la cour d'appel viole l'article L. 1221-1 du Code du travail ». L'arrêt du 6 juillet 2016 confirme le revirement de l'arrêt Molex du 2 juillet 2014 : le simple fait d'être la filiale d'un groupe (qui nécessairement la contrôle) n'entraine pas automatiquement la responsabilité solidaire de la maison-mère (plus solvable : pour les Conti, 29 millions d'euros). Seule redevable : la société-fille. De quoi provoquer son dépôt de bilan, et si ses actifs sont insuffisants, la prise en charge de sommes considérables par notre système national d'assurance garantie des salaires (AGS)...Rien n'est simple ! Mais rendu le même jour, l'arrêt 3 Suisses retient logiquement cette responsabilité car au moment de la réorganisation, « la société 3 SI Commerce, qui se confondait totalement avec la société 3 Suisses International dont elle n'était qu'une émanation, n'avait pour objet que de faciliter la transformation de la société 3 Suisses France et des autres sociétés en de simples « business unit » relevant directement du groupe (...), la société 3 SI Commerce prenant en charge tous les problèmes de nature contractuelle, administrative et financière rencontrés par la société 3 Suisses France ».
Totale confusion = Co-emploi = Responsabilité solidaire. Normal.

705 **Si l'on ajoute que le doute profite au salarié**, et qu'un licenciement économique touche souvent plusieurs dizaines de personnes (pouvant donc obtenir des mois de salaires bruts chacune), cette jurisprudence extensive incite les entreprises à favoriser, au sein d'un PSE, les départs volontaires préservant la paix sociale. Mais ces « chèques-valises » très appréciés du personnel *(« de toute façon, j'étais sur la liste... »)* et en particulier des meilleurs qui retrouveront un emploi, sont vite dépensés et font passer leur bénéficiaire à côté de tous les systèmes de reclassement et de réinsertion prévus. En bout de chaîne, c'est Pôle Emploi qui héritera de ces salariés, souvent âgés ou fragiles.

706 **Le droit du licenciement économique supporte mal les slogans.** Sur qui par exemple doit peser la charge des dizaines de milliers de travailleurs aujourd'hui difficilement employables en raison de leur passé trop spécialisé dans des tâches déqualifiées et répétitives ? Ou demain chassés de leur emploi par la montée de l'intelligence artificielle ? Sur l'entreprise qui en a pris la responsabilité ? Sur la collectivité ? Laquelle ? Collectivité nationale ? Territoriale ? Assurance-chômage ? Le débat est loin d'être clos. *Idem* pour notre jurisprudence franco-française sur la cause réelle et sérieuse du licenciement économique, même après les ordonnances de septembre 2017, l'une des plus favorables du monde pour le salarié licencié. Mais son bilan est-il positif pour l'emploi en France ?

707 **Malgré son nom, la science économique est, comme la science juridique, plus un art qu'une science,** et la nécessaire protection due au salarié ne doit pas entraver de façon excessive la liberté de gestion du chef d'entreprise français sous peine d'effets pervers majeurs : précarité, externalisation, L. 1124-1 à l'envers et autres délocalisations ou surtout non-localisations. C'est ce qu'ont compris les ordonnances du 22 septembre 2017.

708 **Effet utile et effet contentieux.** Si la complexité de notre droit du licenciement économique crée manifestement des emplois pour les juristes en droit social, il était néanmoins souhaitable que cette immense énergie – aux coûts non négligeables pour toutes les parties – soit mieux employée qu'au contentieux. Reclasser en amont (grâce au maintien de l'employabilité, des seniors en particulier) sous le regard attentif du Direccte vaut mieux que l'ancien immense jeu de lois d'avant juin 2013, réservé aux seuls initiés, aux avocats ou magistrats depuis toujours immergés et donc parfaitement à l'aise dans la procédure.

C'était le pari de la loi du 14 juin 2013, gagné quatre ans plus tard pour les PSE ; mais 80 % des licenciements économiques sont aujourd'hui prononcés hors PSE.

QUESTIONNAIRE D'AUTO-ÉVALUATION SUR LE DROIT DU LICENCIEMENT ÉCONOMIQUE APRÈS LES ORDONNANCES DU 22 SEPTEMBRE 2017

1. Un licenciement économique est forcément un licenciement collectif, donc montage obligé d'un PSE
VRAI-FAUX

2. Si le salarié travaille dans une entreprise appartenant à un groupe de sociétés, l'employeur doit lui proposer tous les postes vacants, dans le monde entier
VRAI-FAUX

3. Le salarié est fautif quand il refuse une offre valable de reclassement dans le cadre du licenciement économique
VRAI-FAUX

4. Depuis la loi du 14 juin 2013, le juge judiciaire ne peut plus intervenir dans le contentieux du licenciement économique
VRAI-FAUX

5. Si le Direccte est compétent pour homologuer un PSE unilatéral, il ne l'est pas pour la procédure d'information-consultation du CHSCT et du comité d'entreprise, qui relève du TGI

VRAI-FAUX

6. Si l'employeur passe outre un refus d'homologation du Direccte sur son PSE et licencie quand même les salariés, ces derniers peuvent saisir le juge administratif pour demander leur réintégration

VRAI-FAUX

7. Une entreprise qui se porte bien financièrement peut tout de même procéder à des licenciements économiques

VRAI-FAUX

8. L'analyse judiciaire de la sauvegarde de la compétitivité de l'entreprise se situe, comme l'obligation de reclassement, au niveau du groupe de sociétés

VRAI-FAUX

9. Lorsque le juge administratif annule une homologation, les salariés concernés peuvent exiger leur réintégration

VRAI-FAUX

10. « Le taux d'homologation étant proche de 90 %, ce nouveau contrôle administratif, c'est du bidon »

VRAI-FAUX

RÉPONSES

1. FAUX ET ARCHI-FAUX : d'une part la boucherie Sanzot peut licencier son unique vendeuse ; d'autre part, les collaborateurs ayant refusé l'application d'un accord de compétitivité crée le 22 septembre 2017 seront licenciés selon la procédure du licenciement économique individuel : pas de PSE, même s'ils sont 10 ou plus sur 30 jours.

2. FAUX DEPUIS L'ORDONNANCE DU 22 SEPTEMBRE 2017. L'obligation de reclassement est limitée au territoire national.

3. JAMAIS mais l'employeur ayant exécuté son obligation de reclassement, il ne pourra être condamné sur ce fondement par le conseil des prud'hommes.

4. DOUBLEMENT FAUX : d'une part car le seul PSE est visé par la loi du 14 juin 2013 ; le TGI demeure compétent pour les autres licenciements collectifs. D'autre part, le conseil des prud'hommes reste compétent pour apprécier la cause réelle et sérieuse de chaque licenciement prononcé, dans le nouveau cadre fixé par l'ordonnance du 22 septembre 2017

5. FAUX il fallait à tout prix éviter un double contentieux devant deux juges différents sur le même sujet : le PSE. Le Direccte est donc compétent pour contrôler le respect des deux procédures (y compris avec son pouvoir d'injonction dans les 5 jours de la demande), et le contenu du PSE : l'homologation englobe les deux.

6. TOUT FAUX passer outre un refus d'homologation témoigne déjà d'un QI juridico-RH inférieur à deux. Et les salariés n'ont pas à saisir le juge administratif, mais le conseil des prud'hommes, y compris en référé car en l'absence de tout document écrit d'homologation le trouble manifestement illicite est patent.

7. VRAI ainsi en cas de mutations technologiques... mais aujourd'hui dangereux en raison du devoir d'adaptation. Mais aussi s'agissant de la sauvegarde de la compétitivité : l'entreprise peut dégager aujourd'hui de l'argent, mais voir arriver des nuages qui la mettront en dépôt de bilan dans un an : pensez à Sony, roi du monde avec ses Walkman en 1990, qui voit arriver le MP3.
8. FAUX Si depuis septembre 2017, le cadre de l'obligation de reclassement et celui de la cause réelle et sérieuse est celui du groupe au sens du « comité de groupe » du droit du travail, la cause réelle et sérieuse doit être recherchée au niveau du seul secteur d'activité du groupe (s'il en existe plusieurs).
9. TOUT DÉPEND DU MOTIF DE L'ANNULATION 1. En cas d'annulation en raison d'une absence ou d'une insuffisance de PSE, les licenciements sont nuls (L. 1235-14). Si le salarié l'exige, le juge prud'homal – certainement pas administratif – ordonnera donc la réintégration, sauf si elle est impossible : fermeture du site, absence d'emploi disponible, notamment. L'annulation pour un motif autre (ex. : procédures) peut donner lieu à la réintégration du salarié, mais sous réserve de l'accord de l'employeur. Mais depuis 2017 chacun des salariés a droit à une indemnité d'au moins six mois de salaires.
10. FAUX : C'ÉTAIT CONÇU POUR. Au-delà de la première notification officielle le lendemain de la première réunion du comité, le chef d'entreprise se rapprochera du Direccte dès le début du montage de son PSE : pour évoquer par exemple un éventuel recours à l'activité partielle, ou ses projets en matière d'obligation de reclassement. S'ensuivront de nombreux échanges, plus ou moins formels, les syndicats et le comité d'entreprise ne restant pas eux-mêmes inactifs. Bref dans l'immense majorité des cas, le Direccte aura suivi pas à pas toute la procédure interne, demandant ici – de facto exigeant car quelle entreprise pourra se payer le luxe d'un refus ? – la reprise de la procédure, d'abord courtoisement ensuite par voie d'injonction pour les mal-comprenants, là une meilleure prise en compte des seniors. Et il se prononcera in fine et officiellement sur ce plan... âprement négocié avec lui depuis des mois.

Chapitre 3

La démission

709 **Définition.** *« La démission est un acte unilatéral par lequel le salarié sous contrat à durée indéterminée manifeste de façon claire et non équivoque sa volonté de mettre fin au contrat de travail. »* Si le droit des licenciements occupe plusieurs dizaines de pages du Code du travail, son symétrique apparent, la résiliation à l'initiative du salarié titulaire d'un CDI n'a droit qu'à trois maigres articles : L. 1237-1 et s.

710 **Reprendre sa liberté.** En 2017, entre 13 000 et 17 000 salariés se sont chaque mois inscrits à Pôle emploi (autant que de licenciements économiques) car ils avaient « dé-missionné » et donc « repris leur liberté ». Mais la plupart des démissionnaires ne s'y inscrivent pas : le principal motif d'une démission est d'avoir trouvé un emploi ailleurs, et la montée des démissions est un signe classique de reprise (juin 2016 = > juin 2017 : + 8 % !). Mais ce motif est loin d'être le seul : mutation du conjoint, carrière compromise ou ennui infini dans l'entreprise actuelle, situation intenable après un conflit individuel, mais aussi collectif. Un million de salariés ont démissionné en 2016 (dont 51 % de moins de 30 ans), avec seulement 210 000 inscriptions à Pôle-Emploi.

711 **Droit et RH.** En termes de ressources humaines, le taux de démissions est examiné avec beaucoup d'attention par les entreprises. Un taux proche de zéro (3 % : banques, assurances) ne veut pas forcément dire attachement à la culture maison : il peut également signifier confort douillet peu propice aux initiatives et à la prise de risques. À l'inverse, une forte mobilité externe (30 % voire 90 % par an : hôtellerie, restauration rapide) pose un problème d'identité à l'entreprise, qui n'arrive pas à garder ses meilleurs éléments. Un malheur n'arrivant jamais seul, non seulement les plus mauvais CDI ne démissionnent jamais, mais les excellents rejoignent souvent la concurrence, une fois formés et donc opérationnels.

712 **Le talentisme ayant souvent remplacé le capitalisme** (pour une entreprise du savoir, son capital humain est plus important que le capital dit social), la fidélisation visant à dissuader les meilleurs de démissionner est aujourd'hui un problème essentiel dans nombre de sociétés ayant été elles-mêmes infidèles pendant la crise : *stock-options*, mais aussi suivi de carrière très personnalisé et autres fleurs, sans oublier les chaînes : clause de non-concurrence, de dédit-formation le cas échéant.

713 **Fausse symétrie.** Par rapport au licenciement, la démission présente juridiquement quelques avantages pour le salarié, mais surtout de nombreux inconvénients.

714 **Avantages :** le salarié sous CDI n'a aucun motif à invoquer, aucune procédure longue ou complexe à respecter, sinon l'envoi d'une lettre si la convention collective le prévoit pour fixer la date exacte de la rupture. Liberté du travail oblige, l'employeur ou le manager qui ressent parfois la démission de son protégé comme une trahison personnelle et professionnelle *(« Je lui ai tout donné ! »)*, ne peut s'y opposer même si elle intervient à une période cruciale pour lui. Quelles que soient les circonstances, il devra verser l'indemnité de congés payés que le salarié a acquise mois après mois.

715 **Inconvénients :** auteur de la rupture, c'est le collaborateur qui doit un préavis à l'entreprise, et il ne touche évidemment aucune indemnité de licenciement. Et surtout ne sera pas, en principe, pris en charge par le système d'assurance-chômage qui n'est pas une caisse de congés payés et n'indemnise, sauf exception mais légitimement, que les salariés « *involontairement* privés d'emploi », pour l'instant. Cela semble logique si l'on ne veut pas confondre chômage et congés… payés par la collectivité ; il pourra cependant démontrer le « motif légitime » de sa démission à la commission paritaire de l'Assedic (ex. : mariage, mutation du conjoint, non-paiement des salaires). Mais il faut en être certain et ne pas démissionner trop tôt : si la mobilité du conjoint est finalement reportée, la rétractation d'une démission ou d'une prise d'acte dépend exclusivement de la bonne volonté patronale.

Faut-il alors, comme le suggérait une copie d'étudiant se voulant progressiste, « *interdire la démission pour vraiment protéger le salarié* » ? Le servage a été aboli…

LA DÉMISSION AUJOURD'HUI : PEAU DE CHAGRIN ET PEAU DE LAPIN

1. Peau de chagrin : depuis 2008, la rupture conventionnelle homologuée (35 000 en moyenne chaque mois en 2017) donnant automatiquement droit à une indemnité de rupture mais surtout aux allocations-chômage a dissuadé nombre de collaborateurs prudents et avisés de démissionner. Ils préfèrent proposer à leur employeur cette résiliation consensuelle indemnisée. Et en nos temps de suppressions de postes et de plans de départs volontaires, ce départ discret, sans procédures ni contrôle de la cause réelle et sérieuse, est souvent accepté « sans autre forme de procès ». Mais aux frais de l'Unedic, qui avait donc nettement allongé le délai de carence depuis juillet 2014, en particulier pour les cadres : mais sans effet notoire sur les chiffres.

2. Peau de lapin : « *Lorsque le salarié remet en cause sa démission en raison de faits ou manquements imputables à son employeur, le juge doit, s'il résulte des circonstances antérieures ou contemporaines de la démission qu'à la date à laquelle elle a été donnée celle-ci était équivoque, l'analyser en une prise d'acte de la rupture qui produit les effets d'un licenciement sans cause réelle et sérieuse si les faits invoqués la justifiaient, ou, dans le cas contraire, d'une démission.* »
Le revirement jurisprudentiel du 9 mai 2007 permettant à un collaborateur ayant envoyé une lettre titrée « Démission » en bonne et due forme de faire requalifier

quelques mois après celle-ci en prise d'acte (voir infra) limite encore davantage le champ de notre bien classique démission. La démission n'est plus ce qu'elle était.
2018 : la démission indemnisée pour tous ?
A fortiori demain, avec « l'assurance-chômage pour tous » et la démission (une fois tous les cinq ans maximum) donnant droit aux allocations chômage, comme le prévoit le Ministère du Travail fin 2017, par ailleurs ouverte aux non-salariés : petits patrons ou artisans voulant se reconvertir. Idée : fluidifier les transitions professionnelles qui vont se multiplier, tout en faisant pression sur les salaires : quand le cadre non augmenté s'exclamait : « Je pars ! », un sourire entendu lui répondait... Mais avec les allocations chômage derrière... et aussi quelques effets d'aubaine, pour un coût estimé par Pôle Emploi, pas franchement enthousiaste, de 2,5 milliards d'euros pour les 3,3 millions de personnes concernées le 12 juillet 2017. Mais avec une baisse sensible des 400 000 résiliations conventionnelles homologuées chaque année.

716 **Protection judiciaire.** La Cour de cassation est depuis toujours extrêmement attentive à ce que l'employeur, qui cherche pour les raisons examinées *supra* à éviter tout licenciement, ne provoque pas la démission du salarié : elle exige donc de ce dernier une *« volonté claire, sérieuse et sans équivoque de démissionner » (Section I)*. Le salarié démissionnaire doit par ailleurs respecter le délai-congé, d'usage ou conventionnel *(Section II)*. Il ne doit pas enfin abuser du droit dont il dispose *(Section III)*.

SECTION I « Volonté claire, sérieuse et non équivoque de démissionner »

717 **La démission ne se présume pas.** Elle suppose une *« volonté claire, sérieuse et non équivoque de démissionner »* : en cas de contestation (rare), elle devra être prouvée par l'employeur qui l'invoque. Mais si elle a été valablement donnée, elle ne pourra être rétractée qu'avec l'accord exprès de celui-ci. Côté chef d'entreprise, il ne sert donc à rien de prendre acte de la réception d'une lettre de démission : le contrat de travail est déjà rompu, et comme il n'existe pas de rupture au carré...

718 **La gaffe : la prise d'acte d'une démission inexistante.** Au fur et à mesure que le droit du licenciement se complexifiait, les praticiens étaient saisis de plus en plus de demandes patronales relatives à la démission (provoquée, négociée...) : le juge doit souvent se prononcer sur la nature exacte de la rupture des relations contractuelles. Absence de trois semaines non justifiée, retour tardif de congés-payés : certains employeurs « prenaient acte » d'une démission virtuelle, ce qui devait leur permettre d'éviter toute procédure, toute indemnisation et surtout toute recherche de la cause réelle et sérieuse du licenciement : or c'est exactement l'inverse qui s'est produit avec feu l'autolicenciement (*cf. infra* chapitre 4, section I : « La prise d'acte, recadrée en 2014 »).

719 **Mais il convient également de protéger parfois le salarié colérique ou déprimé contre lui-même.** Après un incident avec un supérieur hiérarchique, il claque la porte en disant : « *Puisque c'est comme ça, je m'en vais !* », puis envoie immédiatement un courriel vengeur, titré « Ma démission ! », au DRH qui n'en demandait pas tant. Pour des raisons d'amour-propre, il ne se présente pas les jours suivants à son travail. Faut-il le considérer comme démissionnaire et lui faire perdre indemnités de rupture, mais aussi allocations-chômage pour lui et sa famille ? En l'absence de textes légaux, la Cour de cassation exige, pour qu'il y ait résiliation imputable au salarié, que ce dernier manifeste une volonté sérieuse et sans équivoque (tautologie ?) de quitter définitivement son emploi.

§1 Volonté sérieuse

720 **Une lettre manuscrite datée et signée par le salarié,** rédigée à froid à son domicile et postée par LRAR (la longue attente à La Poste porte conseil), témoigne de cette volonté si elle n'est pas remise en cause dans les semaines qui suivent. À l'inverse, un départ précipité suite à un incident ne montre pas que le salarié voulait réellement démissionner, a fortiori s'il n'a pas prononcé le mot fatidique : « *Je démissionne* » n'est pas équivalent à « *Je quitte cette maison de fous* ».

721 **Vice.** Dans le cas où l'employeur aurait volontairement menti sur les conséquences de la démission pour l'obtenir, il s'agit alors d'un vice du consentement *« de nature à entraîner l'annulation de la démission »*. Mais dans la pratique, l'annulation judiciaire d'une démission donnée il y a treize mois = effets d'un licenciement sans cause réelle et sérieuse.

722 **Méfiance.** Les juges sont légitimement réservés sur les démissions envoyées par *courriel*. Outre l'identité exacte du rédacteur de ce curieux message, ce médium oral-écrit instantané suscite leur méfiance : tout dépend donc de l'attitude adoptée ensuite par le collaborateur. Si aucune nouvelle ne parvient à l'employeur dans les semaines qui suivent, l'attitude du salarié montre une volonté sérieuse de ne plus travailler. Mais cette attitude reste équivoque, même en présence de mises en demeure réitérées.

EN PRATIQUE

Le salarié coléreux mais bien conseillé envoie le lendemain de l'incident s'étant transformé en démission orale un certificat maladie, dont le but est triple : 1) jeter le doute sur son état psychique ; 2) prouver qu'il ne veut pas démissionner puisqu'il avertit l'employeur de son absence dans les formes légales ; 3) ne pas perdre la face vis-à-vis de collègues désormais très admiratives attendant le retour de Bayard le lendemain matin avec un grand intérêt : « *X, qui a tenu tête à son chef l'irascible Y, va-t-il s'excuser platement ?* » Au bout de huit jours, l'incident sera clos.

Un « départ-coup de tête » (honneur professionnel, rivalité amoureuse) ne constitue donc pas pour la jurisprudence une volonté sérieuse de quitter définitivement son emploi. Il peut cependant constituer une absence fautive, cause de licenciement pour motif personnel, voire de faute grave si cette insubordination patente et non fondée a eu lieu en présence de tiers. Le salarié perdra, comme en cas de démission, ses indemnités de rupture et ne touchera donc que ses congés payés. *Mais* **il pourra prétendre à l'assurance-chômage :** nuance d'importance lorsque la durée moyenne de celui-ci est égale à 580 jours, comme aujourd'hui en France.

§2 Volonté non équivoque de démissionner

723 **Employeur arrosé.** C'est d'abord la délicate question de l'absence prolongée, sans explications, qui doit être abordée. Hypothèse fréquente lors des retours de congés payés, après un simple changement de conditions de travail, ou en cas de maladie : pendant plusieurs semaines, et malgré les appels téléphoniques, des courriels et lettres de rappel, aucune nouvelle du salarié. Peut-il être considéré comme *implicitement* démissionnaire ? **Jamais !** L'absence injustifiée du salarié, même de longue durée, ne peut caractériser une volonté non équivoque de démissionner.

724 Si la Cour de cassation n'exclut nullement que des sanctions pouvant aller jusqu'au licenciement pour faute soient prises, elle n'accepte pas que ces absences soient constitutives d'une démission afin de préserver les droits aux allocations-chômage du salarié qui fait vivre une famille. Pour leur part, les juges saisis *doivent* désigner l'auteur de la rupture (ex. : *« – Si tu continues, je me casse ! – Pas cap ! » – « T'as ma dém. ! »*). En l'absence de volonté sérieuse et sans équivoque de démissionner, le couperet risque alors de tomber... sur l'employeur qui a constaté une rupture n'étant finalement pas imputable au salarié : licenciement, avec indemnités de rupture (IP + IL) et défaut de cause réelle et sérieuse faute de lettre motivée.

§3 Liaisons dangereuses : démission ou prise d'acte, et démission-prise d'acte

725 La jurisprudence est très attentive lorsque la démission invoquée résulte du comportement patronal, gravement fautif ou manifestant une volonté de provoquer la démission du salarié. L'hypothèse ici examinée n'a cependant rien à voir avec les effets d'une prise d'acte non fondée, qui aboutit aux effets d'une démission.

FAUSSE DÉMISSION MAIS VRAIE PRISE D'ACTE

CDD

S'agissant des contrats à durée déterminée, il ne peut être question ni de « démission » ni de « prise acte », comme l'a confirmé la Chambre sociale le 30 mai 2007 : « Lorsqu'un salarié rompt le CDD et qu'il invoque des manquements de l'employeur, il incombe au juge de vérifier que les faits invoqués sont, ou non, constitutifs d'une faute grave. » En présence d'une simple erreur de calcul d'une majoration et donc « en l'absence de faute grave imputable à l'employeur, la salariée n'était pas fondée à rompre le contrat de travail ». Rappelant la règle légale (la rupture avant terme n'est licite qu'en cas de faute grave, ici symétrique, de force majeure ou de résiliation conventionnelle), la Chambre sociale prend bien soin de ne pas évoquer les termes « démission » ou « prise d'acte », parfaitement inadéquats s'agissant de CDD. Mais pour les contrats à durée indéterminée ?

CDI

La démission expressément motivée par des manquements patronaux, constitue en droit une véritable prise d'acte : « La démission ayant été donnée en raison de griefs faits à l'employeur (surcharge de travail et inadaptation de son poste), il en résultait qu'elle s'analysait en une prise d'acte à ses torts, peu importe que cette lettre ait été suivie d'une autre lettre de démission dans laquelle le salarié n'évoque plus ces manquements » (CS, 28 mai 2013).

Verre à moitié plein côté entreprise : malgré la volonté pour le moins équivoque de véritablement démissionner de la part du collaborateur, il ne s'agit pas automatiquement d'un licenciement, inévitablement sans cause réelle et sérieuse faute de lettre de notification motivée.

Verre à moitié vide : tout démissionnaire a désormais intérêt à invoquer d'éventuelles sinon de très hypothétiques fautes patronales, au cas où. Le lecteur aura compris que le « démissionnaire » passant à la concurrence, mais aussi le futur entrepreneur qui se lance (« Enfin ouvrir ce petit restaurant en Avignon, dont toute la famille rêve depuis 15 ans ») peut tenter d'ainsi se constituer un petit parachute ventral, au cas où les clients gastronomes ne seraient pas rapidement au rendez-vous : la démission-prise d'acte à réaction (un peu) différée.

Mais attention ! Depuis les arrêts du 26 mars 2014, cette prise d'acte doit intervenir rapidement après les errements patronaux pour pouvoir espérer conduire aux effets d'un licenciement sans cause réelle et sérieuse.

726 La même Chambre rappelle régulièrement que, contrairement à la lettre de licenciement (éventuellement revue et corrigé depuis septembre 2017), celle de prise d'acte ne fixe pas les limites du litige. *Quid* alors du salarié démissionnant par écrit sans invoquer aucun motif et *a fortiori « pour convenances personnelles »,* mais contestant quelques semaines plus tard cette démission en invoquant des manquements qu'il impute à son employeur ?

727 **« Du fait de circonstances antérieures ou contemporaines », la démission peut s'analyser en prise d'acte.** « Lorsque le salarié, sans invoquer un vice du consentement de nature à entraîner l'annulation de sa démission, remet en cause celle-ci en raison de faits ou manquements imputables à son employeur, le juge doit, s'il résulte de circonstances antérieures ou contemporaines de la démission qu'à la date à laquelle elle a été donnée celle-ci était équivoque, l'analyser en une prise d'acte de la rupture qui produit les effets d'un licenciement sans cause réelle et sérieuse si les faits invoqués la justifiaient ou dans le cas contraire d'une démission. »

728 **Les quatre arrêts rendus le 9 mai 2007** invitent le juge saisi par un salarié ayant démissionné sans invoquer à l'époque aucun grief particulier à raisonner en trois temps :

1 - Au moment où la démission a été donnée, des *« circonstances antérieures ou contemporaines à la rupture »* la rendait-elle équivoque ? Exemples tirés d'arrêts : virulente contestation visant le *« temps de travail, les congés payés et le repos compensateur »* ; *« cette situation avait été signalée à l'inspection du travail »* ; *« modification unilatérale de sa rémunération consistant en une suppression d'une partie de ses commissions »*. Si c'est le cas, le juge peut donc *« analyser la démission en une prise d'acte de la rupture »* : ce qui ne veut pas dire que le salarié ait gagné les effets d'un licenciement sans cause réelle et sérieuse.

   Mais la Chambre sociale ne s'en laisse plus compter : ainsi de cette commerciale demandant la requalification par une lettre expédiée six mois après sa démission *« en réclamant la rémunération d'heures supplémentaires étayée par aucun élément, la teneur des mails adressés à ses collègues ne révélant nullement une rupture dans un contexte conflictuel mais témoignant d'une démission pour rejoindre une nouvelle fonction »* : *« rien ne permettait donc de remettre en cause la manifestation de sa volonté claire et non équivoque de démissionner »* (CS, 8 juin 2017).

2 - Mais le désormais faux démissionnaire n'a pour l'instant rien gagné. Le conseil des prud'hommes va devoir examiner *« si les faits invoqués* (*in extremis*, mais pas trop, car ils doivent « empêcher la poursuite du contrat ») *justifiaient la rupture »*.

3 - La ci-devant démission désormais requalifiée produira donc *« soit les effets d'un licenciement sans cause réelle et sérieuse si les faits invoqués la justifiaient, soit dans le cas contraire ceux d'une démission »*. Dans cette dernière hypothèse, retour à la Case départ pour le salarié démissionnaire.

729 **Alternative obligée**. L'arrêt du 7 mars 2012 a logiquement rappelé que le salarié ne peut invoquer à la fois un vice de consentement pouvant entraîner l'annulation de sa démission, et demander en même temps que celle-ci soit analysée en une prise d'acte. Soit il soutient que sa volonté de démissionner n'était pas libre car il y a été contraint (= vice du consentement), soit il demande qu'en raison des manquements de son employeur, sa démission produise les effets d'une prise d'acte justifiée.

Si l'un exclut l'autre, on comprend facilement pourquoi il choisit la seconde solution : entre une « réintégration » un an après dans l'ambiance que l'on devine, et le versement de l'équivalent d'une dizaine de mois de dommages-intérêts... mais désormais plafonnés.

730 **Démission provoquée.** Certains employeurs cherchent, plus discrètement mais tout aussi efficacement, à pousser le salarié à partir : s'ils parviennent souvent à leurs fins, le réveil sera brutal si ce dernier a su se ménager des moyens de preuve.

Mutation vexatoire sous les ordres de son ancien subordonné, mise en cause de la vie privée, nouvelles attributions provoquant la risée des collègues : les arrêts ne manquent pas en la matière, surtout après une fusion et donc des doublons. Sur le mode de la guerre psychologique ou du harcèlement moral, l'entreprise va contraindre le collaborateur au départ, sous les apparences de la démission. Mais si le salarié arrive à convaincre le conseil des prud'hommes des manœuvres dolosives ou encore de violences morales ou physiques de l'employeur, la sanction va être lourde, sans parler d'un éventuel contentieux civil et pénal. Au-delà de ce *« vice du consentement de nature à entraîner l'annulation de sa démission »* évoqué par les mêmes arrêts du 9 mai 2007 (mais *en pratique*, la « réintégration » sur ordonnance judiciaire qui pourrait s'ensuivre apparaît bien théorique : voir CS, 23 mai 2013, *infra*), le salarié préférera la requalification de la fausse démission en vrai licenciement, qui entraîne une longue série d'effets : versement des indemnités de rupture (IP plus IL), cause réelle et sérieuse automatiquement absente en l'absence de lettre de licenciement dûment motivée (mais avec le nouveau plancher/plafond), abus de droit à l'occasion de la rupture (comportement vexatoire : dommages-intérêts proportionnels au préjudice subi et prouvé). Pour un salarié ayant dix ans d'ancienneté, l'employeur regrettera de n'avoir pas procédé à un vrai licenciement lorsqu'il devra payer l'équivalent de dix mois de salaire : la sanction est à la hauteur de la faute commise.

Mais la faute peut également venir du salarié (réellement) démissionnaire.

SECTION II Respect du préavis de démission par le salarié (L. 1237-1)

731 **Celui qui rompt doit un préavis.** En cas de démission et afin de permettre à l'employeur de pourvoir à son remplacement, le salarié en CDI après essai doit, sans notification particulière, respecter un « préavis de démission ». Mais en cas de démission, son exécution pose de multiples problèmes, au salarié comme à l'employeur : au mieux quelle efficacité demander à un travailleur du savoir déjà sur le départ ? Au pire ne va-t-il pas être tenté de s'attirer les bonnes grâces de son futur employeur avec ces merveilleux disques durs externes qui permettent d'emporter discrètement l'équivalent de deux camions de huit tonnes bourrés de documents plus ou moins confidentiels ?

§1 Durée du préavis ?

732 *« En l'absence de dispositions légales, de convention ou d'accord collectif de travail, l'existence et la durée du préavis résultent des usages pratiqués dans la localité et la profession »* (L. 1237-1). Mis à part les journalistes et les VRP, la loi ne fixe aucune durée légale concernant le préavis de démission, contrairement à son homonyme concernant le licenciement. Il convient donc de se reporter à la convention collective applicable à l'entreprise ou à la branche : même si la durée fixée s'avère plus longue que les usages, c'est elle qui sera appliquée. En règle générale : environ deux semaines pour les ouvriers, un mois pour les employés, trois mois pour les cadres.

733 **Durée supérieure à la convention collective = plus, ou moins favorable ?** Le contrat de travail ne peut lui-même prévoir de dispositions moins favorables que celles de la convention collective applicable, même si cette dernière l'y autorise. Comme l'a rappelé la Chambre sociale le 1er juillet 2008 à un démissionnaire ayant déposé un préavis de... neuf mois au lieu de trois (le but n'étant évidemment pas « le respect de mes équipes » mais que l'employeur l'en dispense en le payant intégralement), *« en cas de résiliation du contrat de travail à l'initiative du salarié, aucune des deux parties n'est fondée à imposer à l'autre un délai-congé différent de celui prévu par la loi, le contrat, la convention collective ou les usages »*.

§2 Exécution du préavis ?

734 **Obligation.** Dû par le salarié (sauf femme enceinte, ou après un congé maternité), ce préavis est une obligation légale : *« L'obligation de le respecter s'impose aux parties au contrat de travail, sans mise en demeure préalable. »* Si la maladie ou l'accident non professionnels n'en suspendent pas l'exécution, lorsque le salarié a démissionné pendant ses congés, il ne court qu'à partir de la date de son retour.

735 Un salarié peut démissionner pendant son préavis de licenciement : il devra néanmoins continuer à travailler pour une période plus courte, correspondant à la nouvelle rupture.

736 **Dispense payée/Non-paiement si inexécution.** Mais tout salarié prudent et avisé démissionne non pour chercher du travail, mais parce qu'il a déjà signé un nouveau contrat, et sa future entreprise souhaite souvent bénéficier de ses services avant la fin du délai-congé. Rien n'empêche alors le collaborateur de demander à son actuel employeur de bien vouloir accepter qu'il n'exécute pas le reliquat de son délai-congé. Cela lui sera souvent accordé (quel travail réel accomplirait-il ?), mais ne donnera lieu à aucune indemnisation : logique contractuelle : pas de travail, pas de salaire. Il ne s'agit ici ni d'une *dispense* de préavis (classique mais payée) ni d'une *privation*, mais d'un accord amiable très courant en pratique, dans l'intérêt bien compris des deux parties mais qui doit donner lieu à la rédaction d'un écrit parfaitement clair daté, signé, en double exemplaire.

737 **Le salarié quittant immédiatement l'entreprise commet une faute** (L. 1237-2). L'employeur pourrait lui demander réparation du préjudice devant le conseil des prud'hommes, dont il devrait démontrer l'existence et le montant. Mais si l'hypothèse a été expressément prévue par la convention collective ou le contrat de travail, un départ précipité peut donner lieu au versement, au profit de l'entreprise, d'une indemnité équivalant aux salaires restant à courir, même en l'absence de préju-

dice. Mais l'employeur ne pourra de lui-même effectuer une compensation entre les salaires qu'il doit au salarié et cette somme : il devra le demander au juge.

EN PRATIQUE : RUMEURS ET CHUCHOTEMENTS

Certains salariés, fins psychologues et qui ont déjà trouvé du travail ailleurs, font courir le bruit qu'ils comptent démissionner, ajoutant immédiatement qu'ils veulent ab-so-lu-ment effectuer, malgré le caractère stratégique de leur poste, l'in-té-gra-lit-é de leur préavis « par attachement à mes équipes », « pour la Maison qui m'a si bien formé », « par courtoisie la plus élémentaire à l'égard de Y à qui je dois tout » : séquence émotion, puis admiration. Cette nouvelle, heureuse er normale en droit mais catastrophique en fait pour des raisons d'ambiance de travail ou de concurrence, amène certains jeunes DRH inexpérimentés (ne sortant donc pas du Master professionnel en apprentissage « Développement des ressources humaines et Droit social » de l'École de Management de Paris I – Sorbonne, site : http://drh-sorbonne.fr, contact : <M2DRH-ems@univ-paris1.fr>) à tomber dans le piège qui leur est tendu.

Convoquant le futur démissionnaire, ils le remercient avec effusion de sa remarquable fidélité, puis le dispensent immédiatement d'effectuer son délai-congé de deux ou trois mois, donc en le payant intégralement : brillante opération financière pour le démissionnaire partant le jour suivant à la concurrence, avec un gros chèque. Ce qui risque de susciter quelques vocations chez d'autres collègues. Et rarement les pires.

SECTION III La démission abusive

738 Y a de l'abus. L. 1237-2 : « *La rupture d'un contrat de travail à durée indéterminée à l'initiative du salarié ouvre droit, si elle est abusive, à des dommages-intérêts pour l'employeur.* » Titulaire d'un droit de résiliation unilatérale, le titulaire d'un contrat à durée indéterminée peut parfois en abuser : L. 1237-2 n'apporte donc rien au droit commun de la responsabilité car tout abus ouvre droit à réparation.

739 L'abus ne peut provenir du ***motif*** **du départ,** considéré par exemple comme illégitime par l'employeur s'estimant trahi : le salarié n'a d'ailleurs aucun motif à donner, et être embauché par le concurrent est licite, même si évidemment l'entreprise n'apprécie guère : « *La démission pour exercer une activité concurrente ne constitue pas* en soi *un abus du droit de démissionner.* » Mais l'éventuelle clause de non-concurrence devra bien sûr être respectée, comme le remboursement figurant dans l'éventuelle clause de dédit-formation.

740 *Le non-respect du délai-congé* ne caractérise pas à lui seul l'abus : l'employeur peut seulement, comme nous venons de le voir, obtenir une indemnité équivalant aux salaires restant dus si cela est prévu par la convention collective ou le contrat.

741 Il y a abus lorsque les conditions du départ manifestent *l'intention de nuire, ou une légèreté blâmable*. L'arrêt Christian Dior reste célèbre (CS, 19 juin 1959) : une mannequin-vedette avait volontairement attendu la veille pour indiquer par télégramme qu'elle ne viendrait pas présenter la Collection d'hiver, causant ainsi un préjudice important à la société. Démission également abusive que celle de tous les commerciaux d'une entreprise, le même jour et à la veille du lancement d'un nouveau produit. Dans les deux cas, nul ne conteste le droit aux salariés de démissionner : c'est le départ *immédiat, sans respect* d'aucun préavis, associé à une volonté de *nuire* qui caractérisent l'abus. Le salarié fautif devra donc en répondre devant le conseil des prud'hommes compétent, et pourra être condamné à d'importants dommages-intérêts si le chef d'entreprise fait la preuve de son préjudice ; c'est l'un des très rares cas où le juge prud'homal est saisi par l'employeur et non par le salarié.

742 **Débauchage immédiat par un nouvel employeur (L. 1237-3).** Au-delà d'une clause de non concurrence (voir infra), si un salarié s'est rendu coupable de démission abusive pour se faire embaucher ailleurs, son nouvel employeur est considéré par la loi comme solidairement responsable du dommage causé au premier, mais à une triple condition :

- si ce dernier démontre que la concurrent est intervenu dans la rupture par des agissements frauduleux et dans un but déterminé : détournement de clientèle, violation de secrets de fabrication ;
- si le nouvel employeur a embauché le salarié en sachant très bien qu'il était encore lié par un contrat de travail avec le précédent ;
- s'il a continué à occuper le salarié après avoir appris qu'il était encore lié par un contrat de travail.

743 **Le cocu magnifique.** Mais il existe très peu de contentieux sur ce terrain, malgré la réalité quotidienne du débauchage abusif devenu Vaste Mercato de Rentrée, et l'intérêt que représente la responsabilité solidaire du nouvel employeur en termes de solvabilité. Car à l'instar du mari trompé hésitant à faire connaître son infortune à la justice et donc au monde, l'entreprise délaissée, et *a fortiori* le DRH ici présumé fautif, ne tient pas vraiment à faire savoir que ses meilleurs commerciaux l'ont quittée. S'il n'a pas peur du ridicule, ce concurrent malheureux, qui a vu tous ses VRP embauchés par l'entreprise voisine pourra, quittant le Code du travail, se placer sur le terrain de la concurrence déloyale et tenter d'obtenir réparation devant le tribunal de commerce, réputé plus compréhensif à l'égard des entreprises.

Chapitre 4

Autres modes de rupture

744 **Rupture de troisième type.** Licenciement et démission sont les modes les plus classiques d'extinction du rapport contractuel. Mais ils sont aujourd'hui loin d'être les seuls : si les fins de CDD (110 000 à 120 000 inscriptions à Pôle-Emploi par mois en 2017) représentent plus du double du nombre *total* des licenciements, la jurisprudentielle « prise d'acte » constitue aujourd'hui un mode autonome de rupture reconnu par le Code *(Section I)*. Les parties peuvent se séparer par résiliation conventionnelle homologuée au succès phénoménal *(Section II)*. Enfin feue la force majeure bien rarement rompre elle-même le contrat *(Section III)*.

745 **Rappel** : *« Lorsque l'employeur et le salarié sont d'accord pour admettre que le contrat de travail a été rompu, chacune des parties imputant à l'autre la responsabilité de cette rupture, il incombe au juge de trancher ce litige en décidant quelle est la partie qui a rompu »* (CS, 6 novembre 2013).

SECTION I La prise d'acte, mode autonome de rupture

746 **Droit de retrait définitif, mais unilatéral.** Constatant que le salarié n'est pas venu travailler depuis six mois sans aucune explication, un employeur peut-il « prendre acte de la rupture », c'est-à-dire constater que le contrat a été ainsi, *de facto*, rompu par l'autre partie ? La collaboratrice harcelée par son manager et voulant quitter l'entreprise « prendre acte » ? La « prise d'acte », qui connaissait un succès aussi important (dix à quinze arrêts par mois devant la seule Chambre sociale : mais il y avait faute de la victime) que dangereux pour les salariés, est devenue mode autonome de rupture même si, comme nous l'avons vu *supra*, la frontière entre démission pour motif personnel et prise d'acte reste poreuse.

747 **Grosse bourde : la prise d'acte** *patronale* **= licenciement sans cause réelle et sérieuse.** Dans l'arrêt « La Clé des Champs » le bien-nommé, la Cour de cassation a

affirmé le 13 novembre 2002 qu'un employeur prenant acte de la soi-disant démission d'un salarié ne se présentant plus à son travail prononce en droit une rupture d'origine patronale : donc un licenciement, irréfragablement sans cause réelle et sérieuse faute de lettre motivée... ou précisée à temps. Jurisprudence constamment reprise depuis. S'il veut rompre, le chef d'entreprise doit initier une procédure de licenciement pour faute (absence sans motif), avec lettre dûment motivée *in fine*.

GB (GROSSE BOURDE)

Inutile donc d'évoquer plus avant la GB (Grosse Bourde) que constitue toute prise d'acte de sa part : même si elle est prévue par une bien vieille convention collective en cas de très longue absence ou de faute lourde avérée, cette rupture d'origine patronale sera systématiquement requalifiée en licenciement par les juges, qui ajouteront automatiquement aux indemnités de rupture (IP + IL) celle due en cas de défaut de cause réelle et sérieuse en l'absence de lettre de motivation.

748 **Prise d'acte par le salarié : une pièce en trois actes.** Pure création jurisprudentielle ne figurant à l'origine nulle part dans le Code, la prise d'acte a connu trois périodes successives en forme de lent retour au réel.

749 **Acte I. CS, 25 septembre 2002 : création de l'auto-licenciement.** Faut-il donner à un démissionnaire potentiel connaissant bien la filmographie de Woody Allen *(« Take the money and run ! »)* le droit de choisir son terrain, et de s'auto-licencier quand bon lui semblait en prenant acte d'une rupture fondée sur des griefs minimes voire imaginaires ? C'est pourtant ce qu'avait admis le calamiteux arrêt du 25 septembre 2002 : *« Une démission ne peut résulter que d'une volonté sérieuse et sans équivoque, laquelle n'est pas caractérisée lorsque le salarié prend acte de la rupture de son contrat de travail en reprochant à l'employeur de n'avoir pas respecté ses obligations contractuelles même si, en définitive, les griefs ne sont pas fondés. »* Un salarié imaginatif pouvait partir dans la journée, sans devoir invoquer un grief sérieux ni respecter le moindre préavis : il était assuré de bénéficier des conséquences d'un licenciement (indemnité de préavis + indemnité de licenciement), par ailleurs sans cause réelle et sérieuse... puis toucher les Assedic : l'auto-licenciement était né !

750 **Acte II. L'indispensable revirement du 25 juin 2003 : plus un droit, mais un risque** : *« Lorsqu'un salarié prend acte de la rupture de son contrat de travail en raison de faits qu'il reproche à son employeur, cette rupture produit les effets soit d'un licenciement sans cause réelle et sérieuse si les faits invoqués la justifiaient, soit dans le cas contraire d'une démission. »*

751 **Nécessaire contrôle judiciaire.** Saisi par un salarié ayant pris l'initiative de rompre mais en imputant la responsabilité de la rupture à son employeur en invoquant des griefs que ce dernier conteste souvent, le juge forcément saisi par le collaborateur-chômeur doit donc vérifier -douze mois plus tard- que ces griefs existaient à la date

de la rupture, qu'ils soient d'abord réels. À éviter donc la prise d'acte prématurée, par exemple à l'occasion d'un simple *projet* de réduction des salaires ou d'une *future* rétrogradation. Ensuite « *suffisamment graves* ».

752 **Acte III. CS, 26 mars 2014 : relégitimation de la prise d'acte.** Onze ans après le nécessaire revirement de 2003, la croissance des prises d'acte reflétait d'abord l'exercice d'un droit de retrait particulier car définitif, en forme de licenciement... de l'employeur : « *Maintenant, ça suffit !* » Mais démontrait aussi parfois le solide réalisme de salariés souvent haut placés, docteurs ès-rupture : hier, ils auraient démissionné, mais estimaient avoir tout à gagner et rien à perdre à prendre acte, y compris sur le dos de l'Assedic. Ce qui explique, outre la démultiplication des contentieux, le revirement du 26 mars 2014. « *La prise d'acte permet au salarié de rompre le contrat de travail en cas de manquement suffisamment grave de l'employeur empêchant la poursuite du contrat.* » Avec l'arrêt Home Expertise du 26 mars 2014, la Chambre sociale a relégitimé la vraie prise d'acte : estimant que sa situation est devenue littéralement « insupportable », le salarié rompt.

753 1. **Pédagogique symétrie CDD/CDI.** En retenant le « *manquement suffisamment grave de l'employeur empêchant la poursuite du contrat de travail* », la Cour reprend la faute grave patronale – bien sûr non disciplinaire ! – évoquée à l'article L. 1243-1 pour le contrat à durée déterminée, qui « *ne peut être rompu avant l'échéance qu'en cas de faute grave ou de force majeure* ».

754 2. **Louable réalisme.** En adoptant un contrôle léger et en abandonnant l'idée qu'il existe des hypothèses la justifiant automatiquement au profit des conséquences concrètes de l'acte patronal, la Chambre sociale s'est alignée sur les autres Chambres civiles, mais a choqué les faiseurs de systèmes. Mais être bon juriste n'exclut pas un minimum de bon sens : la modification unilatérale d'une prime de 3 € ou le non-versement ponctuel de trois heures supplémentaires justifiaient-ils une telle rupture, hors effet d'aubaine ?

755 **Mieux** : l'explosif mariage des deux créatures jurisprudentielles que sont la prise d'acte et l'obligation de sécurité de résultat devait-il permettre à un salarié bien conseillé de quitter l'entreprise quand bon lui semble si une collègue a fumé une fois dans son bureau, ou si son ex-visite annuelle a pris du retard faute de médecin du travail disponible ?

Des effets logiquement opposés.

756 Si le conseil des prud'hommes, ici toujours saisi par le salarié (au chômage) car l'employeur conteste ses griefs ou leur gravité, estime « *les manquements suffisamment graves de l'employeur et empêchant la poursuite du contrat* » (modification importante du contrat, problème de sécurité), la prise d'acte aura alors **les** *effets* **d'un licenciement sans cause réelle et sérieuse**. Versement automatique des indemni-

tés de rupture (IP + IL), y compris conventionnelles. Et licenciement irréfragablement dénué de cause réelle et sérieuse, sans toutefois remboursement des allocations-chômage à l'Assedic (CS, 12 décembre 2012), mais désormais dans la fourchette légale plancher/plafond de septembre 2017.

757 Mais si ce n'est pas le cas, la rupture, qui dans tous les cas est consommée et a entraîné la cessation immédiate du contrat de travail, « *produit* **les effets d'une** *démission* » : il fallait éviter de remettre en cause la jurisprudence sur la nécessaire « volonté sérieuse et non équivoque ». Mais non seulement le salarié n'aura droit à rien : c'est lui qui devra verser à son ex-employeur l'équivalent d'une indemnité de préavis.

758 Finis désormais ces départs opportunistes de collaborateurs souvent haut placés, invoquant d'inqualifiables fautes patronales commises il y a dix-neuf mois (CS, 23 janvier 2013), mais proposant d'accomplir un préavis pour se couvrir, au cas où (CS, 2 juin 2010).

759 **Raison garder.** Ce légitime recadrage jurisprudentiel est-il un désastre pour les salariés ? La prise d'acte, une panacée ? Fallait-il ouvrir toujours plus grandes les portes de cette gravissime décision conduisant directement à Pôle Emploi (sans indemnisation : circulaire UNEDIC du 30 septembre 2014), puis un an plus tard devant les prud'hommes, avec le risque des effets d'une démission faute de preuves suffisantes (40 % des cas devant la Cour de cassation) ?

§1 Forme : « La prise d'acte de la rupture n'est soumise à aucun formalisme »

760 **Seule exigence** : que l'employeur soit directement averti de cette rupture : *« si la prise d'acte n'est soumise à aucun formalisme et peut valablement être présentée par le conseil du salarié, c'est à la condition qu'elle soit adressée directement à l'employeur »* : ainsi, la seule saisine de la juridiction prud'homale ne vaut pas prise d'acte (CS, 29 mars 2017).

761 **Contrairement à la LRAR de licenciement**, la lettre de prise d'acte ne fixe pas les limites du litige : « *Le juge est tenu d'examiner les manquements de l'employeur invoqués devant lui par ce salarié, même si celui-ci ne les a pas mentionnés dans cet écrit.* » D'où le contentieux examiné supra sur une démission antérieure apparemment valide puisque n'évoquant aucun grief, mais pouvant être contestée ensuite, voire « analysée en une prise d'acte s'il résulte de circonstances antérieures ou contemporaines qu'elle était équivoque à la date où elle a été donnée ».

Surprise pour certains employeurs voyant leur ex-salarié officiellement démissionnaire plaider plusieurs mois après devant le conseil des prud'hommes de nombreux manquements patronaux qui ne figuraient nulle part à l'époque, et qu'il n'avait même pas signalés à qui que ce soit : un « guet-apens » auquel les arrêts de mars 2014 voulaient mettre un terme.

Mais la Chambre sociale refuse légitimement de condamner pour défaut de procédure de *licenciement* un employeur se retrouvant devant le « fait accompli » d'une prise d'acte, *« procédure qui ne pouvait être accomplie »*.

§2 Procédure prud'homale accélérée

762 **S'inspirant de la requalification judiciaire du CDD**, la loi du 1er juillet 2014 a voulu ne pas laisser le salarié dans l'incertitude : *« Lorsque le conseil de prud'hommes est saisi d'une demande de qualification de la rupture du contrat de travail à l'initiative du salarié en raison de faits que celui-ci reproche à son employeur, l'affaire est directement portée devant le bureau de jugement, qui statue au fond dans un délai d'un mois suivant sa saisine »* (L. 1451-1). Si l'absence de la phase de conciliation n'est pas surprenante s'agissant d'une situation aussi conflictuelle, on peut s'interroger aujourd'hui sur le respect de ce très bref délai maximal dans la majorité des conseils....

§3 Droit probatoire : retour au droit commun

763 **Ne s'agissant pas d'un licenciement**, le droit commun de la preuve s'applique : c'est donc au salarié-demandeur de prouver la réalité et la gravité des faits qu'il allègue. Et s'il subsiste un doute sur leur réalité, le juge doit considérer que celui-ci n'établit pas les faits comme cela lui incombe, et le débouter de ses demandes.

Sauf si le salarié est bien conseillé, et sait se placer sur un terrain où le régime probatoire s'inverse : discrimination, ou harcèlements et autres atteintes aux « libertés fondamentales » qui, depuis l'ordonnance du 22 septembre 2017, permettent également de faire sauter le plafond de dommages-intérêts. De quoi chercher à changer de terrain, en se constituant des preuves avant son fracassant départ.

764 **Proposition.** Pour éviter cette rupture à l'issue toujours lointaine (le procès) et souvent aléatoire – surtout pour le collaborateur-chômeur de bonne foi n'ayant donc pas anticipé son départ avec la collecte discrète de multiples preuves en amont – ne faudrait-il pas, à l'instar d'une proposition de modification du contrat, exiger au moins une mise en demeure préalable, avec réponse patronale obligée dans les 48 heures ? Ou, au minimum, et comme le suggère l'arrêt du 15 mai 2014 s'agissant de résolution judiciaire, vérifier que l'employeur dûment informé de cette plainte n'a pas agi immédiatement pour y mettre un terme ?

765 **Alors que le droit à l'erreur** dans la lettre de licenciement est accepté côté employeur depuis le 22 septembre 2017, et que le nouveau droit des contrats indique que « *le créancier peut, à ses risques et périls, résoudre le contrat par voie de notification. Sauf urgence, il doit préalablement mettre en demeure le débiteur défaillant de satisfaire à son engagement dans un délai raisonnable* » (Code Civ. article 1226 nou-

veau), ne faudrait-il pas que la Chambre sociale l'applique à l'acte grave qu'est la prise d'acte, donnant l'occasion à l'employeur de mettre un terme aux manquements reprochés, et au salarié de ne pas se retrouver le lendemain au chômage (non indemnisé), devant parfois attendre un an et plus, malgré le texte légal (voir infra) que le Conseil des Prud'hommes se prononce sur cette rupture ?

766 **Le délai de prescription** de 12 mois à compter de la notification de la rupture issue de l'ordonnance du 22 septembre 2017 visant « les ruptures du contrat de travail » s'applique (cf. L. 1471-1 nouveau).

Et le nouvel article L. 1235-3-2 indique expressément qu'en cas de prise d'acte jugée justifiée, « le montant de l'indemnité octroyée est déterminé selon les règles fixées à l'article L. 1235-3 » : bref, est soumis aux nouveaux plafonds de dommages-intérêts. Nous y voilà.

§4 Fond : niveau de gravité du manquement patronal depuis 2014

767 **CS, 26 mars 2014 :** *« La prise d'acte permet au salarié de rompre le contrat de travail en cas de manquement suffisamment grave de l'employeur empêchant la poursuite du contrat. »*

Tout le monde est d'accord pour estimer qu'une faute vénielle (24 h de retard pour la paye) ne permet pas au salarié de prendre acte. Mais quel degré de gravité exiger pour un acte aussi grave ?

Depuis le légitime revirement opéré par les arrêts du 26 mars 2014, la notion de *« manquement suffisamment grave de l'employeur empêchant la poursuite du contrat »* renvoie indirectement à la « faute grave » patronale permettant au salarié de rompre avant terme le CDD.

768 **Fini l'automatisme et ses effets d'aubaine.** *« La modification appliquée par l'employeur n'ayant pas exercé d'influence défavorable sur le montant de la rémunération perçue par le salarié pendant plusieurs années, cette modification unilatérale n'était pas de nature à empêcher la poursuite du contrat de travail »* : avec l'arrêt du 12 juin 2014, la Cour de cassation a confirmé son évolution : il n'existe plus de manquement permettant automatiquement de prendre acte. Alors par exemple qu'auparavant toute modification du contrat de travail imposée l'autorisait, quelle qu'en soit l'importance, il faut maintenant que cette modification imposée « empêche la poursuite du contrat » : ce qui n'est pas le cas d'une perte minime. Mais s'agissant « d'un nouveau système de prime et de commissionnement ni lisible ni fiable, alors que la part variable des revenus du salarié représentait une partie importante de sa rémunération », prise d'acte justifiée (CS, 11 mars 2015). A fortiori si l'employeur ne paye plus le salaire..du directeur financier suite à un refus de détachement (CS, 15 avril 2016), ou « n'avait pas respecté son obligation de lui fournir un travail conforme au poste de chef de projet

puisqu'elle n'avait bénéficié d'aucune fiche de poste, n'avait pas été positionnée dans l'organigramme interne et s'était vu offrir de simples tâches d'analyse d'offre et de formation » (CS, 26 avril 2017).

ATTENTION !
Il ne faut pas déduire des arrêts de 2014 qu'une modification unilatérale, même minime, n'est pas fautive : elle le reste (ex. : action en exécution devant le conseil des prud'hommes), mais le salarié ne peut plus prendre acte sur ce seul fondement.

§5 Suites de la prise d'acte

769 *« La prise d'acte entraîne la cessation immédiate du contrat de travail. »* Tirons les conséquences de cette *« cessation immédiate »*.

- Il ne peut plus y avoir ni démission, ni licenciement, ni résiliation conventionnelle après. *A fortiori* des faits fautifs ultérieurs ne peuvent servir de base à une sanction.
- L'employeur doit délivrer l'attestation Assedic, sans pouvoir cocher la case « Démission » : sinon le salarié pourra agir en référé pour l'obtenir. Mais sauf cas extrêmes (violences, non-paiement du salaire), il n'a pas droit aux allocations-chômage en attendant la décision judiciaire, rendue (en principe) en urgence.
- *« La prise d'acte mettant fin aux obligations de l'employeur »*, fin des complémentaires maladie ou prévoyance (CS, 27 juin 2012).
- La même date fixe la fin de la période de calcul du droit aux congés payés.
- En cas de clause de dédit-formation, le remboursement devra intervenir si la prise d'acte est assimilée à une démission (CS, 11 janvier 2012).

770 **Pré-avis et prise d'acte : un oxymore ?** *« La prise d'acte entraînant la cessation immédiate du contrat de travail, le salarié n'est pas tenu d'exécuter un préavis »* (CS, 26 mai 2010). Normal, *a fortiori* depuis le 26 mars 2014 : si le salarié rompt ainsi immédiatement et avec fracas, c'est que sa situation est devenue à ses yeux littéralement « in-supportable », et qu'en principe il ne pourrait donc la supporter deux ou trois mois de plus.

Mais la Chambre très sociale ne veut pas brusquer un salarié très prudent, ou de bonne foi : *« Si la prise d'acte entraîne la cessation immédiate du contrat de travail, de sorte que le salarié n'est pas tenu d'exécuter un préavis, l'exécution de celui-ci est sans incidence sur l'appréciation de la gravité des manquements invoqués à l'appui de la prise d'acte »* (CS, 1er juillet 2014) : seuls les griefs comptent.

771 **Mais** :

1 - Si les faits justifiaient la rupture, le juge doit, quoi qu'il arrive (ex. : salarié tombé malade à cette époque), lui accorder l'indemnité de préavis et les congés payés afférents : indemnité fondée sur le salaire qu'il aurait touché s'il avait travaillé pendant cette période.

2 - À l'inverse, lorsque la prise d'acte produit les effets d'une démission, le salarié peut être condamné à indemniser l'employeur pour non-respect du préavis.

SECTION II La résiliation conventionnelle homologuée (RCH)

772 *« Les conventions légalement formées tiennent lieu de loi à ceux qui les ont faites. Elles ne peuvent être révoquées que de leur consentement mutuel »*, indiquait depuis 1804 l'article 1134 de notre Code civil, reprenant le vieil adage : *« Ce que les parties ont fait, elles peuvent le défaire. »*

§1 Une rupture conventionnelle spécifique au droit du travail

773 **Issue d'une idée elle-même consensuelle des partenaires sociaux,** la loi du 25 juin 2008 a d'abord modifié l'article L. 1231-1 du Code du travail : *« Le contrat de travail à durée indéterminée peut être rompu à l'initiative de l'employeur ou du salarié,* ou d'un commun accord » : troisième forme voulant banaliser ce type de rupture, destinée à contrer le tropisme – l'obsession – jurisprudentiel à l'égard du droit du licenciement.

774 Puis elle a créé dans le Code une section spécifique : « Rupture conventionnelle », lui donnant ainsi ses lettres de noblesse : *« L'employeur et le salarié peuvent convenir en commun des conditions de la rupture du contrat de travail qui les lie. Exclusive du licenciement ou de la démission, la rupture conventionnelle ne peut être imposée par l'une ou l'autre des parties »* (L. 1237-11).

775 **« RCH » qui n'a rien à voir sur le fond avec la « RCC »,** la « rupture conventionnelle collective » née avec l'ordonnance du 22 septembre 2017, bref un plan de départs volontaires autonome de tout PSE. L'ordonnance précisant d'ailleurs que toute RCH classique est alors exclue.

Depuis toujours, il était admis que tout contrat de travail (CDD comme CDI) pouvait faire l'objet d'une résiliation conventionnelle. Mais les règles spéciales dérogeant aux règles générales, la création de cette résiliation conventionnelle spécifique dans le Code du travail, avec des règles de procédure très protectrices, exclut le recours au droit commun, *« sauf dispositions légales contraires »* (CS, 15 octobre 2014).

776 **Trois millions depuis juin 2008 : un exceptionnel succès statistique**. Grâce à la jurisprudence très ouverte de la Chambre sociale en 2013-2015, la rupture conventionnelle homologuée est rapidement entrée dans les mœurs sociales avec un succès remarquable : de 254 654 homologations en 2010 à 318 000 en 2013, 358 372 en 2015 puis 390 800 en 2016. Avec 35 718 résiliations conventionnelle homologuées en juin 2017, chiffre le plus élevé depuis 2018, le seuil des 400 000 pourrait être franchi pour l'année 2017... Chant du cygne ? Car si la démission donne bientôt droit aux allocations chômage....

777 Et trois RCH sur quatre signées dans des entreprises de moins de 50 salariés, TPE/PME où tout est fait pour éviter le contentieux. Outre un taux incompressible de 2 % de demandes irrecevables, le taux moyen de refus d'homologation est passé de 20 % en 2009 à 6 % en 2014, puis 5 % en 2017 : le régime est maintenant clair, et la machine rodée.

Et logiquement le contentieux, certes très médiatisé, reste infinitésimal : 0,2 %, soit cent fois moins qu'un licenciement personnel (voir le bilan complet du CEE de mai 2015 : 48 % des salariés disent que le choix était vraiment commun, 29 % estiment qu'il s'agissait d'un choix patronal).

778 Mais entre 70 % et 80 % des signataires s'inscrivent directement au chômage, bénéficiant automatiquement des allocations de Pôle emploi. Problème aujourd'hui : l'alliance objective de l'employeur voulant éviter un PSE et des seniors voulant partir avant la date fatidique : la signature bien positionnée d'une RCH lui permet de financer sa propre petite préretraite, aux frais de l'Unedic, qui va l'indemniser pendant trois ans. Mais s'ils sont nombreux, la rupture conventionnelle collective du 22 septembre 2018 aboutit au même résultat.

779 **Cette résiliation conventionnelle est exclue dans deux cas (L. 1237-16)** :

– n'étant pas des CDI, les CDD et autres contrats d'apprentissage ne peuvent faire l'objet d'une rupture conventionnelle ;

– dans le cadre d'un *accord collectif* de GPEC, d'un PSE, et depuis le 22 septembre 2017 d'une rupture conventionnelle collective. *A contrario*, en l'absence d'accord collectif… mais l'opération est fort risquée si elle frôle les dix ruptures par mois, comme l'a rappelé l'arrêt du 9 mars 2011 : « *Lorsqu'elles ont une cause économique et s'inscrivent dans un processus de réduction des effectifs, les ruptures conventionnelles* (homologuées, pas les demandées) *doivent être prises en compte pour déterminer la procédure d'information et de consultation, ainsi que les obligations de l'employeur en matière de PSE.* » Mais attention : « *cette intégration des ruptures conventionnelles dans la procédure ne remet pas en cause leur qualification et leur régime juridique propres, ni leur validité* ».

780 **Liberté contractuelle.** S'il reste risqué de conclure une rupture conventionnelle avec une femme enceinte ou un accidenté du travail, la liberté reste la règle car il ne s'agit pas ici d'une rupture patronale, a rappelé la Cour le 25 mars 2015 : « *Sauf fraude ou vice du consentement, une rupture conventionnelle peut être valablement conclue au cours des périodes de suspension du contrat de travail auxquelles la salariée a droit au titre de son congé de maternité, ainsi que pendant les quatre semaines suivant l'expiration de ces périodes.* » Plus généralement, elle respecte la volonté du législateur qui était de favoriser une rupture non conflictuelle (et qui a fait chuter le nombre d'assignations aux prud'hommes), donnant au collaborateur parti la tête haute droit aux allocations chômage. Ainsi d'un licenciement dûment notifié… suivi d'une RCH : « *Lorsque le contrat a été rompu par l'exercice par l'une ou l'autre des parties de son droit de résiliation unilatérale, la signature postérieure d'une rupture* *conventionnelle vaut renonciation commune à la rupture précédemment intervenue »* (CS, 3 mars 2015).

Du divorce pour faute au consentement mutuel : l'éminente spécialiste du contentieux social aime cette résiliation pacifiée. Et elle a bien raison.

§2 Conditions de cette séparation amiable : sécuriser l'entreprise

781 **Un triptyque, en trois temps.** Comme l'indiquait l'ANI de 2008 : « *Ce processus fait l'objet d'un formulaire type reprenant les trois étapes : première discussion entre les parties, signature de la convention, homologation de l'accord par la Direccte.* »

782 **Cette valse à trois temps** comporte donc une procédure légale et un écrit obligatoire, en double exemplaire : c'est le prix à payer pour éviter tout contentieux. Oublions donc l'idée d'un départ-minute à l'américaine : entre cinq et sept semaines sont nécessaires pour ce départ pacifié, dans lequel on ne doit s'engager qu'avec la quasi-certitude d'aboutir : car lorsque l'employeur a proposé une rupture, ou le salarié souhaité partir et qu'ils doivent finalement continuer à travailler ensemble...

« SÉPARONS-NOUS, FOLLEVILLE ? » (CS, 23 MAI 2013)

CS, 23 mai 2013 : « *Si l'existence, au moment de sa conclusion, d'un différend entre les parties au contrat de travail n'affecte pas par elle-même la validité de la convention de rupture conclue en application de l'article L. 1237-11 du Code du travail, la rupture conventionnelle ne peut être imposée par l'une ou l'autre des parties.* » Pourquoi l'arrêt du 23 mai 2013 est-il parfaitement justifié ?

1. S'agissant des vices du consentement, la rupture conventionnelle homologuée n'a rien à voir avec la résiliation conventionnelle d'hier, parfois signée sur un coin de bureau dans une atmosphère tendue : cette longue procédure en trois temps est justement conçue pour les éviter.

Le salarié se rend à un ou plusieurs rendez-vous dans ce but ; il dispose ensuite de quinze jours pour réfléchir, se renseigner sur ses droits voire se faire conseiller. La RCH donne enfin lieu à une homologation administrative, le fonctionnaire en charge lui téléphonant s'il a des doutes sur les conditions de température et de pression de son départ.

2. S'agissant de différends antérieurs, oui bien sûr il en existe souvent, plus ou moins tacites ou carrément explicites. C'est justement cette détérioration existante ou à venir des rapports quotidiens de travail que vient parfois solder la rupture conventionnelle, à la demande de l'employeur certes mais aussi du salarié ; dans une proportion de 60/40 selon l'étude du Centre d'étude de l'emploi publiée en mai 2015. Comme dans d'autres domaines, l'un veut souvent plus que l'autre : mais s'ils s'aimaient encore si fort, penseraient-ils à cette séparation par consentement mutuel ?

Avec sa jurisprudence permissive, la Chambre sociale est sensible au fait que la RCH est née d'une idée des partenaires sociaux avec l'ANI du 18 janvier 2008

avant d'être légalisée. Mais aussi aux nombreux effets positifs de ce mode pacifié de rupture a priori consensuel, plébiscité par les personnes visées. Enfin aux redoutables conséquences pratiques d'un éventuel arrêt de mort de ce mode de séparation désormais entré dans les mœurs sociales.
Mais attention : dans le même arrêt du 23 mai 2013, elle a fini par annuler la RCH en cause, pour une excellente raison évoquée par la loi elle-même (L. 1237-11 : « La rupture conventionnelle ne peut être imposée par l'une ou l'autre des parties »), le très classique vice du consentement : la situation de violence morale dans laquelle se trouvait la salariée du fait du harcèlement moral dont elle était victime constituait un vice justifiant l'annulation (donc effets d'un licenciement sans cause réelle et sérieuse, voir *infra*).

783 Acte I : Entretien(s). L. 1237-12 : « *Les parties au contrat conviennent du principe d'une rupture conventionnelle lors d'un ou plusieurs entretiens.* » Un seul entretien apparaît très optimiste (tomber d'accord, sur tout, en une fois ?), voire dangereux, même si le 3 juillet 2013 la Chambre sociale n'a pas annulé une RCH signée à l'issue d'un unique entretien. Car « la nuit porte conseil » : pour éviter tout vice du consentement ou rétractation au 14e jour, deux entretiens donc, avec des preuves de leur tenue, le salarié restant évidemment payé. Dans l'intérêt commun, la fixation de la date du premier entretien sera accompagnée d'une notice complète sur les conditions précises, et les effets de ce type de rupture (sort de la clause de non-concurrence, portabilité des droits à mutuelle et prévoyance, mais aussi assurance « Perte d'emploi » en cas de prêt immobilier ; voir le site du ministère du Travail).

784 Assistance des deux parties

Le salarié peut se faire assister par les mêmes personnes que pour un entretien de licenciement. Soit par une personne de son choix appartenant au personnel de l'entreprise, qu'il s'agisse d'un salarié titulaire d'un mandat syndical, d'un membre d'une institution représentative du personnel ou de tout autre salarié. Soit, en l'absence de représentant du personnel dans l'entreprise, par un conseiller du salarié choisi sur une liste dressée par l'autorité administrative.

Deux remarques : 1. Il ne s'agit pas d'un licenciement, mais d'une rupture *conventionnelle* où une assistance psychologique est moins nécessaire qu'une assistance juridique, car l'on va forcément parler argent. 2. Contrairement au licenciement, il n'existe pas ici de convocation obligatoire par l'employeur avec énonciation de la possibilité d'assistance : vu le fort tropisme jurisprudentiel vers le licenciement, il faut même éviter tout ce qui y ressemblerait (car initiative/imputabilité). Nombre de salariés ignoreront donc qu'ils ont le droit d'être assistés, et viendront seuls : mais l'employeur ne pourra alors lui-même se faire assister… du moins lors des entretiens. Dans les faits, 8 % des salariés seulement se font assister.

Curiosité : l'employeur a également la faculté de se faire assister, si le salarié le fait lui-même. Il doit alors en informer son employeur auparavant ; et si ce dernier souhaite aussi se faire assister (3 % le font), il en informe à son tour son futur ex-collaborateur.

Son assistant est « *une personne de son choix appartenant au personnel de l'entreprise* ». Si le juriste local risque d'être sollicité (parfois aussi par le salarié...), il n'est plus question, comme le prévoyait l'ANI, de personnes extérieures (expert-comptable ou avocat) : l'assistance aurait été effectivement trop déséquilibrée. Mais dans les entreprises de moins de 50 salariés, l'assistant pourra être « *une personne appartenant à son organisation syndicale d'employeurs* » (*cf.* les juristes si pointus de l'UIMM), ou « *par un autre employeur relevant de la même branche* ». Question très pratique : si les pourparlers échouent, pourra-t-on en rester là ? Continuer à travailler ensemble après avoir négocié une séparation n'est guère facile, et un autre mode de rupture sera sans doute envisagé par au moins l'une des deux parties : car l'une d'entre elles veut toujours plus que l'autre la séparation.

785 **Les arrêts du 3 mars 2015** ont confirmé que la Chambre sociale veut accompagner ce mode de rupture consensuelle dans sa conception comme dans son exécution : si fraudes et vrais vices du consentement (ex. : suite à une erreur de caisse de deux euros, alternative dans la journée : faute grave ou RCH) sont pourchassés, les petites irrégularités de forme n'entachent pas le fond ; ni l'oubli de la faculté d'assistance, ni une erreur de 24 h sur la date du délai de rétractation n'entraînent la nullité de la RCH.

786 **Acte II : rédaction de la résiliation conventionnelle homologuée.** Un écrit est techniquement obligatoire, et le formulaire Cerfa à la fois chronologique et pédagogique doit être impérativement utilisé, sinon la Direccte la déclarera irrecevable et le salarié n'aura donc pas droit aux allocations chômage.

Car « *la validité de la convention est subordonnée à son homologation* ». Ce formulaire de demande d'homologation disponible sur Internet contient la convention de rupture : il se suffit donc à lui-même, même s'il peut être accompagné d'une annexe explicative. Il va de soi que l'employeur doit en remettre un exemplaire au salarié, sous peine d'annulation.

787 **Indemnité spécifique.** L. 1237-13 : « *La convention de rupture définit les conditions de celle-ci, notamment le montant de l'indemnité spécifique de rupture conventionnelle qui ne peut pas être inférieur à celui de l'indemnité prévue à l'article L. 1234-9. Elle fixe la date de rupture du contrat de travail, qui ne peut intervenir avant le lendemain du jour de l'homologation.* »

La somme versée devra donc être égale au minimum *légal* des 1/4° de mois par année de présence (car augmenté de 25 % par le décret du 25 septembre 2017 : voir infra), *mais aussi conventionnel* (CS, 3 juin 2015). Ce niveau joue d'ailleurs un rôle majeur dans un éventuel refus d'homologation par la Direccte, puis une éventuelle contestation ; mais si la résiliation conventionnelle est annulée, le salarié devra commencer par rendre la somme en question. En pratique, la moyenne était avant 2017 le double de l'indemnité *légale* de licenciement (0,47 mois par année d'ancienneté).

788 **Avec la réforme de l'indemnisation chômage** du 1er juillet 2014, les salariés partant avec plus de 16 200 euros doivent attendre désormais non plus 75 jours au

maximum, mais 180 : mais contrairement aux prévisions de nos prophètes de malheur habituels, cette réforme a été sans incidence réelle sur le nombre des RCH en 2015-2016.

789 **La convention doit fixer la date de prise d'effet de la rupture,** qui doit être assez lointaine pour tenir compte du délai de rétractation et surtout d'homologation (pour les représentants du personnel : droit commun de l'autorisation, jusqu'à deux mois). Mais les droits du salarié sont calculés en fonction de la date prévue pour la rupture du contrat, et non celle de la demande d'homologation.

Le cas échéant seront ici réglés les problèmes liés à la protection complémentaire (en principe maintenue pendant un an), à la voiture de fonction, aux portables et autres CPF ou *stock-options*.

790 **Écarter tout vice du consentement : délai de réflexion (L. 1237-13) + droit de rétractation (L. 1237-14).** « À compter de la date de sa signature par les deux parties, chacune d'entre elles dispose d'un délai de quinze jours calendaires pour exercer son droit de rétractation. Ce droit est exercé sous la forme d'une lettre adressée par tout moyen attestant de sa date de réception par l'autre partie. » À l'instar du droit de la consommation ? Pas vraiment puisqu'ici ce droit est ouvert aux deux parties, manifestement de plus en plus égales. Or pendant toute cette procédure qui dure au minimum *minimorum* un bon mois, les deux partenaires continuent en principe à travailler ensemble : il ne s'agit pas d'un départ-minute, et un départ prématuré du salarié pensant que tout est réglé sera considéré comme une absence sans motif. Mais il est effectivement important que le collaborateur puisse faire à froid le bilan coût/avantages de cette opération. Ce délai constitue donc un réel progrès par rapport à la résiliation à l'amiable signée sur un coin de bureau.

791 *Quid* **du salarié revenant sur sa décision** au bout de 14 jours, ayant dit lors des deux entretiens des choses qu'il n'aurait jamais abordées avec son employeur ? *Quid* surtout, sauf abus manifeste ou intention de nuire, de l'employeur revenant sur sa décision au bout de 10 jours ? Des salariés imprudents peuvent avoir demandé à leur conjoint de démissionner pour chercher un nouvel emploi, mis en vente leur appartement : aucun recours.

792 **En résumé :** *rien* **ne bouge pendant ces 15 jours**... mais aussi les 17 ou 20 (le joli mois de mai) qui suivent. Bref, si l'on ajoute la durée de la négociation, le délai de rétractation puis d'homologation : RCH = au minimum un mois et demi TTC, pendant lequel les relations ne sont pas toujours au beau fixe, et qu'il faut savoir gérer collaborateur par collaborateur.

793 **Acte III : Homologation par l'« autorité administrative ».** L. 1237-14 : *« À l'issue du délai de rétractation, la partie la plus diligente adresse une demande d'homologation à l'autorité administrative, avec un exemplaire de la convention de*

rupture. L'autorité administrative dispose d'un délai d'instruction de quinze jours ouvrables, à compter de la réception de la demande, pour s'assurer du respect des conditions prévues à la présente section et de la liberté de consentement des parties. À défaut de notification dans ce délai, l'homologation est réputée acquise et l'autorité administrative est dessaisie. La validité de la convention est subordonnée à son homologation. »

En pratique, dès réception de la demande d'homologation, la Direccte va délivrer un récépissé envoyé aux deux parties qui sert de preuve du dépôt, et fixe le départ du délai de quinze jours ouvrables accordé à la Direccte pour statuer, qui commence à courir le lendemain de la réception de la demande.

794 **Quel est le rôle de l'administration**, qui constate 2 % d'irrecevabilité et refuse aujourd'hui l'homologation dans 6 % des cas (contre 20 % en 2009) ? Le motif le plus classique est le versement d'une somme inférieure au minimum prévu (40 %, avant l'augmentation du 25 septembre 2017 qui pourrait impacter le nombre de RCH), le non-respect des délais de rétractation et autres bien classiques conventions bêtement antidatées (25 %). Mais il existe aussi des départements où, entre la montée des RCH et les effets de feue la RGPP, une homologation sur trois est tacite.

795 **Que doit faire la Direccte ?** L. 1237-14, 3e alinéa : *« S'assurer du respect des conditions prévues à la présente section et de la liberté de consentement des parties. »*

D'abord vérifier que la procédure a été respectée, et que le consentement du salarié n'a pas été vicié. Mais cette seule légalité, ou aussi un peu d'opportunité ? Exemple : que faire si la somme versée par l'entreprise – qui doit obligatoirement figurer – semble certes respecter le minimum conventionnel, mais reste bien faible vu les circonstances ? Par exemple, dans le cas où l'employeur semble manifestement à l'origine de la résiliation finalement amiable *(« Tu veux de l'argent tout de suite, ou payer ton avocat pour un résultat judiciaire aléatoire dans cinq ans ? »)*, et que le salarié ne touche que le minimum : alors qu'en cas de licenciement, il aurait eu droit en plus au préavis (*a priori* ici exclu, mais pas interdit), et à une indemnisation de dix mois maximum au titre du défaut de cause réelle et sérieuse ?

À l'inverse, que doit faire la Direccte si cette soi-disant résiliation conventionnelle sent à plein nez la fraude d'un véritable démissionnaire avec bien peu d'ancienneté mais ayant trouvé l'oreille attentive de son employeur pour obtenir une RCH sur le dos de l'Assedic ? Et si, à ancienneté et niveau hiérarchique équivalents, la somme versée à Mlle Z est le double de celle versée à Mme Y, pour des raisons que la morale réprouve ? Il n'est parfois pas inutile d'insérer dans la RCH une clause de confidentialité pour éviter un effet boule de neige.

796 **Quoi qu'il arrive, quinze jours** *ouvrables* après la réception *« l'homologation est réputée acquise et l'autorité administrative est dessaisie »*, tout recours hiérarchique étant exclu. En cas de refus d'homologation (forcément motivé), une nouvelle demande est possible, mais il faudra reprendre la procédure à zéro.

La Direccte peut-elle, réflexion faite, retirer sa décision de refus ? « *Une décision de refus ne créant de droits acquis ni au profit des parties à la convention, ni au profit des tiers* », la Chambre sociale a donc estimé le 12 mai 2017 que « *la décision de refus d'homologation pouvait être retirée par la DIRECCTE* » ; la convention de rupture, qui avait fait l'objet d'une nouvelle homologation, était donc valable.

797 **Acte IV : départ du salarié,** aux conditions et à la date prévues par la résiliation conventionnelle, avec au minimum une somme équivalant à l'indemnité légale (en 2018) ou conventionnelle de rupture, calculée sur la totalité de la période de contrat et pas seulement jusqu'à la date d'homologation.

798 **0,2 % : un contentieux logiquement exceptionnel.** Contrairement à ce que pensaient les nombreux amants de la complexité et du contentieux, l'avalanche de procès annoncée fin 2008 n'a évidemment jamais eu lieu.

1 - Il s'agit *a priori* d'une rupture « *d'un accord commun* », non d'un licenciement générant souvent, à l'instar du divorce, de vieux comptes à régler.

2 - L'essentiel du contentieux portant sur la validité de la convention, son annulation peut avoir des effets inattendus pour le salarié demandeur : d'abord restitution de la somme, problèmes éventuels avec les Assedic. La Cour de cassation y est sensible : si l'indemnité de rupture est inférieure au minimum légal, pas d'annulation de la convention, mais condamnation judiciaire au versement de complément (CS, 8 juillet 2015).

3 - Côté employeur, les juges ont comme d'habitude transfiguré cette nullité en licenciement sans cause réelle et sérieuse : IP + IL (il a déjà touché son ICP), plus dommages-intérêts.

4 - En termes de liberté du consentement, la procédure en deux phases (délai de rétractation, puis homologation par l'administration constituant déjà un premier contrôle) est très protectrice. Pour les cadres, des départs négociés sinon « minute » existaient avant la loi du 25 juin 2008, dans des conditions parfois hasardeuses pour le salarié : de ce point de vue, la RCH est une réelle amélioration.

Mais sur les 400 000 RCH homologuées en 2017, l'arbre mal planté ne doit pas cacher la belle forêt.

799 **Sécuriser la sécurisation en signant dans le même temps une transaction ?** Appliquant sa jurisprudence classique, la Chambre sociale qui n'aime guère la transaction en droit du travail a rappelé le 25 mars 2015 qu'elle doit, sous peine de nullité :

– intervenir *postérieurement à l'homologation* de la rupture conventionnelle par l'autorité administrative ;

– avoir pour seul objet « *de régler un différend relatif non pas à la rupture du contrat, mais à son exécution sur des éléments non compris dans la convention de rupture* » (ex. : heures supplémentaires, primes...).

800 **Bloc de compétences judiciaires :** « Tout litige concernant la convention, l'homologation ou le refus d'homologation relève de la compétence du conseil des

prud'hommes, à l'exclusion de tout autre recours contentieux ou administratif. Le recours juridictionnel doit être formé, à peine d'irrecevabilité, avant l'expiration d'un délai de douze mois à compter de la date d'homologation de la convention. »

L'article L. 1237-14 enferme donc le contentieux dans un délai de douze mois à compter de la date de l'homologation, ce qui semble raisonnable et en ligne avec celui de toute rupture depuis 2017.

Il s'avère en revanche très créatif en ce qui concerne le juge compétent. Puisque *« l'homologation par la Direccte ne peut faire l'objet d'un litige distinct de celui relatif à la convention »*, le juge administratif aurait pu également intervenir, retardant de quelques années l'issue du litige. Le législateur a donc donné monopole de compétence au conseil des prud'hommes pour statuer, *« à l'exclusion de tout autre recours contentieux ou administratif »*, *« l'homologation ne pouvant faire l'objet d'un litige distinct de celui relatif à la convention »*.

Ce bloc exclusif de compétences en forme de blindage légal ne dit cependant pas ce que doit faire le conseil des prud'hommes puis la cour d'appel ne se trouvant pas du tout dans la configuration habituelle (ce sont parfois l'employeur et le salarié qui, la main dans la main, le saisissent ensemble pour contester un refus d'homologation), mais face à une résiliation *conventionnelle*, expressément ou tacitement approuvée par un haut fonctionnaire spécialisé, ressentant comme un désaveu très déplacé une annulation judiciaire.

801 Deux certitudes :

– un évident vice du consentement (qui aurait dû être détecté en amont par la Dirrecte...) conduit à l'annulation, avec les conséquences d'un licenciement sans cause réelle et sérieuse ;

– malgré quelques exemples pour le moins créatifs, le juge *judiciaire* qui peut ici annuler le refus d'homologation est évidemment incompétent pour accorder lui-même une homologation *administrative*. La Direccte sera tout simplement à nouveau saisie par les parties, et statuera sur leur nouvelle RCH convenablement reformatée.

802 Pour les représentants du personnel, une véritable autorisation administrative. *« Les salariés bénéficiant d'une protection mentionnés aux articles L. 2411-1 et L. 2411-2 peuvent bénéficier des dispositions de la présente section. Par dérogation aux dispositions de l'article L. 1237-14, la rupture conventionnelle est soumise à l'autorisation de l'inspecteur du travail. »* (L. 1237-15). Comme lorsque qu'une rupture conventionnelle collective sera signée, et qu'un représentant du personnel est candidat au départ....

POUR ALLER PLUS LOIN

Les deux chroniques de Maria-Konstanina Kiapekaki : « *La rupture conventionnelle : renforcement ou affaiblissement de la protection du salarié ?* », Jurisprudence Sociale Lamy, n° 0435 et 0436 des 24 et 31 juillet 2017.

NE SURTOUT PAS CONFONDRE EX-ARTICLES 1134, 1184 ET 2044 DU CODE CIVIL...

La Cour de cassation fait une très nette distinction entre la **résiliation** conventionnelle, qui est un mode de rupture, et la transaction, « contrat par lequel les parties terminent une contestation née ou préviennent une contestation à naître », transaction alors nulle – pas la RCH ! – puisque signée avant notification de la rupture (CS, 25 mars 2015, *cf.* chapitre 5 *infra* : « Les suites de la rupture »). Plutôt que de prendre acte de la rupture à ses risques et périls, le salarié prudent, hésitant par exemple depuis le 26 mars 2014 sur la qualification à donner à sa mobilité forcée, préfère parfois saisir ainsi le conseil des prud'hommes.

Résiliation conventionnelle (RC) et résolution judiciaire (RJ) : la première intervient en dehors de tout contentieux, alors que la résolution (ex-art. 1184 du Code civil) est nécessairement prononcée par le juge judiciaire, en cas d'inexécution de ses obligations par l'une des parties, « si cette inexécution présente une gravité suffisante, rendant ainsi impossible la poursuite du contrat de travail » (CS, 12 juin 2014) : exactement comme la prise d'acte, les deux régimes étant aujourd'hui identiques... mais ici le salarié devra continuer à travailler pendant toute la durée du procès en cas de résolution judiciaire. Ce qui pour les CDI demeure rare puisque les parties peuvent le résilier à tout moment, unilatéralement ou conventionnellement. Si elle a les effets d'une résiliation car la rétroactivité est ici difficile à mettre en œuvre (rendre les salaires versés, et le travail fourni ?), elle exige de faire un procès à l'issue toujours aléatoire mais à la durée certaine. La jurisprudence a décidé qu'elle est interdite à l'employeur en dehors des cas expressément prévus par la loi (ex. : contrat d'apprentissage). Et celui qui passerait outre le regrettera vite : « L'exercice de cette action s'analyse en une manifestation de sa volonté de rompre le contrat de travail valant licenciement sans cause réelle et sérieuse, à la date de la saisine de la juridiction prud'homale. » Comme c'est au jour de leur décision que les juges doivent apprécier les manquements imputés à l'employeur, la durée du procès lui permet de mettre un terme aux griefs du salarié, qui perdra donc son procès en RJ : « si les manquements constatés ont disparu à la date du jugement, en raison de leur régularisation par l'employeur » (CS, 29 janvier 2014).

Si le conseil des prud'hommes refuse la demande, rien n'est (en théorie) changé puisque le salarié a, et va continuer à travailler... dans l'ambiance que l'on devine. Si la résolution judiciaire est prononcée aux torts de l'employeur, elle produit les effets d'un licenciement sans cause réelle et sérieuse, à l'instar d'une prise d'acte justifiée : IP + IL + ICP + défaut de cause réelle et sérieuse...

Le matin aux prud'hommes, l'après-midi au travail ? Dans la vraie vie, il reste exceptionnel que le salarié demandeur d'une RJ et l'employeur assigné se supportent encore pendant plus d'un an (durée de la procédure prud'homale) : si le collaborateur n'est pas en arrêt-maladie, il démissionne souvent, ou prend acte.

SECTION III Feue la force majeure en droit du travail

803 *« Il y a plus fort que l'éléphant, il y a la brousse. »* Depuis que les forces de la Nature se sont avérées immensément supérieures à celle de l'Homme (pour un exemple très concret d'une force vraiment majeure, regarder sur YouTube les vidéos du tsunami japonais de 2011, ou de l'ouragan de septembre 2017 sur St Martin), ce dernier a dû constater qu'à l'impossible, nul n'est tenu : « *Il y a force majeure en matière contractuelle lorsqu'un événement échappant au contrôle du débiteur, qui ne pouvait être raisonnablement prévu lors de la conclusion du contrat et dont les effets ne peuvent être évités par des mesures appropriées, empêche l'exécution de son obligation par le débiteur. Si l'empêchement est définitif, le contrat est résolu de plein droit et les parties sont libérées de leurs obligations.* » (Article 1218 du code civil). Souvent d'ailleurs, l'événement est tellement majeur que les éventuels plaideurs ont eux-mêmes disparu, ce qui allège beaucoup le contentieux (*cf.* Pompéi en 79 après J.-C.).

804 **Une jurisprudence très restrictive.** « *La force majeure permettant à l'employeur de s'exonérer de tout ou partie des obligations nées de la rupture d'un contrat de travail s'entend de la survenance d'un événement extérieur, imprévisible lors de la conclusion du contrat et irrésistible dans son exécution* » (CS, 16 mai 2012). Mais notre Chambre sociale soupçonnant instinctivement l'employeur de vouloir ainsi échapper au droit du licenciement économique, la force majeure a presque disparu comme motif de rupture. Elle est souvent invoquée par certains chefs d'entreprise pour se délier de leurs obligations, temporairement ou définitivement : ce qui leur évite d'appliquer le droit du licenciement économique et surtout de verser les indemnités correspondantes. Ainsi ni le décès de l'acteur vedette d'un feuilleton, ni un cyclone ayant détruit 80 % d'un hôtel aux Caraïbes ne constituent un tel cas ; *a fortiori* l'inaptitude physique totale et définitive du salarié, l'incarcération de l'employeur pour proxénétisme aggravé ou, pour un agent d'Air France, le retrait par la police de l'air de son habilitation à pénétrer dans une zone aéroportuaire (CS, 9 avril 2015). Il faut alors licencier pour cause économique (cyclone), ou cause (et pas faute) personnelle (= retrait habilitation).

805 **Exception confirmant la règle :** l'arrêt Francofolies du 31 octobre 2006 l'a acceptée à propos d'intermittents *extérieurs* au spectacle, ayant empêché *manu militari* en juillet 2003 le célèbre festival de La Rochelle. « *La force majeure permettant à l'employeur de s'exonérer de tout ou partie des obligations nées de la rupture du contrat de travail s'entend de la survenance d'un événement extérieur irrésistible, ayant pour effet de rendre impossible la poursuite dudit contrat.* »

Les rarissimes cas de force majeure restant peuvent aboutir soit à la suspension, soit à la rupture du contrat de travail.

§1 Force majeure et suspension du contrat de travail

806 « *Si l'empêchement est temporaire, l'exécution de l'obligation est suspendue* ». Terrible « inondation du siècle » (mais la 3e en dix ans), grave incendie, volcan islandais qui se réveille et désormais attentats conduisent dans la plupart des cas à la **suspension**, associée aux mécanismes modernes d'assurance pour l'entreprise et de couverture de l'« activité partielle » pour le salarié. Ils obligent l'employeur à fermer temporairement l'entreprise et à mettre ses collaborateurs en chômage technique sans que cela puisse lui être reproché, s'il peut prouver que ces événements étaient à la fois *imprévisibles* et *irrésistibles* pour lui. Mais ce n'est pas toujours le cas ; ainsi en cas de grève-bouchon, la fermeture *immédiate* de *toute* l'entreprise est injustifiée, car aucun de ces critères n'est présent : il devra donc verser le salaire convenu aux non-grévistes ayant subi ce *lock-out (cf. infra)*.

§2 Force majeure et rupture du contrat de travail

807 Mais il reste des cas tout à fait exceptionnels où la force majeure (*cf.* Lisbonne hier, Twins Towers en 2001, tsunami japonais en 2011, Ouragan Irma à St Martin en septembre 2017) pourrait entraîner la **rupture** de plein droit de *tous* les contrats (si leur titulaire est encore vivant) lorsqu'elle vise *toute* l'entreprise : ainsi du tremblement de terre ou de l'incendie détruisant totalement les installations, toute exploitation future étant manifestement exclue. L'employeur, qui n'y est strictement pour rien, n'a à sa charge ni l'initiative ni l'imputabilité de la rupture, et n'a donc aucune procédure à respecter. Mais il doit verser au salarié *« une indemnité compensatrice »* correspondant à la somme de l'indemnité de préavis et de l'indemnité de licenciement. Le CDD bénéficie du même régime : versement des salaires à courir et de l'IFC. L'indemnité de congés payés aussi, car étant due en dehors de toute rupture.

Mais ni le décès de l'employeur (application de l'article L. 1224-1, *cf. supra*) ni la fermeture définitive de l'entreprise, voire la condamnation du salarié à vingt ans de prison ferme pour meurtre ne constituent des cas de force majeure en droit du travail.

GB (GROSSE BOURDE)

« Le licenciement pour cas de force majeure » constitue une grossièreté juridique. Car si toute l'entreprise a été dévastée par un incendie rendant toute reprise impensable, cet événement irrésistible entraîne rupture de plein droit des contrats, sans construction d'un plan de sauvegarde de l'emploi.

Chapitre 5

Les suites du licenciement

Les conséquences de la démission ou de la prise d'acte ayant déjà été évoquées, il ne sera ici question que des suites du licenciement.

808 En principe, à compter de l'envoi de la lettre de notification par LRAR, le salarié est licencié. Mais il n'est pas encore au chômage. Bien avant que la loi de 1958 n'institue le préavis, les usages et les conventions collectives obligeaient l'employeur à respecter un certain délai (« *les huit jours de la bonne* » dès le XVIIIe siècle), avant de rendre la rupture effective. Il fallait permettre au salarié de chercher un autre emploi comme, en matière de démission le « délai-congé » du salarié, permettre à l'employeur de chercher un remplaçant sans que le poste ne soit vacant.

Quatre conséquences. Sauf faute grave et *a fortiori* lourde, le salarié licencié va effectuer son *préavis (Section I)*, et touchera son indemnité de *licenciement (Section II)* ainsi que celle de *congés payés (Section III)*. Son départ entraînera l'application de son éventuelle clause de non-concurrence *(Section IV)*.

SECTION I Le préavis (L. 1234-1)

809 **Une période difficile, pour tout le monde.** Lié à la rupture du contrat à durée indéterminée, le « pré-avis » pose en pratique beaucoup de problèmes : car le salarié est déjà *congédié*, il sait qu'il devra quitter l'entreprise dans quelques semaines ou quelques mois, quoi qu'il arrive car il s'agit d'un délai préfix. Mais sur le plan juridique, c'est seulement à cette date que le contrat prendra fin.

810 **Quelle motivation au travail attendre d'un salarié dans cette situation ?** Pis : ne risque-t-il pas de régler de vieux comptes par intranet ou Internet interposés, de transférer le fichier clients sur son IPad personnel (CS, 31 mars 2015 : la veille du départ, copie sur un disque externe de tout l'ordinateur professionnel), ou se renseigner sur une étude importante en cours voire la photographier avec son portable, toutes choses qui intéresseront beaucoup son futur employeur ? Peut-on raisonnablement lui demander de former son successeur ? Vis-à-vis de sa famille, il est souhaitable de rester discret tant que le salarié n'a pas retrouvé de travail.

Période donc bien délicate pour tout le monde (salarié, collègues, hiérarchie...).

811 Seule et curieuse exception à cette obligation générale visant à permettre au cocontractant de se retourner : la prise d'acte par le salarié *« entraînant la cessation immédiate du contrat de travail »*, elle oblige l'employeur à lui remettre attestation Assedic et certificat de travail, sans qu'il puisse attendre la fin théorique du préavis.

812 *La durée* **du préavis** (L. 1234-1) est fonction de l'ancienneté du salarié : cette dernière s'apprécie au moment de la notification du licenciement, qui est également le point de départ du préavis sauf usages ou convention collective contraires.

– Si le salarié a moins de six mois d'ancienneté, la loi ne fixe aucune durée minimale et renvoie aux conventions collectives, usages de la profession ou de la localité ; sans parler de la courtoisie la plus élémentaire.

– Pour une ancienneté comprise entre six mois et deux ans, le salarié a droit à un préavis d'un mois au minimum.

– S'il a plus de deux ans d'ancienneté, deux mois au minimum.

813 **Ces durées s'imposent** quelle que soit la durée du travail prévue au contrat ; un salarié à mi-temps ayant trois ans d'ancienneté aura droit à deux mois de préavis, effectué comme d'habitude à mi-temps.

S'il est habituellement admis que *« les cadres ont droit à un préavis de trois mois »*, cette affirmation peut se révéler inexacte car la loi n'en dit mot ; mais en application de l'ordre public social, les conventions collectives, les usages ou le contrat de travail peuvent fixer des durées supérieures aux durées légales prévues. La plupart des conventions collectives prévoient donc trois mois pour les cadres, certains cadres supérieurs pouvant obtenir que leur contrat de travail stipule une durée qui peut aller jusqu'à six ou douze mois : *golden-parachute* mais chargé et fiscalisé à 100 %, quelques *happy fews* obtenant même que leurs six mois deviennent neuf lors du départ, les trois mois supplémentaires pré-payant le fisc...

814 **Parachutes en coton.** Si la Cour de cassation a dû rappeler le 1er juillet 2008 à un facétieux salarié ayant unilatéralement décidé d'effectuer un préavis de neuf mois au lieu de trois *« qu'aucune des deux parties n'est fondée à imposer à l'autre un délai-congé différent de celui prévu par la loi, le contrat ou la convention collective »*, l'arrêt du 24 juin 2009 indique que, même contractuellement, tout n'est pas possible : *« La cour d'appel, qui a constaté que la clause prévoyant douze mois de préavis interdisait de fait toute résiliation unilatérale des relations contractuelles et que son caractère exorbitant n'était justifié ni par la spécificité de l'emploi du salarié ni par la carrière de celui-ci, a légalement justifié sa décision »* (réfaction de 12 à 6 mois de préavis). Qu'il s'agisse du préavis ou de l'indemnité de licenciement contractuels, les « parachutes en or » se révèlent donc en France parfois en coton.

815 **Le préavis est un délai** *préfix.* Il est donc en principe insusceptible d'être prolongé ou suspendu : que le salarié se mette en grève ou tombe malade, il quittera de toute façon l'entreprise à la date indiquée sur sa lettre de licenciement ; la même solution doit être adoptée si l'entreprise est mise en chômage technique, total ou partiel. Les seuls cas de suspension éventuelle, outre bien sûr l'accord des parties ou une convention collective plus favorable, sont ceux de l'accident du travail et des congés payés : leur durée ne pouvant pas être imputée sur celle du préavis, le salarié licencié le 19 juillet, avec préavis de deux mois, partira comme prévu en vacances le 1er août pour quatre semaines : le préavis est alors suspendu. Le salarié reprendra le travail le 30 août en même temps que ses collègues et accomplira alors le reliquat de son préavis.

La durée du préavis ainsi fixée, deux situations peuvent se présenter : le salarié exécute *(§ 1)*, ou n'exécute pas *(§ 2)* son préavis, au choix *de l'entreprise*.

§1 Principe : exécution du préavis par le salarié

816 **Les risques de l'exécution en nature.** C'est pourtant la norme en droit du travail, et le salarié licencié doit l'exécuter si aucune décision expresse n'émane du chef d'entreprise : *« L'obligation de respecter le délai-congé* s'impose *aux parties au contrat,* sans *mise en demeure préalable. »* Sa situation est alors exactement celle de ses camarades de travail (durée de travail, augmentation de salaire, électeur, éligible), et il conserve son emploi mais aussi tous ses autres avantages.

817 Service Marketing, R&D… Il est fréquent que l'employeur veuille l'affecter à un poste moins sensible pendant cette période délicate. Si un simple changement des conditions de travail reste possible, une modification du contrat serait illicite et pourra être refusée par le salarié qui pourra prendra acte de la rupture si elle empêche la poursuite du contrat, et pourra obtenir en justice versement du reliquat de l'indemnité de préavis.

L'exécution, même partielle, du délai-congé interdit à l'employeur d'invoquer ultérieurement la faute grave. À l'inverse, cette même faute commise pendant l'exécution du préavis permet à l'employeur de rompre avant le terme : mais alors simple procédure *disciplinaire*, car il n'existe pas de licenciement au carré.

§2 Inexécution du préavis : trois hypothèses *très* différentes

A. - Inexécution fautive du préavis par le salarié

818 **Départ impromptu.** Le salarié a trouvé du travail ailleurs et n'accomplit pas le reste de son préavis. Il commet une faute contractuelle car alors il *démissionne* sans respecter le délai-congé alors dû par le démissionnaire. Non seulement le chef d'entreprise ne lui paiera pas l'indemnité résiduelle de préavis, mais il pourra le poursuivre en justice et obtenir réparation du préjudice (éventuel) que ce brusque départ lui a causé. Mais il ne pourra pas d'autorité effectuer une compensation entre les salaires et l'indemnité de préavis de démission que lui devrait le salarié : il doit la demander en justice.

Mais en pratique, l'employeur est rarement mécontent du départ anticipé d'un salarié déjà parti ailleurs dans sa tête : le travail accompli laisse parfois à désirer, les rapports avec les supérieurs (souvent à l'initiative du licenciement) sont tendus... et ce départ lui évite finalement de dispenser le salarié de l'exécution du préavis.

B. - Dispense d'exécution du préavis par l'employeur = IP

819 **Le chef d'entreprise peut décider,** par une manifestation de volonté non équivoque, de dispenser le salarié d'exécuter tout, ou partie du préavis : mais en payant intégralement les salaires, heures supplémentaires ou primes que ce dernier aurait touchés s'il avait travaillé : *« La dispense par l'employeur de l'exécution du travail pendant le préavis ne doit entraîner, jusqu'à l'expiration de ce délai, aucune diminution des salaires et avantages que le salarié aurait perçus s'il avait accompli son travail »* (L. 1234-5), donc maintien de la voiture *de fonction* et autres TIC de même nature, pourtant en l'absence de tout travail. Une renonciation individuelle serait sans portée : *« Le salarié ne peut renoncer par avance à se prévaloir des règles qui régissent la rupture du contrat de travail à durée indéterminée. »*

820 **Cette solution a donc évidemment les faveurs du salarié,** qui peut ainsi gagner deux à trois mois de salaire sans avoir à fournir un quelconque travail : il peut même cumuler pendant cette brève période deux salaires à temps plein s'il en a retrouvé, ce qui réjouit l'Urssaf. Mais elle est coûteuse pour l'entreprise qui, sauf dans le cas où la dispense est de droit (licenciement collectif pour motif économique, d'un accidenté du travail car impossibilité de reclassement, femme enceinte, clause de conscience des journalistes...), préfère parfois demander l'exécution intégrale du préavis en espérant qu'au bout de quelques semaines le salarié viendra informer le directeur du personnel qu'il a trouvé du travail, et demander à quitter immédiatement l'entreprise : ce qui lui sera accordé, dans une grande satisfaction réciproque.

Si l'employeur *dispense* le salarié d'effectuer tout ou partie de son préavis (à ne pas confondre avec la *privation*, *cf. infra*), il doit lui verser une indemnité compensatrice, qui a la nature juridique d'un salaire et est calculée sur la rémunération brute du salarié.

821 **La dispense de préavis étant l'exception,** *elle ne se présume donc pas* et doit résulter d'une manifestation de volonté claire et non équivoque de l'employeur : en cas de litige, il reviendra au salarié d'en apporter la preuve. Pratiquement, l'exécution ou la dispense de préavis figure généralement dans la lettre de notification du licenciement. S'il en est dispensé, le salarié n'est plus à la disposition de son employeur : ce dernier ne peut le faire revenir ponctuellement dans l'entreprise, ou lui demander de rester à sa disposition pendant cette période. En l'absence de clause de non-concurrence, le salarié pourra donc se faire *immédiatement* embaucher ailleurs, sans qu'il soit possible de

réduire son indemnité compensatrice. Mais « *l'inexécution du préavis de licenciement n'a pas pour conséquence d'avancer la date à laquelle le contrat prend fin* » (L. 1234-1) : le salarié n'est donc pas indemnisé au titre du chômage pendant cette durée.

C. - La privation de préavis en cas de faute grave, et a fortiori lourde

822 **Sanction pécuniaire, mais légale.** La privation est radicalement différente de la dispense puisque, si dans les deux cas le salarié n'exécute pas son préavis, ici il ne sera pas payé : il ne percevra aucune indemnité compensatrice, ni d'ailleurs l'indemnité de licenciement allant avec. La privation de préavis constitue donc une sanction disciplinaire liée à une faute grave : la définition de celle-ci étant celle qui rend impossible et impensable de garder le salarié dans l'entreprise pendant la durée du préavis (même quelques jours), il est logique que cette faute entraînant l'absence de travail entraîne l'absence du salaire correspondant, l'indemnité compensatrice de préavis. Voulant atténuer les rudes effets d'une faute qualifiée de grave par l'employeur, la Chambre très sociale a décidé le 27 septembre 2007 que « *l'employeur pouvait se prévaloir de la faute grave, peu important qu'il ait accordé au salarié le bénéfice d'indemnités auxquelles il n'aurait pu prétendre en raison de cette faute* ». Mais outre son caractère peu tactique (si l'employeur doute lui-même de la gravité de la faute, se pose aussi la question de la privation corrélative de l'indemnité de licenciement), cette solution brouille les pistes : rappelons par exemple que l'exécution d'un seul jour de préavis vaut renonciation patronale à invoquer la faute grave.

823 Il revient à l'employeur, puisqu'il ne verse pas une indemnité à laquelle le salarié a en principe droit, d'apporter la preuve de la faute grave ou lourde. *A fortiori* le doute profitera au salarié, qui pourra obtenir du juge les indemnités de rupture (IP + IL) dont il avait été privé.

D. - Inexécution du préavis suite à une révision du contrat

Le salarié la refuse, et est licencié de ce fait : quid du préavis ? Comme d'habitude ici, tout dépend de l'étendue de la révision.

824 À la suite d'un simple **changement des conditions de travail** (mobilité dans le même secteur géographique, application d'une clause de mobilité...), l'employeur est en droit d'imposer l'exécution du préavis aux nouvelles conditions... que le salarié a justement refusées, et qu'il continue à refuser : « *Le refus de poursuivre l'exécution de son contrat en raison d'un simple changement des conditions de travail décidé par l'employeur dans l'exercice de son pouvoir de direction rend ce salarié responsable de l'inexécution du préavis qu'il refuse d'exécuter aux nouvelles conditions, et le prive des indemnités compensatrices de préavis et de congés payés afférents* » (CS, 31 mars 2016).

825 S'il s'agit d'une **véritable modification** (ex : baisse du salaire contractuel), l'employeur ne peut évidemment pas lui imposer d'exécuter son préavis aux nouvelles conditions. L'inexécution étant alors imputable à l'entreprise, il sera fait droit à la demande d'indemnité compensatrice de préavis du salarié, et des congés allant avec.

GB (GROSSES BOURDES)

- L'indemnité de préavis a la nature juridique de salaire (assujettissement à 100 %), et fiscalement déclaration IRPP et DAS : moins attirant, pour les deux parties, que l'IL.
- L'employeur doit indiquer au salarié licencié ses droits en matière de CPF (compte personnel de formation), désormais intégré au Compte Personnel d'Activité de la loi du 8 août 2016. Et pendant le préavis, le salarié peut effectuer tout ou partie d'une action de bilan de compétences ou de validation des acquis (L. 933-6).
- Si le salarié tombe malade avant le préavis et qu'il ne peut donc l'effectuer, il ne sera pas payé. En revanche, s'il en a été dispensé et qu'il tombe malade, l'employeur lui doit l'intégralité de l'IP.
- La dispense de préavis entraînant l'absence de tout travail, il est prudent de demander au salarié restitution immédiate des badges d'accès, du téléphone portable ou de la voiture de service, si ces deux avantages en nature étaient exclusivement professionnels. Mais s'ils pouvaient servir aussi à titre personnel, le salarié pourra prétendre à leur maintien, même si le contrat stipulait l'inverse (CS, 11 juillet 2012). Le don généreux de l'ordinateur portable professionnel au partant sera, dans les cas douteux, utilement précédé d'un solide compactage en bonne et due forme pour éviter que l'équivalent de 9 mètres cubes de documentation confidentielle puisse ainsi partir à la concurrence... si ce n'est déjà fait.
- Sauf s'il est lié par une clause de non-concurrence, qui en cas de dispense de préavis prend effet dès le départ effectif du salarié, le dispensé n'est plus lié par l'obligation de non concurrence, et peut passer immédiatement à la concurrence.

SECTION II L'indemnité de licenciement (IL), augmentée le 25 septembre 2017

826 Alors que le préavis est dû de façon symétrique par celui qui prend l'initiative de la rupture, l'indemnité de licenciement (IL) n'est versée... qu'en cas de licenciement : ni démission, ni prise d'acte finalement assimilée à une démission, ni *a fortiori* rupture du contrat à durée déterminée car à l'échéance de celui-ci, le salarié touche une indemnité de fin de contrat. Bien avant que la loi du 13 juillet 1967 ne la légalise, de nombreux usages ou conventions collectives en prévoyaient le versement. À une époque où l'indemnisation du chômage était faible, voire inexistante, elle voulait atténuer le choc financier, mais aussi psychologique du licenciement : s'il y a rupture, c'est avec les honneurs (IP et IL), qui disparaîtront en cas de faute grave ou lourde. Son calcul étant fondé sur l'ancienneté du salarié dans l'entreprise, ce mécanisme protège également dans une certaine mesure les salariés anciens sinon âgés.

827 **L'ancienneté minimale** dont le salarié doit disposer auprès d'un même employeur pour en bénéficier est passée de 12 à 8 mois par l'ordonnance no 2017-1387 du 22 septembre 2017. Lorsque la durée de service du salarié est inférieure à 12 mois, est retenue la moyenne mensuelle de la rémunération de tous les mois précédant le licenciement.

Et en cas d'année incomplète, l'IL est calculée proportionnellement au nombre de mois complets réalisés : si un salarié a travaillé douze ans, sept mois et vingt jours, on retiendra douze ans et sept mois pour la calculer.

NE PAS CONFONDRE IL ET ILNF

L'indemnité de licenciement (IL) est souvent confondue avec l'indemnité de licenciement non fondé (ILNF) sur une cause réelle et sérieuse, nécessairement octroyée par le juge judiciaire. Grave erreur ! Sauf faute grave ou lourde, l'IL est automatiquement due par l'employeur qui licencie, en dehors de tout procès, et elle est proportionnelle à l'ancienneté.

Nécessairement décidée par un juge, l'ILNF est versée en l'absence de cause réelle et sérieuse de licenciement, et n'a donc rien à voir avec celui de l'IL.

§1 Nature juridique

828 **Dommages-intérêts.** La nature de l'indemnité de licenciement est à l'opposé de celle du préavis : l'IL légale ou conventionnelle ne constitue pas un salaire différé ou capitalisé, mais une indemnisation forfaitaire compensatrice du préjudice subi par le salarié du fait de la rupture. Elle suit donc le même régime que les dommages-intérêts : en principe non assujettie en matière de Sécurité sociale, mais aussi exclue de l'assiette de l'impôt sur le revenu. Mais les restrictions 2014-2017 grignotent peu à peu ces exonérations avec un plafonnement de plus en plus restrictif (à partir de 380 400 euros en 2016 : CSG-CRDS + Cotisations sociales).

§2 Montant de l'indemnité de licenciement

829 **IL légale augmentée par le décret no 2017-1398 du 25 septembre**. Contrepartie politique à la création du plafonnement des dommages-intérêts, son montant est ainsi passé de 1/5 à ¼ de mois par année d'ancienneté, mais reste donc d'un montant modeste (10 ans d'ancienneté = 2,5 mois d'équivalent salaire).

Il est désormais fixé à :

- 1/4 de mois de salaire par année de service ininterrompue auprès du même employeur jusqu'à dix ans d'ancienneté : 25 % du salaire mensuel contre 20 % avant 2017.

- 1/3 de mois de salaire par année d'ancienneté à partir de dix ans d'ancienneté : 33,3 % du salaire mensuel contre 13,3 % avant.
- Et calculé sur la base du douzième de la rémunération des douze derniers mois.

Sauf si elle est commise au cours du préavis, la faute grave, et *a fortiori* la faute lourde, est privative des indemnités de rupture, et donc du préavis mais aussi de l'indemnité légale de licenciement.

830 **L'indemnité conventionnelle** de licenciement. Son montant varie beaucoup selon les branches (Journalistes : un mois par année de présence), mais aussi le niveau hiérarchique du salarié licencié.

Mais la Cour de cassation interdit aux juges du fond de réduire celles qui leur paraîtraient manifestement excessives, la fraude semblant ici exclue. C'est d'ailleurs souvent par rapport au niveau prévu par la convention collective que la jurisprudence qualifie de manifestement excessives certaines indemnités *contractuellement* prévues, qui ne peuvent en revanche s'avérer dérisoires puisqu'elles doivent être, en application de l'ordre public social, supérieures au montant légal et conventionnel, sans possibilité de renonciation individuelle.

831 *« Golden parachute » :* **l'indemnité contractuelle de licenciement.** Nombreux sont les cadres dirigeants qui se font inclure dans leur contrat de travail (parfois avant une OPE risquée pour leur siège au Siège) le versement d'une indemnité pouvant atteindre deux ou trois ans de salaire en cas de rupture d'initiative patronale. Cette clause est licite *« si elle n'est pas de nature à faire échec à la faculté de résiliation unilatérale qui constitue un élément essentiel du contrat de travail »* (CS, 5 mars 2014). Pour une PME en particulier, devoir ainsi verser, en plus du préavis et des congés payés, l'équivalent de vingt-quatre mois d'un salaire élevé en application d'une clause de ce type ferait en effet obstacle à tout licenciement, même en dehors de la faute grave si cela est prévu.

Car la Cour de cassation admet ici son versement en cas de faute grave (21 septembre 2017 : neuf mois pour un directeur général), voire lourde, ce qui paraît excessif pour un citoyen qui avait l'intention de nuire à autrui.

832 **Mais attention : clause pénale !** *« Lorsqu'elle est prévue par le contrat de travail, l'indemnité de licenciement a le caractère d'une clause pénale : elle peut être réduite par le juge si elle présente un caractère manifestement excessif »* (CS, 16 mars 2016 : adieu les 288 765 euros). Cette indemnité contractuelle pourra donc, même d'office, être modérée par le juge (moins payé) en application du droit civil qui lui donne le droit de réduire les clauses pénales « manifestement excessives » : ainsi le 3 décembre 2002, la Cour de cassation réduisait de 200 000 euros à 50 000 euros l'indemnité d'un cadre supérieur, en application de l'article 1152 du Code civil. Mais elle rappelait aussi au juge du fond le 1er avril 2003 que s'il peut modérer son montant, c'est à la double condition qu'il soit manifestement excessif, et qu'il *soit « supérieur à celui prévu par la loi et la convention collective ».* Ainsi certains journalistes peuvent quitter une chaîne cryptée avec des sommes astronomiques… mais qui ne sont que l'application de leur convention collective prévoyant une indemnité d'un mois de salaire par année de présence : et si leur rémunération mensuelle était de 26 000 euros…

SECTION III L'indemnité compensatrice de congés payés

833 **Depuis 1936,** le salarié qui travaille acquiert mois après mois un droit à congé, pris en France en grande partie l'été. Il perçoit alors une indemnité de congés payés destinée à financer ce *repos*, qui doit être réellement pris ; à ne pas confondre avec les jours de RTT qui ne sont pas soumis à ce régime *légal*, mais dépendent de la rédaction de l'accord de branche ou d'entreprise l'ayant créé.

– Si le contrat est rompu *avant* cette prise de congés, l'employeur doit, en cas de licenciement mais également de démission ou de prise d'acte, une indemnité compensatrice (ICP).

– L'indemnisation par l'Assedic ne commence, très logiquement, qu'après.

Depuis la loi du 8 août 2016, même en cas de faute lourde du salarié, elle lui reste dûe.

§1 La clause de non-concurrence et son statut jurisprudentiel de défiance

834 **Être quitté est pénible, être trompé plus encore.** Pour officiellement éviter la fuite de savoir-faire à la concurrence, mais en pratique surtout pour dissuader les meilleurs salariés de quitter l'entreprise en leur fermant le marché sur lequel ils ont le plus de chances de se reclasser à un meilleur prix, le contrat contient parfois, notamment pour les cadres ou les commerciaux, une clause de non-concurrence à l'exceptionnelle particularité : elle n'est pratiquement efficace qu'à la mort du contrat qui l'a fait naître.

Ne pas confondre obligation, et clause de non-concurrence ! La *clause* de non-concurrence visant exclusivement l'après-contrat. *L'obligation* de non-concurrence s'impose naturellement au salarié pendant toute l'exécution du contrat : on ne peut être à la fois collaborateur et concurrent, même sur le Web et dans sa vie privée en dehors des heures de bureau, sous peine de faute grave (CS, 5 juillet 2017 : « *la salariée, chef d'équipe, avait exercé pendant ses congés des fonctions identiques à celles occupées chez son employeur pour le compte d'une société directement concurrente qui intervenait dans le même secteur d'activité et dans la même zone géographique : elle avait ainsi manqué à son obligation de loyauté en fournissant à cette société, par son travail, les moyens de concurrencer son employeur : sans avoir à caractériser l'existence d'un préjudice particulier* *subi par l'employeur, ces agissements rendaient impossible le maintien de l'intéressée dans l'entreprise* »), voire lourde si l'intention de nuire est manifeste.

En raison de l'atteinte qu'elle porte aux principes constitutionnels de liberté du travail et/ou d'entreprendre et avec nos 3,5 millions de chômeurs, depuis son revirement du 10 juillet 2002 la jurisprudence n'admet qu'avec de plus en plus de réticence la validité d'une telle clause, pouvant contraindre le collaborateur au chômage forcé pendant plusieurs mois.

§2 Les cinq conditions cumulatives de licéité de la CNC

835 **Au visa** « *du principe fondamental de libre exercice d'une activité professionnelle et de l'article L. 1121-1 du Code du travail* », la Cour de cassation sensible à la montée du chômage a fixé le 10 juillet 2002 cinq conditions cumulatives auxquelles sont désormais soumises ces clauses, dont le Code du travail ne dit pas un mot ou presque :

« *Une clause de non-concurrence n'est licite que si :*

1° *elle est indispensable à la protection des intérêts légitimes de l'entreprise ;*

2° *limitée dans le temps (*rarement plus d'un an*) ;*

3° *limitée dans l'espace.* Mais une CNC portant sur tout le territoire national n'est pas automatiquement illicite, a rappelé la Chambre sociale le 15 novembre 2009 à propos d'un consultant de haut vol : "*Il appartient au juge de rechercher si l'intéressé se trouve dans l'impossibilité d'exercer une activité conforme à sa formation, à ses connaissances et à son expérience professionnelle*" ;

4° *elle tient compte des* spécificités de l'emploi *du salarié* (actuel, pas celui de son embauche il y a 13 ans) ;

5° *et comporte l'obligation pour l'employeur de verser* au salarié une contrepartie financière. »

836 **Ces arrêts restrictifs car de défiance** *(« la CNC n'est licite que si »)* avec leurs cinq conditions cumulatives conduisent naturellement à une interprétation stricte, et à une réduction considérable de leur nombre : « *Apportant une restriction au principe de la liberté du travail, une clause de non-concurrence est d'interprétation stricte et ne peut être étendue au-delà de ses prévisions* » (CS, 26 mai 2010). Au nom de la lutte contre le chômage, des pays de l'UE la limitent voire l'interdisent.

837 **Même si la convention collective applicable n'en prévoit pas,** les parties au contrat peuvent décider d'adopter une telle clause. À l'inverse, si la convention collective en prévoit automatiquement une, le seul renvoi à cette dernière suffit à imposer la non-concurrence si la convention a été remise au salarié lors de l'embauche.

- Si le contrat prévoit que la clause s'applique même pendant la période d'essai, l'employeur qui rompt doit alors verser la contrepartie financière prévue. À l'inverse, si l'accord collectif applicable stipule que l'interdiction de concurrence ne sera applicable qu'après trois mois de travail, la rupture intervenue avant cette date ne permet pas au salarié de réclamer l'indemnité compensatrice.

- L'insertion d'une CNC pendant l'exécution du contrat (ex. : suite à une fusion, volonté d'unification du statut du personnel) constitue une modification de celui-ci que le salarié est en droit de refuser : mais quelle cause réelle et sérieuse pour l'éventuel licenciement économique ? *A fortiori*, la stipulation contractuelle permettant à l'employeur d'imposer discrétionnairement une CNC après la rupture du contrat est nulle.
- Une clause ne peut réserver à l'employeur la faculté de renoncer à tout moment, avant ou pendant la période d'interdiction, aux obligations qu'elle fait peser sur le salarié : le collaborateur étant alors laissé dans l'incertitude quant à l'étendue de sa liberté de travailler, elle est globalement nulle (CS, 2 décembre 2015). Et en l'absence de disposition conventionnelle ou contractuelle fixant valablement le délai de renonciation à la clause de non-concurrence, l'employeur ne peut être dispensé de verser la contrepartie financière de cette clause que s'il libère le salarié de son obligation de non-concurrence dans **un délai raisonnable**, qui court à compter de la date à laquelle il a connaissance de la rupture du contrat à l'initiative du salarié (CS, 1° mars 2017)
- En cas de rupture du contrat de travail sans exécution d'un préavis, la date à partir de laquelle le collaborateur est tenu de respecter l'obligation de non-concurrence, celle d'exigibilité de la contrepartie financière de la clause de non-concurrence et celle à compter de laquelle doit être déterminée la période de référence pour le calcul de cette indemnité sont celles du départ effectif de l'entreprise (CS, 2 mars 2017)

§3 Sanction si une condition fait défaut : annulation de la CNC, ou simple réfaction ?

838 **Cela dépend.** L'important arrêt Gan du 18 septembre 2002 a donné au juge un pouvoir considérable... pour protéger l'entreprise : plutôt que d'annuler les CNC non conformes aux cinq conditions cumulatives, il limite la *nullité* à l'absence soit d'intérêt légitime, soit de contrepartie financière. Et autorise le juge du fond, à l'instar de ce qu'il peut faire si la clause contractuelle dépasse les limites fixées par la convention collective, à simplement *limiter* sa durée ou son champ d'application géographique : « *Même si la CNC est indispensable à la protection des intérêts légitimes de l'entreprise, le juge peut, lorsque cette clause ne permet pas au salarié d'exercer une activité conforme à sa formation et à son expérience professionnelle, en restreindre l'application en en limitant les effets dans le temps, l'espace, ou ses autres modalités.* » Ce qui évite que le collaborateur ne puisse s'installer en face de son ancien employeur.

§4 Nécessaire contrepartie financière proportionnée

839 **Absence de contrepartie = annulation.** Le juge doit donc *annuler* une CNC ne comportant aucune contrepartie financière, même si à l'époque de la signature, rien n'obligeait l'employeur à la prévoir (« *La sécurité juridique ne saurait consacrer un droit*

acquis à une jurisprudence immuable, l'évolution de la jurisprudence relevant de l'office du juge dans l'application du droit », CS, 7 janvier 2003).

- **Preuve et rumeur.** Même si l'entreprise « entend parler » d'une éventuelle concurrence, une rumeur ne suffit pas à priver le salarié de la contrepartie : il incombe à l'employeur, qui se prétend délivré de l'obligation de payer la contrepartie financière, de faire la preuve de la violation réelle de cette clause par le salarié ; *solliciter* seulement des emplois à la concurrence ne constitue pas une violation de la CNC (CS, 10 avril 2013), ni préparer pendant dix-huit mois sa petite entreprise qui démarrera *le lendemain* de l'échéance.
- **SMIC de la loyauté.** Si la violation intervient en cours d'interdiction, le salarié peut néanmoins prétendre à son versement pendant le temps où il l'a respectée.
- **Pas une clause pénale : pas de réfaction judiciaire.** S'agissant d'une créance de nature salariale, non d'une clause pénale, le juge ne peut la réduire même s'il l'estime manifestement excessive : c'est le cas de nombreuses clauses constituant en réalité de plus discrets parachutes en or (CS, 17 novembre 2015 : 24 mois de salaire à 100 %, soit plus de 160 000 euros pour une CNC à l'étendue géographique ridicule... mais 10 000 euros en cas de violation : « *Cette clause avait pour objet non pas d'assurer une réelle protection de l'entreprise contre la concurrence d'un cadre commercial salarié, mais de lui faire bénéficier immédiatement d'une somme particulièrement importante en cas de rupture de son contrat de travail, quelles qu'en soient les conditions* » : annulation). Mais une contrepartie manifestement dérisoire (10 euros/mois) étant l'équivalent de l'absence de contrepartie, entraînera l'annulation de la CNC.

A. - Régime de la contrepartie financière

840 **Nature = salaire.** Toute clause de non-concurrence implique une contrepartie financière spécifique, d'ordre public bien que jurisprudentielle, quelle que soit la qualification contractuelle donnée par les parties. Cette contrepartie a la curieuse nature d'une indemnité *compensatrice de salaire* dont l'action en paiement se prescrit donc par trois ans. Des conventions collectives la prévoyaient depuis longtemps (métallurgie : maintien de 50 % du salaire pendant toute la durée de l'obligation).

841 **Renonciation.** L'employeur peut se réserver contractuellement la faculté de délier le salarié de cette obligation au moment de la rupture – pas avant : CS, 11 mars 2015 – s'il considère que cette charge excède l'intérêt qu'il a à la non-concurrence de son futur ex-salarié : il est des collaborateurs dont on ne peut que souhaiter qu'ils aillent rapidement plomber la concurrence.

Mais en l'absence d'une telle clause, l'indemnité devra être versée même si le salarié est totalement libre, et ne subit aucun préjudice.

B. - Versement de la contrepartie

842 **Son paiement ne peut intervenir avant la rupture :** tout versement en cours d'exécution du contrat rend donc nulle la CNC, l'employeur ne pouvant alors obtenir restitution des versements mensuels ayant constitué des compléments de salaire (CS, 15 janvier 2014).

Si l'employeur n'a pas versé la contrepartie prévue, *« le salarié est délié de l'obligation contractuelle de non-concurrence »* (CS, 13 juillet 2004) : normal.

« L'obligation de payer la contrepartie, qui est liée à la cessation d'activité du salarié, au respect de la CNC et à l'absence de renonciation de l'employeur, ne peut être affectée par les circonstances de la rupture du contrat et la possibilité pour le salarié de reprendre, ou non, une activité concurrentielle » : ainsi en cas de préretraite ou si le salarié a immédiatement retrouvé un emploi non concurrentiel (CS, 10 mars 2004).

Mais l'employeur peut ne pas la verser s'il lève expressément et en temps voulu la clause dans la lettre de licenciement : *« La renonciation de l'employeur à la clause de non-concurrence dans la lettre de rupture permettait à la salariée de connaître immédiatement l'étendue de sa liberté de travailler, et répond ainsi à la finalité de la clause autorisant l'employeur à libérer le salarié de son obligation »* (CS, 24 avril 2013). Cette règle est d'ordre public : *« L'employeur qui dispense le salarié de l'exécution de son préavis doit, s'il entend renoncer à l'exécution de la clause de non-concurrence, le faire au plus tard à la date du départ effectif de l'intéressé de l'entreprise, nonobstant toutes stipulations ou dispositions contraires. »*

843 Pas de modulation de la contrepartie selon le cas de rupture. « Le salarié lié par une clause de non-concurrence doit bénéficier d'une contrepartie financière ; les parties ne peuvent dissocier les conditions d'ouverture de l'obligation de non-concurrence de celles de son indemnisation » (CS, 28 juin 2006) : la clause du contrat mais aussi conventionnelle prévoyant qu'il en sera privé en cas de faute grave ou lourde est donc inapplicable.

844 Ni de minoration possible. Ni en cas de démission, que cette minoration soit contractuelle mais aussi conventionnelle (CS, 14 avril 2016 : 50 % du salaire en cas de licenciement, 33 % pour une démission). Ni en fonction de la faute à l'origine du licenciement (CS, 25 janvier 2012). Mais la clause elle-même n'est pas nulle !

Si les deux parties ont expressément exclu la mise en œuvre de la clause en cas de rupture du contrat de travail à l'initiative de l'employeur, la CNC ne s'applique donc pas au salarié licencié (CS, 6 janvier 2010). Mais à l'inverse, ni le contrat de travail ni la convention collective ne peuvent la limiter à une rupture patronale, mais aussi à une rupture du fait du salarié.

§5 En cas de violation d'une CNC licite

845 Clause pénale sanctionnant l'inexécution de la clause, à ne pas confondre avec la contrepartie financière obligatoire examinée *supra*.

En cas de violation de la clause, qui prend effet à la date du départ effectif de l'entreprise, nombre de contrats incluant une CNC prévoient le versement automatique par l'ex-salarié d'une somme forfaitaire : créée avant tout dans un but de dissuasion de départ à la concurrence, elle est parfois très élevée et délibérément disproportionnée au préjudice subi. Mais s'agissant d'une clause pénale, en application du Code civil, le juge peut la réduire si son montant est « *manifestement* excessif », et pas seulement *excessif* (il faut être dissuasif). Le montant de la clause pénale doit donc être soigneusement étudié pour chaque collaborateur : beaucoup trop élevé, il pourra faire l'objet d'une réfaction par le juge ; trop bas, il n'est pas dissuasif... voire incitatif par sa prévisibilité.

846 **Référé prud'homal.** En cas de violation d'une CNC licite, le juge des référés prud'homal peut prendre toute mesure (y compris astreinte) pour faire cesser ce trouble manifestement illicite. Mais il n'a pas le pouvoir, ni au fond ni *a fortiori* en référé, d'ordonner la résiliation du contrat de travail du salarié fautif (CS, 18 novembre 2009).

847 **Même en l'absence de clause,** son départ de l'entreprise ne signifie pas que l'ex-salarié retrouve une liberté absolue. S'il a naturellement le droit de tirer parti de l'expérience acquise, il reste tenu d'une obligation de confidentialité et ne doit pas non plus se livrer à des actes de concurrence déloyale (détournement de fichiers, de clientèle ou de personnel) vis-à-vis de son ex-employeur.

848 **Défiance jurisprudentielle en nos temps de chômage.** Le contrôle très étroit de sa licéité, associé à l'obligation d'une contrepartie financière proportionnée aux sujétions qu'elle fait naître s'avérant très dissuasifs, nombre d'entreprises ont depuis 2002 soit renoncé à ce type de clause, soit ciblé celle-ci sur des populations restreintes à très hauts risques concurrentiels...

Conclusion générale

« L'organisation hiérarchique pyramidale est le meilleur système pour reproduire un modèle ou exécuter des décisions. Mais le pire pour innover ou partager des bonnes pratiques. C'est la révolution intellectuelle la plus difficile pour l'entreprise »
Benoît Sillard, ex-délégué interministériel aux usages de l'Internet.

849 **Le droit du travail (de l'actif) dans le monde qui vient.** Notre droit du travail manuel et très subordonné conçu au début du xxe siècle pour la *manu*-facture ***militaro***-industrielle avec son unité de lieu, de temps et d'action, reflet de l'autorité naturelle structurant alors la Famille, l'École comme la Société, n'est plus adapté au monde d'aujourd'hui. Et ***a fortiori*** au monde qui vient.

Ce modèle hiérarchique, que l'on retrouvait dans le système juridique avec la pyramide de Kelsen (Constitution, lois..) a certes permis la parenthèse enchantée des Trente Glorieuses avec sa croissance supérieure à 5 % par an qui fait aujourd'hui rêver. Mais sa forte subordination, critère du contrat de travail, est contreproductive dans le secteur quaternaire : on ne fait pas travailler les neurones d'un travailleur du savoir comme les bras de l'homme-machine Charlie Chaplin. Et le changement dépasse de très loin les seules techniques : c'est un fait social total.

850 **«** *Times are changing* **»** chantait en janvier 1964 Bob Dylan, aujourd'hui Prix Nobel de littérature. Et notre article L. 1121-1, qui a mis en valeur la personne et le citoyen à côté du salarié subordonné, n'a fait qu'accompagner un mouvement mondial de remise en cause de l'autorité d'hier, lui-même aujourd'hui accompagné par la révolution numérique pour l'instant nettement plus destructrice que créatrice d'emplois ***salariés***.

« Temps modernes 3.0 » et suicide du droit du travail-autruche

851 **«** ***Anytime, anywhere, anydevice.*** **»** Cela tombe bien car les jeunes collaborateurs arrivés au collège en même temps que Facebook à Harvard (2004) se sentent aujourd'hui pleinement citoyens : leur « N+1 » ne devient leur « supérieur » que lorsqu'il a fait la preuve de son expertise et son exemplarité : un manager inspirant. Ils ne se connectent pas mais vivent connectés, et travailler en mobilité (ex. : en dehors

des bibliothèques pour les étudiants) est pour eux naturel : disposant de leur propre et puissant matériel personnel-professionnel, ils ont acquis une culture du travail « Atawad », et d'échanges permanents grâce aux réseaux dits « sociaux », en réalité souvent caniveaux mais parfois collaboratifs.

Nos enfants ne veulent pas « changer le monde » : comme la rose de Ronsard, ils ont simplement toujours vécu comme cela.

852 **Venir tous les jours au bureau à heures fixes** et être lié par une obligation de moyens relève pour nombre d'entre eux – les meilleurs dans la chasse mondiale aux talents – de Juridic Park, et reste contreproductif pour un employeur soucieux de rentabilité. Dans notre société de l'immatériel donnant au travail le don d'ubiquité, l'essentiel n'est pas de « venir au bureau » mais « d'être au travail », et que ce travail soit fait, et bien fait : alors arriver dans un ***open space*** aux 876 sonneries matinales après une heure d'embouteillage, est-ce bien raisonnable ? Qu'il s'agisse de fatigue des collaborateurs ou de développement durable, dans nos grandes « agglomérations » le télétravail au domicile quelques jours par semaine mais aussi les « tiers lieux » deviennent une obligation voire un devoir : un francilien sur trois passe plus de 90 minutes par jour dans les trajets...

Il était temps que l'ordonnance du 22 septembre 2017 avance (un peu) sur la libération du travail à distance, pas seulement au domicile. Et que les travaillistes cessent de jouer à l'autruche en refusant de voir l'évolution profonde et irréversible des modes de travail.

853 *Horresco referens* (« *Je tremble en l'évoquant* »). Dans la vraie vie mais à côté du Code, existent des collaborateurs en forfait-jours allant chercher leurs enfants à la Maternelle à 16 h 30, s'occupant d'eux jusqu'à 20 h 30 (quelles économies de psychanalyse, pour les deux, vingt ans plus tard !) puis se remettant au travail de 21 h à 23 h sans penser une seconde remplacer Cosette de Hugo ou Lantier de Zola : ils n'ont rien contre la flexibilité, si elle est partagée, et collectivement régulée.

Alors si le droit du travail, de plus en plus ponctuellement contourné (télétravail au gris, majoritaire), voire globalement évité (ex : le modèle économique d'Uber) continue à mettre sa tête dans le sable en voulant maintenir son modèle du collectif militaro-industriel, il se suicide. Car arrive un moment où l'éthique de conviction de nos forts penseurs en chambre devient irresponsabilité devant un si vertigineux chantier.

854 **Mais il faut aussi raison garder**. Si les cadres et autres professions intellectuelles principalement concernés représentent 19 % de la population active, ouvriers (21 %) et employés (28 %) en constituent encore près de la moitié. Et au-delà des métiers de contact physique (télé-coiffure, télé-garagiste...) ils n'ont pas des NTIC la vision terriblement optimiste des technophiles branchés ayant accès aux médias.

150 ans après le début de la Révolution industrielle, l'irruption du Web horizontal déstabilise les corps intermédiaires : managers, syndicats et représentants du personnel

littéralement court-circuités. Et la révolution numérique génère deux mondes du travail, aux effets opposés en forme d'effet Mathieu très préoccupant pour l'avenir.

Deux mondes en train de diverger

855 **Autonomie encore accrue pour les travailleurs du savoir.** Exemple : l'obligation de résultat confiée au « leader » d'une équipe projet internationale, où c'est la co-labeuration hors rang hiérarchique qui est source de productivité, peu important le lieu d'exécution (France, Japon, Canada) et le statut juridique (salarié, free lance...) Pour « rester dans la course » dans « ce nouvel espace sans distance et ce temps sans délais » (Francis Jauréguiberry), sa formation continue voire son personal branding sur son blog ou ses réseaux professionnels font partie de sa vie quotidienne.

Oui, mais... au-delà d'une totale traçabilité de tous les échanges aggravée par la maladie des reportings permanents, le travail en équipe projet génère parfois aussi une **sub/organisation** au collectif parfois très contraignante. Au-delà des questions de fuseaux horaires (mieux vaut habiter l'Europe...), le collaborateur est pris dans une chaîne où toute l'équipe dépend de l'avancement du travail de chacun, les remarques aimables puis plus acides de collègues que l'on n'a jamais vus et à la culture fort différente faisant regretter à certains le supérieur hiérarchique unique, avec lequel il était possible de discuter, voire de s'opposer individuellement ou collectivement avec succès.

Sans parler de leur « charge de travail », aujourd'hui informationnelle, communicationnelle et cognitive, dont la mesure et le suivi sont un peu plus délicats que les « *40 kg maximum, brouette comprise* » de l'article R. 4541-9 ou le « *port cumulé de 7 500 kg par jour* » de l'ex-compte Pénibilité.

856 **Mais sur-subordination pour les déjà subordonnés.** L'informatique et ses dérives, en forme d'autisme quantitatif si répandu aujourd'hui, permettent de tout contrôler en direct et à distance. À des ingénieurs qualifiés, hier autonomes, est imposée une division du travail que Taylor n'aurait même pas imaginée : ainsi dans la Gig-Economie, de ces méga-projets découpés en centaines de micro-tâches effectuées de façon répétitive par des travailleurs plus ou moins indépendants, dans le monde entier (ex : Mechanical Turk d'Amazon)

Sans parler des nouveaux OS travaillant dans certains centres d'appel, ou des métiers rudes mais bénéficiant dans le passé d'une réelle liberté (routiers, taxis) désormais télécommandés à distance.

857 **Je vous parle d'un temps que les plus de 50 ans (nos décideurs politiques et sociaux d'aujourd'hui) ont du mal à comprendre.** Parmi les jeunes générations, les éléments les plus dynamiques font aussi deux constats qui les détournent du droit du travail.

858 **Le CDI à vie, c'est fini.** Hier obtenu juste après le diplôme, le contrat à durée indéterminée garantissait un emploi à vie ou presque, une solide protection sociale et une confortable retraite. Qu'en reste-t-il aujourd'hui ?

Sans même parler des trois demandeurs d'emploi sur quatre n'ayant pas le niveau Bac, même pour les diplômés obtenir un CDI est souvent l'issue d'un « parcours d'insertion » fait d'une suite de « jobs » puis de « petits boulots » et autres contrats à durée déterminée ou missions de travail temporaire : dans le secteur privé, plus de la moitié des moins de 24 ans sont aujourd'hui sous CDD. Et si le CDI reste effectivement la norme en droit du travail (85 %), il est devenu à durée extrêmement indéterminée sinon instable. Nombre de jeunes ont enfin eu sous les yeux un violent contre-exemple : celui de leurs parents ayant surinvesti leur vie professionnelle au détriment de leur vie familiale mais brutalement « réengeneerés » à 58 ans et se demandant s'ils n'ont pas « raté leur vie ». Travailler dans la même entreprise toute leur vie ne les fait plus rêver.

859 **«** ***Ne pas perdre sa vie à la gagner*** **»** : le slogan de la CFDT des années 1970 parle aux jeunes générations d'aujourd'hui. Et vu l'état de notre croissance à moins de 2 % associée aux massives destructions d'emplois liées à la montée du numérique (robotisation dans l'industrie, lecteurs optiques dans le commerce, intelligence artificielle dans les services...), l'idée que « ***l'emploi salarié va repartir*** » est de l'ordre de l'autosuggestion. Notre chômage structurel et massif n'est pas prêt de disparaître, avec toutes les conséquences que l'on devine sur le financement de notre protection sociale, mais aussi en termes de place des syndicats.

Dit brutalement : le salariat ne sera plus le grand intégrateur qu'il a été, car le travail salarié, pour tous, c'est fini. Est-ce une mauvaise nouvelle ? « ***La subordination à vie n'est pas un idéal insurpassable*** » (Alain Supiot).

860 **« Capital social ».** Entre les investissements hier nécessaires pour monter la moindre entreprise et ceux dont ont disposé les fondateurs de Facebook connectant aujourd'hui deux milliards d'êtres humains, ou Snapchat en reliant 300 millions, le capital social d'une entreprise du quaternaire est la somme cumulée des neurones de chacun de ses collaborateurs, démultipliée par la confrontation physique de leurs meilleures idées : le « demain, tous télétravailleurs à temps plein ! » est une absurdité.

Une entreprise a besoin de salariés compétents car formés et motivés, et l'usage excessif de précaires nuit à sa performance. Comment motiver un collaborateur s'il se sait bien jetable ? Il veut du sens, et de la confiance : vaste programme !

Mais qui ne voit pas que l'ancien système craque de partout ? Qu'il est temps de parler du travail et de sens, plus seulement du chômage ?

Alors que faire ?

861 *« La promotion et la pédagogie de la régulation conjointe dans l'entreprise »*, répond Christian Thuderoz, sociologue, avec trois propositions.

« Obéir au futur. Formule provocante mais utile : il s'agit de dessiner, dès aujourd'hui, un système de relations sociales articulées avec les exigences des individus – le droit d'être associé aux décisions qui les concernent – et les nécessités socio-économiques : organisations de travail réactives, ouvertes aux innovations et aux expérimentations.

Organiser l'autonomie. Derrière ce paradoxe, une nécessité : dans l'entreprise, donner les moyens aux partenaires sociaux de co-construire ces solutions. Cela suppose des heures de délégation accordées aux négociateurs, des formations communes à la négociation, des fiches pratiques, des « Guides du négociateur d'entreprise », une « banque d'accords » dans laquelle puiser quelques bonnes idées, etc.

Politiser les compromis. Veiller à ce que cette priorité au dialogue social de proximité s'inscrive dans une dynamique sociétale vertueuse. Car il se peut qu'il ne produise que replis corporatifs et petits arrangements entre amis, et que nombre d'accords d'entreprise soient des accords égoïstes. Politiser la négociation d'entreprise, c'est l'articuler avec la responsabilité sociale des entreprises, et l'inscrire dans une démarche plus générale de renouvellement de notre démocratie politique ».

Nous vivons une époque formidable

862 Un siècle après la création du droit d'un travail manuel au périmètre bien défini (« ***aux temps et lieux de travail*** »), une opportunité historique pour penser puis créer le droit d'un travail immatériel, aux frontières géographiques et professionnelles nécessairement différentes, dans une vision rénovée de l'entreprise avec toutes ses parties prenantes.

Les meilleurs étudiants d'aujourd'hui vivent donc une époque formidable : ils n'ont pas à dupliquer le passé en imaginant que c'est l'avenir, et les plus talentueux vont participer à la construction de ce nouveau droit...

Veinards !

« Si tu veux construire un bateau,
ne rassemble pas tes hommes et femmes pour leur donner des ordres,
pour leur expliquer chaque détail, pour leur dire où trouver chaque chose.
Si tu veux construire un bateau,
fais naître dans leur cœur le désir de la mer ».
Antoine de Saint-Exupéry, Citadell

Index

Renvoi aux numéros d'articles de l'ouvrage

S

T

U

V

Table des matières

PARTIE 2 L'EXÉCUTION DU CONTRAT DE TRAVAIL

notes

notes

notes

notes

Mise en page : NORD COMPO

Achevé d'imprimer en novembre 2017
sur les presses de l'imprimerie ISI Print

Dépôt légal : 2017

Imprimé en France